气候法学研究

总主编 **张大林**

世界主要国家气候变化法（欧亚卷）

胡卫 唐寅智 王镱霖 等 编译
刘彦 石鑫鉴 等 校

法律出版社 LAW PRESS·CHINA
北京

图书在版编目（CIP）数据

世界主要国家气候变化法. 欧亚卷 / 胡卫等编译.
北京：法律出版社，2025. -- ISBN 978 - 7 - 5244 - 0168 - 1

Ⅰ. D996.9

中国国家版本馆 CIP 数据核字第 2025N8K872 号

世界主要国家气候变化法:欧亚卷
SHIJIE ZHUYAO GUOJIA QIHOU BIANHUA FA: OU YA JUAN

胡　卫　唐寅智　王镱霖　等编译
刘　彦　石鑫鉴　等校

策划编辑 似　玉
责任编辑 似　玉
　　　　 石蒙蒙
装帧设计 李　瞻

出版发行 法律出版社
编辑统筹 法律应用出版分社
责任校对 朱海波
责任印制 刘晓伟
经　　销 新华书店

开本 710 毫米×1000 毫米　1/16
印张 47.25　　**字数** 873 千
版本 2025 年 5 月第 1 版
印次 2025 年 5 月第 1 次印刷
印刷 唐山玺诚印务有限公司

地址:北京市丰台区莲花池西里 7 号(100073)
网址:www.lawpress.com.cn
投稿邮箱:info@lawpress.com.cn
举报盗版邮箱:jbwq@lawpress.com.cn

销售电话:010 - 83938349
客服电话:010 - 83938350
咨询电话:010 - 63939796

书号:ISBN 978 - 7 - 5244 - 0168 - 1　　**定价**:188.00 元

凡购买本社图书,如有印装错误,我社负责退换。电话:010 - 83938349

本书译者（按任务分工）：

胡　卫　唐寅智　刘　彦　王镱霖　石鑫鉴
王茜茜　金　婧　杨　浩　徐榕苑　马　遥
安俊屹　王璐瑶　叶祖欣　王岱威　郭清燕
任　婧　部雪莹

总　序[*]

在浩瀚的宇宙中，地球如同一叶扁舟，承载着无数生命的希望与梦想。然而，随着人类文明的快速发展，这颗蓝色星球正面临着前所未有的挑战——气候变化。冰川融化、海平面上升、极端天气频发……这些曾经似乎遥不可及的灾难，如今却如影随形地威胁着人类的生存与发展。

共筑绿色未来，法律引领变革。面对这一全球性难题，世界各国纷纷挺身而出，以法律为武器，共同抵御气候变化的侵袭。从美国的《清洁能源安全法案》到欧盟的《欧洲绿色协议》，从中国的《应对气候变化国家方案》到印度的《气候变化国家行动计划》，各国政府正以前所未有的决心和力度，推动应对气候变化的法律制度建设。

在应对气候变化的全球征程中，中国始终扮演着举足轻重的角色。从习近平总书记的庄严宣告到国家层面的密集部署，中国正以坚定的步伐和务实的行动，展现其在气候法领域的努力与贡献。2020 年 9 月 22 日，习近平总书记在第七十五届联合国大会一般性辩论上掷地有声地提出："中国将提高国家自主贡献力度，采取更加有力的政策和措施，二氧化碳排放力争于2030 年前达到峰值，努力争取2060 年前实现碳中和。"①这一重大战略决策，不仅彰显了我国推动构建人类命运共同体的责任担当，更是实现可持续发展的内在要求，功在当代、利在千秋。随后，在党的二十大报告中，这一宏伟蓝图得到了进一步强调。报告指出，积极稳妥推进碳达峰碳中和。实现碳达峰碳中和是一场广泛而深刻的经济社会系统性变革。积极参与应对气候变化全球治理。② 中国作为世界上最大的发展中国家，积极参与应对气候变化全球治理，肩负重要使命和责任。尽管我国尚未出台应对气候变化的基本立法，但"1 +

---

* 本书同时系教育部涉外法治人才协同培养创新基地（培育）的阶段性成果。

① 《习近平在第七十五届联合国大会一般性辩论上发表重要讲话》，载中国政府网，https://www.gov.cn/xinwen/2020-09/22/content_5546168.htm。

② 《习近平：高举中国特色社会主义伟大旗帜　为全面建设社会主义现代化国家而团结奋斗——在中国共产党第二十次全国代表大会上的报告》，载求是网，http://www.qstheory.cn/yaowen/2022-10/25/c_1129079926.htm。

N”政策体系的实施，正有力推动着“双碳”目标的实现。与此同时，法律研究者们敏锐地捕捉到“双碳法治”的重要性，纷纷在高校、单位或民间成立双碳法治研究机构，逐步推出论著，开辟了法治研究的新领域。然而，尽管对策性研究已取得一定成果，应对气候变化的法理研究仍需深入开拓，潜力巨大。

2023 年 2 月 27 日，中共中央办公厅、国务院办公厅印发的《关于加强新时代法学教育和法学理论研究的意见》为气候法学的发展注入了强劲动力。意见明确要求优化法学学科体系，加快发展气候法学等新兴学科。放眼全球，已有 60 多个国家出台了应对气候变化法，并在加速推进气候变化诉讼，相关学科研究颇为丰富。我国曾在 2014 年形成《气候变化应对法》草案，尽管因条件不成熟而搁浅，但在司法实践中的积极探索从未停止。从福建法院探索“生态司法 + 碳汇认购”到各地法院创新推出碳汇认购案件，这些实践在一定程度上对接了双碳战略，间接地发挥了应对气候变化的功能。2023 年 2 月 17 日，最高人民法院《关于完整准确全面贯彻新发展理念　为积极稳妥推进碳达峰碳中和提供司法服务的意见》也广泛触及气候变化行政补偿、企业环境信息披露、绿色金融、碳交易等案件，理论及实务界积极响应，开展了深入研究。然而，气候法学的理论体系尚需进一步完善。

2024 年，中央的决策部署更加密集有力。同年 7 月 18 日，中共中央《关于进一步全面深化改革　推进中国式现代化的决定》指出：“中国式现代化是人与自然和谐共生的现代化。必须完善生态文明制度体系，协同推进降碳、减污、扩绿、增长，积极应对气候变化……完善适应气候变化工作体系……积极稳妥推进碳达峰碳中和。”[①]2024 年 7 月 31 日，中共中央、国务院《关于加快经济社会发展全面绿色转型的意见》强调：“加强法治保障。各有关单位要加快推进生态环境法典和能源法、节约能源法、电力法、煤炭法、可再生能源法、循环经济促进法等法律法规制定修订工作，研究制定应对气候变化和碳达峰碳中和专项法律。”[②]

当前，世界主要国家已将应对气候变化的适应、减缓机制及公正过渡措施纳入法治轨道，气候诉讼在全球范围内蔚然成风，成为气候治理不可或缺的监督利器。“气候法学”这一新兴学科应运而生，在国外已赢得广泛关注与深入研究。研究视野广泛覆盖气候变化应对的法律框架、诉讼途径、政策机制，深入探讨气候变化法制定的哲学基础、伦理考量与政策导向，以及气候变化与文化、经济、社会、生态、政治的

---

① 《中共中央关于进一步全面深化改革　推进中国式现代化的决定》，载中国政府网，https://www.gov.cn/zhengce/202407/content_6963770.htm。

② 《中共中央　国务院关于加快经济社会发展全面绿色转型的意见》，载中国政府网，https://www.gov.cn/zhengce/202408/content_6967663.htm。

紧密联系,已经产生了丰硕的研究成果。如欧盟颁布的《欧洲气候法》,以及众多国家直接以“气候法”命名的立法实践,为气候法学研究提供了坚实的框架与丰富的样本。气候法学的研究范畴远不止于主干立法,更深入到气候司法、治理政策、哲学思想、伦理观念及社会影响等深层次议题。在国外众多高等学府,气候教育与气候法治已深度融合于法学教育之中,英国、美国的部分高校更是开设了气候变化法治的专门课程,引领学术前沿。

然而,相较国际上的蓬勃发展,我国“气候法学”研究仍面临着诸多挑战,任重而道远。在此背景下,2024 年 1 月 12 日,贵州省法学会绿色发展法治研究会应运而生,原拟命名为“贵州省法学会双碳法治研究会”,但鉴于绿色发展法治的广泛兼容性与深远意义,最终获准以此命名,并同步举办了“首届绿色发展法治论坛”。此次论坛得到了兄弟单位与高等学府的广泛响应与支持,未来将持续举办,致力于打造成为全国性的绿色发展法治研究综合论坛。作为论坛的核心组成部分,推动绿色发展法治研究,特别是气候法学研究,成为研究会的重要使命。在胡卫教授的积极推动下,“绿色发展法治研究系列”之“气候法学”研究正式启航,与研究会宗旨不谋而合。后续将开展一系列关联研究,为我国经济社会发展的全面绿色低碳转型贡献智慧与力量。

为加速气候法学这一新兴学科的发展,本书《世界主要国家应对气候变化法》,精心挑选并深入剖析了全球范围内最具代表性的应对气候变化法律实践。从立法译介、司法观察、理论研究三个维度,循序渐进地推进气候法学体系建设。立法译介方面,广泛翻译世界主要国家的气候变化立法,构建完整的域外气候变化立法参考框架,为我国的气候变化立法或碳中和专项立法提供宝贵借鉴,同时为学界开展气候法学研究提供丰富样本。司法观察方面,系统梳理全球气候变化诉讼案例,科学总结诉讼规律、目标、方式与机制,为我国引入气候诉讼工具、实现气候治理监督提供丰富素材,探索在全球应对气候变化法律框架下我国司法能动性的发挥与创新路径。理论研究方面,运用多学科交叉综合的思维,构建气候法学的理论框架与知识话语体系,助力气候法学这一新兴学科的茁壮成长,彰显其对人类未来的深切关怀。

我们深知气候法学研究的艰难与复杂,因此采取循序渐进、摸着石头过河的研究策略。我们期待,通过不懈努力,能够为我国经济社会发展的全面绿色转型贡献力量,为气候治理的科学性、可持续性与公正性发挥积极作用,为当代人与后代人的共同利益,以及我们美丽的蓝色星球的永续发展,贡献我们的智慧与力量。

我们希望通过这本书,为读者呈现一个全面、立体、生动的应对气候变化法律体系,让每一位关心地球未来的读者都能从中汲取智慧和力量,共同为守护我们的家园贡献力量。尽管我们全力以赴,但仍存在诸多局限与不足,恳请各界同仁给予宝贵的指导与批评!

是为序。

张大林

贵州大学党委常委、常务副校长

贵州省法学会绿色发展法治研究会会长

2024 年 11 月 6 日

目　　录

欧 洲 卷

亚 洲 卷

欧　洲　卷

欧洲气候法[①]

2018 年 12 月 11 日欧洲议会和欧洲理事会第 2018/1999 号条例(EU)

根据能源联盟和气候行动的治理,修订欧洲议会和欧洲理事会第 663/2009/EC 号和第 715/2009/EC 号条例,欧洲议会和欧洲理事会第 94/22/EC、98/70/EC、2009/31/EC、2009/73/EC、2010/31/EU、2012/27/EU 和 2013/30/EU 号指令,理事会第 2009/119/EC 和(EU)2015/652 号指令,废除欧洲议会和欧洲理事会(EU)525/2013 号条例。

欧洲议会和欧盟理事会考虑到《欧盟运作条约》,特别是其中第 192 条第 1 款和第 194 条第 2 款,还考虑到欧洲委员会的提议,在将法案草案转交各国议会后,参考欧洲经济和社会委员会以及各地区委员会的意见,依照一般程序立法。

鉴于:

(1)本条例为能源联盟和气候行动的可靠、包容、高成本效益、透明和可预测的治理(治理机制)奠定了必要的立法基础。联盟及其成员国通过互补、一致和雄心勃勃的努力,同时减少行政复杂性,确保在《联合国气候变化框架公约》(以下简称《气候公约》,UNFCCC)第 21 次缔约方大会后,根据 2015 年《巴黎气候变化协定》(以下简称《巴黎协定》)实现能源联盟的 2030 年和长期目标及其指标。

(2)能源联盟应涵盖五个方面,即能源安全,内部能源市场,能源效率,脱碳,以及研究、创新和竞争力。

(3)以富有雄心的气候政策为核心的弹性能源联盟目标是为包括家庭和企业在内的联盟消费者提供安全、可持续、有竞争力和可负担的能源,并通过吸引投资促进研究和创新,故需对欧洲的能源系统进行根本改造。此类改造亦与维护、保护和改

---

① 本法 2018 年 12 月 21 日颁布,原文来自欧盟法律法规数据库,网址:https://eur-lex.europa.eu/legal-content/EN/TXT/? uri = CELEX% 3A32018R1999&qid = 1683102691723,原文根据 2023 年 5 月 16 日修订版翻译。翻译:胡卫、安俊屹、金婧、郭清燕;校对:王茜茜、马遥、唐寅智、刘彦。

善环境质量以及促进审慎、合理利用自然资源的需求密切相关,特别是通过提高能源效率、节约能源及开发新能源和可再生能源来实现。只有通过协调行动,结合联盟、区域、国家和地方各级的立法与非立法行动,才能实现这一目标。

(4)一个充分运作且兼具弹性的能源联盟将使欧盟成为创新、投资、增长和社会经济发展的领先地区,这提供了一个良好范本,说明减缓气候变化所追求的高目标如何与促进创新、投资和增长的措施相关联。

(5)制定本条例的同时,委员会制定并通过了一系列部门能源政策倡议,特别是可再生能源、能源效率(包括建筑物的能源性能)和市场设计方面。前述倡议在能源效率优先、欧盟在可再生能源方面的全球领导地位以及为能源消费者提供公平交易(包括解决能源贫困和促进内部市场的公平竞争)的总主题下形成了一揽子计划。

(6)在 2014 年 10 月 23 日和 24 日,欧洲理事会批准了欧盟 2030 年能源和气候框架,该框架基于四个关键的联盟层面目标:整个经济范围内的温室气体排放至少减少 40%;能源效率的指示性目标至少提高为 27%,将在 2020 年进行审查,以期将该水平提高到 30%;联盟内消耗的可再生能源份额至少为 27%;电力互联至少为 15%。其明确指出,可再生能源目标将通过成员国的贡献实现,在联盟层面具有约束力,并以实现集体联盟目标需求为导向。欧洲议会和欧洲理事会第 2009/28/EC 号指令的重新修订,为欧盟 2030 年引入了一个新的、有约束力的、至少达 32% 的可再生能源目标,包括在 2023 年之前提高联盟层面目标的审查条款。欧洲议会和欧洲理事会第 2012/27/EU 号指令的修正案将 2030 年联盟层面的能源效率改善目标设定为至少 32.5%,包括旨在提高欧盟层面目标的审查规定。

(7)在 2015 年 3 月 6 日的环境理事会会议上,至 2030 年将国内经济范围内温室气体排放量比 1990 年至少减少 40% 的约束性目标被正式批准,作为欧盟及其成员国对《巴黎协定》计划作出的国家自主贡献。2016 年 10 月 5 日,欧盟批准了《巴黎协定》,并于 2016 年 11 月 4 日生效,取代了 1997 年《京都议定书》采取的由欧洲理事会第 2002/358/EC 号决定批准的方法,该方法在 2020 年后将不再继续执行。欧盟监测和报告排放量及移除量的系统应相应更新。

(8)《巴黎协定》提高了全球对减缓气候变化的雄心水平,并设定了长期目标,即将全球平均气温升幅保持在比工业化前水平高出 2℃以内,以及努力将气温升幅限制在比工业化前水平高出 1.5℃的范围内。

(9)为实现《巴黎协定》的温度目标,欧盟应致力于尽早实现温室气体人为源排放量和汇移除量之间的平衡,并视情况在此后实现负排放。

(10)就气候系统而言,一段时间内累计的人为排放总量与大气中温室气体的总浓度相关。欧盟对长期目标贡献的各种情景,特别是 2050 年在欧盟实现温室气体净零排放及其后的负排放情景，以及前述情景对剩余全球和欧盟碳预算的影响，应由欧盟委员会进行分析。欧盟委员会应为欧盟长期战略编制一份分析报告，说明欧盟对《巴黎协定》承诺的贡献，即将全球平均气温升幅控制在比工业化前水平高出2℃以下，并继续努力将气温升幅限制在比工业化前水平高出1.5℃以内，包括到2050年在欧盟内部实现温室气体净零排放和此后的负排放及其对全球和欧盟碳预算的影响。

（11）尽管欧盟承诺在2030年前实现大幅的温室气体减排，但气候变化的威胁是全球性问题。因此，欧盟及其成员国应与国际伙伴合作，以确保所有缔约方按照《巴黎协定》的长期目标实现高水平目标。

（12）2014年10月23日和24日，欧洲理事会同意建立一个可靠且透明的治理机制，避免不必要的行政负担，并为成员国提供充分的灵活性，以确保欧盟实现其能源政策目标，同时充分尊重成员国决定其能源组合的自由。理事会强调，前述治理机制应建立在现有基础上，如国家气候计划、可再生能源和能源效率的国家计划，并考虑简化和整合单独的规划及报告工作的必要性。理事会同意强化消费者的作用和权利，提高投资者的透明度和可预测性，特别是通过系统监测可负担、安全、有竞争力、可靠且可持续的能源系统的关键指标，促进国家气候和能源政策的协调，并促进成员国之间的区域合作。

（13）2015年2月25日，在关于前瞻性气候变化政策的弹性能源联盟框架战略的通报中，委员会提及需要一个综合治理机制，以确保联盟、区域、国家和地方各级的能源相关行动均有助于实现能源联盟的目标，从而将治理范围自2030年气候和能源框架扩大至能源联盟的全部五个层面。

（14）在2015年11月18日关于能源联盟状况的通报中，委员会进一步明确指出，涉及能源联盟全部五个方面的国家能源和气候综合计划，是更具战略性的能源和气候政策规划的必要工具。作为通报的一部分，委员会向成员国提供的国家能源和气候综合计划相关指导，为成员国开始制定2021年至2030年的国家计划奠定基础，并规定了治理机制的主要支柱。该通报明确指出，此类治理应以法律为基础。

（15）在2015年11月26日关于能源联盟治理体系的会议中，理事会意识到能源联盟的治理将是高效且能有效建设能源联盟并实现其目标的重要工具。理事会强调，治理机制应基于以下原则构建：在联盟、区域及国家层面整合战略规划，报告气候和能源政策的执行情况，以及协调负责能源和气候政策的行为者。同时，治理机制应确保实现商定的2030年能源和气候目标，并应监测实现欧盟在能源联盟五个方面的政策目标的整体进展。

（16）欧洲议会2015年12月15日题为“建立欧洲能源联盟”的决议呼吁，能源联盟的治理机制在包容欧洲议会方面，应是富有雄心、可靠、透明、民主和充分的，并确保实现 2030 年气候和能源目标。

(17)欧洲理事会一再强调需采取紧急措施，以确保实现 10% 的电力互联最低目标。在 2014 年 10 月 23 日和 24 日的会议中，欧洲理事会决定，作为紧急事项，委员会将在成员国的支持下采取紧急措施，以确保实现 10% 的电力互联最低目标，以及至少在 2020 年前确保尚未实现内部能源市场最低整合水平的成员国达到目标。欧盟委员会 2017 年 11 月 23 日关于加强欧洲能源网络的通报评估了实现 10% 互联互通目标的进展，并提出了 2030 年实现 15% 互联互通目标的方法。

(18)因此，治理机制的主要目标是使能源联盟的目标，特别是 2030 年气候和能源框架的目标在温室气体减排、可再生能源及能源效率领域得以实现。前述目标和指标源于欧盟的能源政策，也源于欧盟条约中规定的维护、保护和改善环境质量以及促进审慎和合理利用自然资源的需求。这些目标之间有着不可分割的联系，无一可被视为次要。因此，本条例与实施 2030 年能源和气候目标的部门法相关。虽然成员国需灵活选择最适合其国家能源结构和偏好的政策，但该灵活性应与进一步的市场一体化、增加竞争、实现气候和能源目标以及逐步转向可持续的低碳经济相一致。

(19)向社会可接受和可持续的低碳经济公正过渡，需改变投资行为，包括公共和私人投资，以及整个政策范围内的激励措施，并考虑向低碳经济过渡可能会对部分公民和地区产生不利影响。实现温室气体减排需要提高欧洲经济的效率和创新能力，还应创造可持续的就业机会（包括高科技部门），并改善空气质量和公众健康。

(20)鉴于《巴黎协定》中的国际承诺，成员国应报告其为逐步取消能源补贴，特别是化石燃料补贴所采取的行动。报告时，成员国可选择以国际通用的化石燃料补贴的现有定义为基础。

(21)由于温室气体和空气污染物同源，旨在减少温室气体的政策可以对公共卫生和空气质量产生共性利益，特别是在城市地区，可以抵消温室气体减排的短期成本。由于根据欧洲议会和欧洲理事会(EU)2016/2284 号指令报告的数据是汇编温室气体清单和国家计划的重要内容，应认识到汇编和报告(EU)2016/2284 号指令和温室气体清单之间数据一致的重要性。

(22)欧洲议会和欧洲理事会(EU)525/2013 号条例的实施经验表明，有必要与其他法律文书下的报告协同一致，特别是与欧洲议会和欧洲理事会第 2003/87/EC 号指令、(EC)166/2006 号条例、(EC)1099/2008 号条例及(EU)517/2014 号条例相一致。使用一致的数据报告温室气体排放，对于确保排放报告的质量至关重要。

(23)根据委员会对改善监管的坚定承诺，并为了与促进研究、创新和投资的政策保持一致，治理机制应减少成员国和相关利益攸关方、委员会及其他联盟机构的行政负担和复杂性，还应助力确保联盟和国家层面的政策和措施实施的一致性及充分性，以实现能源系统向可持续低碳经济转型。

(24)应通过结合联盟倡议与国家能源和气候综合计划中规定的协调一致的国家政策，确保实现能源联盟的目标和指标。能源和气候领域的联盟部门法律规定了规划要求，这是在国家层面上推动变革的有用工具，但在不同时期引入会导致政策领域之间的重叠和对协同作用及互动的考虑不足，从而损害成本效益。因此，目前在气候和能源领域的单独规划、报告和监测应尽可能地简化和整合。

(25)国家能源和气候综合计划应涵盖十年期，并应提供当前能源系统和政策状况的概览，应列出能源联盟五个方面的国家目标以及实现目标的相应政策和措施，并附相关的分析基础。涵盖2021年至2030年第一阶段的国家能源和气候综合计划应特别关注2030年的温室气体减排、可再生能源、能源效率和电力互联目标。成员国应致力于确保国家能源和气候综合计划与联合国可持续发展目标相一致，并有助于实现前述目标。在国家能源和气候综合计划中，成员国可在现有国家战略或计划的基础上发展。与后续计划相比，国家能源和气候综合计划的第一稿和最终稿规定了不同的截止日期，以便在本条例通过后为成员国预留足够的准备时间制定其首个计划。鼓励成员国在2018年尽早提供其首份国家能源和气候综合计划草案，以便进行适当准备，特别是为根据《气候公约》(UNFCCC)缔约方大会第1/CP. 21号决定于2018年召开的促进性对话做好准备。

(26)在国家能源和气候综合计划中，成员国应评估能源贫困家庭的数量，同时考虑到在相关国家背景下保障基本生活标准的必要家庭能源服务、现有的社会政策和其他相关政策，以及委员会关于相关指标的指示性指导，包括基于能源贫困的共同方法的地理分布。若某成员国发现其有大量的能源贫困家庭，其计划中应包括减少能源贫困的国家指示性目标。

(27)应建立国家能源和气候综合计划的强制性模板，以确保所有国家计划足够全面，便于国家计划的比较和汇总，同时确保成员国有足够的灵活性以制定反映国家偏好和特点的国家计划细节。

(28)能源和气候领域的政策及措施的实施将对环境产生影响。因此，成员国应确保公众尽早获得有效机会参与国家能源和气候综合计划的编制，并在适用时根据欧洲议会和欧洲理事会第2001/42/EC号指令和1998年6月25日联合国欧洲经济委员会(UNECE)《在环境问题上获得信息、公众参与决策和诉诸法律的公约》(以下简称《奥胡斯公约》)的规定进行公众咨询。成员国还应确保社会伙伴参与国家能源和气候综合计划的编制，并在履行公众咨询义务时力求减少行政复杂性。

(29)开展公众咨询时,根据《奥胡斯公约》,成员国应致力于确保公众平等参与,通过公告或其他适当方式(如电子媒体)告知公众,使公众能够获得所有相关文件,并将与公众参与相关的实际安排落实到位。

(30)各成员国应建立永久性的多层次能源对话,将地方机关、民间社会组织、企业界、投资者及其他利益相关者聚集在一起,讨论能源和气候政策的不同选择。成员国的国家能源和气候综合计划及其长期战略可在该对话框架内讨论。对话可通过任何形式进行,如网站、公共咨询平台或其他互动交流工具。

(31)区域合作是确保以成本最优方式有效实现能源联盟目标的关键。委员会应促进成员国之间的此类合作。成员国应有机会在其他成员国的国家能源和气候综合计划定稿前对其进行评论,以避免不一致和对其他成员国的潜在负面影响,确保共同目标的实现。制定并敲定国家能源和气候综合计划以及在后续的实施过程中开展区域合作,对于增强措施的有效性和提高效率以及促进市场一体化和保障能源安全至关重要。

(32)成员国在本条例框架内开展合作时,应考虑现有区域合作论坛,如波罗的海能源市场互联计划(BEMIP)、中欧和东南欧互联互通(CESEC)、中西部地区能源市场(CWREM)、北海国家海上电网倡议(NSCOGI)、五边形能源论坛、西南欧互联互通和欧洲——地中海伙伴关系。鼓励成员国与能源共同体的签署国、欧洲经济区的第三国成员以及在适当情况下与其他相关第三国进行合作。此外,为促进市场一体化、高成本效益政策、有效合作、伙伴关系和磋商,委员会可根据本条例,以长远目光和现有市场条件,确定涵盖能源联盟五个方面中一个或多个方面的进一步区域合作机会。

(33)委员会可与相关第三国进行讨论,以探讨是否可能将根据本条例制定的规定,特别是区域合作相关规定的适用范围扩大至前述国家。

(34)国家能源和气候综合计划应保持稳定,以确保国家政策和措施的透明度和可预测性,以及投资的确定性。同时,国家计划应在所涵盖的十年期间更新一次,使成员国有机会适应重大变化。对于 2021 年至 2030 年期间的计划,成员国应在 2024 年 6 月 30 日前更新。目标、指标和贡献只应被修改以反映更高的总体目标,特别是 2030 年的能源和气候目标。作为国家计划更新的一部分,成员国应努力减轻在综合报告中显现出来的任何不利环境影响。

(35)稳定的长期战略对于促进经济转型、就业和实现更广泛的可持续发展目标,以及以公平和高成本效益方式实现《巴黎协定》设定的长期目标至关重要。此外,《巴黎协定》的缔约方被邀请在 2020 年之前通报其本世纪中期的长期低温室气体排放发展战略。在此背景下,欧洲理事会于 2018 年 3 月 22 日邀请委员会在 2019

年第一季度前,根据《巴黎协定》提出一项欧盟温室气体长期减排战略提案,同时应考虑到国家能源和气候综合计划。

(36)成员国应根据《巴黎协定》的目标,即将全球平均气温上升幅度控制在远低于工业化前水平的2℃内,并努力将气温上升幅度限制在工业化前水平的1.5℃内,以及根据联盟目标实现全部门长期温室气体减排和提高汇移除量,制定至少30年的长期战略,为履行其在《气候公约》和《巴黎协定》下的承诺作出贡献。成员国应以公开透明的方式制定其战略,并确保公众有机会参与编制。成员国的国家能源和气候综合计划与长期战略应当一致。

(37)土地利用、土地利用变化和林业(LULUCF)行业极易受气候变化的影响。同时,这些行业潜力巨大,具有长期气候效益,能为实现联盟和国际长期气候目标作出重大贡献,可通过多种方式减缓气候变化,特别是减少排放、保持并强化碳汇和碳储存,以及提供可替代化石或碳密集材料的生物材料。制定支持可持续投资的长期战略至关重要,其旨在增加有效碳封存,促进可持续资源管理,增强碳库的长期稳定性和适应性。

(38)发展进一步的互联互通时,需对成本和效益进行全面评估,包括欧洲议会和欧洲理事会(EU)347/2013号条例要求的全部技术、社会经济和环境影响,并考虑到互联互通的积极外部因素,如可再生能源的整合、供应安全及增强内部市场的竞争。

(39)与规划一致,能源和气候领域的联盟部门法律规定了报告要求,其中多数要求是推动国家层面变革的有用工具,是对市场改革的补充,但这些要求在不同时期提出,导致了重叠和成本效率低下,其对温室气体减排、可再生能源、能源效率和市场一体化等政策领域之间的协同作用和互动考虑不足。为确保在适当跟进国家能源和气候综合计划的实施与减少行政复杂性的需求之间取得适当平衡,成员国应编制关于计划实施和能源系统其他发展的两年期进度报告。但某些报告特别是关于《气候公约》和欧盟法律在气候领域要求的报告,仍有必要逐年进行。

(40)成员国的国家能源和气候综合进展报告应与国家能源和气候综合计划模板中规定的内容一致。鉴于国家能源和气候综合进展报告的技术性,以及首份进展报告应于2023年提交的事实,综合国家能源和气候进展报告的模板应在后续的执行法案中详细说明。进展报告应确保对欧盟、其他成员国、区域和地方机关、包括消费者在内的市场参与者、其他利益相关者和公众的透明度。报告应全面涵盖能源联盟的五个方面,并在首个时期强调2030年气候和能源框架目标的涵盖领域。

(41)根据《气候公约》,联盟及其成员国需采用缔约方大会同意的可比方法,制定、定期更新、公布并向缔约方大会报告载有所有温室气体人为源排放量和汇移除量的国家清单。温室气体清单是跟进脱碳进展和评估气候领域立法行为遵守情况的关键,特别是欧洲议会和欧洲理事会的(EU)2018/842号条例和(EU)2018/841号条例的遵守情况。

(42)《气候公约》缔约方大会第1/CP.16号决定要求达成国家约定,以预估所有温室气体的人为源排放量和汇移除量。本条例应有助于达成国家约定。

(43)(EU)525/2013号条例的实施经验表明信息透明度、准确性、一致性、完整性和可比性具有相当的重要性。以此经验为基础,本条例应确保成员国在五个方面使用可靠且一致的数据和假设,公开提供相关最终情景和预测所使用的假设、参数和方法的全面信息,同时考虑到统计限制、商业敏感数据和遵守数据保护规则,报告其政策和措施,并且,预测将作为进展报告的关键组成部分。前述报告中的信息对于证明及时履行(EU)2018/842号条例下的承诺应是至关重要的。在欧盟和成员国层面运行并不断改进的系统,辅以优化的报告指南,将有助于不断强化必要信息以跟进脱碳进展。

(44)本条例应确保成员国报告适应气候变化和向发展中国家提供财政、技术和能力建设支持,从而促进欧盟履行在《气候公约》和《巴黎协定》下的承诺。此外,关于国家适应行动和支持的信息在国家能源和气候综合计划中十分重要,特别是在适应欧盟能源供应安全相关的气候变化不利影响方面,如发电厂的冷却水供应和能源的生物质可用性,以及能源联盟外部层面的相关支持信息。

(45)《巴黎协定》重申,各缔约方在采取行动应对气候变化时,应尊重、促进和考虑各自在人权和性别平等方面的义务。因此,成员国应将人权和性别平等问题充分纳入国家能源和气候综合计划及长期战略中,还应通过其两年期进展报告,报告其国家能源和气候综合计划的实施如何有助于促进人权和性别平等。

(46)为减少成员国和委员会的行政负担,委员会应建立在线平台(电子平台),以促进沟通,推动合作,方便公众获取信息。这应有助于及时提交报告,提高国家报告的透明度。电子平台应补充、发展并受益于现有报告程序、数据库和电子工具,如欧洲环境署、欧盟统计局、联合研究中心的报告以及从欧盟生态管理和审计计划中获得的经验。

(47)委员会应确保最终的国家能源和气候综合计划在网上公开。电子平台一旦投入使用,委员会应使用该平台托管并公开提供最终的国家能源和气候综合计划、其更新情况、长期战略以及成员国提供的其他相关报告信息。投入使用前,委员会将利用自有网站,方便公众在线获取国家能源和气候最终综合计划。

(48)成员国通过国家规划和报告方式向委员会提供的数据信息不应与欧洲议会和欧洲理事会(EC)223/2009号条例中已提供的数据和统计资料重复。前述数据和统计资料与本条例规定的规划和报告义务形式相同,且仍可从委员会(Eurostat)获得,具有相同价值。在时间可行的情形下,国家能源和气候综合计划中提供的报告数据和预测应建立在欧共体统计局的数据和根据(EC)223/2009 号条例用于报告欧洲统计数据的方法之上,并与之保持一致。

(49)鉴于集体实现了能源联盟战略的目标,特别是建立了一个充分运作且有弹性的能源联盟,委员会需评估国家能源和气候综合计划草案及计划,并根据进度报告评估其执行情况。在首个 10 年期,其特别涉及联盟 2030 年能源和气候目标的实现以及各国对目标的贡献。此类评估应每两年进行一次,必要时需每年进行一次,并应纳入委员会的能源联盟状况报告。

(50)在适当尊重委员会的倡议权、普通立法程序和机构权力平衡的情况下,欧洲议会和欧洲理事会应每年讨论能源联盟在能源和气候政策各方面取得的进展。

(51)委员会应评估国家能源和气候综合计划的政策及措施对欧盟气候和能源政策措施运作的总体影响,特别是考虑到欧盟根据《巴黎协定》承诺需增加的温室气体减排和移除量,是否需要额外的欧盟政策及措施。

(52)航空对全球气候的影响源于二氧化碳及其他排放物的释放,包括氮氧化物排放及其机制,如卷层云的增强。鉴于对此类影响的科学认识发展迅速,(EU)525/2013 号条例已规定就航空对全球气候的非二氧化碳影响进行更新评估,使用的相关模型应与科学进步相适应。基于对前述影响的评估,委员会应在 2020 年 1 月 1 日前提交一份关于航空非二氧化碳影响的最新分析,并视情况提出解决前述影响的最佳方案。

(53)根据现行《气候公约》温室气体报告指南,甲烷排放量的计算和报告基于与 100 年时间范围相关的全球升温潜能值(GWP)。鉴于甲烷的高全球升温潜能值和相对较短的大气寿命会对气候的短期和中期产生重大影响,委员会应分析实施政策和措施,以减轻甲烷排放对欧盟温室气体排放的影响。委员会应考虑尽快解决甲烷排放的政策选择,并提出一项欧盟甲烷战略计划,作为联盟长期战略的组成部分。

(54)为确保国家和联盟政策以及能源联盟目标之间的一致性,委员会和成员国之间,以及成员国之间(适当情况下)应持续进行对话。委员会应视情况向成员国提出建议,包括关于国家能源和气候综合计划草案的目标水平,通报的国家能源和气候综合计划的政策及措施的后续执行情况,以及实施能源联盟其他相关国家政策及措施。尽管根据《欧盟运作条约》第 288 条的规定,建议不具有约束力,但成员国应适当考虑前述建议,并在后续的进展报告中说明其如何执行。关于可再生能源,委员会的评估应以客观标准为基础。若委员会就成员国的国家计划草案提出建议(其应尽快),其一方面需考虑委员会需将全体成员国的某些量化计划贡献相加,以评估联盟层面的目标；另一方面需考虑为相关成员国预留充分的时间，以使其在最后确定国家计划前适当考虑委员会的建议，并需避免成员国国家计划被延误的风险。

(55)高成本效益的可再生能源部署是评估成员国会费的关键客观标准之一。部署可再生能源的成本结构复杂，且成员国之间存在较大差异。其不仅包括支持计划的成本，还包括安装、系统备份、提供系统安全的连接成本和遵守环境限制时需承担的成本。因此，在根据此标准对成员国进行比较时，部署相关的所有费用(无论由成员国、最终消费者还是项目开发商承担)均应计算在内。委员会关于成员国可再生能源目标的建议应基于本条例中规定的基于客观标准的公式。因此，对成员国可再生能源目标的评估应表明成员国所做的相对努力，同时应考虑影响可再生能源发展的相关情况。该评估亦应包括源自独立的定量或定性数据来源的数据。

(56)若国家能源和气候综合计划或其更新目标不足以集体实现能源联盟目标，特别是首个时期的2030年可再生能源和能源效率目标，委员会应在联盟层面采取措施，以确保集体实现前述目标和指标(从而缩小任一“目标差距”)。若欧盟取得的进展不足以实现前述目标和指标，委员会除发布建议外，还应提出措施，并在欧盟层面行使其权力，或成员国应采取额外措施，以确保实现目标和指标(从而缩小“交付差距”)。前述措施应考虑到成员国为实现2030年可再生能源目标所做的早期努力，即在2020年或之前达到高于其国家约束性目标的可再生能源份额，或在实现其2020年国家约束性目标方面取得早期进展，或在实现其对欧盟2030年至少32%的可再生能源约束性目标方面所作的贡献。在可再生能源领域，前述措施还可包括成员国对欧盟可再生能源融资机制的自愿财政捐助，该机制将用于捐助全欧盟最具成本效益的可再生能源项目，从而为成员国提供选择，以尽可能低的成本促成欧盟目标的实现。成员国2020年的国家可再生能源目标应作为2021年起可再生能源的基线份额，并应在整个时期内保持。在能源效率领域，额外的措施可立足于提高产品、建筑和运输的能源效率。

(57)欧洲议会和欧洲理事会(EU)2018/2001号指令附件一中规定的成员国，其2020年国家可再生能源目标应作为2021年至2030年国家指示性轨迹的起点，除非成员国自愿决定设定更高起点。此外，其应在此期间构成强制性基线份额，该份额同样构成(EU)2018/2001号指令的一部分。在此期间，可再生能源在各成员国终端能源消耗总量中所占份额不应低于其基线份额。

(58)若某成员国在一年时间内未维持其基线份额，应在一年内采取额外措施弥补与其基准情景的差距。若某成员国已有效采取此类必要措施并履行了其弥补该差距的义务，则该成员国应视为自该差距出现之时起符合其基线方案的强制性要求，并且符合本条例和(EU)2018/2001号指令的要求。

(59)为使成员国和委员会能够充分监测并尽早采取矫正行动,并为避免“搭便车”效应,全体成员国的指示性轨迹,包括联盟的指示性轨迹,应在 2022 年、2025 年和 2027 年至少达到本条例规定的 2030 年可再生能源总增长的某些最低百分比。在 2022 年、2025 年和 2027 年实现前述“参考点”的情况将由委员会评估。特别是在成员国应提交的国家能源和气候综合进展报告的基础上,低于参考点的成员国应在其下一份进展报告中解释其将如何弥补这一差距。若未达到欧盟的指示性参考点,低于参考点的成员国应采取额外措施以弥补差距。

(60)联盟和成员国应提供与其温室气体排放和移除相关的最新信息。本条例应通过使用统计信息和其他信息使得前述评估能在尽可能短的时间内编制,如欧洲议会和欧洲理事会(EU)377/2014 号条例建立的哥白尼计划和其他卫星系统视情况提供的天基数据。

(61)根据(EU)2018/842 号条例,欧洲议会和欧洲理事会第 406/2009/EC 号决定中采取的年度承诺周期方法应持续使用。该方法要求对成员国的温室气体清单进行全面审查,以评估遵守情况,并在必要时采取矫正行动。有必要在欧盟层面对成员国提交的温室气体清单进行审查,确保以可信、一致、透明且及时的方式评估成员国对(EU)2018/842 号条例的遵守情况。

(62)成员国和欧盟委员会应确保就实施能源联盟相关的全部事项开展密切合作,欧洲议会应密切参与本条例的相关事项。委员会应视情况协助成员国执行本条例(特别是在制定国家能源和气候综合计划以及相关的能力建设方面),包括从内部建模能力中调动资源,并在适当情况下调动外部专业知识。

(63)成员国应确保其国家能源和气候综合计划考虑到欧洲学期背景下发布的最新国别建议。

(64)成员国应采用能源效率优先原则,在作出能源规划、政策和投资决定前,应考虑替代能源效率措施是否具有成本效益,及技术、经济和环境上的合理性,是否可以全部或部分取代设想的规划、政策和投资措施,同时仍能实现相关决定的目标。应将能源效率作为欧盟未来能源基础设施投资决策的关键和主要考虑因素。此类高成本效益的替代方法包括增加能源需求和提高能源供应效率的措施,特别是通过高成本效益的终端用户节能,需求应对举措及更有效的能源转换、传输和分配。成员国还应鼓励在区域、地方政府及私营部门推广这一原则。

(65)欧洲环境署应根据其年度工作方案,视情况协助委员会开展评估、监测和报告工作。

(66)应将根据《欧盟运作条约》第 290 条通过法案的权力下放至委员会,以修订国家能源和气候综合计划模板的总体框架,使该模板适应与欧盟在《气候公约》和

《巴黎协定》下的贡献直接和具体相关的欧盟能源和气候政策框架修正案,考虑全球升温潜能值和国际商定的清单准则的变化,并为欧盟清单系统设定实质性要求和建立登记册。尤为重要的是,委员会在筹备工作中应进行适当磋商(包括专家层面),且磋商应根据 2016 年 4 月 13 日《关于更好地立法的机构间协议》规定的原则进行。特别是为确保平等参与授权法案的准备工作,欧洲议会和欧洲理事会应与成员国专家同时收到全部文件,其专家应系统参加委员会处理授权法案准备工作的专家组会议,必要时,还应考虑根据《气候公约》和《巴黎协定》通过的决定。

(67)为确保执行本条例的统一条件,应赋予委员会执行权力,特别在以下方面:国家能源和气候综合进展报告;关于国家适应行动、向发展中国家提供的财政和技术支持及拍卖收入的综合报告;关于类温室气体清单、温室气体清单和核算的温室气体排放及移除量的年度报告;欧盟可再生能源融资机制、国家清单系统;清单审查;欧盟和国家政策、措施及预测系统;以及关于温室气体政策、措施及预测的报告。此类权力应根据(EU)182/2011 号条例行使。

(68)为行使本条例规定的执行权力,欧盟委员会应得到气候变化委员会和能源联盟委员会的协助,该气候变化委员会恢复了根据第 93/389/EEC 号决定第 8 条、第 280/2004/EC 号决定第 9 条和(EU)525/2013 号条例第 26 条设立的现有气候变化委员会。为确保政策的一致性,并最大限度发挥部门之间的协同作用,在执行本条例时,应邀请气候和能源专家参加两个委员会的会议。

(69)委员会应在 2024 年审查本条例的执行情况,此后每 5 年审查一次,并视情况提出修正建议,以确保本条例的适当执行和目标实现。以上审查应考虑到发展情况,并应参考《巴黎协定》全球评估的结果。

(70)本条例应整合、修订、取代和撤销目前载于能源和气候联盟部门法律中的某些规划、报告和监测义务,以确保对主要的规划、报告和监测环节采取简化且综合的方法。因此,应对以下立法法案进行相应修正:欧洲议会和欧洲理事会第 94/22/EC 号指令、第 98/70/EC 号指令、第 2009/31/EC 号指令、(EC)663/2009 号条例、(EC)715/2009 号条例、第 2009/73/EC 号指令、第 2010/31/EU 号指令、第 2013/30/EU 号指令,理事会第 2009/119/EC 号指令、(EU)2015/652 号指令,及第 2012/27/EU 号指令。

(71)考虑到法律的一致性和确定性,本条例内容皆不应妨碍相关联盟部门法律在电力和电力风险防范领域适用减免规定。

(72)该条例还应完全整合(EU)525/2013 号条例的规定。因此,(EU)525/2013 号条例应自 2021 年 1 月 1 日起废止。然而,为确保根据(EU)525/2013 号条例继续执行第 406/2009/EC 号决定,并确保执行《京都议定书》相关的某些规定继续载入法律,部分规定需在该日期之后保持效力。

(73)由于本条例目标仅靠成员国无法充分实现,且拟议行动的规模和效果于欧盟层面可更好地实现,欧盟可根据《欧洲联盟条约》第5条规定的辅助原则采取措施。根据该条规定的相称性原则,本条例限于实现前述目标的必要范围。

此条例已通过。

第一章 总 则

第1条 【主题与范围】

1. 本条例建立治理机制,以:

(a)实施旨在实现能源联盟的目标和指标以及符合《巴黎协定》的长期欧盟温室气体排放承诺的战略和措施,在首个10年期间,特别是欧洲议会和欧洲理事会(EU)2021/1119号条例第2条第1款规定的欧盟气候中和目标,从2021年到2030年,特别是欧盟的2030年能源和气候目标;

(b)促进成员国之间的合作,包括视情况在地区一级开展合作,以实现能源联盟的目标和指标;

(c)确保欧盟及其成员国向《气候公约》和《巴黎协定》秘书处报告的及时性、透明度、准确性、一致性、可比性和完整性;

(d)有助于提升监管和提高投资者的确定性,有助于充分利用经济发展、投资激励、创造就业和社会凝聚力的机会。

治理机制的基础是长期战略,涵盖2021年至2030年10年期间的国家能源和气候综合计划、成员国相应的国家能源和气候综合进展报告以及委员会的综合监测安排。治理机制应确保公众有机会参与制定前述国家计划和长期战略,包括委员会和成员国之间结构化、透明、反复的过程,旨在最终确定国家能源和气候综合计划及其后续的实施,包括在区域合作方面,以及委员会的相应行动。

2. 本条例适用于能源联盟的五个方面,其密切相关且相互促进:

(a)能源安全;

(b)内部能源市场;

(c)能源效率;

(d)脱碳;

(e)研究、创新和竞争力。

第2条 【定义】适用以下定义:

(1)“政策和措施”指有助于实现国家能源和气候综合计划的目标和/或履行《气候公约》第4条第2款a、b项的承诺的所有文书,包括不以限制和减少温室气体排放或改变能源系统为主要目标的文书;

(2)“现有政策和措施”指已实施及已采纳的政策和措施;

(3)“已实施的政策和措施”指在提交国家能源和气候综合计划或国家能源和气候综合进展报告之日适用以下一项或多项的政策和措施:直接适用的欧盟或国家法律已生效;一个或多个自愿协议已建立;财政资源已分配;人力资源已动员;

(4)“已采纳的政策和措施”指在提交国家能源和气候综合计划或国家能源和气候综合进展报告之日前,政府已作出正式决定,并明确承诺着手实施的政策和措施;

(5)“计划中的政策和措施”指正在讨论中的,在提交国家能源和气候综合计划或国家能源和气候综合进展报告之日后有可能被采纳和实施的方案;

(6)“政策、措施和预测系统”指除其他外,按照第39条的要求,为报告与温室气体人为源排放量和汇移除量以及能源系统相关的政策、措施和预测而建立的体制、法律和程序安排系统;

(7)“预测”指对温室气体人为源排放量和汇移除量或能源系统发展的预测,至少包括对紧接报告年之后以0或5结尾的未来六年的连续定量估计;

(8)“不含措施的预测”指对温室气体人为源排放量和汇移除量的预测,其不包括作为相关预测起点年份之后计划、通过或实施的所有政策和措施的影响;

(9)“有措施的预测”指对温室气体人为源排放量和汇移除量的预测,包括已采纳和实施的政策及措施在温室气体减排或能源系统发展方面的影响;

(10)“有额外措施的预测”指对温室气体人为源排放量和汇移除量或能源系统发展情况的预测,包括为减缓气候变化或实现能源目标而采取和实施的政策、措施,以及为此目的规划的政策和措施在减少温室气体排放方面的效果;

(11)“欧盟的2030年能源和气候目标”指在2030年前实现的全欧盟范围内的整体经济温室气体排放比1990年至少减少40%的约束性目标,2030年欧盟可再生能源消费比例至少为32%的欧盟层面的约束性目标,2030年提高能源效率至少为32.5%的欧盟层面的总体目标,以及2030年15%的电力互联目标,欧洲理事会或欧洲议会和欧洲理事会为2030年商定的相关后续目标;

(12)“国家清单体系”指一成员国内为估算温室气体人为源排放量和汇移除量以及报告和归档清单信息而建立的体制、法律和程序安排体系;

(13)“指标”指有助于更好理解实施进展的定量或定性因素或变量;

(14)“关键指标”指委员会提出的能源联盟五个方面的进展指标;

(15)“技术校正”指根据第38条进行的审评,当提交的清单数据不完整或编制方式不符合相关国际或联盟规则或指南时,对国家温室气体预估清单数据作出调整以取代原有提交数据;

(16)“质量保证”指一个计划性审查程序系统,以确保达到数据质量目标,并报告尽可能准确的预估数据及信息,以支持质量控制方案的有效性并对成员国进行协助;

(17)“质量控制”指衡量和控制所编信息和预估数据质量的日常技术活动体系,其遵循以下目的:确保数据的完整性、正确性、完备性;识别和处理错误及遗漏;记录和归档数据和其他使用材料;以及记录所有质量保证活动;

(18)“能源效率优先”指在能源规划、政策和投资决策中最大限度考虑其他高成本效益的能源效率措施,使能源需求和能源供应更加有效,特别是通过高成本效益的终端能源节约、需求响应举措及更有效的能源转换、传输和分配,同时持续实现前述决策目标;

(19)“SET计划”指欧盟委员会2015年9月15日发布的战略能源技术计划,题为“迈向综合战略能源技术计划:加速欧洲能源系统转型”;

(20)“早期努力”指:

(a)在评估欧盟2030年可再生能源目标与成员国集体贡献之间的潜在差距的背景下,成员国实现的可再生能源份额高于(EU)2018/2001号指令附件一规定的2020年国家约束性目标,或成员国在实现2020年国家约束性目标方面的早期进展;

(b)在委员会根据第29条第1款b项对可再生能源评估提出建议的情况下,一个成员国对欧盟2030年可再生能源至少占32%的约束性目标的早期执行情况,以其可再生能源的国家参考点衡量;

(21)“区域合作”指两个及以上成员国之间的合作,涉及能源联盟五个方面中的一个或多个方面的伙伴关系;

(22)“来自可再生资源的能源”或“可再生能源”指来自可再生资源的能源或(EU)2018/2001号指令第2条第1项定义的可再生能源;

(23)“能源最终消费总量”指(EU)2018/2001号指令第2条第4项定义的能源最终消费总量;

(24)“支持计划”指(EU)2018/2001号指令第2条第5项定义的支持计划;

(25)“再供电”指(EU)2018/2001号指令第2条第10项定义的再供电;

(26)“可再生能源社区”指(EU)2018/2001号指令第2条第16项定义的可再生能源社区;

（27）“区域供暖”或“区域制冷”指（EU）2018/2001 号指令第 2 条第 19 项定义的区域供暖或区域制冷；

（28）“废物”指（EU）2018/2001 号指令第 2 条第 23 项定义的废物；

（29）“生物质”指（EU）2018/2001 号指令第 2 条第 24 项定义的生物质；

（30）“农业生物质”指（EU）2018/2001 号指令第 2 条第 25 项定义的农业生物质；

（31）“森林生物质”指（EU）2018/2001 号指令第 2 条第 26 项定义的森林生物质；

（32）“生物质燃料”指（EU）2018/2001 号指令第 2 条第 27 项定义的生物质燃料；

（33）“沼气”指（EU）2018/2001 号指令第 2 条第 28 项定义的沼气；

（34）“生物液体”指（EU）2018/2001 号指令第 2 条第 32 项定义的生物液体；

（35）“生物燃料”指（EU）2018/2001 号指令第 2 条第 33 项定义的生物燃料；

（36）“高级生物燃料”指（EU）2018/2001 号指令第 2 条第 34 项定义的高级生物燃料；

（37）“再生碳燃料”指（EU）2018/2001 号指令第 2 条第 35 项定义的再生碳燃料；

（38）“富含淀粉的作物”指（EU）2018/2001 号指令第 2 条第 39 项定义的富含淀粉的作物；

（39）“粮食和饲料作物”指（EU）2018/2001 号指令第 2 条第 40 项定义的粮食和饲料作物；

（40）“木质纤维素材料”指（EU）2018/2001 号指令第 2 条第 41 项定义的木质纤维素材料；

（41）“残留物”指（EU）2018/2001 号指令第 2 条第 43 项定义的残留物；

（42）“一次能源消耗”指第 2012/27/EU 号指令第 2 条第 2 项定义的一次能源消耗；

（43）“终端能源消耗”指第 2012/27/EU 号指令第 2 条第 3 项定义的终端能源消耗；

（44）“能源效率”指第 2012/27/EU 号指令第 2 条第 4 项定义的能源效率；

（45）“能源节约”指第 2012/27/EU 号指令第 2 条第 5 项定义的能源节约；

（46）“能源效率改善”指第 2012/27/EU 号指令第 2 条第 6 项定义的能源效率改善；

（47）“能源服务”指第 2012/27/EU 号指令第 2 条第 7 项定义的能源服务；

(48)“总实用面积”指第2012/27/EU号指令第2条第10项定义的总实用面积;

(49)“能源管理系统”指第2012/27/EU号指令第2条第11项定义的能源管理系统;

(50)“义务方”指第2012/27/EU号指令第2条第14项定义的义务方;

(51)“执行公共机关”指第2012/27/EU号指令第2条第17项定义的执行公共机关;

(52)“个人行动”指第2012/27/EU号指令第2条第19项定义的个人行动;

(53)“能源分销商”指第2012/27/EU号指令第2条第20项定义的能源分销商;

(54)“分销系统运营商”指第2009/72/EC号指令第2条第6项和第2009/73/EC号指令第2条第6项定义的“分销系统运营商”;

(55)“零售能源销售公司”指第2012/27/EU号指令第2条第22项定义的零售能源销售公司;

(56)“能源服务提供商”指第2012/27/EU号指令第2条第24项定义的能源服务提供商;

(57)“能源绩效合同”指第2012/27/EU号指令第2条第27项定义的能源绩效合同;

(58)“热电联产”指第2012/27/EU号指令第2条第30项定义的热电联产;

(59)“建筑”指第2010/31/EU号指令第2条第1项定义的建筑;

(60)“近零能耗建筑”指第2010/31/EU号指令第2条第2项定义的近零能耗建筑;

(61)“热泵”指第2010/31/EU号指令第2条第18项定义的热泵;

(62)“化石燃料”指不可再生的碳基能源,如固体燃料、天然气和石油;

(63)“地理信息系统”指能够捕获、存储、分析和显示地理参考信息的计算机系统;

(64)“地理空间申请”指电子申请表格,包括基于地理信息系统的IT应用程序,该应用程序允许受益人在空间上申报持有的农业地块和被要求付款的非农业地区。

第二章　国家能源和气候综合计划

第3条　【国家能源和气候综合计划】

1. 在2019年12月31日及2029年1月1日前以及此后每10年,各成员国应向委员会报送国家能源和气候综合计划,计划应包含本条第 2 款和附件一规定的内容。首个计划应涵盖 2021 年至 2030 年,并考虑到更长远的前景。后续的计划应涵盖前一计划所涵盖时期结束后的十年期。

2. 国家能源和气候综合计划应包括:

(a)关于制定国家能源和气候综合计划过程的概述,包括执行摘要、公众咨询和利益相关者参与及其结果的说明,以及在制定计划时与其他成员国进行区域合作的说明,如第 10 条、第 11 条和第 12 条以及附件一第 1 编 A 部分第 1 条的规定;

(b)说明第 4 条及附件一规定的能源联盟各方面相关的国家目标、指标和贡献;

(c)说明与 b 项下所列相应目标、指标和贡献有关的计划政策和措施,以及为实现相应目标、指标和贡献所需投资的总体情况;

(d)说明能源联盟五个方面的现状,包括能源系统和温室气体排放与移除,以及对现有政策及措施实现 b 项所述目标的预测;

(e)如适用,说明在实现可再生能源及能源效率相关目标、指标或贡献方面存在的监管和非监管阻力及障碍;

(f)评估为实现 b 项所述目标计划采取的政策及措施的影响,包括其与(EU)2021/1119 号条例第 2 条第 1 款规定的欧盟气候中立目标及《巴黎协定》规定的长期温室气体减排目标和第 15 条所述长期战略的一致性;

(g)关于计划中的政策及措施对能源联盟五个方面相关竞争力影响的一般评估;

(h)根据本条例附件三规定的要求和结构起草的附件,根据第 2012/27/EU 号指令第 7 条及其附件五列出成员国实现节能要求的方法和政策措施。

3. 关于国家能源和气候综合计划,成员国应:

(a)减少全体利益相关方的行政复杂性并降低成本;

(b)考虑能源联盟五个方面之间的相互联系,特别是能源效率优先原则;

(c)相关情况下,在五个方面使用稳定和一致的数据和假设;

(d)评估能源贫困家庭数量,考虑在相关国家背景下保证基本生活标准的必要家庭能源服务、现有社会政策和其他相关政策,以及委员会对能源贫困相关指标的指示性指导。

若某成员国根据 d 项第 1 段发现其境内存在大量能源贫困家庭,根据对可核查数据的评估,其应在计划中包括减少能源贫困的国家指示性目标。相关成员国应在其国家能源和气候综合计划中概述解决能源贫困的政策和措施(如有),包括社会政策措施和其他相关国家计划。

4. 各成员国应公开其根据本条规定提交给委员会的国家能源和气候综合计划。

5. 委员会有权根据第43条通过授权法案,以修正A部分第2.1.1条和第3.1.1条,B部分第4.1条和第4.2.1条以及附件一第2部分第3条,旨在使其适应欧盟能源和气候政策框架的修正,前述修正与欧盟在《气候公约》和《巴黎协定》下的贡献直接相关。

第4条 【能源联盟五个方面的国家目标、指标和贡献】

如附件一A部分第2条所述,各成员国应在其国家能源和气候综合计划中规定以下主要目标、指标和贡献:

(a)"脱碳"方面:

(1)关于温室气体排放和移除,有助于实现整体经济联盟温室气体减排目标:

(i)根据(EU)2018/842号条例,成员国温室气体排放的约束性国家目标和年度约束性国家阈值;

(ii)根据(EU)2018/841号条例第4条第1款和第2款,成员国对温室气体净移除量的承诺和国家目标;

(iii)如适用,实现与《巴黎协定》一致的能源联盟和长期联盟温室气体排放承诺的目标和指标、其他目标和指标,包括部门目标和适应目标。

(2)关于可再生能源:按照成员国在2030年终端能源消耗总量中可再生能源份额对国家目标的贡献,以及从2021年起该贡献的指示性轨迹,2030年应实现至少32%的可再生能源约束性目标。该指示性轨迹应达到参考点,即在该成员国具有约束力的2020年国家目标和对2030年目标的贡献之间,来自可再生能源的能源份额总增长量至少为18%。至2025年,指示性轨迹应达到参考点,即在该成员国具有约束力的2020年国家目标和对2030年目标的贡献之间,来自可再生能源的能源份额总增长量至少为43%。到2027年,指示性轨迹将达到参考点,即在该成员国具有约束力的2020年国家目标和其对2030年目标的贡献之间,可再生能源份额总增长量至少为65%。到2030年,指示性轨迹应至少达到该成员国的计划贡献。若某成员国预计将超过其具有约束力的2020年国家目标,其指示性轨迹可从其预计实现的水平开始。成员国的指示性轨迹的总和,应达到2022年、2025年和2027年的联盟参考点,并达到2030年联盟具有约束力的至少32%的可再生能源目标。除对欧盟目标的贡献和为本条例目的的指示性轨迹外,成员国可自由设定出于国家政策目的的更高目标。

(b)“能源效率”方面：

(1)基于一次或终端能源消耗、一次或终端能源节约或能源强度，第2012/27/EU号指令第1条第1款和第3条第5款所述的国家能源效率对实现欧盟2030年至少32.5%的能源效率目标的指示性贡献，成员国应以2020年一次能源消费和终端能源消耗的绝对水平，以及2030年一次能源消费和终端能源消耗的绝对水平来表示其贡献，并对2021年以后的贡献提出指示性轨迹，解释其基本方法和使用的转换系数；

(2)根据第2012/27/EU号指令第7条第1款b项关于节能义务的规定，在2021~2030年期间将实现的最终能源节约累计量；

(3)全国公共和私人的住宅及非住宅建筑改造长期战略的指示性时间表，带有国内确定的可衡量进展指标的路线图，基于证据对预期节能和扩大效益的预估，以及根据第2010/31/EU号指令第2a条对欧盟能源效率目标的贡献；

(4)根据公共机构建筑示范作用的第2012/27/EU号指令第5条，从2021年到2030年应改造的总建筑面积或应实现的等效年度能源节约。

(c)“能源安全”方面：

国家在以下方面的目标：

促进能源来源和第三国供应的多样化，其可能旨在减少对能源进口的依赖，

增强国家能源系统的灵活性；

解决能源供应受限或中断的问题，以提高区域和国家能源系统的抗御力，包括实现前述目标的时间框架。

(d)“内部能源市场”方面：

(1)成员国在2030年的电力互联水平，应考虑到2030年的电力互联目标为至少15%，并与受影响的成员国密切合作确定2021年以后的水平。同时，考虑到2020年10%的互联目标和基于批发市场的价格差异的行动紧迫性指标，以及附件一第1编A部分第2.4.1条规定的峰值负荷和可再生能源发电装机容量相关的互联网络名义传输能力，每条新的互联网络都应进行社会经济和环境成本效益分析，仅在潜在效益超过成本时方能实施。

(2)为实现能源联盟五个方面的目标和指标必需的关键电力和天然气传输基础设施项目，以及在相关情况下必需的现代化改造项目。

(3)内部能源市场其他方面相关国家目标，如增强系统灵活性，特别是通过符合准据法的市场价格形成的相关政策和措施；市场一体化和耦合，旨

在增加现有互联网络的可交易能力、智能电网、聚合、需求响应、存储、分布式发电、调度、重新调度和削减的机制以及实时价格信号。包括应达到目标的时间框架,以及附件一第1编A部分第2.4.3条所列的内部能源市场其他相关国家目标。

(e)“研究、创新和竞争力”方面:

(1)能源联盟相关公共和私人研究及创新的国家目标和资助指标(如有),包括适当的实现目标的时间框架;反映能源联盟战略的优先事项,以及相关情况下反映SET计划的优先事项。在制定其目标、指标和贡献时,成员国可借鉴符合联盟法律的现有国家战略或计划。

(2)促进清洁能源技术相关的2050年国家目标(如有)。

第5条 【可再生能源领域的成员国贡献设定过程】

1.根据第4条a款第2项的规定,各成员国在为2030年和后续国家计划所涉期间最后一年的可再生能源在能源最终消费总额中的份额作出贡献时,应考虑下列各项内容:

(a)(EU)2018/2001号指令规定的措施;

(b)为达到根据第2012/27/EU号指令通过的能源效率目标采取的措施;

(c)在成员国内部以及相关情况下在欧盟层面推广可再生能源的其他现有措施;

(d)(EU)2018/2001号指令附件一规定的具有约束力的2020年国家可再生能源在其能源终端消费总量中的目标;

(e)影响可再生能源部署的相关情况,如:

(i)在欧盟范围内部署的公平分配;

(ii)经济条件和潜力,包括人均GDP;

(iii)具有成本效益的可再生能源部署潜力;

(iv)地理、环境和自然限制,包括未联网地区和区域的限制;

(v)成员国之间电力互联的水平;

(vi)其他相关情况,尤其是早期努力。

根据e项第1段,各成员国应在其国家能源和气候综合计划中说明已考虑的影响可再生能源部署的相关情况。

2.各成员国应共同确保至2030年的贡献总额至少占联盟层面可再生能源终端能源消耗总额的32%。

第6条 【能源效率领域的成员国贡献设定过程】

1.在根据第4条b款第1项为2030年和后续国家计划涵盖期间最后一年作出

的指示性国家能源效率贡献中,根据第2012/27/EU号指令第3条,各成员国应考虑到,欧盟2020年的能源消耗不得超过14.83亿吨一次能源或10.86亿吨终端能源,欧盟2030年的能源消耗不得超过11.28亿吨一次能源和/或8.46亿吨终端能源。此外,各成员国应考虑:

(a)第2012/27/EU号指令规定的措施;

(b)成员国内部和欧盟层面促进能效的其他措施。

2.第1款所述的贡献中,各成员国可考虑影响一次和终端能源消耗的国家情况。如:

(a)剩余的高成本效益节能潜力;

(b)国内生产总值的变化和预测;

(c)能源进出口变化;

(d)能源组合变化以及碳捕获和储存的发展;

(e)早期行动。

就第1段,各成员国应在其国家能源和气候综合计划中,说明已考虑到的影响一次和终端能源消耗的相关情况(如有)。

第7条 【能源联盟五个方面的国家政策和措施】

成员国应根据附件一,在其国家能源和气候综合计划中说明现有的和计划中的主要政策和措施,以(特别)实现国家计划中规定的目标,包括适用时,规定在国家和区域层面进行区域合作和适当融资的措施,包括调动联盟方案和文书。

成员国应全面概述实现国家计划中规定的目标、指标和贡献所需的投资,并对该投资的来源进行总体评估。

第8条 【国家能源和气候综合计划的分析基础】

1.成员国应根据附件一规定的结构和格式,说明能源联盟五个方面的现状,包括提交国家能源和气候综合计划时或根据现有的最新资料,说明能源系统和温室气体排放及移除的情况。成员国还应列出并说明现有政策和措施对能源联盟五个方面中各方面的预测,至少包括计划持续期间内预期将产生的结果。在相关且可能的情况下,成员国还应描述国家能源和气候综合计划期限外五个方面的长期前景。

2.成员国应在其国家能源和气候综合计划中说明其在国家和(如适用)区域层面的评估,即

(a)在计划期间和自计划涵盖最后一年之后的10年期间,计划的政策和措施或措施组合对能源系统发展和温室气体排放和移除的影响,包括与第1款所述基于现有政策和措施或措施组合的预测的比较。

(b)至少在2030年之前的首个10年期间,对第7条所述并在附件一中进一

步规定的计划政策和措施或措施组合的宏观经济影响，以及在可行的情况下对健康、环境、技能和社会的影响，包括与基于本条第 1 款所述的现有政策和措施或措施组合的预测进行比较。用于评估前述影响的方法应予公布。

(c) 至少在 2030 年之前的首个 10 年期间，某一政策维度内现有的政策和措施或措施组合与计划的政策和措施或措施组合之间的互动，以及不同维度的现有政策和措施或措施组合与计划的政策和措施或措施组合之间的互动。供应安全、基础设施和市场一体化的相关预测应与稳健的能源效率情景联系起来。

(d) 现有政策和措施以及计划中的政策和措施如何吸引实施计划所需的必要投资。

(e) 现有政策和措施以及计划的政策和措施有助于实现(EU)2021/1119 号条例第 2 条第 1 款规定的欧盟气候中和目标的方式。

3. 成员国应向公众提供有关最终情景和预测使用的假设、参数和方法的全面信息，同时考虑到统计限制、商业敏感数据以及对数据保护规则的遵守。

第 9 条 【国家能源和气候综合计划草案】

1. 在 2018 年 12 月 31 日及 2028 年 1 月 1 日前，以及此后每 10 年，各成员国应根据第 3 条第 1 款和附件一的规定，及时向委员会提交国家能源和气候综合计划草案。

2. 委员会应评估国家能源和气候综合计划草案，并可根据第 34 条在提交国家能源和气候综合计划的截止日期的前 6 个月向成员国发出针对具体国家的建议。前述建议可涉及：

(a) 目标、指标和贡献的雄心程度，以达到集体实现能源联盟的目标，特别是联盟 2030 年的可再生能源和能源效率目标，以及第 4 条 d 款所述的成员国在 2030 年的电力互联水平。同时适当考虑相关成员国在国家能源和气候综合计划草案中指出的影响可再生能源部署和能源消耗的相关情况，以及附件一第 1 编 A 部分第 2.4.1 条确定的互联行动的紧迫性指标。

(b) 成员国和欧盟层面目标相关的政策和措施，以及可能具有跨境意义的其他政策和措施。

(c) 国家能源和气候综合计划中可能需要的额外政策和措施。

(d) 国家能源和气候综合计划中包括的现有和计划的政策和措施在能源联盟单一及不同层面之间的相互作用和一致性。

(e) 相关融资措施的一致性，包括根据第 2003/87/EC 号指令拍卖欧盟排放交易计划配额产生收入的相关份额，用于土地利用、土地利用变化和林业，欧盟支持和使用欧盟资金,如共同农业政策的工具、政策和措施,以实现成员国根据(EU)2018/841 号条例第 4 条设定的成员国目标和预算的承诺。

3. 各成员国应在其国家能源和气候综合计划中适当考虑委员会的建议,相关成员国不采纳某项建议或其中的实质性部分的,应说明理由。

4. 就第 10 条所述的公众咨询,各成员国应向公众提供其国家能源和气候综合计划草案。

第 10 条 【公众咨询】

在不影响其他联盟法律要求的情形下,各成员国应确保公众尽早获得有效机会参与国家能源和气候综合计划草案的编制——就 2021 年至 2030 年期间的计划,在最终计划编制通过之前——以及第 15 条所述的长期战略编制。各成员国在向委员会提交前述文件时,应附上公众意见或临时意见的摘要。在第 2001/42/EC 号指令的适用范围内,根据该指令对草案进行的磋商应视为满足本条例规定的公众咨询义务。

各成员国应确保公众了解情况,且应制定合理的时间框架,使公众有足够的时间了解、参与和表达意见。

各成员国执行本条时应减少行政复杂性。

第 11 条 【多层次的气候和能源对话】

各成员国应根据国家规则建立多层次的气候和能源对话,使地方机关、民间社会组织、企业界、投资者和其他利益相关者及公众能积极参与和讨论,为实现(EU)2021/1119 号条例第 2 条第 1 款规定的欧盟气候中和目标及能源和气候政策构想不同方案,包括长期方案,并审查进展情况。除已有能达到目的的框架外,国家能源和气候综合计划可在前述对话框架内讨论。

第 12 条 【区域合作】

1. 成员国应相互合作,考虑到现有和潜在的区域合作形式,以有效实现其国家能源和气候综合计划中规定的目标、指标和贡献。

2. 各成员国应在根据第 9 条第 1 款向委员会提交其国家能源和气候综合计划草案及编制 2021 年至 2030 年期间的最终计划前,确定区域合作的机会,并与相邻成员国在区域合作论坛上磋商。如制定计划的成员国认为合适,该成员国可咨询其他成员国或对此展现兴趣的第三国。与其他成员国无能源互连的岛屿成员国应与有海洋边界的邻近成员国进行此类磋商,且应给予被咨询成员国合理时间作出回应。各成员国应在其国家能源和气候综合计划草案及 2021 ~ 2030 年国家能源和气候的最终计划中,至少列明前述区域磋商(如适用)如何考虑被磋商成员国或第三国的意见的临时结果。

3. 成员国可自愿联合起草其国家能源和气候综合计划及进展报告,包括区域合作论坛的部分内容。基于此,联合起草结果应取代其国家能源和气候综合计划及进度报告的同等部分。同时,应两个及以上成员国要求,委员会应促进该项工作展开。

4. 为促进市场一体化和制定高成本效益的政策和措施,成员国应在提交其国家能源和气候综合计划草案和最终计划的截止日期之间,在相关区域合作论坛上介绍其国家能源和气候综合计划草案的相关部分,以最终确定。必要时,委员会应促进成员国间的此类合作和磋商,如委员会确定进一步开展区域合作的机会,可向成员国提供指示性指导以推动有效的合作和磋商进程。

5. 成员国应在其最后的国家能源和气候综合计划中考虑从其他成员国收到的根据第 2 款、第 3 款提出的意见,并在计划中解释如何考虑前述意见。

6. 为第 1 款所述目的,各成员国在实施其国家能源和气候综合计划的相关政策和措施时,应继续在区域层面并视情况在区域合作论坛上进行合作。

7. 成员国还可考虑与能源共同体的签署国和欧洲经济区的第三国成员进行合作。

8. 如第 2001/42/EC 号指令的规定适用,根据该指令第 7 条对草案进行的跨境磋商应视为满足根据本条例进行区域合作的义务,但应当遵守本条要求。

第 13 条 【对国家能源和气候综合计划的评估】

在根据第 3 条和第 14 条通报的国家能源和气候综合计划及其更新的基础上,委员会应特别评估:

(a) 目标、指标和贡献是否足以实现能源联盟的集体目标,特别是在首个 10 年期间,是否足以实现欧盟 2030 年气候和能源框架的集体目标;

(b) 上述计划是否符合第 3 至 12 条的要求,且成员国是否已适当考虑委员会根据第 34 条提出的建议。

第 14 条 【国家能源和气候综合计划的更新】

1. 在 2023 年 6 月 30 日至 2033 年 1 月 1 日之前,以及此后的每 10 年,各成员国应向委员会提交最新的国家能源和气候综合计划更新草案,或向委员会说明该计划无需更新的理由。

2. 在 2024 年 6 月 30 日至 2034 年 1 月 1 日之前,以及此后的每 10 年,除已根据第 1 款提供无需更新的原因外,各成员国应向委员会提交一份最新已通报的国家能源和气候综合计划的更新方案。

3. 第 2 款所述的更新中,各成员国应修改与第 4 条 a 款第 1 项规定的量化的联盟目标、指标或贡献相关的国家目标、指标或贡献,以反映与最新通报的国家能源和气候综合计划规定的目标相比增加的雄心。第2款所述的更新中，各成员国应修改与第4条a款第2项和b款规定的量化的联盟目标、指标或贡献相关的国家目标、指标或贡献，以反映与最新通报的国家能源和气候综合计划规定的目标相同或更高的目标。

4. 成员国应努力在其更新的国家能源和气候综合计划中减轻第17至25条规定的综合报告中显现的不利环境影响。

5. 第2款所述的更新中，成员国应考虑在欧洲学期背景下发布的最新国别建议，以及《巴黎协定》产生的义务。

6. 第9条第2款及第10条和第12条规定的程序适用于编制和评估更新的国家能源和气候综合计划。

7. 本条不限制成员国在任何时期对其国家能源和气候综合计划中规定或所述的国家政策进行修改和调整的权利，但修改和调整的内容应列入国家能源和气候综合进展报告。

第三章　长期战略

第15条　【长期战略】

1. 至2020年1月1日，2029年1月1日及每10年间，各成员国应编写并向委员会提交至少未来30年的长期战略，并符合(EU)2021/1119号条例第2条第1款规定的欧盟气候中和目标必要时，成员国应每5年更新一次战略。

2. 为实现第3款所述的总体气候目标，委员会应在2019年4月1日前通过一项关于欧盟长期战略的提案。根据《巴黎协定》减少温室气体排放的目标，并考虑成员国相关国家能源和气候综合计划草案，本款所述长期战略至少应包含下列一项分析：

(a) 欧盟为实现第3款所述目标所作贡献的各种情景，特别是至2050年在欧盟内部实现温室气体净零排放，此后实现负排放的情景；

(b) a项所述情景对全球和欧盟剩余碳预算的影响，以为关于温室气体减排的成本效率、效力和公平性讨论提供参考。

3. 成员国及欧盟的长期战略应致力于：

(a) 履行成员国及欧盟在《气候公约》和《巴黎协定》项下，减少人为温室气体排放，通过汇提升移除量，以及推进提升碳封存的承诺；

(b) 实现《巴黎协定》规定的，全球平均气温增幅远低于工业化前水平的2℃以及努力将气温增幅限制在比工业化前水平高1.5℃的目标；

(c)根据(EU)2021/1119号条例第2条第1款规定的欧盟气候中和目标,实现全行业长期温室气体减排和汇移除的提升,在政府间气候变化专门委员会(IPCC)认为必要的减排情况下,以高成本效益的方式减少欧盟的温室气体排放,并增加汇移除量,以实现《巴黎协定》的气温目标,以便尽早实现欧盟内温室气体人为源排放与汇移除之间的平衡,并尽早实现负排放;

(d)欧盟内的高能效和高度信赖可再生能源的系统。

4. 成员国的长期战略应包含附表四列明的要素。此外,成员国及欧盟的长期战略应包含:

(a)温室气体排放总量的减少及汇移除量的增加;

(b)电力、工业、运输、供热制冷、建筑(民用或商用)、农业、荒地和土地利用、土地利用变化及林业在内的所有私营行业温室气体排放总量的减少和移除量的提升;

(c)向低排放经济过渡的预期进展,包括温室气体强度、国内生产总值的二氧化碳强度,相关长期投资的预估及相关研究和开发的战略及创新;

(d)可行范围内,脱碳措施对社会经济的预期影响,尤其在宏观经济和社会发展、健康风险和效益以及环境保护方面;

(e)相关计划和其他政策、措施和投资的国家长期战略目标。

5. 欧盟委员会有权根据第43条通过授权法案,以修改附件四,使其适应欧盟长期战略或欧盟能源与气候政策框架的发展,前述发展与《气候公约》,特别是《巴黎协定》下通过的相关决定直接具体相关。

6. 国家能源和气候综合计划需与本条所述的长期战略一致。

7. 成员国和委员会需告知并使社会公众知晓其长期战略及战略更新,包括通过第28条所述的线上平台。成员国和委员会应考虑商业敏感数据和遵守数据保护规则,向公众提供最终结果的相关数据。

8. 欧盟委员会应通过提供基础科学知识信息以及分享知识和最佳实践的机会支持成员国制定其长期战略,包括在相关情况下为成员国在其战略的制定和实施阶段提供指导。

9. 委员会应评估国家长期战略是否足以集体实现第1条规定的能源联盟目标和指标,并应提供剩余集体差距的相关信息。

第16条 【甲烷长期战略】

鉴于甲烷具有较高的全球变暖潜能值和相对较短的大气寿命,委员会应分析甲烷对实施政策和措施的影响,以减少其排放对欧盟温室气体排放的短期和中期影响。在适当考虑循环经济目标的情况下,委员会应考虑快速解决甲烷排放的政策选择,并应提出甲烷联盟战略计划,作为第 15 条所述的欧盟长期战略的一个组成部分。

第四章　报　　告

第一部分　两年期进展报告及后续行动

第 17 条　【国家能源及气候进展综合报告】

1. 在不违反第 26 条的情况下,2023 年 3 月 15 日至后续的每两年,成员国应向委员会汇报综合国家能源以及涵盖能源联盟五个方面的气候进展报告的实施现状。

2. 国家能源及气候进展综合报告应包括以下内容:

(a)关于在实现目标方面取得的进展的信息,包括实现(EU)2021/1119 号条例第 2 条第 1 款规定的欧盟气候中和目标、国家能源和气候综合计划中规定的目标和贡献,以及为实现这些目标而融资和实施必要政策和措施的进展情况,包括根据初始投资假设审查实际投资。

(b)(如适用)第 11 条所述的建立对话进展情况的相关信息。

(c)第 20 至 25 条所述的信息,以合理方式根据前述条款对政策和措施进行更新。

(d)第 4 条 a 款第 1 项规定的适应信息。

(e)尽可能量化国家能源和气候综合计划中政策和措施对空气质量和大气污染物排放的影响。

欧盟及其成员国应按照《气候公约》缔约方大会第 2/CP. 17 号指令及《气候公约》第 12 条向《气候公约》秘书处提交两年期报告。

3. 国家能源及气候进展综合报告应涵盖第 26 条第 3 款所述的年度报告信息,以及第 18 条所述报告中载明的政策和措施以及温室气体人为源排放量和汇移除量预测的相关信息。

4. 委员会应在第 44 条第 1 款 b 项所述的能源联盟委员会的协助下,通过实施细则,规定本条第 1 款和第 2 款所述信息的结构、格式、技术细节和程序。包括根据第 25 条 d 项报告逐步取消能源补贴的方法,特别是对化石燃料的补贴。

实施细则的通过应遵守第 44 条第 6 款规定的审查程序。

5. 第 2 款 c 项所述的信息和更新的频率和规模应与确保投资者具有足够确定性的需求保持平衡。

6. 如委员会根据第 32 条第 1 款或第 2 款发布建议,相关成员国应在其国家能源及气候进展综合报告中列明为落实前述建议而采取或打算采取和实施的政策和措施的相关信息,(如适用)此类信息应包括详细的执行时间表。

相关成员国决定不采纳某项建议或其实质性内容的,应说明理由。

7. 成员国应确保根据本条向委员会提交的报告向公众公开。

第 18 条 【温室气体政策、措施及预测综合报告】

1. 至 2021 年 3 月 15 日及后续的每两年,成员国应向委员会报告下列信息:

(a) 其在附件六中规定的国家政策和措施或措施组合;

(b) 其根据附件五第 2 编所列气体或气体组合(氢氟碳化物和全氟碳化物)进行的国家温室气体人为源排放量和汇移除量预测。国家预测应考虑到在欧盟层面采取的政策和措施,并应包括附件七所列信息。

2. 成员国应报告现有的最新预测。如成员国未在每两年的 3 月 15 日前提交完整预测,且委员会确定,一旦通过委员会的质量保证或质量控制程序确定,该成员国将无法填补预估数据的差距,欧盟委员会可与相关成员国磋商,根据要求编制欧盟的预估数据。

3. 自报告期间的第一年及后续每年 3 月 15 日起,委员会对根据第 1 款向委员会提交的信息进行任何实质性修改的,应进行磋商。

4. 成员国应将根据第 1 款作出的国家预测、相关成本预估、为限制温室气体排放的联盟政策实施措施,及国家政策的作用、基础性技术报告以电子形式向公众公开。前述预测和评估应包含对使用的模型和方法、定义和基本假设的说明。

第 19 条 【关于国家适应行动、向发展中国家提供的资金和技术支持以及拍卖收入的综合报告】

1. 至 2021 年 3 月 15 日及后续的每两年,成员国应向委员会报告国家气候变化适应计划及战略的信息,概述促进适应气候变化实施和计划的活动,包括附件八第一编的特定信息,并符合《气候公约》和《巴黎协定》规定的报告要求。

2. 至 2021 年 7 月 31 日及后续的每两年,成员国应向委员会报告成员国遵守第 2003/87/EC 号指令第 10 条第 1 款以及第 3d 条第 1 款或第 2 款,通过拍卖配额产生收入的使用情况信息,包括附件八第 3 编的特定信息。

3. 至 2021 年 9 月 30 日及后续的每两年,成员国应向委员会汇报对发展中国家支援的信息,包括附件八第 2 编的特定信息并符合《气候公约》和《巴黎协定》规定的报告要求。

4. 成员国应确保其按照本条向委员会提交的报告向公众公开,但附件八第 2 编 b 项的特定信息除外。

5. 委员会应在第 44 条第 1 款 a 项所述的气候变化委员会的协助下,采用实施细则设定成员国遵守本条报告信息所需的框架、格式以及提交程序。

实施细则的通过应遵守第 44 条第 6 款规定的审查程序。

第 20 条 【可再生能源综合报告】

成员国国家能源及气候进展综合报告应涵盖如下信息:

(a)下列轨迹和目标的落实:

(1)2021 年至 2030 年可再生能源在终端能源消耗总量中所占份额的指示性国家轨迹。

(2)2021 年至 2030 年,供暖、制冷以及运输行业可再生能源在终端能源消耗中所占份额的预估轨迹。

(3)实现 2021 年至 2030 年可再生能源的总体和行业发展轨迹,包括总数(百万吨油当量)中各技术和行业的预期终端能源消耗总量及各技术和领域的总计划装机容量(兆瓦)。

(4)按热能、电力和运输划分生物能源需求轨迹,按原料和来源划分生物能源供应轨迹(区分国内生产和进口)。就森林生物量,评估其来源和对土地利用、土地利用变化及林业汇的影响。

(5)(如适用)其他国家轨迹和目标,包括长期和行业性轨迹及目标(如利用生物质发电而不利用热量的份额、可再生能源在区域供热中的份额、建筑物中的可再生能源使用、城市生产的可再生能源、可再生能源社区和可再生能源自用用户),以及从通过废水处理获得的污泥中回收的能源。

(b)有关下列政策及措施的实施:

(1)实施政策措施,以实现国家对本条例第 4 条 a 款第 2 项所述的具有约束力的联盟可再生能源目标的贡献,包括行业和技术具体措施,并具体审查(EU)2018/2001 号指令第 23 至 28 条规定措施的实施情况;

(2)(如有)区域合作的特定措施;

(3)不违反《欧盟运作条约》第 107 条和第 108 条的前提下,为促进电力、供暖和制冷及交通领域使用可再生能源,可采取财政支持,包括欧盟支持和使用欧盟资金的具体措施;

(4)根据(EU)2018/2001 号指令第 6 条第 4 款的规定,成员国应在合适时机对可再生能源电力支持进行评估;

(5)具体措施应满足(EU)2009/2001 号指令第 15 至 18 条的要求;

(6)(如适用)采取具体措施,评估、透明化和减少对可能导致可再生能源削减的必要运行能力的需求;

(7)成员国应总结根据第2018/2001/EU号指令第21条第6款和第22条第5款实施的支持框架下的政策和措施,以促进和推动可再生能源自给型消费和可再生能源社区的发展;

(8)促进生物质能源使用的措施,特别是已考虑生物质的新的生物质流动,包括生物质的持续可用性,以及生产和使用生物质的可持续性措施;

(9)在供暖、制冷和交通行业采取提升可再生能源份额的措施;

(10)促进采纳购电协议的政策和措施。

(c)根据附件九第1编的规定。

第21条 【能源效率综合报告】

成员国应在国家能源及气候进展综合报告中包含以下内容:

(a)下列国家轨迹、目标及指标的实施:

(1)2021年至2030年初及年末年度能源消费值的指示性轨迹,作为实现欧盟层面2030年目标(包括其基础方法论)的国家能源节余贡献量;

(2)国家住宅和非住宅建筑(包括公共和私有)存量改造长期战略的指示性时间表,以及根据第2010/31/EU号指令第2a条及第2012/27/EU号指令对欧盟能效目标的贡献;

(3)(如适用)国家计划中新增的其他国家目标。

(b)下列政策和措施的实施情况:

(1)实施政策、措施,以实现2030年国家能源效率指标和第6条所述的其他目标,包括计划中的措施和工具(包括财务性质工具),以提高建筑的能源效率,利用天然气和电力基础设施的能源效率潜力以及其他提高能源效率的措施;

(2)(如适用)市场基础设施以激励能源效率改善,包括但不限于能源税、征税和配额;

(3)第2012/27/EU号指令第7a条和第7b条及本条例附件三规定的国家能源效率义务制度和替代措施;

(4)符合第2010/31/EU号指令第2a条的长期更新战略;

(5)促进公共领域能源服务的政策和措施,以及移除阻碍提升能源履约行为及其他能源效率服务模式的常规或非常规障碍;

(6)(如适用)在能源效率领域开展区域合作;

(7)(如适用)不违反《欧盟运作条例》第107条和第108条的能源效率领域的国家层面融资措施,包括欧盟支持和使用欧盟资金。

(c)根据附件九第2编的规定。

第 22 条 【能源安全综合报告】

成员国国家能源及气候进展综合报告应包含以下实施信息:

(a)能源资源及供应多元化的国家目标;

(b)(如适用)减少从第三国进口能源的相关国家目标;

(c)发展应对约束或中断包括天然气、电力等能源资源供应能力的国家目标;

(d)提升通过部署国内能源资源、需求回应及能源储备等国家能源体系灵活性的国家目标;

(e)为实现 a 至 d 项所述目标而实施的政策和措施;

(f)实施 a 至 d 项所述目标和政策的区域协作;

(g)(如适用)不违反《欧盟运作条例》第 107 条和第 108 条的能源安全领域的国家层面融资措施,包括欧盟支持和使用欧盟资金。

第 23 条 【国内能源市场综合报告】

1. 成员国应在其国家能源及气候进展综合报告中涵盖以下目标和措施的实施信息:

(a)成员国在考虑至少达到 15% 的 2030 年电力互联水平,即附件一第 1 编 A 部分第 2.4.1 条提出的指标,以及为实现这一水平实施的战略措施(包括授权相关措施)的情况下,在 2030 年追求的电力互联水平;

(b)为实现能源联盟五个方面的目标和指标必要的关键电力和天然气输送基础设施项目;

(c)(如适用)除共同利益项目外,设想的主要基础设施项目,包括涉及第三国的基础设施项目,并在可行的情况下,对其与能源联盟目标和指标的兼容性和贡献进行总体评估;

(d)国家目标涉及国内能源市场的其他方面,如提高制度灵活性、市场一体化和耦合,旨在增加现有互联、智能电网、聚合、需求响应、存储、分布式发电、调度、再调度和弃电机制、实时价格信号的可交易容量;

(e)(如适用)与可再生能源、需求响应和储存(包括通过组合)非歧视性参与所有能源市场相关的国家目标和措施;

(f)(如适用)确保消费者参与能源制度并从自发电和新技术(包括智能电表)中受益的国家目标和措施;

(g)确保电力系统充分性的措施;

(h)为实现 a 项至 g 项所述的目标而规划、采纳和实施的政策和措施;

(i)实施 a 项至 h 项所述目标和政策的区域合作;

(j)(如适用)不违反《欧盟运作条例》第 107 条和第 108 条的内部能源市场领

域的国家层面融资措施(包括电力互连目标),包括欧盟支持和使用欧盟资金;

(k)提高能源系统在可再生能源生产方面灵活性的措施,包括推出日内市场耦合和跨境平衡市场。

2. 成员国根据第1款提供的信息应遵守第2009/72/EC号指令第37条第1款e项和第2009/73/EC号指令第41条第1款e项规定的国家监管机构报告。

第24条 【能源贫困综合报告】

如第3条第3款d项第2段适用,相关成员国应在其国家能源及气候进展综合报告中列明:

(a)在实现减少能源贫困家庭数量的国家指示性目标方面取得进展的相关信息;

(b)关于能源贫困家庭数目的定量信息,以及解决能源贫困的政策和措施的相关信息(如有)。

欧盟委员会应与欧洲能源贫困观察站共享成员国根据本条通报的数据。

第25条 【科研、创新和竞争力的综合报告】

成员国的国家能源及气候进展综合报告应列明下列目标和措施执行情况的相关信息:

(a)(如适用)将SET计划目标和政策转化为国家背景的国家目标和政策;

(b)清洁能源技术相关研究和创新以及技术成本和性能开发方面的公共和(如有)私人总支出的国家目标;

(c)(如适用)制定国家目标,包括2050年部署能源和碳密集型工业行业脱碳技术的长期目标,以及相关碳运输、使用和储存基础设施的长期目标;

(d)逐步取消能源补贴的国家目标,特别是对化石燃料的补贴;

(e)计划、通过和实施实现b项和c项所述目标的政策和措施;

(f)与其他成员国合作实施b至d项所述的目标和政策,包括在SET计划范围内协调政策和措施,例如研究项目和共同项目的协调;

(g)在国家层面适用的融资措施,包括联盟支持和联盟资金的使用。

第二部分 年度报告

第26条 【年度报告】

1. 至2021年3月15日及后续的每年,成员国应向委员会报告:

(a)第2009/119/EC号指令第6条第2款所述的信息;

(b)第2013/30/EU号指令附件九第3项所述的信息,并遵守该指令第25条的规定。

2. 至2021年7月31日起及后续的每年(X年),成员国应向委员会报告其X-1年的预估温室气体排放清单。

为本款目的,委员会将基于成员国的预估温室气体清单,或若某个成员国尚未在该日期之前提交其预估清单,则基于委员会的估计,每年编制一份欧盟预估温室气体清单,并于每年9月30日前公开。

3. 自2023年起,成员国应在每年(X年)3月15日前确定并向委员会报送最终温室气体清单数据,在每年1月15日前确定并向委员会报送初步温室气体清单数据(包括附件五列明的温室气体和清单信息),报告最终温室气体清单数据还应包括完整且最新的国家清单报告。收到报告的3个月内,委员会应向第44条第1款a项所述的气候变化委员会提供附件五第1编n项所述的信息。

4. 成员国应于每年4月15日前向《气候公约》秘书处提交载有根据第3款向委员会提交的关于温室气体清单最后数据资料的国家清单。委员会与成员国每年合作编制一份欧盟温室气体清单和一份欧盟温室气体清单报告,并应于每年4月15日前提交《气候公约》秘书处。

5. 成员国应分别在2027年和2032年1月15日及3月15日前向委员会报告为土地利用、土地利用变化和林业账户编制的初步和最终国家清单数据,以根据(EU)2018/841号条例第14条提交履约报告。

6. 委员会有权根据第43条通过授权法案,以:

(a)根据《气候公约》或《巴黎协定》机构通过的相关决定,修订附件五第2编,增加或删除温室气体清单中的物质。

(b)通过采用全球变暖潜能值并根据《气候公约》或《巴黎协定》通过的相关决定规定适用的清单指南以补充本条例。

(c)修正附件五第3编,根据相关欧盟立法更新类别清单。

7. 委员会在第44条第1款a项所述的气候变化委员会的协助下,应通过实施细则规定成员国提交预估温室气体的结构、技术细节、格式和过程,根据本条第2款编制的气体清单、本条第3款编制的温室气体清单以及(EU)2018/841号条例第5条和第14条核算的温室气体排放量和移除量。

提议此类实施行动时,委员会应考虑《气候公约》或《巴黎协定》监测和报告该信息的时间表以及《气候公约》或《巴黎协定》机构通过的相关决定,以确保欧盟遵守作为《气候公约》和《巴黎协定》缔约方的报告义务。

实施细则还应规定委员会与成员国在准备欧盟温室气体清单报告方面进行合

作与协调的时间表。实施细则应根据第44条第6款规定的审查程序通过。

第27条 【2020指标的报告】

各成员国应向欧盟委员会报告其根据第2012/27/EU号指令第3条第1款制定的2020年国家能效目标的实现情况，并提供本条例附件九第2编规定的信息，以及第2009/28/EC号指令（2020年12月31日生效）附件一规定的2020年可再生能源份额国家总体目标，并提供以下信息：

（a）2020年可再生能源的行业（电力、供暖和制冷以及交通）和整体份额；

（b）为实现2020年国家可再生能源计划采取的措施，包括相关支持计划、原始保证以及行政流程简化等；

（c）谷物和其他富含淀粉的作物、糖和油料作物生产的生物燃料和生物液体能源在运输能源消费中所占份额；

（d）第2009/28/EC号指令（2020年12月31日生效）附件九A编所列的生物燃料和用于运输的沼气能源在运输能耗中所占份额。

第三部分 报告平台

第28条 【电子平台】

1. 委员会应建立促进委员会和成员国之间交流的电子平台，以促进成员国之间的合作，便于公众获取信息。

2. 成员国应在电子平台运行时，出于向委员会报送本章所述报告之目的使用电子平台。

3. 电子平台应于2020年1月1日运行。委员会应使用电子平台促进公众线上获取本章所述的报告、最终的国家能源和气候综合计划及其更新部分、第15条所述的长期战略，并同时考虑商业敏感信息以及遵守相关数据保护规定。

第五章 对进展和政策影响的综合评估，以确保实现欧盟目标——委员会监测

第29条 【进展评估】

1. 至2021年10月31日及后续的每两年，委员会应评估基于本条例汇报的信息，尤其是国家能源及气候进展综合报告的基础信息，以及指标和欧盟有效的统计和数据。

（a）在欧盟层面实现能源联盟目标方面取得的进展，包括首个10年期间欧盟

的 2030 年能源和气候目标,尤其是出于避免 2030 年欧盟可再生能源和能源效率目标出现差距的目的;

(b)各成员国在实现其目标方面取得的进展,包括实现(EU)2021/1119 号条例第 2 条第 1 款规定的欧盟气候中和目标,国家能源和气候综合计划中规定的目标和贡献及政策和措施的实施进展;

(c)基于成员国根据第 26 条提供的排放数据,评估航空对全球气候的总体影响,包括非二氧化碳的排放或影响,并视情况参考科学进步和航空交通数据改进该评估;

(d)国家能源和气候综合计划的政策和措施对欧盟气候和能源政策措施运作的总体影响;

(e)国家能源和气候综合计划中的政策和措施对欧盟排放交易体系(EU ETS)运作以及欧洲碳市场配额供需平衡的总体影响。

2. 委员会应根据欧盟指示性轨迹评估可再生能源在欧盟最终消费总额中所占份额的进展,该轨迹以 2020 年的 20% 为基线,到 2022 年至少达到 18% 的参考点,在欧盟 2020 年可再生能源目标和欧盟 2030 年可再生能源目标之间,可再生能源份额的总增加量将在 2025 年达到 43% ,到 2027 年达到 65% ,并在 2030 年达到欧盟 2030 年可再生能源目标至少 32% 。

3. 在能源效率领域,作为第 1 款所述的评估的部分,委员会应评估根据第 2012/27/EU 号指令第 3 条第 5 款,在 2030 年集体实现联盟层面 11.28 亿吨一次能源和 8.46 亿吨最终能源的最大能源消耗的进展情况。

开展评估时,委员会应采取如下步骤:

(a)考虑 2020 年在欧盟层面一次能源不超过 14.83 亿吨和终端能源不超过 10.86 亿吨的目标是否能实现;

(b)评估成员国的进展是否表明整个欧盟正朝第 1 段所述的 2030 年能源消耗水平迈进,同时考虑对成员国在其综合国家能源和气候进展报告中提供的信息的评估;

(c)使用欧盟及国家层面未来能源消费趋势的相关建模数据和其他补充分析;

(d)根据第 6 条第 2 款,适当考虑成员国在其国家能源和气候综合计划中指出的影响一次和终端能源消耗的相关情况。

4. 在国内能源市场领域,作为第 1 款所述的评估部分,委员会应评估相关成员国在 2030 年达成电力互通水平目标的进展。

5. 至 2021 年 10 月 31 日及后续的每两年,委员会应评估欧盟及成员国是否在满

足以下要求方面取得足够的进展,尤其是根据本条例报告的信息:

(a)基于《气候公约》第 4 条和《巴黎协定》第 3 条规定的,由《气候公约》缔约方大会或《气候公约》缔约方大会为符合《巴黎协定》所作决定的相关承诺;

(b)(EU)2018/842 号条例第 4 条和(EU)2018/841 号条例第 4 条规定的义务;

(c)国家能源和气候综合计划为实现能源联盟目标制定的目标,以及在首个 10 年期间为实现 2030 年的能源和气候目标制定的目标。

6. 委员会评估时,应在欧盟学期背景下考虑最新的各国建议。

7. 委员会应根据本条报告其评估情况,作为第 35 条所述的能源联盟现状报告的一部分。

第 30 条 【与(EU)2018/842 号条例规定的总体能源联盟目标及指标不符的情况】

1. 根据第 29 条的评估,若成员国的政策发展与能源联盟总体目标不一致,委员会应根据第 34 条向该成员国提出建议。

2. 拟根据(EU)2018/842 号条例第 7 条利用灵活性的成员国应在获取相应信息时,在国家能源和气候综合计划中包括预期用途水平及计划中的政策和措施,以满足(EU)2018/841 号条例第 4 条规定的 2021 年至 2030 年期间的要求。

第 31 条 【对国家能源和气候综合计划雄心不足的回应】

1. 如果委员会根据第 9 条对国家能源和气候综合计划草案的评估或根据第 14 条对最终计划更新草案的评估(作为迭代过程的一部分),认为成员国的目标、指标和贡献不足以集体实现能源联盟目标,尤其在首个 10 年期间于欧盟具有约束力的 2030 年可再生能源目标和欧盟 2030 年能源效率目标,委员会应就欧盟的可再生能源目标和能源联盟的其他目标向其认为贡献不足以提高其雄心的成员国提出建议,以确保足够的集体雄心。

2. 如果欧盟的 2030 年目标与成员国的集体贡献在可再生能源领域出现差距,委员会应根据附件二中规定的公式进行评估,该公式基于第 5 条第 1 款第 1 段 e 项 i 至 v 目所列客观标准,同时适当考虑成员国根据第 5 条第 1 款第 2 段指出的影响可再生能源部署的相关情况。

如果欧盟的 2030 年目标与能源效率领域的国家贡献量总和之间存在差距,委员会应特别评估第 6 条第 2 款所列相关情况、成员国在其国家能源和气候综合计划中提供的信息、未来能源消耗趋势相关建模活动的结果以及其他适当的补充分析。

不影响本条其他规定的情况下,仅为评估欧盟 2030 年目标与成员国集体贡献之间是否存在差距,委员会在评估中应假设未根据第 9 条第 1 款提交国家能源和气候综合计划草案的成员国国家贡献量。

在可再生能源领域的假设中，委员会应考虑（EU）2018/2001 号指令附件一规定的成员国 2020 年国家约束性目标，可再生能源发展建模活动的结果以及本条例附件二规定的公式的结果。在能源效率领域，委员会应视情况考虑未来能源消耗趋势相关建模工作和其他补充分析。

根据附件二所列公式评估可再生能源贡献时，委员会应考虑到对小型或孤立能源系统或成员国系统的供应安全和电网稳定性的任何潜在负面影响，前述系统可能因同步区域的变化产生重大影响。

评估能效贡献时，委员会应考虑到由于同步区域的改变可能对成员国电力系统运行和电网稳定产生的潜在影响。

3. 委员会根据其对国家能源和气候综合计划及其根据第 14 条进行的更新评估，认为国家能源和气候综合计划的目标、指标和贡献或其更新不足以集体实现能源联盟目标，尤其在首个 10 年期间，其应对欧盟 2030 年可再生能源和能源效率目标在欧盟层面提出措施并行使其权力，以确保共同实现前述目标和指标。在可再生能源方面，此类措施应考虑到成员国在国家能源和气候综合计划及其更新中规定的对欧盟 2030 年目标的贡献水平。

第 32 条 【对欧盟能源和气候目标和指标进展不足的回应】

1. 委员会如果在根据第 29 条第 1 款 b 项进行评估后认为，成员国在实现其目标、指标和贡献，可再生能源参考点或实施其国家能源和气候综合计划中规定的政策和措施方面进展不足，应根据第 34 条向相关成员国提出建议。

在可再生能源领域的建议中，委员会应考虑成员国根据第 5 条第 1 款第 2 段指出的相关情况。委员会还应考虑已作出最终投资决定的可再生能源项目，前提是项目在 2021 至 2030 年期间投入运营，并对成员国国家贡献产生重大影响。

在能源效率领域的建议中，委员会应适当考虑第 6 条第 1 款 a 项和 b 项所列客观标准及成员国根据第 6 条第 2 款指出的相关国情。

2. 委员会根据第 29 条第 1 款 a 项对成员国国家能源和气候综合进展报告进行综合评估，并在其他适当信息来源的支持下，认为欧盟可能无法实现能源联盟目标，特别是为首个 10 年期间制定的欧盟 2030 年气候与能源框架目标的，可根据第 34 条向全体成员国提出建议，以降低此类风险。

在可再生能源领域，委员会应评估第 3 款规定的国家措施是否足以实现欧盟的可再生能源目标。在国家措施不足的情况下，委员会应视情况提出措施并在欧盟层面行使其权力，以确保实现欧盟 2030 年可再生能源目标。

在能源效率领域，除前述建议外，委员会还应视情况在欧盟层面提出措施和行使其权力,以确保实现欧盟2030年的能源效率目标。

在能源效率方面,前述额外措施尤其可以提高以下方面的能源效率:

(a)欧洲议会和欧洲理事会第2009/125/EC号指令和(EU)2017/1369号条例规定的产品;

(b)第2010/31/EU号指令以及第2012/27/EU号指令规定的建筑;

(c)交通。

3. 在可再生能源领域,如果委员会基于其根据第29条第1款和第2款的评估得出结论,未达到第29条第2款所述的2022年、2025年和2027年指示性轨迹的一个或多个参考点,则在2022年、2025年和2027年低于第4条a款第2项所述的一个或多个国家参考点的成员国应确保在收到委员会评估之日起一年内实施额外措施,以弥补与其国家参考点相比的差距,如:

(a)增加可再生能源部署的国家措施;

(b)调整第2018/2001/EU号指令第23条第1款设定的供热和制冷行业中可再生能源占比;

(c)调整第2019/2001/EU号指令第25条第1款设定的交通行业中可再生能源占比;

(d)根据第33条的规定,自愿向在欧盟层面建立的、为可再生能源项目作出贡献并由委员会直接或间接管理的欧盟可再生能源融资机制支付资金;

(e)使用第2018/2001/EU号指令设定的合作机制;

前述措施应考虑委员会根据本条第1款第2段提出的意见。成员国应将此类措施作为其国家能源和气候进展综合报告的一部分。

4. 自2021年1月1日起,可再生能源在各成员国终端能源消耗总量中的份额,不得低于(EU)2018/2001号指令第3条第4款规定的2020年可再生能源份额强制性国家总体目标的基准份额。如果成员国在一年内未保持其基准份额,相关成员国应在一年内采取诸如本条第3款第1段a至e项规定的额外措施,以在一年内弥补这一差距。

在出现差距的整个期间,成员国履行弥补基准差距义务视为遵守本款第1段第1句和(EU)2018/2001号指令第3条第4款规定的义务。

就本条第3款第1段d项,成员国可使用第2003/87/EC号指令规定的年度排放配额收入。

5. 如果成员国在2022年、2025年和2027年的可再生能源份额低于第4条a款第2项所述的一个或多个国家参考点,则应在根据第17条提交给委员会的下一份综合报告中解释说明将如何弥补与国家参考点的差距。

6. 在能源效率领域,在不影响根据本条第 2 款第 3 项于欧盟层面采取的其他措施的情况下,如果委员会基于其在 2022 年、2025 年和 2027 年前根据第 29 条第 1 款和第 3 款进行的评估得出结论,认为在集体实现第 29 条第 3 款所述欧盟能源效率目标方面取得的进展不足,则除第 2010/31/EU 号指令和第 2012/27/EU 号指令中规定的措施外,其还应在欧盟层面提出措施并行使其权力,以确保实现欧盟的 2030 年能源效率目标。

7. 本条第 3 款所述的各相关成员国应详细说明已计划、通过和实施的额外措施,作为第 17 条所述的后续进展报告的一部分。

8. 在互联领域,如果委员会根据第 29 条第 1 款和第 4 款的评估得出结论,认为至 2025 年进展不足的,委员会应与相关成员国在 2026 年前进行旨在解决有关情况的合作。

第 33 条 【欧盟可再生能源的融资机制】

1. 至 2021 年 1 月 1 日,委员会应建立依据第 33 条第 3 款 d 项所述的欧盟可再生能源财政机制,为欧盟新的可再生能源项目提供投标支持,旨在弥补欧盟指示性轨迹中的差距。除另有规定外,此类支持可以市场价格之外的溢价形式提供,并应分配给以最低成本或溢价投标的项目。

2. 在不违反本条第 1 款的情况下,融资机制应根据(EU)2018/2001 号指令第 3 条第 4 款对授权框架作出贡献,旨在支持整个欧盟的可再生能源部署,与欧盟指示性轨迹是否存在差距无关。为此:

(a)第 32 条所述成员国的支付款项可由其他来源补充,例如欧盟资金、私营部门捐款或成员国为促进实现欧盟目标支付的额外款项;

(b)除另有规定外,融资机制可以低息贷款、赠款或二者混合形式提供支持,并可根据(EU)2018/2001 号指令第 9 条支持成员国之间的联合项目,以及成员国参与该指令第 11 条所述的与第三国的联合项目。

3. 成员国应保留决定是否允许位于其境内的装置接受融资机制资助的权利,以及如果允许,在何种条件下允许。

4. 委员会在第 44 条第 1 款 b 项所述的能源联盟委员会的帮助下,可通过实施细则,为建立和运作融资机制作出必要规定,尤其是:

(a)每次投标的最高溢价计算方法;

(b)拟采用的投标设计,包括交付条件和相关处罚;

(c)成员国支付款项的计算方法及支付成员国由此得到的统计利益;

(d)成员国参与的最低要求,既要考虑到使成员国有足够期限支付确保机制的连续性,也要确保成员国参与的最大限度的灵活性;

(e)确保东道国参与和(或)批准的规定,以及必要时有关额外系统费用的规定。

实施细则的通过应遵守第44条第6款规定的审查程序。

5.由融资机制资助的装置每年产生的可再生能源应统计归于参与成员国,以反映其相关支付情况。由成员国支付以外的其他来源资助的融资机制支持项目不应计入成员国的国家贡献,而应计入(EU)2018/2001号指令第3条第1款规定的欧盟约束性目标。

第34条 【委员会对成员国的建议】

1.委员会应视情况向成员国提出建议,以确保欧盟能源目标的实现。委员会应立即公布前述建议。

2.本条例提及本条的,适用下列原则:

(a)相关成员国应本着成员国与欧盟之间及成员国之间团结一致的精神,适当考虑本建议。

(b)成员国应在建议提出后次年的国家能源和气候综合进展报告中说明其如何适当考虑该建议。相关成员国决定不采纳某项建议或其实质性内容的,其应说明理由。

(c)前述建议应补充在欧洲学期背景下发布的最新国别建议中。

第35条 【能源联盟现状报告】

1.至每年10月31日,欧盟委员会应向欧洲议会和欧洲理事会提交一份能源联盟现状报告。

2.能源联盟现状报告应包括以下内容:

(a)根据第29条进行的评估;

(b)根据第34条视情况提出的建议;

(c)第2003/87/EC号指令第10条第5款所述的碳市场运作情况报告,包括根据指令第21条第2款适用该指令的信息;

(d)自2023年起,每两年提交一份关于欧盟生物能源可持续性的报告,其中包含附件十规定的信息;

(e)每两年提交一份关于委员会根据(EU)2018/2001号指令第30条第4款通过决定的自愿计划的报告,其中包含本条例附件十一规定的信息;

(f)第2009/72/EC号指令实施的总体进展报告;

(g)根据第52条实施第2009/73/EC号指令的总体进展报告;

(h)第2012/27/EU号指令第7a条和第7b条所述的能效义务计划和替代政策措施的总体进展报告;

(i)根据各成员国应根据第2010/31/EU号指令第2a条制定的长期改造战略路线图，每两年提交一份关于全国公共和私有住宅及非住宅建筑改造的总体进度报告；

(j)根据第2010/31/EU号指令第9条第5款，每4年提交一份关于成员国增加近零能耗建筑数量的总体进度报告；

(k)关于成员国在建立完整可操作的能源市场方面取得进展的总体进展报告；

(l)不同成员国的实际燃料质量和最大含硫量为10毫克/千克燃料的地理覆盖范围，旨在提供不同成员国根据第98/70/EC号指令报告的燃料质量数据的概述；

(m)关于竞争力的进度报告；

(n)成员国在逐步取消能源补贴方面（尤其是化石燃料补贴）取得的进展；

(o)能源联盟执行相关的其他问题，包括公共和私人支持；

(p)至2019年10月31日及后续的每四年对第2009/31/EC号指令的实施情况进行评估。

第36条 【管理机制的监督】

在第35条所述的能源联盟国家范围内，委员会应将国家能源和气候综合计划的实施情况通报欧洲议会和欧洲理事会。欧洲议会和欧洲理事会每年应就能源联盟在能源和气候政策的各方面取得的进展进行讨论。

第六章 欧盟和国家的温室气体排放及汇移除制度

第37条 【欧盟和国家清单系统】

1. 至2021年1月1日，成员国应建立、运行并设法不断改进国家清单系统，以估算附件五第2编所列温室气体的人为源排放量和汇移除量，并确保其温室气体清单的及时性、透明度、准确性、一致性、可比性和完整性。

2. 成员国应确保其主管清单的部门能够获得本条例附件十二规定的信息，利用根据（EU）517/2014号条例第20条建立报告系统，以改进对国家温室气体清单中氟化气体的估算，并能够进行本条例附件五第1编i项和j项所述的年度一致性检查。

3. 特此建立欧盟清单制度，以确保国家清单在欧盟温室气体清单方面的及时性、透明度、准确性、一致性、可比性和完整性。委员会应管理、维持并设法不断改进该制度，其中包括制定质量保证和质量控制计划，制定质量目标和起草清单质量保证和质量控制计划，完成排放估算的程序，以根据本条第5款编制欧盟清单以及第

38 条所述的审查。

4. 委员会应对成员国根据第 26 条第 3 款提交的初步温室气体清单数据的准确性进行初步检查。委员会应在提交截止日期后 6 周内,将检查结果发送给成员国。成员国应在 3 月 15 日前对初步检查中提出的任何问题作出答复,同时提交 X－2 年度的最终清单。

4a. 若委员会在根据本条第 4 款进行的初步检查中发现,任一成员国在 2020 年、2023 年或后续提交的温室气体清单中报告的(EU)2018/841 号条例第 4 条第 2 款规定的年平均净移除量之间存在大于 50 万吨二氧化碳当量的差异,委员会应核实:

(a)所提交信息的透明度、准确性、一致性、可比性和完整性;

(b)土地利用、土地利用变化和林业的报告以符合《气候公约》指导文件或欧盟规则的方式进行。

委员会应公开这一核查的结果。

5. 如果成员国未在 3 月 15 日前提交编制欧盟清单所需的清单数据,委员会可在与相关成员国磋商并密切合作的情况下,编制估算数据,以补充成员国需提交的数据。为此,委员会应使用适用于编制国家温室气体清单的指南。

6. 委员会在第 44 条第 1 款第 1 项所述的气候变化委员会的协助下,应通过实施细则制定国家清单制度信息的结构、格式和提交程序的相关规则,以及国家清单系统建立、运行和运作的相关要求。

提出此类实施细则时,委员会应考虑《气候公约》或《巴黎协定》机构通过的任何相关决定。

实施细则的通过应遵守第 44 条第 6 款规定的审查程序。

7. 委员会应根据第 43 条通过授权法案以补充本条例,制定欧盟清单系统建立、运行和运作要求的相关规则。提出此类授权法案时,委员会应考虑《气候公约》或《巴黎协定》机构通过的任何相关决定。

第 38 条 【清单审查】

1. 为监测成员国根据(EU)2018/842 号条例第 4 条、第 9 条、第 10 条减少或限制的温室气体排放,根据(EU)2018/841 号条例第 4 条、第 14 条减少的排放量和增加的汇移除量,以及欧盟法律规定的任何其他温室气体减排或限制目标,委员会应在 2027 年和 2032 年,对成员国根据本条例第 26 条第 4 款提交的国家清单数据进行全面审查。成员国应充分参与这一进程。

1a. 2025 年,委员会应对成员国根据本条例第 26 条第 4 款提交的国家清单数据进行全面审查,以根据(EU)2018/841 号条例第 4 条第 3 款确定成员国温室气体净减排的年度目标,并根据(EU)2018/842 号条例第 4 条第 3 款确定成员国的年度排放量分配。

2. 第 1 款和第 1a 款所述的全面审查应包括:

(a) 核查提交信息的透明度、准确性、一致性、可比性和完整性;

(b) 核查清单数据编制方式与《气候公约》指导文件或欧盟规则不一致的情况;

(c) 核查土地利用、土地利用变化和林业核算方式与《气候公约》指导文件或欧盟规则不一致的情况;

(d) 在适当情况下与成员国磋商,计算由此产生的必要技术性更正工作。

3. 在第 44 条第 1 款 a 项所述的气候变化委员会的协助下,委员会应通过实施细则,确定进行全面审查的时间和程序,包括本条第 2 款规定的任务,并确保成员国就审查结论进行适当磋商。

实施细则的通过应遵守第 44 条第 6 款规定的审查程序。

4. 完成根据本条第 1 款进行的全面审查后,委员会应通过实施细则,确定各成员国由修正的清单数据产生的相关年份排放总量,将其划分为(EU)2018/842 号条例第 9 条相关排放数据和本条例附件五第 1 编 c 项所述的排放数据,并确定(EU)2018/841 号条例第 4 条相关的排放和移除总量。

5. 根据本条第 4 款通过的实施细则自公布之日起 4 个月后,根据(EU)2018/841 号条例第 15 条设立的登记册中记录的各成员国数据,应用于(EU)2018/841 号条例第 4 条的合规性检查,包括由于该成员国依照(EU)2018/841 号条例第 11 条的灵活性规定产生的此类数据变更。

6. 根据(EU)2018/842 号条例第 12 条设立的登记册中记录的各成员国数据,在本条第 5 款所述的(EU)2018/841 号条例合规性检查两个月后,应用于根据(EU)2018/842 号条例第 9 条对 2021 年和 2026 年的合规性检查。根据(EU)2018/842 号条例第 9 条对 2022 年至 2025 年和 2027 年至 2030 年每年的合规性检查,应在上一年度合规性检查后的一个月进行。该检查应包括因该成员国根据(EU)2018/842 号条例第 5 条、第 6 条和第 7 条利用灵活性规定产生的此类数据变更。

第 39 条 【欧盟和国家政策、措施及预测系统】

1. 至 2021 年 1 月 1 日,成员国和委员会应分别运作并谋求不断改进国家和欧盟系统,以报告政策和措施及对温室气体人为源排放量和汇移除量的预测。前述系统应包括在成员国和欧盟内为评价政策和预测温室气体人为源排放量及汇移除量建立的相关体制、法律和程序安排。

2. 成员国和委员会应确保报告的第 18 条所述的温室气体人为源排放量和汇移除量政策及措施预测相关信息的及时性、透明度、准确性、一致性、可比性和完整性,包括数据、方法和模型的使用和应用,以及质量保证和质量控制活动及敏感性分析的实施。

3. 委员会应在第 44 条第 1 款 a 项所述的气候变化委员会的协助下,通过实施细则规定国家和欧盟政策与措施系统以及根据本条第 1 款和第 2 款和第 18 条进行预测的信息框架、格式和提交程序。

提出此类实施细则时,委员会应考虑《气候公约》或《巴黎协定》各机构通过的相关决定,包括国际商定的报告要求以及监测和报告该信息的时间表。

实施细则的通过应遵守第 44 条第 6 款规定的审查程序。

第 40 条 【登记册的设立及运作】

1. 欧盟和成员国应建立并维护登记册,以准确说明《巴黎协定》第 4 条第 13 款规定的国家自主贡献以及该协定第 6 条规定的国际转让减缓成果。

2. 欧盟与其他一个或多个成员国在统一的系统中维护其登记册。

3. 本条第 1 款所述的登记册数据应提供给根据第 2003/87/EC 号指令第 20 条指定的中央管理机构。

4. 委员会应根据第 43 条通过授权法案,通过建立本条第 1 款所述的登记册补充本条例,并通过欧盟和成员国的登记册对《气候公约》或《巴黎协定》机构的相关决定进行必要的技术实施。

第七章 合作与支持

第 41 条 【成员国与欧盟之间的合作】

1. 成员国之间应就本条例规定义务相互合作,同时成员国应与欧盟充分合作与协调,尤其在以下方面:

(a) 根据第 9 条至第 13 条制定、通过、通报和评估国家能源和气候综合计划的过程;

(b) 根据第 17 条制定、通过、通报和评估国家能源及气候进展综合报告以及根据第 26 条编制年度报告的过程;

(c) 委员会建议的相关过程,以及根据第 9 条第 2 款和第 3 款,第 17 条第 6 款,第 30 条第 1 款,第 31 条第 1 款和第 32 条第 1 款和第 2 款处理此类建议的过程;

(d) 根据第 26 条第 4 款编制欧盟温室气体清单及欧盟温室气体清单报告;

(e) 根据《气候公约》第 12 条编制欧盟国家信息通报,并根据第 2/CP. 17 号决定或《气候公约》机构随后通过的相关决定编制欧盟两年期报告;

(f)根据《气候公约》和《巴黎协定》作出的适用决定以及第 38 条所述的欧盟审查成员国温室气体清单之程序,审查和遵守《气候公约》和《巴黎协定》规定的程序;

(g)在第 38 条所述审查程序之后作出的任何调整,或向《气候公约》秘书处提交或将要提交的清单和清单报告的其他修改;

(h)根据第 26 条第 2 款,编制欧盟温室气体预估清单。

2. 委员会可应成员国请求,就本条例规定的义务向成员国提供技术支持。

第 42 条 【欧洲环境署的职责】

欧洲环境署应根据其年度工作方案,协助委员会在脱碳和能源效率方面开展工作,以遵守第 15 条至第 21 条、第 26 条、第 28 条、第 29 条、第 35 条、第 37 条、第 38 条、第 39 条和第 41 条的规定,按需在以下方面提供援助:

(a)编制成员国报告的政策、措施和预测信息;

(b)确保对成员国报告的预测、政策和措施信息的执行质量保证和质量控制程序;

(c)就成员国未报告的预测数据编制预估数据或对委员会可获得的预估数据进行补充;

(d)根据委员会向欧洲议会和欧洲理事会提交的能源联盟现状报告要求,汇编从欧洲统计数据中获得的适当数据;

(e)宣传根据本条例收集的信息,包括维护和更新成员国减缓政策和措施以及欧洲气候适应平台相关的气候变化影响、脆弱性和适应性信息的数据库;

(f)编制欧盟温室气体清单时执行质量保证和质量控制程序;

(g)编制欧盟温室气体清单并制定联盟温室气体清单报告;

(h)为国家温室气体清单中未报告的数据编制预估数据;

(i)执行第 38 条所述的审查程序;

(j)编制欧盟预估性温室气体清单。

第八章 最后条款

第 43 条 【授权的行使】

1. 委员会有权根据本条规定条件通过授权法案。

2. 委员会有权获得第 3 条第 5 款、第 15 条第 5 款、第 26 条第 6 款、第 37 条第 7 款和第 40 条第 4 款所述的授权法案的权力,期限为自 2018 年 12 月 24 日起为期 5 年。委员会应至迟于 5 年期限结束前 9 个月起草一份关于授权的报告。授权应默认延长相同期限,除非每个5年期限结束前3个月内欧洲议会或理事会表示反对。

3. 欧洲议会或理事会可随时撤销第3条第5款、第15条第5款、第26条第6款、第37条第7款和第40条第4款所述的授权。撤销决定应终止该决定规定的授权。该决定应在《欧洲联盟官方公报》公布后次日或其中规定的稍后日期后生效,且不影响已生效授权行为的法律效力。

4. 通过一项授权法案前,委员会应根据2016年4月13日《关于更好地立法的机构间协议》中规定的原则,咨询各成员国指定的专家。

5. 授权法案一经通过,委员会应立即通报欧洲议会及理事会。

6. 根据第3条第5款、第15条第5款、第26条第6款、第37条第7款和第40条第4款通过的授权法案,仅当欧洲议会或理事会收到该法案通报后2个月内未表示反对,或者在该期限届满之前,欧洲议会和欧洲理事会皆已向委员会表示不反对的,方能生效。根据欧洲议会或理事会的倡议,该期限应延长2个月。

第44条 【委员会】

1. 欧盟委员会应被如下组织协助:

(a)负责实施第19条第5款、第26条第7款、第37条第6款、第38条第3款和第39条第3款所述事项的气候变化委员会;

(b)负责实施第17条第4款和第33条第4款所述事项的能源联盟委员会;

2. 前述委员会指第182/2011/EU号条例所述的委员会。

3. 以本条第1款a项所述的气候变化委员会替代根据第525/2013/EU号条例建立的委员会。

4. 第1款所述的委员会审议横向议题和共同行动时,应通知第1款所述的另一委员会,以确保政策的一致性并最大限度发挥委员会之间的协同作用。

5. 各成员国应向气候变化委员会和能源联盟委员会委派代表。各委员会代表应应邀出席对方召开的会议。

6. (EU)182/2011号条例第5条在提及本条的情况下适用。

第45条 【审查】

欧盟委员会应在根据《巴黎协定》第14条商定的每次全球评估后6个月内向欧洲议会和欧洲理事会报告本条例的运作情况、对能源联盟治理的贡献、对《巴黎协定》长期目标的贡献、实现(EU)2021/1119号条例第2条第1款规定的2030年气候和能源目标及欧盟气候中和目标的进展情况,能源联盟的其他目标以及本条例中规定的规划、报告和监测规定与《气候公约》和《巴黎协定》有关的其他欧盟法律或决定的一致性。在适当情况下,委员会的报告可附有立法建议。

第46条至第56条为对第94/22/EC号指令、第98/70/EC号指令、第2009/31/

EC 号指令、(EC)663/2009 号条例、(EC)715/2009 号条例、第 2009/73/EC 号指令、第 2009/119/EC 号议会指令、第 2010/31/EU 号指令、第 2012/27/EU 号指令、第 2012/30/EU 号指令、第 2015/652 号指令的修订。

第 57 条 【废止】

(EU)525/2013 号条例自 2021 年 1 月 1 日起废除,除(EU)525/2013 号条例第 26 条第 1 款于 2018 年 12 月 24 日起废止外,应遵守本条例第 58 条规定的过渡性规定。对被废止条例的引用应解释为对本条例的引用,并应根据附件十三中的相关表格进行解读。

第 58 条 【过渡性条款】

废止本条例第 57 条,(EU)525/2013 号条例第 7 条和第 17 条第 1 款 a 项和 d 项应继续适用于 2018 年、2019 年和 2020 年包含前述条款要求的数据报告。

(EU)525/2013 号条例第 11 条第 3 款应继续适用于《京都议定书》第二个承诺期。(EU)525/2013 号条例第 19 条应继续适用于 2018 年,2019 年和 2020 年的温室气体清单数据审查。

(EU)525/2013 号条例第 22 条应继续适用于该条规定的报告提交。考虑到法律的一致性和确定性,本条例内容皆不应妨碍相关欧盟部门法律在电力和电力风险防范领域适用废除规定。

第 59 条 【生效】

本条例自在《欧洲联盟公报》上公布后第三日起生效。

第 40 条,第 53 条第 2 款、第 3 款、第 4 款,第 54 条第 3 款 a 项,第 54 条第 4 款和第 55 条自 2021 年 1 月 1 日起适用。

本条例具有全面约束力,并直接适用于所有成员国。

附件一 国家能源和气候综合计划总框架

第 1 编 总 框 架

A 部分 国 家 计 划

1. 制定计划的概况和流程

1.1 执行概要

i. 制定计划的政治、经济、环境和社会背景;

ii. 能源联盟五个方面的相关战略;

iii. 计划的主要目标、政策和措施概览表。

1.2 现有政策情况概述

i. 国家和欧盟能源系统以及国家计划的政策背景;

ii. 当前能源联盟五个方面的相关能源及气候政策和措施;

iii. 跨境相关的关键问题;

iv. 执行国家能源和气候政策的行政机构。

1.3 国家和欧盟实体的磋商、参与及其结果

i. 国民议会的参与;

ii. 地方和区域机关的参与;

iii. 包括社会伙伴在内的利益相关者磋商以及民间组织和公众的参与;

iv. 其他成员国的磋商;

v. 关于委员会的换届程序。

1.4 区域合作编制规划

i. 与其他成员国协同规划的要素;

ii. 在计划中纳入区域合作的解释。

2. 国家目标和指标

2.1 脱碳

2.1.1 温室气体的排放量和移除量

i. 第4条a款第1项所列要素;

ii. 其他国家目标和指标与《巴黎协定》及既有长期战略相一致的,可以适用。如果实施包括行业目标与适应目标在内的其他目标和指标能够为欧盟实现温室气体减排承诺作出贡献的,可以适用。

2.1.2 可再生能源

i. 第4条a款第2项所列要素;

ii. 2021年至2030年可再生能源在电力、供暖、制冷和运输行业终端能源消耗中所占份额的预估性轨迹;

iii. 成员国计划用于实现2021年至2030年可再生能源总体和行业发展轨迹的可再生能源技术预估性轨迹,包括每项技术和行业的预计终端能源消耗总额(百万吨油当量)及每项技术和行业的计划总装机容量(除以新容量和新供电量)(兆瓦);

iv. 生物能源需求的预估性轨迹,按热力、电力和运输分类,以及按原料和原产地分类的生物质供应(区分国内生产和进口);对于森林生物质,评估其来源及其对土地利用、土地利用变化及林业汇的影响;

v. (如适用)其他国家轨迹和目标,包括长期和行业性轨迹及目标(如可再生能

源在区域供暖中的份额、建筑中可再生能源的使用、城市生产的可再生能源、可再生能源社区和可再生能源自用用户、通过废水处理获得的污泥回收的能源)。

2.2 能源效率

i. 第 4 条 b 款所列要素;

ii. 根据第 2010/31/EU 号指令第 2a 条的规定,在国家住宅和非住宅建筑的长期改造战略中,应包括 2030 年、2040 年和 2050 年的指示性时间表、国内可比性进展指标、基于证据对预期节能和扩大效益的预估,以及前述对实现欧盟能效目标的贡献;前述目标在根据第 2010/31/EU 号指令第 2a 条制定的住宅和非住宅建筑(包括公共和私有)存量长期改造战略路线图中;

iii. (如适用)其他国家目标,包括长期目标或战略和行业目标,以及运输行业供暖和制冷的能源效率等领域的相关国家目标。

2.3 能源安全

i. 第 4 条 c 款所列要素;

ii. 增加第三国的能源来源和供应多样化的国家目标,以提高区域和国家能源系统的抗御力;

iii. (如适用)减少对第三国能源进口依赖的国家目标,以提高区域和国家能源系统的抗御力;

iv. 关于提高国家能源系统灵活性的国家目标,特别是通过部署国内能源、需求响应和储能的方式。

2.4 内部能源市场

2.4.1 电力互联

为实现电力互联水平在 2030 年至少达到 15% 的电力互联目标,成员国应当与受影响的成员国密切合作,制定自 2021 年起实施的战略,同时纳入在 2020 年达到 10% 的互联目标以及下列紧急行动指示:

(1)成员国、地区或招标区之间电力批发市场的价格差异超过 2 欧元/兆瓦小时的指示性阈值;

(2)互连装置的额定传输容量低于负荷峰值的 30%;

(3)互连装置的额定传输容量低于可再生能源发电安装容量的 30%。

新互联装置应当进行社会经济和环境成本效益分析,仅当潜在效益大于成本时方能实施。

2.4.2 能源传输基础设施

i. 为实现能源五个方面联盟战略的目标和指标必要的主要的电力和天然气输送基础设施项目,以及相关的现代化项目;

ii.（如适用）除共同利益项目（PCIs）外设想的主要基础设施项目。

2.4.3　市场一体化

i. 内部能源市场其他方面（如提高系统灵活性）的相关国家目标，特别是根据相关部门法推动实现具有竞争力的电价决定、市场一体化和耦合的相关国家目标，旨在建立现有互联装置、智能电网、聚合、需求响应、存储、分布式发电，调度、重新调度和削减机制，以及实时价格信号，包括实现目标的时间表；

ii.（如适用）可再生能源非歧视性参与、需求响应和储存的相关国家目标，包括聚合所有能源市场，包括实现目标的时间表；

iii.（如适用）确保消费者参与能源系统并从包括智能电表在内的自发电和新技术中受益的国家目标；

iv. 关于确保电力系统的充足性以及能源系统在可再生能源生产方面的灵活性的国家目标，包括实现目标的时间表；

v.（如适用）保护能源消耗者和提高能源零售行业竞争力的国家目标。

2.4.4　能源贫困

（如适用）能源贫困相关的国家目标，包括实现目标的时间表。

2.5　研究、创新和竞争力

i. 能源联盟相关的公共和私人研究与创新的国家目标和等资目标，包括在适当情况下实现目标的时间表；

ii.（如适用）推广清洁能源技术相关的2050年国家目标，以及在适当的情况下包括部署低碳技术（包括脱碳能源和碳密集型工业行业）的长期目标（2050年），以及（如适用）关于碳运输和储存基础设施的国家目标；

iii.（如适用）竞争力相关的国家目标。

3. 政策和措施

3.1　脱碳

3.1.1　温室气体的排放量和移除量

i. 实现第2.1.1条所述的（EU）2018/842号条例规定目标的政策和措施，以及遵守（EU）2018/841号条例规定的政策和措施，涵盖所有关键排放行业和提高移除量的行业，展望（EU）2021/1119号条例第2条第1款规定的欧盟气候中和目标；

ii. 在相关情况下，开展该领域的区域合作；

iii. 在不影响国家援助规则适用性的情况下，包括欧盟支持和使用欧盟资金在内的国家层面融资措施。

3.1.2　可再生能源

i. 实现国家对具有约束力的2030年欧盟可再生能源目标贡献的政策和措施，第

4 条 a 款第 2 项所述的轨迹,(如适用或可用)本附件第 2.1.2 条所述的要素,包括针对具体行业和技术的措施;

ii. 在相关情况下采取具体的区域合作措施,以及预估可再生能源的过剩产量,将该过剩产量转移给其他成员国亦可作为一种选择,以实现第 2.1.2 条所述的国家贡献和轨迹;

iii. 关于财政支持的具体措施,(如适用)包括欧盟支持和欧盟资金的使用,以促进电力、供暖和制冷以及运输中可再生能源的生产和使用;

iv. (如适用)成员国将根据(EU)2018/2001 号指令第 6 条第 4 款对可再生能源的电力支持进行评估;

v. 引入一个或多个联络点、简化行政程序、提供信息和培训以及促进接受购电协议的具体措施;

成员国应当在(EU)2018/2001 号指令第 21 条第 6 款和第 22 条第 5 款框架下制定政策和措施纲要,以改善和促进自给型消费和可再生能源社区的发展;

vi. 评估建设可再生能源区域供暖和制冷新基础设施的必要性;

vii. (如适用)促进生物质能源使用的具体措施,特别考虑新的生物质的利用;

生物质供应,包括可持续生物质:国内潜在的和从第三国进口的;

其他行业(农业及森林行业)的其他生物质利用;以及生物质生产和利用的可持续性措施。

3.1.3　其他要素

i. (如适用)影响欧盟排放交易体系行业的国家政策和措施,以及对欧盟排放交易体系的互补性和影响的评估;

ii. 适当情况下实现其他的国家目标的政策和措施;

iii. 实现低排放出行(包括交通电气化)的政策和措施;

iv. (如适用)计划逐步取消能源补贴,特别是化石燃料补贴的国家政策、时间表和措施。

3.2　能源效率方面

实现 2030 年国家能源效率指示性贡献及第 2.2 条所述的其他目标,包括提高建筑能源性能的计划措施和工具(财政性质)的计划政策、措施和方案,尤其在以下方面:

i. 根据第 2012/27/EU 号指令第 7a 条、第 7b 条及第 20 条第 6 款制定的能源效率义务计划和替代政策措施,并根据本条例附件二制定;

ii. 根据第 2010/31/EU 号指令第 2a 条,支持国家公共和私有住宅和非住宅建筑存量更新的长期改造战略,包括刺激高成本效益的深度改造的政策、措施及行动,以及针对国家建筑存量中性能最差部分的政策和行动；

iii. 说明促进公共行业能源服务的政策和措施，以及消除阻碍接受能源绩效合同和其他能效服务模式的监管和非监管障碍的措施；

iv. 其他计划政策、措施和方案，以实现 2030 年国家能源效率指示性贡献以及第 2.2 条所述的其他目标（如增强公共建筑和节能公共采购示范作用的措施，完善能源审计和能源管理系统的措施，消费者信息和培训措施，以及其他提高能源效率的措施）；

v.（如适用）说明促进当地可再生能源社区在实施第 i 项至 iv 项中的政策和措施的作用；

vi. 说明制定措施以利用天然气和电力基础设施的能源效率潜力的措施；

vii. 该领域的区域合作（如适用）；

viii. 在该领域国家层面的筹资措施，包括欧盟支持和欧盟资金的使用。

3.3　能源安全

i. 第 2.3 条所列要素的相关政策和措施；

ii. 该领域的区域合作；

iii.（如适用）在该领域国家层面的融资措施，包括欧盟支持和欧盟资金的使用。

3.4　内部能源市场

3.4.1　电力基础设施

i. 实现第 4 条 d 款设定互联互通目标水平的政策和措施；

ii. 该领域的区域合作；

iii.（如适用）该领域国家层面的融资措施，包括欧盟支持和欧盟资金的使用。

3.4.2　能源传输基础设施

i. 与第 2.4.2 条规定要素相关的政策和措施，包括（如适用）实现共同利益项目和其他关键基础设施项目交付的具体措施；

ii. 该领域的区域合作；

iii.（如适用）该领域国家层面的融资措施，包括欧盟支持和欧盟资金的使用。

3.4.3　市场一体化

i. 增强能源系统在可再生能源方面灵活性的措施；

ii. 增强能源系统在可再生能源生产方面灵活性的措施，如智能电网、聚合、需求响应、存储、分布式发电、调度、重新调度和削减机制、实时价格信号，包括推出日内市场连接和跨境平衡市场；

iii.（如适用）采取措施确保可再生能源、需求响应和储存的非歧视性参与，包括通过整合所有能源市场；

iv. 保护消费者的政策和措施,特别是保护弱势消费者,以及在适用情况下包括能源贫困的消费者,并提高零售能源市场的竞争力;

v. 说明实现和发展需求响应的措施,不包括解决支持动态定价的关税问题。

3.4.4　能源贫困

(如适用)实现第 2.4.4 条设定目标的政策和措施。

3.5　研究、创新和竞争力

i. 与第 2.5 条设定要素相关的政策和措施;

ii. (如适用)与其他成员国在该领域的合作,包括在国家层面如何将 SET 计划的目标和政策转化为国情的信息;

iii. (如适用)该领域国家层面的融资措施,包括欧盟支持和欧盟资金的使用。

B 部分　分析的基点

4. 现状和现有政策措施的预测

4.1　影响能源系统和温室气体排放发展的主要外部因素的预测发展

i. 宏观经济预测(GDP 和人口增长);

ii. 预计将影响能源系统和温室气体排放的行业变化;

iii. 全球能源趋势、国际化石燃料价格、欧盟排放交易系统碳价格;

iv. 技术成本发展。

4.2　脱碳

4.2.1　温室气体排放量和移除量

i. 欧盟排放交易系统、减排分担和土地利用、土地利用变化和林业行业以及不同能源行业当前温室气体排放和移除量的趋势;

ii. 至少至 2040 年(包括 2030 年),现有国家和欧盟政策及措施对行业发展的预测。

4.2.2　可再生能源

i. 目前可再生能源在总终端能源消耗中的占比,在不同领域(供暖和制冷、电力和交通)以及各领域中各种技术的占比;

ii. 2030 年现有政策发展的指示性预测(以及 2040 年展望)。

4.3　能源效率

i. 当前经济和各行业(包括工业、住宅、服务和运输)的一次能源消耗与终端能源消耗;

ii. 高效热电联产和高效区域供暖和制冷应用的现有潜力;

iii. 考虑到第 1.2 条 ii 项所述的现有能源效率政策、措施和计划的预测，至少到 2040 年(包括 2030 年)，各行业的一次能源消耗与终端能源消耗；

iv. 根据第 2010/31/EU 号指令第 5 条，国家计算得出的最低能源性能要求的最佳成本水平。

4.4　能源安全

i. 当前能源结构、国内能源资源、进口依赖性，包括相关风险；

ii. 至少到 2040 年利用现有政策和措施进行的发展预测(包括 2030 年)。

4.5　内部能源市场

4.5.1　电力互联

i. 现有互联水平和主要互连设施；

ii. 互联设施扩建需求预测(包括到 2030 年)。

4.5.2　能源传输基础设施

i. 现有电力和天然气输送基础设施的关键特性；

ii. 至少到 2040 年(包括 2030 年)的网络扩展需求预测。

4.5.3　电力和天然气市场及能源价格

i. 电力和天然气市场(包括能源价格)的现状；

ii. 至少到 2040 年(包括 2030 年)现有政策和措施的发展预测。

4.6　研究、创新和竞争力

i. 低碳技术行业现状及其在全球市场上的地位(该分析结果将在欧盟或全球范围内执行)；

ii. 公共和私人研究创新支出在低碳技术上的当前水平，现有专利数量和研究人员数量(如有)；

iii. 价格构成的三个主要组成部分(能源、网络、税收/征税)的当前价格要素明细；

iv. 能源补贴说明，包括对化石燃料的补贴。

5. 计划政策和措施的影响评估

5.1　第 3 部分所述的计划政策和措施对能源系统及温室气体排放量和移除量的影响，包括与现有政策和措施的预测比较(如第 4 部分所述)。

i. 在计划政策和措施下，根据(EU)2016/2284 号指令，对能源系统的发展、温室气体排放量和移除量，以及相关的空气污染排放的预测，至少到计划涵盖的期间后十年(包括计划所涉期间的最后一年)，包括相关的联盟政策和措施；

ii. 评估政策互动(在政策维度内，现有政策和措施与计划中的政策和措施之间以及不同维度的现有政策和措施与计划中的政策和措施之间)，至少到计划所涉期

间的最后一年,尤其是充分理解建立能效/节能政策对能源系统规模的影响,并降低能源供应中滞留投资的风险;

iii. 评估现有政策和措施与计划政策和措施之间的互动,以及前述政策和措施与欧盟气候和能源政策措施之间的互动。

5.2 至少到计划所涉期间的最后一年,评估第 3 部分所述计划中政策和措施的宏观经济影响,以及在可行情况下,对健康、环境、就业和教育、技能和社会的影响,包括公正过渡方面(成本、效益及成效方面),包括与现有政策和措施的预测比较。

5.3 投资需求概况

i. 计划政策和措施相关的现有投资流量和远期投资假设;

ii. 国家或地区范围内的行业或市场风险因素或障碍;

iii. 分析为填补 ii 项下确定的缺口提供的额外公共财政支持或资源。

5.4 至少到计划所涉期间的最后一年,评估第 3 部分所述的计划政策和措施对其他成员国和区域合作的影响,包括与现有政策和措施预测的比较:

i. 尽可能减少对该地区邻国和其他成员国能源系统的影响;

ii. 对能源价格、公用事业和能源市场一体化的影响;

iii. 在相关情况下,对区域合作的影响。

5.5 计划的政策和措施对实现(EU)2021/1119 号条例第 2 条第 1 款规定的欧盟气候中和目标的贡献。

第 2 编 国家计划 B 部分中需报告的参数和变量列表

以下参数、变量、能源平衡和指标将在国家计划的 B 部分“分析的基点”中报告(如使用):

1. 一般参数和变量

(1)人口[百万];

(2)GDP[百万欧元];

(3)行业总增加值(包括主要工业、建筑业、服务业和农业行业)[百万欧元];

(4)家庭数量[千户];

(5)家庭规模[居民/家庭];

(6)家庭可支配收入[欧元];

(7)通行公里数:所有模式,即分成公路(如可能,区分汽车和公共汽车)、铁路、航空和国内导航(如相关)[百万公里];

(8)货运吨公里:除国际海运外的所有方式,即分为公路、铁路、航空、国内航运

(内陆水道和国家海运)[百万吨公里];

(9)基于委员会建议的国际石油、天然气和煤燃料进口价格[欧元/吉焦或欧元/吨油当量];

(10)基于欧盟委员会建议的欧盟排放交易系统碳价格[欧元/欧盟配额];

(11)(如适用)欧元和美元的汇率假设[欧元/货币和美元/货币];

(12)采暖度日数(HDD);

(13)空调度日数(CDD);

(14)主要相关技术建模中使用的技术成本假设。

2. 能源平衡和指标

2.1 能源供应

(1)按燃料类型划分的本土生产(所有大量生产的能源产品)[千吨油当量];

(2)按燃料类型划分的净进口(包括电力,并分为欧盟内部和外部净进口)[千吨油当量];

(3)从第三国进口的依赖性[%];

(4)主要能源载体(包括天然气和电力)的主要进口来源;

(5)按燃料类型来源划分的国内总消耗量(包括固体、所有能源产品:煤炭、原油和石油产品、天然气、核能、电力、衍生热、可再生能源、废物)[千吨油当量]。

2.2 电和热

(1)总发电量[亿瓦时];

(2)燃料发电总量(所有能源产品)[亿瓦时];

(3)热电联产在总发电量和总热量中的份额[百分比];

(4)按来源划分的发电容量,包括淘汰的和新的投资[兆瓦];

(5)火力发电产生的热量;

(6)热电联产产生的热量,包括工业余热;

(7)天然气和电力的跨境互联能力[电力的定义符合正在进行的基于15%互联目标的讨论结果]及其预计使用率。

2.3 运输行业

(1)火力发电的燃料投入(包括固体、石油、天然气)[千吨油当量];

(2)其他转化过程的燃料投入[千吨油当量]。

2.4 能源消耗

(1)一次和终端能源消耗[千吨油当量];

(2)按行业划分的终端能源消耗[包括工业、住宅、第三产业、农业和运输(包括客运和货运,如有)][千吨油当量];

(3)燃料的终端能源消耗(所有能源产品)[千吨油当量];

(4)终端非能源消耗[千吨油当量];

(5)整体经济的一次能源强度[单位 GDP 的一次能耗(吨油当量/欧元)];

(6)按行业(包括工业、住宅、第三产业和运输业)划分的终端能源强度(包括客运和货运,如有)。

2.5 价格

(1)按用电行业分类电价(住宅、工业、第三产业);

(2)全国燃料零售价格(包括各来源和行业的税收)[欧元/千吨油当量]。

2.6 投资

能源转型、供应、输送和分配行业的投资成本。

2.7 可再生能源

(1)可再生能源的总终端消耗量以及可再生能源在总终端能源消耗中的份额,按行业(电力、供暖和制冷、运输)和技术划分;

(2)建筑物使用可再生能源发电和供热,(如适用)应包括太阳能光伏系统、太阳能热力系统、生物质、热泵、地热系统以及所有其他分散式可再生能源系统产生、消耗和注入电网的能源的分类数据;

(3)(如适用)其他国家轨迹,包括长期或行业的发展轨迹,即以粮食为基础的先进的生物燃料的份额,区域供暖中可再生能源的份额,以及城市和可再生能源社区生产的可再生能源。

3. 温室气体排放量和移除量相关指标

(1)按政策行业划分的温室气体排放量(欧盟排放交易系统、减排分担及土地利用、土地利用变化和林业);

(2)按联合国政府间气候变化专门委员会行业和天然气划分的温室气体排放量(如相关,分为欧盟排放交易系统和减排分担行业)[吨二氧化碳当量];

(3)整体经济的碳强度[吨二氧化碳当量/国内生产总值];

(4)二氧化碳排放相关指标:

(a)国内发电和供热的温室气体强度[吨二氧化碳当量/兆瓦时];

(b)按行业划分的终端能源消耗温室气体强度[吨二氧化碳当量/吨油当量]。

(5)非二氧化碳排放相关参数:

(a)牲畜:乳猫[1000 头],非乳猫[10000 头],绵羊[1000 头],猪[1000 头],家禽[1000 头];

(b)施用合成肥料的氮输入[千吨氮];

(c)施用粪肥的氮输入[千吨氮];

(d)固氮作物固定的氮[千吨氮];

(e)作物残留物中返回土壤的氮[千吨氮];

(f)种植的有机土壤面积[公顷];

(g)城市固体废物产生量(城市生活垃圾);

(h)运往垃圾填埋场的城市固体废物;

(i)甲烷回收在垃圾填埋场甲烷总生成量中的份额[%]。

附件二　2030 年可再生能源在终端能源消耗总额中所占份额的国家贡献

1. 以下指示性公式代表第 5 条第 1 款 e 项 i 至 v 目所列客观标准,标准以百分比表示:

(a)(EU)2018/2001 号条例附件一表格第三栏中规定的成员国 2020 年国家约束性目标;

(b)统一费率贡献(CFlat);

(c)人均 GDP 贡献(CGDP);

(d)基于潜力的贡献(CPpotential);

(e)反映成员国互联互通水平的贡献(CInterco)。

2. 成员国的统一费率贡献应当相同。全体成员国的统一费率贡献应共同贡献欧盟 2030 年和 2020 年目标之间差额的 30%。

3. 人均 GDP 贡献应根据欧盟统计局 2013 年至 2017 年期间欧盟平均值的人均 GDP 指数在成员国之间进行分配,以购买力标准表示,其中成员国的指数上限为欧盟平均水平的 150%。全体成员国的人均 GDP 贡献应共同贡献欧盟 2030 年和 2020 年目标之间差额的 30%。

4. 基于潜力的贡献应根据 PRIMES 预测中显示的成员国 2030 年可再生能源份额与其 2020 年国家约束性目标间的差额在成员国之间分配。全体成员国基于潜力的贡献应共同贡献欧盟 2030 年和 2020 年目标之间差额的 30%。

5. 反映成员国互联互通水平的贡献应根据 2017 年欧盟平均电力互联份额指数在成员国之间进行分配该指数以净转移容量是否超过总装机容量衡量,其中每个成员国的互联份额指数上限为欧盟平均水平的 150%。全体成员国的反映成员国互联互通水平的贡献应共同贡献欧盟 2030 年和 2020 年目标之间差额的 10%。

附件三　关于成员国执行第2012/27/EU号指令第7条的措施和方法的通知

成员国应根据第2012/27/EU号指令附件五第5条的规定,向委员会通知其关于该指令第7a条、第7b条以及第20条第6款所述的能效义务计划和替代政策措施的拟议详细方法。

1. 计算2021年1月1日至2030年12月31日期间的节能需求水平,说明如何考虑以下因素:

(a)2019年1月1日之前三年的平均年度终端能源消耗量[以千吨油当量表示];

(b)根据第2012/27/EU号指令第7条第1款b项的规定,最终达到节能用途的累计总量[以千吨油当量表示];

(c)用于计算终端能源消耗的数据和此类数据的来源,包括使用替代统计来源的理由及由此产生的数量差异(如果使用欧盟统计局以外的其他来源)。

2. 决定使用第2012/27/EU号指令第7条第2款规定的任何可能性的成员国还应通报其2021年1月1日至2030年12月31日期间要实现的节能要求水平计算,并说明如何考虑以下因素:

(a)其自身的年节能率;

(b)其自身的计算基准和运输中使用的全部或部分能源不包括在计算范围内[以千吨油当量表示];

(c)2021年1月1日至2030年12月31日(适用第2012/27/EU号指令第7条第4款b至g项所述的选项前)整个期间的累计节能量[以千吨油当量表示];

(d)第2012/27/EU号指令第7条第4款b至g项所述的选项的适用:

(i)根据第2012/27/EU号指令第7条第4款b项,第2003/87/EC号指令附件一列明的工业活动终端能源消耗量[以千吨油当量表示]不包括在计算范围内;

(ii)根据第2012/27/EU号指令第7条第4款c项,在能源转型、分配和运输行业,包括高效的区域供暖和制冷基础设施,实现的能源节约量[以千吨油当量表示];

(iii)根据第2012/27/EU号指令第7条第4款d项的规定,自2008年12月31日以来新实施的并在2020年及以后继续产生影响的单独行动产生的能源节约量[以千吨油当量表示];

(iv)根据第2012/27/EU号指令第7条第4款e项的规定,政策措施产生的能源节约量[以千吨油当量表示],但前提为能证明前述政策措施促成2018年1月1日至2020年12月31日期间采取单独行动,并在2020年12月31日之后实现节约;

(v)根据第2012/27/EU号指令第7条第4款f项,由于促进可再生能源技术新安装的政策措施而在建筑物上或在建筑物内产生的自用能源数量;

(vi)超过2014年1月1日至2020年12月31日期间必要累计节能量的节能量[以千吨油当量表示],成员国根据第2012/27/EU号指令第7条第4款g项将其计入2021年1月至2030年12月30日期间。

(e)累计节能总量(在适用第2012/27/EU号指令第7条第4款b至g项所述的选项后)。

3. 实现第2012/27/EU号指令第7条第1款所述的节能要求的政策措施:

3.1 第2012/27/EU号指令第7a条所述的能效义务计划:

(a)能源效率义务计划的说明;

(b)预期累计和年度节能额度以及债务期限;

(c)义务方及其责任;

(e)该措施规定的合格行动;

(f)第2012/27/EU号指令规定的下列用途信息:

(i)(如适用)根据第7条第11款,在受能源贫困影响的家庭中采取具体行动实现的节能份额;

(ii)能源服务提供商或其他第三方根据第7a条第6款a项实现的节能;

(iii)根据第7a条第6款b项规定的"存款和贷款";

(g)在相关情况下,提供节能交易的相关信息。

3.2 第2012/27/EU号指令第7b条和第20条第6款中提到的替代措施(税收除外):

(a)政策措施的类型;

(b)政策措施的简要说明,包括通报的每项政策措施的设计特点;

(c)每项措施的预期累计和年度总节约额和/或任何中间时期相关的能源节约额;

(d)负责执行的公共机关、参与方或受托方及其执行政策措施的职务;

(e)目标行业;

(f)该措施规定的合格行动;

(g)(如适用)针对能源贫困的具体政策措施或个人行动。

3.3 关于税收措施的信息:

(a)税收措施简要说明;

(b)税收措施期限;

(c)负责执行的公共机构;

(d)每项措施的预计累计和年度节约额;

(e)根据第2012/27/EU号指令附件五第4条的计算方法,包括使用的价格弹性及如何建立前述价格弹性。

4. 根据第2012/27/EU号指令第7a条、第7b条以及第20条第6款通报的措施的计算方法(税收措施除外):

(a)第2012/27/EU号指令附件五第1条所述的测量方法;

(b)表示节能(一次或终端节能)的方法;

(c)措施的有效期、节能随时间下降的比率及考虑节能寿命的方法;

(d)简要说明计算方法,包括如何确保节能的额外性和实质性,以及用于视为节能和按比例节能的方法和基准;

(e)关于如何解决措施和单独行动之间可能的重叠问题,以避免节能的重复计算;

(f)在相关情况下,气候变化和使用的方法。

5. 监测和核证

(a)监测和核证系统以及核证过程的简要说明;

(b)负责执行的公共机关及其负责的能源效率义务计划或替代措施相关监测和核证系统的主要职责;

(c)独立于义务方、参与方或受托方的监督和核证;

(d)能源效率改善措施及用于定义和选择代表性样本的比例和标准的统计显著比例;

(e)义务方报告义务(义务方或义务方的子类别在计划下实现的节能总额);

(f)公布根据能源效率义务计划和替代措施(每年)实现的能源节约;

(g)关于成员国法律规定的不遵守规定应适用的处罚信息;

(h)在进展不顺的情况下提供的政策措施信息。

附件四 长期战略总框架

1. 制定战略的概述和流程

1.1 执行概要

1.2 法律和政策背景

1.3 公众咨询

2. 内容

2.1 温室气体排放总量的减少和汇移除量的增加

2.1.1 至2050年的预计减排量和移除量增加

2.1.2 2030年及后续的国家目标(如有),以及2040年和2050年的指示性时间表

2.1.3 采用的政策和措施

2.2 可再生能源

2.2.1 在可行范围内,预估至2050年可再生能源在终端能源消耗中的份额

2.3 能源效率

2.3.1 在可行范围内,预估至2050年可能的能源消耗

2.4 特定行业的相关内容

2.4.1 能源系统

2.4.1.1 预期或可能的排放轨迹或范围

2.4.1.2 能源效率、需求侧灵活性和能源消耗的主要驱动因素及其2021年及后续的演变总概述

2.4.2 工业

2.4.2.1 按行业和能源需求划分的预期减排量

2.4.2.2 附件一第1编A部分第2.1条所述的脱碳政策、现有计划和措施的总概述

2.4.3 运输

2.4.3.1 按运输类型划分(如重型公路运输、航运、空运、铁路)的预期排放量和能源来源

2.4.3.2 脱碳选择

2.4.4 农业及土地利用、土地利用变化和林业

2.4.4.1 在可行范围内,按来源和个别温室气体分列的预期排放量

2.4.4.2 设想的减排方案

2.4.4.3 与农业和农村发展政策的联系

3. 融资

3.1 必要投资预估

3.2 相关研究、开发和创新的政策和措施

4. 社会经济方面的影响评估

5. 附件(如有必要)

5.1 建模(包括假设)和/或分析、指标等的详细信息。

附件五 温室气体清单信息

第1编

第26条第3款所述的报告中应包含以下信息:

(a)本附件第2编所列人为温室气体排放量及(EU)2018/842号条例第2条第1款所述的X-2年人为温室气体排放量;

(b)关于人为排放的一氧化碳(CO)、二氧化硫(SO_2)、氮氧化物(NOx)和挥发性有机化合物的数据,与已根据(EU)2016/2284号指令第8条报告的X-2年数据一致;

(c)根据本附件第3编规定的方法,估算X-2年土地利用、土地利用变化和林业产生的人为温室气体排放量和二氧化碳汇移除量。该数据还应与(EU)2018/841号条例第14条规定的合规报告相关;

(d)a、b、c项所述信息在相关基准年或期间至X-3年之间的变化,说明发生变化的原因;

(e)关于X-2年指标的信息,按照本附件第4编的规定;

(f)根据(EU)2018/842号条例第5条和(EU)2018/841号条例第12条和第13条的规定,X-1年已完成转让的简要信息;

(g)为改进清单预估数据采取步骤的相关信息,特别是在专家审查后需调整或提出建议的清单领域;

(h)设施运营商根据第2003/87/EC号指令报告的经核证的排放量对国家温室气体清单来源类别的实际或预估分配,以及X-2年前述来源类别中经核证的排放量与总报告温室气体排放量的比率;

(i)在相关情况下,对X-2年温室气体清单中报告的排放量与根据第2003/87/EC号指令报告的经核证的排放量进行一致性核查的结果;

(j)在相关情况下,对X-2年温室气体清单编制中用于预估排放量的数据进行

一致性检查的结果,包括:

(i)根据(EU)2016/2284 号指令用于编制空气污染物清单的数据;

(ii)根据(EU)517/2014 号条例第 19 条第 1 款和附件七报告的数据;

(iii)根据(EC)1099/2008 号条例第 4 条和附件 B 报告的能源数据;

(k)对其国家清单系统变化的说明(如有);

(l)国家登记处的变更说明(如有);

(m)关于其质量保证和质量控制计划的信息、不确定性总评估、完整性总评估,以及编制欧盟温室气体清单报告所需的国家温室气体清单的其他要素;

(n)以下相关信息:

(i)成员国拟利用(EU)2018/842 号条例第 5 条第 4 款和第 5 款所述的灵活性,(可能)包括数量、转让类型和价格预估范围的相关信息;

(ii)(EU)2018/842 号条例第 5 条第 6 款规定的收入使用情况;

(iii)成员国拟利用(EU)2018/842 号条例第 7 条第 1 款所述的灵活性。

如果必要的方法改进无法及时实现,从而无法在 2021 年至 2030 年期间的温室气体清单中改进,则成员国可请求委员会批准对第 1 款 c 项的克减,以采用与本附件第 3 编规定方法不同的方法,或者由于相关碳库排放量和移除量的重要性较低,与应用这种方法进行改进排放量和移除量核算的好处相比,方法改进的成本将过高。希望从这一克减中受益的成员国应在 2020 年 12 月 31 日前向委员会提交一份合理请求,说明何时可以实施方法改进、提议的替代方法或兼及两者,并评估对计算准确性的潜在影响。委员会可要求在特定、合理的时间内提交额外信息。委员会认为请求有正当理由的,应当准予克减。如果委员会拒绝该请求,应说明其决定的理由。

第 2 编

所涵盖的温室气体包括:

二氧化碳(CO_2)

甲烷(CH_4)

一氧化二氮(N_2O)

六氟化硫(SF_6)

三氟化氮(NF_3)

氢氟碳化物(HFCs):

三氟甲烷 CHF_3

二氟甲烷 CH_2F_2

一氟甲烷 CH_3F

五氟甲烷 CHF_2CF_3

四氟乙烷 CHF_2CHF_2

四氟甲烷 CH_2FCF_3

三氟乙烷 CH_2FCHF_2

三氟甲烷 CH_3CF_3

二氟乙烷 CH_2FCH_2F
二氟甲烷 CH_3CHF_2
氟乙烷 CH_3CH_2F
七氟丙烷 CF_3CHFCF_3
全氟丙烷 $CF_3CF_2CH_2F$
六氟丙烷 $CF_3CHFCHF_2$
六氟丙烷 $CF_3CH_2CF_3$
五氟乙烷 $CHF_2CH_2CF_3$
二氟甲烷 $CH_2FCF_2CHF_2$
五氟丁烷 $CH_3CF_2CH_2CF_3$
十氟戊烷 $CF_3CHFCHFCF_2CF_3$ 或 ($C_5H_2F_{10}$)

全氟碳化物(PFCs):
四氟甲烷 CF_4
六氟乙烷 C_2F_6
八氟丙烷 C_3F_8
八氟丁烷 $c-C_4F_8$
全氟丙烯 $c-C_3F_6$
十氟丁烷 C_4F_{10}
全氟正戊烷 C_5F_{12}
全氟正己烷 C_6F_{14}
全氟萘烷 $C_{10}F_{18}$

第3编 土地利用、土地利用变化和林业行业的监测和报告方法

为监测和报告土地利用、土地利用变化和林业行业,成员国应根据《2006 年 IPCC 国家温室气体清单指南》,使用地理上明确的土地利用变化数据。委员会应向成员国充分提供支持和协助,以确保数据收集的一致性和透明度。鼓励成员国探索与其他相关政策领域合并报告的协同作用和机会,并努力编制温室气体清单,以与相关电子数据库和地理信息系统实现互操作性,包括:

(a)根据(EU)2018/2001 号指令第 29 条第 4 款的规定,对具有高碳储量土地的土地利用单位进行监测的系统;

(b)监测受保护土地利用单位的系统,定义为下列一种或多种类型的土地:

(EU)2018/2001 号指令第 29 条第 3 款定义的具有高生物多样性价值的土地;

根据理事会第 92/43/EEC 号指令第 4 条指定的具有共同体重要性的场地和特殊保护区,以及根据该指令第 6 条第 1 款和第 2 款为实现场地保护目标采取的保护和养护措施以外的土地单位;

第 92/43/EEC 号指令附件四所列的、根据该指令第 12 条应采取保护措施的物种繁殖地和栖息地;

第 92/43/EEC 号指令附件一所列的自然栖息地和该指令附件二所列的物种栖息地,前述物种栖息地位于共同体重要场所或特别保护区之外,且有助于栖息地和物种达到该指令第 2 条规定的良好保护状态,或可根据欧洲议会和欧洲理事会第 2004/35/EC 号指令采取预防和补救措施;

根据欧洲议会和欧洲理事会第 2009/147/EC 号指令第 4 条划分的特别保护区，以及根据第 2009/147/EC 号指令第 4 条和第 92/43/EEC 号指令第 6 条第 2 款采取保护和养护措施的区域以外的土地单位，以实现场地保护目标；

受第 2009/147/EC 号指令第 12 条规定的非安全状态鸟类保护措施约束的土地单位，以满足该指令第 4 条第 4 款第 2 句的要求，努力避免栖息地的污染或恶化，或满足该指令第 3 条的要求，为保护和维持鸟类栖息地的充分多样性和面积需采取保护措施的土地单位；

成员国为与第 92/43/EEC 号指令和第 2009/147/EC 号指令规定的相同目的指定的其他栖息地；

为保护和确保欧洲议会和欧洲理事会第 2000/60/EC 号指令第 4 条第 1 款 a 项 iii 目所述地表水体的生态状况不发生恶化而需采取措施的土地单元；

根据欧洲议会和欧洲理事会第 2007/60/EC 号指令，受成员国保护的与洪水风险管理相关的自然洪泛平原或洪水滞留地区；

成员国为实现保护区目标指定的保护区；

(c) 监测作为恢复对象的土地利用单位的系统，定义为下列一种或多种类型的土地：

b 项所述的具有共同体重要性的场地、特别养护区和特别保护区，以及此外被确定为需实施恢复或补偿措施以实现场地养护目标的土地单位；

第 2009/147/EC 号指令第 4 条第 2 款所述的或其附件一列明的野生鸟类物种栖息地，其位于特别保护区之外，并已被确定为需为第 2009/147/EC 号指令之目的采取恢复措施；

第 92/43/EEC 号指令附件一所列的自然栖息地和附件二所列的物种栖息地，其位于共同体重要场地或特别保护区之外，并根据第 92/43/EEC 号指令被确定为需采取恢复措施以达到有利的保护状态，或根据第 2004/35/EC 号指令第 6 条被确定为需采取补救措施；

根据成员国适用的自然恢复计划，被确定为需恢复的地区或需采取措施确保其不退化的地区；

为使第 2000/60/EC 号指令第 4 条第 1 款 a 项 iii 目所述的地表水体恢复至良好生态状态而需采取措施的土地单位，或在法律要求时为使前述水体恢复至高生态状态而需采取措施的土地单位；

受第 2000/60/EC 号指令附件六 B 编 vii 目所述的湿地地区重建和恢复措施约束的土地单位；

根据欧洲议会和欧洲理事会(EU)2020/852 号条例的要求，为达到良好的生态系统状态而需恢复生态系统的地区；

(d)对以下具有高气候风险的土地利用单位进行监测的系统:

根据(EU)2018/841 号条例第 13b 条第 5 款和第 6 款应予补偿的地区;

第 2007/60/EC 号指令第 5 条第 1 款所述的地区;

成员国国家适应战略中确定的,须采取气候相关减少灾害风险行动的自然和人为风险高的地区;

(e)监测土壤碳储量的系统,尤其是使用年度土地利用/覆盖面积框架(LUCAS)统计调查数据集的系统。

温室气体清单应能够在电子数据库和地理信息系统之间进行数据交换和整合,以保障其可比性和公众可及性。

在 2021 ~ 2025 年期间,成员国应至少采用符合《2006 年 IPCC 国家温室气体清单指南》的一级方法,但对于至少占某一源或汇类排放量或移除量 25% ~ 30% 的碳库的排放量和移除量,而该碳库在成员国国家清单系统中被列为优先事项,因其估算值对一个国家的温室气体总清单在排放量和移除量的绝对水平、排放量和移除量的趋势或在土地利用类型上的排放量和移除量的不确定性方面具有重大影响,此时应至少采用符合《2006 年 IPCC 国家温室气体清单指南》的二级方法。

自 2028 年提交的温室气体清单起,成员国应至少采用符合《2006 年 IPCC 国家温室气体清单指南》的二级方法,而成员国应尽早并最迟自 2030 年提交的温室气体清单起,对 a 款所述的高碳储量土地利用单位区域、b 款和 c 款所述的受保护或恢复中的土地利用单位区域以及 d 款所述的未来高气候风险的土地利用单位区域的所有碳库排放量和移除量估算值,采用符合《2006 年 IPCC 国家温室气体清单指南》的三级方法。

虽有前段规定,但 a 至 d 项所列的单一类型土地面积少于成员国报告的管理土地面积的 1% 的,成员国应至少采用符合《2006 年 IPCC 国家温室气体清单指南》的二级方法。

第 4 编

表 1 清单指标

指标名称	指标
转换 B0	公共和自动生产商发电厂的具体二氧化碳排放量,吨/万亿焦耳 公共和自动生产商热力发电厂的二氧化碳排放量(千吨)除以公共和自动生产商热力发电厂生产成果(皮焦耳)

续表

指标名称	指标
转换 E0	汽车生产商的具体二氧化碳排放量,吨/万亿焦耳 汽车生产商的二氧化碳排放量(千吨)除以汽车生产商热力发电厂的所有产品(皮焦耳)
行业 A1.1	二氧化碳总强度——钢铁行业,吨/百万欧元 钢铁业二氧化碳排放总量(千吨)除以钢铁业总增加值
行业 A1.2	化学工业能源相关的二氧化碳强度,吨/百万欧元 化学工业能源相关的二氧化碳排放量(千吨)除以化学工业总增加值
行业 A1.3	玻璃、陶瓷和建筑材料行业能源相关的二氧化碳强度,吨/百万欧元 陶瓷和建筑材料能源相关的二氧化碳排放量(千吨)除以玻璃,陶瓷和建筑材料行业总增加值
行业 A1.4	食品、饮品和烟草行业能源相关的二氧化碳强度,吨/百万欧元 食品、饮品和烟草行业能源相关的二氧化碳排放量(千吨)除以食品,饮品和烟草行业总增加值【百万欧元(EC95)】
行业 A1.5	报纸和印刷行业能源相关的二氧化碳强度,吨/百万欧元 报纸和印刷行业能源相关的二氧化碳排放量(千吨)除以报纸和印刷行业总增加值【百万欧元(EC95)】
家庭户 A0	空间供暖家庭户的具体二氧化碳排放量,吨/平方米 空间供暖家庭户的二氧化碳排放量(千吨)除以永久性居住住宅的表面积(百万平方米)
服务业 B0	商业和机构行业空间供暖的具体二氧化碳排放量,千克/平方米 商业和机构空间供暖的二氧化碳排放量(千吨)除以服务建筑的表面积(百万平方米)
运输业 B0	乘用车与柴油相关的具体二氧化碳排放量,千克/100 千米
运输业 B0	乘用车与汽油相关的具体二氧化碳排放量,千克/100 千米

附件六　温室气体排放领域的政策和措施信息

第 18 条所述的报告中应包含以下信息:

(a)根据第 39 条第 1 款,对其报告政策和措施或系列措施以及报告人为温室气体源排放量和汇移除量预测的国家系统的说明,或在已提供此类说明的情况下对该制度所作修正的信息；

(b)第 15 条所述的长期战略的相关最新情况以及实施进展情况；

(c)限制或减少温室气体源排放量或增加汇移除量的国家政策和措施或措施组合以及欧盟政策和措施的执行情况的相关信息，按行业呈现，并按附件五第 2 编所列气体或气体组合（氢氟碳化物和全氟碳化物）进行汇总。该信息应参考适用相关的国家或欧盟政策，并应包括：

(i)政策或措施的目标以及对政策或措施进行的简要说明；

(ii)政策工具的类型；

(iii)政策、措施或系列措施的执行情况；

(iv)用于监测和评估一段时间内进展情况的指标；

(v)（如适用）对温室气体源排放量和汇移除量影响的定量估计，分为：

单个或组合的政策和措施对减缓气候变化影响的事前评估结果，应提供报告年度后紧接着以 0 或 5 结束的未来 4 年的预估数据与第 2003/87/EC 号指令、(EU)2018/842 号条例和(EU)2018/841 号条例包括的温室气体排放量的差异；

单个或组合政策和措施对减缓气候变化影响的事后评估结果（如有），与第 2003/87/EC 号指令、(EU)2018/842 号条例和(EU)2018/841 号条例包括的温室气体排放量的差异；

(vi)对政策和措施预计成本和效益的估计，以及政策和措施实施成本和效益的估计；

(vii)所有现有所述的国家政策和措施的成本和效果评估、限制或减少温室气体源排放量或增加汇移除量的欧盟政策和措施执行情况的信息以及基础技术报告；

(viii)就政策或措施对实现(EU)2021/1119 号条例第 2 条第 1 款规定的欧盟气候中和目标以及第 15 条所述的长期战略贡献的评估；

(d)关于计划的额外国家政策和措施或系列措施的信息，此类政策和措施旨在将温室气体排放限制在根据(EU)2018/842 号条例和(EU)2018/841 号条例作出的承诺之外；

(e)关于根据 c 项报告的不同政策和措施或系列措施之间联系的信息，以及此类政策和措施或系列措施对不同预测情况的贡献方式。

附件七　温室气体排放领域的预测信息

第 18 条所述的报告中应包含以下信息：

(a)有条件时不采取措施的预测,有措施的预测,以及有条件时采取额外措施的预测；

(b)第 2003/87/EC 号指令和(EU)2018/842 号条例涵盖的排放源预估温室气体排放总量预测和单独预测,以及(EU)2018/841 号条例规定的预估源排放量和汇移除量；

(c)根据第 18 条第 1 款 a 项确定的政策和措施的影响,如果不包括此类政策和措施,则应予以明确说明和解释；

(d)对预测进行灵敏度分析的结果以及使用模型和参数的相关信息；

(e)对第 18 条第 4 款所述预测的评估和技术报告的所有相关参考。

附件八　关于国家适应行动、向发展中国家提供的财政和技术支持的信息

第 1 编　关于适应行动的报告

第 19 条第 1 款所述报告应包含以下信息：

(a)适应行动的主要目的、目标和制度框架；

(b)气候变化预测,包括极端天气、气候变化影响、气候脆弱性和风险评估以及主要气候灾害；

(c)适应能力；

(d)适应计划和战略；

(e)监测和评价框架；

(f)执行成果,包括良好实践和治理变革。

第 2 编　向发展中国家提供支持的报告

第 19 条第 1 款所述报告应包含以下信息：

(a)关于在 X－1 年度向发展中国家承诺提供财政支持的信息,包括：

(i)成员国公共和调动财政资源的相关定量信息。资金调动相关信息将以经合组织发展援助委员会引入的减缓气候变化相关支持、适应气候变化相关支持以及其他跟踪系统的“里约指标”为基础。

(ii)解释用于计算定量信息方法的定性方法信息,包括对其量化数据方法的解释,以及在相关情况下,用于确定任何数据的定义和方法的其他信息,特别是所报告的关于资金流动的信息。

(iii)成员国根据《气候公约》为发展中国家开展的公共资助技术转让项目和能力建设项目的相关信息,包括技术转让或能力建设项目是否用于减缓或适应气候变化影响,可能向受援国提供的支持数量,以及转让的技术或能力建设项目的类型。

(b)在 X 年及后续各年关于计划提供支持的现有信息,包括关于在《气候公约》下为发展中国家的公共资助技术转让项目或能力建设项目相关计划活动以及关于拟转让技术和能力建设项目的信息,包括技术转让或能力建设项目是否旨在减缓或适应气候变化影响的信息,可能向受援国提供的支持数量,以及转让的技术或能力建设项目的类型。

第3编　拍卖财政收入报告

第 19 条第 2 款所述的报告中应包含以下信息:

(a)关于成员国根据第 2003/87/EC 号指令第 10 条第 1 款通过拍卖配额在 X - 1 年期间产生收入的使用情况信息,包括用于该指令第 10 条第 3 款规定的出于一个或多个目的的收入信息或该收入在财政方面的同等价值,以及根据该条款采取的行动;

(b)关于成员国确定的其根据第 2003/87/EC 号指令第 3d 条第 1 款和第 2 款拍卖航空配额产生的所有收入的使用情况信息,应根据该指令第 3d 条第 4 款提供。

在成员国根据第 19 条第 2 款向委员会提交报告时未分配的拍卖收入应量化,并在随后几年的报告中汇报。

附件九　额外报告义务

第1编　可再生能源领域的额外报告义务

除另有说明,否则应根据第 20 条第 3 款的规定涵盖以下额外信息:

(a)可再生能源的电力供应、天然气供应、供暖和制冷原产地担保制度的运作情况,原产地担保的签发和撤销水平以及由此产生的年度国家可再生能源消耗量,以及为确保该制度的可靠性和防止欺诈采取的措施;

(b)运输行业消耗的生物燃料、非生物来源的沼气可再生运输燃料、回收碳燃料和可再生电力的数量,以及相关情况下的温室气体减排性能,区分不同类型粮食和饲料作物生产的燃料以及(EU)2018/2001 号指令附件九中列明的每种原料;

(c)用于能源目的的生物质资源的供应、来源和使用方面的发展;

(d)成员国内与可再生能源中生物质和其他形式能源的使用增加相关的商品价格和土地利用变化;

(e)可再生能源预估过剩的产量,可转让给其他成员国,使其符合(EU)2018/2001 号指令第 3 条第 3 款,并实现本条例第 4 条 a 款第 2 项所述的国家贡献和轨迹;

(f)(如适用)至 2030 年,通过国内生产以外方式满足的可再生能源预估需求,包括进口生物质原料;

(g)由(EU)2018/2001 号指令附件九所列原料制成的生物燃料的技术开发和运用;

(h)(如适用)生物燃料、生物液体和生物质燃料的生产或使用对成员国内的生物多样性、水资源、水的可用性和质量、土壤和空气质量的预估影响;

(i)生物燃料、生物液体和生物质燃料监管链中发现的欺诈案件;

(j)关于如何预估可生物降解废物在用于生产能源的废物中所占份额的信息,以及为改进和验证该预估采取的措施;

(k)建筑物中可再生能源发电和供热生产、消耗和注入电网的能源的分类数据,包括太阳能光伏系统、太阳能热力系统、生物质、热泵、地热系统及其他分散式可再生能源系统;

(l)(如适用)可再生能源在区域供暖中的份额,以及城市和可再生能源社区生产的可再生能源;

(m)固体生物质的主要供应量[以 1000 立方米为单位,第 1 款 b 项 i 目以吨为单位提供的除外]:

(1)用于能源生产的森林生物质(国内生产和进口):

(a)直接用于能源生产的森林初级生物质:

(i)(如适用)树枝和树梢(自愿报告);

(ii)(如适用)树桩(自愿报告);

(iii)圆木(分为工业圆木和薪材);

(b)(如适用)直接用于能源的森林工业联合产品:

(i)(如适用)树皮;

(ii)木屑、锯末和其他木材颗粒;

(iii)(如适用)黑液和粗妥尔油;

(c)(如适用)直接用于能源生产的消费后木材;

(d)未根据第1款a至c项核算的原料生产的加工木质燃料:

(i)(如适用)木炭;

(ii)木屑颗粒和木屑压块。

(2)(如适用)用于能源生产的农业生物质(国内生产、进口和出口):

(a)用于发电或供热的能源作物(包括短期轮作的矮林);

(b)用于发电或供热的农业作物残留物。

(3)(如适用)用于能源生产的有机废物生物质(国内生产、进口和出口):

(a)工业废物的有机部分;

(b)城市垃圾的有机部分;

(c)废污泥。

(n)固体生物质的终端能源消耗(用于以下行业能源生产的固体生物质数量):

(1)能源行业:

(a)电力;

(b)热电联产;

(c)供热。

(2)工业行业内部(耗电和自产电力、热电联产和供热);

(3)直接最终用电住宅;

(4)其他。

第2编　能源效率领域的额外报告义务

在能源效率领域,应根据第21条第3款涵盖以下额外信息:

(a)在X-2年和X-1年(X为报告截止年份)实施的主要立法和非立法政策、措施、融资措施和计划,以实现第4条b款所述的目标,促进能源服务市场发展,改善建筑的能源性能,利用天然气和电力基础设施以及供暖和制冷能源效率潜力的措施,改善信息和资质,以及其他提高能源效率的措施;

(b)X-3年和X-2年通过第2012/27/EU号指令第7条实现的累计节能量;

(c)根据第2012/27/EU号指令第7条第11款,旨在缓解能源贫困的政策措施实现的节能量;

(d)(如适用)根据第2012/27/EU号指令第7条第4款c项实现的节能量;

(e)各行业的进展情况以及在X-3年和X-2年终端能源消耗行业能源消耗

保持稳定或增长的原因；

(f)在X－2年和X－1年1月1日，成员国中央政府拥有和占用的不符合第2012/27/EU号指令第5条第1款所述的能源性能要求的，总实用建筑面积超过250平方米的总建筑面积；

(g)第2012/27/EU号指令第5条第1款所述的成员国中央政府拥有和占用的X－3年和X－2年更新的供暖和/或制冷建筑的总建筑面积，或第2012/27/EU号指令第5条第6款所述的成员国中央政府拥有和使用的合格建筑的节能量；

(h)X－3年和X－2年进行的能源审计数量，第2012/27/EU号指令第8条第4款适用的区域内大型公司的预估总数，以及X－3年和X－2年在前述企业中进行的能源审计数量；

(i)适用于电力的国家主要能源系数，以及与第2012/27/EU号指令附件四脚注3所述的默认系数不同的理由；

(j)根据第2010/31/EU号指令第9条规定，在X－2年和X－1年新建和改造的近零能耗的建筑数量和面积，必要时基于统计抽样；

(k)可访问第2012/27/EU号指令第18条第1款c项所述的能源服务提供商名单或界面网站的互联网链接。

附件十　欧盟生物能源可持续性报告

欧盟委员会每两年通过一次关于生物质能源的欧盟生物能源可持续性报告，以及根据第35条第2款d项提交的能源联盟状况报告，至少应包含以下信息：

(a)不同生物燃料、生物液体和生物质燃料的相对环境效益和成本，欧盟进口政策对其的影响，对供应安全的影响，以及在国内生产和进口之间实现平衡的方法；

(b)生物质的生产和使用对欧盟和第三国可持续性的影响，包括对生物多样性的影响；

(c)关于当前和预计可持续生物质供应和需求的数据和分析，包括生物质需求增加对生物质使用行业的影响；

(d)根据(EU)2018/2001号指令附件九所列原料制成的生物燃料的技术开发和运用，在考虑到第2008/98/EC号指令确立的循环经济和废物等级原则的情况下对原料可用性和资源竞争的评估；

(e)提供所有生产途径相关的间接土地利用变化的现有科学研究成果信息并对其进行分析，同时评估间接土地利用变化排放量估算分析中确定的不确定性范围是否可能缩小，以及是否可以考虑诸如环境、气候和农业政策等欧盟政策的可能影响；

(f)关于作为欧盟内消耗的生物燃料、生物液体和生物质燃料重要来源的第三国和成员国，为遵守(EU)2018/2001 号指令第 29 条第 2 至 7 款及第 10 款规定的土壤、水和空气保护的可持续性标准和温室气体减排标准采取的国家措施；

(g)来自(EU)2018/2001 号指令第 28 条第 2 款所述的数据库的汇总信息。

在报告因使用生物质而减少的温室气体排放时，委员会应使用成员国根据本条例附件九第 1 编 b 项报告的数量，包括估算的间接土地利用变化排放量的临时平均值及根据(EU)2018/2001 号指令附件八规定的灵敏度分析得出的相关范围。委员会应公开估算的间接土地利用变化排放量的临时平均值以及灵敏度分析得出的有关范围的相关数据。此外，委员会应评估如果使用替代方法核算联合产品，直接减排的估计值是否会变化以及如何变化。

附件十一

委员会根据(EU)2018/2001 号指令第 30 条第 4 款通过决定的自愿计划

委员会根据(EU)2018/2001 号指令第 30 条第 4 款通过决定的自愿计划报告，将由委员会每两年通过一次。另外根据本条例第 35 条第 2 款 e 项提交的能源联盟状况报告，至少应包含委员会对以下内容的评估：

(a)审计的独立性、方式和频率，既与计划文件中的相关规定有关，也与委员会批准相关计划时的情况有关，还与行业最佳做法有关；

(b)识别和处理违规行为的方法的可用性、适用方面的经验和透明度，特别是在处理该计划成员严重不当行为的情况或指控方面；

(c)透明度，特别是在该计划的可访问性、原材料来源国家和地区适用语言翻译的可用性、经认证的运营商名单和相关证书及审计报告的可获得性方面；

(d)利益相关者的参与，特别是在计划起草和审查期间以及审计和对其贡献的回应期间，在决策之前与土著和当地社区进行磋商；

(e)该计划的整体稳健性，特别是考虑审计师和相关计划机构的认证、资格和独立性规则；

(f)(如适用)该计划的市场更新，按原产国和类型认证的原料和生物燃料的数量，参与者的数量；

(g)运行追踪系统的便利性和有效性，该系统追踪符合该计划提供给成员国的可持续性标准的证明，并旨在作为防止欺诈活动的一种手段，特别是针对涉嫌欺诈和其他违规行为的调查、处理和后续行动，以及在适当情况下发现的欺诈或违规案件数量；

(h)授权实体识别和监督认证机构的选择;

(i)认证机构的认可或认可标准;

(j)关于如何对认证机构进行监督的规则;

(k)促进或改进最佳做法的方式。

附件十二 国家清单系统

第 37 条所述的信息包括以下内容:

(a)为编制国家温室气体清单,根据第 2003/87/EC 号指令报告的活动和设施的数据和方法,以确保欧盟排放交易系统和国家温室气体清单下报告的温室气体排放量的一致性;

(b)为编制国家温室气体清单,根据(EU)517/2014 号条例第 20 条建立的相关行业氟化气体报告系统收集的数据;

(c)为编制国家温室气体清单,根据(EC)166/2006 号条例报告的排放量、基本数据和方法;

(d)根据(EC)1099/2008 号条例报告的数据;

(e)在现有的欧盟和成员国计划和调查[包括年度土地利用/覆盖面积框架调查和哥白尼计划]的背景下,通过对土地面积的地理跟踪收集的数据。

附件十三

表 2 相关性列表

(EU)525/2013 号条例	本条例
第 1 条	第 1 条第 1 款
第 2 条	—
第 3 条	—
第 4 条	第 15 条
第 5 条	第 37 条第 1 款、第 2 款、第 6 款;附件十二
第 6 条	第 37 条第 3 款、第 7 款
第 7 条	第 26 条第 3 款、第 4 款、第 6 款、第 7 款;附件五

续表

(EU)525/2013 号条例	本条例
第 8 条	第 26 条第 2 款、第 7 款
第 9 条	第 37 条第 4 款、第 5 款
第 10 条	第 40 条
第 11 条	—
第 12 条	第 39 条
第 13 条	第 18 条第 1 款 a 项和第 18 条第 3 款、第 4 款；附件六
第 14 条	第 18 条第 1 款 b 项和第 2 款、第 3 款、第 4 款；附件七
第 15 条	第 19 条第 1 款；附件八第 1 编
第 16 条	第 19 条第 3 款；附件八第 2 编
第 17 条	第 19 条第 2 款、第 4 款、第 5 款；附件八第 3 部分
第 18 条	第 17 条第 2 款第 2 项
第 19 条	—
第 20 条	—
第 21 条	第 29 条第 1 款 c 项；第 29 条第 5 款、第 7 款
第 22 条	—
第 23 条	第 41 条第 1 款 d 至 h 项
第 24 条	第 42 条
第 25 条	—
第 26 条	第 44 条第 1 款 a 项；第 44 条第 2 款、第 3 款、第 6 款
第 27 条	—
第 28 条	第 57 条
第 29 条	—

欧洲公正过渡基金设立条例[①]

欧洲议会和欧盟理事会，第 2021/1056 号条例

欧洲议会及欧盟理事会：

鉴于《欧盟运作条约》，特别是其第 175 条第 3 款和第 322 条第 1 款 a 项的规定以及欧盟委员会的建议，在将立法草案转交各国议会后，考虑到审计法院、欧洲经济及社会委员会和区域委员会的意见，按照普通立法程序行事。

鉴于：

（1）2021 年至 2027 年期间欧盟凝聚力政策的监管框架，在下一个多年期财政框架的背景下，有助于履行欧盟的承诺，即执行在《气候公约》通过的《巴黎协定》中的承诺，努力将气温上升限制在比工业化前水平高 1.5℃，以及将欧盟的资金集中用于绿色目标，实现联合国可持续发展目标。本条例应落实欧盟委员会 2019 年 12 月 11 日题为《欧洲绿色协议》的公报中提出的优先事项之一、可持续欧洲投资计划的一部分。该计划在凝聚力政策的背景下，在公正过渡机制下提供专项资金，以解决向气候中和与循环经济过渡的社会、经济和环境成本问题，其中任何剩余的温室气体排放都可通过等量的吸收得到补偿。

（2）向气候中和与循环经济过渡是欧盟最重要的政策目标之一。2019 年 12 月 12 日，欧洲理事会通过了欧盟 2050 年实现气候中和的目标，这与《巴黎协定》的目标一致。虽然同气候变化和环境退化作斗争使所有人长期受益，并在目标中期为所有人提供机会和挑战，但并非所有区域和成员国都从同一起点开始转型，或具有相同的应对能力。有些地区比其他国家更先进，这种转变给那些严重依赖化石燃料能源使用的地区（特别是煤炭、褐煤、泥炭和油页岩）或温室气体密集型产业带来了更广泛的社会、经济和环境影响。这种情况不仅让欧盟在气候行动方面出现变速转型

---

① 本法 2021 年制定，原文来自欧洲议会，网址：https://eur-lex.europa.eu/legal-content/EN/TXT/?uri=CELEX%3A02021R1056-20210630。截至 2023 年 5 月无修订版，以 2021 年原版英文文本进行翻译。翻译：胡卫、王璐瑶；校对：安俊屹、金婧。

的风险，而且还造成了地区之间日益扩大的差距，不利于社会、经济和领土整合凝聚力的目标。

（3）为了取得成功并为所有人所接受，过渡须公平且包容。因此，欧盟、成员国及其区域须从一开始就考虑到向气候中和与循环经济过渡的社会、经济和环境影响，并采取一切可能的手段来减轻不利后果。欧洲联盟预算在这方面可发挥重要作用。

（4）正如《欧洲绿色协议》和《可持续欧洲投资计划》所述，公正过渡机制应补充2021年至2027年期间下一个多年期财务框架下的其他行动。行动应该有助于解决对社会、经济和环境造成的不良影响，特别是减缓对在2050年向气候中和欧盟过渡的过程中有关工人的影响，通过汇集欧盟预算在区域层面的气候和社会目标支出，实现社会和环境的高标准。

（5）本条例应设立公正过渡基金（以下简称过渡基金），这是在衔接政策下实施的公正过渡机制的支柱之一。过渡基金的目标是通过支持受影响最严重的地区和有关工人来减轻气候转变的不利影响，并促进平衡的社会经济转型。根据联合工作组的唯一具体目标，过渡基金支持的行动应通过减轻对就业的负面影响和为地方经济的多样化、现代化提供资金，来为减轻过渡影响助力。过渡基金的唯一具体目标是在同一层次上确定的，并与欧洲议会和欧洲理事会（EU）2021/1060号条例中规定的政策目标一起列出。

（6）《欧洲绿色协议》是欧盟的可持续增长战略，以及根据欧盟对落实《巴黎协定》和联合国可持续发展目标的承诺以应对气候变化的重要性，过渡基金旨在促进将气候行动和环境可持续性主流化，实现支持气候目标的欧盟预算支出的30%的总体目标，并实现在2024年为生物多样性目标提供多年度财政框架下年度支出的7.5%，在2026年和2027年为生物多样性目标提供多年度财政框架下年度支出的10%的雄心。同时，考虑到气候目标和生物多样性目标之间现有的重叠，为了实现将欧盟预算支出的30%用于气候目标的总目标，过渡基金自身提供的资源是额外的投资。这些资源应与欧洲议会和欧洲理事会（EU）2021/1058号条例设立的欧洲区域发展基金（以下简称发展基金）以及欧洲议会和欧洲理事会（EU）2021/1057号条例设立的欧洲社会基金（以下简称社会基金）在自愿基础上一起转移资源，为实现这一目标作出充分贡献。在此背景下，过渡基金应支持尊重气候和环境的活动并对欧洲议会和欧洲理事会（EU）2020/852号条例第17条所指环境目标不造成重大损害，并确保在2050年实现欧盟在气候中和的道路上向低碳经济过渡。

（7）来自过渡基金的资源应该补充凝聚力政策下可用的资源。

（8）向气候中和经济过渡对所有成员国都是一项挑战。对于那些依赖或直到最近还严重依赖化石燃料或温室气体工业活动密集的成员国来说,这将是特别艰巨的任务,这些工业活动须逐步淘汰或由于向气候中和经济的过渡而需要进行调整,但是这些工业活动缺乏相应的财政手段。因此,过渡基金应涵盖所有成员国,但其财政手段的分配应侧重于受气候过渡进程影响最大的那些领土,这种分配应反映成员国为应对向气候中和经济过渡而进行必要投资、融资的能力。

(9)欧洲议会和欧洲理事会根据《欧盟运作条约》第 322 条通过的横向财务规则适用于本条例。这些规则规定在欧洲议会和欧洲理事会(EU,Euratom)2018/1046 号条例(以下简称《财务条例》)中,特别确定了通过赠予、奖励、间接管控、金融工具、预算担保、财政援助和报销外部专家来制定和实施预算的程序,并规定财务检查者的责任。根据《欧盟运作条约》第 322 条通过的规则还包括保护欧盟预算的一般条件制度。

(10)为确保过渡基金资源的有效利用,对过渡基金的获取应限制在尚未承诺根据《巴黎协定》的目标到 2050 年实现欧盟气候中和目标的成员国国家拨款的 50%,剩余 50% 在接受此类承诺后可用于计划。为了确保成员国的公平和平等待遇,若成员国未承诺在 2050 年之前实现欧盟气候中和目标,则在从 2022 年开始后的任何一年的 12 月 31 日之前,前一年的预算承诺应在下一年全部取消。

(11)根据欧洲理事会(EU)2020/2094 号条例,并在其中分配的资源范围内,应在过渡基金下采取恢复和复原措施,以应对新型冠状病毒肺炎危机的空前影响。使用此类额外资源时,应确保遵守该条例规定的时限。

(12)本条例应确定过渡基金支持的投资类型。所有得到支持的活动都应充分尊重欧盟的气候、环境、社会承诺和优先事项。投资清单应包括那些根据各自的智能专业化战略通过刺激其内生增长潜力来支持当地经济的投资,包括/酌情包括可持续旅游业。考虑到《欧洲绿色协议》的所有目标,投资需要具有长期可持续性,资助的项目包括旨在提高资源效率的措施应有助于向可持续、气候中和与循环经济过渡。垃圾焚烧因属于循环经济中废物等级的较低部分应得到支持。有助于执行过渡基金所支持的措施的咨询服务应符合资格。场地的复原、绿色基础设施的发展和水资源管理应该能够作为土地恢复项目的一部分得到支持。在支持能源效率措施时,过渡基金应支持诸如有助于减少能源贫困的投资,主要是通过提高住房存量的能源效率来实现。过渡基金还应该支持创新存储技术的发展。

(13)为了保护那些最容易受到气候转型影响的公民,过渡基金还应该为受影响的工人提供技能提高的再培训及训练,无论他们是否仍在工作或已因气候转型而失业。过渡基金的目标应该是帮助他们适应新的就业机会。过渡基金还应向求职者提供任何适当形式的资助,包括求职援助和帮助他们积极融入劳动力市场。在领土公正过渡计划所涵盖的地区,即便不居住在该地区,所有在受转型影响行业中失业的求职者都应得到过渡基金的支持。应适当关注一些公民,特别是在执行能源效率措施以改善社会住房条件时面临能源贫困风险的公民。

(14)应资助教育和社会包容领域的活动,以及照顾儿童和老人的设施和培训中心等社会基础设施,但须在领土公正过渡计划中适当说明理由。在养老方面,要坚持社区养老的原则。这些领域的社会和公共服务可完善投资组合。在这些领域的所有资助都应在领土公正过渡计划中有适当的说明,并应遵循欧洲社会权利支柱的目标。

(15)正视女性在气候中和经济过渡过程中的具体情况和作用,应促进性别平等。女性在参与劳动力市场、创业以及同工同酬确保机会平等方面发挥着重要作用。过渡基金还应特别注意过渡对弱势群体(如残疾工人)造成的不利影响。采矿社区的特殊性需要得到保护,过去和未来社区的连续性需要得到保障。这需要特别注意包括他们有形和无形的采矿文化遗产。

(16)为了实现受转型影响的地区的经济多样化,过渡基金应向企业和有经济利害关系的主体提供支持,包括支持对微型、小型和中型企业的生产性投资(中小企业)。生产性投资应理解为对企业固定资本或非物质资产的投资,目的是生产货物和提供服务,从而促进资本总额的形成和增加就业。对于中小企业以外的企业,生产性投资只有在通过创造或保护大量就业机会来减少转型造成的失业,并且不导致或造成搬迁时,才应予以支持。对现有工业设施的投资,包括欧盟排放交易系统所涵盖的那些,若它们有助于到 2050 年向欧盟气候中和经济过渡,并且远低于根据欧洲议会和欧洲理事会第 2003/87/EC 号指令为自由分配制定的相关基准,同时,若它们使得大量就业机会受到保护,则应允许。任何此类投资都应在相关的领土公正过渡计划中被证明其合理性。为了保护内部市场的完整性和整合性政策,对企业的支持应符合《欧盟运作条约》第 107 条和第 108 条规定的欧盟国家援助规则,特别是,对中小企业以外企业生产性投资的支持应限于位于《欧盟运作条约》第 107 条第 3 款 a 项和 c 项所指定的援助地区的企业。

(17)在就业和增长投资目标下,为给过渡基金资源的方案编制提供灵活性,应编制一个独立的过渡基金方案,或在发展基金、社会基金或整合性基金资助的方案内将过渡基金的资源用于一个或多个专门的优先事项。根据(EU)2021/1060 号条例,过渡基金的资源可在自愿的基础上得到加强,补充资金来自发展基金和社会基金。在这种情况下,从发展基金和社会基金转出的数额应与领土公正过渡计划中规定的行动类型一致。

(18)过渡基金的资助应以在某一特定领土有效执行过渡进程为条件,以实现气候中和经济。在这方面,成员国应在与利益相关方的社会对话和合作中,根据(EU)2021/1060 号条例中伙伴关系的相关规定,在欧盟委员会的支持下,制定领土公正过渡计划,规定过渡进程与国家能源和气候综合计划相一致。为此目的,欧盟委员会应建立公正过渡平台,以煤炭过渡地区现有的平台为基础,为所有受影响的部门就吸取的教训和最佳做法进行双边和多边经验交流。成员国应确保市政当局和城市参与执行过渡基金的资源并考虑到其需求。

(19)领土公正过渡计划应确定受负面影响最大的领土,过渡基金的资助应集中在以上领土,并说明实现欧盟 2030 年能源和气候目标以及到 2050 年实现欧盟气候中和经济的具体行动,特别是关于转换或关闭涉及化石燃料生产或其他温室气体密集活动的设施。根据欧洲议会和欧洲理事会(EC)1059/2003 号条例的规定,这些领土应被精确定义,并对应于统计领土单位的共同分类的第 3 级(以下简称 NUTS3 级区域),或作为其中一部分。这些计划应列出这些领土面临的挑战和需要,同时考虑到人口减少的风险,确定为计划受益者促进创造就业所需要的行动类型,并确保协调发展适应气候转型的经济活动,这些活动也应符合向气候中和经济的过渡与《欧洲绿色协议》的目标。在确定这些领土的情况下,因地理和社会经济特点需要采取不同的办法支持气候中和经济的过渡进程,须注意岛屿、岛屿地区和最外围区域的具体情况,只有符合领土公正过渡计划的投资才能得到过渡基金的财政资助。领土公正过渡计划应成为方案的一部分,并视情况得到发展基金、社会基金、凝聚力基金或过渡基金的支持,这些方案由欧盟委员会批准。

(20)为了加强过渡基金资源使用的成果导向,欧盟委员会应根据相称性原则,在为过渡基金具体目标确定的目标严重未实现的情况下进行财政更正。

(21)为了给过渡基金制定一个适当的财政框架,应赋予欧盟委员会执行权力,以确定成员国每年可用资源的统计分析。

(22)为了支持面临经济和社会转型领土的人民、经济和环境向气候中和经济过渡,但因为各领土发展水平的差异和相关领土的落后以及成员国和领土财政资源的限制而无法充分实现这一转型,所以需要一个涵盖共享管理的若干欧盟基金的连贯实施框架在欧盟层面更好地实现,欧盟可根据《欧盟运作条约》第 5 条规定的辅助原则采取措施。根据该条规定的相称性原则,本条例不超出实现这一目标所必需的范围。

(23)鉴于本条例是在方案拟订期开始后通过的,并考虑到需要以协调一致的方式实施过渡基金,为了使其能够迅速实施,该条例应在欧洲联盟官方公报上发表后的第二天生效。

此规定通过:

第 1 条　【目的和范围】本条例设立了公正过渡基金,为面临严重社会经济挑战的领土的人民、经济和环境提供支持,这些挑战源于向欧盟 2030 年能源和气候目标的过渡进程,如欧洲议会和欧洲理事会(EU)2018/1999 号条例第 2 条第 11 款所定义的,以及到 2050 年实现欧盟的气候中和经济。

它规定了过渡基金的具体目标,其地理覆盖范围和资源,其对(EU)2021/1060 号条例第 5 条第 2 款 a 项中提到的就业投资和增长目标的支持范围,以及计划的具体规定和监测所需的指标。

第 2 条　【具体目标】根据(EU)2021/1060 号条例第 5 条第 1 款第 2 项,过渡基金应为实现唯一的具体目标做出贡献,使地区和人民能够基于《巴黎协定》解决向欧盟 2030 年能源和气候目标过渡的社会、就业、经济和环境影响,以及到 2050 年实现欧盟的气候中和经济。

第 3 条　【就业和增长目标投资下的地理覆盖范围和资源】

1. 过渡基金应支持投资促进所有成员国的就业和增长目标。

2. 在 2021 ~ 2027 年期间,可用于预算承诺的就业和增长投资过渡基金的资源应为(EU)2021/1060 号条例第 110 条第 1 款 g 项规定的 750 亿欧元(按 2018 年价格计算)。

3. 第 2 款所述的资源可视情况通过在欧盟预算中增拨资源和根据适用的基本法令划拨额外资源。

4. 欧盟委员会应通过执行法令、决定,开列成员国根据附件一所列拨款的年度可用资源的细目,包括第 3 款所述的任何额外资源。

第 4 条　【欧洲联盟恢复工具的资源】

1. (EU)2020/2094 第 1 条第 2 款所述的措施应根据本条例实施,按 2018 年价格计算的金额为 100 亿欧元,如(EU)2021/1060 号条例第 109 条第 1 款所述,并受(EU)2020/2094 号条例第 3 条第 3 款、第 4 款、第 7 款和第 9 款的约束。

该金额应视为本条例第 3 条第 3 款所指的其他资源。根据(EU)2020/2094 号条例第 3 条第 1 款的规定,就《财务条例》第 21 条第 5 款而言,该金额应构成外部指定收入。

2. 本条第 1 款所述数额除了第 3 条所述资源外,应用于 2021 年至 2023 年就业和增长投资目标下的预算承诺,具体如下:

——2021 年:2000 万欧元;

——2022 年:4000 万欧元;

——2023 年:4000 万欧元。

根据 2018 年的价格,应从第 1 条提到的资源中拨出 1560 万欧元用于行政支出。

3. 本条第1款第1项所指的金额每年按成员国开列的细目应列入第3条第4款所指的委员会决定中。成员国应根据附件一中规定的分配办法,在第3条第4款中提到的委员会决定中包括附件一中所列的分配情况。

4. 作为对《财务条例》第14条第3款的减损,(EU)2021/1060号条例第七章、第四章规定的减损规则应适用于基于本条第1款所述资源的预算承诺。作为对《财务条例》第12条第4款c项的减损,这些资源不得用于后续的方案或行动。

5. 向方案支付的款项应记入过渡基金最早公开承付的款项,从第1条第1款所述资源的承付款项开始,直至用尽。

第5条 【绿色奖励机制】

1. 根据第3条第3款,如过渡基金的资源在2024年12月31日之前增加,则增加的资源应根据附件一所列国家份额在成员国之间分配。

2. 若根据本条例第3条第3款,过渡基金的资源在2024年12月31日之后增加,则额外资源应按照本款第2项规定的方法,根据欧洲议会和欧洲理事会条(EC)No166/2006号条例第7条报告,依据2018年至有数据的最近一年期间其工业设施温室气体排放量的变化在成员国之间分配。每个成员国的温室气体排放量变化应通过本条例第11条第1款在领土公正过渡计划中确定的NUTS3级区域的温室气体排放量进行汇总来计算。

为每个成员国分配的额外资源应按照下列规则确定:

(a)对于实现温室气体减排的成员国,实现的温室气体减排应以最近基准年的温室气体排放水平占2018年观测到的温室气体排放的百分比来计算;对于尚未实现温室气体减排的成员国,该百分比应确定为100%;

(b)每个成员国的最终份额应由附件一所列的国家份额除以a项所产生的百分比计算得出;

(c)b项的计算结果须按比例计算,使总和达到100%。

3. 成员国应将额外资源纳入其方案,并根据(EU)2021/1060号条例第24条提交方案修正案。

第6条 【最外围区域和岛屿的具体分配】在根据第11条第1款制定领土公正过渡计划时,成员国应特别考虑到岛屿和最外围地区的情况,这些地区在向欧盟2030年能源和气候目标以及到2050年实现欧盟气候中和经济的过渡过程中会面临严重的社会经济挑战,同时还应考虑到《欧盟运作条约》第174条和第349条确认的具体需求。

在将这些领土列入其领土公正过渡计划时,成员国应考虑这些领土所面临的具体挑战,列出分配给其的具体数额并说明理由。

第 7 条 【有限利用资源】

1. 若成员国未承诺在 2050 年前实现欧盟气候中和的目标,则根据第 3 条第 4 款和第 4 条第 3 款为该成员国规定的年度拨款中,只有 50% 可用于方案编制并列入优先事项。

根据本条例第 10 条第 1 款的规定,年度拨款剩余的 50% 不列入优先项目。在这种情况下,由过渡基金支持并根据(EU)2021/1060 号条例第 21 条提交的项目,应仅包括该条例第 22 条第 3 款 g 项 ii 目所述表格中过渡基金年度拨款的 50% 。该条例第 22 条第 3 款 g 项和 i 项所述的表格应分别确定可用于方案编制的拨款和不应用于方案编制的拨款。

2. 欧盟委员会只有在符合第 1 款规定的分配方案要求的情况下,才应批准载于过渡基金优先事项的方案或其任何修正案。

3. 一旦成员国承诺在 2050 年前实现欧盟气候中和的目标,可根据(EU)2021/1060 号条例第 24 条,提交对过渡基金支持的每个项目的修订请求,并包括生效的非方案拨款。

4. 预算承付款应根据(EU)2021/1060 号条例第 22 条第 3 款 g 项和 i 项所述的表格作出。与未列入方案的拨款有关的承付款项不得用于支付,也不得列入根据该条例第 90 条计算预筹资金的依据,直至根据本条第 3 款提供给方案编制后。

根据(EU)2021/1060 号条例第 105 条的规定,成员国未承诺在 2022 年起的任何年份的 12 月 31 日之前实现在 2050 年实现欧盟气候中和的目标,则前一年与非方案拨款有关的预算承诺将在下一年全部注销。

第 8 条 【支持范围】

1. 过渡基金只应支持与第 2 条所规定的具体目标直接相关的活动,并支持有助于执行第 11 条所规定的领土公正过渡计划的活动。

2. 根据第 1 款,过渡基金应专门资助下列活动:

(a) 对中小企业,包括微型企业和初创企业进行生产性投资,以促进经济多样化、现代化和再转型;

(b) 投资创办新公司,包括通过企业孵化器和咨询服务创造就业机会;

(c) 对研究和创新活动的投资,包括对大学和公共研究机构的投资并促进先进技术的转让;

(d) 投资于技术部署以及可负担的清洁能源的系统和基础设施,包括储能技术以及减少温室气体排放的设施;

(e) 根据欧洲议会和欧洲理事会(EU)2018/2001 号指令,包括其中规定的可持续性标准,对可再生能源和能源效率进行投资,包括为减少能源匮乏而进行的投资；

(f)投资于智能和可持续的当地交通，包括当地运输行业及其基础设施的脱碳；

(g)在供热装置完全由再生能源供应的前提下，恢复和更新区域供热网络，以提高区域供热系统的能源效率和增加对供热的投资；

(h)对数字化、数字创新和数字互联互通的投资；

(i)投资于棕地的再生和净化、土地恢复，并在必要时对绿色基础设施和重新利用项目进行投资，同时考虑"谁污染谁付费"原则；

(j)投资于加强循环经济的项目，包括预防、减少废物、提高资源效率、再利用、修复和回收；

(k)加强工人和求职者的技能提升和再培训；

(l)为求职者提供求职援助；

(m)积极接纳求职者；

(n)技术援助；

(o)教育和社会融入领域的其他活动，包括出于正当理由按照第 11 条的规定，为培训中心、儿童和老人的护理设施等基础设施进行投资。

此外，只要投资已根据本条例第 11 条第 2 款 h 项所需的信息作为领土公正过渡计划的一部分被批准，过渡基金可根据第 107 条第 3 款 a 项和 c 项的规定指定援助的领域，对中小型企业以外的企业进行生产性投资。此类投资只适用于以下情况：为实施领土公正过渡计划所必须，有助于到 2050 年向欧盟气候中和经济过渡，并有助于实现相关环境目标，其支持在确定的领土上创造就业机会，且不会导致(EU)2021/1060 号条例第 2 条第 27 款所定义的搬迁。

若投资已根据本条例第 11 条第 2 款 i 项要求的信息被批准为领土公正过渡计划的一部分，过渡基金可支持该投资，以减少第 2003/87/EC 号条例附件一中所列活动的温室气体排放。只有在实施领土公正过渡计划所必需的情况下，此类投资才具有资质。

第 9 条 【支持范围的例外】过渡基金不支持：

(a)停止运作或兴建核电站；

(b)烟草和烟草制品的制造、加工和销售；

(c)欧盟委员会(EU)651/2014 号条例第 2 条第 18 款第 18 项定义的有困难的企业，除非存在解决特殊情况而制定的临时国家援助规则授权或为支持能源转型过程中降低能源成本的投资而提供的最低限度的援助；

(d)与化石燃料的生产、加工、运输、分配、储存或燃烧有关的投资。

第10条 【过渡基金资源的规划】

1. 过渡基金的资源规划应根据第11条制定,为相关领土所在的区域类别编制方案,并经欧盟委员会核准作为领土公正过渡计划方案或修正案的一部分。被规划的资源应采取一个或多个具体方案或方案内一个或多个优先事项的形式呈现。

欧盟委员会只有在相关领土公正过渡计划所记载,受过渡进程负面影响最大的领土,确定有正当理由且相关领土公正过渡计划符合有关成员国的国家能源和气候综合计划的情况下,才应批准一项方案或其任何修正案。

2. 过渡基金的一个或多个优先事项应包括过渡基金资源,包括过渡基金对成员国的全部或部分分配,以及根据(EU)2021/1060号条例第27条转移的资源,转让给过渡基金的发展基金和社会基金资源总额不得超过过渡基金对该优先事项支持金额的三倍,但不包括本条例第4条第1款所述的资源。

3. 根据(EU)2021/1060号条例第112条,适用于根据本条例第11条的领土公正过渡计划中确定的一个或多个领土所在地区的共同融资利率,因为过渡基金的优先权不得高于:

(a)欠发达地区为85%;

(b)过渡地区为70%;

(c)较发达区域为50%。

第11条 【领土公正过渡计划】

1. 成员国应同相关领土的地方和地区当局,根据附件二中规定的模板,制定一项或多项领土公正过渡计划,涵盖一个或多个受影响的领土,相当于NUTS3级地区或其部分地区。其依据是过渡带来的经济和社会影响,特别是在化石燃料生产和使用中工人的预期适应或工作岗位的减少,以及温室气体强度最高的工业设施生产过程的转型需求方面。

2. 领土公正过渡计划应包括下列内容:

(a)描述在国家层面向气候中和经济过渡的过程,包括实现欧盟2030年能源和气候目标以及到2050年实现欧盟气候中和经济的关键过渡步骤的时间表,这些步骤与最新版本的国家能源和气候中和计划一致;

(b)根据第1条,确定受本条a项所述过渡进程影响最大并由过渡基金支持的领土的理由;

(c)对已确定的受负面影响最大的领土面临的转型挑战进行评估,包括到2050年向欧盟气候中和经济过渡所带来的社会、经济和环境影响,确定到2030年可能达到的受影响的工作岗位和失业人数、人口减少风险以及发展需求和目标,并与领土内有关温室气体密集活动的转型或关闭相关联；

(d)说明过渡基金资助对解决到2050年向欧盟气候中和经济过渡所产生的社会、人口、经济、卫生和环境影响的预期贡献，包括在创造和保持就业方面的预期贡献；

(e)评估其与其他相关国家、区域或领土战略和计划的一致性；

(f)合作安排、计划的监测和评价措施以及负责机构组成的管治机制的说明；

(g)说明设想的行动类型及其对减轻过渡影响的预期贡献；

(h)若要向中小型企业以外的其他企业的生产性投资提供资助，应提供需要资助的业务和企业的指示性清单，并通过差距分析证明这种资助的必要性，说明预期的失业人数将超过在没有这项投资的情况下所创造的就业人数；

(i)若对为减少第2003/87/EC号条例和附件一所列活动的温室气体排放而进行的投资提供支持，需要支持的行动清单和理由，说明这些行动有助于向气候中和经济过渡，并导致温室气体排放量大幅减少，大幅低于第2003/87/EC号条例规定的免费分配的相关基准，并说明这些行动对保护大量就业岗位是必要的；

(j)与欧盟其他有关方案的协同作用和补充，以满足已查明的发展需要；

(k)与公正过渡机制其他支柱计划提供的资助的协同作用和互补性。

3. 根据(EU)2021/1060号条例第8条，领土公正过渡计划的编制和实施应涉及相关合作伙伴，并在相关情况下包括欧洲投资银行和欧洲投资基金。

4. 领土公正过渡计划应与(EU)2021/1060号条例第29条中提到的相关领土战略和相关的智能专业化战略、国家能源和气候综合计划以及欧洲社会权利支柱一致。

若根据(EU)2018/1999号条例第14条更新的国家能源和气候综合计划需要修订领土公正过渡计划，则该修订应根据(EU)2021/1060号条例第18条的规定作为中期审查的一部分进行。

5. 若成员国打算利用在公正过渡机制的其他支柱下获得资助的可能性，其领土公正过渡计划应列明设想在这些支柱下得到资助的部门和专题领域。

第12条 【指标】

1. 共同产出和结果指标，如附件三所述，并在领土公正过渡计划中适当证明的情况下，根据(EU)2021/1060号条例第22条第3款和第2款a项、第22条第3款d项ii目和第42条第2款b项，使用特定方案的产出和成果指标。

2. 对于产出指标，基线应定为零。为2024年设定的里程碑和为2029年设定的目标应是累积的。在根据(EU)2021/1060号条例第18条第3款提交的计划修订请求获得欧盟委员会批准后,不得修改目标。

3. 若过渡基金的优先事项支持第8条第2款k项、l项或m项所指的活动,则只有在具备附件三所要求的与该参与方有关的所有数据的情况下,才应传送与参与方指标相关的数据。

第13条 【财政矫正】在审查计划的最终执行报告的基础上,若实现的一个或多个产出指标的目标低于65%,欧盟委员会可根据(EU)2021/1060号条例第104条进行财政矫正。

财政矫正应按实现目标的比例进行,不适用于未能实现目标是因为社会经济或环境因素的影响、有关成员国经济或环境条件的重大变化或由于严重影响有关优先事项执行的不可抗力原因而造成的情形。

第14条 【审查】在2025年6月30日之前,欧盟委员会应根据第2条规定的具体目标审查过渡基金的实施情况,同时考虑到(EU)2020/852号条例的可能变化,欧洲议会和欧洲理事会为实现气候中和而制定的框架(EC)401/2009和(EU)2018/1999号条例(《欧洲气候法》)中规定的欧盟气候目标,以及可持续欧洲投资计划的实施进展。在此基础上,欧盟委员会应向欧洲议会和欧洲理事会提交一份报告,并可随附立法提案。

第15条 【生效】本条例自在《欧洲联盟公报》上公布之日起生效。本条例具有全面约束力,并直接适用于所有成员国。

2021年6月24日于布鲁塞尔。

欧洲议会主席 D. M. SASSOLI;欧洲理事会主席 A. P. ZACARIAS;

附件一

表1 成员国拨款

	欧洲联盟回收工具的拨款	来自多年度财政框架资源的拨款	总分配	成员国在总数中的份额
比利时	95	71	166	0.95%
保加利亚	673	505	1178	6.73%
捷克	853	640	1493	8.53%
丹麦	46	35	81	0.46%
德国	1288	966	2254	12.88%

续表

	欧洲联盟回收工具的拨款	来自多年度财政框架资源的拨款	总分配	成员国在总数中的份额
爱沙尼亚	184	138	322	1.84%
爱尔兰	44	33	77	0.44%
希腊	431	324	755	4.31%
西班牙	452	339	790	4.52%
法国	535	402	937	5.35%
克罗地亚	97	72	169	0.97%
意大利	535	401	937	5.35%
塞浦路斯	53	39	92	0.53%
拉脱维亚	100	75	174	1.00%
立陶宛	142	107	249	1.42%
卢森堡公国	5	4	8	0.05%
匈牙利	136	102	237	1.36%
马耳他	12	9	21	0.12%
荷兰	324	243	567	3.24%
奥地利	71	53	124	0.71%
波兰	2000	1500	3500	20.00%
葡萄牙	116	87	204	1.16%
罗马尼亚	1112	834	1947	11.12%
斯洛文尼亚	134	101	235	1.34%
斯洛伐克	239	179	418	2.39%
芬兰	242	182	424	2.42%
瑞典	81	61	142	0.81%
欧盟	10000	7500	17500	100.00%

在2018年价格和扣除技术援助和行政支出之前的百万欧元级别拨款(由于四舍五入或下降,可能不计入总数)。

附件二

领土公正过渡计划模板

1. 概述过渡进程和确定成员国内受不利影响最大的领土

文本字段[12000]

参考：第 11 条第 2 款 a 项

1.1　概述实现欧盟 2030 年能源和气候目标以及到 2050 年实现欧盟气候中和经济的预期过渡进程，符合国家能源和气候综合计划的目标和其他现有过渡计划，并为停止或减少煤炭和褐煤开采或燃煤发电生产等活动制定时间表

参考：第 11 条第 2 款 b 项

1.2　确定预计将受到不利影响最大的地区，并根据第 1 条第 1 款的大纲，对经济和就业影响作出相应的估计，证明这一选择是正确的

参考：第 6 条

1.3　确定第 1 条第 1 款所列领土内面临具体挑战的最外围地区和岛屿，以及为这些领土拨款的具体数额，并提供相应的理由

2. 评估每个已确定领土所面临的过渡挑战

2.1　评估到 2050 年欧洲联盟向气候中和经济过渡对经济、社会和领土产生的影响

参考：第 11 条第 2 款 c 项

文本字段[12000]

确定受影响的经济活动和工业部门，区分： ——预计将停止或大幅减少与过渡有关的活动的衰退部门，包括相应的时间表； ——转型部门，预期其活动、过程和产出将发生转变。 对于这两类部门的每一类： ——考虑到技能预测，预期失业和技能资格再认证需求； ——经济多样化潜力和发展机会。

2.2　到2030年的发展需求和目标，以期到2050年实现欧盟的气候中和经济目标

参考：第11条第2款d项

文本字段［6000］

——发展需要解决过渡的挑战； ——通过执行过渡基金的优先事项预期的目标和结果，包括在创造和保持就业方面预期的贡献。

2.3　与其他有关的国家、区域或领土战略和计划保持一致

参考：第11条第2款e项

文本字段［6000］

——智能专业化战略； ——(EU)2021/……号条例第29条中提到的领土战略； ——其他区域或国家发展计划。

2.4　设想的行动类型

文本字段［12000］

参考：第11条第2款g项

——设想的行动类型及其对减轻过渡影响的预期贡献。

参考：第11条第2款h项

只有在向中小企业以外的企业的生产性投资提供资助时才予以填补： ——一份需要资助的业务和企业的指示性清单，并通过差距分析证明预期失业将超过在未投资的情况下创造的预期就业机会数量，说明这种资助的必要性。

通过修订领土公正过渡计划来更新或填写本条，具体取决于提供此类支持的决定。

参考：第11条第2款i项

只有在为减少第 2003/87/EC 号指令附件一所列活动的温室气体排放的投资获得支持时才填写: ——需要支持的业务清单和理由,说明这些业务有助于向气候中和经济过渡,并导致温室气体排放大幅减少,大幅低于第 2003/87/EC 号指令规定的免费分配的相关基准,前提是这些业务对保护大量就业岗位是必要的。

通过修订领土公正过渡计划来更新或填写本条,具体取决于提供此类支持的决定。

参考:第 11 条第 2 款 j 项

——在就业和增长投资目标(支持过渡进程)下,设想的业务与其他相关的联盟项目(支持过渡进程)、其他融资工具(联盟排放交易现代化基金)下的协同作用和互补性,以满足确定的发展需求。

参考:第 11 条第 2 款 k 项和第 11 条第 5 款

——与公正过渡机制其他支柱计划提供的资助相辅相成; ——设想在其他支柱下资助的部门和专题领域。

3. 治理机制

参考:第 11 条第 2 款 f 项

文本字段[5000]

3.1 合作

——安排伙伴参与领土公正过渡计划的编制、执行、监测和评价; ——公众咨询结果。

3.2 监测和评价

——计划的监测和评价措施,包括衡量计划实现其目标能力的指标。

3.3 协调和监测各机构

负责协调和监督计划实施的机构及其作用。

4. 针对具体方案的产出或成果指标

参考:第 12 条第 1 款

只有在设想具体方案指标的情况下才填写:
——根据设想的业务类型说明具体方案产出或成果指标的必要性。

表 2　输出指标

特定的目标	ID[5]	指标[255]	测量单元	里程碑(2024)	目标(2029)

表 3　结果指标

特定的目标	ID[5]	指标[255]	基线或参考值	测量单元	参考年份	目标(2029)	数据来源[200]	评论[200]

附件三

表 4　公正过渡基金的共同产出指标和共同成果指标(1)

区域通用输出指标(以下简称 RCO)和区域通用结果指标(以下简称 RCR)	
输出	结果
RCO01 – 支持的企业(其中:微型、小型、中型、大型)(*) RCO02 – 获得赠款支持的企业 RCO03 – 获得金融工具支持的企业 RCO04 – 获得非财政支持的企业 RCO05 – 支持的新企业 RCO07 – 参与联合研究项目的研究机构 RCO10 – 与研究机构合作的企业 RCO121 – 支持企业实现减少温室气体排放的第 2003/87/EC 号指令附件一	RCR01 – 在受支持实体中创造的就业机会 RCR102 – 在受支持实体中创造的研究工作 RCR02 – 与公共支持相匹配的私人投资(其中:赠款、金融工具)(*) RCR03 – 中小型企业(SME)引入产品或流程创新 RCR04 – 中小企业引入营销或组织创新 RCR05 – 中小企业内部创新 RCR06 – 提交专利申请 RCR29a – 第 2003/87/EC 号指令附件一在支持的企业中所列活动的温室气体排放量估算
RCO13 – 为企业开发的数字服务、产品和流程的价值	RCR11 – 新的和升级的公共数字服务、产品和流程的用户 RCR12 – 企业开发的新的和升级的数字服务、产品和流程的用户

续表

输出	结果
RCO15 – 创建的孵化能力	RCR17 – 在市场上生存的新企业 RCR18 – 在孵化器创建后使用孵化器服务的中小企业
RCO101 – 中小企业投资于智能专业化、产业转型和创业技能	RCR97 – 中小企业支持的学徒制 RCR98 – 中小企业员工完成智能专业化、工业转型和创业技能培训（按技能类型划分：技术、管理、创业、绿色、其他）（ * ）
RCO18 – 能源性能提高的住宅 RCO19 – 能源性能提高的公共建筑 RCO20 – 新建或改进的区域供热和制冷管网线路 RCO104 – 高效热电联产机组数量	RCR26 – 年度一次能源消耗（其中：住宅、公共建筑、企业、其他）（ * ） RCR29 – 估计温室气体排放量
RCO22 – 可再生能源（其中：电力、热能）的额外生产能力（ * ）	RCR31 – 可再生能源生产总量（其中：电力、热能）（ * ） RCR32 – 为可再生能源安装的额外运营能力
RCO34 – 废物回收的额外能力 RCO107 – 对废物分类收集设施的投资 RCO119 – 准备再利用的废物	RCR47 – 废物回收 RCR48 – 用作原材料的废物
RCO36 – 支持用于适应气候变化以外的其他目的的绿色基础设施 RCO38 – 支持恢复土地表面积 RCO39 – 安装空气污染监测系统覆盖的区域	RCR50 – 受益于空气质量措施的人口（ ** ） RCR52 – 用于绿地、社会住房、经济或其他用途的恢复土地
RCO55 – 新电车和地铁线路的长度 RCO56 – 重建或现代化的有轨电车和地铁线路的长度 RCO57 – 集体公共交通的环保机车车辆容量 RCO58 – 支持的专用自行车基础设施 RCO60 – 拥有新的或现代化的数字化城市交通系统的城镇	RCR62 – 新建或现代化公共交通的年度用户 RCR63 – 新建或现代化有轨电车和地铁线路的年度用户 RCR64 – 专用自行车基础设施的年度用户
RCO61 – 新的或现代化的就业服务设施表面	RCR65 – 新的或现代化的就业服务设施的年度用户

续表

输出	结果
RCO66 – 新建或现代化托儿设施的教室容量 RCO67 – 新建或现代化教育设施的教室容量	RCR70 – 新建或现代化托儿设施的年度用户 RCR71 – 新建或现代化教育设施的年度用户
RCO113 – 在边缘化社区、低收入家庭和弱势群体社会经济包容综合行动框架内项目所涵盖的人口(**)	
RCO69 – 新建或现代化医疗保健设施的容量 RCO70 – 新的或现代化的社会护理设施(住房除外)的能力	RCR72 – 新的或现代化的电子医疗保健服务的年度用户 RCR73 – 新的或现代化的医疗保健设施的年度用户 RCR74 – 新的或现代化的社会护理设施的年度用户

参与者的通用即时产出指标(以下简称 EECO)和通用即时结果指标(以下简称 EECR)(1)、(2)

产出	结果
EECO01 – 失业,包括长期失业者(**) EECO02 – 长期失业者(**) EECO03 – 非活跃(**) EECO04 – 就业,包括自雇人士(**) EECO05 – 18 岁以下儿童人数(**) EECO06 – 18 ~ 29 岁的年轻人(**) EECO07 – 55 岁及以上参与者人数(**) EECO08 – 初中或以下学历(ISCED0 – 2)(**) EECO09 – 高中(ISCED 3)或专上教育(ISCED 4)(**) EECO10 – 接受高等教育(ISCED 5 ~ 8)(**)EECO11 – 参与者总数(3)	EECR01 – 离职时从事求职的参与者(**) EECR02 – 离职时接受教育或培训的参与者(**) EECR03 – 离职时获得资格的参与者(**) EECR04 – 离职时就业(包括自营职业)的参与者(**)

(*)不要求对方案编制进行细化,而仅用于报告。
(**)根据欧洲议会和欧洲理事会 2016 年 4 月 27 日关于在个人数据处理和此类数据自由流动方面保护自然人的条例——(EU)2016/679 号第 4 条第 1 款,报告的数据是个人数据,并废除第 95/46/EC 号条例(通用数据保护条例)(OJL119,4.5.2016,第 1 页)。
(1)与参与者有关的所有产出和成果指标均应予以报告。
(2)个人数据应按性别(根据国家法律,女性、男性、非二元性别人员)细分。
若无法获得某些结果,则不必收集或报告以上数据。
在适当情况下,可根据业务的目标组报告共同的产出指标。
当从登记册或同等来源收集数据时,成员国可使用国家定义。
(3)这一指标应根据与就业状况有关的共同产出指标自动计算。

欧洲绿色协议[①]

布鲁塞尔,2019 年 12 月 11 日 COM(2019) 640 号决议

1. 引言——将严峻挑战转变为重大机遇

本公报为欧盟及其公民制定了一份《欧洲绿色协议》。它重申了欧盟委员会应对气候和环境挑战的承诺,这是我们这代人的重要任务。大气层正在变暖,气候亦在逐年变化。地球上 800 万个物种中有 100 万面临着灭绝的威胁。森林和海洋也正在受到污染和破坏。

《欧洲绿色协议》是对以上挑战的回应,是新的发展战略,旨在将欧盟转化为公平、繁荣的社会,以及富有竞争力的资源节约型现代化经济体,到 2050 年达到净零排放,并实现经济增长与资源消耗脱钩。

该协议还旨在保护、保存和增加欧盟的自然资本,保护公民的健康和福祉免受环境相关风险和影响。同时,欧盟的转型必须是公正且包容的,必须以人为本,关注将面临重大风险挑战的地区、行业与劳动者。由于转型将带来重大变化,要使政策发挥作用且被接受,公众的积极参与和对转型的信心至关重要。为此,需要一个新的协议,团结不同种族、地域的公民,使国家、地区、地方权力机关、民间组织及行业与欧盟的机构和咨询委员会开展紧密合作。

欧盟有能力对其经济和社会进行转型,从而走上一条更可持续的道路,其可以利用作为气候和环境措施、消费者保护和劳动者权利方面的全球领导者优势。实现剩余减排富有挑战性,需要大量公共投资并加大努力引导私人资本转向气候和环境行动,同时要避免陷入破坏生态环境平衡的做法。欧盟必须走在协同各国的前沿,以构建协调一致的支持可持续解决方案的金融体系。这种前期投资也是让欧洲坚定走上可持续性和包容性发展新道路的机遇。《欧洲绿色协议》将加速和巩固所有

---

① 本协议于 2019 年通过,原文来自欧盟法律法规数据库,网址:https://eur-lex.europa.eu/legal-content/EN/TXT/HTML/?uri=CELEX:52019DC0640。翻译:胡卫、刘彦;校对:金婧、王璐瑶、杨浩。

部门所需的过渡。

《欧洲绿色协议》的环境目标并非仅靠欧洲的单独行动所能实现。气候变化和生物多样性丧失的驱动因素是全球性的,不受国界限制。欧盟可以利用其影响力、专业知识和财政资源,动员邻国和合作伙伴一起走上可持续发展道路。欧盟将继续领导国际齐心协力,并希望与志同道合者结盟。本协议认为,即使其他国家不愿意采取行动,也需要维持各自的供应安全和竞争力。

本公报提出了落实《欧洲绿色协议》的关键政策和措施的初步路线图,该路线图将随实际需要的变化而更新,同时也会进行相应的政策调整。欧盟的所有行动和政策都必须有助于实现《欧洲绿色协议》的目标。因为面临的挑战复杂且相互关联,所以政策应对必须大胆全面,追求健康、生活质量、抗御力和竞争力的利益最大化,这将需要密切协调,发挥所有政策领域的既有协同作用。

《欧洲绿色协议》是欧盟委员会执行《联合国 2030 年可持续发展议程》目标战略的组成部分,也是冯德莱恩主席在政治指导方针中宣布的优先事项。作为《欧洲绿色协议》的组成部分,欧盟委员会将重新聚焦欧洲宏观经济协调进程,将其纳入联合国的可持续发展目标,将可持续和公民福祉作为经济政策的中心,并将可持续发展目标作为欧盟政策制定和行动的核心。

《欧洲绿色协议》要点(见图 1):

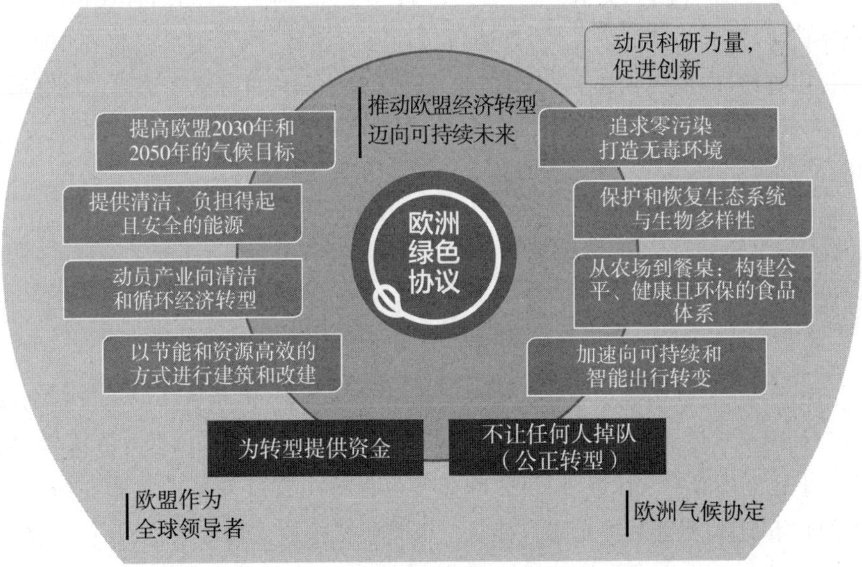

图 1 《欧洲绿色协议》要点

2. 促进欧盟经济向可持续发展转型

2.1 设计一套深度转型政策

为落实《欧洲绿色协议》,需要重新思考整个经济、工业生产与消费、大型基础设施、交通运输、粮食与农业、建筑、税收、社会福利等领域的清洁能源供应政策。为实现上述目标,必须加强对保护和修复自然生态系统、实现资源可持续利用、维护人类健康的重视,此为欧盟经济、社会和自然环境最需要且最有潜在利益的变革之处。此外,欧盟还应该促进和投资必要的数字转型及相关工具,因为其是推动改革的重要因素。

虽然上述行动领域相互关联、相辅相成,但当经济、环境和社会目标之间存在潜在利益权衡时,必须谨慎对待。《欧洲绿色协议》将持续利用各类政策杠杆:监管和标准化、投资和创新、国家改革、与社会伙伴的对话以及国际合作等。《欧洲社会权利支柱》将指导行动,确保无成员掉队。

仅靠欧盟自身的新举措不足以实现《欧洲绿色协议》的目标。除提出新举措,欧盟委员会将与成员国合作,增强欧盟力量,确保与《欧洲绿色协议》相关的立法和政策得到执行和有效实施。

2.1.1 提高欧盟 2030 年和 2050 年的气候目标

欧盟委员会已就如何在 2050 年前实现气候中和提出明确愿景。这一愿景应成为欧盟将于 2020 年初提交给《气候公约》的长期战略基础。为明确有效和公平过渡的条件,为投资者提供可预见性,并确保过渡不可逆转,欧盟委员会将在 2020 年 3 月前提出首部《欧洲气候法》,将 2050 年实现气候中和的目标载入法律。《欧洲气候法》还将确保所有欧盟政策皆有助于实现气候中和目标,并且所有部门都将发挥其作用。

欧盟已经开始以气候中和为目标进行经济现代化转型。自 1990 年到 2018 年,其已经减少 23% 的温室气体排放,同时经济增长 61%。然而,目前政策要求到 2050 年须减少 60% 的温室气体排放量。未来十年欧盟将采取更强劲的气候行动,任重道远。

2020 年夏季,欧盟委员会将提交一份影响评估计划,以负责任的态度提高欧盟 2030 年的温室气体减排目标,即相比 1990 年水平降低至少 50%,力争达到 55%。为实现上述额外温室气体减排目标,欧盟委员会将在 2021 年 6 月前审查所有气候相关的政策工具,必要时提出修订建议。审查包括排放交易体系,以及可能将欧洲排放交易引入新行业;成员国就排放交易计划以外行业的减排目标;土地利用、土地利用变化和林业的规定。欧盟委员会将提议修改《欧洲气候法》。

上述政策改革将有助于确保在整个经济体中实施有效的碳定价。这将鼓励消费者和企业改变行为,并促进可持续的公共和私人投资的增加。不同定价工具必须相互补充,共同形成体系化的政策框架。确保税收与气候目标一致同样至关重要。欧盟委员会将提议修订《能源税收指令》,重点关注环境问题,并提议使用条约中的规定,允许欧洲议会和欧洲理事会通过普通立法程序,以特定多数投票而非全体一致同意的方式通过该领域的提案。

国际伙伴的减排目标与欧盟不一致将滋生碳泄漏风险——因生产会从欧盟转移到其他减排目标较低的国家,或是欧盟产品被更多碳密集型进口商品所取代。若风险成为现实,全球排放量将无法减少,这将阻碍欧盟及其行业实现《巴黎协定》的全球气候目标。

如果世界范围内目标水平差异持续存在,随着欧盟提高其气候目标,欧盟委员会将针对选定的行业提出碳边境调整机制,以降低碳泄漏的风险,这样才能确保进口商品的价格更准确地反映其碳含量。这项措施旨在遵守世界贸易组织的规则和欧盟的其他国际义务,将成为解决欧盟排放交易体系中应对碳泄漏风险的措施的替代方案。

欧盟委员会将通过一项新的、更有雄心的欧盟适应气候变化战略,这至关重要,因为尽管作出了减缓努力,气候变化仍将持续给欧洲带来巨大压力,强化气候防护、抗御力建设、预防和准备方面的努力至关重要。气候适应相关工作应继续影响公共和私人投资,包括基于自然的解决方案。重要的是要确保整个欧盟的投资者、保险公司、企业、城市和公民能够获得数据,并开发工具将气候变化纳入其风险管理实践。

2.1.2 提供清洁、经济、安全的能源

能源系统脱碳化对于实现2030年和2050年的气候目标极其重要。各经济部门的能源生产和使用占欧盟温室气体排放量的75%以上,必须优先考虑能源效率。电力部门必须以可再生能源为基础,同时加快淘汰煤炭和天然气。同时,对消费者和企业而言,欧盟的能源供应必须做到安全、实惠。为此必须确保欧洲能源市场全面一体化、互联化和数字化,同时尊重技术中立性。

成员国将在2019年年底提交其修订后的能源和气候计划。根据《能源联盟和气候行动治理条例》,该计划应列明各国对欧盟目标的卓越贡献。欧盟委员会将评估提交的计划,如果目标水平不足,则需要采取其他措施,这将有助于实现2030年的气候目标。为此,欧盟委员会将在2021年6月前审查并在必要时建议修订相关能源立法。成员国在2023年开始更新其国家能源和气候计划时,应该体现新的气候目标。欧盟委员会将持续确保相关立法得到严格执行。

清洁能源转型应当让消费者参与其中并从中受益。可再生能源将发挥重要作

用。加强成员国之间的区域合作,增加海上风力发电也至关重要。将可再生能源、能源效率及其他可持续解决方案跨部门的智能融合将有助于以更低成本实现脱碳化。可再生能源成本的快速下降,加上支持政策的改进设计,已经降低了可再生能源部署对家庭能源账单的影响。欧盟委员会将于2020年中期发布推动实现可再生能源、能源效率和各领域可持续解决方案智能融合的措施。同时,通过加大对脱碳天然气开发应用的支持力度,设计具有前瞻性和竞争力的脱碳天然气市场,解决与能源相关的甲烷排放问题等途径,促进燃气部门脱碳。

对于无法负担关键能源服务以确保基本生活水平的家庭,必须规避能源贫困的风险。有效的方案,可以减少能源费用并有利于环境,如为家庭翻新住房提供资金等。2020年,欧盟委员会将制定指导方针,协助成员国解决能源贫困问题。

向气候中和的过渡需要智能基础设施。加强跨境和区域合作将有助于以可负担的价格实现清洁能源转型。对能源基础设施的监管框架[包括跨欧洲能源网络(TEN-E)条例]进行审查,确保其与气候中和目标相一致。该框架应促进创新技术应用和基础设施建设,如智能电网,氢能网络或碳捕集,封存和利用,储能,同时促进各部门融合,且仍需对一些现有基础设施和资产进行升级迭代,以满足实际需求并适应气候变化。

2.1.3 推动工业向清洁循环经济转型

实现气候中和及循环经济需要充分调动工业积极性。改变一个工业部门及价值链需要25年,即一代人的时间。为在2050年做好准备,需要在未来5年内作出决定并采取行动。

从1970年到2017年,全球原料年开采量增长了3倍,且仍在继续增长,这构成了重大的全球风险。约有一半的温室气体排放,90%以上的生物多样性丧失和用水压力都来源于资源开采和原料、燃料及食品加工。欧盟工业虽然已经开始转型,但仍占欧盟温室气体排放量的20%。其依旧过于"线性",依赖新材料的提取、交易和加工成商品的数量,大部分材料最终作为废弃物或排放物被处理,其所使用的材料中只有12%来自回收材料。

转型将有助于扩大可持续和就业密集型经济活动。低排放技术、可持续产品和服务的全球市场有很大潜力。同样,循环经济也为新活动和就业提供了巨大潜力。然而,转型速度过慢,进展既不普遍也不统一。《欧洲绿色协议》将支持并加速欧盟产业向可持续的包容性增长模式转型。

2020年3月,欧盟委员会将通过一项《欧盟工业战略》,以应对绿色和数字转型的双重挑战。欧洲必须利用数字转型这一实现《欧洲绿色协议目标》的关键推动力量。同时,新的循环经济行动计划将与工业战略相结合,这有助于欧盟经济的现代化,并使国内和全球从循环经济的机遇中获益。新政策框架的一个关键目标是推动欧盟内外气候中和与可循环产品主导市场的发展。

由于钢铁、化工和水泥等能源密集型产业提供了关键的价值链,故其是欧洲经济不可缺少的部分。但在该产业内实现脱碳和现代化非常重要。能源密集型产业高级专家组发表的意见体现该产业对这些目标的承诺。

循环经济行动计划将提出一项"可持续产品"政策,基于共同方法和原则,将所有产品设计为可循环产品,在回收材料时,侧重考虑减量化和再利用。它将培育新的商业模式,并设定最低要求,以防止对环境有害的产品进入欧盟市场,生产者延伸责任也将得到强化。

虽然循环经济行动计划将指导所有产业的转型,但主要侧重于纺织、建筑、电子产品和塑料业等资源密集型产业。欧盟委员会将对 2018 年的塑料战略采取后续行动,重点采取措施解决有意添加的微塑料和无意丢弃的塑料,比如纺织品和轮胎磨损。欧盟委员会将制定要求,确保到 2030 年欧盟市场上的所有包装都能以经济可行的方式实现重复使用或回收,并将制定可生物降解和生物基塑料的监管框架,且将实施关于使用一次性塑料的措施。

循环经济行动计划还包括鼓励企业提供并允许消费者选择可重复利用、耐用和可维修产品的措施。该计划将分析"维修权"的必要性,并限制设备"过时淘汰"的内置设计,特别是对电子产品的淘汰。消费者政策将有助于增强消费者做出知情选择的能力,并在生态转型中发挥积极作用。只要基于租赁和共享商品与服务的新商业模式真正实现可持续和经济可行性,就将发挥作用。

可靠、可比和可验证的信息也能使购买者做出更可持续的决定,同时降低"漂绿"风险。提出"绿色声明"的公司应根据标准方法来评估其对环境的影响。欧盟委员会将以监管及非监管手段,严格处理虚假绿色环保承诺问题。数字化也有助于提高欧盟销售的产品特征信息的可用性。例如,电子产品护照可以提供关于产品的原产地、成分、维修和拆解可能性以及使用寿命等信息。包括欧盟机构在内的公共机构应以身作则,确保其采购是绿色的。欧盟委员会将进一步提出关于绿色公共采购的立法和指导。

可持续的产品政策也有可能显著减少废弃物。在无法避免产生废弃物的情况下,必须回收其经济价值,并避免或尽量减少其对环境和气候变化的影响。欧盟将制定新的法规,包括解决过度包装和废弃物的目标和措施。同时,欧盟企业将受益于一个强大的、体系化的二次原料和副产品的单一市场。这需要跨价值链进行深入合作,以循环塑料联盟为例,欧盟委员会将考虑通过制定法规,以推动有强制回收成分要求的二级原材料市场(例如用于包装、车辆、建筑材料和电池)发展。为简化公民的垃圾管理，确保企业获得更清洁的二级原材料，欧盟委员会还将提出一个欧盟的垃圾分类回收模式。欧盟委员会认为，欧盟应该停止向欧盟以外地区出口废弃物，因此将重新审查废弃物运输和非法出口的规则。

对于欧洲实现《欧洲绿色协议》的宏伟目标而言，资源获取也是一个战略性安全问题。因此，保证原材料的可持续供应，特别是清洁技术、数字、空间和国防应用所需的关键原材料的供应，使主要和次要来源的供应多样化，是实现这一转型的先决条件之一。

到2030年，欧盟工业需要"气候与资源先行者"，在关键工业领域率先实现突破性技术的商用。重点领域包括清洁氢能，燃料电池和其他替代燃料，储能，以及碳捕集、封存和利用等。例如，欧盟委员会将支持到2030年实现零碳炼钢工艺的清洁钢铁突破性技术，同时将探讨是否可以利用欧洲煤钢共同体下正在清算的部分资金。总体而言，欧盟排放交易计划创新基金将有助于部署此类大规模的创新项目。

促进与工业和战略价值链投资的新合作形式至关重要。委员会将继续实施《电池战略行动计划》，将在2020年提出立法要求，旨在建立安全、可循环和可持续的电池价值链，全面覆盖各类电池，包括供应日益增长的电动汽车市场。欧盟委员会还将支持其他有助于联盟和大规模集中资源的倡议，例如以欧洲共同利益的重要项目形式，有针对性地提供有时限的国家援助，以帮助建立新的创新价值链。

数字技术助推各行各业实现可持续目标。欧盟委员会将探索各种措施，使人工智能、5G、云计算和边缘计算以及物联网等数字技术能够加速并最大限度地发挥帮助应对气候变化和保护环境政策的作用。数字化也为远程监测空气和水污染，监测和优化能源和自然资源的使用方式提供新机会。同时，欧洲须建立一个以可持续发展为核心的数字化部门。欧盟委员会还将考虑采取措施，从宽带网络到数据中心和信息通信技术设备，提升该部门本身的能源效率和循环经济性能。欧盟委员会将评估电子通信服务对环境影响的透明度，在部署新网络时采取更严格的措施，以及支持"收回"计划以激励人们归还不需要的设备，如手机、平板电脑和充电器。

2.1.4　以高能源效率和高资源效率的方式进行建设和翻新

建筑物的建造、使用和翻新需要大量的能源与矿物资源（如砂子、砾石、水泥），建筑物也占到能源消耗的40%。目前，各成员国建筑的年翻新率从0.4%到1.2%不等。要达到欧盟的能源效率和气候目标，这一比率至少需要翻一番。同时，还有5000万消费者在为保持他们的家庭足够温暖而努力。

为应对能源效率和可负担性的双重挑战，欧盟及其成员国应当参与公共和私人建筑的"翻新潮"。虽然提高翻新率是挑战，但翻新能降低能源费用，减少能源贫困，还能提振建筑业，支持中小企业发展，增加当地就业机会。

欧盟委员会将严格落实与建筑物能效有关的立法。首先欧盟委员会将在2020年评估各成员国的国家长期翻新战略;其次,欧盟委员会还将尝试将建筑物排放纳入欧洲排放交易计划,作为确保不同能源的相对价格为能源效率提供正确信号而作出的更广泛努力的一部分。此外,欧盟委员会还将审查《建筑产品条例》,并确保各阶段新建与翻新建筑物的设计符合循环经济的需要,提高存量建筑的数字化水平与气候防范水平。

同时,欧盟委员会计划在2020年与利益相关者合作实施一项有关翻新的新倡议。内容包括建立一个开放平台,联合建筑行业、建筑师、工程师以及地方政府,共同解决翻新面临的问题。这项倡议还将包括在"投资欧洲"框架下制定创新融资计划。这些计划主要针对住房协会或能源服务公司,使其通过合同能源管理等方式推动建筑翻新。基本目标为将翻新工作组织成更大的区块,以在更好的融资条件和规模经济中获益。欧盟委员会将努力消除阻碍租赁和多产权建筑节能投资的国家监管障碍,且将特别关注社会住房的改造,帮助难以支付能源费用的家庭。此外,还应该把重点放在学校和医院的翻新上,因为通过建筑节能节省的资金将成为支持教育和公共卫生的资金。

2.1.5 加快向可持续与智慧出行的转变

运输业占欧盟温室气体排放的1/4,并且仍在增长。为实现气候中和,到2050年需要减少90%的交通排放。公路运输、铁路运输、航空运输和水路运输皆须为减排作出贡献。实现可持续的交通意味着把用户放在首位,通过为其提供更实惠、更方便、更健康和更清洁的选择,取代其目前的出行习惯。欧盟委员会将在2020年通过一项可持续的智慧交通战略,以应对这一挑战并处理所有排放源。

多式联运需要强有力的推动。这将提高运输系统的效率。作为优先事项,目前75%的内陆货物由公路运输,其中很大一部分应转向铁路和内陆水运。故此,需要采取更好的管理措施,提高铁路和内陆水运的能力,欧盟委员会将在2021年前提出上述措施。此外,欧盟委员会还将考虑撤回并提出一项新提案,以修订《联合运输指令》,将其转化成有效工具,支持涉及铁路和水路运输的多式联运业务(包括短途航运)。在航空领域,为助力大幅减少航空排放,采纳欧盟委员会关于真正的"单一欧洲天空"提案的相关工作需要重启。

自动化和联网的多式联运以及数字化带来的智慧交通管理系统将发挥显著作用。欧盟交通系统和基础设施将被改造,以支持新的可持续移动服务,减少拥堵和污染,特别是在城市地区。欧盟委员会将通过"连接欧洲设施"等融资工具,助力打造智慧交通管理系统和"出行即服务"解决方案。

交通运输的价格必须反映其对环境和健康的影响。应当取消化石燃料补贴。

在修订能源税收指令的背景下,欧盟委员会将密切关注目前的免税情况,包括航空和海运燃料的免税情况,以及如何达到消除漏洞的最佳效果。同样,欧盟委员会计划提出将欧洲排放交易扩大至海运业,并减少无偿分配给航空公司的欧盟排放交易系统配额。这将与全球层面特别是国际民用航空组织和国际海事组织的行动相协调。欧盟委员会还应从政治角度重新考虑如何在欧盟实现有效的公路收费定价,呼吁欧洲议会和欧洲理事会保持欧盟委员会最初提出的欧洲贸易协定中的高度雄心,并准备在必要时撤销该指令,提出替代措施。

欧盟应同时加快可持续替代运输燃料的生产和部署。到2025年,欧洲零排放以及低排放汽车保有量预计达到1300万辆,将需要约100万座公共充电站和加油站。欧盟委员会将支持在长期存在缺口的地区配置公共充电和加油站,特别是在长途旅行和人口密度较低的地区,并将尽快启动新的筹资工作以支持这项任务。上述措施将补充国家层面采取的措施。欧盟委员会将考虑立法方案,以促进不同运输方式的可持续替代燃料的生产和使用。欧盟委员会还将审查《替代燃料基础设施指令》和TEN-T条例,以加快部署零排放和低排放车辆、船只。

大幅减少交通工具造成的污染,特别是在城市。应采取一系列措施解决排放、城市拥堵和改善公共交通的问题。欧盟委员会将提出更严格的内燃机机动车辆大气污染物排放标准,还将提议在2021年6月前修订关于小汽车和轻型商用车的CO_2排放标准法案,为自2025年起实现零排放出行提供清洁路径。同时,其将考虑在公路运输方面开展欧洲排放交易,作为对现有和未来车辆CO_2排放标准的补充,且将采取与海运有关的行动,包括对污染严重的船舶进入欧盟港口进行监管,强制停靠船只仅能使用岸边电力。同样,应通过解决飞机和机场运行中的污染物排放问题改善机场附近的空气质量。

2.1.6 “从农场到餐桌”:设计公平、健康和环保的食品体系

欧洲食品以安全、营养和高质量闻名。现在其亦应成为可持续发展的全球标准。虽已开始向更可持续的体系过渡,但以目前的生产模式尚难养活快速增长的世界人口。粮食生产仍会造成空气、水和土壤污染,导致生物多样性丧失和气候变化,也会消耗过多的自然资源。另外,有很大一部分粮食被浪费。同时,低质量的饮食将导致肥胖和癌症等疾病。

食品价值链上的经营者拥有新机遇。新科学技术的发现以及公众对可持续食品的认识和需求增加,将使所有利益相关者受益。欧盟委员会将在2020年春季出台“从农场到餐桌”战略,发起广泛的利益相关者讨论,涵盖食品链的所有阶段,为制定更可持续的食品政策夯实基础。

欧洲农民和渔民是实现这一转型的关键。“从农场到餐桌”战略将强化他们应

对气候变化、保护环境和维护生物多样性的努力。共同农业和共同渔业政策仍将是支持这些努力的关键工具,同时确保农民、渔民及其家庭体面地生活。欧盟委员会关于 2021 年至 2027 年共同农业政策提案显示,至少 40% 的共同农业政策总预算与 30% 的海洋与渔业基金将用于气候行动。

欧盟委员会将与欧洲议会和欧洲理事会合作,至少实现提案中这一水平的目标。鉴于修订后的共同农业政策启动时间可能会推迟至 2022 年初,欧盟委员会将与成员国和利益相关者合作,确保国家农业战略计划自始充分反映《欧洲绿色协议》和"从农场到餐桌"的战略目标。欧盟委员会将根据稳健的气候和环境标准评估上述战略计划。该计划应推动采用可持续的措施,如精准农业、有机农业、农业生态学、农林学和更严格的动物福利标准。随着生态计划等措施的重点从合规性转向绩效,应对注重改善环境和提高气候绩效的农民予以奖励,包括管理和储存土壤中的碳,优化养分管理以改善水质和减少排放。欧盟委员会将与成员国合作开发可持续海产品,作为低碳食品原料。

国家农业战略计划应反映大幅减少化学杀虫剂的使用和风险,以及化肥和抗生素的使用。欧盟委员会将在与利益相关者对话的基础上,确定实现减排的措施,如立法等。欧洲的有机农业种植面积也需要增加。欧盟需要创新方法以保护收成免受病虫害的影响,并探索创新技术在保障粮食系统可持续方面的潜在作用,同时保证其安全性。

"从农场到餐桌"战略也将有助于实现循环经济。该战略旨在通过对运输、储存、包装和食物浪费采取行动,减少食品加工和零售部门对环境产生的影响,包括打击食品欺诈的行动,加强欧盟层面的执法和调查能力,并启动程序以识别创新食品和饲料产品,如基于海藻创新的海产品。

最后,"从农场到餐桌"战略将刺激可持续食品的消费,生产人人皆可负担的健康食品,不符合欧盟相关环境标准的进口食品不得在欧盟市场销售。欧盟委员会将提出行动建议,帮助消费者选择健康和可持续的饮食,减少食物浪费;并将探索新方法,通过数字手段等方式为消费者提供更优质的信息,介绍食物的来源、营养价值和环境足迹等细节。"从农场到餐桌"战略也将包含改善农民在价值链中地位的建议。

2.1.7　保护与修复生态系统和生物多样性

生态系统具有提供食物、淡水、栖息地以及净化空气等作用,可以减轻自然灾害、病虫害,并有益于调节气候。然而,欧盟并未实现其 2020 年的部分重要环境目标,如《生物多样性公约》下的爱知目标。欧盟及其全球伙伴需要遏制生物多样性的丧失。生物多样性和生态系统服务政府间科学政策平台 2019 年的《全球评估报告》显示,全球范围内生物多样性遭受到的侵蚀,主要是因为土地和海洋的使用方式发生变化以及自然资源的直接开采。此外,气候变化是生物多样性丧失的第三大驱动因素。

通过 2020 年 10 月在中国昆明召开的《生物多样性公约》缔约方大会,世界能够以一个强有力的全球框架遏制生物多样性的丧失。为确保欧盟发挥主要作用,欧盟委员会将在 2020 年 3 月前提出一项"生物多样性战略",并在 2021 年采取具体行动。该战略将说明欧盟对缔约方大会的立场,提出保护生物多样性的全球目标、作出解决欧盟生物多样性丧失的承诺,并以解决生物多样性丧失主要原因的可衡量目标为基础。

"生物多样性战略"将确定具体措施以实现这些目标。具体措施包括量化目标,如在"自然 2000"生态保护区网络的基础上扩大生物多样性丰富的陆地和海洋保护区的覆盖范围。成员国还应该加强跨境合作,从而更有效地保护和修复"自然 2000"生态保护区网络覆盖地区。欧盟委员会将制定包括立法在内的措施,帮助各成员国改善和修复受损的生态系统(如富碳生态系统),使其达到良好的生态状态。"生物多样性战略"还将提出相关提案,促进欧洲绿色城市发展,提高城市地区的生物多样性。欧盟委员会将考虑起草自然修复方案,寻找能够帮助成员国实现此目标的融资方式。

所有欧盟政策皆应有助于保护和修复欧洲的自然资本。第 2.1.6 条中阐述的"从农场到餐桌"战略将解决农业中农药、化肥的使用问题。在共同渔业政策下,将继续降低捕捞对生态系统的不利影响,特别是在敏感地区。欧盟委员会还将支持更多相毗连且管理良好的海洋保护区。

受气候变化影响,森林生态系统遭受的压力与日俱增。欧盟的森林面积只有在质量和数量上得到改善,才能达到气候中和的健康环境。可持续的植树造林以及修复退化森林可以增加对 CO_2 的吸收,同时提高森林的修复力,促进循环生物经济发展。在 2030 年生物多样性战略的基础上,欧盟委员会将制定一项涵盖整个森林生命周期的新欧盟森林战略,促进森林各项功能正常运转。

新欧盟森林战略的主要目标是在欧洲实施有效的植树造林和森林保护与修复,以增加对 CO_2 的吸收,降低森林火灾的发生率并缓解程度,并在充分尊重有利于生物多样性的生态原则下促进生物经济的发展。共同农业政策下的国家战略计划应激励森林管理者以可持续的方式保护、种植和管理森林。在《关于加强欧盟保护和修复世界森林行动的通知》的基础上,欧盟委员会将采取监管和其他措施,支持不涉及毁林和使森林退化的进口产品和价值链。

可持续的"蓝色经济"将在缓解对欧盟土地资源的多种需求和应对气候变化方面发挥核心作用。海洋减缓和适应气候变化方面的功能日益得到认可。有关部门可以通过改善水生和海洋资源的利用，例如通过促进新蛋白质来源的生产和使用来缓解农业用地压力。一般而言，气候变化的长期解决方案需要多关注基于自然的解决方案，包括健康和有修复能力的海洋。欧盟委员会将分析国际气候变化小组关于海洋的特别报告，提出包括更可持续地管理海洋空间等海洋领域的措施，特别是帮助发掘日益增长的海上可再生能源潜力。欧盟委员会同时将秉持零容忍态度，解决非法、未报告和无管制的捕捞问题。2020 年在葡萄牙举行的联合国海洋会议将是欧盟强调在海洋问题上采取行动的重要契机。

2.1.8 实现无毒环境零污染的目标

创造无毒环境需要开展更多行动防止污染产生，并采取措施来修复污染。为保护欧洲公民和生态系统，欧盟需要更好地监测、报告、预防和治理来自大气、水、土壤和消费品的污染。为实现这一目标，欧盟及其成员国应更系统地审视所有政策法规。为应对这些相互关联的挑战，欧盟委员会将在 2021 年颁布针对大气、水和土壤的零污染行动计划。

修复地下水和地表水的自然功能是必需的，这对于保护和修复湖泊、河流、湿地和河口的生物多样性，以及预防洪水灾害至关重要。实施“从农场到餐桌”战略将减少过剩营养物质的污染。此外，欧盟委员会将采取措施，解决地表径流新型的或特别有害的污染源，如微型塑料、化学品等，包括药品。同时，还需要解决不同污染物的复合效应。

欧盟委员会将借鉴从现行空气质量立法评估中获取的经验，建议加强对监测、建模和空气质量计划的规定，从而帮助地方政府获得更清洁的空气。欧盟委员会将特别提议修订空气质量标准，使其更加契合世界卫生组织的提议。

欧盟委员会将审查用以解决大型工业设施污染的措施，将着眼于立法的部门范围以及如何使措施与气候、能源和循环经济政策完全一致。欧盟委员会还将与成员国合作，完善工业事故的预防工作。

为确保环境无毒无害，欧盟委员会将提出一项可持续化学品战略。这有利于保护公民和环境免受有害化学品的影响，同时鼓励工业界齐心协力，共同创新开发安全和可持续的替代品，将改善健康和环境保护与提高全球竞争力相结合。上述可以通过简化和加强法律框架来实现。欧盟委员会将审视如何更好地利用欧盟的机构和科学机构，向“一物质一评估”的过程发展，并在处理化学品的优先行动中展现更高的透明度。同时，监管框架需要尽快回应关于内分泌干扰物、危险化学品（包括进口产品）、不同化学品的复合效应以及持久性化学品所带来的风险的科学证据。

2.2　将可持续性纳入欧盟政策

2.2.1　追求绿色投融资,确保公正过渡

实现《欧洲绿色协议》所设定的目标需要大量投资。据欧盟委员会估计,实现当前 2030 年的气候和能源目标,每年尚需 2600 亿欧元的额外投资,约占 2018 年 GDP 的 1.5% 。此类投资量需长期持续。巨大的投资挑战,需要调动公共和私营部门的力量。

欧盟委员会将提出"可持续欧洲投资计划",帮助各方满足额外的融资需求,并将支持可持续投资的专项融资与有利于绿色投资的改进扶持框架的建议。同时,欧盟委员会将筹备一系列可持续项目,技术援助和咨询服务将帮助项目发起人确定、筹备项目并获取资金源。

欧盟预算将发挥关键作用。欧盟委员会已经提出了气候主流化,要求欧盟所有项目预算的 25% 须用于应对气候变化。欧盟预算的部分收入也将来自应对气候变化领域。欧盟委员会提出了新的收入来源(自有资源),其中一个收入来源基于未回收的塑料包装废弃物,另一个可能涉及将欧盟排放交易系统拍卖收入的 20% 划拨给欧盟预算。

"投资欧洲"基金会中至少有 30% 的资金将用于应对气候变化。此外,项目将接受可持续性论证,以确定其对气候、环境和社会目标的贡献。"投资欧洲"基金还为成员国提供了使用欧盟预算保障的选择,例如在其领土和地区实现与气候相关的凝聚力政策目标。此外,该基金还加强了与欧盟国家的开发银行和机构合作,鼓励其全面开展绿色投融资活动,实现欧盟的政策目标。

此外,作为欧盟排放交易系统修订的一部分,欧盟委员会将审查创新和现代化基金的作用,这些基金不由欧盟的长期预算资助。审查目的是加强其在整个欧盟部署创新和气候中和解决方案方面的作用与效力。在修订欧盟排放交易系统的过程中,还将考虑将配额中获得的额外收入分配给欧盟预算,以加大对公正过渡的融资。

欧盟委员会还将加强与欧洲投资银行集团、欧盟国家的开发银行与机构,以及其他国际金融机构合作。欧洲投资银行为自己设定的目标是到 2025 年将其气候目标从 25% 翻倍到 50% ,由此成为欧洲的气候银行。

作为"可持续欧洲投资计划"的一部分,欧盟委员会将提出包括"公正过渡基金"在内的"公正过渡机制",不让任何人掉队。只有以公平、包容的方式进行转型,才能取得成功。(生态)越脆弱的国家和地区,越容易受到气候变化和环境退化的有害影响。同时,管理转型将导致商业模式、技能要求和相对价格发生重大结构性变化。身处不同社会和地理环境的公民,会以不同的方式受到影响。并非所有的成员国、地区和城市都是从相同起点开始转型,也并非具有相同的能力来应对。上述挑

战需要在各个层面作出强有力的政策应对。

“公正过渡机制”重点关注受此转型影响最大的地区和行业,因为其发展依赖化石燃料或碳密集型工艺。该机制还利用欧盟预算以及欧洲投资银行集团的资金来源,调动必要的内部和公共资源。此类支持将与促进向低碳和气候适应性活动的转型挂钩。该机制还将力保受此次转型影响最大的公民和工人,为其提供就业再培训计划,在新经济行业创造就业机会,或为他们提供节能住房。欧盟委员会将与成员国和地区合作,帮助其制定本土转型计划。

该机制将通过所有的与转型直接相关项目以及其他基金(如欧洲区域发展基金和欧洲社会基金+)实现欧盟预算的实质性贡献。

为解决转型的长期融资需求,欧盟委员会将继续与相关伙伴探讨可以调动的额外资金来源和创新方式,作为“可持续欧洲投资计划”的组成部分。

社会公正过渡的需求也必须反映在欧盟和国家层面的政策中,包括在为受碳定价政策影响的人提供可行的解决方案方面投资,如改善公共交通、解决能源贫困和促进再就业等措施。正如关于各种运输方式征税的争论所体现的,气候和环境政策的一致性和整体方法往往是确保其公平的先决条件。对于公司及其员工而言,积极的社会对话有助于预测和成功管理变革。欧洲的宏观经济协调进程将支持这些问题的相关国家政策。

私营部门将成为绿色转型融资的关键,需要长期的信号来引导金融和资本流向绿色投资,避免资产滞留。欧盟委员会将在2020年第三季度出台最新的可持续融资战略,该战略将侧重于一系列相关行动。

首先,该战略将会为可持续投资巩固基础。这需要欧洲议会和欧洲理事会对环境可持续活动进行分类。企业应当进一步将可持续性纳入公司治理框架,因为就长期发展与可持续性而言,许多公司仍然过于关注短期财务业绩。同时,企业和金融机构需要增加对气候和环境数据的披露,以便投资者充分了解其投资的可持续性。为此,欧盟委员会将审议《非财务报告指令》。为妥善预防环境风险、把握减缓机遇、减少相关交易成本,欧盟委员会还将支持企业和其他利益相关者在欧盟和国际范围内开展标准化的自然资本核算。

其次,对零售投资产品“贴标”、制定欧盟绿色债券标准以确保投资者更容易识别可持续性投资及其可信度,以最便捷的方式促进可持续投资,这将为投资者提供更多机会。

最后,将气候和环境风险纳入金融体系,这意味着更好地将这种风险整合进欧盟宏观审慎政策框架,并对现有的绿色资产资本要求的适用性进行评估。我们还将研究金融系统如何能够帮助提高对气候和环境风险的抗御力,特别是在应对自然灾难所引起的物理风险和损害时。

2.2.2 制定国家环保预算并释放真实定价信号

国家预算在转型过程中发挥着关键作用。充分运用绿色预算工具将有助于将公共投资、消费和税收优先转向绿色项目,避免有害补贴。欧盟委员会将与成员国合作,监测绿色项目预算的实践情况并制定基准,以便评估年度预算和中期财政计划对环保问题风险的考量程度,并借鉴最佳做法。对欧洲经济治理框架的审查将包括在公共财政质量背景下对绿色公共投资的借鉴,这将为关于如何改善欧盟财政治理的讨论提供信息,讨论的结果将为未来可能采取的措施奠定基础,包括如何在欧盟财政规则内进行绿色投资,同时防范债务可持续性风险。

设计良好的税收改革可以促进经济增长、抵御气候冲击,并有助于实现更公平的社会和公正的转型。它们通过释放正确的价格信号,为生产者、使用者和消费者的可持续行为提供正向激励。在国家层面,《欧洲绿色协议》将为广泛的税收改革创造相应条件,取消化石燃料补贴,并在考虑到社会因素的情况下将税收负担从劳动力转移到污染上。有必要保证尽快通过欧盟委员会关于增值税税率的提案,目前欧盟委员会已经提交相应增值税税率的提案至理事会审议,通过此举,各成员国能够更有针对性地利用增值税税率体现环保目标,例如支持有机水果和蔬菜。

目前正对包括环境和能源在内的国家援助准则进行评估。前述准则将在2021年之前进行修订,以反映《欧洲绿色协议》的政策目标,支持到2050年以高成本效益方式向气候中和转型,并将逐步淘汰化石燃料,特别是污染严重的燃料,确保内部市场公平竞争。前述修订也是破除部署清洁产品市场障碍的契机。

2.2.3 动员研究和支持创新

新技术、可持续的解决方案和颠覆性创新对于实现《欧洲绿色协议》的目标至关重要。为保持新技术在清洁技术方面的竞争优势,欧盟需要大幅增加其在各部门和单一市场的大规模部署和示范,以构建新的创新价值链。这一挑战超出了个别成员国的能力。"欧洲地平线"计划将与欧盟其他计划发挥协同作用,在利用国家公共和私人投资方面发挥关键作用。"欧洲地平线"至少有35%的预算将用于资助与实施《欧洲绿色协议》相关的新气候解决方案。

"欧洲地平线"计划的全部工具将用于支持所需的研究和创新工作。四项"《欧洲绿色协议》任务"对在适应气候变化、海洋、城市和土壤等领域实现大规模变革有益。前述任务将汇集包括地区和公民在内的广泛利益相关者。与工业和成员国的伙伴关系将支持运输方面的研究和创新,包括电池、清洁氢能、低碳钢铁制造、循环生物产业和建筑环境。欧洲创新与技术研究所下属知识和创新部门将继续推动高等教育机构、研究机构和企业在气候变化、可持续能源、未来食品、智能环境友好型城市和城市交通一体化等方面开展协调合作。欧洲创新理事会将为高潜力初创企业和中小企业提供融资、股权投资和业务加速服务,推动其实现突破性的《欧洲绿色协议》创新,并迅速在全球市场上扩大规模。

传统方法无法满足需求。欧盟的研究和创新议程强调实验以及跨部门、跨专业开展工作,采取必要的系统性方法来实现绿色协议的目标。"欧洲地平线"计划还将让当地社区参与到实现更可持续的工作中,参与到寻求将社会牵引力和技术推动力相结合的行动当中。

可访问且可互操作的数据是数据驱动创新的核心。此类数据与数字基础设施(如超级计算机、云计算、超高速网络)和人工智能解决方案相结合,有助于做出循证决策,提高了理解和应对环境挑战的能力。欧盟委员会将支持释放数字转型带来的全部益处,以支持生态转型。当务之急是提高欧盟预测和管理环境灾害的能力。为此,欧盟委员会将汇聚欧洲科研和产业界的顶尖人才,制定出精准的全球数字模型。

2.2.4 加强教育和培训

学校、培训机构和大学能够很好地与学生、家长以及更广泛的社区就成功转型所需的变革进行讨论。欧盟委员会将制定欧洲能力框架,以帮助发展和评估关于气候变化和可持续发展的知识、技能和立场。其还将提供支撑材料,促进欧盟教师培训计划网络中良好做法的交流。

欧盟委员会持续努力为成员国提供新的财政资源,保障学校建筑持续可用、运转正常。其已经加强与欧洲投资银行的合作,强化结构性基金和新兴金融工具之间的互动,争取实现对2020年学校基础设施投资达30亿欧元的目标。

积极主动的技能再培训和技能提升对于从生态转型中获益是必要的。拟议的欧洲社会基金将帮助欧洲劳动力获取从夕阳产业转向朝阳产业所必备的技能,并适应这一变化。"技能议程"和"青年保障计划"将再次升级,以提高绿色经济环境下的就业能力。

2.2.5 绿色宣言:"不伤害"

欧盟的所有行动和政策皆应齐头并进,帮助欧盟实现向可持续未来的成功而公正的过渡,欧盟委员会更完善的监管工具为此提供了坚实基础。基于公众咨询,对环境、社会和经济影响的识别,对中小企业如何受到影响以及创新如何受到促进或阻碍的分析,影响评估有助于以最低成本作出有效政策选择,这与《欧洲绿色协议》的目标相一致。评估还系统地评价了现行立法和新优先事项之间的一致性。

为帮助其识别和补救现行立法中的不一致之处,欧盟委员会邀请利益相关者使用现有平台,简化立法和查明存疑案例。欧盟委员会在为《欧洲绿色协议》准备评价、影响评估和立法提案时将考虑前述建议。

此外,基于最近对完善的监管政策评估的结果,欧盟委员会将改进其完善的监管指导方针和支持工具,以解决可持续性和创新问题。其旨在确保所有《欧洲绿色协议》倡议以最高效简洁的方式实现目标,以及所有其他欧盟倡议践行“不伤害”的绿色宣言。为此,所有立法提案和授权法案所附的解释性备忘录将包括一个具体章节,以解释每项倡议如何维护这一原则。

3. 欧盟作为(可持续发展的)全球领导者

气候变化和环境退化的全球挑战需要全球共同应对。欧盟将继续在世界各地推动实施宏大的环境、气候和能源政策。欧盟将发展更强大的“绿色新政外交”,重点是说服和支持其他国家承担起各自责任,促进可持续发展。通过树立起可信的榜样,并通过外交、贸易政策、发展支持和其他政策的跟进,欧盟可以成为一个有力的倡导者。欧盟委员会和高级代表将与成员国达成密切合作,调动所有双边和多边外交渠道,包括联合国、七国集团、二十国集团、世界贸易组织和其他相关国际论坛。

欧盟将继续确保《巴黎协定》仍是应对气候变化的不可或缺的多边框架。由于欧盟在全球排放中的比重正在下降,其他地区采取类似行动和加大努力对于以有意义的方式应对全球气候挑战至关重要。根据《巴黎协定》定期评估和更新的相关规定,未来几个月关于气候目标的讨论将加强。2020 年在格拉斯哥举行的缔约方大会将是 2023 年全球评估前的重要里程碑,将评估实现长期目标的进展。从目前来看,全球的目标水平显然不够。欧盟将与所有合作伙伴开展更紧密的合作,以加强集体协力,并帮助伙伴更新和实施其国家自主贡献,制定长期战略。这将建立在第 2 条所述的欧盟自身的更远大目标之上。

同时,欧盟将加强与伙伴国家的双边联系,并根据需要建立创新合作模式。欧盟将继续与占全球温室气体排放 80% 的二十国集团各经济体开展工作。提高国际伙伴采取气候行动的水平,需要量身定制反映不同背景和地方需求的地理战略,例如针对当前和未来的排放大国、不发达国家以及小岛屿发展中国家。欧盟也正与全球伙伴合作开发国际碳市场,将其作为以经济手段激励气候行动的关键工具。

欧盟将重点支持邻国。只有当欧盟近邻也采取有效行动,欧洲的生态转型才能完全有效。为西巴尔干地区制定绿色议程的工作正在进行。欧盟委员会和高级代表还设想与南部邻国和东部伙伴关系建立部分强有力的环境、能源和气候伙伴关系。

2020 年在北京和莱比锡举行中欧特别峰会领导人会晤是加强中欧气候环境合作的良机,特别是在昆明生物多样性会议和格拉斯哥缔约方大会之前。

同样,即将发布的《对非洲全面战略》以及 2020 年的欧盟—非盟峰会将使气候和环境问题成为连接两个大陆的重要纽带。特别是,非洲—欧洲可持续投资和就业联盟将寻求释放非洲的潜力，在可持续能源和食品系统以及智能城市等绿色和循环经济方面取得快速进展。欧盟将加强与非洲的交流，以促进可持续和清洁能源的广泛部署和贸易。清洁烹饪等可再生能源和能源效率，是缩小非洲能源获取差距的关键，同时能够实现必要的 CO_2减排。欧盟将发起“自然非洲”倡议，通过建立保护区网络，保护野生动物，为当地居民提供绿色行业的就业机会，以解决生物多样性丧失问题。

一般来说，欧盟将利用其外交和金融工具，使绿色联盟融入非洲和其他伙伴国家和地区关系，特别是在拉丁美洲、加勒比地区、亚洲和太平洋地区。

欧盟还应加强当前的倡议，并与第三国就跨领域的气候和环境问题进行交流。这可能包括根据二十国集团的承诺终止全球化石燃料补贴，逐步取消多边机构对化石燃料基础设施的资助，加强可持续融资，逐步停止所有新的煤厂建设，并采取行动减少甲烷排放。

欧盟还认识到，全球气候和环境挑战是一个重大威胁和不安定因素。生态转型将重塑地缘政治，包括全球经济、贸易和安全利益，将给许多国家和社会带来挑战。欧盟将与所有伙伴达成合作，提高气候和环境的抗御力，防止前述挑战成为冲突、粮食不安全、人口流离失所和被迫移民的根源，同时支持全球的公正过渡。气候政策的影响应当成为欧盟就外部问题思考和行动的组成部分，包括共同安全和防御政策语境。

贸易政策可以支持欧盟生态转型，其是与贸易伙伴就气候和环境行动进行交流的平台。欧盟贸易协定中对可持续性的承诺不断得到强化，尤其是在加强气候变化行动方面。欧盟委员会也一直在努力践行欧盟贸易协定中的可持续发展承诺，伴随“首席贸易执行官”的任命，前述努力将得到进一步加强。更具体而言，在气候变化方面，欧盟最近达成的协议均包含缔约方对批准和有效执行《巴黎协定》的约束性承诺。欧盟委员会将提议把尊重《巴黎协定》作为未来所有全面贸易协定的核心要素。欧盟的贸易政策促进绿色产品和服务的贸易和投资，并促进气候友好型的公共采购。贸易政策需确保欧盟经济在绿色转型中所需要的原材料交易和投资正常且公平。这可以帮助解决非法采伐等破坏性行为，加强监管合作，推广欧盟标准，并消除可再生能源领域的非关税壁垒。所有欧洲市场上的化学品、材料、食品和其他产品均须满足欧盟的相关法规和标准。欧盟应运用其在“绿色”监管方面的经验，鼓励合作伙伴制定与欧盟水平相似的规则，从而促进伙伴国家的贸易，加强环境保护和减缓气候变化。

作为世界上最大的单一市场，欧盟可以制定适用于全球价值链的标准。欧盟委员会将继续致力于制定可持续发展的新标准，并利用其经济影响力设定符合欧盟环境和气候目标的国际标准。其将在双边和多边论坛上致力于促进环境产品和服务贸易,支持欧盟和全球可持续产品市场的开放和吸引力;将与全球伙伴合作,确保欧盟的资源安全和战略原材料的可靠获取。

欧盟的国际合作和伙伴关系政策应继续帮助引导公私资金以实现转型发展。欧盟及其成员国仍然是世界上主要的发展援助捐助者,提供了超过40%的世界公共气候资金。由于公共资金不足,欧盟及其成员国将进行协调,与合作伙伴共同通过调动私人资金弥补资金缺口。欧盟委员会关于邻国、发展和国际合作工具的草案建议将其预算的25%用于实现气候有关的目标。欧盟委员会还将支持国家公共财政资源为改善投资环境和实现私营部门的贡献而作出的承诺,在开展这项工作的同时,仍需通过资金担保和混合融资等工具,为可持续发展投资降低风险。

为动员全球投资者,欧盟将率先建立起支持全球可持续发展的融资体系。欧盟将在新建立的全球可持续融资平台上,协调开展环境可持续融资倡议相关的各方面工作,包括分类标准、披露信息、标准化和标签等。欧盟委员会还将鼓励在其他国际论坛上进行讨论,特别是在七国集团和二十国集团峰会上。

4. 采取行动——共同行动:《欧洲气候公约》

公众和所有利益相关者的参与和承诺是实现《欧洲绿色协议》的重中之重。近期的政治事件表明,只有在公民充分参与政策制定时,旨在改变现状的政策才能切实有效。公民关心就业、取暖和生计,欲使《欧洲绿色协议》取得成功并带来长久变化,欧盟机构应该与公民共同参与。公民是且应继续是转型的动力。

欧盟委员会将在2020年3月前出台《欧洲气候公约》,重点关注在气候行动方面与公众合作的三种方式。第一,将鼓励信息共享,激励启发,使公众了解气候变化和环境退化的威胁和挑战以及如何应对。信息共享将利用多渠道和多工具实现,包括在成员国举行相关活动,以及在欧盟委员会打造与公众对话的方式等。第二,应有线上或线下的空间,使公众表达其想法并发挥创造力,在个人和集体层面上共同努力采取行动,参与者将被鼓励从参与气候行动的具体目标开始做起。第三,欧盟委员会将致力于能力建设,以促进基层提出应对气候变化和环境保护方面的举措。通过信息、指导和教育课程可以促进最佳实践的交流。欧盟委员会将确保关于欧洲未来的讨论以绿色转型为导向。

《欧洲气候公约》将建立在欧盟委员会正在进行的一系列公民对话、公民大会、社会对话委员会基础上。其将继续致力于强化包括能源社区在内的区域和地方社区的能力。凝聚力政策在城市层面将得到加强,拟议的欧洲城市倡议将向城市提供援助,帮助其充分利用机会制定可持续的城市发展战略。《欧洲市长公约》仍将是核心力量,欧盟委员会将与之合作,持续为希望在气候和能源政策方面作出承诺的城市和地区提供援助。这仍将是分享当地实施变革的优秀实践的重要平台。

欧盟委员会亦期于降低其作为机构和雇主的环境影响,为实现《欧洲绿色协议》的目标,其将在2020年提出一个全面行动计划,并在2030年前实现气候中和。欧盟委员会呼吁欧盟所有其他机构、团体和机关与之合作,并提出类似的有力措施。

除《欧洲气候公约》外,欧盟委员会及成员国应确保《欧洲绿色协议》现有规划工具的使用一致。其中国家能源和气候计划及拟议的各国执行共同农业政策的国家战略计划最为重要。欧盟委员会将确保签署计划符合目的,使成员国高效执行,并妥善使用欧洲学期等工具。

包括用于农村发展的欧洲基金,将帮助农村地区利用循环经济和生物经济所带来的机遇。欧盟委员会将在其对农村地区的长期愿景中体现这一点,也将特别关注边远地区在《欧洲绿色协议》中的作用,考虑边远地区在气候变化和自然灾害方面的脆弱性及其特有的生物多样性和可再生能源。欧盟委员会将推进欧盟岛屿清洁能源倡议工作,以制定长期框架,加速欧盟岛屿的清洁能源转型。

欧盟委员会及成员国还须确保政策立法得到有效执行。环境实施审查将摸清各成员国的情况。欧盟委员会还将提出一个新的环境行动方案作为《欧洲绿色协议》的补充,其中包括新的监测机制,以确保欧洲保持在实现其环境目标的轨道上。欧盟委员会还将推出一个"仪表板",以监测所有《欧洲绿色协议》目标的进展情况。

欧盟委员会将考虑修订《奥胡斯公约》,以增加对影响环境的合法性决定有顾虑的公民和非政府组织在欧盟层面获得行政和司法审查的机会。欧盟委员会还将采取行动,使其在成员国的国家法院获得司法保护。欧盟委员会还将促进欧盟、成员国及国际社会采取行动,加大打击环境犯罪的力度。

《欧洲绿色协议》为欧盟打造了新增长战略,支持欧盟向公平繁荣的社会转型,以应对气候变化和环境退化带来的挑战,提高今世后代的生活质量。欧盟委员会呈请欧洲议会和欧洲理事会批准《欧洲绿色协议》,并就其中的措施给予充分重视。

欧洲净零工业法[①]

布鲁塞尔,2023 年 3 月 16 日,第 2023/0081 号

欧洲议会和欧洲理事会为加强欧洲净零技术产品制造生态系统建立措施框架条例的提案

摘 要 说 明

1. 提案背景

(1)提案的原因和目标

向气候中和、清洁经济的过渡以及能源系统的相应改革,为发展净零工业部门和创造高质量的就业机会和增长提供了重大机遇。到 2030 年,关键大规模制造净零技术全球市场将增长两倍,年价值约为 6000 亿欧元。欧盟的合作伙伴和竞争对手已经抓住了这个机会,并正在采取积极措施以占据新市场的重要份额。供应安全是推动发展的重要因素之一。未来能源系统的抗御力主要将通过安全获得动力的技术来衡量,比如风力涡轮机、电解槽、电池、太阳能光伏、热泵以及其他技术。因此,安全的能源供应对于确保可持续的经济增长以及根本的公共秩序和公共安全至关重要。

在此背景下,欧盟委员会在 2023 年 2 月 1 日《绿色协议产业计划》的通讯中提出了提高欧洲净零工业竞争力和支持向气候中和快速过渡的全面计划。该计划围绕四个方面展开阐述:(1)可预测和简化的环境监管;(2)更快获得资金;(3)升级技术;(4)开放贸易,打造坚韧的供应链。

《净零工业法》是在这一背景下宣布的行动中的一部分,旨在简化监管框架,改善欧盟技术制造能力的投资环境。欧盟的技术制造能力是实现欧盟气候中和目标

① 本法 2023 年 3 月 16 日颁布,原文来自欧盟法律法规数据库,网址:https://eur-lex.europa.eu/legal-content/EN/TXT/?uri=CELEX%3A52023PC0161&qid=。翻译:王岱威、郭清燕、任婧;校对:徐榕苑、王镱霖。

的关键,也能确保欧盟的碳减排能源系统具有抗御力,还有利于减少污染,保障公众健康以及增进地球环境福祉。

到2050年,全球电动汽车产量将增加15倍,而可再生能源的使用将增加近4倍。到2050年,热泵的部署将比现在增加6倍以上,电解或天然气制氢量以及碳捕集和封存量将达到4.5亿吨。这些将转化为全球制造业累计1.2万亿美元的投资并为实现2030年的全球目标提供助力。其中,中国占全球制造业设施投资的90%。

欧洲目前是净零能源技术的净进口国,大约1/4的电动汽车和电池以及几乎所有的太阳能光伏组件和燃料电池都是进口的,并且主要都来自中国。欧洲对于太阳能光伏技术及其组件的依赖性超过了价值链上游部分产品(如铸锭和晶圆)的90%。在其他欧盟产业仍然强劲的领域,如风力涡轮机和热泵,由于欧盟生产商面临着不断上升的能源成本和投入成本,欧盟的贸易平衡正在逐渐失衡。此外,在碳捕集和封存领域,由于缺乏二氧化碳封存地点,欧盟碳捕集和碳封存价值链目前正受到阻碍。

与此同时,净零能源技术是强大地缘战略利益的中心,也是全球技术竞赛的核心。各国都热衷于确保最先进的能源生产技术的供应并推动清洁转型。世界上其他地区正在大力投资并推出支持措施,以创新和增强其生产能力。到2032年,美国的《通货膨胀削减法》将调动3600多亿美元进行投资。日本的绿色转型计划旨在通过"绿色转型"债券筹资高达20万亿日元(约1400亿欧元)。印度提出了与生产挂钩的激励计划以提高太阳能光伏和电池等行业的竞争力。英国、加拿大等许多国家也相继提出其在净零技术方面的投资计划。

此外,在过去的一年中,欧洲许多行业,特别是能源密集型行业,如化肥、钢铁和水泥,已受到能源危机的严重影响。为了在实现碳减排和零污染目标的同时保持竞争力和经济循环,上述行业需采用净零技术,如电池、热泵、太阳能电池板、电解槽、燃料电池、风力涡轮机以及碳捕集和封存技术。另外,这些技术在欧盟开放战略的自主权方面也发挥着关键作用,使公民能够负担得起清洁、安全的能源。欧盟具备成为未来净零技术市场行业领导者的所有要素:《欧洲气候法》提供了明确的长期目标;欧盟拥有强大的经济实力、精明能干的劳动力和一流的基础设施。欧盟的目标不仅是减少碳依赖,而且是要为欧盟工业提供碳减排所需的技术,并为公民(包括弱势群体中的中低收入家庭和消费者)提供负担得起的清洁、安全的能源。2021年,欧盟的净零生态系统价值已超过1000亿欧元,自2020年以来翻了一番。

本摘要说明附有欧洲议会和欧洲理事会为加强欧洲净零能源技术制造生态系统建立措施框架条例(《净零工业法》)的提案。

《净零工业法》提案传达了欧盟委员会《绿色协议产业计划》通讯中的目标,即加强发展欧洲净零能源技术制造生态系统。

《净零工业法》旨在解决以下净零技术制造业投资的核心驱动因素：

——通过设定明确的目标和监测机制，提高投资的确定性、政策导向性和一致性；

——减轻开展净零制造项目的行政负担，包括简化行政要求和便利行政许可，建立监管沙盒以确保信息公开；

——通过公共采购和拍卖程序以及支持消费者私人需求的计划，采取与公共需求有关的具体措施以促进市场准入；

——为碳捕集和封存项目提供便利和支持，包括提供二氧化碳封存地点；

——支持创新，包括通过监管沙盒的方式；

——提高在净零技术方面创造高质量就业机会的能力；

——协调在净零工业中的合作关系。

(2)与政策领域中现有政策规定保持一致

采用清洁能源技术是实现可持续发展转型的有力推手，可以催生新产品和更高效、更有效的发电方式，有助于实现《欧洲绿色协议》的目标，有助于实现 2030 年气候和能源目标以及 2050 年气候中和目标。这些技术也是欧盟工业碳减排和在欧洲范围内保护欧洲工业的关键。

供应中断和对其他地区提供的清洁能源技术的依赖可能会减缓欧盟向可持续性转型，并影响到所有经济部门。为了解决供应中断和依赖问题，本提案加强了欧洲净零能源技术的制造能力。在适用的情况下，工业设施应完全符合欧盟法的要求，如与环境影响评估、空气、水和土壤排放有关的要求，包括工业事故的风险和预防，并确保能源资源以及水资源的高效利用。同时，工业设施还应符合与本规定共同提出的《关键原材料法》的规定。

本提案与欧盟委员会在 2021 年 5 月更新的 2020 年新产业战略的通讯保持一致，战略确定了可能导致供应短缺等脆弱性的战略依赖领域，拟议的条例也完全符合欧洲未来会议最后成果报告中的建议。

本提案是在创新基金、欧盟投资计划、恢复和抗御力计划、欧洲地平线和凝聚力计划政策的支持下提出的，上述项目为实现本法的目标提供了可能性。

最后，本提案也与欧洲议会和欧洲理事会颁布的(EU)2020/852 号条例中建立的促进可持续投资的框架(分类)相一致。

(3)与其他欧盟政策保持一致

本提案有助于实现“减碳 55”一揽子计划的部分目标，该部分目标侧重于欧盟工业碳减排，特别是针对难以减排的行业，增加电气化，并以技术中立的方式推广更清洁的车辆和燃料。修订新车和货车的二氧化碳排放标准以进一步减少这些车辆的温室气体排放,为实现零排放出行提供明确和现实的途径。消费者对零排放车辆(如电动汽车)的需求已经在增加,并且可以为实现零污染目标创造巨大的共同效益。

本提案的措施还将通过确保关键能源相关技术的供应安全,助力欧盟加强抗御力与保持开放的战略自主权,这对支持其他经济部门的发展以及维护公共秩序和安全都至关重要。

本提案与欧盟实现公平公正的绿色转型的方法保持一致。这也符合 2023 欧洲技能年的预期,以及《欧盟技能公约》和大规模技能伙伴关系下正在实施的倡议,还有其他现有技能政策,如部门合作的技能蓝图对技能需求的评估、监测和预测将根据并充分考虑到欧洲职业培训发展中心和欧洲劳工局等的工作情况。欧洲就业服务网为就业安排提供便利,在该门户网站上大概有 300 多万个职位空缺。考虑到各种各样的职位空缺和雇主的不同,以及基于技能区别的自动化匹配工具,欧洲就业服务网和门户网站也提供了与净零排放行业相关的工作以促进就业。为了在新的净零技术和生产流程培训方面刺激投资,欧盟委员会在其《绿色协议产业计划》中宣布,除另有规定,将对中小企业提供培训援助的《一般集体豁免条例》上限从 200 万欧元提高到 300 万欧元,在评估欧洲共同利益重要项目时将考虑技能措施。委员会将探讨如何将公司的培训开支视为投资,而非开支或营运成本。

本提案与"利用欧洲地区人才"的通讯保持一致,旨在重新培训和提高欧洲劳动力的技能,包括在已经陷入人才发展陷阱或有陷入人才发展陷阱风险的地区。本提案将考虑为受工作年龄人口加速下降影响的欧盟地区制定人才促进机制。此外,本提案与新欧洲创新议程下的行动是一致的,该议程包括一项培养、吸引和留住高级技术人才行动,目标是在三年内面向所有成员国培养 100 万名高级技术人才。

本提案通过授予欠发达地区和转型地区简明和自动化的战略地位,促进了这些地区净零项目的发展。因此,本提案追求实现凝聚力目标,并通过建设可持续的、经得起未来考验的经济资产,促进这些地区的融合。本提案通过为特定净零技术的制造创建一个框架,补充了《生态设计条例》及其拟议修正案、实施措施下的适用要求。

2. 法律基础、辅助原则和比例原则

(1)法律基础

本条例的总体目标是为欧盟制造业净零能源技术的发展建立一个法律框架,以支持欧盟 2030 年碳减排目标和 2050 年气候中和目标,并确保欧盟能源系统抗御力所需净零技术的供应安全。

这一总体目标转化为具体目标,包括促进净零技术投资(支柱一)、减少二氧化碳排放(支柱二)、促进市场准入(支柱三)、提高净零技术创造高质量就业机会的能力(支柱四)、支持创新(支柱五)以及建立治理机制(支柱六)和建立监测机制(支柱七)以实现这一总体目标。

以上目标对应的法律基础是《欧盟运作条约》第114条,该条约允许欧盟采取协调措施,以便在欧盟内创造一个公平的竞争环境,从而使净零技术制造能够蓬勃发展,促进创新和绿色转型。

通过为提高欧盟内净零技术制造能力制定统一规则,例如对净零技术生产者的许可授予程序,确保内部市场正常运作的具体目标,将有助于解决现有的内部市场在基本要素上的碎片化问题。统一规则还将增加法律的确定性,并简化希望在欧盟内新建或扩建现有生产设施的生产商的行政负担,同时为获得资金创造条件。这一支柱的法律基础是《欧盟运作条约》第114条,该条规定需采取措施确保内部市场的建立和运作。

为了帮助欧盟减少二氧化碳排放,欧盟在支柱二下确定了二氧化碳注入能力的目标,以及实现这一目标所需的措施。

第三个具体目标是加快支柱三下的净零技术单一市场准入,为实现该目标,需提高公共和私人对可持续产品的需求,包括确保公共买方统一适用标准,以保证其采购的净零产品具有高度的可持续性和抗御力。

第四个具体目标是在成员国之间建立协同效应,协调发展技术熟练、训练有素、适应性强的劳动力和劳动力市场,以应对清洁能源转型中的经济变化。

支持支柱五下的创新需要成员国之间相互协调以建立沙盒,以此确保在欧盟内部公平地进行试验,并允许欧盟法律提供类似的义务豁免。

支柱六和支柱七建立了统一的治理机制和监测要求,以评估在实现增加净零技术制造这一共同目标方面取得的进展。

(2)辅助原则(非专属权限)

本提案的目标不能通过成员国的单独行动来实现,因为这些问题是跨国界的,不局限于单个或部分成员国内。本提案拟议的行动主要集中在某些领域,由于行动所需的规模、速度和范围的要求,在欧盟层面采取行动具有明显的额外效益。

为全面应对影响欧盟的能源危机,需各利益相关方迅速采取协调一致的联合行动,也需要各成员国互相合作。此外,鉴于加速部署净零技术所面临的挑战,欧盟层面的干预有助于协调应对措施,以解决欧盟需要为净零技术增加制造能力,并防止结构性依赖的问题。此外,碳捕集和碳封存需要一个跨境的单一市场方案,这是所有成员国(包括那些没有二氧化碳存储能力的成员国)工业的有效解决方案,因此最好在欧盟层面以协调的方式解决。

欧盟的整体行动显然可以推动欧洲行为体朝着共同的愿景和执行战略前进。这是产生规模经济和范围经济的关键,也是扩大欧盟净零技术制造群聚效应的关键,同时也可以限制成员国之间的分散趋势和自我伤害性的补贴竞争。

欧盟需要就本提案的几个支柱所涉及的领域采取行动。

关于支柱一(促进净零技术投资),本提案将通过简化行政和许可授予程序,促进净零制造项目和战略项目的建立,支持整个欧盟的大规模技术能力建设,使净零技术的开发和制造成为可能。这些行动需要欧盟采取整体行动,以确保在单一市场中有一个公平的竞争环境。

为了实现支柱二下欧盟二氧化碳注入能力的目标,需要在欧盟层面采取协调行动,以支持国家层面的努力。

关于支柱三(促进市场准入),考虑到所需投资的规模以及此类制造设施有助于服务内部市场的要求,为加强整个生态系统并保障供应安全,加速净零技术投资的行动只能在欧盟层面进行充分设计和实施。

支柱四(提高净零技术创造高质量就业机会的能力)要求协调各方建立专业技能学院和建立欧洲净零平台,保证欧洲净零产业所需的熟练工人供应。

支柱五(支持创新)要求建立监管沙盒,旨在为欧盟的净零技术创新创造一个公平的竞争环境,并确保必要时在不损害其他监管目标的情况下,有针对性地豁免欧盟法律规定的义务。

支柱六(建立治理机制)要求委员会与成员国共同协调,在欧盟层面创建一个独特的机制,即净零欧洲平台,以确保本条例在整个欧盟范围内的统一适用以及知识共享。

支柱七(建立监测机制)要求加强欧盟合作以保证必要和类似的情报收集,使成员国和委员会能够有效预测和防止情报短缺,并采取必要措施以更高效的方式加强欧洲清洁能源技术和制造生态系统,而不是单纯地拼凑国家措施。

(3)比例原则

本提案旨在通过促进投资、刺激需求以及提高欧洲劳动力技能的措施,加强欧洲的净零技术制造生态系统。

虽然本提案将使净零技术普遍受益,但其更强调净零技术生态系统中对气候和2030年能源目标贡献最大的部分。重点关注太阳能、电池/存储、风能、电解槽、燃料电池、热泵、生物甲烷、电网和碳捕集与碳封存,旨在将行动重点放在战略净零产品和组件上,从而确保欧洲的绿色转型。

净零战略项目和净零监管沙盒建立了确保企业具有长期竞争力和创新能力所需的机制。欧洲工业通过制造能力、测试和实验的试点环境、二氧化碳封存能力的规定,降低初创企业、大规模企业和中小企业的战略项目投资风险。欧盟成员国须确保此类制造项目的许可能以更快捷、更简单的程序获得,从而加快“新制造”能力的建设以应对欧盟的能源危机,并为希望在欧洲扩大清洁能源技术制造能力的企业削减成本和行政负担。

此外,由于基础设施的缺乏是实现二氧化碳捕集投资的最大瓶颈,到2030年应提供足够的支柱二下的二氧化碳注入能力。石油和天然气生产商拥有资产、资源和技术来实现该能力,通过互相合作,他们能够找到最具成本效益的项目来提供必要的注入能力。

支柱三的激励措施旨在确保对净零技术的稳定需求,这将使企业在经济上有吸引力,扩大具有高可持续性的“量身定制”净零技术的生产,还将确保公共资金用于此类技术。只有迅速转向可持续的净零技术,欧盟才能实现2030年的气候目标。

支柱四中关于净零技术技能的行动将使欧盟增强其劳动力的能力,为清洁能源转型做出最大的贡献。

支柱五中创建的监管沙盒受到适当的保障措施制约,以确保欧盟和国家法律的任何义务豁免都伴随着适当的例外措施,确保在支持创新的同时实现其他同等重要的监管目标。

为了使上述措施发挥最佳效果,在支柱六中建立了治理机制,将成员国和委员会聚集在一起并协调其行动,以实现欧洲能源安全和绿色转型的共同目标。

为确保实现欧盟层面的净零技术制造目标和二氧化碳封存目标,以及更广泛地适用本条例和促进成员国与欧盟之间的信息交流,防止可能发生的供应链中断,有必要建立支柱七中的监测机制。

(4)法律形式的选择

首先,本提案采取了欧洲议会和欧洲理事会条例的形式,条例是最适合的法律文件形式。根据支柱一需统一适用新规则的要求,承认这些规则的统一程序以及支持整个内部市场的工业部门,能够通过匹配整个欧盟市场行为主体的需求创建整个生产价值链。另外,选择用条例作为支柱二和支柱三的法律工具是合理的,因为只有能够直接适用法律条款的条例,才能提供必要的统一规范,以减少二氧化碳排放,建立和运行欧盟倡议,统一激励内部市场的需求。再次,支柱四最好通过一项支持整个欧盟统一发展技能的条例来规范。最后,对于支持内部市场创新的支柱五,创建治理机制使成员国和委员会能够协调其行动的支柱六以及制定统一监测机制的支柱七而言,条例是最合适的法律形式,因其无须通过国家措施转化便可以直接适用。

3. 事后评估、利益各方磋商和影响评估的结果

(1)现行立法的事后评估或适用性检查

本提案增加了额外的协调性要求,并构成了欧盟层面上有关清洁能源技术的第一个连贯的法律框架。因此,事后评价不适用于本提案。

(2)利益各方磋商

欧盟委员会主席乌尔苏拉·冯德莱恩于2023年1月17日在达沃斯世界经济论坛上宣布了《净零工业法》。速度是第一要务,欧盟需要创造一个监管环境使自身能够迅速扩大规模,并为对实现净零排放至关重要的行业创造有利条件,包括风能、热泵、太阳能、清洁氢、储存等行业,《下一代欧盟计划》和《欧盟重新赋能计划》提出了上述需求。为了实现这一点,欧盟将提出一项新的净零工业法,该法将遵循与欧盟芯片行动相同的模式。新的净零工业法将确定到2030年欧洲清洁技术的明确目标,即将投资重点放在整个供应链的战略项目上。特别是研究如何简化和快速批准新的清洁技术生产基地。鉴于行动的紧迫性,本提案不进行影响评估,也不开展预期的网上公众咨询。所有分析和支撑材料最迟将在提案公布之日起3个月内在一份工作文件中列出。

在欧盟委员会2022年11月30日组织的第一届清洁技术欧洲平台会议上,成员国和净零排放行业各利益相关方进行了高级别讨论和第一轮磋商。会议汇集了23个成员国的高级别代表,以及来自风能、电池、电网、热泵和太阳能光伏产业和价值链的代表。在会议上,与会者强调,欧盟迫切需要提高净零技术的制造能力,以应对俄罗斯与乌克兰的战争,以及行业的全球监管竞争,如美国的《通货膨胀消减法》。行业代表指出了欧盟的几个瓶颈,强调了提升净零制造能力所需的漫长许可程序,这也将阻碍私人投资的调动,造成人力资源短缺。

除了长期与利益相关方进行定期交流外,欧盟委员会还在2023年2月进行了有针对性的额外调查,选择了来自风能、太阳能、电池、热泵和氢气/电解槽行业的工业利益相关方组织以获得额外的见解。利益相关方报告了以下方面的挑战:

①项目审批时间长,生产力提高慢;

②缺乏与国际竞争对手公平竞争的环境;

③材料供应中断和短缺;

④欧盟和/或国家层面碎片化、不清晰或限制性的立法框架;

⑤难以找到合适的生产地点;

⑥与公开招标有关的障碍;

⑦缺乏熟练工人;

⑧自主生产能力不足,对关键零组件制造能力的依赖;

⑨生产成本高。

此外,在欧盟委员会发起的工业联盟开展的工作框架内,为行业代表和公共机构举行的会议审议了与提案政策选择有关的额外投入,其中最著名的是欧洲电池联盟、欧洲清洁氢联盟(包括其电解槽伙伴关系)、欧洲原材料联盟和欧洲太阳能光伏产业联盟。还有,在2021年和2022年期间定期举行的欧洲清洁能源工业论坛为讨论工业需求提供了一个大型平台。关于碳捕集和碳封存,在2022年欧盟碳捕集、利用与封存论坛上,利益相关方估计,欧洲经济区对年度碳封存服务的需求将从很低的基数增长到2030年的8000万吨二氧化碳,并在2040年至少达到3亿吨二氧化碳。

而且,与行业利益相关方、成员国和贸易协会的长期或定期的接触有助于收集相关信息和反馈。

(3)专业知识的收集和使用

欧盟委员会通过与行业利益相关方、成员国、行业协会以及用户协会的长期或定期的联系,收集了大量与提案相关的信息和反馈。

过去几年发表的许多关于净零技术制造业的研究和报告,绘制了趋势,提供了事实和数据,并为提案提供了信息,包括:

①欧盟委员会发表的《清洁能源技术竞争力进展》;

②欧盟委员会2021年发表的JRC年度报告:《欧洲气候中和行业竞争力评分》;

③《清洁能源技术观测》(2022);

④《IEA——能源技术展望》(2023)。

(4)影响评估

本提案没有附带正式的影响评估。考虑到基于上述原因采取行动的紧迫性,在通过提案之前的时限内无法进行影响评估。所有分析和支撑材料最迟将在建议公布之日起3个月内在一份工作文件中列出。

(5)监管的适应性和简化

本提案规定了旨在加强净零技术生态系统的措施。对于在欧洲制造清洁能源技术的公司而言,该措施将增加法律确定性,通过简化的更快的许可程序促进建立新的制造设施,通过降低项目风险获得融资,并为欧盟提供受过培训的劳动力。对于净零技术解决方案的供应商而言,该措施将确保高度可持续的清洁能源设备、产品和组件的稳定需求来源。对于国家公共行政部门而言,该措施将增加欧盟对净零技术的吸收,并加强协调(通过引入净零欧洲平台)。此外,本提案将设想支持创新的具体措施,包括监管沙盒和专门支持小规模用户和高质量可持续净零技术提供商,以在欧洲找到产出市场,并将其需求与其他市场行为者相匹配,以在欧盟内创建整个价值链。

本提案尤其强调要加强欧洲在净零技术方面的竞争力和工业基础。确保与适用于净零技术的现有部门欧盟法(例如,关于节能、能源标签和部署)完全一致,进一步明确并简化新规则的执行并与关于关键原材料的拟议立法保持一致。

(6)基础权利

《欧洲联盟基本权利宪章》(以下简称《宪章》)第16条规定了营业自由。本提案下的措施提高了创新能力,促进了对清洁能源技术的需求,有利于强化企业根据欧盟法和国家法律享有的营业自由。然而,为解决欧盟内净零网络技术供应的严重中断问题,需要采取的支柱二下的一些措施,可能会暂时限制受《宪章》第16条保护的营业自由和合同自由以及受《宪章》第17条保护的财产权。按照《宪章》第52条第1款的规定,本提案对这些权利的任何限制都将由法律规定,尊重这些权利和自由的实质,并符合比例原则。

在满足某些条件的情况下,向委员会披露具体信息的义务,尊重了营业自由的本质,也不会过度地影响营业自由(《宪章》第16条)。这些条件包括:提供信息的要求有利于欧盟普遍关注的目标,以便确定可能缓解能源供应危机的措施。提供信息的要求是适当有效的,通过提供必要的信息来评估面临的危机以实现目标。委员会原则上只要求代表组织提供所需的信息,只有在必要时才可向个别企业发出要求。由于无法通过其他方式获得有关供应情况的信息,因此没有任何同样有效的措施来获得必要的信息使欧盟决策者采取减缓行动。鉴于能源供应短缺造成的严重经济和社会后果以及减缓措施各自的重要性,要求提供信息还需与预期目标相称。

4. 预算实施

本提案建立了一个净零欧洲平台。欧盟预算的第7项将为6名工作人员提供总计51.3万欧元的支持,用于组织建立净零欧洲平台。这意味着每年的支出为102.6万欧元。工作人员将负责执行本条例中规定的与欧洲净零排放平台以及净零排放行业研究院相关的任务。此外,本提案估计的委员会额外费用为12.5万欧元。

本提案相关运营成本的资金将由现行多年财政框架下的"内部商品和服务市场的运营和发展"预算提供支持,直到2027年。

为了进行研究和数据分析以监测该计划和市场发展,并获得净零技术供应链的最新数据以解决与本条例相关的问题,拨款72万欧元。

本提案将为净零工业研究院提供种子基金,其中300万欧元来自清洁氢联合承诺预算,250万欧元来自单一市场计划和中小企业方面的预算。

进一步详情将载于本提案所附的立法财务报表。

5. 其他要素

(1)实施计划和监测、评估、报告安排

委员会将在该提案适用之日起3年后和之后每4年评估该提案的产出、结果和影响。评估的主要结果将在向欧洲议会和欧洲理事会提交的报告中提出,并将向社会公布。

(2)提案具体条款的详细说明

①第一章——主旨、范围和定义

第一章阐述了本条例的目标及主题。本条例的目标被转化为一个量化的总体基准,旨在确保到2030年,欧盟附件中所列战略性净零技术的制造能力至少达到欧盟年度部署需求的40%。这一基准代表了在战略净零技术和整个能源系统中实现高抗御力的总体政治目标,同时考虑到以灵活和多样化的方式实现这一目标的必要性。这一基准的水平考虑到了提案序言第16条中概述的指示性特定技术目标,但该基准不等于后者的平均值,因为:

(i)本附件的范围比序言第16条中确定了指标性技术特定目标的5种技术更广泛。

(ii)对于一些战略性净零技术,如太阳能光伏,40%代表了相应制造能力现实可行又雄心勃勃的目标。

(iii)这一总体基准不仅考虑了扩大终端产品生产能力的需要,还考虑了特定零组件的生产能力。对于其中一些,例如在太阳能光伏的情况下,晶圆、铸锭、太阳能电池或电池的阳极和阴极,达到40%的基准是一个现实可行又雄心勃勃的目标。

(iv)总体基准与第31条规定的监测模式相结合,将有助于尽早识别与战略性净零技术抗御力相关的现有或潜在的漏洞以及挑战,并采取适当的行动。

第一章还阐明了整个文件中使用的定义,包括净零技术的概念。本条例建立了一个由七个"支柱"组成的框架,以加强欧洲净零技术制造生态系统的竞争力。本条例特别地规定了促进净零技术制造项目、简化行政和许可授予程序以及定义净零战略项目的必要条件。本条例规定了增加二氧化碳注入能力以及激励对净零技术的需求的条件。本条例还创建了一个框架,以确保该部门有充足的熟练工人,促进创新,创建治理机制,并构建监测执行情况的框架。

②第二章——净零技术制造项目的批准条件

第1节为净零技术制造项目设立了简化的许可程序。所有净零技术制造项目都将受益于以成员国指定的国家主管机构作为单一联络点,该机构负责协调和批准许可,指导经济经营者,确保信息可公开获取。所有文件均可以数据方式提交。本条例根据所发展项目的性质,订立了详细的审批程序时间表。本提案与欧盟关于许可的立法一致,如可再生能源(EU)2018/2001 号指令、TEN-E 条例、天然气指令和理事会关于可再生能源部署许可的条例,以及关于《欧盟重新赋能计划》可再生能源指示修正案的提案、芯片法条例提案和关键原材料法条例提案。更快的许可程序不会影响欧盟法律中详细规定的环境评估和授权。

第 2 节规定了有关净零战略项目的选择和实施的规则。选择战略项目的标准将包括项目对欧盟能源系统的技术和工业抗御力的贡献或项目对欧盟净零产业供应链竞争力的贡献。本条例规定了项目申请和被成员国承认为净零战略项目的程序。净零战略项目将获得优先地位,以确保最快的许可程序符合国家和欧盟法律,并将于可预测的许可时间内获得批准。在满足欧盟法律规定的条件的情况下,净零战略项目也可被视为是凌驾于许可目的之上的公共利益。在不影响国家援助规则的情况下,成员国将开展活动加速和吸引私人对净零战略项目投资,以加速净零战略项目的实施。零碳网络战略项目的推动者也将受益于第七章建立的欧洲零碳网络平台提供的融资建议。

③第三章——二氧化碳注入能力

第三章设定了到 2030 年实现的欧盟层面目标,即二氧化碳封存的年注入能力达到 5000 万吨二氧化碳,还包括实施该目标的措施。这些措施旨在汇集相关关键资产,建立欧盟二氧化碳封存服务的单一市场,使大规模二氧化碳排放企业(包括难以减排的工业部门)能够依靠其业务进行碳减排。这包括更好地提供有关石油和天然气生产地点的地质数据、正在进行的或未来 5 年设想的二氧化碳捕集项目、对注入和封存能力相应需求的估计。位于欧盟境内的净零二氧化碳封存战略项目,旨在于 2030 年或更早之前提供可操作的二氧化碳注入能力,并已经根据第 2009/31/EU 号指令申请了二氧化碳的安全和永久地质封存许可,得到了成员国机构的支持。根据第 94/22/EC 号指令,持有授权的石油和天然气生产商的贡献预计可以达成欧盟层面的 2030 年目标。

④第四章——市场准入

第四章包含了加快净零技术进入市场的行动。首先,采取旨在帮助公共机构创造和维持公众对净零技术的稳定需求的措施,这将使企业在经济上有吸引力,为欧洲市场扩大定制产品的生产,在设计时考虑到高可持续性和抗御力标准。这些措施涉及部署可再生能源的公共采购程序和拍卖,公共机构在授予合同或对投标进行排序时须考虑到与可持续性和抗御力有关的标准。此外,本章还包括采取旨在确保对私人需求的其他形式的公共支助措施,同样有助于实现前述目标。

⑤第五章——提高净零技术创造高质量就业机会的能力

第五章提出了保障欧盟内净零技术产业所需充足的熟练工人的措施。当前的技能短缺及其预计的增长以及技能不匹配将危及欧洲净零技术产业的崛起。本提案旨在创建一个机制并设计和部署必要的技能,以有效地满足欧洲和地方层面的净零产业需求。该机制通过规定欧盟委员会支持建立专门的欧洲技能学院来实现这一目标,每个技能学院都专注于净零技术,并与成员国、行业、社会合作伙伴以及教育和培训提供商合作,设计和部署教育和培训课程,以重新培训和提高净零技术行业所需工人的技能。欧洲净零技术平台将通过本条例规定的一系列任务,协助提供和部署拥有净零技术所需技能的人员,包括培养更多未接受教育、就业或培训的妇女和年轻人。因此,该法旨在补充欧盟委员会为满足欧盟绿色转型带来的技能需求的一系列行动,如《欧盟技能公约》、《欧盟技能议程》、产业转型路径和 2023 欧洲技能年。

⑥第六章——创新

第六章建立了净零监管沙盒以促进净零技术领域的创新。本提案引入了监管沙盒,在持续有限的受控环境中测试创新的净零技术。监管沙盒下的创新技术最终可能被认为是实现欧盟气候中和目标、确保供应安全和欧盟能源系统具备抗御力的关键,并因此进入本条例下的战略净零技术范围。

⑦第七章——治理

第七章建立了欧洲净零平台,使委员会能够与成员国共同协调开展以上行动。该平台是一个参考机构,欧盟委员会和成员国可以在该平台上讨论、交换信息、分享与本条例相关问题的最佳实践,欧盟委员会也可以从净零行业专家和代表等第三方获得信息。平台可以分为不同的常设或临时小组。本条例的不同条款概述了平台的活动,主要包括简化行政程序和许可授予程序,包括一站式商店(第 4 条)、净零战略项目(第 11 条)、融资协调(第 15 条)、市场准入(第 19 至 21 条)、技能(第 25 条)创新的净零监管沙盒(第 26 条),并根据《能源联盟状况报告》就清洁能源技术竞争力年度报告的编写提供咨询意见。此外,欧盟委员会和成员国可以在欧洲净零平台内讨论净零工业伙伴关系(第 28 条)。欧盟委员会和成员国可以在欧洲净零平台框架下积极促进活跃在欧盟内净零部门企业之间的跨国联系,特别是在通过产业联盟运作的工作中。

⑧第八章——监管

第八章包含了统一性的规定,允许监测供应链以跟踪第 1 条所述目标的进展情况,以及实现二氧化碳封存目标的进展情况,该规定还包含本条例适用的一般监测条款。

⑨第九章——最终条款

第九章包含了授权条款和对其他法修订的规定,包括对欧洲议会和欧洲理事会

(EU)2018/1724 号条例和(EU)2013/34 号指令的修订,以及欧盟委员会有义务向欧洲议会和欧洲理事会准备定期报告以评估本条例的条款及生效和适用条款。

⑩附件——战略性净零技术

附件中列出的技术有三个主要标准:(1)技术成熟度;(2)对碳减排和竞争力的贡献;(3)供给安全风险。这些标准的选择是基于《净零工业法》的总体目标,即提升欧盟净零技术的制造能力,特别是那些已经商业化并具有快速提升潜力的技术决定的。

第一个标准即技术成熟度(TRL),是指一种估计技术成熟度的方法,借鉴了国际能源署(IEA)使用的分类。本条例的范围一般是指属于 TRL 8(在受控环境中进行测试并已在市场使用的技术)或以上的净零技术。

第二个标准即对碳减排和竞争力的贡献,明确了预计将对 2030 年"减碳 55"一揽子计划做出重大贡献的部分净零技术,该计划的目标是将温室气体净排放量相对于 1990 年的水平减少至少 55%。

第三个标准涉及供应安全,通过提升欧盟严重或日益依赖进口(特别是来自单一第三国的进口)的净零技术价值链中某个组件或部分的制造能力,确保欧盟能源系统的技术和工业抗御力。

基于这些标准选择了 8 组净零技术。此外,各自的净零技术组不仅单指最终技术产品或组件,而且还是作为各自技术核心部分的主要上游组件(例如,铸锭、晶圆和用于太阳能组件的太阳能电池;用于风力涡轮机的机舱、塔和叶片等)。

欧洲议会和欧洲理事会为加强欧洲净零技术产品制造生态系统建立措施框架条例的提案(《净零工业法》)

鉴于:

(1)欧盟已承诺加速经济碳减排进程,并雄心勃勃地进行可再生能源部署,以在 2050 年前实现气候中和或净零排放(扣除移除量后的排放量)。这一目标是新版《欧盟工业战略》《欧洲绿色协议》的核心,也符合欧盟根据《巴黎协定》对全球气候行动作出的承诺。为实现气候中和目标,欧洲议会和欧洲理事会(EU)2021/1119 号条例规定了具有约束力的欧盟气候目标,即到 2030 年,温室气体净排放量比 1990 年至少减少 55%。拟议的"减碳 55"一揽子计划旨在实现欧盟的 2030 年气候目标,并修订和更新欧盟在这方面的立法。

(2)单一市场为以必要的规模和速度实现欧盟气候目标所需的技术提供了适当的环境。鉴于净零技术的复杂性和跨国性,为获得这些技术而采取的不协调的国家措施极有可能扭曲竞争并使单一市场分裂。因此,为了维护单一市场的运作,有必要创建一个共同的欧盟法律框架,增强欧盟在净零技术领域的抗御力和供应安全,以共同应对这一核心挑战。

(3)在外部方面,特别是在新兴市场和发展中经济体方面,欧盟将在"全球门户"战略框架下寻求双赢的伙伴关系,这有助于欧盟原材料供应链的多样化,也有助于伙伴国实现双转型和发展当地附加值。

(4)为了实现这些承诺,欧盟须加快向清洁能源转型的步伐,特别是要提高能源效率和增加可再生能源的份额。这将有助于实现2030年欧洲社会权利支柱行动计划的欧盟目标,即至少78%的就业率和至少60%的成年人参加培训,还有助于确保公平和公正的绿色转型。

(5)在俄罗斯和乌克兰发生战争之后,能源价格上涨,有力地推动了《欧洲绿色协议》的实施,通过加快清洁能源转型和结束对俄罗斯出口的化石燃料依赖,增强了能源联盟的韧性。《欧盟重新赋能计划》在应对俄罗斯和乌克兰发生战事造成的困难和全球能源市场混乱方面发挥了关键作用。该计划旨在加快欧盟的能源转型,以减少欧盟的天然气和电力消耗,并增加在部署节能和低碳解决方案方面的投资。该计划制定了到2025年太阳能光伏发电容量翻一番的目标;到2030年太阳能光伏发电装机容量达到600吉瓦;将热泵的部署速度提高一倍;到2030年生产1000万吨国内可再生氢;大幅增加生物甲烷的产量。该计划还规定,实现欧盟重新赋能目标将需要实现低碳能源设备和关键原材料供应的多样化,减少部门依赖性,克服供应链瓶颈,提升欧盟的清洁能源技术制造能力。为努力提高可再生能源在发电、工业、建筑和交通份额,欧盟委员会建议到2030年将《可再生能源指令》中的目标提高到45%,并将《能源效率指令》中的目标提高到13%。到2030年,可再生能源发电总容量将达到1236千兆瓦,而根据2021年提案的设想,到2030年,可再生能源发电总容量将达到1067吉瓦,通过电池存储来应对电网间歇性的需求增加。同样,与道路部门碳减排相关的政策,如(EU)2019/631号条例和(EU)2019/1242号条例将成为道路运输部门进一步电气化的强大驱动力,从而增加对电池的需求。

(6)净零转型已经在全球范围内引起了工业、经济和地缘政治的巨大变化,随着世界在碳减排努力方面的进展,这种变化将变得更加明显。净零之路转化为欧盟扩大净零产业的巨大机遇,利用单一市场的优势,通过促进可再生能源技术,电力和蓄热技术,热泵、电网技术,非生物来源的可再生燃料技术,电解槽和燃料电池、核聚变、小型模块化反应堆和相关的一流燃料、碳捕集、利用和封存技术,以及能源系统相关的能效技术及其供应链的发展,使欧盟的经济部门实现碳减排,从能源供应到运输、建筑和工业。欧盟内部一个强大的净零产业可以极大地帮助有效实现欧盟的气候和能源目标,并支持其他绿色协议目标,同时创造和增长就业。

(7)为实现2030年气候和能源目标,需要优先考虑能源效率。节能是实现这些目标最便宜、最安全、最清洁的方式。“能源效率优先”是欧盟能源政策的总体原则,在政策和投资决策的实际应用中都很重要。因此,提升欧盟节能技术(如热泵和智能电网技术)的制造能力至关重要,这些技术有助于欧盟减少和控制能源消耗。

(8)欧盟的碳减排目标,能源供应的安全,能源系统的数字化和能源需求的电气化,例如在移动和快速充电点方面的需求,都需要在传输水平和分配水平上大幅扩展欧盟的电网。在传输层面,需要高压直流系统来连接海上可再生能源;而在配电层面,连接电力供应商和管理需求侧的灵活性建立在对创新电网技术的投资上,如电动汽车智能充电、能效建筑、工业自动化、智能控制、先进仪表基础设施和家庭能源管理系统。电网需要根据可观察的详细级别,与参与者或设备进行交互,从而增强数据的可用性,以实现灵活性。智能充电,智能建筑和智能电网能够实现消费者的需求端响应和可再生能源的吸收。将净零技术与欧盟网络连接起来,需要大幅扩展海上和陆上电缆、变电站和变压器等领域的电网制造能力。

(9)有必要不断完善政策,支持那些可在商业上获得并具有迅速扩大规模的良好潜力的技术,以支持欧盟2030年气候目标,改善净零技术及其供应链的供应安全,维护或加强欧盟能源系统的整体抗御力和竞争力,包括获得安全、可持续的同类最佳燃料来源,如欧盟委员会(EU)2022/1214号条例的序言8所述。

(10)为了实现2030年的目标,需要特别关注一些净零技术,同时也考虑到这些技术为2050年实现净零的道路的探索做出的重大贡献,包括太阳能光伏和太阳能热技术、陆上和海上可再生技术、电池/存储技术、热泵和地热能技术、电解槽和燃料电池、可持续沼气/生物甲烷、碳捕集和封存技术以及电网技术。这些技术在欧盟的自主开放战略中发挥着关键作用,确保公民获得负担得起的清洁且安全的能源。鉴于净零技术的作用,这些技术应适用更快的许可程序,根据国家法律获得尽可能高的国家重要性地位,并争取获得公众投资的额外支持。

(11)为了确保欧盟未来的能源系统具有抗御力,能源系统的扩大应在相关技术的整个供应链上进行,并与《关键原材料法》充分互补。

(12)2020年,欧盟委员会通过了欧盟能源系统整合战略。该战略提出了如何加速向更加一体化的能源系统过渡的愿景,该系统以最低的成本支持跨部门的气候中和经济。该战略包含三个相辅相成的概念:第一,以能源效率为核心的更加“循环”的能源系统;第二,加快终端行业的直接电气化;第三,在直接加热或通电不可行、效率低或成本较高的终端应用中使用可再生和低碳燃料,包括氢。与能源系统集成相关的考虑是指将可再生能源装置产生的所有电力完全集成到更广泛的能源系统中的解决方案。这意味着，可以采用技术解决方案整合可再生电力装置产生的剩余电力，包括通过各种形式的存储和需求侧管理。

(13)工业碳捕集与封存解决方案的发展面临协调失灵。一方面，尽管欧盟排放交易体系提供了越来越多的二氧化碳价格激励措施，促使行业投资于捕集二氧化碳排放，使这种投资在经济上可行，但他们面临着无法进入批准封存地点的重大风险。另一方面，第一批二氧化碳封存地点的投资者甚至在申请监管储存许可之前就面临着识别、开发和评估这些地点的前期成本。在相关地区的地质适宜性和现有地质数据方面，潜在的二氧化碳封存能力的透明度，特别是来自碳氢化合物生产地点的勘探，可以支持市场运营商规划他们的投资。成员国应公开这些数据，并定期报告发展二氧化碳封存地点的进展情况，以及上述注入和封存能力的相应需求，以便共同实现欧盟范围内的二氧化碳注入能力目标。

(14)目前在经济上越来越可行的碳捕集投资面临的一个关键瓶颈是欧洲运行的二氧化碳封存地点的可用性，这是第2003/87/EC号指令激励措施的基础。为了扩大技术规模并增强其领先的制造能力，欧盟需要根据第2009/31/EU号指令开发一个具有前瞻性和永久性的二氧化碳地质封存地点。通过确定欧盟到2030年每年5000万吨的运营二氧化碳注入能力的目标，与2030年所需的预期能力相一致，相关部门可以协调投资用于欧洲净零二氧化碳运输和封存价值链，各行业可以利用该价值链来实现运营碳减排。从2050年的前景来看，这一初步部署还将支持进一步的二氧化碳封存。根据欧盟委员会的估计，到2050年，欧盟每年可能需要捕集多达5.5亿吨二氧化碳，以实现净零目标，包括碳移除量。这样一个工业规模的封存能力将降低对二氧化碳排放捕集的投资风险，是实现气候中和的重要工具。当这一规定被纳入《欧洲经济区协议》时，欧盟到2030年每年5000万吨二氧化碳注入能力的目标将得到相应调整。

(15)通过将有助于实现欧盟2030年目标的二氧化碳封存地点定义为净零战略项目，可以加速和促进二氧化碳封存地点的发展，并且可以将对储存地点日益增长的工业需求导向最具成本效益的封存地点。越来越多的可在安全的二氧化碳封存场所转换的消耗性气田和油田已达到其有效生产寿命的终点。此外，石油和天然气行业已经确定了开始能源转型的决心，并拥有探索和开发更多封存场所所需的资产、技能和知识。为实现欧盟到2030年每年5000万吨二氧化碳注入能力的目标，该行业需要汇集其贡献，以确保碳捕集和封存作为一种气候解决方案在需要时随时可用。为了确保在欧盟范围内及时、经济有效地开发二氧化碳封存设施，以符合欧盟的注入能力目标，欧盟的石油和天然气生产许可方应按其石油和天然气制造能力的比例为这一目标做出贡献，同时提高合作的灵活性，并考虑第三方的其他贡献。

(16)欧盟帮助建立了一个以开放和基于规则的贸易为基础的全球经济体系,推动尊重和推进社会和环境可持续性标准,并完全遵从于这些价值。

(17)为了解决供应安全问题,并支持欧盟能源系统的抗御力以及碳减排和现代化努力,欧盟需要提升净零技术制造能力。太阳能光伏技术的联盟制造商需要增加其竞争优势,提高供应前景的安全性,目标是到2030年在整个光伏价值链上达到至少30千兆瓦的运营太阳能光伏制造能力,符合欧洲太阳能光伏产业联盟制定的目标,太阳能光伏技术联盟得到了欧盟太阳能战略的支持。欧盟风能和热泵技术制造商需要在这十年内巩固其竞争优势,保持或扩大其现有市场份额,以符合欧盟技术部署预测,实现其2030年能源和气候目标。这意味着到2030年,欧盟风能和热泵的制造能力至少分别为36千兆瓦和31千兆瓦。电池和电解槽制造商联盟需要巩固其技术领先地位,并积极为塑造这些市场做出贡献。对于电池技术而言,这意味着能帮助实现欧洲电池联盟的目标,并致力于使欧盟电池制造商满足欧盟电池年需求的近90%,到2030年,欧盟的制造能力至少达到550千兆瓦时。对于欧盟电解器制造商而言,《欧盟重新赋能计划》预计到2030年国内可再生氢产量将达到1000万吨,并进一步进口1000万吨可再生氢。为确保欧盟的技术领先地位转化为商业领先地位,在欧盟委员会和欧洲清洁氢联盟电解槽联合宣言的支持下,欧盟电解槽制造商应进一步提高产能,到2030年,正在部署的电解槽总装机容量至少达到100千兆瓦氢气。

(18)综合考虑这些目标,同时也考虑到供应链的某些要素(如逆变器以及太阳能光伏电池、晶圆和铸锭或电池的阴极和阳极)的联合制造能力较低,联合净零技术的年度产能应在2030年接近或达到附件中所列技术的年度部署需求总体年度制造基准的至少40%。

(19)提高欧盟净零技术的制造能力也将促进全球净零技术的供应和全球向清洁能源的转型。

(20)与此同时,净零技术产品将有助于提升欧盟的抗御力和清洁能源供应的安全性。清洁能源的安全供应是经济发展的前提,也是公共秩序和安全的前提。净零技术产品还将通过确保以有竞争力的价格获得清洁能源和设备,为其他具有战略重要性的经济部门带来好处,例如农业和粮食生产,从而可持续地促进欧盟粮食安全,并通过循环经济为生物替代品提供越来越多的出口。同样,欧盟气候雄心的实现将转化为经济增长和社会福祉。

(21)为了保持竞争力,减少目前对关键净零技术产品及其供应链的战略进口依赖,同时避免形成新的依赖,欧盟需要继续加强其净零工业基础,并变得更具竞争力和创新友好。欧盟需要以更快、更简单和更可预测的方式促进制造业能力的发展。

(22)成员国应于2023年6月提交其2021～2030年《国家能源和气候计划》的最新草案。正如欧盟委员会《指导成员国更新2021—2030年国家能源和气候计划的通知》所强调的那样，更新后的计划应描述成员国的目标和政策，以促进在其领土内扩大商业上可用的节能和低碳技术、设备和关键组件的制造项目。这些计划还应说明成员国的目标和政策，以便通过第三国的多样化努力实现这种扩大，并使其工业能够在地质封存地点永久捕集和封存二氧化碳排放。

(23)此外，《净零时代绿色协议产业计划》的通讯提出了一种全面的方法，以支持基于四个支柱的清洁能源技术规模的扩大。支柱一旨在创造一个监管环境，简化和快速批准新的净零技术制造和组装场所，并促进欧盟净零行业的扩大。该计划的支柱二是通过2023年3月修订的临时危机和转型框架，以及创建一个欧洲主权基金，以保持欧洲在与绿色和数字转型有关的关键和新兴技术方面的优势，促进对净零技术生产的投资和融资。支柱三涉及发展实现转型所需的技能，并增加清洁能源技术部门熟练工人的数量。支柱四专注于贸易和关键原材料供应链的多样化，包括创建一个关键原材料俱乐部，与志同道合的伙伴合作，共同加强供应链，并在关键投入方面从单一供应商转向多样化。

(24)根据支柱一，欧盟应发展维持提供净零技术解决方案的工业基础，以确保其能源供应，同时实现其在气候中和方面的雄心。为支持这一目标并避免对净零技术供应的依赖，以免延迟欧盟的温室气体减排努力或危及能源供应安全，本条例应规定鼓励对可持续和有抗御力的净零技术的需求。

(25)第2014/23/EU、2014/24/EU、2014/25/EU号指令已经允许通过公共采购程序授权机构和实体缔约合同，除价格或成本外，还可以根据其他标准来确定最具经济优势的投标。例如，这些标准涉及投标的质量，包括社会、环境和创新特征。在通过公共采购授予净零技术合同时，缔约机构和缔约实体应根据与投标的环境可持续性、创新、系统集成和抗御力有关的一系列标准，适当评估投标对可持续性和抗御力的贡献。

(26)根据第2014/23/EU号指令第30条第3款、第2014/24/EU号指令第18条第2款和第2014/25/EU号指令第36条第2款，为符合欧洲社会权利支柱中的社会可持续性标准已经适用于现有的立法，包括工作条件和集体谈判。缔约机构应采取适当措施，确保经济经营者在履行公共合同时遵守欧盟法、国内法、集体协议或第2014/23/EU号指令附件十和第2014/24/EU号指令附件十以及第2014/25/EU号指令附件十四所列的国际环境、社会和劳动条例规定的社会和劳动法领域的适用义务，从而促进社会的可持续性发展。

(27)在不影响适用于某一特定技术的欧盟法的情况下，包括欧洲议会和欧洲理事会《建立可持续产品生态设计要求框架的条例提案》和《电池和废电池的条例提案》，除非其中另有说明，在评估根据本条例采购的净零排放解决方案的环境可持续性时，缔约机构和缔约实体可考虑对气候和环境产生影响的各种因素。例如，这些因素可能包括解决方案的持久性和可靠性；易于维修和保养；易于升级和翻新；回收的便利性和质量；物质的使用；产品在一个或多个生命周期阶段对能源、水和其他资源的消耗；产品及其包装的重量、体积；用过的组件的合并；正确使用和维护所需耗材的数量、特性和可用性；产品的环境足迹及其生命周期对环境的影响；产品的碳足迹；微塑料释放；在产品的一个或多个生命周期阶段释放给空气、水或土壤的排放；产生的废物数量；使用条件。

(28)为了在公共采购程序中考虑到第 19 条第 2 款所指明的使净零技术供应来源从单一供应到多样化的必要性，并在不损害欧盟国际承诺的情况下，如果单一供应来源供应了欧盟内对某一特定净零技术需求的 65% 以上，则供应至少应被视为不够多样化。

(29)为了建立有利于家庭或消费者的计划，以激励购买净零技术最终产品，并在不损害欧盟的国际承诺的情况下，如果单一来源供应了欧盟内对特定净零技术总需求的 65% 以上，则供应应被视为不够多样化。为确保一致适用，委员会应自本条例适用之日起每年公布一份清单，列出属于该类别净零技术最终产品的原产地分布情况，按过去一年可获得的数据中不同来源的欧盟供应份额细分。

(30)理事会第 2014/115/EU 号决定特别批准对《世界贸易组织政府采购协定》(以下简称《政府采购协定》)的修订。《政府采购协定》的目的，是就公共合约建立一个平衡权利和义务的多边架构，以期实现世界贸易自由化和扩大贸易。就欧洲联盟《政府采购协定》附录一所涵盖的合同，以及欧盟受其约束的其他有关国际协定所涵盖的合同，包括自由贸易协定和《1994 年关税与贸易总协定》第 3 条第 8 款 a 项规定由政府机构采购为商业转售或为商业销售而生产的货物所需的产品，缔约机构和缔约实体不应将第 19 条第 1 款 d 项的要求适用于协定签署人，即供应来源的经济经营者。

(31)根据欧盟委员会 2019 年指导意见第 19 条规定的公共采购程序抗御力条款的适用应不影响欧洲议会和欧洲理事会第 2014/24/EU 号指令第 25 条、欧洲议会和欧洲理事会第 2014/25/EU 号指令第 43 条和第 85 条的适用。同样，公共采购条款应继续适用于第 19 条规定的工程、供应品和服务，包括第 2014/24/EU 号指令第 67 条第 4 款，以及由建立可持续产品生态设计要求框架的条例提案产生的任何实施措施。

(32)根据欧洲议会和欧洲理事会第 2014/23/EU 号指令第 41 条第 3 款和第 64

条,第2014/24/EU号指令第67条第5款和第2014/25/EU号指令第82条第5款,招标对公共采购程序的可持续性和抗御力贡献标准的加权,不影响缔约机构和缔约实体为与环境可持续性和创新有关的标准设定更高的门槛的可能性。

(33)为了减少由于需要考虑有关投标的可持续性和抗御力贡献的标准而造成的行政负担,特别是对于规模较小的公共采购方和对市场没有重要影响的价值较低的合同,对于非中央采购机构的公共采购方和价值低于2500万欧元的合同,应推迟两年适用本条例的有关规定。

(34)就第19条规定的公共采购条款的适用而言,如果产品受欧洲议会和欧洲理事会(EU)2017/1369号条例通过的授权法管辖,缔约机构或缔约实体应仅采购符合本条例第7条第2款规定的产品。

(35)家庭和最终消费者是欧盟对净零技术最终产品需求的重要组成部分,鼓励家庭,特别是"脆弱"的中低收入家庭和消费者购买此类产品的公共支持计划是加快绿色转型的重要工具。根据欧盟太阳能战略中宣布的太阳能屋顶倡议,例如,成员国应该建立国家方案,支持大规模部署屋顶太阳能。在《欧盟重新赋能计划》中,委员会呼吁成员国充分利用鼓励改用热泵的支持措施。由成员国在全国或由地方或区域机构在当地建立的这种支助计划也应有助于提高欧盟净零排放技术的可持续性和抗御力。例如,公共机构应向购买净零技术最终产品的受益人提供更高的财务补偿,这些产品将对欧盟的抗御力做出更大贡献。公共机构应确保其计划是公开、透明和非歧视的,以便其有助于增加欧盟对净零技术产品的需求。公共机构还应限制对此类产品的额外财政补偿,以加快欧盟内净零技术的部署。为了提高这些计划的效率,成员国应确保消费者和净零技术制造商都能在一个免费网站上轻松获得信息。公共机构在针对消费者或家庭的计划中使用可持续性和抗御力贡献应不损害国家援助规则和世贸组织的补贴规则。

(36)在设计有利于家庭或消费者以鼓励购买附件所列净零技术最终产品的方案时,成员国、区域或地方机构、受主权管辖的机构、一个或多个受主权管辖的机构、一个或多个受公法管辖的机构组成的协会应确保遵守欧盟的国际承诺,包括确保这些计划的规模不会对世贸组织成员的利益造成严重损害。

(37)委员会还应协助成员国设计针对家庭和消费者的计划,以发挥协同作用和达到交流最佳实践。欧洲净零平台还应在加快落实让成员国和公共机构在公共采购和拍卖方案中的提高可持续性和抗御力方面发挥重要作用。欧洲净零平台应发布细则,并提供具体的例子明确如何定义贡献和最佳实践。

(38)为使行业能够按时调整其生产,缔约机构及缔约实体应提前向市场通报其对净零技术产品估计的采购需求。

(39)正如2023年2月1日发布的《净零时代绿色协议产业计划》通讯所表明的那样,由于第三国的补贴破坏了公平竞争环境,欧盟的工业市场份额面临着巨大压力。这意味着欧盟需要在其法律框架现代化方面迅速和积极地做出调整。

(40)获得资金是确保欧盟开放战略自主权的关键,也是为整个欧盟的净零技术及其供应链奠定坚实的制造基础的关键。实现绿色协议目标所需的大部分投资将来自被净零生态系统的增长潜力所吸引的私人资本。因此,运转良好、深度和一体化的资本市场对于筹集和引导绿色转型和净零制造项目所需的资金至关重要。因此,欧盟要实现其净零排放目标,就须在建立资本市场联盟方面取得迅速进展。可持续金融议程(和混合金融)在扩大对净零技术的投资方面也发挥着关键作用,同时保持其竞争力。

(41)仅靠私人投资是不够的,净零排放制造业项目的有效推出需要以国家援助的形式提供公共支持。这种援助具有必要、适当和相称的激励作用。根据最近两个过渡目标进行的深入修订为现有国家援助准则提供了充分的可能性,在符合某些条件的情况下可通过国家援助支持本条例范围内的项目投资。成员国可以通过有针对性的国家援助支持来解决市场失灵问题,使其在为净零技术制造项目提供融资方面发挥重要作用。2023年3月9日通过的《临时危机和过渡框架》旨在确保内部市场的公平竞争环境,针对那些已经确定存在第三国脱境风险的部门,并根据援助金额按比例提供援助。《临时危机和过渡框架》将使成员国能够采取措施,对确定的战略净零部门的生产设施进行新的投资,包括通过税收优惠。如果投资位于受援地区,允许的援助金额可以通过更高的援助强度和援助金额上限进行调整,以便实现成员国和地区之间的趋同目标,这需要有适当的条件来核实将投资转移到欧洲经济区以外的具体风险,以及在欧洲经济区内没有转移的风险。为此目的调动国家资源,成员国可使用其须分配用于气候相关目的的部分欧盟排放交易体系收入。

(42)若干联盟投资方案,如恢复和抗御力基金、投资联盟、凝聚力政策方案或创新基金,也可为净零技术制造项目的投资提供资金。

(43)经修订的《恢复和抗御力设施条例》向成员国提供了额外的200亿欧元作为不用偿还的支持,以提高能源效率和取代化石燃料,其中包括通过欧盟净零排放工业项目。正如委员会关于《欧盟重新赋能计划》的指导意见所指出的,鼓励成员国根据欧洲议会和欧洲理事会(EU)2021/241号条例,在其恢复和提高抗御力计划的《欧盟重新赋能计划》中列入支持投资于净零技术制造和工业创新的措施。

(44)"欧洲投资计划"是促进投资和绿色数字转型的旗舰计划,由欧盟提供融资和技术援助,例如通过混合机制。这种方法有助于吸引更多的公共和私人资本。此外,鼓励成员国在不影响适用的国家援助规则的情况下,为投资联盟成员国提供资金,以支持可用于净零技术制造业的金融产品。

(45)成员国可根据欧洲议会和欧洲理事会(EU)2021/1060 号条例的适用规则,通过凝聚政策方案提供支持,鼓励在欠发达地区和转型地区进行一揽子基础设施投资,创新生产性投资,中小企业制造能力、服务、培训和技能提升措施等实施净零战略项目,包括对政府部门和推广人员能力建设的支持。方案中规定的适用联合筹资率视有关基金和该区域的地位而定,对于较不发达区域最高可达 85%,对于过渡区域最高可达 60% 或 70%,但在国家援助规则可行的情况下,成员国可在有关项目一级超过这些最高限额。技术支持工具可帮助成员国和各区域制定净零增长战略,改善商业环境,减少烦琐程序并加快审批进程。应鼓励成员国将这些投资嵌入欧洲价值链,特别是建立在区域间和跨境合作网络上,促进净零战略项目的可持续性。

(46)创新基金提供了一个非常有希望和具有高成本效益的途径,以支持在欧洲扩大可再生氢和其他战略净零技术的制造和部署,强化欧洲在气候行动和能源安全关键技术方面的主权。

(47)欧洲主权基金将为投资需求提供结构性的解决方案。这将有助于保持欧洲在与绿色和数字转型有关的关键新兴技术(包括净零技术)方面的优势。这一结构性文件将在建立在《欧洲价值链共同利益重点工程支持计划》下协调的多国项目的经验基础上,寻求增加所有成员国参与这些项目的机会,从而保障凝聚力和单一市场免受国家援助不平等造成的风险。

(48)为了克服目前公共和私人投资过于分散的局限性,促进一体化和投资回报,委员会和成员国应在欧盟和国家一级的现有供资方案之间更好地协调和创造协同效应,并确保与工业界以及主要私营部门的利益各方更好地协调和合作。欧洲净零平台可发挥关键作用,以全面了解现有和相关的融资机会,并讨论净零战略项目的个人融资需求。

(49)为了尽快部署或扩大净零技术制造项目,以确保欧盟对净零技术的供应安全,须通过将项目发起人的行政负担保持在最低限度来保障规划和投资确定性。因此,成员国对净零技术制造项目的许可程序应简化,同时确保这些项目是安全、有保障、环保的,并符合环境、社会和安全的要求。欧盟环境法设定了国家许可发放程序和内容的共同条件,从而确保了高水平的环境保护。获得净零战略项目地位应不影响相关项目的任何适用许可条件,包括欧洲议会和欧洲理事会第 2011/92/EU 号指令、理事会第 92/43/EEC 号指令、欧洲议会和欧洲理事会第 2000/60/EC 号指令、欧洲议会和欧洲理事会第 2004/35/EC 号指令以及欧洲议会和欧洲理事会(EU)2010/75 号指令中规定的条件。

(50)与此同时,国家许可发放程序的不可预测性、复杂性,以及有时过于冗长的程序破坏了有效开发净零技术制造项目所需的投资安全。因此,为了确保和加快其有效执行,成员国应采用简化和可预测的批准程序。此外,应在国家一级给予净零战略项目优先地位,以确保在与净零战略项目有关的所有司法和争端解决程序中迅速进行行政处理和紧急处理,而不妨碍主管机构简化其他非净零战略项目或更广泛的净零技术制造项目的许可。

(51)鉴于净零战略项目在确保欧盟净零技术供应安全方面的作用,以及其对欧盟开放自主战略及绿色和数字转型的贡献,相关许可机构应认为净零战略项目符合公共利益。许可机构可根据个案评估得出结论,只要项目符合第2000/60/EC、第92/43/EEC及第2009/147/EC号指令载明的所有相关条件,便可认为该项目所服务的公共利益优先于与自然及环境保护有关的公共利益,可获批准。

(52)为了降低复杂性并提高效率和透明度,净零技术制造项目的发起人应与指定的国家主管机构沟通,负责协调整个许可发放程序并在适用时限内发布全面决定。为此目的,成员国应指定一个单一的国家主管机构。根据成员国的内部组织,应在相同条件下,将国家主管部门的任务委托给不同的部门。为确保有效履行职责,成员国应向其国家主管机构或代表其行事的任何机构提供足够的人员和资源。

(53)为了明晰净零战略项目的许可状况,并有效限制潜在的诉讼滥用,同时不损害有效的司法审查,成员国应确保有关许可发放程序的任何争议能及时得到解决。为此目的,国家主管机构应确保申请人和项目跟进者能够采取简单的争端解决程序,并在与之有关的所有司法和争端解决程序中紧急处理净零战略项目,同时保障和尊重抗辩权。

(54)为了让企业和项目发起人(包括跨境项目)直接享受内部市场的好处,而不产生不必要的额外行政负担,欧洲议会和欧洲理事会(EU)2018/1724号条例规定了关于内部市场运作相关线上程序的一般规则。在(EU)2018/1724号条例被本条例修订后,作为本条例所涵盖的许可发放程序的一部分,需要提交给国家主管部门的信息将被纳入(EU)2018/1724号条例的附件一,相关程序被纳入其附件二,以保证项目发起人能够从线上程序和一次性的技术系统中受益。根据本条例作为一站式服务的国家主管机构被列入(EU)2018/1724号条例附件三的援助和解决问题服务清单。

(55)净零技术制造项目需要经过2~7年的漫长和复杂的许可程序,具体时长取决于成员国、技术和价值链部门。考虑到所需投资的规模,特别是达到预期规模经济所需的巨型工厂规模的项目,不充分的许可给欧盟净零技术制造能力造成了额外的、通常是有害的障碍。为了向项目发起人和其他投资者提供净零技术制造项目发展所需的安全性和透明度,成员国应确保与此类项目相关的许可发放程序不超过预先设定的时限。就净零战略性项目而言,对于年产量超过 1 吉瓦的项目,许可授予程序的时间不得超过 12 个月,对于年产量低于 1 吉瓦的项目,许可授予程序的时间不得超过 9 个月。就所有其他的净零技术制造项目而言,对于年产量超过 1 吉瓦的项目,许可发放程序的时间不得超过 18 个月,对于年产量低于 1 吉瓦的项目,许可发放程序的时间不得超过 12 个月。上述期限的上限适用于不以吉瓦为单位计量的净零技术,比如电网技术,碳捕集和储存技术,碳捕集和使用技术。对于现有生产线的扩建,上述每个时限都应减半。

(56)鉴于净零战略项目对欧盟能源供应的重要性,应部分取消或简化某些行政限制,以加快其实施。

(57)净零技术制造项目许可授予程序应包括欧盟法律要求的与水、空气、生态系统、栖息地、生物多样性和鸟类有关的环境评估和授权。但是,为了确保净零技术制造项目的许可发放程序是可预测的和及时的,在不降低环境保护水平的情况下,任何简化所需评估和授权的可能性都应被考虑。在这方面,应确保将必要的评估工作放在一批进行,以避免不必要的重复评估,并应确保项目发起人和负责机构在进行评估之前明确商定同批评估的范围,以防止采取后续不必要的行动。

(58)土地利用冲突对净零技术制造项目的部署造成了障碍。考虑到实施净零技术制造项目的潜力,并评估其潜在的环境影响的精心设计的包括空间规划和分区在内的计划,有可能帮助平衡公共利益和私人利益,减少冲突发生的可能性,并加快欧盟净零技术制造项目可持续部署。因此相关国家、地区和地方当局在制定相关计划时应考虑纳入净零技术制造项目的规定。

(59)应尽可能使用来自欧盟特别是"哥白尼空间计划"的空间数据和服务,以提供有关地质学、生物学、生态学、社会经济发展以及环境评估和授权的资源可用性的信息。这些数据和服务,特别是哥白尼空间计划的人为二氧化碳排放监测和验证能力,对于评估工业项目的影响以及人为二氧化碳汇对全球温室气体浓度和通量的影响最有价值。

(60)根据(EU)1025/2012 号条例第 10 条第 1 款的规定,欧盟委员会应要求一个或者多个欧盟标准化组织起草支持本法目标的欧洲标准。

(61)具有工业最终用途的氢谷在能源密集型行业的碳减排方面发挥着重要作用,《欧盟重新赋能计划》设定了将欧盟氢谷数量增加一倍的目标。为了实现这一目标,成员国应加快许可速度和考虑监管沙盒,并优先保障其资金来源。为了提升净零抗御力,成员国应确保氢谷跨欧盟边界互联互通。成员国通过简化监管要求,鼓励自行生产能源并能为电力生产做出积极贡献的工业装置作为能源生产商,为智能电网做出贡献。

(62)净零监管沙盒可以成为促进净零技术和监管知识领域创新的一项重要工具。创新需要通过试验空间来实现,因为科学成果需要在一个受控的真实世界环境中进行测试。应引入监管沙盒,以在有限时间内、受控环境中测试创新的净零技术。应在净零监管沙盒参与者的法律确定性和实现欧盟法律目标之间取得平衡。虽然净零监管沙盒在任何情况下都须符合欧盟和国家法律对净零技术的基本要求,但符合净零监管沙盒资格要求并真诚遵守主管机构提供的指导意见和与这些主管机构商定的计划条款和条件的参与者,不受任何行政罚款或处罚。原则上适用的保障措施将确保有效遵守欧盟或成员国监管沙盒中监督净零技术的法律。欧盟委员会将于 2023 年发布的《新欧洲创新议程》中公布一份沙盒指导文件,以支持成员国制定净零技术监管沙盒。这些创新技术最终可能对实现欧盟的气候中和目标、确保欧盟能源系统的供应安全和恢复能力从而进入战略性净零技术的范围至关重要。

(63)为帮助解决进口依赖和脆弱性问题,并确保欧盟气候和能源目标实现,提出了欧盟关键净零技术产品制造的总体基准和指示性目标。

(64)欧洲净零技术产业的扩大需要大量额外的技术工人,这意味着在再培训和提升技能方面需要重要的投资,包括职业教育和职业培训领域。这应有助于创造符合欧洲社会权利支柱的就业和培训目标的高质量工作岗位。能源转型在创造高质量就业方面具有巨大潜力,其需要大幅增加包括可再生能源和储能在内的一系列部门的技术工人数量。根据欧盟委员会的欧洲战略性能源技术计划,到 2030 年,预计仅制造业中氢燃料电池行业就需要 18 万名受过培训的工人、技术人员和工程师。在光伏太阳能行业,仅制造业就需要多达 6.6 万个工作岗位。欧洲就业服务网络正在为雇员和雇主提供包括跨越内部市场边界的信息、建议、招聘或安排。

(65)如果没有相当数量的熟练工人,就不可能提升欧盟关键净零技术的制造能力,因此有必要采取措施促进更多人进入劳动市场,特别是没有就业、没有接受过教育或培训的妇女和年轻人,应将技能优先方式作为对以资质为基础招聘的一种补充。此外,根据理事会确保向气候中和合理转型的目标,为冗余和衰退部门的工人提供工作转换的具体支持是重要的。这意味着需要为欧盟净零技术所需的技能和高质量就业创造投资。在充分考虑《欧盟技能公约》等现有方案的基础上,欧洲职业培训发展中心和欧洲劳工局等开展了欧盟层面的技能情报获取和预测活动,绘制了部门技能上的合作蓝图,这些活动的目标是动员所有行为主体:成员国机构,包括区域和地方各级、教育和培训提供者、社会伙伴和行业,特别是中小企业,以确定技能需求,制定教育和培训计划,并以快速和可操作的方式大规模部署这些方案。净零战略项目在这方面发挥着关键作用。成员国和欧盟委员会可以确保财政支持,包括通过欧洲社会基金、公正过渡基金、欧洲区域发展基金、恢复和抗御力基金、现代化基金、重新赋能和单一市场计划等工具充分利用欧盟可能性的预算。

(66)在欧洲电池联盟和《欧盟技能公约》等以往经验的基础上,净零工业学院应开发和部署教育和培训内容,以完善关键净零技术价值链,如太阳能光伏和太阳能热技术、可再生氢技术和原材料方面。这些学院的目标是在成立后3年内为10万名学员提供培训和教育,以提高其获得净零技术所需的技能,包括中小企业。该内容应与成员国的教育和培训机构、相关成员国当局和社会合作伙伴一起开发和部署。教育和培训机构、成员国参与技能提升和再培训的企业和其他行为体,如公共就业服务机构,应提供学院制作的内容。为确保技能的透明度、可迁移性和工人的流动性,欧洲净零工业学院将制作并发放资格证书,包括涵盖学习成绩的微证书,这些应以欧洲学习证书的形式颁发,并可加入欧洲通行证中,在相关情况下可纳入国家资格机制。鼓励成员国支持其领土内的学院以及相关教育和培训提供者通过国家计划和欧盟资助,包括来自欧洲社会基金、复苏和恢复基金、欧洲区域发展基金、公正过渡机制、现代化基金和技术支持工具提供的持续再培训和技能提升。欧洲净零平台应协助指导各学院的工作,并提供监督。

(67)虽然欧盟法律对进入管制行业或从事受管制的职业的最低培训要求没有具体规定,但成员国有权决定是否以及如何规范一个行业,组织进入管制行业的国家规划不得对行使这些基本权利构成不合理或不成比例的障碍。根据2018年6月28日欧洲议会和欧洲理事会在通过新职业规范之前进行比例测试的(EU)2018/958号指令,对一个行业的管制权限须在非歧视和比例原则的范围内行使。成员国在进行评估时应考虑管制或者职业可能对净零工业技能可用性的任何不利影响,并尽可能最大限度地限制对这些领域的监管。

(68)为了促进战略性净零工业职业的流动,若欧洲净零工业学院制定的学习计划所产生的资格证书能帮助希望进入管制行业的人,成员国应接受这些资格证书作为其所证明的知识、技能、能力的充分证据。

(69)在欧盟层面,应建立一个净零欧洲平台,由成员国代表组成,并由委员会担任主席。净零欧洲平台就具体问题可以向欧盟委员会提供建议和协助,并提供一个参照机构,协调欧盟委员会和成员国的行动,促进与本条例有关问题的信息交流。净零欧洲平台应进一步执行本条例不同条款中概述的任务,特别是与许可相关的方面,包括一站式商店、净零战略项目、融资协调、市场准入和技能以及创新净零技术监管沙盒。必要时,平台可设立常设或临时小组,并邀请第三方,如净零行业的专家或代表。

(70)作为《绿色协议产业计划》的一部分,欧盟委员会宣布打算建立涵盖净零技术的净零工业伙伴关系，在全球采用净零技术，并肯定欧盟工业能力在为全球清洁能源转型铺平道路方面的作用。委员会和成员国可在平台内协调伙伴关系，讨论现有的相关伙伴关系和进程，如绿色伙伴关系、能源对话和其他形式的现有双边合同协议，以及与相关成员国和第三国的双边协议的潜在协同增效作用。

（71）欧盟应致力于实现国际贸易和净零技术投资多样化，并与志同道合的国家在密切合作和伙伴关系中促进全球高社会和环境标准实施。同样地，以开放而坚定自信的方式与密切合作的伙伴国家合作，加强研究和创新，努力开发和部署净零技术。

（72）根据本条例，应将根据《欧盟运作条约》第 290 条采取行动的权力授予委员会，特别重要的是委员会在其筹备工作期间应根据 2016 年 4 月 13 日《关于更好地立法的机构间协议》中规定的原则进行包括专家一级的适当的磋商。特别是，为了确保各成员国平等参与制定授权法，欧洲议会和欧洲理事会与成员国专家应同时收到所有文件，成员国专家可以有组织地参加委员会专家组关于起草授权法的会议。

（73）如果本条例设想的任何措施构成国家援助，有关这些措施的规定不影响《欧盟运作条约》第 107 条和第 108 条的适用。

（74）鉴于行动的规模或效果，成员国无法充分实现本条例的目标，而在欧盟层面上可以更好地实现本条例的某些目标，因此欧盟可以根据《欧盟运作条约》第 5 条规定的辅助原则采取措施。根据该条规定的比例原则，本条例并未超出实现该目标所需的范围。

已通过以下条例：

第一章　主旨、范围和定义

第一条　主旨

1. 本条例确立了欧盟创新和提高净零技术制造能力的措施框架，以支持欧盟 2030 年温室气体净排放量相较于 1990 年水平至少减少 55% 的目标，以及欧盟（EU）2021/1119 号条例规定的欧盟 2050 年气候中和目标，确保欧盟获得安全和可持续的净零技术供应以保障欧盟能源系统的抗御力，并为创造高质量的就业机会做出贡献。

2. 为了实现第 1 款中所提及的总体目标，本条例包含的措施旨在确保：

（a）到 2030 年附件所列欧盟战略性净零技术制造能力接近或达到不少于欧盟年部署需求 40% 的基准，以满足实现欧盟 2030 年气候和能源目标所需的相应技术需求；

(b)净零技术在单一市场上自由流动。

3. 如果委员会根据第 35 条提及的报告得出结论，认为欧盟可能无法实现第 1 款规定的目标，则应评估在欧盟层面提出措施或行使权力的可行性和相称性，以确保实现这些目标。

第二条　范围

本条例适用于净零技术，但本条例第 26 条和第 27 条适用于创新净零技术的情况除外。原材料、加工材料或组件属于《关键原材料法》的规定范围，应排除在本条例的适用范围之外。

第三条　定义

1. 本条例采用以下定义：

(a)"净零技术"是指可再生能源技术；电力和储热技术；热泵；电网技术；非生物来源的可再生燃料技术；可持续替代燃料技术；电解槽和燃料电池；利用核工艺流程生产能源的先进技术，将燃料循环、小型模块化反应堆和相关的同类最佳燃料的浪费降至最低；碳捕集、利用和储存技术；以及与能源系统相关的节能技术。净零技术产品指最终产品，或主要用于生产此类产品的特定组件或特定机械，并且至少应达到 8 级的技术成熟度。

(b)"组件"是指由一家公司从加工材料开始制造和交易的净零技术的一小部分。

(c)"创新净零技术"是指满足"净零技术"定义的技术，但不含尚未达到 8 级的技术成熟度的技术(包括有实质创新但未在市场使用或不够先进到可以在受控环境中进行测试的技术)。

(d)"净零技术制造项目"是指一种有计划的工业设施，或是对一种制造净零技术的现有设施的扩建或再利用。

(e)"净零战略项目"是指位于欧盟境内且符合第 10 条规定标准的净零技术制造项目。

(f)"许可授予程序"是指涵盖规划、建造、扩建和运营净零技术制造项目的所有行政许可相关的程序，包括建筑、化学和电网连接许可以及需要的环境评估和授权，包括从认可申请的有效性到国家主管机构就程序结果作出综合决策的通知在内的所有行政申请和程序。

(g)"综合决策"是指成员国机构作出的决定或一系列决定，不包括法院或法庭对项目发起人是否有权实施净零技术制造项目作出的决定，但这不影响在行政上诉程序中作出的任何决定。

(h)"项目发起人"是指开发净零技术制造项目或净零战略项目的企业或企

业联盟。

(i)“净零监管沙盒”是指一种使企业根据由主管机构开发和监控的特定计划,能够在受控的现实世界环境中测试创新净零技术的方案。

(j)“技术成熟度”是指根据国际能源署使用的分类来估算技术成熟度的方法。

(k)“相关机构”是指根据国家法律,有权颁发与不动产(包括能源基础设施)规划、设计和建设相关的许可和授权的机构。

(l)“公共采购程序”是指以下程序:

(i)签订公共契约的第 2014/24/EU 号指令或签订供应、工程和服务合同的第 2014/25/EU 号指令所涵盖的任何类型的授予程序;

(ii)第 2014/23/EU 号指令所涵盖的授予工程或服务特许权的程序。

(m)在公共采购程序中,“缔约机构”是指第 2014/23/EU 号指令第 6 条、第 2014/24/EU 号指令第 2 条第 1 款第 1 项和第 2014/25/EU 号指令第 3 条中定义的缔约机构。

(n)在公共采购程序中,“缔约实体”是指第 2014/23/EU 号指令第 7 条和第 2014/25/EU 号指令中第 4 条定义的缔约实体。

(o)在公共采购程序中,“合同”是指第 2014/24/EU 号指令第 2 条第 1 款第 5 项定义的公共合同,第 2014/25/EU 号指令第 2 条第 1 项定义“供应、工程和服务合同”中定义的“合同”,以及第 2014/23/EU 号指令第 5 条第 2 项定义的“特许权”。

(p)“拍卖”是指竞争性招标程序的一种机制,根据第 2014/23/EU 指令第 5 条第 1 项,不属于“特许权”的定义。

(q)“二氧化碳注入能力”是指根据第 2009/31/EC 号指令,为减少碳排放量或增加碳移除量,特别是为大型工业设施的碳排放量或碳移除量而被许可注入作业地质封存场的年二氧化碳量,以吨/年为单位。

(r)“能源系统集成”是指通过在多个能源载体、基础设施和消费部门之间建立更牢固的联系,以尽可能低的社会成本提供无化石、可靠的和资源节约型的能源服务,从而为整个能源系统的规划和运行提供解决方案。

(s)“制造能力”是指制造项目中产生的净零技术的总产能。如果制造项目不生产最终产品,而是生产主要用于生产最终产品的特定组件或特定机械,那么“制造能力”是指使用这些组件或特定机械生产最终产品的生产能力。

第二章　净零技术制造的许可条件

第一节　简化行政和许可授予程序

第四条　一站式服务

1. 在本条例生效之日后的3个月内,各成员国应指定一个国家主管机构,负责加快和协调净零技术制造项目(包括净零战略项目)的许可授予程序,并根据第5条就减轻行政负担提供建议。

2. 第1款中提到的国家主管机构是在许可授予程序中与项目发起人联系的唯一机构,负责对特定项目作出综合决策,并安排所有相关文件和信息的提交。

3. 第1款所提到的国家主管机构的职责或与其相关的任务可委托给任何特定项目的另一机构或交由该机构执行,但需遵守以下规定:

(a)国家主管机构将该授权结果通知项目发起人;

(b)每个项目都由一个单独的机构负责;

(c)由一个单独的机构安排所有相关文件和信息的提交。

4. 应允许项目发起人以电子形式提交与许可授予程序相关的任何文件。

5. 根据本条规定,在项目进入许可授予程序之前,国家主管机构应考虑特定项目已进行的有效调查、许可、授权情况,并且不得进行重复调查、许可或授权,除非欧盟法律另有要求。

6. 国家主管机构应确保申请人能轻松地获得有关许可授予程序和建造或扩建项目许可颁布的信息,并提供简单的争议解决程序,包括非诉讼争议解决机制(如适用)。

7. 成员国应确保负责整个许可授予程序(包括所有程序步骤)的国家机构拥有足够数量的合格工作人员、充足的财政支持和必要的科技和技术资源,包括用于提升和再培训的资源,以有效履行其在本条例下的任务。

8. 第28条和第29条提及的平台应定期讨论本节和第12条以及第13条的实施情况,并分享组织国家主管机构和加快许可程序的最佳实践。

第五条　信息在线获取

成员国应以集中且易于访问的方式在线提供以下与净零技术制造项目(包括净零战略项目)相关的行政程序信息:

(a)许可授予程序;

(b)融资和投资服务;

(c)在欧盟或成员国层面提供资金的可能性；

(d)商业支持服务，包括但不限于公司纳税申报单、地方税法、劳动法。

第六条　许可授予程序的时限

1. 净零技术制造项目的许可授予程序不得超过以下任何时限：

(a)年生产能力低于1吉瓦的净零技术制造项目的时限为12个月；

(b)年生产能力超过1吉瓦的净零技术制造项目的时限为18个月。

2. 对于不以吉瓦为单位计量年生产能力的净零技术制造项目，许可授予程序不得超过18个月。

3. 对于现有生产设施的生产扩能，第1款和第2款所述的时限应减半。

4. 在特殊情况下，由于项目的性质、复杂性、位置或规模，有需要延长时限的，主管机构可以根据具体情况在期限届满前的1个月内延长第1款和第2款的时限。

如果主管机构认为项目对工人或普通民众的健康和安全会造成异常的风险，并且需要额外的时间来确定是否采取了足够的保障措施，他们可以在期限届满前根据具体情况再延期6个月。

5. 主管机构应以书面形式通知项目发起人延期的原因以及预计作出综合决策的日期。

6. 在收到许可授予申请后1个月内，主管机构应批准该申请，若项目发起人没有发送申请所需的所有信息，则应要求项目发起人在14天内提交完整的申请。第4条第1款提到的国家主管机构确认申请有效的日期应作为许可授予程序的开始时间。

7. 国家主管机构应在确认申请有效之日起1个月内，与项目发起人和其他有关机构密切合作，起草许可发放程序的详细日程，该日程由第4条第1款提到的国家主管机构在免费访问的网站上公布。

8. 本条规定的时限不影响欧盟和国际法规定的义务，也不影响行政上诉程序和法院或法庭的司法补救措施。

9. 本条规定的任何许可授予程序的时限不影响成员国规定任何更短的时限。

第七条　环境评估和授权

1. 如果须根据第2011/92/EU号指令第5条至第9条进行环境影响评估，相关项目发起人应根据该指令第5条第1款，就环境影响评估报告中应包含的信息的范围和详细程度，向第四条中提及的主管机构征求意见。国家主管机构应确保在项目发起人提交请求之日起不超过30天的时间内尽快发布第1款所提到的意见。

2. 如果欧洲议会和欧洲理事会的第2011/92/EU、92/43/EEC、2009/147/EC、2000/60/EC、2001/42/EC、2008/98/EC、2010/75/EU、2012/18/EU号指令同时规定

了评估对环境影响的义务，国家主管机构应制定符合欧盟法要求的协调或联合程序。

根据第1项提到的协调程序，国家主管机构应协调相关欧盟法律所要求的对特定项目环境影响的各种单独评估。

根据第1项所述的联合程序，国家主管机构应规定对相关欧盟法律所要求的特定项目环境影响进行单独评估。

3. 国家主管机构应确保有关机构在收到根据第2011/92/EU号指令第5条、第6条和第7条收集的所有必要信息后3个月内，就环境影响评估发布该指令第1条第1款g项和iv项所提到的合理结论，并完成该指令第6条和第7条中的磋商。

4. 就第2011/792/EU号指令第5条第1款中提及的有关环境报告向公众咨询的时间不得超过45天。若属于第6条第4款第2项的情形，这一期限应延长至90天。

第八条　计划制定

1. 在制定包括区域、空间规划和土地利用计划在内的规划时，国家、地区和地方机构应在适当情况下将这些规划中纳入净零技术制造项目开发的规定，包括净零战略项目。应优先考虑路面、工业区、半开发土地，以及在适当情况下应考虑不可用于农业和林业的全新地皮。

2. 如果计划中包括开发净零技术制造项目（包括净零战略项目的规定），则应根据第2001/42/EC号指令和第92/43/EEC号指令第6条进行评估，且这些评估应同时进行。在相关情况下，该联合评估还应解决对可能受到影响的水体造成的影响，并验证该计划是否可能阻止水体达到良好状态或良好潜能，或造成第2000/60/EC号指令中第4条提及的状态或潜能恶化。相关成员国需评估现有和未来活动对海洋环境的影响，包括第2014/89/EU号指令第4条所提到的海陆相互作用，这些影响也应包含在联合评估中。

第九条　UNECE公约的适用性

1. 本条例中的规定不影响1998年6月25日在奥胡斯签订的联合国欧洲经济委员会《在环境问题上获得信息、公众参与决策和诉诸法律的公约》第6条和第7条以及1991年2月25日在埃斯波签订的联合国欧洲经济委员会《跨境环境影响评价公约》规定的义务。

2. 根据本节以及第12条和第13条通过的所有决定均应公开。

第二节 净零战略项目

第十条 评选标准

1. 成员国应将与附件中所列技术相对应的、位于欧盟内的、有助于实现本法规第1条中规定的目标且至少满足以下标准之一的净零技术制造项目确认为净零战略项目：

(a)净零技术制造项目通过增强净零技术价值链中欧盟严重依赖单一第三国进口的组件或零件的制造能力，增强欧盟能源系统的技术和工业抗御力；

(b)净零技术制造项目对欧盟净零产业供应链或下游部门具有积极影响，这种影响超出项目发起人和相关成员国的范围，有助于提高欧盟净零工业供应链的竞争力和创造高质量的就业能力，其带来的积极影响至少符合以下标准中的3个：

(i)提升了欧盟在净零技术方面的巨大制造能力；

(ii)提高了制造技术的可持续性和性能；

(iii)通过与社会密切合作采取措施(例如学徒制)，吸引、提升或再培训净零技术所需的劳动力；

(iv)采用了全面的低碳和循环生产规范，例如废热回收。

2. 成员国应认可符合以下累积准则的二氧化碳封存项目为净零战略项目：

(a)二氧化碳封存地点位于《联合国海洋法公约》所指的欧盟领土内、其专属经济区或大陆架；

(b)二氧化碳封存项目有助于实现第18条规定的目标；

(c)二氧化碳封存项目已根据第2009/31/EC号指令申请了二氧化碳安全和永久地质封存的许可。

3. 若与附件中所列技术相对应的净零技术制造项目位于"欠发达和转型地区"和公正过渡基金领域，并根据凝聚力政策规则具备获得资金的条件，应项目发起人的要求，该项目应被成员国认可为第11条第3款规定的净零战略项目，无需项目发起人根据第11条第2款提交正式申请。

4. 若净零技术制造项目在欧盟开展、能够促进实现第1条第2款中规定的目标并由排放交易体系创新基金资助，或是欧洲共同利益、欧洲氢谷或氢银行的重要项目中一部分并由其资助时，应项目发起人的要求，成员国应根据第11条第3款将其认可为净零战略项目，无需项目发起人根据第11条第2款提交正式申请。

第十一条　申请和接受

1. 项目发起人应向相关成员国提交申请以将净零技术项目认定为净零战略项目。

2. 第 1 款中提及的申请应包含以下所有内容：

(a)与满足第 10 条第 1 款或第 2 款规定的标准有关的证明；

(b)商业计划应评估符合创造高质量就业目标项目的财政活力。

3. 成员国应在一个月内，通过公平且透明的程序对第 1 款提到的申请进行评估。成员国在该时限内未作出决定，即视为对该项目的批准。

4. 委员会可就批准的项目发表意见。如果成员国未批准申请，申请人有权向委员会提交申请，委员会应在 20 个工作日内对申请进行评估。

5. 如果委员会在根据第 4 款进行评估后认可成员国的未批准决定，则应以信函的形式将结论通知申请人。如果委员会的评估结果与成员国不同，交由净零欧洲平台讨论。

6. 如果委员会或成员国发现净零战略项目发生了重大变化或不再符合第 10 条第 1 款和第 10 条第 3 款规定的标准，或者如果其认可是基于包含错误信息的申请而作出的，则应通知相关项目发起人。在听取项目发起人的意见后，成员国可以撤销授予该项目净零战略项目的决定。

7. 不再被认可为净零战略项目的项目将失去本条例中与之相关的所有权利。

8. 委员会应设置和保存一份公开可获取的净零战略项目登记册。

第十二条　净零战略项目的优先地位

1. 项目发起人和根据国家法律有权颁发与不动产(包括能源基础设施)规划、设计和建设相关的各种许可和授权的所有机构，应确保根据欧盟和国家法律，尽可能以最快的方式处理净零战略项目的许可程序。

2. 在不影响欧盟法律规定的义务的情况下，成员国应授予净零战略项目国家意义上尽可能的最高的地位，如果国家法律中给予了净零战略项目这种地位，则应在许可授予程序中给予相应待遇，包括与环境评估有关的许可授予程序，以及如果国家法律有规定，应在空间规划方面给予相应待遇。

3. 净零战略项目应被视为有助于欧盟战略净零技术的供应安全因而符合公共利益的。考虑到第 92/43/EEC 号指令第 6 条第 4 款和第 16 条第 1 款 I 项、第 2000/60/EC 号指令第 4 条第 7 款和第 2009/147/EC 号指令第 9 条第 1 款 a 项所述的环境影响，欧盟的净零战略项目应满足这些指令中的所有条件才能被视为符合公共利益，并可被视为符合最重要的公共利益。

4. 在任何国家法院、法庭、专家小组面前，任何与净零战略项目有关的争端解决程序(包括调解或仲裁)、诉讼、上诉和司法补救措施皆应作为紧急事项对待(若国家法律规定了此类紧急程序),前提是尊重个人或当地社区的抗辩权。净零战略项目的项目发起人视情况参与此类紧急程序。

第十三条　净零战略项目许可授予期间

1. 净零战略项目的许可授予程序不得超过以下任何时限:

(a)年生产能力低于1吉瓦的净零战略项目的建设适用9个月时限;

(b)年生产能力超过1吉瓦的净零战略项目的建设适用12个月时限;

(c)根据第2009/31/EC号指令,所有经营碳封存地的必要的许可适用18个月时限。

2. 对于年生产能力不以吉瓦为单位计量的净零战略技术,授予周期不得超过12个月。

3. 对于提高现有生产设施的生产能力的许可,第1款和第2款所述的时限应减半。

4. 国家主管机构应确保如果相关行政机构在本条所提到的适用时限内未作出答复,则具体的中间步骤视为已批准,除非特定项目根据委员会第92/43/EEC、2000/60/EC、2008/98/EC、2009/147/EC、2010/75/EU、2011/92/EU、2012/18/EU号指令需要进行环境影响评估或是否有必要进行此类环境影响评估还未确定,或相关的有关评估尚未进行,或国家法律体系中不存在行政默许原则。这一规定不适用于对程序结果作出的最终决定。所有决定都须公开。

第十四条　加快实施

1. 委员会和成员国应开展活动,加速和吸引对净零战略项目的私人投资。在不影响《欧盟运作条约》第107条和第108条的情况下,这些活动可以包括为在获取资金方面面临困难的净零战略项目提供和协调支持。

2. 成员国可向净零战略项目提供行政支持以促进其快速有效实施,包括:

(a)为确保遵守行政和报告义务提供协助;

(b)协助项目发起人进一步提高公众对该项目的接受度。

第十五条　融资协调

1. 第28条中设立的净零欧洲平台应讨论净零战略项目的资金需求和瓶颈、潜在的最佳实践,特别是发展基于与相关产业联盟的固定交易的欧盟跨境供应链。

2. 应净零战略项目发起人的要求,考虑到已经获得的资金,净零欧洲平台应讨论如何完成其项目的融资并提供建议,至少考虑以下因素:

(a)额外的私人融资来源;

(b)通过欧洲投资银行集团或包括欧洲复兴开发银行在内的其他国际金融机

构的资源提供支持;

(c)现有的包括来自国家促进银行和机构的成员国文件和方案;

(d)相关的联盟资金和融资方案。

第三章　二氧化碳注入能力

第十六条　欧盟层面上二氧化碳注入能力的目标

到2030年,在《联合国海洋法公约》规定的位于欧盟领土内、其专属经济区或其大陆架的封存地应实现至少5000万吨不与增强碳氢化合物回收相结合的二氧化碳年注入能力。

第十七条　二氧化碳封存能力数据的透明度

1. 在本法规生效后的三个月内,成员国应:

(a)使公众获悉其领土上允许二氧化碳封存的场所的区域数据;

(b)要求获得欧洲议会和欧盟委员会第94/22/EC号指令第1条第3项规定的授权的实体在其领土上使公众知悉所有与已关闭或已通知主管机构关闭的生产场地有关的地质数据;

(c)a项的数据应至少包括委员会《指导成员国更新2021—2030年国家能源和气候计划的通知》中要求的信息。

2. 自本条例生效之日起6个月内,以及此后每年,各成员国应向委员会提交一份报告,说明:

(a)正在进行的二氧化碳捕集项目以及对注入、封存能力相应需求的估计;

(b)正在其领土上进行的二氧化碳封存项目,包括根据第2009/31/EC号指令获得许可的情况、最终投资决定和投入运营的预期日期;

(c)为推进a和b项所述项目而可采取的国家支持措施。

第十八条　经授权的石油和天然气生产商的贡献

1. 获得第94/22/EC号指令第1条第3项规定的授权的各实体都应为第16条规定的欧盟二氧化碳注入能力目标做出单独的贡献。这些单独的贡献应根据2020年1月1日至2023年12月31日各实体在欧盟原油和天然气生产中的份额按比例计算,并应包括根据二氧化碳地质封存的第2009/31/EC号指令允许的封存地的二氧化碳注入能力,且在2030年前可供市场使用。

2. 在本条例生效后的3个月内,成员国应确定并向欧盟委员会报告第1款中提及的实体及其在2020年1月1日至2023年12月31日期间的原油和天然气产量。

3. 在委员会收到根据第17条第2款提交的报告并咨询成员国和相关方后,应明确规定第 1 款提到的实体在 2030 年前为欧盟二氧化碳注入能力目标贡献的份额。

4. 在本条例生效后的 12 个月内,第 1 款中提及的实体应向委员会提交一份计划,详细说明他们打算如何在 2030 年前实现其对欧盟二氧化碳注入能力目标的贡献。这些计划应:

(a) 确认实体至 2030 年所作的贡献,以授权的新二氧化碳封存和注入能力的目标量表示;

(b) 明确规定达到目标量的方法和进度表。

5. 为了达到其可用注入能力的目标量,第 1 款中提及的实体可以采取以下任何措施:

(a) 单独或合作开发二氧化碳封存项目;

(b) 与第 1 款提及的其他实体签订协议;

(c) 与第三方封存项目开发商或投资者签订协议以实现其贡献。

6. 本条例生效两年后以及此后的每年,第 1 款所述实体应向委员会提交一份报告,详细说明其在实现其贡献方面的进展情况。委员会应公开这些报告。

7. 对于以下事项,委员会有权根据第 32 条,通过授权法补充本条例:

(a) 考虑第 1 款提到的实体之间的协议和第三方持有的封存能力投资的形式,以满足第 5 款 b 项和 c 项下的单独贡献。

(b) 第 6 款提到的报告的内容。

第四章　市 场 准 入

第十九条　公共采购程序中的可持续性和抗御力贡献

1. 根据第 2014/23/EU、2014/24/EU 或 2014/25/EU 号指令和适用的部门法,以及欧盟的国际承诺,包括《政府采购协定》和其他对欧盟有约束力的国际协议,缔约机构和缔约实体在公共采购程序中签订附件所列的净零技术合同时,应以最具经济优势(包括最具性价比)的投标为基础,至少包括投标的可持续性和抗御力贡献。

2. 投标的可持续性和抗御力贡献应基于以下累积标准,这些标准应是客观、透明和非歧视的:

(a) 超过法律最低要求的环境可持续性;

(b) 需要制定创新解决方案时,实施计划的影响和质量,包括风险管理措施;

(c) 投标对能源集成系统的贡献(如适用);

(d) 投标对抗御力的贡献,应考虑到根据欧洲议会和欧洲理事会(EU)952/

2013 号条例确定的来自单一供应来源的产品比例,参考投标进行以来的可用数据,欧盟内超过 65% 的来自单一供应来源的特定净零技术供应产生于去年。

3. 在不影响第 2014/23/EU 号指令第 41 条第 3 款、第 2014/24/EU 号指令第 67 条第 5 款或第 2014/25/EU 号指令第 82 条第 5 款要求对第 2 款 a 项和 b 项中提及的标准给予更高权重的情况下,缔约机构和缔约实体应使投标的可持续性和抗御力贡献在标准中占到 15% 至 30% 的权重。

4. 若考虑采纳某些与净零技术的可持续性和抗御力贡献有关的因素会迫使缔约机构或缔约实体购买与成本不相称的设备,或技术特性与现有设备不同的设备,导致不相容、操作和维护方面的技术困难,则不应强制其采纳这些因素。10% 以上的成本差异可能被缔约机构和缔约实体认为是不相称的。本规定不影响根据第 2014/24/EU 号指令第 69 条和第 2014/25/EU 号指令第 84 条,包括根据第 30 条第 3 款和第 36 条第 1 款,第 2014/23/EU 号指令的目的二,第 2014/24/EU 号指令第 18 条第 2 款和第 67 条第 2 款,第 2014/24/EU 号指令第 36 条第 2 款、第 82 条第 2 款的社会面排除异常低价投标的可能,也不影响根据欧盟法的其他合同签订标准。

第二十条　拍卖以部署可再生能源

1. 在不影响(EU)2018/2001 号指令第 4 条和《欧盟运作条约》第 107 条和第 108 条以及欧盟的国际承诺,包括《政府采购协定》和其他对欧盟有约束力的国际协议的情况下,成员国、地区或地方当局,受公法约束的机构,或此类主管机构或受公法约束的机构组成的联合机构,在制定用于拍卖机制内的投标排名标准时,应评估本条例第 19 条第 2 款提到的可持续性和抗御力贡献,其目的是支持(EU)2018/2001 号指令第 2 条第 1 项中定义的可再生能源的生产或消费。

2. 根据欧盟法律以及国家援助规则规定的非价格标准的任何限制,可持续性和抗御力贡献应占到招标标准 15% 至 30% 的比重,但不影响第 19 条第 2 款 a 项和 b 项设定更高的权重标准。

3. 若考虑采纳某些与净零技术的可持续性和抗御力贡献有关的因素会迫使成员国、地区或地方当局,受公法约束的机构,或此类主管机构或受公法约束的机构组成的联合机构购买与成本不相称的设备,或技术特性与现有设备不同的设备,导致不相容、操作和维护方面的技术困难,则不应强制其采纳这些因素。10% 以上的成本差异可能被缔约机构和缔约实体认为是不相称的。

第二十一条　其他形式的公共干预

1. 在不影响《欧盟运作条约》第 107 条和第 108 条、第 2018/2001 号指令第 4 条和欧盟的国际承诺的情况下,在决定建立有利于家庭或消费者的计划以激励购买附件中所列的净零技术最终产品时,成员国、地区或地方当局,受公法约束的机构,或此类主管机构或受公法约束的机构组成的联合机构,应通过提供额外的按比例的经济补偿方式制定这类计划,促进受益人购买第 19 条第 2 款提到的具有较高可持续性和抗御力贡献的净零技术最终产品。

2. 由于适用第 19 条第 2 款 b、c、d 项提到的标准,前述机构根据第 1 款给予的额外经济补偿不得超过为消费者提供的净零技术最终产品成本的 5% 。

3. 在设计和实施第 1 款提到的计划时,前述机构应以公开、非歧视和透明的程序为基础,评估市场上可获得的产品的可持续性和抗御力贡献。任何净零技术最终产品都有权随时申请加入该计划。前述机构应为有资格获得支持计划下额外经济补偿的产品明确规定合格标志。

4. 成员国应在一个独立、免费的网站上公布第 21 条第 1 款规定的净零技术产品的计划的所有相关信息。

第二十二条　市场准入倡议的协调

1. 在相关情况下,委员会应就评估第 19 条、第 20 条和第 21 条的公共干预形式中可获得的产品的可持续性和抗御力贡献的标准提供指导。

2. 委员会应提供并定期更新附件中列出的每种净零技术最终产品的清单,按上一年度来自不同第三国的欧盟供应份额进行细分。

3. 净零欧洲平台应讨论成员国为执行第 19 条和第 21 条而采取的措施并交流最佳实践,特别是关于在公共采购中实际使用定义可持续性和抗御力贡献的标准,或激励购买净零技术最终产品的计划。

第五章　为创造高质量就业提升技能

第二十三条　欧洲净零工业学院

1. 委员会应为建立欧洲净零工业学院提供支持,包括提供种子资金,其目标是:

(a) 为开发、生产、安装、调试、运营、维护和回收净零技术以及原材料方面的培训和教育制定学习计划、内容以及学习和培训材料。并提高有权颁发本条例第二章提到的许可和授权的公共机构以及第四章提到的缔约机构的能力;

(b) 让成员国的教育和培训提供者的学习计划、内容和材料得以使用并促进其使用,并通过训练培训者和建立机制,以确保成员国教育和培训提供者基于上述学习计划、内容和材料提供的培训的质量;

(c) 制定和颁发资格证书,包括微证书,以提升所获得技能的透明度,提高工作之间的可转换性和劳动力的跨境流动性,并通过欧洲就业服务网络和欧洲就业服务体系等工具促进与相关工作的匹配。

2. 欧洲净零工业学院应反对性别刻板印象,特别是注意动员更多未参与教育、就业或劳动力市场培训的妇女和年轻人。

第二十四条　净零工业中受监管的职业和职业资格的认可

1. 至 2024 年 12 月 31 日,及其后的每两年,成员国应确定欧洲净零工业学院制定的学习项目是否与东道成员国在净零行业特定职业的范围内参加受监管活动时所需的具体资格对等。成员国应确保评估结果公开并易于在线获取。

2. 如本条第 1 款所述,如果成员国认为存在对等性,则应根据欧洲议会和欧洲理事会第 2005/36/EC 号指令第三编第一章,促进对教育和培训提供者在学院制定的学习项目基础上颁发的资格证书的认可。无论何时,此类资格证书持有人要求从事在第 2005/36/EC 号指令第 3 条第 1 款 a 项的含义范围内且对净零工业特别重要的受监管职业时,该证书可作为正式资格的充分证明。

3. 如果在第 2005/36/EC 号指令第 3 条第 1 款 a 项的含义范围内对从事净零工业中特别重要的职业进行监管,成员国应努力制定一套追求这一特定职业所需的技能和能力的最低标准,目的是建立欧洲议会和欧洲理事会第 2005/36/EC 号指令第 49a 条第 1 款提到的共同培训机制,以实现对职业资格的自动认可。净零工业平台也可以提交第 2005/36/EC 号指令第 49a 条第 3 款中提到的建议。

第二十五条　净零欧洲平台和技能

第 28 条提到的净零欧洲平台以及第二章和第四章提到的主管机构和缔约机构应通过履行以下义务,支持净零技术技能的传播和部署:

(1)协助委员会评估、持续监测和预测拥有净零技术所需技能的劳动力的需求和供应,以及相应教育和培训机会的可获得性和利用情况,在适当情况下为欧洲净零工业学院的活动提供信息;

(2)监管欧洲净零工业学院和提供学院制定的学习项目的教育和培训提供者的活动,促进与其他国家和欧盟技能倡议和项目的协同增效并监督其执行;

(3)协助动员包括行业、社会合作伙伴、教育和培训提供者在内的利益相关者,推广欧洲净零工业学院制定的学习项目;

(4)协助成员国使用和认可欧洲净零工业学院的学习资格证书,以促进对技能的认可以及技能和工作的匹配,特别是提高资格证书在整个欧盟劳动力市场的有效性和可接受度;

(5)促进制定欧洲职业概况,包括净零技术关键行业的一套共识、技能和能力,特别是借鉴欧洲净零工业学院制定的学习项目,并在适当情况下使用欧洲技能、能

力、资格和职业类别所规定的专门术语,以提高工作之间和跨内部市场边界的透明度和流动性;

(6)改善净零技术工业的工作条件,激励青年、妇女和年长者进入净零技术工业的劳动力市场,吸引第三国的技术工人,从而实现劳动力的多样化;

(7)促进成员国之间更密切的协调和最佳实践交流,以加快净零技术技能的传播,包括通过欧盟和成员国政策吸引第三国新型人才。

第六章 创　　新

第二十六条 净零监管沙盒

1. 成员国可以自行构建净零监管沙盒。净零监管沙盒允许在创新的净零技术投放市场或投入使用之前,在有限时间内和受控的现实世界环境中,对其进行开发、测试和验证,从而增强监管学习和扩张潜力以及进行更广泛的部署。若任何开发创新净零技术的公司符合第 4 款 a 项提到的资格和评选标准,并已被主管机构按照第 4 款 b 项提到的筛选程序选择,应该公司的要求,成员国应根据第 1 款构建净零监管沙盒。

2. 本条例规定的净零监管沙盒的构建和运营的模式和条件应通过符合第 36 条提到的审查程序的实施细则来适用,其模式和条件应尽可能符合灵活性,促进创新和监管学习,并应特别考虑参与的中小企业(包括初创企业)的特殊情况和能力。第 3 款提及的实施细则应包括关于以下问题的共同主要原则:

(a)参与净零监管沙盒的资格和选择条件;

(b)净零监管沙盒的申请、参与、监控、退出和终止程序,包括沙盒计划和退出报告;

(c)适用于参与者的条款和条件。

3. 参与净零监管沙盒不得影响监督沙盒的机构的监督和修正权力。创新净零技术的测试、开发和验证应在主管机构的直接监督和指导下进行。主管机构应在相关法律的限制下灵活行使监督权,调整现有的监管做法,并在实施和执行特定净零监管沙盒项目的法律规定时使用其自由裁量权,目的是消除障碍,减轻监管负担,减少监管的不确定性,以及支持净零技术创新。

4. 在与实现本条目标相关的情况下,主管机构应考虑在相关欧盟或国家法律允许的范围内准予义务减免。主管机构应确保沙盒计划遵守欧盟和国家法律的关键目标和基本要求。主管机构应确保在创新零排放技术的开发和测试过程中确认的任何对健康、安全或环境的重大风险都能得到公开沟通,并立即暂停开发和测试流程,直到此类风险得到减缓。如果主管机构认为提议的项目对工人、普通民众或环境的健康和安全存在特殊风险,特别是涉及特定有毒物质的测试、开发或验证,只有当主管机构确信已经采取了与所确认的特殊风险相当的充分保障措施时,才能批准沙盒计划。

5. 若参与者遵守沙盒计划以及符合本条和第 2 款而发布的参与条款和条件,并真诚地遵循机构给出的指导意见,机构不得因违反与监管沙盒中净零技术监管相关的欧盟或成员国法律而处以行政罚款或其他处罚。

6. 创新净零监管沙盒的参与者应根据相关欧盟和成员国的责任法,对在监管沙盒中进行测试而对第三方造成的任何伤害承担责任。

7. 经国家主管机构同意,可以通过相同程序延长净零监管沙盒的期限。

8. 净零监管沙盒应以在相关情况下促进国家主管机构之间的跨境合作的方式设计和实施。已建立净零监管沙盒的成员国应在净零欧洲平台框架内协调其活动并进行合作,以共享相关信息。成员国应每年向委员会报告监管沙盒的实施结果,包括最佳实践、经验教训和关于其设置的建议,以及在相关情况下,以适应沙盒目的的方式,在监管沙盒内适用本条例和其他欧盟法。

第二十七条　对中小企业的措施

1. 成员国应采取以下行动:

(a) 在满足第 26 条规定的资格条件的情况下,为中小型企业提供优先使用创新净零监管沙盒的机会;

(b) 组织增强中小企业参与监管沙盒的意识的活动;

(c) 在适当的情况下,建立一个与中小企业沟通的专门渠道,以提供指导并回应有关第 26 条执行情况的询问。

2. 成员国应考虑到中小企业的特殊利益和需求,并为参与监管沙盒提供充足的行政支持。在不影响《欧盟运作条约》第 107 条和第 108 条适用的情况下,成员国应告知中小企业在监管沙盒中的活动可获得的财政支持。

第七章　治　　理

第二十八条　净零欧洲平台的建立及其任务

1. 建立净零欧洲平台(以下简称平台)。

2. 平台应执行本条例设定的任务。

3. 考虑到成员国根据(EU)2018/19997 号条例提交的《国家能源和气候计划》,平台可就委员会和成员国为实现本条例第一章概述的目标而采取的行动向其提供建议和协助。

4. 根据第 1 条的总体目标,委员会和成员国可在净零工业伙伴关系平台内进行协调,也可与相关第三国进行协调,以促进全球采用净零技术,并支持欧盟工业能力在为全球清洁能源转型铺平道路方面发挥作用。平台可以定期讨论:

(a) 如何改善欧盟与第三国在净零价值链上的合作;

(b) 如何解决非关税贸易壁垒问题,例如通过合格评估的相互认可或承诺避免出口限制;

(c) 应优先考虑与哪些第三国建立净零工业伙伴关系,同时考虑以下因素:

(i) 第三国净零技术的制造能力对供应安全的潜在贡献;

(ii) 第三国与欧盟是否存在现有的合作协议。

5. 成员国应支持委员会实施净零工业伙伴关系中设定的合作措施。净零工业伙伴关系的目标是促进参与者之间的贸易,包括支持欧盟内部和第三国的必要投资,增强支持性价值链的可持续性和抗御力,并保证竞争环境是公平的。

第二十九条　净零欧洲平台的结构和功能

1. 平台应由成员国和委员会组成,由委员会的一名代表担任主席。

2. 各成员国应向平台委任一名高级代表。在与职能和专业知识相关的情况下,一个成员国可以有一名以上代表,负责与平台工作相关的不同任务。平台各成员都应有一名候补成员。

3. 根据委员会的提议,平台应以其成员的简单多数表决通过其程序规则。

4. 平台应定期举行会议,以确保有效执行本条例规定的任务。必要时,平台应根据委员会或其成员的简单多数的合理要求举行会议。

5. 委员会应通过一个提供技术和后勤支持的执行秘书处协助平台。

6. 平台可以设立常设或临时小组处理具体问题和任务。

7. 平台应邀请欧洲议会代表以观察员身份参加其会议,包括第 6 款提到的常设小组或临时小组的会议。

8. 在适当情况下,平台或委员会可邀请专家和其他第三方参加平台和小组会议,或提供书面意见。

9. 平台应采取必要措施,确保机密和商业敏感信息的安全处理。

10. 平台应尽最大努力达成共识。

11. 平台应与现有的产业联盟进行协调与合作。

第三十条　与《国家能源和气候计划》的衔接

成员国在制定其《国家能源和气候计划》及其更新内容时,应考虑本条例,并根据(EU)2018/1999 号条例第 3、9 和 14 条提交该计划和更新内容,特别是在能源联盟的“研究、创新和竞争力”方面，并根据本条例第 17 条提交两年期进度报告。

第八章　监　　测

第三十一条　监测

1. 委员会应持续监测：

(a)在第 1 条中提到的欧盟目标方面的进展，以及本条例的相关影响；

(b)第 16 条中提及的欧盟层面二氧化碳注入能力目标的进展。

2. 成员国及其为此目的指定的国家机构应收集并提供第 1 款 a 项和 b 项所要求的数据和其他证明。其每年应收集以下方面数据并向委员会报告：

(a)净零技术发展和市场趋势，包括平均制造投资成本和生产成本，以及各净零技术的市场价格；

(b)净零技术制造能力和相关活动，包括就业和技能数据，以及实现序言第 13 条中提到的 2030 年目标的进展情况；

(c)净零技术对欧盟的进口和对欧盟以外的出口的价值和数量；

(d)本条例下许可程序要花费的平均期间；

(e)过去 12 个月内在国家层面授予的许可的类型和数量；

(f)在过去 12 个月内完成、暂停或取消的许可发放程序的数量，以及在中断或取消的情况下遇到的障碍类型；

(g)过去 12 个月内设立的监管沙盒数量；

(h)根据第 2009/31/EC 号指令，永久储存在地下的二氧化碳量。

3. 数据应至少包括委员会《指导成员国更新 2021—2030 年国家能源和气候计划的通知》中要求的信息。

4. 各成员国应在本条例生效后的次年 5 月底向委员会提交第一份报告。随后的报告应在每年 5 月底前提交。

5. 成员国还应将根据本条第 2 款收集的数据传送给国家统计局和欧盟统计局，以便根据欧洲议会和欧洲理事会第 223/2009 号条例汇编和发布统计数据。成员国应指定负责向国家统计局和欧盟统计局传送数据的国家机构。

6. 在根据本条第 2 款提交的报告的基础上，委员会应监测第 1 款 a 项提到的欧盟进展情况，并应以年度为基准，发布相关正式建议，作为根据（EU）2018/1999 号条例第 35 条第 2 款 m 项清洁能源技术竞争力年度报告的一部分。

7. 根据第 2009/31/EC 号指令第 10 条提交的许可申请草案以及根据本法规第 17 条第 2 款、第 18 条第 4 款和第 18 条第 6 款提交的报告，欧盟委员会应监测实现本条第 1 款 b 项提到的欧盟范围内二氧化碳注入能力目标的进展情况,并每年向欧洲议会和欧洲理事会报告。

第九章　最 终 条 款

第三十二条　授权

委员会有权根据第 33 条通过授权法,修改第 18 条第 1 款提到的实体之间的协议和为实现第 18 条第 5 款所设定的单独贡献,第三方持有封存能力投资的形式,以及第 18 条第 1 款提到的报告的内容。

第三十三条　行使授权

1. 根据本条规定的条件,委员会有权通过授权法。

2. 第 32 条规定的通过授权法的权力应授予委员会,有效期为 5 年,自申请之日起。委员会应在 5 年期结束前 9 个月内起草一份关于授权的报告。授权应默认延长相同期限,除非欧洲议会或理事会在每个期限结束前的 3 个月内反对延长。

3. 欧洲议会或理事会可随时撤销第 32 条提到的授权。撤销决定应使该决定中规定的授权无效。该决定应在《欧洲联盟公报》公布该决定的次日或该公报规定的较晚日期生效。该决定不应影响已经生效的任何授权行为的有效性。

4. 在通过授权法之前,委员会应根据 2016 年 4 月 13 日《关于更好地立法的机构间协议》中规定的原则,咨询各成员国指定的专家。

5. 一旦通过授权法,委员会应同时通知欧洲议会和欧洲理事会。

6. 根据第 32 条通过的授权法只有在向欧洲议会和欧洲理事会通知该法后两个月内,欧洲议会或理事会没有表示反对,或者在该期限届满前,欧洲议会和欧盟理事会明确通知欧盟委员会不表示反对的情况下才会生效。根据欧洲议会和欧洲理事会的倡议,该期限应延长两个月。

第三十四条　委员会程序

1. 欧盟委员会应得到(EU)182/2011 号条例中规定的委员会的协助。

2. 凡参照本款,则(EU)182/2011 号条例第 4 条应适用。

3. 凡参照本款,则(EU)182/2011 号条例第 5 条应适用。

4. 凡参照本款,则(EU)182/2011 号条例第 8 条及其第 4 条应适用。

第三十五条　评估

1. 本法规实施之日后 3 年内以及此后每 3 年,需对本条例进行评估,并向欧洲议会、理事会和欧洲经济和社会委员会提交主要的调查结果报告。

2. 评估应包括是否实现了第 1 条中规定的本条例目标及其对商业用户(尤其是

中小企业和最终用户)和对《欧洲绿色协议》目标的影响。

3. 评估应考虑第 31 条规定的监测程序的结果。

4. 成员国主管机构应向委员会提供其掌握的以及委员会为起草第 1 款提到的报告而可能需要的任何相关信息。

第三十六条　秘密信息的处理

1. 实施本条例过程中获得的信息只能用于本条例的目的,并应受到相关的欧盟和国家法律的保护。

2. 成员国和欧盟委员会应确保根据欧盟和各国家法律,包括将采取的建议和措施,保护在适用本条例过程中获得和产生的交易和商业秘密,以及其他敏感的、秘密的和机密的信息。

3. 成员国和委员会应确保,未经发起人事先书面同意,根据本条例提供或交流的机密信息不会降级或解密。

4. 如果某个成员国评估认为,根据第 18 条提交汇总信息可能会损害其国家安全利益,可以通过合理的通知反对。

5. 委员会和国家机构、其官员、雇员和在这些机构监督下工作的其他人员应确保对在执行任务和活动时获得的信息保密。这项义务也适用于根据第 29 条出席平台会议的所有成员国代表、观察员、专家和其他与会者。

第三十七条　对(EU)2018/1724 号条例的修正

(EU)2018/1724 号条例修订如下:

1. 在附件一的第一栏,新增"R. 净零技术制造项目"。

2. 在附件一第二栏"R. 净零技术制造项目"中,增加了以下几点:

(1)"关于许可授予程序的信息";

(2)"融资和投资服务";

(3)"在欧盟或成员国层面提供资金的可能性";

(4)"商业支持服务,包括但不限于公司纳税申报、地方税法、劳动法"。

3. 在附件二的第一栏中,增加了"净零技术制造项目"。

4. 在附件二第二栏的"净零技术制造项目"中,增加了:

"规划、建造、扩建和运营净零技术制造项目的所有相关行政许可程序,包括建筑、化学和电网连接许可以及环境评估和授权(如需要)以及所有行政申请和程序。"

5. 在附件二第三栏"净零制造项目"中,增加了:

"与程序有关的所有结果,从认可申请的有效性到负责的国家主管机构就程序结果作出综合决策的通知。"

6. 在附件三中，增加了以下一点：

(8)“根据《净零工业法》第 4 条，国家主管机构作为一站式服务机构。”

第三十八条　生效和适用

本条例于在《欧洲联盟公报》上公布后的次日生效。

本条例自生效之日起适用。在本条例生效日期的两年后，第 19 条第 2 款 a、b、c 项适用于第 2014/24/EU 号指令第 2 条第 1 项、第 16 项以及第 2014/25/EU 号指令第 2 条第 1 款第 12 项中所指的中央采购机构签订的合同，以及价值等于或高于 2500 万欧元的合同。

本条例应具有全面约束力，并直接适用于所有成员国。

本条例于布鲁塞尔制定。

欧盟减排分担条例[①]

欧洲议会和欧盟理事会，第2018/842号条例

成员国基于2021年至2030年的年度温室气体减排量目标，为履行《巴黎协定》的承诺而采取气候行动，并修订(EU)525/2013号条例。

欧洲议会和欧盟理事会考虑到《欧盟运作条约》，特别是其中第192条第1款以及欧盟委员会建议，在向各国议会转交立法草案之后，同时考虑到欧洲经济和社会委员会意见、区域委员会意见，本条例按照普通立法程序进行。

鉴于：

(1)欧洲理事会在2014年10月23日至24日关于《2030年气候和能源政策框架》的商定中批准了一项约束性目标，即到2030年，国内经济范围内的温室气体排放量与1990年相比至少减少40%。并于2016年3月17日至18日的欧洲理事会商定中重申了这一目标。

(2)2014年10月23日至24日欧洲理事会的商定指出，至少40%的减排目标应由欧盟以最具成本效益的方式共同实现，欧洲议会和欧洲理事会第2003/87/EC号指令规定，与2005年相比，欧盟碳排放交易体系(EU—ETS)和非排放交易体系(non—ETS)部门到2030年的减排量分别应达到43%和30%。基于公平和团结的考虑，所有经济部门都应为实现温室气体减排作出贡献，所有成员国都应参与这一目标。为非排放交易体系部门设定国家减排目标方法，包括欧洲议会和欧洲理事会第406/2009/EC号决定中适用的所有要素，应持续到2030年，并在人均国内生产总值(以下简称GDP)的基础上进行分配。所有成员国都应为2030年欧盟整体减排作出贡献，其减排目标范围为0至40%。人均国内生产总值高于欧盟平均水平的成员国目标应相对调整，以公平和平衡的方式反映成本效益。为实现温室气体减排，欧

---

① 本法于2018年颁布，原文来自欧盟法律法规数据库，网址：https://eur-lex.europa.eu/legal-content/EN/TXT/HTML/?uri=CELEX:32018R0842&from=EN。以2018年颁布英文文本进行翻译。翻译：胡卫、杨浩；校对：王茜茜、金婧、安俊屹。

盟应促进经济的效率和创新，尤其应促进其在本条例范围内的改善，特别是建筑、农业、废物管理和运输方面的改善。

(3)本条例构成欧盟根据《气候公约》(UNFCCC)通过的《巴黎协定》所作贡献实施的一部分。2016年10月5日，欧盟理事会(EU)2016/1841号决定代表欧盟缔结了《巴黎协定》。欧盟及其成员国根据《巴黎协定》于2015年3月6日向《气候公约》秘书处提交的预期国家自主贡献中阐述了欧盟对整个经济范围内温室气体减排的承诺。《巴黎协定》于2016年11月4日生效，取代了1997年《京都议定书》所采取的办法，《京都议定书》在2020年以后不再继续使用。

(4)除此之外，《巴黎协定》还制定了一项长期目标：将全球气温升幅保持在比工业化前水平高出2℃以内，并努力将其保持在比工业化前水平高出1.5℃以内。该协定还强调须适应气候变化的不利影响以及使资金流向实现温室气体减排领域和具有气候抗御力的发展路径的重要性。《巴黎协定》还呼吁在21世纪下半叶实现温室气体人为源排放量和汇移除量之间的平衡，并请缔约方采取行动，酌情保护和加强包括森林的温室气体汇和库。

(5)在2009年10月29日至30日的商定中，欧洲理事会支持了欧盟的一项目标，即在政府间气候变化专门委员会(IPCC)要求发达国家作为一个整体进行必要减排的背景之下，到2050年将温室气体排放量较1990年水平减少80%至95%。

(6)《巴黎协定》缔约国家自主贡献应反映其最高抱负，并代表一段时间内的进展。此外《巴黎协定》缔约方应结合《巴黎协定》的目标，努力制定和通报长期温室气体低排放发展战略。2017年10月13日欧盟理事会的商定确认了长期目标和5年审查周期对执行《巴黎协定》的重要性，并强调长期低温室气体排放发展战略作为制定可靠途径和实现《巴黎协定》目标所需的长期政策变革的政策工具的重要性。

(7)向清洁能源转型需要在整个政策范围内改变投资行为和激励措施。建立一个有弹性的能源联盟，向公民提供安全、可持续、有竞争力和可负担的能源，是联盟关键任务。要实现这一目标，须继续根据本条例采取有雄心的气候行动，并在2015年2月25日欧盟委员会题为"具有前瞻性气候变化政策的弹性能源联盟框架战略"通信中所述能源联盟的其他方面取得进展。

(8)欧盟系列措施增强了成员国履行其气候承诺的能力，对于本条例中所涵盖的部门实现必要温室气体减排至关重要。这些措施包括关于氟化温室气体、道路车辆二氧化碳减排、建筑物能源性能、可再生能源、能源效率和循环经济的立法，以及欧盟为气候相关投资提供资金工具。

(9)2015年3月19日至20日，欧洲理事会商定指出，欧盟致力于在委员会框架战略基础上建立具有前瞻性的气候政策能源联盟，该框架战略五个方面密切相关，相辅相成，节制能源需求是该能源联盟战略之一。提高能源效率可显著减少温室气体排放，还有益于环境和健康，能够改善能源安全、降低家庭和公司的能源成本、帮助缓解能源贫困，并增加就业和增强整个经济活动。有助于在建筑业、工业和运输业中更多地采用节能技术措施，这可能是帮助成员国实现本条例规定目标的一种具有成本效益的方式。

(10)部署和开发可持续创新方式和技术，可加强农业部门减缓和适应气候变化的能力，特别是通过减少温室气体排放以及维持并加强碳汇和碳储存。为减少农业部门碳足迹和生态足迹，同时保持其生产力、再生能力和活力，须加强减缓和适应气候变化行动，并为可持续性创新方式、技术开发和投资提供研究资金。

(11)农业部门对生物多样性和生态系统具有直接和重大影响。因此，须确保本条例的目标与欧盟其他政策和目标一致，例如与生物多样性战略、林业战略和循环经济战略有关的共同农业政策和目标。

(12)运输部门几乎占欧盟温室气体排放量的1/4。因此，必须要减少温室气体排放以及运输部门依赖化石燃料的相关风险。可采用综合性措施，促进运输领域的温室气体减排和能源效率，发展电力运输、向更具可持续性的运输方式转变，并在2020年后的运输领域使用可持续的可再生能源。作为向安全和可持续低碳经济转型的一部分，向低排放交通转型也可通过引入有利条件和强有力的激励措施、增加投资的长期战略来促进。

(13)应根据欧洲议会和欧盟理事会(EU)525/2013号条例规定的监测和报告义务，评估实施本条例的欧盟与国家政策和措施的影响。

(14)在不损害预算当局权力的前提下，应酌情继续并改进2014年至2020年的财政框架期间实施的主流方法，以应对2021年以后与气候行动有关的挑战和投资需求。欧盟的资金应与欧盟2030年气候和能源政策框架的目标以及《巴黎协定》中的长期目标保持一致，以确保公共支出的有效性。欧盟委员会应编写报告说明由欧盟预算或根据欧盟法律给予欧盟的资金对本条例或第2003/87/EC号指令所涵盖部门的温室气体排放的影响。

(15)本条例应涵盖IPCC根据(EU)525/2013号条例确定的能源、工业流程和产品使用、农业和废物等IPCC源类别的温室气体排放，但不包括第2003/87/EC指令附件1所列活动的温室气体排放。

(16)国家温室气体清单以及国家和欧盟登记处目前报告的数据不足以在成员国一级确定第2003/87/EC号指令未涵盖的国家级民用航空二氧化碳的排放量。在履行报告义务时，欧盟不应给成员国或中小企业施加与其追求目标不相称的负担。第2003/87/EC号指令未涵盖的航空二氧化碳排放量仅占温室气体排放总量的一小部分,鉴于第2003/87/EC号指令是对更广泛部门的现有要求,为这些排放建立报告系统将产生不合理的负担。因此,就本条例而言,IPCC源类别“1.A.3.A民用航空”的二氧化碳排放量应视为零。

(17)每个成员国2030年的温室气体减排量应根据本条例涵盖的2005年经审查的温室气体排放量水平确定,但不包括2005年运行的、2005年后才纳入欧盟碳排放交易体系的设施经核实的温室气体排放量。2021年至2030年的年度排放配额应根据成员国提交并经欧盟委员会审查的数据确定。

(18)2021年到2030年期间,应继续执行第406/2009/EC号决定中采取的具有约束力的年度国家限额方法。本条例规定的各成员国年度排放配额规则应遵循该决定所规定的有负限额的成员国的方法,但轨迹计算起点应为2019年最后5个月或2020年,即2016年至2018年期间温室气体排放量的平均值,该轨迹的终点为每个成员国2030年的排放限值。为确保对欧盟2021年至2030年期间的温室气体减排目标作出贡献,应根据这些日期中获得较低配额的日期来确定每个成员国轨迹的起点日期;应根据第406/2009/EC号决定对2021年的年度排放配额进行调整,并根据欧盟委员会第2013/162/EU号决定和欧盟委员会执行第2013/634/EU号决定在2017年至2020年期间增加年度排放配额,以反映这些年份温室气体排放增加的能力。

鉴于某些成员国存在特殊情况,即根据第406/2009/EC号决定具有正限值,以及根据该决定,其人均温室气体排放量最低,或该决定未涵盖部门的温室气体排放量占其温室气体排放总量的比例最低,因此应对这些成员国进行额外调整。该额外调整应仅涵盖2021年至2029年期间所需的部分温室气体减排,以保持对额外温室气体减排的激励,并且不影响2030年目标的实现,同时应考虑到本条例中规定的其他调整机制和灵活性机制的使用。

(19)为确保本条例关于成员国年度排放配额规定实施条件统一,应授予欧盟委员会执行权力。其应根据欧洲议会和欧盟理事会(EU)182/2011号条例行使权力。

(20)在2014年10月23日至24日的商定中,欧洲理事会指出,应加强非排放交易体系部门现有灵活性工具的可用性和使用,以确保欧盟集体减排的成本效益和到2030年人均温室气体排放量的趋同。作为提高总减排量总体成本效益的一种手段,成员国应能预支和结转其部分年度排放配额,还应能转让其部分年度排放配额给其他成员国。应确保这种转让的透明度,并应以相互方便的方式进行,包括通过拍卖、利用以代理为基础的市场中介机构或通过双边约定。任何此类转让都可能是作为出售方的成员国实施、由作为接受方的成员国提供资金的温室气体减排项目或方案的结果。此外,成员国应根据第2003/87/EC号指令第24A条第1款,鼓励建立公私合作伙伴关系项目。

(21)应建立一次性的灵活性机制,以促进成员国实现其国家减排目标显著高于欧盟平均水平及其具有成本效益减排潜力的目标,以及促进 2013 年未向工业设施免费分配欧盟排放交易体系配额的成员国的目标。为维护欧洲议会和欧盟理事会(EU)2015/1814 号决定设立市场稳定储备的目标,以解决欧盟排放交易体系中结构性供需失衡问题,在确定某年欧盟排放交易体系配额总量时,一次性灵活性机制的欧盟排放交易体系配额应视为流通的欧盟排放交易体系配额。在根据该决定进行的首次审查中,欧盟委员会应考虑是否继续将此类核算作为欧盟排放交易体系配额进行流通。

(22)欧洲议会和欧盟理事会第 2018/841 号条例规定了与土地使用、土地使用变化和林业(以下简称 LULUCF)有关的温室气体排放量和移除量的核算规则。属于该条例范围的活动不适用本条例。但是,尽管本条例规定的环境结果在温室气体减排水平方面受到影响,但考虑到造林地、毁林地、管理耕地、管理草地和在某些条件下管理林地以及根据(EU)2018/841 号条例强制规定的管理湿地(该条例中的定义)的净移除总量和净排放总量的总和,应在本条例中纳入 LULUCF 灵活性机制,即在成员国之间分配最多 2.8 亿吨的二氧化碳当量的移除量,作为成员国在需要时履行其承诺的额外可能性。这一总额及其在成员国之间的分配应承认农业和土地利用部门的减排潜力较低,以及该部门对温室气体减排和封存的适当贡献。此外,本条例规定的年度排放配额的自愿注销应允许在评估成员国遵守第(EU)2018/841 号条例要求时考虑以上数额。

(23)2016 年 11 月 30 日,欧盟委员会提交了欧洲议会和欧盟理事会关于能源联盟治理条例提案(以下简称治理提案),要求成员国在能源联盟所有 5 个关键层面的战略能源和气候政策规划的背景下,制定综合的国家能源和气候计划。根据治理提案,2021 年至 2030 年期间的国家计划将在成员国计划遵守本条例和(EU)2018/841 号条例方面发挥关键作用。为此,成员国应制定政策和措施,以履行本条例和(EU)2018/841 号条例规定的义务,并展望根据《巴黎协定》实现温室气体排放量和移除量之间平衡的长期目标。这些计划还将对计划中的政策和措施的影响进行评估,以实现这些目标。根据治理提案,欧盟委员会应在其关于国家计划草案的建议中表明雄心以及随后实施政策和措施的适当性。在编制这些计划时,应考虑使用 LULUCF 的灵活性机制来遵守本条例。

(24)欧洲环境署旨在支持可持续发展,并通过向决策者、公共机构和公众提供及时、有针对性、相关的和可靠的信息,帮助实现环境方面的重大和显著改善。欧洲环境署应根据其年度工作方案酌情协助欧盟委员会。

(25)对第2003/87/EC号指令第11条、第24条、第24A条和第27条规定覆盖范围的调整,都应与本条例所涵盖的温室气体最大排放量的相应调整相匹配。因此,若成员国将先前由第2003/87/EC号指令涵盖的设施产生的额外温室气体排放纳入其在本条例下的承诺,则这些成员国应在本条例涵盖的部门实施额外的政策和措施,以减少这些温室气体排放。

(26)鉴于2013年人均国内生产总值低于欧盟平均水平的成员国自2013年以来所作的努力,应适当建立一个1.05亿吨二氧化碳当量的有限专用安全储备,同时保持本条例的环境完整性,并鼓励成员国在本条例规定的最低贡献之外采取行动。安全储备应惠及2013年人均GDP低于欧盟平均水平、2013年至2020年温室气体排放量低于其年度排放配额以及尽管使用本条例规定的其他灵活性机制但在实现2030年温室气体排放目标方面存在问题的成员国。这一规模的安全储备将涵盖2021年至2030年期间符合条件的成员国预计的集体赤字很大一部分,且无须额外政策,同时保持对额外行动的激励机制。安全储备应在特定条件下于2032年提供给这些成员国,前提是其使用不会影响本条例所涵盖部门实现欧盟于2030年减少30%的温室气体排放的目标。

(27)为了反映第(EU)2018/841号条例框架内的发展,并确保本条例下的准确核算,应当根据《欧洲联盟运作条约》第290条将通过法的权力授权给欧盟委员会,以允许其在LULUCF的灵活性机制下使用管理林地和管理湿地的土地核算类别,并根据本条例对交易进行核算,包括根据(EU)525/2013号条例第10条设立的登记处(欧盟登记处)灵活性机制的使用,合规性审查和安全储备的准确运作。本条例规定的核算信息应向公众开放。结合(EU)525/2013号条例、(EU)2018/841号条例、本条例和第2003/87/EC号指令的核算规定,交易核算的必要规定应包含在一份单独的文书中。尤其重要的是,委员会在其筹备工作期间应进行适当的磋商,包括与专家的磋商,并且这些磋商应根据2016年4月13日《关于更好地立法的机构间协议》中规定的原则进行。特别是,为确保平等参与授权法的编制工作,欧洲议会和欧洲理事会应与成员国专家同时收到所有文件,其专家有组织地参与委员会负责编制授权法的专家组会议。

(28)该条例应自2024年起进行审查,此后每五年审查一次,以评估其总体功能,特别是增强欧盟政策和措施的严密性。审查应特别考虑到不断变化的国情,并参考2018年《气候公约》促进性对话(塔拉诺阿对话)和《巴黎协定》下的全球盘点结果。作为审查的一部分,还应考虑到年度排放配额的供需平衡,以确保本条例规定的义务得到充分履行。此外,作为(EU)525/2013号条例定期报告的一部分,欧盟委员会应在2019年10月31日之前评估塔拉诺阿对话的成果。2030年后的审查应符合《巴黎协定》下的长期目标和承诺，为此，审查应反映随着时间推移各国适用情况的进展。

(29)为了确保温室气体排放报告和核证以及评估成员国年度排放配额进展情况所需的其他信息的高效性、透明性和成本效益，本条例下的年度报告和评估要求应与(EU)525/2013 号条例下的相关条款结合。该条例还应确保每年继续评估成员国在减少温室气体排放方面的进展情况，同时考虑到欧盟政策和措施的进展情况以及成员国提供的信息。每两年一次的评估应包括欧盟在实现其减排目标方面和成员国在履行其义务方面的预期进展情况。然而，扣除额的应用只应每隔 5 年考虑一次，以便考虑根据(EU)2018/841 号条例进行造林地、毁林地，管理农田和管理草地的潜在贡献。这不妨碍委员会确保成员国遵守本条例规定义务的职责，也不妨碍委员会为此目的提起侵权诉讼的权利。

(30)(EU)525/2013 号条例应作相应修订。

(31)鉴于本条例目标，特别是规定成员国在 2021 年至 2030 年期间为实现欧盟减少温室气体排放目标以及为实现《巴黎协定》目标所作的最低贡献义务，无法由成员国充分实现，但通过其规模和影响，欧盟可根据《欧盟运作条约》第 5 条规定的辅助原则采取措施，以使目标在欧盟层面得到更好的实现。根据该条规定的相称性原则，本条例并不超出实现这些目标所需的范围。

(32)这一规定不影响更严格的国家目标。

已通过此条例：

第 1 条 【主题】

本条例规定了成员国在 2021 年至 2030 年期间的最低贡献义务，以实现本条例第 2 条所涵盖部门到 2030 年将其温室气体排放量在 2005 年的水平上减少 40% 的目标，并有助于欧盟最迟在 2050 年实现气候中和的长期目标。其有助于实现欧洲议会和欧洲理事会(EU)2021/1119 号条例和《巴黎协定》的目标。本条例还规定了确定年度排放配额和评价成员国在达到其最低贡献进展情况的规则。

第 2 条 【范围】

1. 本条例适用于欧洲议会和欧洲理事会(EU)2018/1999 号条例确定的 IPCC 能源、工业过程和产品使用、农业和废物来源类别的温室气体排放，不包括第 2003/87/EC 号指令附件 1 所列活动的温室气体排放，但“海上运输”活动与仅为达到该指令第 14 条和第 15 条目的而列出的活动除外。

2. 在不影响本条例第 7 条和第 9 条第 2 款情况下，本条例不适用于(EU)2018/841 号条例所涵盖的温室气体排放量和移除量。

3. 依据本条例之目的，国际气候变化委员会源类别“1. A. 3. A 民用航空”的二氧化碳排放量应视为零。

第3条 【定义】

依据本条例目的,适用下列定义:

(1)“温室气体排放量”指根据第(EU)525/2013号条例确定的并属于本条例范围内的二氧化碳(CO_2)、甲烷(CH_4)、一氧化二氮(N_2O)、氢氟碳化合物(HFCs)、全氟碳化合物(PFCs)、三氟化氮(NF_3)和六氟化硫(SF_6)的吨二氧化碳当量;

(2)“年度排放配额”指根据本条例第4条第3款和第10条确定的2021年至2030年期间每年允许的最大温室气体排放量;

(3)“欧盟排放交易体系配额”是指第2003/87/EC号指令第3条第(a)款所定义的“配额”。

第4条 【2021年至2030年期间的年度排放水平】

1. 各成员国应于2030年将其温室气体排放限制在本条例附件1第2栏中根据本条第3款为其确定的2005年温室气体排放量百分比之内。

2. 在遵循本条例第5、6和7条规定的灵活性机制前提下,根据本条例第10条第2款进行调整,并考虑到适用第406/2009/EC号决定第7条所产生的扣除,各成员国应确保其温室气体排放量:

(a)在2021年和2022年,不超过线性轨迹确定限额,从该成员国2016年、2017年和2018年的温室气体排放量平均值开始,按照本条第3款规定到2030年结束,按本条例附件1第1栏为该成员国设定的限额;成员国的线性轨迹应从2019年至2020年区间的5/12处开始,或从2020年开始,以该成员国的年度排放配额较低者为准;

(b)在2023年、2024年和2025年,不超过线性轨迹确定限额,从2022年开始,按本条第3款规定的该成员国当年年度排放配额,到2030年结束,按本条例附件1第2栏为该成员国设定的限额;

(c)在2026年至2030年期间,不超过线性轨迹确定限额,从该成员国根据(EU)2018/1999号条例第26条和本条第3款提交的2021年、2022年和2023年温室气体排放量平均值开始,到2030年结束,按本条例附件1第2栏为该成员国设定的限额;成员国的线性轨迹应从2023年至2024年区间的9/12处开始。

3. 欧盟委员会应根据本条第2款规定的线性轨迹,通过实施法案,以吨二氧化碳当量为单位,规定各成员国2021年至2030年的年度排放配额。

2021年和2022年,欧盟委员会应对成员国根据(EU)525/2013号条例第7条提交的2005年、2016年、2017年和2018年最新国家清单数据全面审查,确定年度排放配额,并应指出用于确定年度排放配额的各成员国 2005 年温室气体排放量的值。

2023 年、2024 年和 2025 年,欧盟委员会应根据本款第 2 段所述的各成员国 2005 年温室气体排放量,以及对本款第 2 段所述的 2016 年、2017 年和 2018 年国家清单数据全面审查,确定年度排放配额。

2026 年至 2030 年,欧盟委员会应根据本款第 2 段所述的各成员国 2005 年温室气体排放量,以及对成员国根据(EU)2018/1999 号条例第 26 条提交的 2021 年、2022 年和 2023 年最新国家清单数据全面审查,确定年度排放配额。

4. 本条第 3 款所述实施法案还应按照成员国根据第 6 条第 3、3a 和 3b 款通知的百分比,规定成员国在 2021 年至 2030 年期间遵守第 9 条规定的总量。若所有成员国的总数量总和超过 1 亿,则每个成员国的总数量应按比例减少,以免超过总数量。

5. 实施细则应根据本条例第 14 条规定的审查程序通过。

6. 成员国在采取第 1 款和第 2 款的限制温室气体排放行动时,应考虑确保所有人实现公正和社会公平过渡的必要性。欧盟委员会可以发布指导意见以支持成员国。

第 5 条 【预支、结转和转让等灵活性机制】

1. 2021 年至 2025 年期间,成员国可从其下一年的年度排放配额中预支最多 7.5% 的份额。

2. 2026 年至 2029 年期间,成员国可从其下一年的年度排放配额中预支最多 5% 的份额。

3. 考虑到本条和第 6 条规定的灵活性机制,某一特定年度温室气体排放量低于其当年年度排放配额的成员国可以:

(a)在 2021 年,将其年度排放配额的超额部分结转到其后各年(以 2030 年为限),但不得超过当年年度排放配额的 75%。

(b)在 2022 年至 2029 年期间,将其年度排放配额的超额部分结转到其后各年,直至 2030 年,但不得超过当年年度排放配额的 25%。

4. 在 2021 年至 2025 年期间,成员国可将其年度排放配额的 10% 转让给其他成员国,在 2026 年至 2030 年期间,可将其年度排放配额的 15% 转让给其他成员国。接收成员国可以在给定年份或后续年份(以 2030 年为限)使用该配额以遵守第 9 条的规定。

5. 考虑到本条第 1 款至第 4 款和第 6 条使用的灵活性机制,某年经审查的温室气体排放量低于其该年的年度排放配额的成员国,可将其年度排放配额的多余部分转让给其他成员国。作为接收方的成员国可将该份额用于特定年份或后续年份(以 2030 年为限),以遵守本条例第 9 条的规定。

5a. 在根据第 4 和 5 款结转年度排放配额之前,成员国应以电子形式通知根据(EU)2018/1999 号条例设立的气候变化委员会,表明其有意在给定年份转让部分年度排放配额。

6. 成员国可根据第 4、5 款将转让年度排放配额所产生收入用于应对本联盟或第三国气候变化。成员国应将据本款所采取的行动通知委员会。

7. 根据第 4、5 款进行的年度排放配额转让都可能是在出售成员国实施的温室气体减缓项目或计划的结果,并由作为接受方的成员国支付报酬,前提是避免重复计算并确保可追溯性。

8. 成员国可使用根据第 2003/87/EC 号指令第 24a 条第 1 款发放的项目信用额,以遵守本条例第 9 条的规定,且不受数量限制,但应避免重复计算。

第 6 条 【欧盟排放交易体系配额削减后特定成员国的灵活性机制】

1. 本条例附件 2 所列成员国,可集体有限注销最多 1 亿欧盟排放交易体系配额,以此遵守本条例的规定。此类注销应根据第 2003/87/EC 号指令第 10 条,从有关成员国拍卖数量中注销。

2. 根据(EU)2015/1814 号决定第 1 条第 4 款的规定,本条第 1 款所述欧盟排放交易体系配额应视为流通中的欧盟排放交易体系配额。在根据该决定第 3 条进行的首次审查中,欧盟委员会应考虑是否维持本条第 1 款规定数额。

3. 附件 2 所列成员国应于 2019 年 12 月 31 日前,将使用本条第 1 款所述的欧盟排放交易体系配额有限注销的意思通知欧盟委员会,为遵守第 9 条规定,其不得超过附件 2 所列的各成员国在 2021 年至 2030 年期间每年的百分比。附件 2 所列成员国可决定在 2024 年和 2027 年分别修订一次先前通知的百分比。在此情况下,有关成员国应分别在 2024 年 12 月 31 日或 2027 年 12 月 31 日之前通知欧盟委员会。

3a. 如果马耳他打算利用本条第 1 款所述欧盟排放交易体系配额的有限注销,则应在 2023 年 12 月 31 日前通知欧盟委员会,为遵守第 9 条的规定,该配额注销不得超过附件 2 所列的 2025 年至 2030 年期间每年的百分比。

3b. 即使有第 3 款规定,附件 2 所列成员国若在 2019 年 12 月 31 日前未通知欧盟委员会其有意利用或进一步利用本条第 1 款所述欧盟排放交易体系配额的有限注销,则应在 2023 年 12 月 31 日前通知欧盟委员会,若其有意利用或进一步利用欧盟排放交易体系配额的有限注销,为遵守第 9 条规定,各有关成员国在 2025 年至 2030 年期间每年所占的百分比不得超过附件 2 所列百分比。

4. 应成员国要求,根据第 2003/87/EC 号指令第 20 条第 1 款指定的中央管理员应考虑根据本条例第 4 条第 4 款确定的总量,以使该成员国遵守本条例第 9 条的规定。根据第 2003/87/EC 号指令第 12 条第 4 款规定,2021 年至 2030 年期间,每年对该成员国取消分配根据本条例第 4 条第 4 款确定的欧盟排放交易体系配额总量的 1/10。根据第 2003/87/EC 号指令第 12 条第 4 款的规定,2025 年至 2030 年期间,每年对根据本条第 3a 和 3b 款通知欧盟委员会的成员国,取消分配据本条例第 4 条第 4 款确定的欧盟排放交易体系配额总量的 1/6。

5. 若成员国根据本条第 3 款通知欧盟委员会其修改先前通知百分比的决定,则该成员国应在 2026 年至 2030 年或 2028 年至 2030 年,每年分别取消分配相应较低或较高数量的欧盟排放交易体系配额。

第 7 条 【额外适用 LULUCF 净移除量】

若成员国的温室气体排放超过其给定年份的年度排放配额(包括根据本条例第 5 条第 3 款结转的年度排放配额),则可考虑(EU)2018/841 号条例范围内综合土地核算类别的总净移除量和总净排放量的总和,只要符合本条例第 9 条的规定,前提是:

(a)该成员国在 2021 年至 2025 年期间所累计移除数量不超过本条例附件 3 为该成员国规定的净清除总量最高限额的一半;

(aa)该成员国在 2026 年至 2030 年期间所累计移除数量不超过本条例附件 3 为该成员国规定的净清除总量最高限额的一半。

(b)此类数量超过该成员国在第(EU)2018/841 号条例第 4 条的要求;

(c)该成员国根据第(EU)2018/841 号条例从其他成员国获得的净移除量未超过其转让的数量;

(d)该成员国已遵守第(EU)2018/841 号条例;

(e)该成员国已根据第(EU)525/2013 号条例第 7 条第 1 款第 2 项提交一份关于本款规定的灵活性机制预期使用的说明。

第 8 条 【矫正行动】

1. 若欧盟委员会在根据(EU)2018/1999 号条例第 29 条进行的年度评估中,考虑到本条例第 5、6、7 条所述灵活性机制预期使用,发现某成员国在履行本条例第 4 条规定的义务方面未取得足够进展,则该成员国应在 3 个月内向欧盟委员会提交一份矫正行动计划,其中包括:

(a)详细说明该成员国在履行义务方面未取得足够进展的理由;

(b)评估欧盟资金如何支持该成员国履行义务,以及其打算如何利用该资金在履行义务方面取得进展;

(c)通过国内政策和措施以及实施欧盟行动,补充该成员国根据(EU)2018/1999 号条例制定的国家能源和气候综合计划,或加强其实施,以履行此类义务,同时在可获得的量化数据基础上,对这些行动导致的预期温室气体减排进行详细评估；

(d)制定执行此类行动的严格时间表,以便评估年度执行进展情况。

若成员国建立了国家气候咨询机构,其可以寻求该机构的建议,以确定第1款c项所述的必要行动。

2. 根据其年度工作方案,欧洲环境署应协助欧盟委员会评估此类矫正行动计划。

3. 欧盟委员会可以对根据第1款提交的矫正行动计划的稳健性发表意见,且应在收到计划后4个月内发表意见。有关成员国应充分考虑欧盟委员会意见,并可据此修改其矫正行动计划。若有关成员国没有回应欧盟委员会的意见或其中实质性部分,该成员国应向欧盟委员会说明理由。

4. 各成员国应公布第1款所述矫正行动计划和第3款所述理由。欧盟委员会应公布第3款所述意见。

第9条 【合规检查】

1. 在2027年和2032年,若成员国经审查的温室气体排放量超过其在该时期特定年份的年度排放配额,考虑到本条第2款和根据本条例第5、6、7条使用的灵活性机制,应适用下列措施:

(a)根据本条例第12条通过的措施,在该成员国下一年度温室气体排放量的基础上增加相当于超额温室气体排放的二氧化碳当量吨数乘以1.08的系数;

(b)在符合本条例第4条规定之前,应暂时禁止该成员国将其年度排放配额的任何部分转让给另一成员国。

中央管理员应在欧盟登记处执行本条第1项第b项所述的禁令。

2. 若根据(EU)2018/841号条例第4条确定的成员国在2021年至2025年期间的温室气体排放量超过了其移除量,则中央管理员应从该成员国的年度排放配额中扣除相当于相关年份超额温室气体以吨为单位的二氧化碳排放当量。

第10条 【调整】

1. 欧盟委员会应根据本条例第4条调整每个成员国的年度排放配额,以反映下述3点内容:

(a)根据欧盟委员会第2003/87/EC号指令通过的关于最后批准的2008年至2012年期间国家分配计划的决定,由于该指令规定的来源覆盖范围发生了变化,应对该指令第11条发布的欧盟排放交易体系配额数量进行调整;

(b)根据第2003/87/EC号指令第24条和第24a条,就成员国温室气体减排

分别发布的欧盟排放交易体系配额或信用额数量进行调整;

(c)对根据第2003/87/EC号指令第27条被排除在欧盟碳排放交易体系之外的设施的温室气体排放量相关的欧盟排放交易体系配额数量进行调整。

2. 附件4所载数量应纳入该附件所述的每个成员国2021年的年度排放配额中。

3. 欧盟委员会应公布调整后的数额。

第11条 【安全储备】

1. 在实现本条例第1条所述的欧盟目标的前提下,应在欧盟登记处建立1.05亿吨二氧化碳当量的安全储备。除本条例第5、6、7条规定的灵活性机制之外,还应提供安全储备。

2. 成员国可从安全储备中受益,前提是满足以下所有条件:

(a)欧盟统计局(Eurostat)于2016年4月公布的2013年按市场价格计算的人均国内生产总值低于欧盟平均水平的成员国;

(b)2013年至2020年本条例所涵盖部门的温室气体累计排放量低于2013年至2020年年度累计排放配额的成员国;和

(c)温室气体排放量超过其2026年至2030年年度排放配额的成员国,尽管其已经符合以下条件:

(i)用尽本条例第5条第2款和第3款规定的灵活性机制;

(ii)根据本条例第7条最大限度地利用了净移除量,即使该数量未达到附件3规定的水平;

(iii)未根据本条例第5条向其他成员国进行净转让。

3. 符合本条第2款所列条件的成员国可从安全储备中获得额外数量,以遵守本条例第9条的规定,但应以弥补其差额为限。该数量不得超过其2013年至2020年期间总体超额完成的20%。

若满足本条第2款所述条件的所有成员国收到的总数量超过本条第1款所规定的限额,则应按比例减少每个成员国应获得的数量。

4. 按照本条第3款第1项分配后,安全储备中剩余的数量,应按各成员国的剩余差额比例在该项所述的成员国之间分配,但不得超过该成员国的差额。对每个成员国,该数量可能是对该项所述百分比的补充。

5. 在完成(EU)525/2013号条例第19条所述的2020年审查后,欧盟委员会应针对满足本条第2款a项和b项条件的成员国,公布其与本条第3款第1项所述的2013年至2020年期间总体超额完成的20%对应的数量。

第 12 条 【登记处】

1. 欧盟委员会应根据本条例第 13 条通过的授权法补充本条例,以确保欧盟登记处根据本条例准确核算下列事项:

(a)年度排放配额;

(b)根据本条例第 5、6、7 条行使的灵活性机制;

(c)本条例第 9 条规定的合规检查;

(d)本条例第 10 条规定的调整;

(e)本条例第 11 条规定的安全储备。

2. 中央管理员应对欧盟登记处因本条例而产生的每笔交易进行自动检查,并在必要时阻止交易,以确保没有违规行为。

3. 本条第 1 款 a 项至 e 项和第 2 款所述的信息应向公众公开。

第 13 条 【授权行使】

1. 在本条规定的条件下,欧盟委员会有权运用授权法。

2. 自 2018 年 7 月 9 日起为期 5 年,本条例第 7 条第 2 款及第 12 条第 1 款所述的批准授权法的权力应授予欧盟委员会。欧盟委员会应在五年期结束前 9 个月起草一份授权的报告。授权应默认延长相同的期限,除非欧洲议会或欧盟理事会在每个期限结束前的 3 个月内反对延期。

3. 第 7 条第 2 款和第 12 条第 1 款所述的授权可随时由欧洲议会或欧盟理事会撤销。撤销决定应终止该决定中规定的授权。该决定应在《欧盟官方公报》公布后的次日或其规定的较后日期生效。不得影响任何已生效的授权法的效力。

4. 在通过授权法之前,欧盟委员会应根据 2016 年 4 月 13 日《关于更好地立法的机构间协议》规定的原则,咨询各成员国指定的专家。

5. 一旦通过授权条例,欧盟委员会应同时通知欧洲议会和欧盟理事会。

6. 根据第 7 条第 2 款和第 12 条第 1 款通过的授权法,只有在该法通知给欧洲议会或欧盟理事会后 2 个月内未被反对,或在该期限届满前,欧洲议会和欧盟理事会均通知欧盟委员会不反对的情况下,方可生效。根据欧洲议会或欧盟理事会的倡议,该期限应延长 2 个月。

第 14 条 【委员会程序】

1. 欧盟委员会应得到(EU)525/2013 号条例所设气候变化委员会的协助,该委员会为(EU)182/2011 号条例所指的委员会。

2. 凡涉及本款,均适用(EU)182/2011 号条例第 5 条。

第 15 条 【审查】

1. 考虑到不断变化的国情、各经济部门为减少温室气体排放的贡献方式、国际发展动态以及为实现《巴黎协定》和(EU)2021/1119 号条例的长期目标所作的努力,应保持对本条例的审查。

2. 欧盟委员会应在根据《巴黎协定》第 14 条商定的每次全球盘点后 6 个月内向欧洲议会和欧洲理事会提交一份关于本条例实施情况的报告,包括年度排放配额的供需平衡,以及本条例附件 1 所载国家温室气体减排目标对(EU)2021/1119 号条例规定的气候目标和《巴黎协定》目标的贡献。特别是考虑到欧盟及其成员国在 2030 年后框架中必要的温室气体减排,该报告应特别包括对欧盟额外政策和措施的必要性评估,还应包括对本条例所涵盖的最迟在 2050 年实现气候中和目标的温室气体减排途径评估,同时考虑到(EU)2021/1119 号条例第 4 条第 4 款所述预计指示性欧盟温室气体预算,以及促进成员国之间的公平和团结以及实现该目标成本效益的重要性,该报告可酌情附有立法建议。

第 1 款所述报告应兼顾成员国根据(EU)2018/1119 号条例第 15 条第 1 款准备和提交的长期战略,以及欧盟委员会根据该条例第 15 条第 9 款对其进行的评估。

第 15a 条 【科学建议】

根据欧洲议会和欧洲理事会(EC)401/2009 条例第 10a 条设立的欧洲气候变化科学咨询委员会(以下简称咨询委员会)可以主动就欧盟措施、气候目标、年度排放水平和本条例下的灵活性机制提供科学建议或发布报告。欧盟委员会应考虑咨询委员会的相关建议和报告,特别是旨在进一步减少本条例所涵盖部门温室气体排放的未来措施。

第 16 条 【(EU)525/2013 号条例修正案】(EU)525/2013 号条例修正如下。

(1)第 7 条第 1 款修订如下:

(a)增加以下内容,"(aa)截至 2023 年,根据《联合国气候变化框架公约》(UNFCCC)的报告要求,欧洲议会和欧盟理事会第 2018/842 号条例第 2 条所述的 X-2 年的温室气体人为排放量"。

(b)第 2 款修订为,"成员国应每年在其报告中向委员会通知其计划使用第 2018/842 号条例第 5 条第 4 款、第 5 款和第 7 条规定的灵活性机制,以及本条例第 5 条第 6 款使用收入的情况。欧盟委员会应在收到成员国提供的相关信息的 3 个月内,将这些信息提供给本条例第 26 条所述的委员会"。

(2)在第 13 条第 1 款 c 项中,增加以下内容:"(ix)截至 2023 年,关于为履行(EU)2018/842 号条例规定的义务而实施的国家政策和措施的信息,以及关于为限制温室气体排放超出该条例规定的承诺而计划采取的其他国家政策和措施的信息。"

(3)在第14条第1款中,增加以下内容:"(f)截至2023年,对(EU)2018/842号条例和第2003/87/EC号指令所涵盖的排放源的温室气体总量预测和预计温室气体排放的单独估计。"

(4)在第21条第1款中,增加以下内容:"(c)(EU)2018/842号条例第4条规定的义务。评估应考虑到欧盟政策和措施的进展情况以及成员国提供的信息。每2年1次的评价中还应包括欧盟在实施其对《巴黎协定》的国家自主贡献方面的预期进展,其包含欧盟对整个经济范围内温室气体减排的承诺,以及成员国在履行该条例规定的义务方面的预期进展。"

第17条 【生效】本条例自其在《欧盟官方公报》上公布起第20日后生效。

本条例具有约束力,并直接适用于所有成员国。

2018年5月30日签订于斯特拉斯堡。

附件1

成员国根据本条例第4条第1款的温室气体减排量

根据本条例第4条第3款确定的成员国在2030年,与2005年水平相比的温室气体减排量		
成员国	第1栏	第2栏
比利时	-35%	-47%
保加利亚	0	-10%
捷克	-14%	-26%
丹麦	-39%	-50%
德国	-38%	-50%
爱沙尼亚	-13%	-24%
爱尔兰	-30%	-42%
希腊	-16%	-22,7%
西班牙	-26%	-37,7%
法国	-37%	-47,5%
克罗地亚	-7%	-16,7%
意大利	-33%	-43,7%

续表

成员国	第1栏	第2栏
塞浦路斯	-24%	-32%
拉脱维亚	-6%	-17%
立陶宛	-9%	-21%
卢森堡	-40%	-50%
匈牙利	-7%	-18,7%
马耳他	-19%	-19%
荷兰	-36%	-48%
奥地利	-36%	-48%
波兰	-7%	-17,7%
葡萄牙	-17%	-28,7%
罗马尼亚	-2%	-12,7%
斯洛文尼亚	-15%	-27%
斯洛伐克	-12%	-22,7%
芬兰	-39%	-50%
瑞典	-40%	-50%

附件2

根据本条例第6条的规定,可有限注销欧盟排放交易体系配额的成员国

	根据本条例第4条第3款确定的2005年温室气体排放量的最高百分比
比利时	2%
丹麦	2%
爱尔兰	4%
卢森堡	4%
马耳他	7%
荷兰	2%
奥地利	2%
芬兰	2%
瑞典	2%

附件3

根据本条例第7条第1款(a)和(aa)项,成员国可考虑在2021年至2030年期间遵守第(EU)2018/841号条例所包含的土地类别总净移除量

	以百万吨二氧化碳当量表示的最大数量
比利时	3,8
保加利亚	4,1
捷克	2,6
丹麦	14,6
德国	22,3
爱沙尼亚	0,9
爱尔兰	26,8
希腊	6,7
西班牙	29,1
法国	58,2
克罗地亚	0,9
意大利	11,5
塞浦路斯	0,6
拉脱维亚	3,1
立陶宛	6,5
卢森堡	0,25
匈牙利	2,1
马耳他	0,03
荷兰	13,4
奥地利	2,5
波兰	21,7
葡萄牙	5,2
罗马尼亚	13,2

续表

	以百万吨二氧化碳当量表示的最大数量
斯洛文尼亚	1,3
斯洛伐克	1,2
芬兰	4,5
瑞典	4,9
最大总数	262,2

附件4

根据本条例第10条第2款调整的数额

	吨二氧化碳当量
保加利亚	1602912
捷克	4440079
爱沙尼亚	145944
克罗地亚	1148708
拉脱维亚	1698061
立陶宛	2165895
匈牙利	6705956
马耳他	774000
波兰	7456340
葡萄牙	1655253
罗马尼亚	10932743
斯洛文尼亚	178809
斯洛伐克	2160210

德国联邦气候保护法[①]

第1部分　一般规定

第1条　立法目的

本法旨在确保实现国家气候目标，遵守欧洲目标，保护人们免受全球气候变化的影响。本法应当考虑生态、社会及经济影响，根据《气候公约》和《巴黎协定》，国家有义务将全球平均气温的升幅限制在远低于工业化前水平2℃内，或在可行情况下限制在1.5℃内，以最大限度降低对全球气候变化的影响。

第2条　定义

为本法之目的：

1."温室气体"指经修订的《欧洲治理条例》附件5第2部分所列之二氧化碳（CO_2）、甲烷（CH_4）、一氧化二氮（N_2O）、六氟化硫（SF_6）、三氟化氮（NF_3）、氢氟碳化物（HFCs）、全氟碳化物（PFCs）。

2."温室气体排放"指以二氧化碳当量（吨）为单位的人为排放的温室气体。一吨二氧化碳当量等于一吨二氧化碳，或等于与一吨二氧化碳的大气升温潜能值相应的其他温室气体的体积。该潜能值可由2020年5月8日欧盟委员会授权（EU）2020/1044号条例确定，该条例补充了欧洲议会和欧洲理事会关于全球变暖潜能值、清单指南以及欧盟清单系统的（EU）2018/1999号条例，并废除了欧盟委员会授权的第666/2014/EU号条例。该潜能值也可根据《欧洲治理条例》第26条第6款b项补充法案确定。

3.《欧洲治理条例》指2018年12月11日欧洲议会和欧洲理事会关于能源联盟和气候行动治理的（EU）2018/1999号条例，修正的欧洲议会和欧洲理事会（EC）663/2009号和（EC）715/2009号条例，欧洲议会和欧洲理事会第94/22/EC号指令、

① 本法于2024年7月15日修订，原文来自德国法律文本数据库，网址：https://www.gesetze-im-internet.de/englisch_ksg/englisch_ksg.pdf。翻译：刘彦；校对：安俊屹、金婧。

第98/70/EC号指令、第2009/31/EC号指令、第2009/73/EC号指令、第2010/31/EU号指令、第2012/27/EU号指令、第2013/30/EU号指令,欧洲理事会第2009/119/EC号指令和(EU)2015/652号指令,以及已废除的欧洲议会和欧洲理事会第525/2013号条例,最后经(EU)2021/1119号条例修订。

4.《欧盟减排分担条例》指2018年5月30日欧洲议会和欧洲理事会颁布的(EU)2018/842号条例,该条例约束成员国自2021年至2030年的年度温室气体减排量,有助开展气候行动以履行《巴黎协定》下的承诺并修订了(EU)525/2013号条例,最后经(EU)2023/857号条例修订。

5.《欧洲监测机制实施条例》指2020年8月7日欧盟委员会实施的(EU)2018/1999号条例,该条例涉及成员国根据欧洲议会和欧洲理事会(EU)2018/1999号条例报告信息的结构、格式、提交程序和审查,同时废除欧盟委员会(EU)749/2014号条例。

6.《巴黎协定》指《气候公约》缔约方于2015年12月12日签署并于2016年9月28日批准的协定。

7."气候行动计划"指根据《巴黎协定》和《欧洲治理条例》第15条通过的德国长期战略。

8."土地利用、土地利用的变化和林业"指附件1第7点所定义的土地利用、土地利用的变化和林业部门;本法第3条第1款以及第4、7、8条不适用该部门。

9."温室气体净中和"指温室气体人为排放源与通过汇减少实现平衡状态。

10."预测数据"指未来温室气体人为排放源与通过汇减少此类气体的数量预估,其中考虑了已通过并生效的政策及措施的影响。

第2部分 气候目标与年度排放预算

第3条 国家气候目标

1.相较1990年,温室气体排放量应当逐步减少,具体如下:

(1)到2030年,减少不低于65%;

(2)到2040年,减少不低于88%。

2.到2045年,实现温室气体净零排放。2050年以后,实现温室气体负排放。

3.上述规定的适用不影响利用政府间机制实现部分温室气体减排以实现国家气候目标的可能性。

4.为实现欧洲或国际气候目标,必要时可以提出更高的国家气候目标。联邦政府应当启动必要程序,提高上述第1款规定的目标值。气候目标只得提高,不可降低。

第 3a 条　土地利用、土地利用的变化和林业部门的贡献

1. 提高土地利用、土地利用的变化和林业部门对缓解气候变化的贡献。土地利用、土地利用的变化和林业部门的各目标年份与前 3 个日历年的年度排放平衡目标如下：

(1) 到 2030 年，减少不低于 2500 万吨二氧化碳当量；

(2) 到 2040 年，减少不低于 3500 万吨二氧化碳当量；

(3) 到 2045 年，减少不低于 4000 万吨二氧化碳当量。

排放量参考本法第 5 条第 2 款第 3 项所涉数据。

2. 联邦政府负责土地利用、土地利用的变化和林业的部门，应当确保上述第 1 款目标的实现。为实现第 1 款目标，该部门应当提出并实施相应国家措施，其职责是提出并实施实现第 1 款目标的国家措施。

3. 联邦政府有权不经联邦议院批准即制定下列法定文书：

(1) 根据欧盟立法要求制定核算规则；

(2) 制定有关如何处理和核算自然影响的规则；

(3) 就全面报告土地利用、土地利用的变化和林业部门的温室气体排放与清除情况，特别是就本条第 1 款所述的年度排放平衡方面，制定具体方法和依据；

(4) 通过制定具体条款，收集、使用和评估遥感采集数据，特别是通过卫星系统采集的数据，用以报告土地利用、土地利用的变化和林业部门的温室气体。

第 3b 条　技术增汇的贡献及授权颁布法令

为实现第 3 条第 2 款规定的国家气候目标，确定 2035 年、2040 年及 2045 年的技术增汇目标。考虑到土地利用、土地利用的变化和林业部门贡献的特殊意义，联邦政府有权根据第 3a 条通过法定文书规定技术增汇的目标，该法定文书无须经联邦参议院批准。法定文书须经联邦议院批准。如果联邦议院在收到法定文书 3 周后仍未审议该法定文书，视为联邦议院已批准未作修改的法定文件。第 2 句规定的基础为联邦政府为解决不可避免的剩余排放制定长期战略，不影响第 3 条第 1 款规定的气候目标。

第 4 条　年度排放预算总额及授权颁布法令

1. 为实现第 3 条第 1 款规定的国家气候目标，须进行跨部门和多年度核算。为此规定年度排放总预算，特别是作为第 5、5a、8、10 条下审查和第 8 条第 1 款下总体减排目标的基础。附件 2 列出了 2030 年底之前的年度排放总预算。2031 年至 2040 年（含 2040 年）的年度减排目标见附件 3。年度排放总预算和年度排放目标在本法提及时具有约束力。主观权利和可质疑的法律地位不因本法而确立，也不依据本法而确立。联邦政府最迟将于2032年提出立法提案,规定2041年至2045年的年度减排目标。

2. 自2021年起,温室气体排放高于或低于相关年度部门许可排放预算的,在本法第3条第1款中所指的下一个日历年之前,应当从剩余年度部门排放预算中减去或增加相应差额。上述规定不影响《欧盟减排分担条例》的规定。

3. 联邦政府有权通过法定文书修改附件2中的年度排放预算总额,从下一个日历年开始生效,无需联邦参议院批准。这些修改必须与实现本法的气候目标以及联邦法律规定相一致。法定文书须经联邦议院批准。如果联邦议院在收到法定文件3周后仍未对其进行审议,则视为联邦议院已批准未作修改的法定文件。

4. 联邦政府在2024年将2031年至2040年的年度减排目标,在2034年将2041年至2045年的年度减排目标转化为年度排放总预算,并通过无需联邦参议院批准的法定文书等额递减。这些年度排放总预算必须与实现本法规定的国家气候目标以及欧盟法律规定相一致。第1句所述的法定文书须经联邦议院批准。如果联邦议院在收到法定文件后的6周后仍未审议该法定文件,则视为联邦议院已批准未作修改的法定文件。

5. 联邦政府将于2028年向联邦议院提交一份报告,介绍欧盟内部碳定价的现状、未来发展以及技术发展情况。在该报告中,联邦政府还将调查本法中的条款对于实现气候目标是否必要,并在适当情况下,考虑到欧洲排放权交易的影响,分析从2031年起取消对各个部门的年度排放预算分配的可行性。必要时,联邦政府将提出立法建议。

6. 联邦政府必须在2024年6月底之前提交一份报告,就从国内燃料排放交易过渡到欧洲燃料排放交易提出建议。

第5条　监测、年度排放预算及授权发布法令

1. 联邦环境署应当根据《欧洲监测机制实施条例》的要求,或者根据《欧洲治理条例》第26条通过的补充法案,汇编本法附件1所列部门上一日历年(报告年)的温室气体排放数据。2030年前能源、工业、交通、建筑、农业和废物管理及其他部门各自的年度排放预算见附件2a。各部门统一报告表中的类别见附件1。联邦环境署应公布报告年度的排放数据,并在每年3月15日之前提交给本法第10条所指的气候变化专家委员会。

2. 自2021年报告年度开始,除排放数据外,还应报告以下内容:

(1)在相关报告年度,所有部门关于排放数据是否高于附件2规定的年度排放预算总额的汇总信息,以及对各部门的排放数据是否高于或低于本法附件2a所列的年度排放预算进行说明。

(2)根据第4条第2款和附件2更新的年度排放预算总量，以及第5款规定的报告年之后各年各部门的更新年度排放预算总量。

(3)对于土地利用、土地利用的变化和林业部门，附温室气体的源和汇。

(4)提供附录，说明自2020年报告年度起提交给欧盟委员会的往年排放数据，受《欧盟减排分担条例》约束的部门，其排放数据将单独公布。

3. 根据第3条第1款，负责各部门的所有联邦部委应为实现国家气候目标做出适当贡献。

4. 联邦政府有权通过法定文书更改附件2a中各部门的年度排放总预算，自下一日历年开始生效，无需联邦参议院批准。对各部门年度排放预算的修改必须与实现本法规定的国家气候目标、年度排放总预算以及联盟法律的要求相一致。该法定文书须经联邦议院批准。如果联邦议院在收到法定文件3周后仍未对该法定文件进行审议，则视为其已批准未经修改的法定文件。

5. 如果年度排放预算总额根据第4条第2款进行了调整，联邦政府必须通过法定文书对附件2a进行相应调整，无需联邦参议院批准，同时考虑到第8条第2款规定的措施，从下一个日历年开始生效。

6. 联邦环境署可收集履行第1、2款规定的任务所需的数据。如果根据其他法律规定，已经或将要向联邦或州当局传递自然人和法人以及社团的数据，则不禁止收集该数据。联邦环境署可在必要的范围内获取该数据，以便收集数据完成第1款规定的任务。这也适用于为其他目的而收集数据。

7. 联邦政府可以通过无需联邦参议院批准的法定文书：

(1)规定收集和传输数据的责任；

(2)确定必须收集和传输的数据；

(3)规定收集和传输数据的要求；

(4)规范收集和传输数据的程序；

(5)为确保国际温室气体排放报告的统一性，且不违反欧盟法律要求，更改附件1中各部门排放源的分配。

8. 联邦政府在2024年为2031年至2040年(含2040年)，在2034年为2041年至2045年(含2045年)规定年度排放预算。这些年度排放预算必须与实现本法规定的国家气候目标、年度排放预算总额以及欧盟法律规定相一致。在此过程中，必须确保各部门都能明确减少温室气体排放。适用年度排放预算，除非根据第4条第5款在法定文书的基础上做出了不同安排。第1句规定的法定文书须经联邦议院批准。如果联邦议院在收到法定文件6周后仍未审议该法定文件，则视为已批准未作修改的法定文件。

第 5a 条　预测数据

联邦环境署每年根据现有排放数据,按照《欧洲治理条例》第 5 条第 1 款关于 2030 年(含 2030 年)之前所有年份以及至少到 2035 年、2040 年和 2045 年(含 2035 年、2040 年和 2045 年)总体排放量和各部门排放量未来发展的要求,编制预测数据;自 2029 年起,联邦环境署编制 2040 年(含 2040 年)之前所有年份以及至少到 2045 年(含 2045 年)的预测数据。为此,联邦环境署须委托一家研究机构进行研究。根据采购法,将与联邦总理府,联邦财政部,联邦经济事务和气候行动部,联邦住房、城市发展和建设部,联邦数字和交通部,联邦环境、自然保护、核安全和消费者保护部以及联邦食品和农业部就组成、规格和其他采购条件达成共识。该预测还将提供受《欧盟减排分担条例》约束的各部门排放份额明细。联邦环境署在每年 3 月 15 日公布第 5 条规定的排放数据的同时,将预测数据提交气候变化专家委员会和联邦议院。该条不影响根据《欧洲治理条例》第 18 条向欧盟委员会提交预测数据的义务。

第 6 条　罚则

1. 任何人因故意或过失违反本法第 5 条第 4 款规定的法定文书,或违反根据该法定文书颁布的强制命令的,属于行政违法行为,该法定文书就特定违法行为提及本条罚则规定的,适用本条罚则。

2. 违反规定最高可处 5 万欧元罚款。

第 7 条　实施《欧盟减排分担条例》

1. 为履行《欧盟减排分担条例》规定的义务,应当在联邦预算范围内,通过负责实施该条例的联邦部门,集中购买排放配额。购买排放配额时,该联邦部门应确认出售配额方承诺将收入用于应对气候变化。

2. 联邦政府应向联邦议会和联邦参议院提交联邦预算草案统计概要,应涵盖以下内容:

(1)上一日历年及 2021 年以来,排放量是否高于或低于《欧盟减排分担条例》对德国的年度排放分配额;

(2)在相关预算年度,根据《欧盟减排分担条例》获得排放分配的概况;

(3)上一日历年购买的排放配额数量以及 2021 年以来购买的排放配额总数。

另外,应附上用于采购的预算资金情况。

3. 联邦政府的行动旨在避免购买排放配额,以履行《欧盟减排分担条例》规定的义务。

4. 如果第 5a 条下的预测数据显示,受《欧盟减排分担条例》约束的各部门排放份额总和高于《欧盟减排分担条例》为德国设定的 2021 年至 2030 年的分配额总和,联邦政府必须在气候变化专家委员会提交预测数据评估后1个月内向联邦议院汇报该情况,并根据《欧盟减排分担条例》第8条就潜在影响发表意见。

5. 如果联邦政府必须根据《欧盟减排分担条例》第8条规定向欧盟委员会提交纠正行动计划,联邦政府将在欧盟减排分担条例第8条规定的期限内通过该计划,并即刻将其转交联邦议院。

联邦政府还应即刻向联邦议院提交以下文件:

(1)欧盟委员会根据《欧盟减排分担条例》第8条第1款得出的结论;

(2)欧盟委员会的意见和联邦政府根据《欧盟减排分担条例》第8条第3款提出的理由。

第8条　超过年度排放预算的程序

1. 如果第12条第1款规定的气候变化专家委员会发现,第5a条规定的预测数据显示,从2021年到2030年(含2030年),各部门的温室气体排放总量连续2年超过附件2与第4条第2款规定的相应年度排放预算总量之和,则联邦政府应当采取措施,确保符合排放预算总量之和。本条适用至2029年(含2029年)。如果联邦政府在发现第1句所述连续超标的同一年已做出决定,或在前一年已做出决定,且该决定符合第1句的要求,则不采取纠正行动。

2. 为助力联邦政府做出决定,相关联邦部委,特别是其职责范围涵盖造成超支部门的部委,应当在气候变化专家委员会评估预测数据后的3个月内,就其职责范围涵盖的部门提出措施建议。该建议可以为跨部门措施。联邦政府对相关或其他部门以及跨部门措施进行讨论,并尽快通过,最迟于同一日历年内通过。该讨论可以将《欧盟减排分担条例》提供的范围纳入考量,并通过第5条第4款下的法定文书变更各部门的年度排放预算。在编制有关措施的决定提案之前,作为措施基础的温室气体减排假设应提交气候变化专家理事会审查。审查结果将纳入决定提案。

3. 联邦政府应将所采取的措施通知联邦议院。

4. 如果第12条第1款规定的气候变化专家委员会发现,第5a条规定的预测数据显示,从2031年至2040年(含2040年)期间,各部门的温室气体排放总量连续2年超过第4条第4款与第4条第2款规定的相应年度排放预算总量之和,则联邦政府应当从2030年起采取措施,确保符合2031年至2040年的年度排放预算总量之和。本条第1款第2句和第2、3款相应适用。

第3部分　气候行动计划

第9条　气候行动方案

1. 联邦政府最迟于立法任期开始后12个日历月内通过一项气候行动方案。此外，每次更新气候行动计划后，联邦政府应当审查是否应通过一项新的气候行动方案。在各气候行动方案中，联邦政府在考虑到第5a条规定的当前预测数据的基础上，规定了为实现第3条第1款规定的各部门和跨部门国家气候目标而将采取的措施。第2句所述措施的核心是，在考虑第5条第3款的情况下，遵守为实现第4条下的目标而设定的年度总排放预算。联邦政府还要明确为实现第3a、3b条规定的目标而采取的措施。如果联邦政府根据第8条采取措施，或根据《欧盟减排分担条例》第8条第1款制定纠正行动计划，则视为对现有气候行动方案的更新。

2. 如果有必要采取措施以遵守第4条规定的年度排放总预算，所有相关联邦部委应在立法任期开始后的6个月内，提出适合遵守年度排放总预算的措施。第5条第3款相应适用。除了对可能的温室气体减排效果进行科学估算外，措施建议还包括对潜在经济、社会和其他环境影响的科学估算。该估算应尽可能涵盖对就业趋势、经济结构、生活水平（包括农村地区的生活水平）以及自然资源利用效率的影响。负责气候行动的牵头部门与相关联邦部委协调，确定拟议措施可能产生的温室气体减排效果。

3. 联邦政府应通过公众咨询程序，使各州、市政府、商业协会和民间社会组织以及气候变化科学平台和联邦政府的科学咨询机构参与各项气候行动方案。

第10条　报告

联邦政府应编制一份年度气候行动报告，其中包括：各部门温室气体排放的发展信息，根据本法第9条通过的气候行动方案及根据第8条采取紧急行动方案的实施情况，以及对温室气体减排效果的预估。在2024年及此后每2年，气候行动报告应包含欧盟内部碳定价的现状与发展、技术和国际趋向以及与国家碳定价和国家气候目标的适应性，包括根据第5条第1款对各部门的影响。联邦政府应在6月30日前向联邦议院提交上一年度气候行动报告。

第4部分　气候变化专家委员会

第11条　气候变化专家委员会独立行事且有权制定法律文件

1. 兹设立气候变化专家委员会，由来自不同专业领域的5名专家组成。联邦政府应当任命成员，每届任期 5 年，至少从气候学、经济学、环境科学及社会事务领域各选出一名在所在行业中拥有丰富科学知识和经验的成员。作为一个整体，专家委员会还应彰显本法第 5 条第 1 款规定的部门综合专业技术。应确保妇女同男子享有平等代表权。成员可连任一次。

2. 气候变化专家委员会应以无记名投票方式，在其成员中选举一名主席、一名副主席。由气候变化专家理事会通过理事会议事规则。

3. 气候变化专家委员会仅受本法规定职责的约束，独立行事。联邦应根据联邦预算的规定，向气候变化专家委员会支付费用。

4. 行政管理办公室应协助气候变化专家委员开展工作。该办公室的工作人员由联邦政府任命，其处理专业事务须获得气候变化专家委员会授权。

5. 联邦政府无须经联邦参议院批准，有权就气候变化专家委员会的所在地、行政管理办公室、成员薪酬、旅费报销、保密义务及其他组织事项制定法定文书。

第 12 条　气候变化专家委员会的职责

1. 气候变化专家委员会应审查本法第 5 条第 1、2 款规定的排放数据和第 5a 条规定的预测数据，在联邦环境署发布数据后 2 个月内，向联邦政府和联邦议院提交对公布数据的评估。在此过程中，气候变化专家委员会应根据预测数据，确定各部门在 2021 年至 2030 年（含 2030 年）期间温室气体排放总量高于或低于附件 2 中第 4 条第 2 款规定的年度排放预算总量的程度；自 2029 年起，气候变化专家委员会还应确定各部门在 2031 年至 2040 年（含 2040 年）期间，根据预测数据得出的温室气体排放总量高于或低于第 4 条第 2、4 款规定的年度排放预算总量的程度。根据附件 2a 和第 5 条第 8 款的规定，本评估报告还应介绍各部门的预测数据及其与年度排放预算相比的发展情况。根据排放数据和预测数据，气候变化专家委员会还应确定受《欧盟减排分担条例》约束的各部门的总排放份额在多大程度上高于或低于《欧盟减排分担条例》为德国规定的 2021 年至 2030 年的分配额。必要情况下，根据《欧盟减排分担条例》第 5a 条规定的德国碳排放权分配情况进行预测。

2. 根据本法第 8 条第 2 款所述措施形成的提案提出之前，气候变化专家委员会应当审查措施减少温室气体的相关假设。

3. 联邦政府在下令实施下列措施之前，应征求气候变化专家委员会关于减少温室气体基本假设的意见：

（1）修改或规定本法规定的年度排放总预算和年度排放预算；

（2）更新《气候行动计划》；

（3）根据本法第 9 条适用气候行动方案。

4. 气候变化专家委员会应在 2022 年及此后每 2 年，向联邦议院和联邦政府提交评估报告,说明截至目前温室气体排放的进展情况、年度排放预算趋势以及根据本法在实现目标方面采取的措施的有效性。此外,联邦议院或联邦政府可以通过相应决定,责成气候变化专家委员会起草特别报告。

5. 气候变化专家委员会可以在排放数据和预测数据的基础上,就进一步制定适当的气候行动措施提出专家意见。气候变化专家委员会根据第 1 句向联邦政府和联邦议院提交专家意见。联邦政府在决定第 8、9 条规定的措施时应当考虑专家意见。

6.《联邦数据保护法》第 2 条第 1 款规定的所有联邦公共机构,应确保气候变化问题专家委员会获取履职所需的有效数据。联邦政府应保护第三方的工业和商业秘密以及个人数据。气候变化专家委员会可就气候行动相关事项听取和询问相关政府部门和专家的意见,特别是商业组织和环境协会代表的建议并向其提问。

7. 气候变化专家委员会在其专家意见中,应当对联邦政府向其提交的有关气候行动措施的社会分配效应、经济可行性和有效性的规定进行评论。

第 5 部分　相关政府部门的模范作用

第 13 条　考量条件

1. 履行公职的机构应充分考虑本法目的和为实施本法而设定的目标。上述规定不影响各州、市政府及市政协会在各自职责范围内的行使权力。在联邦政府进行规划、选择、投资及采购过程中,应当以二氧化碳价格为基础,至少是《燃料排放配额交易法》第 10 条第 2 款规定的最低价格或固定价格,以避免或造成温室气体排放。

2. 在规划、选择、投资和采购过程中,联邦政府应审查每项业务如何助力实现本法第 3 条规定的国家气候目标。存在两个及以上实施方案的,在衡量与各措施目标相关的其他标准后,应优先考虑能够在周期内以最低成本实现温室气体减排目标的方案。除采购法另有规定,额外支出应与温室气体减排的额外贡献成比例。采购法规定适用的,则应当适用。

3. 采用成本效益标准时,联邦政府在投资或采购周期中产生的费用和节省款项应作为比较的基础。

第 14 条　联邦与州的合作

1. 在不违反联邦法律的前提下,各州可以制定各自的气候变化法。在不违反联邦法律的前提下,各州现行气候变化立法继续适用。

2. 为实现本法目标,联邦和各州应当以适当形式开展合作。

第15条　气候中和的联邦行政机构

1. 联邦政府应当为自己设定目标，即到2030年，联邦行政机构实现气候中和。为实现这一目标，联邦政府最晚于2023年并于此后每5年，制定联邦政府及其他无法人资格的联邦机构(联邦组织机构直辖)必须遵守的措施。为实现该目标需要制定法规的，联邦政府应在措施通过后6个月内向联邦议院提交法规草案。

2. 联邦政府主要通过节约能源，有效提供、转换、利用和储存能源，高效利用可再生能源以及选择气候友好型运输方式来实现气候中和。应注意确保有效利用自然资源。对于联邦政府在国外采取行政行动的，如建造或翻修联邦建筑物，应妥善考虑当地法规、技术标准以及市场条件。

3. 联邦政府应当监督公司、机构、基金会、专项基金以及全部或部分由其所有的私营企业和法人单位，确保前述机构在开展行政活动中致力于实现气候中和。

4. 联邦政府应与各州进行经验交流，协助各州在其职责范围内进行审查并酌情制定与根据本条第1至3款颁布的规则相类似的规则。

第16条　过渡性安排

1. 2021年8月18日版法案之第8条在目前行动方案中仍有效力。

2. 根据第5a条编制的预测视为预测数据。德国气候变化专家委员会应根据第12条第1款尽快审查该预测数据，并根据第12条第1款第4句做出决定。

附件1(本法第5条)部门

表1　部门划分基于《欧洲监督机制实施条例》规定的通用报告格式(CRT)来源类别或《欧洲治理条例》第26条第7款通过的实施法案

部门	通用报告格式(CRT)的来源类别说明	CRT来源类别
1. 能源部门	能源工业中的燃料燃烧活动 管道运输(其他运输) 燃料逃逸性排放	1. A. 1 1. A. 3. e 1. B
2. 工业部门	制造业和建筑业的燃料燃烧活动 工业流程与产品使用 二氧化碳运输与储存	1. A. 2 2 1. C

续表

部门	通用报告格式(CRT)的来源类别说明	CRT 来源类别
3. 建筑物	燃料消耗活动 商业/机构 家庭 与燃料消耗有关的其他活动(特别是军事设施)	 1. A. 4. a 1. A. 4. b 1. A. 5
4. 运输	运输(国内民航运输、公路运输、铁路运输、内河航运),不包括管道运输	1. A. 3. a 1. A. 3. b 1. A. 3. c 1. A. 3. d
5. 农业	农业 农业、林业和渔业的燃料消耗活动	3 1. A. 4. c
6. 废物管理及其他	废物与废水 其他	5 6
7. 土地利用,土地利用的变化和林业	林地、耕地、草地、湿地和住宅区、木材产品、土地利用类别的变化	4

附件2(本法第4条第1款第2、3句)

表2　2020年至2030年年度许可排放预算总额

	2020年	2021年	2022年	2023年	2024年	2025年	2026年	2027年	2028年	2029年	2030年
以100万吨二氧化碳当量为单位的年度排放预算总额	813	786	756	720	682	643	604	565	523	482	438

附件 2a（本法第 5 条第 1 款第 2 句）

表 3　2020 年至 2030 年年度许可排放预算

以 100 万吨二氧化碳当量为单位的年度排放预算	2020 年	2021 年	2022 年	2023 年	2024 年	2025 年	2026 年	2027 年	2028 年	2029 年	2030 年
能源	280		257								108
工业	186	182	177	172	165	157	149	140	132	125	118
建筑	118	113	108	102	97	92	87	82	77	72	67
运输	150	145	139	134	128	123	117	112	105	96	85
农业	70	68	67	66	65	63	62	61	59	57	56
废弃物及其他	9	9	8	8	7	7	6	6	5	5	4

附件 3（第 1 条第 1 款第 4 句）

表 4　2031 年至 2040 年年度减排目标

	2031 年	2032 年	2033 年	2034 年	2035 年	2036 年	2037 年	2038 年	2039 年	2040 年
相较 1990 年的年缓解目标	67%	70%	72%	74%	77%	79%	81%	83%	86%	88%

法国应对气候变化与加强抗御力法[①]

编号:TREX2100379L,第 2021 - 1104 号法

法国国民议会和参议院通过,根据法国宪法委员会 2021 年 8 月 13 日(DC)2021 - 825 号决定;共和国总统颁布本法,内容如下。

第一编　实现《巴黎协定》和《欧洲绿色协议》的目标

第 1 条　按照于 2015 年 12 月 12 日通过并于 2016 年 10 月 5 日批准的《巴黎协定》,且在《欧洲绿色协议》框架下,国家重申履行减少温室气体排放目标的承诺。该目标源于 2018 年 5 月 30 日修订的欧洲议会和欧洲理事会 2021 年至 2030 年成员国每年约束性地减少温室气体排放的(EU)2018/842 号条例。该条例旨在履行《巴黎协定》框架下的承诺,助力气候行动,并对(EU)525/2013 号条例进行修改。

第二编　消　　费

第一章　知悉、培训和提高意识

第 2 条

1. 在《环境法典》第五卷第四编第一章第二节第一分节后,增加第一(乙)分节,内容如下:

"第一(乙)分节　商品与服务的环境影响的标识

第 L. 541 - 9 - 11 条　针对国内市场上特定或某类商品或服务对环境的影响以

---

① 本法于 2021 年 8 月 24 日颁布,原文来自法兰西共和国政府公报,网址:https://www.legifrance.gouv.fr/jorf/id/JORFTEXT000043956924。翻译:部雪莹;校对:马遥、王茜茜、王镱霖、石鑫鉴、唐寅智、刘彦。

及是否符合社会标准的信息，根据第 L. 541 – 9 – 12 条规定的条件，应当强制向消费者提供含有该信息的标识。

该标识采用标记、标签或其他相关的形式。消费者在购买时，该标识应当做到明显或易于获取。

采用可靠且易于消费者理解的方式，该标识所提供的信息应当说明相关商品与服务全生命周期的环境影响。该信息涵盖某类商品与服务对环境的影响，其中包括温室气体排放情况、对生物多样性造成的损害，以及对水和其他自然资源的消耗情况。针对农业、林业、食品业产品，该信息同时涵盖经科学评估后相关商品与服务生产系统的外部环境影响。

该标识应当采用可靠且易于消费者理解的方式，说明商品与服务全生命周期内温室气体排放的具体影响。

第 L. 541 – 9 – 12 条　2021 年 8 月 22 日应对气候变化和加强气候抗御力的第 2021 – 1104 号法第 2 条第 2 款提及的试验结束并对其进行评估后，法令应当针对强制性携带本法典第 L. 541 – 9 – 11 条提及的环境标识的商品与服务，罗列该类商品与服务的清单。

针对相关各类商品与服务，该法令应当规定研究环境影响的方法和标识的方式，并根据商品与服务性质和企业规模，规定标识的条件。针对微型、小型、中型企业，同时应当考虑企业业务量大小。

针对其他种类的商品与服务，根据同法令的规定，该标识为非强制性质。

第 L. 541 – 9 – 13 条　根据《商法典》第 L. 151 – 1 条，出于集体利益考虑，法令应当采用自动数据处理系统可任意使用和开发的开放格式，规定营销商提供的商品与服务、本法第 L. 541 – 9 – 11 条规定的环境标识所涵盖的信息，以及营销商应当履行的强制性标识的规模标准。

第 L. 541 – 9 – 14 条　针对任何违反第 L. 541 – 9 – 11 条规定的强制性标识的行为，处自然人行政罚款，不超过 3000 欧元，处法人行政罚款，不超过 15, 000 欧元。根据《消费者法典》第五卷第二编第二章规定的条件，处以该罚款。

第 L. 541 – 9 – 15 条　禁止使用或发布不符合第 541 – 9 – 11 条和第 L. 541 – 9 – 12 条规定条件的标识。

针对任何违反该禁令的行为，处自然人行政罚款，不超过 3000 欧元，处法人行政罚款，不超过 15, 000 欧元。根据《消费者法典》第五卷第二编第二章规定的条件，处以该罚款。”

2. 自本法颁布之日起 5 年内，应当开展针对《环境法典》第 L. 541 – 9 – 11 条提及的各类商品与服务的试验，并对关于环境影响的各类研究方法和标识方式进行评估。为了使区域样本具有多样性和代表性，应当对试验项目进行适当筛选。

该试验应当根据商品与服务性质以及企业规模，确定研究方式。针对微型、小型、中型企业，同时应当考虑企业业务量大小。自本法颁布之日起6个月内，开展针对服装、食品、家具、酒店和电子产品行业的试验。

在试验阶段，若公法人和私法人希望采用标识，向消费者提供有关国内市场上某项或某类商品或服务对环境的影响以及是否符合社会标准的信息，应当在标识旁注明其试验性质。

政府应当向议会提交各试验的评估结果，并公布。

3. 在第2款提及的试验结束且在对试验进行评估后，根据《环境法典》第L.541-9-12条规定的条件，认定该环境标识为强制性质。尤其是针对服装行业。

4. 在《消费者法典》第L.511-7条第26款后，增加第27款："(27)根据《环境法典》第五卷第四编第一章第二节第一(乙)分节。"

5. 废除2020年2月10日反对浪费和循环经济的第2020-105号法第15条。

第3条

1. 2020年2月10日应对浪费和循环经济的第2020-105号法第29条第1款第2段，由"第L.541-9-2条和"取代"第L.541-9-1条至"。

2. 在《环境法典》第L.541-9-2条后，增加第L.541-9-4-1条，内容如下：

"第L.541-9-4-1条　针对任何违反第L.541-9-1条提及的信息义务的行为，处自然人行政罚款，不超过3000欧元，处法人行政罚款，不超过15000欧元。

根据《消费者法典》第五卷第二编第二章规定的条件，处以该罚款。"

3. 对根据2020年2月10日应对浪费和循环经济的第2020-105号法第29条第2款起草的《消费者法典》第L.511-7条，修改如下：

(1)第22项，删除"第L.541-9-1条"；

(2)在第26项后，增加第28项："(28)同法典第L.541-9-1条。"

4. 第1款和第3款第1项于2022年1月1日生效。第2款和第3款第2项于2023年1月1日生效。

第4条　《消费者法典》第L.121-2条第2款第b项，在"产地"一词后，增加"根据《欧盟海关法典》有关非产自优惠原产地的部分，关于允许使用'法国制造'、'产地法国'或相关批注、标志或符号的规则。"

第5条　对《教育法典》修改如下：

(1)第L.111-2条第2段第3句后，增加一句："发展必要的科学知识、技能和文化，以了解生态转型和可持续发展的环境、健康、社会和经济问题。"

(2)第一卷第二编第一章，增加第L.121-8条，内容如下：

"第 L. 121 – 8 条　环境和可持续发展的教育由各学科共同推动,以帮助学生了解生态转型和可持续发展的环境、健康、社会和经济问题。该教育分布于整个在校培育阶段,根据不同的年级和专业,培养科学知识和技能,使学生能够了解全国范围内与气候变化、环境健康和保护陆地和海洋生物多样性有关的问题,掌握相关技术,以便做好履行公民责任的准备。国家教育部应当保证教学内容、该教学内容的实践方式,以及在校期间开展的环境和可持续发展教育的一致性。"

(3)对根据 2021 年 5 月 5 日更新和修改有关海外领土的《教育法典》条款的第 2021 – 552 号命令起草的,构成第 L. 165 – 1 条第 1 款第 2 段的表格,修改如下:

(a)由 3 行取代第 4 行,内容如下:

第 L. 111 – 1 – 2 条和第 L. 111 – 1 – 3 条	根据 2019 年 7 月 26 日针对信任校园的第 2019 – 791 号法
第 L. 111 – 2 条	根据 2021 年 8 月 22 日应对气候变化和加强气候抗御力的第 2021 – 1104 号法
第 L. 111 – 3 条至第 L. 111 – 4 条	根据上述 2019 年 7 月 26 日第 2019 – 791 号法

(b)在第 17 行后,增加一行,内容如下:

第 L. 121 – 8 条	根据 2021 年 8 月 22 日应对气候变化和加强气候抗御力的第 2021 – 1104 号法

(4)第 L. 214 – 2 条第 3 段,增加一句:"按照《地方行政区域一般法典》第 L. 4251 – 1条提及的大区规划、可持续发展与区域平等纲要,涵盖应对气候变化和生态转型问题的部分。"

(5)第 L. 312 – 19 条第 2 段,由"变化"取代"变暖"。

(6)根据上述命令起草的,构成第 L. 375 – 1 条第 1 款第 2 段的表格第 29 行,内容如下:

第 L. 312 – 19 条	根据 2021 年 8 月 22 日应对气候变化和加强气候抗御力的第 2021 – 1104 号法

(7)第 L. 721 – 2 条第 8 段第 2 句,增加:"和数字型节约。"

(8)根据上述命令起草的,构成第 L. 775 – 1 条第 1 款第 2 段的表格第 48 行,内容如下:

第 L.721 -2 条	根据 2021 年 8 月 22 日应对气候变化和加强气候抗御力的第 2021 - 1104 号法

(9)根据上述命令起草的,构成第 L.776 -1 条和第 L.777 -1 条第 1 款第 2 段的表格第 50 行,内容如下:

第 L.721 -2 条	根据 2021 年 8 月 22 日应对气候变化和加强气候抗御力的第 2021 - 1104 号法

第 6 条 对《教育法典》,修改如下:

(1)第 L.421 -8 条,内容如下:

"第 L.421 -8 条 健康、公民和环境教育委员会由委员会会长主持。该委员会旨在将健康、公民和可持续发展教育纳入经董事会批准的各教学安排中。

委员会应当向反对社会歧视的活动家和组织提供支持,加强教育机构、学生家长和外部伙伴之间的关联。委员会应当支持有关解决学业困难、改善家庭关系、调和社会矛盾、艺术与文化教育、预防危险行为和反对暴力的倡议。

委员会应当宣传身体、精神、社会健康的重要性。该宣传包括性别和饮食教育项目和成瘾行为预防项目。

委员会应当推动公民教育、共和国价值观和原则的传递,以及政教分离原则的宣传。委员会应当通过团结教师、学生、学生家长和外部伙伴,支持有关预防和反对任何形式的歧视的倡议。

委员会旨在通过团结教师、学生、学生家长和外部伙伴,促进和推广有关环境和可持续发展教育的集体措施。该措施属于教学安排的一部分。"

(2)根据 2021 年 5 月 5 日更新和修改有关海外领土的《教育法典》条款的第 2021 -552 号命令起草的,构成第 L.495 -1 条第 1 款第 2 段的表格内容第 7 行,由以下两行取代:

第 L.421 -8 条	根据 2021 年 8 月 22 日应对气候变化和加强气候抗御力的第 2021 - 1104 号法
第 L.421 -9 条	根据 2000 年 6 月 15 日《教育法典》立法部分的第 2000 -549 号命令

第二章 广告规范和监管

第 7 条

1. 对《环境法典》修改如下:

(1)第二卷第二编第九章,增加第八节,内容如下:

“第八节　对气候有过度影响的产品和服务的广告

第 L.229－61 条　1.禁止有关商业化化石能源或推广化石能源的广告。最高行政法院法令应当规定相关化石能源的清单,以及适用于化石燃料中含有的可再生能源的规则。该禁令不适用于可再生能源含量大于或等于50%的燃料。

2.根据公众获取相关能源价格信息的要求,以及该能源供应商和分销商的法律、法规义务,由第1款规定的法令确定本条的适用条件。适用条件不得阻碍本法第 L.224－1 条、《消费者法典》第 L.224－3 条和第 L.224－7 条、2019 年 11 月 8 日能源和气候的第 2019－1147 号法第 63 条和《能源法典》第 L.122－3 条所规定的义务。

第 L.229－62 条　禁止有关销售或推广购买 2019 年 12 月 24 日交通导向的第2019－1428 号法第 73 条第 1(2)款提及的全新车辆。

最高行政法院法令应当规定相关车辆的清单。

第 L.229－63 条　针对违反第 L.229－61 条和第 L.229－62 条规定禁令的行为,处自然人行政罚款 20,000 欧元,处法人行政罚款 100,000 欧元。罚款可以增加至违法行为所涉及的全部金额。

针对再犯的情况,处本条第 1 款规定的罚款金额的两倍罚款。

第 L.229－64 条　1.在以下产品的广告中,有关商品与服务全生命周期的环境影响的摘要信息应当做到明显、易懂:

(1)第 L.541－9－11 条提及的应当带有环境标识的商品与服务;

(2)根据 2017 年 7 月 4 日欧洲议会和欧洲理事会关于确立能源标签框架并废除 2010/30/EU 指令的(EU)2017/1369 条例第 16 条,针对应当带有能源标签的产品,其摘要信息包含该产品的能源效率等级;

(3)根据《公路法典》第 L.318－1 条,针对应当带有标签的车辆,其摘要信息包含该车辆的二氧化碳排放等级。

2.第 1 款提及的义务不适用于广播广告。

3.最高行政法院法令应当规定本条的适用条件。由于同时需要提供其他强制性信息或批注,广告存在空间限制,为了确保第 1 款规定的信息清晰明显,该法令应当规定广告须提供清晰且明显的链接,引导消费者通过其他便捷的途径获取相关信息。

第 L.229－65 条　针对任何违反第 L.229－64 条的行为,予以处罚。在《消费者法典》第五卷第二编第二章规定的条件下,处自然人罚款 20,000 欧元,处法人罚款 100,000 欧元。罚款可以增加至违法行为所涉及的全部金额。

针对再犯的情况,处本条第 1 段规定的罚款金额的两倍罚款。

第 L. 229 - 66 条 《消费者法典》第 L. 511 - 3 条中提及的专员应当负责调查和记录违反本法典第 L. 229 - 64 条的行为。该专员拥有本法典第五卷第一编第二章规定的权力,并可以实行同第五卷第二编第一章第一节规定的措施。

第 L. 229 - 67 条 针对须带有第 L. 541 - 9 - 11 条规定的强制性环境标识、2017 年 7 月 4 日欧洲议会和欧洲理事会关于确立能源标签框架和废除第 2010/30/EU 号指令的(EU)2017/1369 号条例第 16 条规定的强制性能源标签、《公路法典》第 L. 318 - 1 条规定的强制性标签的商品与服务,且当针对该商品与服务的广告投入高于或等于 100,000 欧元时,其进口商、分销商或其他营销商应当按照法令规定的方式和条件,通过公共机关设立的专门数字平台进行申报。

在最高行政法院法令规定的条件下,行政机关对违反本条第 1 段规定的义务,处最高 30,000 欧元的罚款。

行政机关每年公布第 1 段提及的符合 1986 年 9 月 30 日通信自由的第 86 - 1067 号法第 14 条中提及的部门和跨部门良好行为守则的企业清单和不符合该守则的企业清单。

条例应当规定本条第 3 段提及的企业清单的公布方式。"

(2)第 L. 581 - 40 条第 1 款第 1 段,在"条"一词后,增加"第 L. 229 - 63 条"。

2.《环境法典》第 L. 229 - 61 条和第 L. 229 - 63 条自本法颁布之日起 1 年后生效。《环境法典》第 L. 229 - 62 条于 2028 年 1 月 1 日生效。

第 8 条 《消费者法典》第一卷第二编第一章,增加第十三节,内容如下:

"第十三节 针对高污染车辆的保险附加费,抵消该费用效力的补贴或降价

第 L. 121 - 24 条 根据《一般税法典》第 1012(3)条,针对终端消费者的汽车保险附加费,禁止任何形式的广告或宣传提出抵消或减少该费用效力的补贴或降价。"

第 9 条

1.《环境法典》第 L. 541 - 15 - 9 条,增加一段,内容如下:

"针对任何违反本条条款的行为,处自然人行政罚款,不超过 3000 欧元,处法人行政罚款,不超过 15,000 欧元。根据《消费者法典》第 L. 522 - 6 条,可以对处罚决定进行公开,期间产生的费用由受罚人承担。根据《消费者法典》第五卷第二编第二章规定的条件,处以该罚款。"

2. 2020 年 2 月 10 日应对浪费和循环经济的第 2020 - 105 号法第 29 条第 2 款第 2 段,由",第 L. 541 - 9 - 3 条和第 L. 541 - 15 - 9 条"取代"和第 L. 541 - 9 - 3 条"。

3. 本条于 2022 年 1 月 1 日生效。

第 10 条 对《消费者法典》第 L. 121 - 2 条第 2 项修改如下:

(1)第 b 项,在第二次出现的“使用”一词后,增加:“包括其环境影响,”;

(2)第 e 项,在“广告商”一词后,增加:“,包括与环境相关”。

第 11 条 《消费者法典》第 L. 132 - 2 条第 2 段,增加一句:“当第 L. 121 - 2 条第 2 款第 b 目和第 e 目提及的误导性商业行为以环境诉求作为依据时,该比率提高至 80%。”

第 12 条 《环境法典》第二卷第二编第九章,增加第九节,内容如下:

“第九节 环境诉求

第 L. 229 - 68 条 1. 禁止在广告中提及产品或服务符合碳中和标准,或使用任何具有同等意义或影响的措辞,除非广告商向公众提供以下内容:

(1)温室气体排放总结,其中包含产品或服务直接和间接的排放情况;

(2)避免、减少、补偿产品或服务的温室气体排放的措施。减少温室气体排放计划应当以年为单位对减排目标进行量化。

(3)根据法令规定的最低标准,余留温室气体排放的补偿方式。

2. 法令应当规定本条的实施方式。

第 L. 229 - 69 条 在最高行政法院法令规定的条件下,行政机关可以对违反禁令和本节规定义务的行为,予以处罚。对自然人处 20,000 欧元罚款,对法人处 100,000 欧元罚款。罚款金额可增加至用于违法行为的全部金额。”

第 13 条 《公路法典》第三卷第二编第八章增加:“第 L. 328 - 2 条 在最高行政法院命令规定的条件下,行政机关对违反第 L. 328 - 1 条规定义务的行为,处 50,000 欧元罚款。针对再犯的情况,罚款可增加至 100,000 欧元。”

第 14 条

1. 对 1986 年 9 月 30 日关于通信自由的第 86 - 1067 号法第 14 条,修改如下:

(1)在第 1 段最后一句后,增加一句:“广告行业自我管制机关应当每年向议会提交一份报告,说明现有自我管制的措施,并对采取的行动进行总结。”

(2)增加三段,内容如下:

“最高音像委员会同时应当负责推广行业和跨行业环境行为守则,即‘气候合同’。根据《消费者法典》第 L. 111 - 7 条,针对负面影响的商品与服务,该守则旨在大力减少该类商品与服务利用音像传播服务和网络平台运营商服务进行商业性宣传。其中,对环境造成的负面影响包括温室气体排放、生物多样性损害和自然资源消耗。该守则同时旨在防止商业性宣传美化该类商品与服务对环境的影响。当环境标识普及时,应当利用《环境法典》第 L. 541 - 9 - 11 条规定的环境标识评估该类商品与服务的环境影响。

该行业行为守则适用于同法典第 L. 229 - 67 条提及的企业所在的行业。

该行业和跨行业行为守则应当予以公布，并说明相关目标和指标，以便每年对其实施情况进行监测。”

2. 对上述1986年9月30日第86－1067号法第18条，修改如下：

（1）在第11项后，增加第12项：“（12）根据《消费者法典》第L.111－7条，针对对环境造成负面影响的商品与服务，行为守则旨在大力减少利用音像传播服务和网络平台运营商服务进行商业性宣传。应当在《环境法典》第L.131－3条提及的环境和能源管理机构的协助下，对该行为守则的落实成效进行总结。”

（2）增加一段：“最高音像委员会主席每年在联合公开听证会上，应当面向每届议会大会文化事物与可持续发展常任委员会，汇报本条第12项提及的行为守则总结。”

3. 自本法颁布之日起两年内，政府应当向议会提交一份报告，说明本条提及的行为守则的落实情况，以及其在大力减少对环境造成负面影响的商品与服务的商业音像宣传方面的成效。

第15条 电子信息传播、邮政和新闻发布监管局和最高音像委员会应当每两年发布一份报告，评估音像媒体部门各类传播模式对环境的影响。该报告旨在向消费者提供更多信息，其中包括能源消耗情况，以及与音像制品消费、终端和外围连接产品制造、网络设备和数据中心开发相关的温室气体排放情况。

第16条 ［宪法委员会2021年8月13日（DC）2021－825号决定宣布本条与《宪法》不符］

第17条

1. 对《环境法典》第五卷第八编第一章，修改如下：

（1）第一节，增加第L.581－3－1条，内容如下：

“第L.581－3－1条 市长应当以市镇的名义行使广告监察的职权。

根据《地方行政区域一般法典》第L.5211－9－2条提及的条件和方式，第1款提及的职权可以移交给市镇公共合作组织主席。

可在第L.5211－11－3条提及的条件下组织同法典第L.5211－11－3条提及的市长会议，以确保行使的广告监察权力一致”。

（2）第L.581－6条，删除“以及省长的”。

（3）第L.581－9条最后一段末尾，由“市长的”取代“有权机关的”。

（4）废除第L.581－14－2条。

（5）第L.581－18条最后一段末尾，由“市长的”取代“有权监察机关的”。

（6）对第L.581－21条，修改如下：

（a）第1段第1句末尾，由“由市长以市镇的名义”取代“以有权监察机关的名义”；

(b)第2段第1句,由“市长的”取代“有权机关的”。

(7)第L.581-26条第1段第4句末尾和最后一句,由“市长”取代“省长”。

(8)第L.581-27条第1段,由“市长”取代“有权监察机关”。

(9)第L.581-28条第1句,由“市长”取代“有权监察机关”。

(10)对第L.581-29条第1段和第2段修改如下:

(a)第1句,由“市长”取代“有权监察机关”;

(b)第2句末尾,由“市长”取代“行政机关”。

(11)对第L.581-30条,修改如下:

(a)删除第3段“记录的”一词后的内容;

(b)最后一段开头,由“市长”取代“经市长意见,有权监察机关”。

(12)对第L.581-31条,修改如下:

(a)第1段,由“市长”取代“有权监察机关”;

(b)最后一段开头,由“市长应当”取代“行政机关应当”。

(13)第L.581-32条,由“市长应当”取代“有权监察机关应当”。

(14)第L.581-33条开头,由“市长”取代“有权监察机关”。

(15)废除第L.581-34条第3款。

(16)第L.581-35条第2段第1句,由“市长”取代“有权行政机关”。

(17)第L.581-40条第1款第1段,由“第L.581-3-1条”取代“第L.581-14-2条”。

2. 对《地方行政区域一般法典》,修改如下:

(1)第L.5211-9-2条第1款第A项最后一段前,补充一段,内容如下:

“作为《环境法典》第L.581-3-1条第1段的例外,当独立财政管辖权的市镇公共合作组织具备地方城市化规划或地方广告规章资格时,该公共机构成员市镇的市长应当将广告监察的特权移交给机构主席。在居民人数少于3500人的市镇,即使独立财政管辖权的市镇公共合作组织不具备地方城市规划或地方广告规章资格,仍应当将广告监察的特权移交给该机构主席。”

(2)对第L.3642-2条,修改如下:

(a)第1款,增加第10项,内容如下:

“10. 作为《环境法典》第L.581-3-1条第1段的例外,城市委员会主席应当行使广告监察的职权。”

(b)第4款,由“除第10项提及的职权外”取代“和第9项”。

3. 针对相关地方行政区域根据本条移交职权产生的费用,当《财政法案》通过补偿该费用的条款时,本条于2024年1月1日生效。

针对本条第 2 款第 1 项的适用情况,根据《地方行政区域一般法典》第 L. 5211 - 9 - 2 条第 3 款规定的条件,当独立财政管辖权的市镇公共合作组织在本条生效之日已具备地方城市规划或地方广告规章资格时,一位或多位市长可以在自本条生效之日起 6 个月内,反对将广告监察的权力移交给该机构主席。同时,该机构主席可以在市长提出反对意见有效期结束后 1 个月内,拒绝接受市长向其依法移交的特殊监察权力。

第 18 条 对《环境法典》第五卷第八编第一章,修改如下:

(1)第二节第四分节,增加第 L. 581 - 14 - 4 条,内容如下:

"第 L. 581 - 14 - 4 条作为第 L. 581 - 2 条的例外,针对位于非广告媒介的商业用途的橱窗或窗台内部且在公众开放式道路上的发光广告和招牌,地方广告规章可以规定其应当遵守的熄灯时刻表、面积、能源消耗、预防光污染的要求。

针对违反本条地方广告规章条款的情况,本章第六节适用。"

(2)第 L. 581 - 43 条,增加 1 款:"针对在第 L. 581 - 14 - 4 条提及的广告和招牌,若其在同第 L. 581 - 14 - 4 条提及的地方广告规章生效前已架设且违反该规章条款,在不违反后续适用的条款的情况下,可以在该规章生效后两年内保留该广告和招牌。"

第 19 条 对《环境法典》,修改如下:

(1)第 L. 229 - 26 条第 2 款第 5 段修改为:"该行动计划包含管控公共照明的能源消耗和其光危害的部分。"

(2)第 L. 583 - 5 条,增加 3 段,内容如下:

"相关行政机关可以要求最高每天 200 欧元的逾期罚款。该决定自通知之日起至满足该责令或要求的措施时有效。

逾期罚款根据违反行为的严重程度以及对环境造成的影响的程度而定。

逾期罚款总金额不得超过 20,000 欧元。"

第 20 条

1. 对《环境法典》第五卷第八编第一章,修改如下:

(1)对第 L. 581 - 15 条,修改如下:

(a)在第 1 段后,增加 1 段:"禁止使用由飞行器牵引的条幅作为广告。"

(b)第 2 段,由"前两款的"取代"前款的"。

(2)第 L. 581 - 26 条第 2 段,增加"或违反第 L. 581 - 15 条规定的禁令的"。

2. 本条于 2022 年 10 月 1 日生效。

第 21 条

1. 以试验的方式且为期 3 年,当信箱或邮筒上未刻意且明确表示同意接收时,禁止以商业目的向住户发放未指明收件人的塑料、纸质或硬纸板类印刷品。本试验不适用于新闻出版物。本试验旨在评估相关措施对环境的影响，包括对纸张生产和纸张废弃物处理的影响，对就业、相关产业和消费者行为造成的后果，此外也包括措施开展过程中可能出现的困难。试验面向地方行政区域或根据《法国环境法典》第 L. 541 – 15 – 1 条出台预防生活垃圾及类似垃圾地方计划的地方行政区域群组。根据法令，确定候选申请中入选的行政区域和区域群组的名单，入选数量不应该超过 15 个且入选人口总数不应该超过法国人口总数的 10%。必要时，根据区域的多样性进行筛选。

根据第 1 款开展试验的地方行政区域和地方行政区域群组可以规定排除在本试验范围以外的行业，尤其是文化行业和新闻行业。

在本试验结束前 6 个月内，政府应当向议会提交一份试验评估报告，针对印刷品发放渠道和电子渠道，对比研究通过该两种渠道进行的广告活动对环境的影响。

最高行政法院法令规定本条的适用方式。

2. 在 2022 年 6 月 1 日前，政府应当向议会提交一份报告，评估《环境法典》第 L. 541 – 15 – 15条规定的处罚的实施情况以及该处罚对发放未指明收件人的广告印刷品的影响。

第 22 条 《环境法典》第 L. 541 – 15 – 10 条，增加第 5 款，内容如下：

"5. 在 2022 年 7 月 1 日前，禁止未经消费者同意，向其提供商业性质的产品样品。

根据 1986 年 8 月 1 日新闻行业法律制度改革的第 86 – 897 号法第 1 条，当新闻刊物中明确指出含有样品时，购买或订阅该新闻刊物意味着消费者同意接收其中含有的样品。

根据同法典第 1 条，新闻刊物或其复制品不被视作样品。

由法令规定第 5 款的适用方式。"

第三章　加快发展散装出售和玻璃包装回收

第 23 条

1.《消费者法典》第 L. 120 – 1 条第 1 段第 2 句末尾，删除"在流动售卖点"。

2. 在 2030 年 1 月 1 日前，面积大于或等于 400 平方米的零售商店在销售包括散装在内的无初级包装产品时，或提供至少占易耗品销售面积 20% 的场地，或采取具有同等参考数量或营业额比例的措施。根据产品类别、卫生与安全要求、包括某特定类别的专业商店在内的分销网络特点，以及适应生产商、分销商、消费者活动的要求,法令应当规定需要实现的目标。

3. 公共机关的行动旨在采取针对消费者和相关专业人员的试验和提高相关意识的措施,建立对应销售方式的监管框架,鼓励在零售商店散装销售无初级包装的产品。

4. 自环境部部长决定规定之日起 3 年内,开展试验。试验旨在评估在面积小于 400 平方米的零售商店发展销售无包装产品的模式。为了加快发展,该试验应当明确需要解决的技术、资金和条例层面上的困难,尤其是根据《消费者法典》第 L. 120 - 1 条,妨碍散装销售某些消费品的原因。试验同时应当明确减少散装销售造成浪费的措施。自本试验结束之日起 6 个月内,政府应当向议会提交一份试验评估报告。

5. 对《环境法典》第 L. 541 - 10 - 3 条第 3 段修改如下:

(1)删除第 1 句“垃圾”一词后的内容;

(2)在第 1 句后,增加两句,内容如下:“奖励和处罚可能导致生产商向第 L. 541 - 10 条提及的环保组织提供的资金归零或为负。奖励和处罚应当有利于实现第 L. 541 - 10 条第 2 款提及的目标。”

6.《环境法典》第 L. 541 - 15 - 10 条第 3 款,增加一段:“自 2025 年 1 月 1 日起,禁止使用全部或部分由苯乙烯聚合物或共聚物制成的无法回收且无法循环利用的包装。”

7. 自本法公布之日起 3 年内,政府应当向议会提交一份报告,说明本条第 2 款规定目标的达成情况。该报告旨在根据目标的达成情况,规划实现目标的计划,提出支持经济主体的措施以及对无法按时完成目标的零售商店的处罚。

第 24 条

1.《环境法典》第 L. 541 - 15 - 10 条第 3 款,增加一段:“自 2025 年 1 月 1 日起,当提供外送服务的大众餐饮机构向消费者提供服务时,应当使用可循环使用或由可回收材料构成的容器。”

2. 以试验的形式,为期 18 个月。在经由条例规定的市镇或地方行政区域群组,当商业餐饮机构、酒馆和使用电子界面远程销售餐食的平台向终端消费者提供外送服务时,应当使用可循环使用和可回收的容器。该试验旨在从环境和经济角度考察包括回收方式在内的解决方案的可行性。在试验结束后 3 个月内,政府应当向议会提交试验评估结果,并予以公布。

第 25 条

1.《环境法典》第五卷第四编第一章第二节第一分节,增加第 L. 541 - 9 - 10 条,内容如下:

“第 L. 541 – 9 – 10 条　自 2021 年 8 月 22 日应对气候变化和加强气候抗御力的第 2021 – 1104 号法颁布之日起 6 个月内,成立回收与再利用观察研究所。根据本法第 L. 541 – 10 条,该观察研究所负责收集和传播受生产者责任延伸制度约束的回收和再利用产品的信息和研究。第 L. 541 – 10 条第 2 款提及的规范细则应当规定回收和再利用该产品的目标。该观察研究所应当提出国家发展计划,旨在提高相较于一次性包装的回收再利用包装的市场份额。该观察研究所可以在职权范围内与上述第 L. 541 – 10 条提及的环保组织协作,开展任何与从环境和经济角度评估回收和再利用方案可行性的研究。该观察研究所可以在其职权范围内,与环保组织协作,落实试验并确保与该措施相关的参与方参与其中。”

2. 对《环境法典》第 L. 541 – 10 – 11 条第 2 款修改如下:

(1)在“生产商”一词后,增加“在国内市场的产品的”;

(2)增加 3 句,内容如下:“当总体环境表现良好时,可以针对玻璃包装采取回收再利用措施。该措施的环境表现应当考虑到包装再利用过程需要途经的交通距离。根据 2023 年 1 月 1 日前完成的评估,经与相关行业协商,第 L. 541 – 9 – 10 条规定的回收与再利用观察研究所负责落实玻璃的回收再利用措施。”

3. 废除 2020 年 2 月 10 日应对浪费和循环经济的第 2020 – 105 号法第 9 条第 2 款。

第 26 条　《环境法典》第 L. 541 – 1 条,增加第 4 款,内容如下:

“4. 国家循环经济委员会由环境部部长负责管理。

国家循环经济委员会的成员中包括一名议员、一名参议员和候补委员。

法令应当规定委员会的任务、构成、组织方式和运作方法。”

第 27 条　《公法人财产一般法典》第 L. 3212 – 2 条第 7 项修改为:“(7)国家及其公共机构和地方行政区域部门及其公共机构将不再使用的演出布景资产转让给任何文化和可持续发展行业非商业目的的个人或非营利性的机构。该资产的单位价值不得超过法令规定的上限。”

第 28 条　在《环境法典》第 L. 541 – 10 – 1 条第 2 项最后一句末尾,由“2023 年”取代“2021 年”。

第 29 条　《环境法典》修改如下:

(1)第 L. 541 – 10 – 3 条第 1 段,增加一句:“根据 2020 年 2 月 10 日应对浪费和循环经济的第 2020 – 105 号法第 65 条,针对符合环保组织规定的包装标准的回收再利用包装,进行灵活调整。”

(2)对第 L. 541 – 10 – 18 条第 5 款第 2 段修改如下:

(a)由“5%”取代“2%”;

(b)增加一句:“为了达到第 L. 541 – 1 条第 1 款第 1 项规定的再利用包装的目标,根据第 L. 541 – 1 条第 3 款,该资金用于支持在市场上销售再利用包装的生产商以及资助有利于在全国范围内对包装进行再利用的基础设施”。

(3)第 L. 541 – 13 条第 2 款,增加第 7 项:“(7)根据区域城市功能,在确保就近服务的情况下,搭建回收网络结构,协调再利用或重复使用的回收装置和回收包装(包括由生产商或环保组织采取的收集装置)的清洗仪器和储存场所。”

第三编　生产和工作

第一章　绿 色 经 济

第 30 条

1. 对《消费者法典》,修改如下:

(1)根据 2020 年 2 月 10 日应对浪费和循环经济的第 2020 – 105 号法第 19 条起草的第 L. 111 – 4 条第 1 段第 5 句以及倒数第 2 句,由以下 3 句取代:“针对条例规定的产品清单,在产品销售期间和该产品全部投放市场后的额外最短时间内,家用电器、小型计算设备和电子通信设备、屏幕和显示器制造商和进口商应当确保该产品零部件的供应。额外最短时间不得低于 5 年。最高行政法院法令应当规定义务提供产品零部件的适用方式、相关产品和零部件的清单、在产品销售期间零部件的供应期限,以及预计的额外最短时间。”

(2)第 L. 111 – 4 条后增加:“第 L. 111 – 4 – 1 条　1. 根据条例规定的产品清单,在产品销售期间和该产品全部投放市场后的额外最短时间内,电动装修和园艺工具、包括自行车在内的运动和休闲设备、电动辅助自行车和电动个人移动装置制造商和进口商应当确保该产品零部件的供应。额外最短时间不得低于 5 年。

2. 最高行政法院法令应当规定义务提供产品零部件的适用方式、相关产品和零部件的清单、在产品销售期间零部件的供应期限,以及预计的额外最短时间。”

(3)第 L. 111 – 5 条,由“第 L. 111 – 4 条和第 L. 111 – 4 – 1 条”取代“和第 L. 111 – 4 条”。

(4)第 L. 131 – 3 条修改为:“第 L. 131 – 3 条　针对任何违反第 L. 111 – 4 条和第 L. 111 – 4 – 1 条提及的强制提供产品零部件的行为,处自然人行政罚款,不超过 15,000 欧元,处法人行政罚款,不超过 75,000 欧元。根据第五卷第二编第二章规定的条件,处以该罚款。”

2. 对根据2020年2月10日应对浪费和循环经济的第2020－105号法起草的《消费者法典》第二卷，修改如下：

（1）第二编第四章，增加第十九节和第二十节，内容如下：

“第十九节　电动装修和园艺工具

第L.224－112条　任何专业人员在提供电动装修和园艺工具维修服务时，针对某些类别的零部件，允许消费者选择使用循环经济下的零部件，而非全新的零部件。

根据本条，最高行政法院法令应当规定装修工具、园艺工具和相关零部件的清单并说明循环经济下零部件的定义。该法令应当规定由于零部件不可用或包括使用者的安全在内的其他合理原因，专业人员无须强制使用该零部件的条件。

法令应当规定通知消费者的方式。

针对出现纠纷的情况，专业人员应当证明已履行其义务。

第二十节　运动和休闲设备，电动辅助自行车和电动个人移动装置

第L.224－113条　任何专业人员在提供包括自行车在内的运动和休闲设备、电动辅助自行车和电动个人移动装置维修服务时，针对某些类别的零部件，允许消费者选择使用循环经济下的零部件，而非全新的零部件。

根据本条，最高行政法院法令应当规定相关产品和零部件种类的清单并说明循环经济下零部件的定义。该法令应当规定由于零部件不可用或包括使用者的安全在内的其他合理原因，专业人员无须强制使用该零部件的条件。

法令应当规定通知消费者的方式。

针对出现纠纷的情况，专业人员应当证明已履行其义务。”

（2）第L.242－47条第1款，由“15,000欧元”取代“3000欧元”，由“75,000欧元”取代“15,000欧元”。

（3）第四编第二章第四节，增加第十六分节和第十七分节，内容如下：

“第十六分节　电动装修和园艺工具

第L.242－49条　针对任何违反第L.224－112条的行为，处自然人行政罚款，不超过3000欧元，处法人行政罚款，不超过15,000欧元。

根据第五卷第二编第二章规定的条件，处以该罚款。

第十七分节　运动和休闲设备，电动辅助自行车和电动个人移动装置

第L.242－50条　针对任何违反第L.224－113条的行为，处自然人行政罚款，不超过3000欧元，处法人行政罚款，不超过15,000欧元。

根据第五卷第二编第二章规定的条件，处以该罚款。”

3. 根据2020年2月10日应对浪费和循环经济的第2020－105号法起草的《消

费者法典》第 L. 511 – 6 条第 4 项,由“第十七节、第十八节、第十九节和第二十节”取代“第十七节和第十八节”。

4. 第 1 款第 2 项至第 4 项、第 2 款和第 3 款于 2023 年 1 月 1 日生效。

第 31 条

对《环境法典》,修改如下:

(1)第 L. 541 – 10 – 5 条第 3 段,由“2014 年 7 月 31 日关于社会和团结经济的第 2014 – 856 号法第 1 条提及的企业参与预防、再利用和重复使用以及”取代“预防、再利用和重复使用的参与者”。

(2)第 L. 541 – 10 – 5 条第 4 段第 1 句修改为:“基金会应当向任何具备资格且其活动遵守就近原则的个人提供资金。”

(3)第 L. 541 – 15 – 8 条第 1 款第 1 段第 2 句,由“应当是”取代“是”。

第 32 条

1. 对根据 2020 年 2 月 10 日应对浪费和循环经济的第 2020 – 105 号法第 72 条起草的《消费者法典》第 L. 541 – 10 – 26 条,修改如下:

(1)第 1 段开头,增加“1. ”。

(2)增加第 2 款,内容如下:

“2. 为了促进废旧车辆零部件的再利用,在车辆停放点从个人手中回收车辆时,生产商或环保组织应当确保无费用产生。

采取提高回收效率的行为,应当受到奖励。”

2. 对《知识产权法典》,修改如下:

(1)第 L. 122 – 5 条第 20 段后,增加第 12 项:“(12)根据《公路法典》第 L. 110 – 1 条的规定,复制、使用和销售旨在恢复机动车或拖车初始外观的零部件。”

(2)第 L. 513 – 1 条,增加一段:“针对第 L. 513 – 6 条第 4 项提及的零部件,第 1 段规定的 25 年最高期限缩短至 10 年。针对该零部件,第 4 项未规定行使注册图案或模型权利的例外。”

(3)对第 L. 513 – 6 条,修改如下:

(a)在第 2 段至最后一段的开头,由“第 1 项”,“第 2 项”和“第 3 项”分别取代“第 a 项”,“第 b 项”和“第 c 项”。

(b)增加第 4 项,内容如下:

“(4)根据《公路法典》第 L. 110 – 1 条,旨在恢复机动车或拖车初始外观的行为,以及

(a)涉及玻璃零部件的行为;

(b)或由原部件制造商实施的行为。”

3.《环境法典》第 L. 541 – 10 – 26 条第 2 款于 2024 年 1 月 1 日生效。

4. 第 1(2)款于 2023 年 1 月 1 日生效。

第 33 条 《研究法典》第 L. 111 – 6 条第 2 段最后一句,增加:"符合《环境法典》第 L. 222 – 1B 条提及的低碳战略,以及同法典第 L. 110 – 3 条提及的国家生物多样性战略。"

第 34 条 [宪法委员会 2021 年 8 月 13 日(DC)2021 – 825 号决定宣布本条与《宪法》不符]

第 35 条

1.《公共采购法典》第 L. 3 条后增加:"第 L. 3 – 1 条 在本法典规定的条件下,公共采购应当从经济、社会、环境方面落实可持续发展目标。"

2. 对《公共采购法典》第二部分,修改如下:

(1)第 L. 2111 – 2 条,增加一句:"根据可持续发展目标,从经济、社会、环境层面,确定该技术规范。"

(2)对第 L. 2111 – 3 条,修改如下:

(a)对第 2 段修改如下:

第 1 句,删除"已公布的"。

增加 1 句:"通过网站(如果有),公布第 1 款提及的招标机关和招标单位的信息。"

(b)增加一段:"该纲要包含详细指标,说明社会与生态友好类型的公共采购数量占地方行政区域或相关购买方公共采购数量的实际比例。该指标以合同数量或采购金额表示,每两年公布一次。该纲要应当说明该类型的采购须实现的目标,其中包括根据《劳动法典》第 L. 3332 – 17 – 1 条,向社会公用事业团结企业或雇佣存在劣势或属于弱势群体的人员的企业进行公共采购的目标。"

(3)第 L. 2112 – 2 条第 2 段:"根据环境、经济、创新、社会、就业、反对歧视的要求,确定履约条件。"

(4)第 L. 2112 – 2 条后增加:"第 L. 2112 – 2 – 1 条 1. 购买方应当根据社会和就业要求,并考虑到存在劣势的人群,规定合同中的履约条件。合同的估计报价等于或高于本法典附件意见规定的欧洲最高基准价格。

2. 在以下情况下,购买方无须根据社会和就业要求规定履约条件:

(1)立即可行的方案满足需求;

(2)社会与就业问题与合同目的无关;

(3)社会与就业问题有碍竞争,并从技术与经济上对履行合同造成困难;

(4)工程合同期限小于6个月。

3. 根据第L.2184-1条,针对第1款提及的合同,若购买方未根据社会和就业要求规定履约条件,作为招标机关的购买方,应当在招标文件中说明原因。作为招标单位的购买方,应当通过任何适当的方式说明原因。"

(5)第L.2141-7条后增加:"第L.2141-7-1条　针对《商法典》第L.225-102-4条规定的且无法履行制订包含第L.225-102-4条规定措施的警戒计划义务的法人,在发布招标公告或开始磋商前1年,购买方可以不将其列入采购程序。根据该要求确定的履约条件不得有碍竞争,并从技术与经济上对履行合同造成困难。"

(6)第L.2152-7条第1段第1句后,增加1句:"招标要求中至少一条应当涉及环境标准。"

(7)第L.2311-1条增加:"第L.2311-1条　第L.2111-1条和第L.2111-3条适用于本卷规定的合同。"

(8)第三卷第一编第一章增加:"第L.2311-2条　应当参考技术规范规定公共采购涉及的工程、用品和服务。"

(9)第L.2312-1条增加:"第L.2312-1条　第L.2112-1条和第L.2112-3至第L.2112-6条适用于本卷规定的合同。"

(10)第L.2312-1条后,增加第L.2312-1-1条,内容如下:

"第L.2312-1-1条　合同条款说明与采购目标相关的履约条件。

根据经济、创新、环境、社会、就业、反对歧视的要求,确定履约条件。"

(11)第L.2352-1条,由"第L.2152-8条的"取代"第L.2152-7条和第L.2152-8条的"

(12)第三卷第五编第二章,增加第L.2352-2条,内容如下:

"第L.2352-2条　应当根据客观、详细、符合采购目标或履约条件的单项或多项要求,将合同给予投标人,或必要时给予最具价格优势的投标人。条例应当规定本段的适用方式。

逐一对投标进行评估。

根据第L.2112-3条、第L.2112-4条和第L.2312-1-1条规定的方式评估是否符合采购目标或履约条件。"

3. 对《公共采购法典》第三部分,修改如下:

(1)第L.3111-2条,增加1句:"针对不属于国防或安全特许经营合同的特许经营合同,技术和运作规范应当从经济、社会、环境层面落实可持续发展目标。"

(2)第L.3114-2条,内容如下:

“第 L. 3114 – 2 条　特许经营合同的履约条件与合同目的有关。

针对不属于国防或安全的特许经营合同，根据环境、经济、创新、社会、就业要求，确定合同履约条件。

针对国防或安全特许经营合同，根据经济、创新、环境、社会、就业要求，确定履约条件。”

（3）第 L. 3114 – 2 条后增加：“第 L. 3114 – 2 – 1 条　1. 特许机关应当根据社会和就业要求，并考虑到存在劣势的人群，规定特许经营合同的履约条件。特许经营合同的估计报价等于或高于本法典附件意见规定的欧洲最高基准价格。

2. 在以下情况下，特许机关无须根据社会和就业要求规定履约条件：

（1）社会与就业问题与特许经营合同目的无关；

（2）社会与就业问题有碍竞争，并从技术与经济上对履行合同造成困难。

3. 针对第 1 款提及的特许经营合同，若特许机关未根据社会和就业要求规定履约条件，应当通过任何适当的方式说明原因。”

（4）第 L. 3124 – 5 条第 1 段第 1 句后，增加 1 句：“针对不属于国防或安全的特许经营合同，招标要求中至少有 1 条应当涉及环境标准。”

（5）第 L. 3131 – 5 条第 1 段，增加 1 句：“该报告同时应当规定特许享有者须在履约时实施的措施，做到保护环境并确保通过经济活动促进劣势人群的社会融入。”

（6）第 L. 3123 – 7 条后增加：“第 L. 3123 – 7 – 1 条　针对《商法典》第 L. 225 – 102 – 4 条规定的且无法履行制订包含第 L. 225 – 102 – 4 条规定措施的警戒计划义务的法人，在发布招标公告或开始磋商前 1 年，购买方可以不将其列入采购程序。根据该要求的履约条件不得有碍竞争，并从技术与经济上对履行合同造成困难。”

4. 第 2 款第 1 项和第 3 项至第 12 项于法令规定的日期生效，且不超过自本法颁布之日起 5 年。

自生效之日起，上述各项适用于开始进行磋商或公布竞标的采购。

第 2 款第 2 项于 2023 年 1 月 1 日生效。

5. 根据特许经营类别，第 3 款于命令规定的日期生效，且不超过自本法颁布之日起 5 年。

自生效之日起，该款适用于开始进行磋商或公布竞标的特许采购。

6. 自本法颁布之日起 3 年内，政府应当向议会提交一份报告，评估已采纳《公共采购法典》第 L. 2111 – 3 条第 1 段提及纲要的购买方在公共采购过程中考虑到环境和社会要求的情况。该报告同时提供该纲要撰写模版。

第 36 条　在 2025 年 1 月 1 日前，针对主要采购环节，国家向招标机关提供操作工具，定义和分析商品生命周期的成本。该操作工具提供与购置、使用、维护、报废相关的综合成本,以及在个别情况下,整个社会所承担的外部成本,如空气污染、温室气体排放、生物多样性的丧失或森林砍伐。

第37条 《货币和金融法典》第L.612－1条第2款,增加第8项:

"(8)根据《保险法典》第L.310－1－1－3条和第L.385－7－2条、《互助法典》第L.114－46－3条和《社会保障法典》第L.931－3－8条和第L.942－6－1条,除针对向第三方提供的投资服务活动以外,由受检查人负责确保遵守其适用的条款,其中包括2019年11月27日欧洲议会和欧洲理事会关于公布金融服务部门可持续性投资战略和气候变化影响风险管理信息的(EU)2019/2088号条例第3条、第4条和第5条,以及本法典第L.533－22－1条。"

第38条 [宪法委员会2021年8月13日(DC)2021－825号决定宣布本条与《宪法》不符]

第39条 《环境法典》第L.228－4条,增加1段,内容如下:

"自2030年1月1日起,应当在至少25%的大型翻新改造和公共采购的建设中使用生物或低碳材料。最高行政法院法令应当规定本条的适用条件,其中包括大型翻新改造工程的性质和须落实公共购买方义务的标准。"

第二章 就业适应生态转型

第40条

1.对《劳动法典》第二部分,修改如下:

(1)第L.2241－12条第1段"能力"一词后,增加"为响应生态转型的问题,";

(2)第L.2242－20条第1项,在第一次出现"能力"一词后,增加"为响应生态转型的问题,";

(3)对第L.2312－8条,修改如下:

(a)第1段开头,增加"1. －";

(b)同第1段,增加",有关该决定的环境后果";

(c)第2段开头,增加"2. －";

(d)在第5项后,增加第3款:"3.告知并与委员会磋商本条第2款提及的措施的环境后果。";

(e)最后一段开头,增加"4. －";

(4)第L.2312－17条,增加一段:"在磋商阶段,告知委员会企业活动的环境后果。";

(5)第L.2312－22条第3项后,增加一段:"在磋商阶段,告知委员会企业活动

的环境后果。”;

(6)第 L. 2315 - 94 条第 2 项、第 L. 2316 - 1 条第 3 项和第 L. 2316 - 2 条,在“第 4 项”一词后,增加“第 2 款的”。

2.《货币和金融法典》第 L. 142 - 9 条第 4 段第 1 句,在“第 2 项”一词后,增加“第 2 款的”。

3.《交通法典》第 L. 5343 - 21 条第 2 段,在“第 5 项”一词后,增加“第 2 款的”。

第 41 条

1. 对《劳动法典》,修改如下:

(1)对第二部分第三卷第一编第二章第三节第三分节,修改如下:

(a)第 L. 2312 - 18 条第 1 段第 1 句,由“社会和环境”取代“和社会”。

(b)对第 L. 2312 - 21 条,修改如下:

第 1 项末尾、第 2 项和最后一段,由“社会的和环境的”取代“和社会的”。

第 4 段增加“和企业活动的环境后果”。

(c)第 L. 2312 - 23 条,由“社会的和环境的”取代“和社会的”。

(d)第 3 段第 4 分段的标题,内容如下:“经济、社会和环境数据库”;

(e)对第 L. 2312 - 36 条,修改如下:

第 1 段,由“社会的和环境的”取代“和社会的”;

在第 9 项后增加“(10)企业活动的环境后果。”;

(2)对第 L. 3341 - 6 条第 2 段修改如下:

(a)由“社会的和环境的”取代“和社会的”;

(b)末尾,由“第 L. 2312 - 18 条”取代“第 L. 2323 - 8 条”。

2. A. 对《劳动法典》第一卷第四编第五章,修改如下:

(1)标题,在“社会的”一词后,增加“、环境的”;

(2)第一节和第二节标题,在“社会的”一词后,增加“、环境的”;

(3)第 L. 2145 - 1 条和第 L. 2145 - 6 条第 1 段,在“社会的”一词后,增加“、环境的”;

(4)第 L. 2145 - 5 条、第 L. 2145 - 7 条第 1 段第 1 句、第 L. 2145 - 9 条、第 L. 2145 - 10 条和第 L. 2145 - 11 条第 1 项、第 L. 2145 - 13 条,由“社会的和环境的”取代“和社会的”。

B.《劳动法典》第 L. 1232 - 12 条第 2 段、第 L. 2135 - 11 条第 3 项、第 L. 2315 - 63 条第 2 段、第 L. 3142 - 58 条第 1 项、第 L. 3142 - 59 条第 2 项、第 L. 3341 - 3 条第 2 句,在“社会的”一词后,增加“、环境的”。

3.《劳动法典》第 L. 2315 - 63 条第 1 段,增加 1 句:“该培训与企业活动的环境后果有关。”

4. 对《劳动法典》第二部分第三卷第一编第五章第三节第十分节第2段修改如下:

(1)第1分段增加:“第L.2315-87-1条　注册会计师的任务包括了解公司战略方向所需的所有经济、金融、社会或环境要求。”;

(2)第L.2315-89条,由“社会的和环境的”取代“和社会的”;

(3)第3分段增加:“第L.2315-91-1条　注册会计师的任务包括了解公司战略方向所需的所有经济、金融、社会或环境要求。”

第42条

1. 对《劳动法典》第L.6123-3条第2段修改如下:

(1)第1句,增加“以及生态转型领域的合格人员”;

(2)第2句开头,内容如下:“针对各机构和组织,以及针对任命生态转型领域的合格人员,原则……(其余内容保持不变)。”

2. 在《地方行政区域一般法典》第L.4251-13条第5段后,增加一段:“该纲要说明受生态转型影响的行业和就业领域,并设定支持职业身份转换的目标。”

第43条

《劳动法典》第L.6332-1条第1款,增加第6项:“(6)告知企业与可持续发展有关的问题,通过分析并明确企业对能力的需求,支持企业适应生态转型。”

第44条

1. 批准2020年7月29日关于燃煤电厂关闭后员工支持性措施的第2020-921号命令。

2. 对上述2020年7月29日第2020-921号命令,修改如下:

(1)第4条,增加1段:“第11条第3款、第4款和第5款适用于在本条第1段规定的假期期间享受该假期的员工。”

(2)第10条第1款,增加两句:“该时期结束后,支持性特殊假期开始。雇主可以规定按照工作期推迟原定的假期期限。”

(3)第18条第1款第1段,由“第4款”取代“第6款”。

(4)第25条第2段,在“社会的”一词后,增加“或1999年社会保障融资法(1998年12月23日第98-1194号)第41条第2款第3段第1句提及的年龄”。

(5)第26条,增加第3款和第4款,内容如下:

“3. 为学习全新技能并获得稳定工作,在支持性特殊假期内可以参加工作。在该工作期内,应当暂停假期和津贴发放。针对《劳动法典》第L.1242-3条规定的定期劳动合同,除个体雇佣外,任何雇主可以规定雇员的工作期。该时期结束后,支持性特殊假期开始。雇主可以规定按照工作期推迟原定的假期期限。

4. 在《劳动法典》第 L. 5135 – 1 条至第 L. 5135 – 8 条提及的条件下，在支持性特殊假期期间，员工可以享受职业模拟。在支持性特殊假期期间，同法典第 L. 5135 – 5 条规定的各职业模拟期限不得超过 3 个月。"

(6)由以下 4 段取代第 31 条第 2 段：

"作为本条第 1 段的例外：

(1)当员工提出行使退休权利时，《劳动法典》第 L. 1237 – 9 条对其适用；

(2)当员工提出享受领取石棉工人提前退休津贴时，1999 年社会保障融资法(1998 年 12 月 23 日第 98 – 1194 号)第 41 条第 5 款对其适用；

(3)当员工提出享受常规提前退休措施时，2011 年 4 月 15 日工作艰苦性协议第 9 条对其适用。"

(7)在第 37 条后，增加第 37(2)条，内容如下：

"第 37(2)条　在第 22 条第 1 款或第 32 条第 1 段提及的雇主无法履约时，根据《交通法典》第 L. 5343 – 22 – 1 条，由雇主所隶属的带薪假期补偿基金管理机构，代替雇主本人按照本命令第 27 条支付规定的津贴。"

(8)第 38 条第 2 项，删除"和补贴"。

第三章　保护生态系统和生物多样性

第 45 条　在《环境法典》第 L. 210 – 1 条第 1 段后，增加 1 段，内容如下：

"尊重自然平衡是指针对包括湿地在内的地表或地下水域生态系统和海洋生态系统，保护和修复该类生态系统的自然功能以及它们之间的互动。该自然功能有利于恢复生物多样性、适应气候变化和减轻气候变化的影响，并参与应对污染。鉴于此，水域和海洋生态系统构成国家财产的重要组成部分。"

第 46 条

1. 自本法颁布之日起两年内，政府应当向议会提交一份报告，说明全氟烷基和多氟烷基物质对水和土壤的污染，并提出恢复受到全氟烷基和多氟烷基物质污染的水和土壤的方案。

2. 欧洲主管行政机关规定可暴露在全氟烷基和多氟烷基物质下的基准。每次对该基准进行下调评估后，政府应当在基准下调评估后 12 个月内，提供一份新的关于第 1 款提及内容的报告。

第 47 条　2020 年 2 月 10 日应对浪费和循环经济的第 2020 – 105 号法第 79 条，内容如下：

“第79条　自2025年1月1日起，为了减少清洗衣物时塑料微纤维在环境中的散播，应当在全新的家用或专业洗衣机的内部或外部配备塑料微纤维过滤器或提供其他解决方案。法令应当规定本条的适用方式。

在2022年12月31日前，政府应当向议会提交一份报告，说明自面料的生产到衣物的清洗期间排放源的情况、行业的限制以及为减少塑料微纤维排放而采取的自愿性措施。”

第48条　《环境法典》第L.110－1条第1款第1段第1句，在“空气，”后增加“水质，”。

第49条　对《环境法典》第L.214－17条第1款第2项，修改如下：

(1)第2句，增加“不得质疑当前或潜在用途，包括能源生产用途”；

(2)增加1句：“针对水车在内。为履行与鱼类洄游通道和沉积物运输有关的义务，应当对障碍装置进行维护、管理和配备，不得毁坏相关障碍装置。”

第50条　对《森林法典》第一卷，修改如下：

(1)对第L.112－1条，修改如下：

(a)第4项修改为“(4)根据生物多样性，保护森林土壤质量，并利用森林稳固山区土壤；”；

(b)第5项开头，增加“碳汇的作用”；

(c)第5项，在第二次出现的“那些”一词后，增加“森林土壤，”。

(2)第L.112－2条第2段末尾，由“可持续且多功能管理”取代“明智的经济管理”；

(3)对第L.121－1条，修改如下：

(a)第1段第2句，增加“符合本条提及的原则”；

(b)第2段，在“国家”一词后，增加“经与地方行政区域和群组协商，并动员其他有关方，”；

(c)第1项，增加“围绕气候变化议题，增强森林抵抗力，运用全部造林技术，适时进行树种多样化、辅助迁移和自然再生”；

(d)第2项，增加“为了促进《能源法典》第L.100－4条规定的到2050年实现碳中和的目标”。

(e)在第7项后，增加第8项和第9项，内容如下：

“(8)鼓励硬木木材的使用；

(9)推动和资助有关森林生态系统的研究，传播相关知识，预测风险和危机。”

(f)由1句取代最后一段段首两句，内容如下：“林业政策旨在确保树林和森林的可持续管理并发挥生态、社会和经济作用”。

(4)第 L. 121 –2 条第 1 段后,增加 1 段:“国家鼓励在全国范围内部署方针和计划,颁发碳信用额度,推广‘低碳’标签计划,助力可持续的造林活动。”;

(5)第 L. 121 –2 –2 条第 1 段第 2 句,增加“符合第 L. 121 –1 条提及的原则”;

(6)第 L. 175 –4 条最后一段末尾,由“可持续、多功能管理”取代“明智的经济管理”。

第 51 条 《森林法典》第 L. 131 –10 条第 2 段,增加“根据第 L. 133 –1 条,在无火灾风险的区域,针对不属于第 L. 131 –17 条规定的预防森林火灾潜在自然风险的计划且根据第 L. 132 –1 条其树林和森林未被列为存在火灾风险的市镇,当位于该市镇的区域存在火灾风险时,市长或市镇公共合作组织主席应当向省级国家代表报告”。

第 52 条 自本法颁布之日起 12 个月内,政府应当向议会提交一份报告,评估环境服务的资助模式以及该模式对包括碳储存在内的森林生态系统保护造成的影响。

第 53 条

1. 对 2014 年 10 月 13 日关于农业、食品和林业未来的第 2014 –1170 号法,修改如下:

(1)废除第 69 条第 1 款第 2 项至第 5 项;

(2)废除第 93 条第 12 款、第 19 款、第 20 款。

2.《森林法典》第三卷第一编第三章第二节增加:“第 L. 313 –4 条　当森林所有者加入造林工作守则时,应当向国家森林所有权中心提交砍伐和工程方案书,以获取批准。”

3. 针对已在本法颁布前加入《森林法典》第 L. 122 –3 条提及的造林工作守则的树林和森林所有者,即使其砍伐和工程方案书未获得批准,根据《森林法典》第 L. 124 –2 条规定的条件,应当继续对该树林和森林进行可持续管理。若在本法颁布前已加入造林工作守则的所有者未在两年内向国家森林所有权中心提交砍伐和工程方案书以获取批准,则该可持续管理失效。

第 54 条 对《森林法典》,修改如下:

(1)第 L. 121 –1 条第 7 项后,增加第 10 项:“(10)促进木材的使用,鼓励在欧盟范围内对其进行工业加工,以优化其碳储存的效益。”

(2)第 L. 121 –2 条第 1 段后,增加 1 段,内容如下:

“林业政策鼓励激励措施或合同措施,旨在确保法国可持续管理的森林木材在欧盟范围内进行加工,以优化其碳储存的效益。”

第55条 《森林法典》第一卷第五编第四章，增加第L.154－4条，内容如下：

"第L.154－4条 用于转售且不在欧盟范围内进行加工的木材购买方应当持有职业证件，以证明其具备相应资质，如是否了解木材卫生处理规则以及包括森林碳汇保护和总体碳平衡在内的加工活动对气候和环境的影响。

法令应当规定获取该职业证件的条件，其中包括初次或继续培训经历以及职业经历。"

第56条 《森林法典》第L.121－2－2条第1段，增加1句："旨在增强森林财产的抗御力，在所有森林内确保对森林资源的可持续、多功能管理，强化森林作为自然环境和碳汇的意识，发展与树林相关的法国经济产业。"

第57条 自2022年起，在对2016年至2026年国家森林和木材计划进行中期评估后，政府围绕2020年12月公布的使森林适应气候变化路线图的建议和国家森林清单数据，提出对该计划的改进意见。

第58条

1. 对《森林法典》，修改如下：

(1)第L.151－1条，增加"根据与其特点相适应的方式，针对包括《宪法》第72－3条提及的地方行政区域在内的法国所有树林和森林"；

(2)废除第L.151－3条。

2. 本条于2023年1月1日生效。

第59条 对《地方行政区域一般法典》第L.2224－7－1条，修改如下：

(1)第2段，内容如下：

"针对饮用水的分配，以及某些情况下饮用水的生产、运输和储存，第1段中提及的纲要应当涵盖对该工程和设备的详细描述和诊断。该纲要同时应当涵盖已计算成本并确定优先次序的行动方案，以便改善工程和设备的状况和运作情况。该纲要应当关注人口和现有水资源的变化。若供水管网漏损率高于法令根据服务和资源特点规定的比率，在高出规定比率后的第二个财政年度结束前，应当在该纲要的基础上额外增加一份行动计划，内容包括改善供水管网的多年期工程项目方案。"；

(2)第3段第1句，内容如下："在2024年12月31日前制订饮用水供应纲要。若市镇的义务职权于2023年1月1日后生效，则自义务职权生效之日起两年内，制订饮用水供应纲要。"

第60条 《环境法典》第一卷第一编，增加第L.110－5条，内容如下：

"第L.110－5条 法兰西共和国重申海外领土对其自身特点、环境资源、生物多样性和地缘战略基础的贡献具有首要意义。

国家采取的行动应当有助于承认、保护和认可海外领土的生态、环境和遗产资源。”

第 61 条 对《环境法典》第二卷第一编第二章，修改如下：

(1)第 L. 212－1 条第 2 款，增加第 3 项，内容如下：

“(3)在 2027 年 12 月 31 日前，应当确定含有当前和未来饮用水供应的战略性资源的地下水体和含水层，以及为了保护该战略性资源所采取的相关措施覆盖的储水区域。该保护措施旨在保护战略性水资源。根据人类活动需求，该措施应当有助于从数量上确保资源利用和自然恢复之间的平衡，以及从质量上保证满足人类消费需求。同时，该措施应当考虑粮食生产需求。”；

(2)对第 L. 212－5－1 条第 1 款修改如下：

(a)在第 1 段后，增加 1 段：“若水资源处置和管理指导纲要未能确定第 L. 212－1条第 2 款第 3 项规定的地下水体和含水层中含有用于饮用水供应的战略性资源的储水区域，则应当由水资源和水生环境规划和可持续管理计划确定该区域。”；

(b)第 3 项，增加“并针对同第 L. 212－1 条第 2 款第 3 项提及的位于地下水体和含水层用于饮用水供应的战略性资源的储水区域，应当规定在该区域需要实施的保护措施，以及改善该储水区域的人类活动的支持性措施”。

第 62 条 对《公共健康法典》第 L. 1331－8 条，修改如下：

(1)第 1 段末尾，由“400%”取代“100%”；

(2)第 1 段后，增加 1 段：“若自处罚通知书发出之日起 12 个月内，满足同第 L. 1331－1 条至第 L. 1331－7－1 条规定的连接义务，则无须收取该款项。”

第 63 条

1. 对《建筑与住房法典》第 L. 271－4 条第 1 款修改如下：

(1)第 8 项，增加“或，针对排放废水和雨水对奥林匹克自由泳和铁人三项比赛所在的塞纳河的水体质量造成影响的区域，在《地方行政区域一般法典》第 L. 2224－8 条第 2 款提及的公共废水收集网络的连接情况检查结束后，应当制订相关文件”；

(2)第 9 项，在“第 L. 131－3 条”一词后，增加“本法的”。

2. 在《地方行政区域一般法典》第 L. 2224－8 条第 2 款第 1 段后，增加 1 段，内容如下：

“按照同法典第 L. 1331－1 条第 1 段，当出现将房屋连接到公共废水收集网络或对连接条件进行修改时，应当开展连接情况检查。在对公共网络连接情况进行检查后，市镇应当制订并向房屋所有权人或共同共有人团体提交一份文件，说明所开展的检查并评估连接是否符合条款要求。该文件有效期为 10 年。针对在房屋所有权人或共同共有人团体要求下开展的检查,检查过程中产生的费用应当由该所有权人或团体承担。最高行政法院法令应当规定市镇向该所有权人或团体提供该文件的期限。”

3. 对《公共健康法典》,修改如下:

(1)删除第 L. 1331 -4 条最后一句;

(2)第 L. 1331 -11 -1 条第 1 段后,增加两段,内容如下:

“针对排放废水和雨水对奥林匹克自由泳和铁人三项比赛所在的塞纳河的水体质量造成影响的区域,在该区域销售全部或部分居住用途的房屋时,在《地方行政区域一般法典》第 L. 2224 -8 条第 2 款提及的公共废水收集网络的连接情况检查结束后,应当制订一份文件,并附在《建筑与住房法典》第 L. 271 -4 条和第 L. 271 -5 条规定的技术诊断文件后。

在签署全部或部分房屋的销售合同后一个月内,合同公证员应当通过包括非实体物品在内的任何方式,向签发同法典第 L. 271 -4 条第 1 款第 8 项提及文件的卫生部门提交证明材料,其中包括销售日期、识别所售财产的必要信息以及该财产购买方的姓名和地址。”

4. 在 2018 年 3 月 26 日关于组织 2024 年奥运会和残奥会的第 2018 -202 号法第 11 条后,增加第 11 -1 条,内容如下:

“第 11 -1 条　针对排放废水和雨水对奥林匹克自由泳和铁人三项比赛所在的塞纳河的水体质量造成影响的区域,在该区域的房屋所有权人自《地方行政区域一般法典》第 L. 2224 -8 条第 2 款制订的文件通知发出后两年内,应当根据该文件开展工程。

法令应当规定相关区域的清单。”

5. 对 1965 年 7 月 10 日关于现有不动产共同共有权地位的第 65 -557 号法,修改如下:

(1)第 18 条第 3 款,增加 1 段:“针对排放废水和雨水对奥林匹克自由泳和铁人三项比赛所在的塞纳河的水体质量造成影响的区域,应当在该区域开展《地方行政区域一般法典》第 L. 2224 -8 条第 2 款提及的房屋与公共废水收集网络连接情况的检查,并在检查结束后,向提出检查申请的共同共有人提供文件材料。”;

(2)在第 24 -9 条后增加:“第 24 -10 条　当团体未收到《地方行政区域一般法典》第 L. 2224 -8 条第 2 款提及的有效文件时,应当向市镇提出申请。应当根据第 L. 2224 -8 条规定的条件发放检查结束后制订的文件。”

6. 针对与第 4 款规定的法令相关的区域,本条于 2022 年 1 月 1 日生效,第 1 款和第3款于2022年7月1日生效。

7. 针对与第4款规定的法令无关的区域,第2款和第5款于2023年1月1日生效。

第64条 在《地方行政区域一般法典》第L. 2224-9条第1段第1句后,增加1句:“企业应当对其所钻的水井进行登记,不论钻井用于何种用途,并在钻井后3个月内替客户向所在市镇的市长申报。”

第65条

1. 对《采矿法典》,修改如下:

(1)对第L. 161-1条第1句,修改如下:

(a)在第2次出现的“安全”一词后,增加“健康”;

(b)在“陆地的”一词后,增加“海岸的”;

(c)在“第L. 211-1条,”后增加“第L. 219-7条,”;

(d)在“环境”一词后,增加“埋设或铺设的电缆、网络或通道的完整”;

(e)由“保护第六卷提及的分类或注册的历史遗迹、历史遗迹的周边环境以及著名遗产地”取代“尤其是第L. 621-7条和第L. 621-30条提及的”;

(f)在“农业的”一词后,增加“和渔业的”;

(2)第L. 162-2条,内容如下:

“第L. 162-2条 根据《环境法典》第L. 516-1条的规定,授权开采矿工程应当提供经济担保。

根据工程可能存在的危险和困难的性质和程度,经济担保旨在确保:

(1)根据本编第三章规定的程序,采取停工措施;

(2)场地监控和设施安全维护;

(3)在场地关闭之前或之后发生事故时,采取干预措施。

在部分矿区,废弃物管理设施的运作或开发可能出现故障从而造成包括矿渣堆坍塌或堤坝破裂在内的重大事故。针对该矿区的相关废弃物管理设施,经济担保旨在确保:

(a)修复该设施;

(b)监控和维护该设施的安全;

(c)在设施关闭之前或之后发生事故时,采取干预措施。

在这种情况下,应当根据废弃物管理设施现有或未来尺寸、所在位置和对环境的影响,进行风险评估。该评估结果应当作为经济担保金额的依据。

在任何情况下,若第三方因工程或设施造成污染或事故,进而遭受损失的,经营者应当对第三方支付的赔偿不包含在经济担保内。

经济担保应当规定采矿工程开工许可的颁发条件。有关行政机关可以在与经营者磋商后,确定该经济担保的性质。

最高行政法院法令应当规定所提供的担保的性质和担保金额的设定规则。";

(3)第 L.163-6 条,内容如下:

"第 L.163-6 条 行政机关规定,经营者应当按照《环境法典》第 L.123-19-2 条规定的公众参与的程序,提交工程停止声明。

当采矿项目监测委员会成立后,该委员会应当对经营者提交的工程停止声明发表意见,并在相关各省省会城市公开网站上,对该意见予以公布。

行政机关在根据所提交的声明,规定须实施的措施以及措施的实施方式和实施期限前,应当首先与市镇委员会或相关有权的市镇公共合作组织的审议机关磋商,并在采纳公众参与程序中提出意见的同时,征求省级环境、健康和技术风险委员会意见或针对法属圭亚那,征求省级采矿委员会意见,此外还应当向开发商或经营者征求意见。

在未提交工程停止声明的情况下,根据本法典第 L.163-2 条,当行政机关希望依职权规定必要的措施时,应当提前将设想的措施提交至本条第 3 款规定的公共参与程序,并对该措施进行磋商。";

(4)第 L.163-9 条,内容如下:

"第 L.163-9 条 若开发商或经营者的预期措施或行政机关规定的措施业已实施,行政机关应当告知开发商或经营者。自收到证明并说明已完成本段第 1 句提及的全部措施的核查文件之日起 8 个月内,行政机关应当对上述措施的实施情况发表意见。该期限可延续一次。该流程结束后,针对采矿工程的采矿监察结束。

自该流程结束后 30 年内,针对第 L.161-1 条提及的需要考虑在内的利益,开发商、经营者、其所有权继承人或继受人仍应当履行采矿工程停止后的预防、补救和监测义务。该期限届满时,针对曾经涉及特许项目的预防、补救和监测工程,之前的开发商或经营者应当将实施该工程所涉及的各类资源交由国家处置。

在本条第 2 段提及的期限内,针对第 L.161-1 条提及的需要考虑在内的利益,当该利益涉及本法典规定的工程曾经所在的地产或场地时,为了避免该利益面临严重危害或风险,行政机关可以随时在停工期间,对当前状况进行分析,并根据分析后得出的结论,在最高行政法院法令规定的条件下行使第 L.173-2 条规定的监察权利。

当根据第 L.163-11 条或第 L.174-2 条进行设施或安全设备转让时,针对同第 L.163-11 条第 2 款规定的转让以及同第 L.174-2 条规定的面向国家的转让,应当免除开发商或经营者、其所有权继承人或继受人的义务。";

(5)第一卷第七编第一章,增加第 L. 171 -3 条,内容如下:

"第 L. 171 -3 条　根据《商法典》第 L. 233 -1 条,若开发商或经营者为另一家公司的子公司,且正在或将要面临司法清算程序,清算人、公诉人或省级国家代表可以向启动或宣布司法清算的法院提出审理请求,证明由于母公司存在严重过错,从而导致子公司资金不足。若过错成立,应当向法院提出请求,要求母公司为工程末期场地停工措施以及本法典第 L. 155 -3 条提及的弥补损害所需的措施承担全部或部分经济责任。

若在本条第 1 段规定的条件下遭到起诉的母公司无法在经济上负担同第 1 款提及的附加在其子公司上的措施,且母公司存在的导致子公司资金不足的严重过错成立时,根据《商法典》第 L. 233 -1 条,针对母公司,应当开展上述第 1 款提及的行动。根据《商法典》第 L. 233 -1 条,若遭到起诉的公司为某公司的子公司,且无法在经济上负担根据本条第 1 款提及的附加在其子公司上的措施时,也应当开展该行动。

当根据第 L. 163 -7 条,依职权实施措施时,应当在根据本条前两段遭到起诉的公司需要承担的金额中,扣除存入的金额。";

(6)第 L. 174 -5 条后,增加第 L. 174 -5 -1 条,内容如下:

"第 L. 174 -5 -1 条　当采矿工程或开发授权可能对受到第 L. 161 -1 条保护的健康、居民安全和环境造成严重危险或风险时,在不影响第 L. 264 -1 条的情况下,可以在开发或停工程序期间行使公用事业地役权。

该地役权可以规定限制或禁止改变土壤或底土的状态,限制或禁止利用土壤、底土或含水层,以及明确各利用行为之间的等级关系,并针对获准开工且须落实特别要求的工程,规定实施该各工程的等级关系。同时,该地役权可以规定落实与场地监测相关的要求。

根据最高行政法院法令规定的流程,为了颁发采矿工程开工许可,有权机关应当负责设立地役权。

地役权具有对抗效力。必要时,应当在《环境法典》第 L. 515 -9 条至第 L. 515 -11 条规定的条件下对其进行补偿。";

(7)对第 L. 661 -3 条第 4 项,修改如下:

(a)删除"在……之后";

(b)在"有关的"一词后,删除:"或相关市镇公共合作组织的审议机关,根据公众参与程序中提出的意见,针对该程序认为意见对解决问题有帮助的情况,经向省级环境、健康和技术风险委员会征求意见后,针对法属圭亚那,经向省级采矿委员会征求意见后;"。

2. 作为《采矿法典》第 L. 163 －9 条的例外,针对同法典第 L. 163 －6 条规定的预期或现行措施,若行政机关未在规定期限到期时通知执行该措施,但当发出通知时,该措施已执行,时长 30 年的期限自行政机关规定的期限到期时开始计算。

上述法典第 L. 163 －9 条不适用于 30 年前停工流程已结束的工程。

3. 根据本法起草的《采矿法典》第 L. 162 －2 条适用于本法颁布后提交的采矿工程开工许可和延长有效许可的申请。根据本法起草的《采矿法典》第 L. 162 －2 条继续适用于本法颁布前现有的废弃物管理设施。

第 66 条 《环境法典》第二卷,增加第四编,内容如下:

“第四编　土壤和底土

单章　土壤与底土保护一般原则

第 L. 241 －1 条　国家污染场地和土壤预防和管理政策旨在预防和减少土壤和底土污染,以及说明现行的污染管理措施。该政策有利于土壤和底土的平衡、可持续管理,以及推动采取适应气候变化的必要措施。该政策的内容和落实情况应当围绕以下原则:

(1)针对污染的预防和补救和针对相关风险的管理;

(2)针对各场地的情况进行具体且恰当的个案评估;

(3)针对风险的评估应当基于场地的用途、与源头、媒介和暴露的目标相关的信息以及对符合国家公共健康目标的价值观的尊重。

针对土壤污染的预防和补救涉及的措施旨在减轻土壤退化过程的影响。针对位于地表或基岩中含有有害物质的土壤,应当确保由该土壤构成的场地的安全,同时恢复和清理退化的土壤,并根据当前和未来准许的使用情况,修复符合第 L. 511 －1 条提及的利益的部分功能。由于土壤资源的开发会造成土壤中天然存在的危险物质释放和传播到环境中,该措施应当考虑土壤开发带来的影响。”

第 67 条

1. 对《采矿法典》,修改如下:

(1)第 L. 100 －2 条后,增加第 L. 100 －3 条至第 L. 100 －5 条,内容如下:

“第 L. 100 －3 条　受采矿法律制度管辖的矿物质或化石资源不属于土壤所有者。根据《宪法》第十二编和第十三编提及的行政区域的职权以及相关特别条款,该类物质或资源应当由国家管理。

针对矿物质或化石资源以及本法典提及的底土,该资源的管理和使用应当符合公共利益并有利于实现国家和地区可持续发展目标。

该管理和使用旨在在全国范围内发展开采活动,关注环境和社会的诉求,重新搭建价值链,保障供应链安全,摸查底土资源相关信息,确保可追溯性和再利用性,减少法国对进口资源的依赖。

第 L. 100 – 4 条　根据《环境法典》第 L. 181 – 17 条和同法典第 L. 514 – 6 条第 1 款第 1 段,可以对依据本法典的决定、权利凭证和授权提出诉讼。

作为例外,自授权或申报之日起,应当评估采矿工程是否符合区域协调发展纲要、地方城市规划、土地占用计划和市镇地图条款的要求。

最高行政法院法令应当规定对本条第 1 段提及的决定、权利凭证和授权上诉至行政法庭的有效期限。

第 L. 100 – 5 条　1. 根据《环境法典》第 L. 181 – 18 条,在确定其他方式不成立的情况下,行政法官应当受理针对本法典第 L. 100 – 4 条提及的决定、权利凭证、授权,并给出最终意见。当该行政法官认为:

(1)缺陷只影响文件申请预审程序的部分阶段或该文件的部分内容时,可以仅宣布取消该内容,并要求有权行政机关在该阶段或对存在不合理情况的内容重启预审;

(2)在通过修正文件纠正造成该文件不合法的缺陷时,经各方意见,可以推迟做出决定至规定的该合法化程序到期之日。若在此期限内将该修正文件通知法官,经各方意见,法官应当做出决定。

2. 若取消或缓期决定只影响文件的部分内容,法官应当决定是否暂停实施未受影响的部分文件内容。

最高行政法院法令应当规定本条的适用条件。";

(2)在第一卷第一编后,增加第一(乙)编,内容如下:

"第一(乙)编　法国采矿模式的基本原则

第 L. 114 – 1 条　在授予、扩大和延长专属勘探许可或特许前,应当从环境、经济和社会层面开展调研。

第 L. 114 – 2 条　1. 环境、经济和社会调研过程包括由许可申请人制订环境、经济和社会勘探意见书,从环境、经济和社会层面制作开采可行性调查报告,开展本条规定的磋商。有权决策机关应当对该报告、研究、磋商过程中收集到的信息以及申请人提供的反馈进行审核。

环境、经济和社会调研应当指出采矿项目给所在区域带来的环境、经济和社会影响,评估本法典规定的国家底土资源与利用政策是否合理涵盖采矿项目,并帮助有权机关确定勘探和开采活动应当遵守的条件以及第 L. 114 – 3 条提及的规格细则要求的义务。

2. 勘探意见书和可行性调查报告应当征求环境和可持续发展一般委员会环境部门提出的与环境有关的意见,以及经济、工业、能源和技术一般委员会提出的与经济和社会有关的意见。

申请人应当对该意见作出书面回复。

3. 申请授予、扩大和延长研究专属许可或特许的文件包括勘探意见书、可行性调查报告、第 2 款提及的意见和申请人对该意见做出的书面回复。该文件应当提交至与采矿项目相关的省级国家代表、市镇、市镇公共合作组织、省级委员会、区级委员会、特别地方行政区域或海外行政区域。

针对采纳后的本条第 3 款第 1 段提及的地方行政区域或群组意见,以及未能在最高行政法院法令规定的期限内收集到相关意见的情况,应当在相关各省省会城市官方网站上公布。

4. 在根据《环境法典》第一卷第二编第三章进行的公开磋商或公开调查开始前,申请人应当在网站上公布申请文件和针对第 2 款规定的意见作出的书面回复,其中不包括发明人或行业资产权利涉及范围内的信息。

第 L. 114 –3 条　1. 根据环境、经济和社会调研,有权机关应当作出授予、扩大和延长研究专属许可或特许的决定。

2. 针对矿层勘探和开采可能对第 L. 161 –1 条提及的利益造成的严重损害,若有权机关对此提出疑义,授予、扩大和延长研究专属许可或特许申请将被拒绝。

作为《公众与行政部门关系法典》第 L. 121 –1 条的例外,针对提出疑义的情况,应当事先邀请申请人陈述意见并修改申请。

根据《公众与行政部门关系法典》第 L. 211 –2 条第 7 项,应当明确第 2 款第 1 段提及的拒绝的决定,并说明拒绝的理由。

3. 规格细则应当说明申请人须遵守的条件,并附于采矿权利授予证书后。申请人应当针对规格细则的要求发表意见。

出于对环境或现有或未来土壤与底土使用的保护,规格细则可以规定禁止在全部或部分权利范围内使用某些勘探和开采技术。

规格细则可以包含第 L. 114 –2 条规定的环境、经济和社会可行性调查报告中规定的经济和社会措施。

第 L. 114 –4 条　根据所掌握的科技知识,应当按照对应申请日期、上述决定的目标、决定的期限和对环境的影响规定本法典适用的行政决定的预审方式,以及公众和地方行政区域或群组事先知悉、磋商和参与的方式。

第 L. 114 –5 条　当相关区域有权机关启动针对采矿权利申请的预审时,以及当竞标意见公布时,应当通知地方行政区域或群组关于采矿权利申请的提交和竞标评选后入选人的信息。

第 L. 114 –6 条　最高行政法院法令应当规定本编的适用条件和方式。”

(3)对第一卷第二编,修改如下:

(a)第一章,增加第 L. 121 - 6 条至第 L. 121 - 8 条,内容如下:

"第 L. 121 - 6 条　竞标评选结束后入选的申请人应当进入协商阶段。该协商阶段讨论的内容包括该申请对区域和国内经济的意义、项目的环境、经济和社会影响,以及开展采矿工程前须满足的条件。

第 L. 121 - 7 条　为了进行协商,申请人可以要求全国公众辩论委员会从《环境法典》第 L. 121 - 1 - 1 条第 1 款提及的全国担保人名单中指定一名担保人。

担保人可以向全国公众辩论委员会索要一份技术研究报告,并获取其他专业知识,费用由全国公众辩论委员会承担。

担保人应当告知申请人、全国公众辩论委员会和国家代表事先协商的进展和结果。

担保人负责公布事先协商的结果。

第 L. 121 - 8 条　最高行政法院法令应当规定本章的适用条件和方式。";

(b)对第二章第一节,修改如下:

第 L. 122 - 3 条末尾,由"最高 10 年"取代"初次最高 5 年";

增加第 L. 122 - 4 条和第 L. 122 - 5 条,内容如下:

"第 L. 122 - 4 条　在有效期过半时,行政机关可以缩减专属勘探许可范围至原先的一半。保留下来的勘探范围应当包括所有已知的勘探矿层。应当根据持有人意见确定该范围。

第 L. 122 - 5 条　最高行政法院法令应当规定本章的适用条件和方式。";

(c)对第 L. 124 - 2 - 3 条,修改如下:

末尾,由"最高 10 年"取代"初次最高 5 年";

增加一款:"第 L. 121 - 6 条、第 L. 121 - 7 条和第 L. 122 - 4 条适用于专属地热矿层勘探许可。";

(d)第四章第二节第三分节,内容如下:

"第三分节　地热矿层开采项目开发阶段

第 L. 124 - 2 - 5 条　第 L. 142 - 1 条规定的开发阶段适用于所有地热矿层开采项目。"

(4)第 L. 132 - 6 条,内容如下:

"第 L. 132 - 6 条　在不违反第 L. 142 - 4 条的情况下,在专属勘探许可有效期内,仅许可持有人本人可以在不涉及竞争的条件下提交涉及相关许可资源的特许申请。

最高行政法院法令应当规定本章的适用条件和方式。”

(5)第一卷第四编第二章第一节第一分节,内容如下:

“第一分节　项目开发阶段

第 L. 142 - 1 条　开采项目开发阶段旨在与当地利益相关方协商,研究开采项目技术、环境和社会可行性。

当专属勘探许可持有人希望参与开采项目开发阶段时,应当在距专属勘探许可到期时 6 个月前,向有关行政机关申请加入该阶段的授权。持有人应当证明已发现可开采的矿层。

行政机关应当在 3 个月内作出明确的决定。若未回复,则视为准许加入。

当行政机关准许加入时,在有必要的情况下,可以延长开采项目开发阶段期间的专属勘探许可期限。延长后的专属勘探许可期限不得超过 15 年。

专属勘探许可持有人应当根据第 L. 121 - 7 条规定的方式向担保人提出援助请求。行政机关应当规定该持有人开展协商的方式。

协商期间应当讨论采矿项目的不同实施方案以及采矿权利范围以外地区的规划,评估方案和规划对环境、经济和社会问题的影响,以便确定实施项目的最佳条件。

在提交特许申请或放弃开采项目声明后,开采项目开发阶段结束。若未提交,在专属勘探许可到期时,项目视作结束。”;

(6)第二卷第四编单章第一节,内容如下:

“第一节　地下资源开采项目开发阶段

第 L. 241 - 1 条　第 L. 142 - 1 条规定的开发阶段适用于所有地下资源开采项目。”

2. 针对自本法颁布之日起与根据《采矿法典》采纳或作出的决定、授权和准许有关的纠纷,以及在该日处于预审阶段的授权和准许申请的纠纷,第 1 款第 1 项适用。

除《采矿法典》第 L. 114 - 3 条第 2 款和第 3 款外,本条第 1 款第 2 项、第 3 项、第 5 项和第 6 项于最高行政法院法令规定的生效日期当天生效,最晚不超过 2024 年 1 月 1 日。

本条第 1 款第 2 项和第 3 项的第 a 目适用于在该日后,向行政机关提交的授予、延期和延长专属勘探许可或特许的申请。

同第 1 款第 3 项的第 b 目和第 c 目以及第 5 项和第 6 项适用于在该日处于预审阶段的授予专属勘探许可的申请,以及在该日后向行政机关提交的授予专属勘探许可或特许的申请。

首次延期申请经过《采矿法典》第 L. 114 – 1 条提及的环境、经济和社会分析，根据同法典第 L. 124 – 2 – 5 条和第 L. 142 – 1 条与许可发放有关的规定，针对在该日已生效的专属勘探许可，可以延长其有效期。

上述法典第 L. 114 – 3 条第 2 款和第 3 款自本法颁布之日起生效。该条款适用于在该日处于预审阶段的授予、延期和延长专属勘探许可的申请，以及在该日后向行政机关提交的授予、延期和延长专属勘探许可或特许的申请。

本条第 1 款第 4 项于最高行政法院法令规定的生效日期当天生效，最晚不超过 2024 年 1 月 1 日。该条款适用于在该日后向行政机关提交的授予专属勘探许可的申请。

第 68 条 《采矿法典》第一卷第一编，增加第三章，内容如下：

“第三章　针对可持续采矿管理的国家底土资源与利用政策

第 L. 113 – 1 条　根据至少每 5 年进行一次的排查结果，国家针对可持续采矿管理的底土资源与利用政策旨在摸查底土资源，明确第 L. 100 – 1 条提及的国家资源管理和利用的指导方针以及本法典规定的底土用途，满足区域和国家经济、社会和环境利益需求。同时，该政策旨在提出相关引导措施，以确保来自非欧盟成员国的主要和次要资源供应符合法国社会环境的要求。

该政策包括：

(1)2015 年 8 月 17 日关于能源转型促进绿色增长第 2015 – 992 号法第 69 条规定的国家循环经济转型策略和资源规划计划；

(2)《能源法典》第 L. 141 – 1 条至第 L. 141 – 6 条规定的多年能源规划。

本法典第六卷第二编第一章第一节规定的省级采矿指导纲要与国家底土资源与利用政策兼容。

第 L. 113 – 2 条　国家底土资源与利用政策应当包含相关策略。该策略应当出现在有权行政机关与相关公共机构和研究单位共同制订的报告中，并至少每 5 年对该策略进行一次更新。

应当撰写一份补充说明，明确勘探和开采已发现的资源的技术、与环境和卫生有关的影响，以及降低该影响的方法。该说明应当附于第 1 款提及的报告后。

该说明应当明确保护第 L. 161 – 1 条提及的利益的措施和技术。

第 L. 113 – 3 条　应当向议会提交第 L. 113 – 2 条规定的报告，并由矿产部长负责向议会汇报。议会无须对该报告进行表决。针对该报告，应当以电子形式，予以公布。

第 L. 113 – 4 条　针对处于预审阶段的采矿权利申请的主要特点、采矿权利凭证、处于生效阶段的其他采矿准许和国内采矿范围地图,应当以电子形式并遵照可自由重复使用和利用的公开标准,予以公布。该信息的公布符合《环境法典》第一卷第二编第四章的规定。应当每季度对公布的信息进行更新。

第 L. 113 –5 条　在提交采矿授权申请后,省国家代表可以在全部或部分授权场所范围内成立工程监测委员会。

成立委员会的理由和有关专家能力的征集符合《环境法典》第 L. 125 –2 –1 条的规定。若采矿工程涉及与环境保护有关的设施,该委员会可以联合第 L. 125 –2 –1 条规定的工程监测委员会。

最高行政法院法令应当规定本条的适用条件。”

第 69 条　对《采矿法典》,修改如下:

(1)在“国家”一词后,删除第 L. 511 –1 条第 1 段末尾内容;

(2)第六卷第二编第一章第二节,增加第 L. 621 –8 –4 条,内容如下:

“第 L. 621 –8 –4 条　经共和国卡宴检察官明确授权后,除第 L. 511 –1 条提及的个人外,针对在法属圭亚那领土范围内违反本法典法律法规和有关文件规定的条款的情况,《环境法典》第 L. 172 –1 条提及的受托的宣誓环境监察员有权指出。

经共和国卡宴检察官明确授权后,适用《森林法典》第 L. 161 –4 条受托的国家森林办公室宣誓专员以及适用《环境法典》第 L. 332 –20 条第 1 款受托的国家自然保护区宣誓专员有权处理有关打击非法淘金者的事宜。

本法典第 L. 511 –1 条最后一段适用。”

第 70 条　对《采矿法典》,修改如下:

(1)第 L. 121 –4 条,编号“第 4 项”前,增加“第 1 款的”;

(2)对第 L. 512 –1 条,修改如下:

(a)对第 1 款修改如下:

第 1 段,由“监禁两年和罚金 100,000 欧元”取代“两年监禁的处罚和 30,000 欧元的罚金”;

废除第 1 项、第 11 项和第 12 项;

增加第 13 项:“(13)不承认第 L. 111 –13 条的规定。”;

(b)第 1(2)款,内容如下:

“1(2)对以下行为处以监禁两年和罚金 100,000 欧元:

(1)在未取得第 L. 131 –1 条和第 L. 131 –2 条对应的开采权利凭证和许可的情况下,开采矿山或持有特许资源;

(2)在未取得第 L. 621 –13 条规定的声明凭证的情况下,持有汞或全部或部分破碎机或泵体;

(3)在未取得第 L. 621 – 14 条规定的声明凭证复印件的情况下,运输汞或全部或部分破碎机或泵体;

(4)违反第 L. 621 – 15 条。";

(3)对第 L. 512 – 2 条,修改如下:

(a)第 1 款第 1 段,由"第 1(2)款"取代"第 1 款";由金额"375,000 欧元"取代金额"75,000 欧元";

(b)第 2 款,内容如下:

"2. 第 1 款第 1 段提及的处罚包括:

(1)当该行为发生在全部或部分受《环境法典》第三卷第三编管辖的公园或保护区,或适用《森林法典》第 L. 212 – 1 条至第 L. 212 – 3 条调整文件划定的区域内的生物保护区,处以 7 年监禁和 1,000,000 欧元罚金;

(2)若涉及有组织的团伙违规行为,处以 10 年监禁和 4,500,000 欧元的罚金。";

(4)第 L. 615 – 1 条第 1 段,由"第 1(2)款"取代"第 1 款";

(5)对第 L. 615 – 2 条,修改如下:

(a)第 2 段开头,由"第 14 项"取代"第 13 项";

(b)最后一段开头,由"第 15 项"取代"第 14 项";

(6)第 L. 621 – 8 – 1 条,内容如下:

"第 L. 621 – 8 – 1 条　针对第 L. 512 – 1 条第 1(2)款第 2 项、第 3 项、第 4 项和第 L. 621 – 8 – 3 条规定的情况,法院可以宣判没收用于违规行为的资产。";

(7)第 L. 621 – 8 – 3 条,内容如下:

"第 L. 621 – 8 – 3 条　根据《交通法典》第 L. 4000 – 3 条,在法属圭亚那内陆水域,装载、卸载或转移船只、浮船或浮动设备,参与非法淘金活动,处以 3 年监禁和 100,000 欧元罚金。针对使用陆地机动交通运输工具进行装载或卸载的情况,该处罚同样适用。"

第 71 条　在《采矿法典》第 L. 512 – 3 条后,增加第 L. 512 – 3 – 1 条,内容如下:

"第 L. 512 – 3 – 1 条　针对违反第 L. 512 – 1 条第 1(2)款和第 L. 512 – 2 条规定的罪行的外籍人士,根据《刑法典》第 131 – 30 条规定的方式,处永久或最高 10 年内禁止进入法国领土的额外处罚。"

第 72 条　对《采矿法典》第 L. 621 – 8 条第 1 句,修改如下:

(1)在开头,由"在法属圭亚那,若违反本法典第 L. 615 – 1 条或第 L. 621 – 8 – 3 条或《海关法典》第 414 – 1 条的规定"取代"若在第 L. 512 – 2 条第 1 款或第 2 款规定的条件下违反第 L. 615 - 1 条"；

(2) 在第二次出现"鉴于"一词后，增加"或海关限制"。

第 73 条

1. 在《环境法典》第 L. 162 - 1 条第 1 项"第 L. 165 - 2 条"一词后，增加"或受《采矿法典》管辖的属于矿场法律制度或地下储存法律制度的工程"。

2. 本条适用于自本法颁布之日起发现的损害。

第 74 条

1. 在《采矿法典》第 L. 164 - 1 - 1 条后，增加第 L. 164 - 1 - 2 条，内容如下：

"第 L. 164 - 1 - 2 条　申请勘探或开采工程开工准许时，应当提供勘探意见书，内容包含为确定工程对基岩地质的影响，以及了解工程可能引起的包括地震灾害在内的自然现象而采取的和未来须采取的措施，以便降低该现象发生的概率、强度和再次发生的风险，并保护第 L. 161 - 1 条提及的利益。

行政机关可以要求更新并提交该勘探意见书。在工程开展后 3 年内或在声明停工时，应当更新勘探意见书，并提交给行政机关。"

2. A. 本条适用于本法颁布后提交的地热矿层勘探和开采工程开工准许的申请。

B. 作为第 A 项的例外，行政机关可以在其规定的期限内要求地热矿层开发商或经营者起草和提交《采矿法典》第 L. 164 - 1 - 2 条第 1 款提及的勘探意见书。该开发商或经营者在本法颁布前至停工时，应当已取得勘探和开采工程开工准许。

第 75 条　《采矿法典》第 L. 171 - 1 条，内容如下：

"第 L. 171 - 1 条　国家应当对矿场进行监察，以便监督和检查采矿勘探和开采工程，预防和制止相关活动造成的损失和损害，保障合理开采岩层，遵守第 L. 161 - 1 条提及的要求，履行第 L. 161 - 2 条和有关工程落实的文件提及的义务。行政机关应当派遣《环境法典》第 L. 172 - 1 条第 2 款第 2 项提及的环境检察员，进行监察。"

第 76 条　《采矿法典》第 L. 174 - 2 条，增加 1 段，内容如下：

"针对本条前两段提及的移交给国家的风险监控和预防设备，若勘探者或开采者希望使用该设备，应当在勘探和开采工程开工准许的申请中说明。有关行政机关仅在设备能够保证在相关地质区域进行风险监控和预防时，可以授权转移该设备。申请人应当在相关区域承担本条规定的属于国家的全部责任。"

第 77 条　《采矿法典》第六卷第二编第一章第二节，增加第 L. 621 - 8 - 5 条，内容如下：

"第 L. 621 - 8 - 5 条　1. 按照共和国检察官的公诉状，在法属圭亚那领土范围内，《刑事诉讼法典》第 21 条第 1 款、第 1(2) 款、第 1(3) 款提及的司法警察长官以及受命的司法警察专员和司法警察副官可以开展同法典第 78 - 2 条第 7 段规定的身份检查。该检查应当在法官规定的小于 24 小时的期限内开展。根据经同一流程审批通过的且已说明理由的决定,该期限可以延长。该检查旨在查明和起诉本条第 1 款第 1 项至第 5 项提及的违法行为:

(1)第 L.512 -1 条第 1(2)款第 1 项和第 L.512 -2 条提及的有关未取得权利凭证或准许的采矿或持有特许资源的违法行为;

(2)第 L.512 -1 条第 1(2)款第 2 项、第 3 项和第 L.512 -2 条提及的有关未取得声明凭证的持有或运输汞、全部或部分破碎机和泵体的违法行为;

(3)第 L.512 -1 条第 1(2)款第 4 项提及的有关运输用于金矿开采的专业装备的违法行为;

(4)《海关法典》第 414 -1 条第 1 项、第 2 项提及的有关未取得声明或证明的出口、持有或运输自然金的违法行为;

(5)本法典第 L.621 -8 -3 条提及的有关装载、卸载或转移船只、浮船、浮动设备或陆地交通工具,参与非法淘金活动的违法行为。

2. 在相同条件下,针对相同地区和第 1 款规定的相同违法行为,《刑事诉讼法典》第 21 条第 1 款、第 1(2)款、第 1(3)款提及的司法警察长官以及受命的司法警察专员和司法警察副官可以检查行驶中、停靠或停泊的车辆以及航行中、停靠、停泊或搁浅的船只。

仅在驾驶员在场且有必要实施检查的情况下,可以截停行驶中的车辆。若涉及对停靠或停泊的车辆进行检查,驾驶员或车主应当在场。若驾驶员或车主不在场,则应当有受司法警察长官或专员命令且与行政机关无关的人员在场。若检查对于个人或财产安全存在严重风险,则无须征调在场外部人员。

若发现违法行为,或应驾驶员、车主、船主的要求,或在检查时驾驶员、车主或船主未到场的情况下,应当记录检查发生的地点、日期和起止时间,并尽快向当事人和共和国检察官提供纪要报告,双方各持一份。若涉事车辆为居住用途且实际用作住宅,应当在遵守有关搜查和家访的规定下进行检查。

3. 在相同条件下,针对相同地区和第 1 款规定的相同违法行为,《刑事诉讼法典》第 21 条第 1 款、第 1(2)款、第 1(3)款提及的司法警察长官以及受命的司法警察专员和司法警察副官可以对行李或车辆或船只内的物品进行目测检查或搜查。仅在车主或船主在场且有必要的情况下,开展目测检查或搜查。

若发现违法行为或应车主或船主的要求,应当记录检查发生的地点、日期和起止时间,并尽快向当事人和共和国检察官提供纪要报告,双方各持一份。

4. 在相同条件下,针对第 1 款规定的相同违法行为,若涉事船舶、浮动工具、浮动设施和浮动设备位于领海范围内、前往或计划前往港口或内陆水域、位于领海基线上游或位于湖泊和其他水域内,《刑事诉讼法典》第 21 条第 1 款、第 1(2)款、第 1(3)款提及的司法警察长官以及受命的司法警察专员和司法警察副官可以登上该船舶、浮动工具、浮动设施和浮动设备,开展检查。

检查期间,船长或代表应当在场。船长是指在检查期间,在法律或事实上指挥、驾驶或保管船舶、船只、浮动工具、浮动设施和浮动设备的个人。

检查涉及外表、船舱、货舱和舱室。

若涉事空间为居住用途且实际用作住所,应当在遵守有关搜查和家访的规定下进行检查。

仅在有必要实施检查的情况下,可以截停船舶、船只、浮动工具、浮动设施和浮动设备。截停时间不得超过 12 小时。

负责检查的司法警察长官应当告知共和国检察官检查情况。若发现违法行为,应当立即上报。

5. 若第 1 款至第 4 款提及的检查不涉及共和国检察官公诉状的违法行为,该检查不构成引起附带诉讼程序无效的原因。"

第 78 条 《采矿法典》第六卷第二编第一章第四节,增加第 L. 621 – 15 条,内容如下:

"第 L. 621 – 15 条 法令应当规定用于金矿开采的设备清单。在不违反第 L. 621 – 14 条的前提下,位于居住区水域上游,应当提供运输该设备的水上运输工具的设备使用许可、准许或采矿权利凭证,若该设备为非淘金用途,应当提供第 L. 621 – 13 条规定的申报书。

本条第 1 段适用于第 L. 621 – 12 条规定的有关金矿开采设备运输的所有地区范围。"

第 79 条 《采矿法典》第六卷第二编第一章,增加第五节,内容如下:

"第五节 特殊制度涉及的资源

第 L. 621 – 16 条 在法属圭亚那,金矿勘探者和开采者应当记录在单个矿场或多个矿场间进行的任何形式的金矿生产和运输情况,并实时更新。

最高行政法院法令应当规定本条的适用条件。"

第 80 条 对《采矿法典》,修改如下:

(1)第一卷第一编第一章第三节,增加第 L. 111 – 12 – 1 条,内容如下:

"第 L. 111 – 12 – 1 条 在特许到期前 5 年内,在最高行政法院法令规定的条件下,开采者应当向行政机关提交一份文件,针对包括地热资源在内的底土资源和可再生能源的利用方式,说明可能需要对设施和场地进行的调整。";

(2)废除第 L. 132 – 12 – 1 条。

第81条

1. 根据《宪法》第38条规定的条件，自本法颁布之日起15个月内，政府应当以命令的形式采取法律范围内的各种措施，以便：

(1)转变法国采矿业法律基础和模式目标：

(a)应当规定国家地下资源和利用政策的实施方式；

(b)应当规定国家数字图像化采矿登记册的运作方式；

(2)针对采矿活动各阶段带来的环境问题，提高对该问题的关注度，并创新公众和地方行政区域的参与方式：

(a)应当修订有关申请授予、延长和拒绝采矿权利、勘探和开采的条件。若矿层勘探和开采对受采矿法规保护的利益造成严重损害，则应当拒绝相关凭证的申请；

(b)针对采矿申请从预审至开采结束的流程，应当合理推进地方行政区域和公众对该流程的了解和参与；

(c)在对采矿权利的申请提出意见前，应当开展环境、经济和社会调研；

(d)应当规定附于采矿权利申请意见中的环境、经济和社会要求；

(e)应当对采矿工程的开工标准进行适当调整，以便该标准符合《环境法典》规定的环境要求；

(f)应当修订采矿监察的目标、程序以及处罚标准，以便同法典规定的行政处罚适用于符合环境要求的采矿工程。同时，应当明确开采者须承担的义务；

(g)应当修改并简化撤回采矿权利的流程，避免出现矿场负责人不详、失踪或违约的情况。

(3)通过以下方式，对《采矿法典》进行更新：

(a)应当修订采矿权利和准许术语，以及预审申请的程序。

(b)应当明确涉及矿场法律规范的申请者参与竞标的条件和程序。针对已申报的矿层的发现者，不得在采矿权利到期前取消其享有的豁免。

(c)应当完善适用于地热资源的法律规范，说明地热资源的储藏情况和开采研究须满足的要求。

(d)应当完善地下资源、矿产和包括氢气在内的其他资源的法律规范。

(e)针对位于海外行政区域的小规模矿场的开发授权和停工流程，应当修订相关法律规范。同时，针对涉及国家公共或私人区域的采矿工程，应当修订相关法律规范。修订相关法律规范旨在缩短预审时间，并不影响对环境的保护力度。

(f)应当将采石场资源类型与矿场资源类型对应。

(4)通过以下方式,采取相关措施,以便规范金矿开采工程。

(a)应当修订与法属圭亚那省采矿指导计划有关的条款。该条款应当由法属圭亚那地方行政区域主席和位于该省国家代表共同起草。在审批法属圭亚那采矿权利和准许的申请时,应当考虑到居民社区的情况。

(b)应当修订与金矿可溯源性有关的开采者须履行的义务[宪法委员会2021年8月13日(DC)2021-825号决定宣布本条与《宪法》不符]。

(c)针对曾经开展非法淘金活动的场所,应当采取修复该场所的措施。

(5)通过以下方式,对《采矿法典》条款进行说明:

(a)应当修订和完善扩大采矿权的方式。

(b)应当明确矿产资源发现者权利的效力。

(c)应当允许采矿权利合并。

(d)应当调整有权授予、延长或拒绝开采权利的机关。

(e)应当完善相关资源的定义,确保采矿权利覆盖该资源。

(f)应当明确勘探和开采位于公共领域海底的海洋资源和矿产资源的法律框架,确保对海洋生态资源的保护,提升对科学知识的认识。

(g)应当废除有关无限期特许的同法典第L.144-4条。

(6)采取有关海外特别行政区的措施:

(a)针对根据本法命令的条款,在基本法权限范围内,应当扩大该条款的适用范围,完善并协调该条款。国家应当对新喀里多尼亚、法属波利尼西亚、瓦利斯和富图纳群岛以及法属南部和南极领土行使权利,扩大与该权利有关的法律条款的适用范围,完善并协调该条款。阿德利地应当执行1991年10月4日在马德里根据1959年12月1日于华盛顿缔结的《南极条约》签署的南极环境保护议定书。

(b)应当完善并协调该条款,使其适用于瓜德罗普、法属圭亚那、马提尼克、留尼旺、马约特、圣巴特岛、圣马丁和圣皮埃尔—密克隆群岛地区;

(7)与授权命令有关的条款适用于该命令公布前提出的首次和现有申请。

(8)明确并推动采矿损失赔偿和补偿计划,规定受《采矿法典》管辖的工程造成的损失的定义,免除与矿场勘探者和开采者无关的责任。若负责人失踪或违约,国家有义务担任补偿采矿工程造成的损失的担保人。

(9)针对本授权相关的法律,应当采取必要的措施,如统筹一致、协调、重组、重新编号和修正重大错误。

2.自第1款规定的各命令公布之日起3个月内,应当提交批准法案。

3. 自命令公布之日起1年内,政府应当向国民议会和参议院相关常任委员会说明第1款和第2款提及的命令的实施情况。

第四章 鼓励使用可再生能源

第82条

1. 对《环境法典》,修改如下:

(1)废除第L.515-47条;

(2)第L.181-28-2条,增加3段,内容如下:

"自递交非技术总结之日起1个月内且在市议会审议后,项目所在地的市长应当向项目方提出意见。若超过该期限后市长仍未作答,则视其放弃提供项目意见。

项目方应当在1个月内对提出的意见作出回复,说明项目进展。

本条仅适用于与第L.181-1条第2项有关的风力发电设施。"

2. 第1款第2项适用于自本法颁布之日起6个月内提出的申请授权的项目。

第83条

1. 对《能源法典》第一卷第四编第一章,修改如下:

(1)第L.141-3条第3款修改为:"第L.141-2条第3项提及的部分数量目标按行业划分。";

(2)第L.141-5条后,增加第L.141-5-1条和第L.141-5-2条,内容如下:

"第L.141-5-1条 经与相关地区委员会协商后,法令应当针对法国本土大陆制定地区发展可再生能源目标,以便促进实现第L.100-4条、第L.100-1A条第1款提及的法律和第L.141-3条提及的多年能源规划中提及的目标。该地区发展可再生能源目标旨在协调各地区之间的可再生和可回收能源潜力。

应当采用通用方法和指标,跟进地区可再生能源发展目标的开展和实施情况。在地区和国家之间以及同一大区各地方行政区域之间,针对该信息,应当做到资源共享。同时,应当按照法令要求规定该通用方法和指标。

第L.141-5-2条 1. 在位于法国本土大陆的各地区,地区能源委员会应当负责推动与地方行政区域进行的协商,讨论有关地区能源的问题。针对《地方行政区域一般法典》第L.4251-1条规定的区域发展计划下的可再生和可回收能源发展目标以及可持续发展和地域平等目标,该委员会应当设定、监测、评估该目标的实施情况。在法兰西岛,针对《环境法典》第L.222-1条规定的地区气候、空气与能源计划和地区风能计划下的目标,该委员会应当设定、监测、评估该目标的实施情况。

地区能源委员会可以讨论有关能源对大区的影响的话题,并提出意见。

为了确定本法典第L.141－5－1条规定的可再生能源发展目标，能源部部长应当要求位于法国本土大陆各大区的地区能源委员会负责起草该大区地区可再生能源发展目标的提案。自申请之日起两个月内，地区委员会应当起草该提案。

2. 地区委员会主席和国家在该大区的代表应当共同主持区域能源委员会。

3. 法令应当规定地区能源委员会的构成和运行方法。委员会应当联合市镇、市镇群组、省、《地方行政区域一般法典》第L.2224－31条提及的能源供应组织和相关公共供应和运输网络主管人。"

2. 对《地方行政区域一般法典》第四部分第二卷第五编第一章，修改如下：

（1）第L.4251－1条第2段"气候的"一词后，增加"可再生和可回收能源的开采进展"；

（2）第L.4251－2条第2项，增加第d目："（d）《能源法典》第L.141－3条提及的多年能源规划下的各行业可再生和可回收能源发展目标和同法典第L.141－5－1条提及的地区目标；"

3.《环境法典》第L.222－1条第1款，增加1段："在法兰西岛，第1款第3项提及的目标和地区风能计划应当符合《能源法典》第L.141－3条提及的多年能源规划下的各行业可再生和可回收能源发展目标和同法典第L.141－5－1条提及的地区目标。"

4. 在2023年1月1日后，《能源法典》第L.141－1条提及的多年能源规划经首次修订后，同法典第L.141－5－1条第1段提及的法令生效。

5.《地方行政区域一般法典》第L.4251－9条第1款第1段，在"修改"一词后，增加"旨在增加法定义务或"。

6. 自《能源法典》第L.141－5－1条第1段提及的法令公布之日起6个月内，在《地方行政区域一般法典》第L.4251－1条第1款规定的条件下，大区应当启动针对区域发展、可持续发展和地域平等计划的修改流程。在法兰西岛，大区应当启动针对地区气候、空气与能源计划的修订流程，以便该计划符合法令规定的地区目标。

7. 2020年7月29日有关废弃物预防和管理的第2020－920号命令第10条第3款，由"在第1款规定的条件下修改的"取代"在该条件下修订或修改"。

8. 2019年12月24日交通导向第2019－1428号法第16条第4款，增加1句："在必要的情况下，在法典第L.4251－9条第1款规定的条件下，修改计划。"

第84条 ［宪法委员会2021年8月13日（DC）2021－825号决定宣布本条与《宪法》不符］

第85条

1.《能源法典》第三卷第五编第二章第一节，增加第L.352－1－1条，内容如下：

“第 L.352－1－1 条　当储电能力无法满足第 L.141－1 条提及的多年能源规划目标时，或针对第 L.141－8 条提及的多年期预期供需平衡报告，当储电能力无法达到该报告提出的供需灵活的要求时，行政机关可以启动招标。在有必要的情况下，应当按照能源管理委员会意见中法令规定的方式，根据能源类型对招标项目进行分类，如水电转运站、电池和氢能源。

公共输电系统主管人应当组织协商，根据行政机关规定的规划，与上述能源类型的专业人员和公共输电系统主管人，讨论提高电气系统灵活性的技术方案。公共输电系统主管人应当根据行政机关提出的要求出具方案。

公共输电系统主管人应当本着多方参与、拒绝歧视和公开透明的原则，对投标文件进行评审，并向行政机关提供参与竞标的投标文件清单。行政机关应当决定单个或多个中标人，且有权不对投标文件作出回应。鉴于招标项目的内在风险，行政机关应当确保中标人固定资产回报不超过正常固定资产回报。

公共输电系统主管人应当在招标文件规定的条件下，根据招标结果，与单个或多个中标人签订储能回报合同。”

2. 在《能源法典》第 L.121－8－1 条后增加：“第 L.121－8－2 条　针对储电能力，公共服务项目费用包括公共输电系统主管人承担的招标活动的费用，以便鼓励发展第 L.352－1－1 条提及的储电能力。”

第 86 条　在《能源法典》第 L.100－4 条第 1 款后，增加第 1(2) 款，内容如下：

“1(2) 在不违反《环境法典》第五卷第九编与核安全保障有关的条款的情况下，按照本条第 1 款第 1 项提及的供应安全目标以及第 L.100－1 条第 2 项提及的减少由能源消耗导致的温室气体排放的目标，根据本法典第 L.100－1A 条第 1 款第 4 项、本条第 1 款第 5 项和第 L.141－1 条，应当关闭核反应堆。该决定旨在实现国家能源政策目标。”

第 87 条

1.《能源法典》第 L.100－1A 条第 1 款第 3 项，由“气体，以及可再生低碳氢气”取代“和气体”。

2. 2021 年 2 月 17 日有关氢气的第 2021－167 号法第 5 条第 62 段，在第一次出现的“市镇”一词后，增加“，市镇群组或大城市”；由“市镇的”取代“市镇群组或大城市的”；在第二次出现的“市镇”一词后，增加“，该市镇群组或该大城市”。

3. 对《公法人财产一般法典》第 L.2122－1－3－1 条第 2 段修改如下：

(1) 第 1 句，在第二次出现的“法典”一词后，增加“或作为上述法典第 L.812－2 条规定的公共支持措施，水电解可再生氢气或低碳氢的生产设施”；

(2) 第 2 句，由“第 L.446－15 条或第 L.812－2 条”取代“或第 L.446－15 条”。

第 88 条 对《地方行政区域一般法典》，修改如下：

（1）对第 L. 2224 – 32 条第 1 段修改如下：

（a）在“可再生的”一词后，增加“《能源法典》第 L. 211 – 2 条规定的，”；

（b）第 L. 2224 – 14 条后，增加“本法典”；

（c）在第二次出现的“设施”一词后，增加“《能源法典》第 L. 811 – 1 条规定的可再生或低碳氢气的生产，”；

（2）对第 L. 2253 – 1 条，修改如下：

（a）第 2 段第 1 句，在“可再生的”一词后，增加“或《能源法典》第 L. 811 – 1 条规定的可再生或低碳氢气”；

（b）同第 2 段第 3 句，增加“本法典的”；

（c）第 3 段第 1 句，在“可再生的”一词后，增加“或《能源法典》第 L. 811 – 1 条规定的可再生或低碳氢气”；

（d）第 3 段第 1 句，增加“本法典的”；

（3）对第 L. 3231 – 6 条，修改如下：

（a）第 2 句，在“可再生的”一词后，增加“或《能源法典》第 L. 811 – 1 条规定的可再生或低碳氢气”；

（b）倒数第 2 句，在“可再生的”一词后，增加“或《能源法典》第 L. 811 – 1 条规定的可再生或低碳氢气”；

（4）对第 L. 4211 – 1 条第（14）项，修改如下：

（a）第 1 句，在“可再生的”一词后，增加“或《能源法典》第 L. 811 – 1 条规定的可再生或低碳氢气”；

（b）第 3 句，在“可再生的”一词后，增加“或《能源法典》第 L. 811 – 1 条规定的可再生或低碳氢气”；

（c）同第 3 句，增加“本法典的”。

第 89 条

1. A. 在下一次修订《能源法典》第 L. 141 – 1 条规定的多年期能源规划前，政府应当评估是否需要在 2035 年前提高水力发电设施的装机能力，分析功率小于 4. 5 兆瓦的水力设施的使用是否能够提高该装机能力，并根据中期储电需求，评估是否需要提高水电转运站功能设施的装机能力。

B.《能源法典》第 L. 100 – 4 条第 1 款第 4（2）项，增加“应当维护能源主权，保障水利设施的安全，确保供电能力”。

2.《能源法典》第 L. 100 – 1A 条第 1 款第 3 项，增加 1 句：“针对水电，提高第 L. 511 – 5 条授权和特许的水力发电设施和水电转运站的供电能力。”

3. 对《能源法典》第 L. 141 – 2 条，修改如下：

(1) 第 3 项，增加两句，内容如下："针对第 L. 511 – 5 条授权和特许的水力发电设施提供的电力，该部分应当明确第 L. 100 – 4 条第 1 款第 4(2) 项提及的目标的实施方式。第 L. 100 – 1A 条第 1 款第 3 项对该实施方式适用。该部分应当针对在未开垦和已开垦场地的设施，根据该设施的最大毛功率，评估其各地区现有和潜在的产能，以及国内总产能。"

(2) 第 4 项，增加 1 句："针对水电转运站提供的电力，该部分应当明确第 L. 100 – 4 条第 1 款第 4(2) 项提及的目标的实施方式。第 L. 100 – 1A 条第 1 款第 3 项对该实施方式适用。"

4. 2019 年 12 月 28 日关于 2020 年财政的第 2019 – 1479 号法第 179 条第 1 款第 (6) 项倒数第 2 段，增加 1 句："应当针对促进水力发电的措施进行评估，总结上一财政年度发放和更换水力授权设施准许的情况，总结更换和延长水电特许设施的情况，总结建立同法典第 L. 521 – 18 条提及的合资水电公司的情况。"

5. 《环境法典》第 L. 214 – 17 条，增加第 5 款，内容如下：

"5. 自 2022 年 1 月 1 日起，应当每 3 年总结本条适用的措施，并将总结提交给全国水资源委员会、最高能源委员会和议会。该总结内容应当涉及法律法规对水力发电和能源储存的影响。"

6. 对《能源法典》，修改如下：

(1) 第 L. 311 – 1 条第 2 段，在"增加的"一词后，增加"至少 25%，针对利用水能的"，在"20%"后，增加"针对利用其他能源的"；

(2) 构成第 L. 363 – 7 条第 2 段的表格第 3 行第 2 列，由"2021 年 8 月 22 日应对气候变化和加强气候抗御力的第 2021 – 1104 号"取代"2015 年 8 月 17 日绿色发展能源转型第 2015 – 992 号"；

(3) 第 L. 511 – 6 条最后一段第 2 句，由"25%"取代"20%"。

7. 对《能源法典》，修改如下：

(1) 对第 L. 511 – 6 – 1 条，修改如下：

(a) 第 1 句，由"6"取代"3"；

(b) 第 2 句末尾，由"接受意见"取代"拒绝"。

(2) 第 L. 521 – 18 条第 3 款第 1 段后，增加一段，内容如下：

"若按照本条第 1 款，国家决定建立合资水电公司，针对第 3 款第 1 段提及的筹集地方行政区域或群组意见的申请，行政机关应当在 6 个月内提出意见。该 6 个月期限可延期一次，若行政机关在此期限内未作答复，则视为接受该申请。"

8. 对《能源法典》第 L. 524 – 1 条，修改如下：

(1)第2款,由“500”取代“1000”;

(2)在第3款后,增加第3(2)款,内容如下:

“3(2).针对第L.521-3条提及的特许人调整、第L.521-16条提及的特许续期或延期、第L.521-16-1条或第L.521-16-2条提及的多个特许重组、第L.521-16-3条提及的反对工程实施的特许延期,在已告知行政机关的前提下,相关省级国家代表应当尽快告知市长、相关市镇公共合作组织主席、本条第1款规定的水务特许和管理实施监测委员会和第2款提及的地方水务委员会。”

9. A. 在《环境法典》第L.214-17条后,增加第L.214-17-1条,内容如下:

“第L.214-17-1条　在修复水道生态循环能力的过程中,根据《能源法典》第L.511-5条,针对须获得授权的项目和水力设施,应项目方和设施主管人的申请,国家与相关地方行政区域应当本着友好、非强制性和非限制性的原则进行调解。”

B. 自本法颁布之日起3年内,国家应当对《环境法典》第L.214-17-1条规定的调解进行总结。

C. 作为自本法颁布之日起为期4年的试验,应当在最高行政法院法令规定的地区范围内,委任一名水电能源调解员。

根据《能源法典》第L.511-5条,应下述项目方和水力设施主管人的申请,或应国家的申请,经该项目方和水力设施主管人的同意后,水电能源调解员应当负责提供以友好、非强制性和非限制性为原则的解决方案,处理在授权水力设施项目的预审和实施过程中和该设施使用过程中出现的问题和纠纷。

能源主管与水资源和生物多样性主管应当共同领导、监测和评估该试验。

最高行政法院法令应当规定本条的适用条件。

在试验结束前6个月内,政府应当向议会提交报告,总结试验情况。

10.《能源法典》第五卷第一编第一章,增加第L.511-14条,内容如下:

“第L.511-14条　1. 在不违反《城市规划法典》第一卷第三编第三章第一节和《环境法典》第L.131-9条第1款第2项第2句的情况下,应当搭建国家水电能源网络平台。

该网络平台属于国家官方网站,针对国家全部领土。通过该网站的链接,可以获取以下电子版信息:同法典第L.212-1条提及的水资源规划和管理指导计划、同法典第L.212-3条提及的水资源规划和管理计划,同法典第L.214-17条第1项和第2项规定的水道、部分水道或已建立的运河名单,《地方行政区域一般法典》第L.4251-1条提及的大区规划、可持续发展和区域平等纲要,本法典第L.321-7条提及的地区可再生能源网络并入计划,《公法人财产一般法典》第L.2111-7条规定的水道和湖泊排名表,本法典第L.141-2条第3项和第4项规定的多年期能源规划中的水电能源的评估和储存情况，2019 年 12 月 28 日关于 2020 年财政的第 2019 – 1479 号法第 179 条第(6)项第 d 目规定的评估中的信息。

2. 根据本条第 1 款，市镇或有权市镇公共合作组织可以随着条款的变化，针对《公法人财产一般法典》第 L. 2111 – 7 条规定的水道和湖泊排名表，以电子版的形式提交生效中的该排名表以及已通过的决定。

根据本条第 1 款，大区可以随着条款的变化，针对《地方行政区域一般法典》第 L. 4251 – 1 条提及的地区规划、可持续发展和地域平等计划，以电子版的形式提交生效中的该计划以及已通过的决定。

3. 最高行政法院法令应当规定本条的适用条件。”

第 90 条

1. 自 2021 年 7 月 1 日起，根据本法典第 L. 141 – 1 条提及的多年期能源规划，《环境法典》第 L. 314 – 1A 条和第 L. 446 – 1 条适用于已公布的支持性措施。

2. 自本法颁布之日起 1 年内，政府应当向议会提交一份报告，针对《能源法典》第 L. 314 – 1A 条规定的碳平衡标准，说明如何将该标准应用于推动可再生能源发电的补贴性措施。

第 91 条

1.《能源法典》第 L. 315 – 2 – 1 条第 1 段，在“承租人”一词后，增加“第三方自然人或法人”。

2. 对《能源法典》第 L. 122 – 1 条第 2 段修改如下：

(1)第 1 句，增加“包括含有根据本法典第 L. 315 – 1 条有关个人自给自足计划的合同”；

(2)第 2 句，由“经销商或购买方”取代“经销商”。

第 92 条 2019 年 11 月 8 日有关能源和气候的第 2019 – 1147 号法第 61 条第 2 款第 1 段第 1 句，由“，第 4 款和第 5 款”取代“和第 4 款”。

第 93 条

1.《能源法典》第 L. 100 – 4 条第 1 款第 4(3)项，在第 2 次出现的“为”一词后，增加“至少”。

2.《环境法典》第 L. 121 – 8 – 1 条第 1 段，增加“根据第 L. 121 – 9 条，负责组织筹集公众意见的人员，应当邀请位于沿海地区海岸的地方行政区域提出意见”。

3.《环境法典》第 L. 541 – 1 条第 1 款第 9 项倒数第 2 句，由“能源，如热力、电力、燃气”取代三次出现的“热力或电力”。

第 94 条 《能源法典》第 L. 452 – 1 条第 3 段第 2 句和第 L. 452 – 1 – 1 条第 3 段第 2 句，由“60%”取代“40%”。

第 95 条

1. 对《能源法典》,修改如下:

(1)第 L. 131 – 2 条第 3 段第 1 句,“能力”一词后,增加“和沼气生产证书”;

(2)根据 2021 年 2 月 17 日有关氢气的第 2021 – 167 号命令第 3 条起草的第 L. 445 – 3 条第 2 段,在“第 L. 446 – 18 条”后,增加“第 L. 446 – 31 条提及的沼气生产证书”;

(3)对第 L. 446 – 2 条,修改如下:

“第 L. 446 – 2 条　针对加入天然气网络的沼气,当生产商向天然气供应商销售该类沼气时,无须获得供应准许。”;

(4)第 L. 446 – 18 条第 3 段,在第 1 次出现的“沼气”一词后,增加“第 L. 446 – 31 条提及的沼气生产证书”;

(5)第四卷第四编第六章,增加第九节,内容如下:

“第九节　沼气生产证书

第一分节　沼气生产证书计划

第 L. 446 – 31 条　沼气生产证书计划旨在推动加入天然气网络的沼气的生产,并实现多年期能源规划目标。

第 L. 446 – 32 条　沼气生产证书属于可转让资产。沼气生产商、天然气供应商或其他任何法人可以持有、获得或转让该证书。

第 L. 446 – 33 条　沼气生产证书自发放之日起 5 年内有效。

第 L. 446 – 34 条　能源部部长应当指定一家机构,负责沼气生产证书的发放、转让和撤销。该机构应当建立并更新沼气生产证书电子登记表,统计持有的、经转让途径获取的或归还给国家的证书。应当对该登记表予以公开。

仅在国家沼气生产证书登记表注册后,可以获得纸质版沼气生产证书。所有沼气生产商、天然气供应商或其他任何法人可以在国家登记表内开户注册。

机构在发放和跟进沼气生产证书过程中产生的服务费用应当由申请人承担。

第 L. 446 – 35 条　为确保与沼气生产证书有关交易的透明性,国家或第 L. 446 – 34 条提及的机构应当每月公布申请或转让证书的平均费用。

国家应当每 6 个月公布发放的证书数量。

第 L. 446 – 36 条　根据能源管理委员会意见,最高行政法院法令应当规定任命第 L. 446 – 34 条提及的机构的条件、该机构须履行的义务,以及从事相关活动和进行监管涉及的权利和方式。该法令应当明确有关沼气生产证书的发放、转让和撤销的条件、该证书的用途和使用条件,以及生效方式和费用情况。

第二分节　发放沼气生产证书

第 L. 446 – 37 条　根据加入天然气网络的沼气量，第 L. 446 – 34 条提及的机构应当向提出申请的生产商发放沼气生产证书。

针对生产且加入天然气网络的沼气，应当向每单位该沼气发放一份沼气生产证书。单位沼气应当按兆瓦时计算。沼气生产证书的发放数量可以根据具有行业代表性的生产设施的生产成本变化进行下调。

根据能源管理委员会意见，最高行政法院法令应当规定本条的适用条件。

第 L. 446 – 38 条　为申请沼气生产证书，沼气生产商应当遵守以下条件：

(1)生产设施不应受益于第 L. 311 – 12 条、第 L. 314 – 1 条、第 L. 314 – 18 条、第 L. 314 – 31 条、第 L. 446 – 4 条、第 L. 446 – 5 条、第 L. 446 – 14 条、第 L. 446 – 15 条或第 L. 446 – 26 条提及的合同；

(2)生产设施应当遵守第 L. 281 – 5 条至第 L. 281 – 10 条规定的可持续性的标准和减少温室气体排放的标准；

(3)生产设施应当遵守《环境法典》第 L. 541 – 39 条规定的粮食作物供应限制；

(4)生产设施应当位于法国本土大陆。

第 L. 446 – 39 条　应当在单位沼气加入天然气网络后 12 个月内，发放沼气生产证书。

第 L. 446 – 40 条　按照沼气量，沼气生产商可以同时获得一份沼气生产证书和一份可再生气体担保书，或一份沼气生产证书和一份沼气担保书。

第 L. 446 – 41 条　天然气运输和分配网络主管人和第 L. 445 – 4 条提及的机构不得拒绝向第 L. 446 – 34 条提及的机构提供完成任务所需的信息。

天然气运输和分配网络主管人应当负责向同第 L. 446 – 34 条提及的机构提供数据，并按照法规规定的方式，修改证书申请文件中出现的错误。

第三分节　沼气生产证书归还国家义务

第 L. 446 – 42 条　针对向终端消费者运送天然气或消费天然气的天然气供应商，若年度运送或消费的天然气高于能源管理委员会采纳的最高行政法院法令规定的阈值，应当履行将沼气生产证书归还国家的义务。

沼气生产证书归还义务应当保证部分类型的客户仍具有市场竞争力。

天然气供应商可以通过生产沼气并申请与产量对应的沼气生产证书，或经转让途径获取沼气生产证书的方式，免予履行该义务。

根据能源管理委员会意见，最高行政法院法令应当根据客户类型和天然气供应商产量，按照第 L. 100 – 4 条和第 L. 141 – 1 条规定的多年期能源规划，规定总产量以及归还义务的履行条件和方式。最高行政法院法令应当规定逐渐降低本条第 1

段提及的阈值。

第 L. 446 – 43 条　须履行第 L. 446 – 42 条提及的义务的天然气供应商可以与其他须履行该义务的有关方成立商业公司、协会或经济利益集团,以便与沼气生产商签署沼气生产证书购买合同。

该商业公司、协会或经济利益集团应当按照竞标流程,对沼气生产商进行筛选。该竞标流程应当本着客观透明和拒绝歧视的原则。

沼气生产证书购买合同期限不得超过 20 年。

第 L. 446 – 44 条　每年年末,第 L. 446 – 42 条提及的个人应当向国家归还沼气生产证书。

第 L. 446 – 34 条　提及的机构应当负责注销归还的沼气生产证书。

第 L. 446 – 45 条　针对未持有或取得必要沼气生产证书的个人,应当责令其获取该证书。

第 L. 446 – 46 条　针对未在规定期限内履行该责令要求的个人,其应当向国家支付罚款。每缺少一份证书,处最高金额 100 欧元的罚款。

能源部部长应当出具收款单,以除税金和遗产外的形式收取罚款。每延迟 6 个月付款,处额外支付罚款金额 10% 的处罚。

第四分节　检查与处罚

第 L. 446 – 47 条　已根据第 L. 446 – 37 条申请沼气生产证书的沼气生产商的生产设施应当定期接受检查,以确保该设施可按照条例规定的条件进行搭建和使用。该检查应当由法定机构进行。检查期间产生的费用应当由生产商承担。

根据能源管理委员会意见,最高行政法院法令应当规定本条的适用条件。该法令应当按照设施的特点,规定检查的周期和方式、检查机构须具备的条件、将检查结果提交给行政机关的条件,以及在检查出不符合要求的情况时,将结果提交给能源部部长的条件。

第 L. 446 – 48 条　针对不符合法规规定的条件的情况,能源部部长应当责令沼气生产商在规定的期限内履行相关义务,并对责令内容予以公开。

若当事人未在规定期限内履行责令要求,或通过不当途径取得沼气生产证书,能源部部长可以:

(1)宣布对其处以罚款。罚款金额视违反行为严重程度和当事人情况而定。应当按照涉及违反行为的沼气生产证书数量罚款,最高不得超过第 L. 446 – 46 条第 1 段规定的罚款金额的 2 倍,同时不得超过上一年度不含税收入的 4%。若再次违反相同义务,则将该 4% 上调至 6%。

(2)根据第 L. 446 – 37 条规定的方式,剥夺其获得沼气生产证书的权利。

(3)撤销当事人持有的与涉及违反行为的数量一致的沼气生产证书。

(4)暂停或拒绝当事人的沼气生产证书申请。

(5)根据能源管理委员会意见,最高行政法院法令应当规定本条的适用条件。

第 L.446-49 条　应当在当事人收到申诉通知,查看并对该文件发表意见后宣判处罚结果。在有必要的情况下,当事人可以在其选择的人员的陪同下进行。

第 L.446-50 条　应当以除税金和遗产外的形式,收取罚款。

第 L.446-51 条　由能源部部长负责的预审和诉讼程序应当遵照抗辩式仲裁。

若在 6 年内未进行任何搜索、调查或处罚,能源部部长不再审理超过该期限的事务。

第 L.446-52 条　应当针对处罚结果说明理由,并通知当事人。处罚决定应当在政府公报中予以公开。

第 L.446-53 条　若当事人通过不当途径取得沼气生产证书,其将受到《刑法典》第 441-6 条和第 441-10 条规定的刑罚处罚。

企图实施本条第 1 段规定的犯罪活动的,将受到同样的刑罚处罚。

进行本条规定的违法活动的法人将受到《刑法典》第 441-12 条规定的刑罚处罚。

第 L.446-54 条　在《环境法典》第一卷第七编规定的条件下,由能源部部长任命的国家公务员和事务人员有权搜集和调查违反本节和其他相关文件的违法行为。

针对阻碍公务员和事务人员履行第 1 段提及的职责的行为,处以 6 个月监禁和 7500 欧元罚金。

进行本条规定的违法活动的法人将受到《环境法典》第 L.173-8 条规定的刑罚处罚。

第 L.446-55 条　第 L.446-54 条提及的公务员和事务人员,以及国家税务部门、国家海关和间接关税部门、国家竞争、消费和反欺诈行为部门可以自发或应请求共享所有各自工作范围内的文件和信息。

经共享获得的信息与本部门持有的信息具有同样的价值。”

2. 自 2025 年起,政府应当每年向议会提交一份报告,评估沼气生产证书计划的实施情况以及该计划与已生效的沼气生产支持计划之间的协调情况。

针对已取得沼气生产证书的设施,基于与该设施有关的总结,该报告应当评估沼气生产证书计划下的天然气供应商须承担的成本,以及供应商转嫁至天然气消费者的成本。该报告应当根据法规和多年期能源规划目标,预测 5 年内该成本的变化情况。

3.《能源法典》第 L.446-41 条于 2023 年 4 月 1 日生效。

第 96 条

1. 针对 2018 年 12 月 11 日欧洲议会和欧洲理事会关于促进使用可再生能源的(EU)2018/2001 号指令中有关生物能源可持续性的部分,用于调换该部分的 2021 年 3 月 3 日第 2021 - 235 号命令得到批准。

2.《能源法典》第 L. 314 - 14 条第 4 段第 1 句,删除“排放的”。

3. 针对 2018 年 12 月 11 日欧洲议会和欧洲理事会关于促进使用可再生能源的(EU)2018/2001 号指令和 2019 年 6 月 5 日欧洲议会和欧洲理事会关于国内电力市场共同规则的(EU)2019/944 号指令的多项条款,用于调换该部分的 2021 年 3 月 3 日第 2021 - 236 号命令得到批准。

4. 对《能源法典》第 L. 314 - 14 条第 3 段和第 L. 446 - 22 条第 2 段,作如下修改:

(1)第 1 句,由“,市镇群组或大城市”取代“或市镇群组”,由“,上述市镇群组或上述大城市”取代“或上述市镇群组”;

(2)第 2 句,由“,上述市镇群组或上述大城市”取代“或上述市镇群组”;

5. 针对 2019 年 6 月 5 日欧洲议会和欧洲理事会关于国内电力市场共同规则的(EU)2019/944 号指令,用于调换该指令的 2021 年 3 月 3 日第 2021 - 237 号命令得到批准。该命令同时对第 2012/27/EU 号指令进行修改。针对 2019 年 6 月 5 日欧洲议会和欧洲理事会关于国内电力市场的(EU)2019/943 号条例,上述命令旨在适应该条例内容。

6. A.《能源法典》第 L. 122 - 3 条第 1 段,增加:“根据本法令规定的标准,应当区分本法第 L. 332 - 7 条提及的动态定价报价。”

B. 国家能源监察员和能源管理委员会应当向公众宣传《能源法典》第 L. 332 - 7 条提及的动态定价提议,从消费者角度说明包括价格波动性在内的该提议的优缺点。

7. 针对与能源和气候有关的欧盟法律,适应该法律的 2020 年 7 月 15 日第 2020 - 866 号命令得到批准。

第 97 条　对《能源法典》,作如下修改:

(1)第 L. 141 - 5 条第 2 段,增加:“每 24 个月对本条第 2 款提及的多年期能源规划目标的实施情况和实施过程中产生的费用进行评估。”

(2)在第 L. 152 - 12 条第 1 项后,增加第 1(2)项,内容如下:

“1(2). 第 L. 141 - 5 条第 2 款适用于 2021 年 8 月 22 日应对气候变化和加强气候抗御力的第 2021 - 1104 号法令;”

第 98 条　对《能源法典》第 L. 341 - 2 条第 3 项倒数第 2 段,修改如下:

(1)在第1句后增加:“针对第3项下第c目提及的生产商,若生产功率小于500千瓦,应当最高承担60%的电网连接费用。”

(2)增加:“作为例外,为实现第L.100－4条规定的目标,基于连接在功率为36千伏安培及以下的低电压用户的需求变化,应当进行现有设施的更换或改造工程和平行管道的建设工程。平行管道的建设工程旨在避免更换现有管道。针对该类工程,所承担的费用可以上调至电网连接费用的80%。根据能源管理委员会的意见,法令应当规定所承担的费用范围和工程清单。”

第99条 《能源法典》第L.141－2条第4项第1句中,在第2次出现的“能源”一词后增加“推动发展第二卷提及的可再生能源社区和公民能源社区”。

第100条 对《能源法典》第L.291－1条第2项,修改如下:

(1)第1句增加“或协会”;

(2)在第1句后,增加:“自然人、中小型企业、地方政府或其团体有权加入可再生能源社区。第L.293－4条提及的法令应当规定加入社区的条件。”

第101条

1. 自2023年7月1日起废除《城市规划法典》第L.111－18－1条。

2.《建筑与住房法典》第一卷第七编第一章,增加第L.171－4条:

“第L.171－4条 1. 根据第L.171－1条提及的建筑物能源和环境效能的目标,本条第2款提及的建筑物或建筑物部分应当安装可生产可再生能源的装置,搭建主要利用收集到的雨水而非饮用水进行浇灌的绿化系统,并采取其他相关措施,以便保障热能的高效利用和良好的隔热能力,同时促进生物多样性的保护和恢复。若工程涉及车辆停放区域,应当对地表进行重新覆盖,安装水力设施和绿化设备,以便促进雨水的渗透和蒸发,保护土壤的生态功能。

建筑部部长应当颁布一项命令,规定安装在建筑物上的绿化系统须满足的要求。

2. 本条规定的要求适用于:

(1)建造以商业、工业或手工业为目的的建筑物或建筑物的部分,建造用作仓库的建筑物,建造不对公众开放的用于商业目的的篷房,以及建造对公众开放的配有遮阳棚的停车场,且各建筑物占地面积超过500平方米;

(2)建造以办公为目的的建筑物或建筑物的部分,且占地面积超过1000平方米;

该要求同时适用于占地面积超过500平方米的第2款第1项提及的建筑物或建筑物部分的扩建和大规模翻修工程、占地面积超过1000平方米的第2项提及的建筑物或建筑物部分的扩建和大规模翻修工程、第1款提及的车辆停放区域的扩建和大规模翻修工程，以及签订或续签关于公共服务特许、服务提供或商业租赁的合同的情况。

针对影响建筑物的支撑结构和车辆停放区域的大规模翻修工程，最高行政法院法令应当规定须符合该要求的工程的性质。

3. 本条规定的要求适用于建筑物屋顶或车辆停放区域上方的遮阳棚，且针对面积至少为已建或经大规模翻修建筑物屋顶或遮阳棚 30% 的部分适用。

4. 与城市规划准许有关的有权机关可以在提供充分理由的前提下，规定本条提及的全部或部分要求不适用于以下情况：

（1）在建造、扩建或大规模翻修建筑物或建筑物部分时，出于技术、安全、建筑或遗产限制，无法安装第 1 款提及的装置和设备，且安装过程可能导致风险扩大或存在无法解决的技术困难；

（2）在建造、扩建或大规模翻修建筑物或建筑物部分时，无法在经济条件允许的范围内，进行满足该要求的工程。

最高行政法院法令应当规定免除该要求的标准。

5. 当安装工程无法满足相关要求时，负责管理分级安装工程的部长应当提出一项决定，说明可以免除第 1 款规定的全部或部分要求的情况。针对《环境法典》第五卷规定的须经过授权、登记和公布的安装工程，该决定应当说明履行相关要求须满足特殊条件的情况。"

3. 在《城市规划法典》第 L. 111－19 条后，增加第 L. 111－19－1 条：

"第 L. 111－19－1 条　针对《建筑与住房法典》第 L. 171－4 条规定的要求适用的与建筑物或建筑物部分相连且面积超过 500 平方米的室外停车场以及对外开放的面积超过 500 平方米新建室外停车场，应当在占该类停车场地面积一半以上的区域，对地表进行重新覆盖，安装水力设施和绿化设备，以便促进雨水的渗透和蒸发。当相关设备不符合停车场建设或所在安装区域的性质时，在不影响对建筑和景观遗产的保护的前提下，应当安装绿化设备，或搭建能够为该类停车场提供占地面积一半以上遮荫的遮阳棚。

若上述停车场配有遮阳棚，该遮阳棚表面应当全部安装可生产可再生能源的装置。

相关要求不适用于出于技术、安全、建筑或遗产限制，无法安装相关设施和设备的停车场的情况，以及由于技术限制，无法在经济条件允许的范围内，进行满足该要求的工程的情况。

最高行政法院法令应当规定免除该要求的标准。"

4. 第 2 款于 2023 年 7 月 1 日生效。

5. 第 3 款适用于 2023 年 7 月 1 日后提交的建造准许申请或城市规划申请。

在签订或续签有关停车场管理的公共服务特许、服务提供或商业租赁合同时，应当遵守《城市规划法典》第 L. 111 - 19 - 1 条第 1 款规定的要求。

6. 自本法颁布之日起 1 年内，应当对《建筑与住房法典》第 L. 171 - 4 条第 2、4 款提及的最高行政法院法令和第 L. 171 - 4 条第 1 段提及的决定予以公开。

第 102 条 ［根据 2021 年 8 月 13 日宪法委员会（DC）2021 - 825 号决定，宣布本条与《宪法》不符］

第四编　出　　行

第一章　促进个人使用汽车替代方案，向更环保的车辆转型

第一节　规 划 条 款

第 103 条

1. 对 2019 年 12 月 24 日关于交通未来导向的第 2019 - 1428 号法第 73 条修改如下：

（1）对第 2 款，修改如下：

（a）在第 1 项后，增加第 1（2）项，内容如下：

"根据补充欧洲议会和欧洲理事会关于根据轻型乘用车和商用车（欧 5 和欧 6）的排放情况批准机动车以及车辆维修和保养信息的（EU）715/2007 号条例，修改欧洲议会和欧洲理事会第 2007/46/EC 号指令、欧盟委员会（EU）692/2008 号条例和（EU）1230/2012 号条例，废除（EU）692/2008 号条例和欧盟委员会（EU）2017/1151 号条例规定的 WLTP 标准，即日起至 2030 年 1 月 1 日停止销售每公里排放量超过 123 克二氧化碳的新乘用车，即根据 2017 年 6 月 1 日欧盟委员会（EU）2017/1151 号条例规定的 NEDC 标准，停止销售每公里排放量超过 95 克二氧化碳的新乘用车。截至目前，排放超过此阈值的车辆不超过所有新乘用车年销量的 5%。"

（b）第 3 项增加内容如下：

"（3）即日起至 2040 年，禁止销售主要使用化石能源的客运或货运新重型车辆。"

（2）第 2 款后，增加第 2（2）款，内容如下：

“2(2)本条提及转型过程中,应当鼓励购买清洁能源交通工具、选择使用生物燃料的重型车辆,以及对车辆进行改装。”

2.《能源法典》第 L. 251 - 1 条,内容如下:

“第 L. 251 - 1 条　针对包括自行车、电动自行车和电动自行拖车在内的清洁交通工具,应当对购买该类交通工具进行补贴。针对以热能为动力的交通工具,应当对将其改装为电动交通工具进行补贴,同时对安装提高安全性能的技术装备进行补贴。在必要的情况下,应当对高污染交通工具进行报废处理。”

第 104 条　自行车计划规定到 2024 年选择乘坐自行车出行的比例为 9% 的目标。国家低碳策略规定到 2030 年该比例为 12% 的目标。为了实现以上目标,国家应当支持地方行政区域在当地开展自行车基础设施建设。根据法国环境与能源管理局的研究,该支持性措施满足实现上述目标的要求。

第 105 条　[根据 2021 年 8 月 13 日宪法委员会(DC)2021 - 825 号决定,宣布本条与《宪法》不符]

第 106 条　为了实现《能源法典》第 L. 100 - 4 条提及的法国气候目标,高效应对空气污染,国家应当支持住户转向使用低污染交通方式并对交通工具进行翻新和改装。在该支持性措施在全国范围内普及前,应当优先针对在《地方行政区域一般法典》第 L. 2213 - 4 - 1 条提及的低排放区域居住或工作的住户。

第二节　其 他 条 款

第 107 条

1. 部分市镇以及周边地区根据《地方行政区域》第 L. 2213 - 4 - 1 条第 1 款第 2 段已划定强制性低排放区域。截至 2023 年 1 月 1 日,部分市镇以及周边地区长期无法达到《环境法典》第 L. 221 - 1 条提及的空气质量标准。针对以上区域,作为为期两年的试验,自 2023 年 1 月 1 日起,《货币金融法典》第 L. 511 - 1 条提及的信贷机构和金融公司可以向位于该区域的自然人或法人提供无息贷款,以补贴其购买总容许载重不超过 2.6 吨且二氧化碳排放量低于每千米 50 克的交通工具。

最高行政法院法令应当规定本试验的实施方式。

2. 针对《货币金融法典》第 L. 511 - 1 条提及的应当缴纳企业税、企业所得税或同类税款的信贷机构和金融公司,当其总部位于欧盟成员国,或位于与法国签订行政互助公约且属于欧洲经济区协议范围内的其他国家时,该信贷机构和金融公司可以享受本条第 1 款提及的无息贷款税收减免。

3. 第 2 款提及税额减免金额应当等于每月无息贷款实际应付金额与同期同额

度实际应还贷款金额之间的差值。利率应当按照无息贷款发放当日利率计算。

法令应当规定本第3款第1段提及的税额减免和利率的计算方法。

在信贷机构和金融公司提供无息贷款期间,应当从应缴税额中减免税额。若纳税年度可支取的税额减免金额超过同年度信贷机构和金融公司的应缴税额,超出部分的金额应当从未来4年内的应缴税额中减免。4年后,仍未支取的金额不可退回。

第108条

1.《交通法典》第L.1214-2条修改如下:

(1)第7项,删除“位于车站附近或城市入口的接驳站”。

(2)在第7项后,增加第7(2)项,内容如下:

位于车站附近或城市入口的接驳站应设置在通勤交通计划覆盖的区域,符合人员公共交通方式转运条件的接驳站的停车位数量,以及自行车和个人移动交通工具可安全停放区域的设置;

2.针对《城市规划法典》第L.151-44条第2段提及的交通计划,第1款适用于替代该计划的通勤交通计划和地方城市化计划。自本法公布之日起,应当由交通规划机关负责对《城市规划法典》进行制订和修订。

3.《地方行政区域一般法典》第L.2213-2条第3项,在“共享汽车”一词后,增加“公共交通客运车辆”。

第109条 《交通法典》第一部分第二卷第一编第四章第一节第一分节,增加第L.1214-8-3条,内容如下:

“第L.1214-8-3条 1.针对第L.1231-1条、第L.1231-3条、第L.1231-10条、第L.1241-1条、第L.1243-1条和第L.1811-2条提及的由指定机关制订的交通计划,为了提高包括该计划在内的公共交通政策的制订、实施和评估效率,该机关应当有权获取交通出行数字平台提供的相关数据。

2.交通出行数字平台旨在方便采用单一或多重交通模式的出行,其中包括使用公共交通工具、驾驶汽车、乘坐自行车、使用个人移动交通工具、步行。

3.第1款提及的机关仅可以获取其管辖区域内的交通信息,以便在低排放区域推动替代私家车模式的出行方案,并评估包括接驳站的使用在内的交通模式转型策略的影响。

4.在使用相关数据时,应当支付数据的传输和处理费用。

5.经国家信息与自由委员会意见,法令应当规定相关数据清单、数据格式、数据处理和传输方式以及针对使用第2款提及的数字平台的用户,征求其同意的方式。”

第110条 2010年6月3日大巴黎地区第2010-597号法第20-1条最后一段后增加:

“大巴黎地区公共机构可以参与资助与换乘站有关的研究,以及在车站周围300米的范围内,换乘站的联运设施和道路及网络布局的建设,以便协调管理范围内的车站交通状况。”

第111条

1.《能源法典》第三卷第五编第三章第六节的内容增加如下:

“第六节　集体建筑内集体充电基础设施

第L.353－12条　针对主要为居住用途且配有私人停车场的集体建筑物,为了安装单个或多个电动或可充电混合动力汽车充电点,当该建筑的所有权人或共同共有人集体向公共电网经营者提出安装公共电网集体充电设施的要求时,应当根据本条收取该集体充电设施的费用。

针对集体充电设施的安装,当所有权人或共同共有人集体向L.353－13条第1段中提及的经营者询价后,根据询价结果,该集体充电设施的费用应当包含在第L.341－2条提及的公共电网使用费中。

申请个人电网接入该集体设施的用户,应当支付集体设施和个人电网接入的分摊费用。

第L.353－13条提及的充电设施经营者可作为本条第3段提及的用户。

由个人电网接入供电的接入点可连接多个停车位。

电网经营者与所有权人或共同共有人集体之间签订第L.342－9条提及的接入协议应当规定分摊的费用金额、安装期限以及无须由电网经营者负责承担费用的额外工程。该协议应当规定个人接入电网的设备和费用。

根据相关建筑物集体设施的成本、申请的接入功率、可接入该集体设施停车位数量以及充电点固定设备的费用,应当规定分摊集体设施费用的金额。根据个人接入功率和安装集体设施的工程类型,应当规定该分摊费用的上限。

根据能源管理委员会意见,法令应当规定包括集体设施的规模和技术规范在内的本条的适用方式,以及分摊的费用金额。

根据倒数第2段的规定,公共电网经营者应当规定测量集体设施的规模和计算其分摊的费用金额的方法。该规则应当经能源管理委员会批准通过。

第L.353－13条　充电设施经营者应当在集体建筑物内免费安装集体设施,以便日后为该建筑物的所有权人或共同共有人集体提供外部电动或可充电混合动力汽车充电点。该经营者与所有权人或共同共有人集体应当签订协议,说明经营者安装、管理、维护和更换集体充电设施的条件。

该协议应当说明所有权人或共同共有人集体无须承担该安装服务的费用,并明确接入该集体充电设备的个人电网用户应当支付的费用。

该协议应当规定提供服务的期限，以及经营者进入建筑物公共部分，以便进行设备安装、管理和维护的条件。

最高行政法院法令应当规定本条适用方式。”

2. 在1965年7月10日关于现有不动产共同共有权地位的第65－557号法第24－5条后，增加第24－5－1条，内容如下：

“第24－5－1条　作为第25条第j目的例外，针对第24条第1段规定的以下决定，应当获得多数票同意：

(1)与公共电网经营者签订协议的决定。该决定旨在免费为共同共有人集体安装接入公共电网的集体设施，以便在《能源法典》第L.353－12条规定的条件下，安装外部电动或可充电混合动力汽车的充电点；

(2)与充电设施经营者签订协议的决定。该决定旨在免费为共同共有人集体安装集体设施，以便安装外部电动或可充电混合动力汽车充电点。

根据共同共有人集体委员会意见，在《能源法典》第L.353－13条规定的条件下签订本条第2项提及的协议。”

3. 在《能源法典》第L.342－3条后，增加第L.342－3－1条，内容如下：

“第L.342－3－1条　除电网扩建或加固工程以及大型土木工程项目外，针对第L.353－12条提及的安装接入公共电网的集体基础设施，安装期限自接受申请人电网接入协议之日起计算，不得超过6个月。该集体设施的安装有利于日后搭建外部电动或可充电混合动力汽车的充电点。

法令应当规定出于土木工程技术或行政限制，无须履行本条第1段提及的安装期限的条件。

针对无法履行第1段提及的安装期限和接入协议规定的期限之间相比较短的期限，应当根据法令规定的费用支付赔偿。”

第112条　对《环境法典》第L.224－7条修改如下：

(1)第1款增加“至2026年12月31日，自2027年1月1日起为70%”；

(2)由第2项至第4项取代第2款第2项，内容如下：

“(2)自2021年7月1日至2024年12月31日，为本次续约的30%；

(3)自2025年1月1日至2029年12月31日，为本次续约的40%；

(4)自2030年1月1日起，为本次续约的70%。”

(3)第4款，在“使用的”后，增加“用于服务的特殊要求或”。

第113条　对《环境法典》第L.224－10条修改如下：

(1)第3项，由“40%”取代“35%”；

(2)第4项，由“70%”取代“50%”。

第 114 条

1. 对《环境法典》第二卷第二编第四章第二节修改如下:

(1)在第 L. 224 – 11 条后,增加第 L. 224 – 11 – 1 条,内容如下:

“第 L. 224 – 11 – 1 条　针对从事《交通法典》第 L. 1326 – 1 条第 2 项规定活动的工作人员,若《劳动法典》第 L. 7341 – 1 条提及的平台主要涉及的工作人员超过法令规定人数的阈值,则根据《公路法典》第 L. 318 – 1 条第 3 段,该平台应当保证管理范围内的两轮或三轮交通工具中,自行车或低排放车辆的使用比例不得低于规定的最低比例,且确保该数量逐渐增加。

在使用用户管理网络系统数据时,本条第 1 段提及的平台应当指出负责运输的车辆的类型。

法令应当规定本条的适用方式、自行车和低排放车辆占使用车辆中的最低比例、对该比例进行调整以及对使用的车辆类型进行申报的方式。”

(2)第 L. 224 – 12 条第 1 段,增加:“针对须履行第 L. 224 – 11 – 1 条规定义务的个人,应当公开上一年自行车和低排放车辆的使用比例。”

2. 本条于 2023 年 7 月 1 日生效。

第 115 条

1.《交通法典》第 L. 1214 – 2 条第 7 项,由“根据第 L. 1231 – 15 条或第L. 1241 – 1 条推出的共享汽车标志”取代“共享汽车框架下使用的”。

2.《地方行政区域一般法典》第 L. 2333 – 87 条第 1 款最后一段第 2 句,增加:“携带《交通法典》第 L. 1231 – 15 条或第 L. 1241 – 1 条规定的共享汽车标识的汽车”。

第 116 条

在《交通法典》第 L. 1214 – 2 – 1 条第 1 句后,增加以下内容:“包括区级或省级审议大会批准的自行车计划或国家自行车道计划相关路线。”

第 117 条　《城市规划法典》第一卷第五编第二章第二节,增加第 L. 152 – 6 – 1 条,内容如下:

“第 L. 152 – 6 – 1 条　针对地方城市规划或相关文件规定的机动车停车区的搭建工程,有权发放建筑许可的机关可以在说明理由的前提下,根据该工程的性质和位置,同意仅搭建机动车停车区,并取消搭建可安全停放至少 6 辆自行车的停车区域。”

第 118 条　对 2019 年 12 月 24 日关于交通导向的第 2019 – 1428 号法第 64 条,作如下修改:

(1)对第 2 款第 1 段,修改如下:

(a)第一句,由"2022 年 6 月 30 日"取代"2021 年 12 月 31 日";

(b)在第一句后增加:"针对安装在快速公路和高速公路服务区向公众开放的电动和混合动力汽车充电基础设施的接入工程,应当在 2025 年 12 月 31 日前向工程承包人提出接入申请并最高承担工程费用的 75%。"

(2)增加第 6 款,内容如下:

"6. 针对由公共部门授权管理、经办或涉及公共采购合同且设置有至少 20 个停车位的停车场,应当安装至少 1 个电动和混合动力汽车充电点。该充电点的位置应当对无障碍出行人群适用。

除电网或消防安全重大改造工程外,停车场每增加 20 个停车位应当额外安装 1 个充电点。针对与充电点相连的低压配电板,当该配电板设备本身和其上游的工程费用高于其下游的工程费用时,则视该工程为重大改造项目。针对防范公共设施火灾和恐慌风险的安全规范条款,当该条款规定的工程整改费用高于上述配电板下游的工程和设备的费用时,则视该整改工程为重大改造项目。为了避免与充电点相连的低压配电板设备和其上游的工程费用,以及防范火灾和恐慌风险的安全规范条款规定的整改费用超过该配电板下游工程的总费用,应当对充电点数量进行限制。

经磋商后,根据用户的实际需求、工程的技术要求和费用,有权行政区域可以在相关区域的停车场,对充电设施进行合理安装。针对该类停车场,应当遵守每 20 个停车位配备一定数量的充电点的规定。

第 6 款于 2025 年 1 月 1 日前或在公共部门更新授权或续签采购合同时生效。"

第 119 条

1. 对《地方行政区域一般法典》第 L. 2213－4－1 条修改如下:

(1)第 1 款第 2 段,增加 1 句,内容如下:"鉴于暴露在超过空气质量安全标准区域的人口比例较小,且为了达到该标准,在划定低交通排放区域前已采取替代性措施,法令应当规定本段的适用条件以及该义务的例外情况。"

(2)第 1 款,增加 4 段内容如下:

"在 2024 年 12 月 31 日前,针对所有本土居民人数超过 150,000 人的聚居区,应当在该区域划定低交通排放区。

第 1 款第 3 段适用于环境和交通部长共同决定规定的聚居区市镇。该市镇名单应当至少每 5 年更新一次。

若具有独立财政管辖权的市镇公共合作组织在聚居区内人口数量最多,当该机构主席在管理范围内划定覆盖大部分人口的低交通排放区时,应当履行第 3 段规定的义务。

法令规定上述第 3 段的适用条件,以及出于正当理由,或针对具有与低交通排

放区同等效果的替代方案,免除相关义务的条件。”;

(3)在“适用”一词后,于第2款第1段第1句末尾增加:“确定有关车辆类型,明确免除相关义务的理由。”

(4)第3款第1段第1句“大气的”一词后,增加“以及城市范围内预期社会经济影响。”

(5)第3款最后一段,增加:“针对在受管控且存在出行需求的区域,应当规定在区域内使用私家车出行的替代方案,如使用公共交通工具。”

(6)第6款和第7款增加:

“6.在第1款第2段规定的强制性低交通排放区域,有关部门应当采取措施,限制总允许载重小于或等于3.5吨的四轮及以上的客运或货运车辆的流通。

根据本第6款第1段,当《环境法典》第L.221-1条提及的空气质量在该区域长期无法达到本条第1款第2段提及的标准时,应当采取限制措施,禁止以下总允许载重小于或等于3.5吨的四轮及以上的客运车辆流通:

(1)2023年1月1日前,首次登记日期在2000年12月31日前的柴油车和类似车辆,以及首次登记日期在1996年12月31日前的汽油车和类似车辆;

(2)2024年1月1日前,首次登记日期在2005年12月31日前的柴油车和类似车辆;

(3)2025年1月1日前,首次登记日期在2010年12月31日前的柴油车和类似车辆,以及首次登记日期在2005年12月31日前的汽油车和类似车辆。

本条提及的‘柴油车和类似车辆’指柴油动力车辆以及电和柴油混合动力车辆。‘汽油车和类似车辆’指汽油动力车辆以及电和汽油混合动力车辆。

第6款规定的强制性限制措施不适用于城市全电动续航里程超过50千米的车辆。

7.在第1款第2段规定的强制性低交通排放区域、聚居区、同第1款第1段或第3段提及的区域或上述第1款第2段提及的超标区域,相关部门应当确保部署和安装符合交通标准的电动汽车充电设施。

相关部门应当与所有利益相关者协商,根据与充电桩的技术特点和与技术难点有关的经济补偿,制订《能源法典》第L.353-5条规定的搭建充电设施的指导性计划。”

2.《地方行政区域一般法典》第L.5211-9-2条第1款,增加第C项,内容如下:

“C.在不违反第L.2212-2条的情况下,且作为本条第1款第A项第4段的例外,针对第L.2213-4-1条第1款第1段或第3段以及第1款第2段提及的涉及超标的聚居区或相关区域，位于该区域的具有独立财政管辖权的市镇公共合作组织的成员市镇长应当向该公共组织主席移交第 L. 2213 －4 －1 条规定的职权和特权。

自该职权移交给该机构之日起 6 个月内，至少一半成员市镇长反对移交或提出反对意见的市镇长占机构或集团人数至少一半时，该机构涉及的全部市镇应当终止移交相关的职权。

针对终止移交相关的职权的情况，市长应当向市镇公共合作组织或地方行政区域群组告知其反对意见。移交的职权应当于移交后第 7 个月首日终止。”

第 120 条 《环境法典》第 L. 228 －3 条最后一段，增加：

“针对《地方行政区域一般法典》第 L. 2213 －4 －1 条提及的低交通排放区域，应当对该区域道路进行规划和建设。针对在上述区域周围 5000 米范围内的地区以及设置有该区域的市镇公共合作组织管辖的地区，应当进行道路规划和建设。”

第 121 条

1. 由两句取代《环境法典》第 L. 229 －26 条第 2 款第 3 项第 2 段第 1 句，内容如下：“针对受管辖的区域，该行动计划研究在该区域建立一个或多个低交通排放区的可能性。该研究应当规定预期的环境和卫生效果，评估低交通排放区域与区域气候空气能源计划下的空气质量行动计划之间的相关性。”

2. 《环境法典》第 L. 229 －26 条第 6 款最后一段，在“尤其是”后增加“更新减少大气污染物排放行动计划的方式”。

第 122 条 在《交通法典》第 L. 1115 －8 条后，增加第 L. 1115 －8 －1 条：

“第 L. 1115 －8 －1 条 根据法令规定的方式，针对出行带来的环境影响，交通出行数字平台应当向用户提供全面的相关信息。该平台：

（1）在有必要的情况下，应当说明《地方行政区域一般法典》第 L. 2213 －4 －1 条提及的低排放区域实行的交通限制措施和措施特点；

（2）不得鼓励私人车辆的使用和禁止密集运输的二级公路的使用；

（3）根据包括温室气体排放在内的环境影响，应当向用户提供推荐路线；

（4）针对根据《地方行政区域一般法典》第 L. 2213 －1 条或《交通法典》第 L. 411 －8条采取的重型货车交通限制措施，应当向用户提供有关该措施的信息以及推荐路线。

本条第 1 段提及的交通出行数字平台旨在方便采用单一或多重交通模式的出行，其中包括使用公共交通工具、驾驶汽车、乘坐自行车、使用个人移动交通工具、步行。”

第 123 条 自本法颁布之日起 3 个月内，政府应当向议会提交一份报告，说明低交通排放区域的老式车辆的驾驶条件，总结法国车辆情况以及车辆对空气质量的影响,同时考虑修改车辆的地位,以保护车辆所代表的遗产。

第124条 在不违反《交通法典》第L.411－8条的情况下,自本法颁布之日起,进行为期三年的试验,针对国家级公路网络和城市区以外省级公路网络涉及的快速公路,当该公路与高速公路连接低交通排放区域时,交警部门应当在某一时段暂时或永久留出一部分专用道路,为第L.411－8条第2段提及的车辆交通提供便利。

根据《交通法典》第L.1214－1条提及的计划设计部门的意见以及法兰西岛地区法兰西岛交通局的意见,针对交通和道路安全条件以及道路特点,应当规定专用道路和授权的车辆类型,同时,交警部门有权禁止3.5吨以上的货运车辆使用专用道路,即使该车辆符合本条第1段规定的条件。

应当对试验的专用道路进行评估。该评估内容包括道路扩建或沿用方式,并对评估结果予以公开。自试验结束之日起6个月内,政府应当向议会提交该评估报告。

第125条 2019年3月20日关于2024年奥运会和残奥会预留车道和交通警察第2019－207号命令第1条第1款第1段,在最后一次出现的"2024年"后增加"出租车、公共交通工具和《交通法典》第L.1241－2条第1款第7项提及的无障碍出行交通工具"。

第126条 第L.1241－2条第1款第5项和《交通法典》第L.2121－3条倒数第2段"计划"后增加"环境的"。

第127条 在《交通法典》第L.1231－3条第2款后增加第2(2)款,内容如下:

"2(2)自2021年8月22日关于应对气候变化和加强气候抗御力的第2021－1104号法颁布之日起,大区应当确保驾驶证件的统一性,提供多模式出行选择,鼓励使用符合第1款第1项和第2项提及的公共交通工具。"

第128条 《一般税法典》第81条第19(3)项第b目,增加:

"作为第b目第1段的例外,若雇员同时承担《劳动法典》第L.3261－2条规定的费用和第L.3261－3－1条规定的个人交通费用,其享受的优惠不得超过每年600欧元和第(19)(丙)项第(a)目提及的优惠金额之间金额较高的优惠。"

第129条 自本法颁布之日起6个月内,政府应当向议会提交一份报告,说明在人口较不密集的地区采取的可持续交通的支持性措施,以便促进低碳出行模式的发展以及替代该地区以私家车为主导的传统交通出行方式。

该报告应当研究在人口较不密集地区为交通出行服务提供资金支持的可能性,并针对已提供交通补贴和单项或多项交通出行服务的市镇社区,每年向其发放征收的部分国内能源产品消费税。

第二章 改善公路货运交通并减少排放

第一节 规划条款

第 130 条

1. 根据现有车辆类型和加油站网络，自即日起至 2030 年 1 月 1 日，针对为重型货运车辆提供动力的柴油燃料，应当调整燃料税收，使其达到标准柴油消费税同等水平，以便推动重型车辆转型。通过采取使用能源表现和碳表现良好的生物燃料，以及调用法国运输基础设施融资机构的资源的方式，公路交通能源转型支持性措施应当配合该税收调整过程。

2. 在 2022 年法国结束担任欧洲理事会主席国前，政府应当向议会提交一份报告并说明实现第 1 款提及目标的行动路线，以及市场上替代以化石柴油为动力的重型车辆类型和加油站网络的发展情况。为了实现该目标，应当采取加快统一欧盟能源税收和协调并加强欧盟公路货运交通社会管理的方式。此外，该报告应当研究交通能源转型的支持方式，并针对第 1 款提及的燃料税收调整带来的收入，说明该收入的分配方式。交通能源转型的支持方式应当包括市场车辆类型调整和转型，以及能源表现和碳表现良好的柴油替代能源的使用。

3. 自第 2 款规定的报告公布之日起 6 个月内，政府应当向议会提交一份路线图，说明《财政法》给予该行业财政支持的方式。

第二节 发展铁路和水路货运

第 131 条 国家设立目标，自即日起至 2030 年，法国应当通过动员相关公共和私人部门，增加一倍铁路货运占比，并将水路货运占国内货运的比例提高一半。

第 132 条 在《交通法典》第 L. 1512 – 2 条后，增加第 L. 1512 – 2 – 1 条：

“第 L. 1512 – 2 – 1 条 1. 国家应当与至少一位运营股东成立一家混合经济公司，规划和布局多式货运站。

应当根据《公共采购法典》规定的特许经营合同或公共采购合同竞标方式，对该运营股东进行筛选。

在《地方行政区域一般法典》第 L. 1541 – 2 条规定条件下，地方行政区域和群组可在职权范围内参与成立该混合经济公司。

2. 应当限制该单一业务混合经济公司经营期限，且该业务应当根据规格细则规定的方式,仅涉及多式货运站的规划和布局。在合同履行期间,不得对该单一业务内容进行修改。

根据本条的规定,该混合经济公司应当为股份有限公司,且受《商法典》第二卷的约束。当涉及地方行政区域或群组时,该公司受《地方行政区域一般法典》第五卷第二编的约束。单一业务混合经济公司不得入股商业公司。

3. 应国家的要求,针对资产全部归公法人所有的公共合作伙伴类机构,该机构和其他公法人可以成为混合经济公司的股东。

应国家的要求,连接多式货运站的基础设施管理人有权成立单一业务混合经济公司,或成为该公司的股东。

4. 混合经济公司的章程应当规定分配给各股东的董事或监事会成员的席位。应当按照各股东持股比例,对席位进行分配,必要时对该分配数量向上取整。

在有必要的情况下,国家和第 1 款提及的地方行政区域和群组以及第 3 款提及的公共合作伙伴应当共同持有公司 34% 至 66% 的资本和审议机构 34% 至 66% 的投票权。执行股东持有的股份和投票权不得低于 34%。

公司章程和股东协议应当说明相关规则,以便管理以多式货运站规划和布局为目标的混合经济公司的资本变动。该规则不得在该公司合同期限内,对国家或地方行政区域和群组的公司股东地位造成影响。

董事会主席或监事会主席由国家或相关地方行政区域和地方行政区域群组代表担任。

5. 混合经济公司应当依法在合同履行结束后或合同终止后解散。

6.《地方行政区域一般法典》第 L. 1541 – 3 条适用于该混合经济公司地方行政区域股东或地方行政区域群组股东。"

第三节　其他条款

第 133 条　对《一般税法典》第 39 之十 A 条修改如下:

(1)由"2030 年"取代第 1 款第 2 项第 1 段出现 3 次的、第 2 段出现 2 次的、第 3 段出现 2 次的和最后一段末尾出现的"2024 年";

(2)由"2030 年"取代第 3 款第 1 段第 2 句出现 3 次的和第 2 段末尾出现的"2024 年"。

第 134 条　《道路系统法典》第 L. 119 – 7 条,第 5 款增加如下内容:

"5. 在有必要的情况下,除第 2 款规定的调幅以外,针对不同环境效能的重型车辆,可以根据动力类型或二氧化碳排放情况,调整对该类车辆收取的通行费。法令应当规定最大调整幅度。”

第 135 条

1.《交通法典》第 L. 3314 – 1 条,增加“,并减少车辆驾驶对环境的影响”。

2. 2009 年 8 月 3 日关于规划法国环境问题多方协商会议的第 2009 – 967 号法第 11 条第 6 款第 1 段第 2 句,由“减少车辆驾驶的影响,涉及”取代“车辆驾驶应当尊重”。

第 136 条 《环境法典》第二卷第二编第四章第二节,增加第 L. 224 – 12 – 1 条:

“第 L. 224 – 12 – 1 条 须履行第 L. 224 – 7 条和第 L. 224 – 10 条规定义务的个人应当采取行动,培训或提高车辆使用者的意识,减少车辆驾驶对环境的影响,确保电动模式下混合动力可充电车辆在最佳条件下使用。”

第 137 条 自本法颁布之日起两年内,在《宪法》第 38 条规定的条件下,政府有权针对具备接纳来自收费路段的车流量能力的大区,以命令的形式,采取法律范围内的措施,自 2024 年 1 月 1 日起,向在国家公路部分路段行使的货运车辆征收的一定费用,以便了解公路基础设施的使用费用和该类运输方式对外部造成的负面影响。

实行收费前应当与相关省、大区和第 1 款提及的大区周边省进行磋商。车辆通行费用的收取金额应当根据该车辆的环境表现而定。

该措施应当包括扩大各省车辆通行费用的收取范围。针对由于本条第 1 段提及的费用征收造成的交通拥堵,应当向在该相关路段行驶的货运车辆征收费用。

根据 2021 年 5 月 26 日关于阿尔萨斯欧洲集体部分公路路段货物运输征税方式的第 2021 – 659 号命令,在不违反阿尔萨斯欧洲集体规定的具体费用条款的情况下,该措施适用。

自法令公布之日起 6 个月内,应当向议会提交批准法案。

第 138 条

1.《商法典》第 L. 225 – 102 – 1 条第 3 款第 2 段,增加:“与本段第 1 句提及的气候变化后果相关的信息,包括与业务上下游交通活动相关的直接和间接温室气体排放源。针对该信息,应当提出减少排放的行动计划,包括选择铁路和水路交通模式、采用能源表现和碳表现良好的生物燃料和使用电动交通工具。”

2: 在《环境法典》第 L. 229 – 25 条后,增加第 L. 229 – 25 – 1 条:

“第 L. 229 – 25 – 1 条 《商法典》第 L. 225 – 102 – 1 条第 3 款第 2 段第 2 句应当规定旨在减少交通活动温室气体排放的行动计划。政府应当每年对该行动计划报告予以公开。该报告应当根据本法典第 L. 222 – 1B 条提及的低碳战略目标,分析该行动计划的落实效率。”

3. 自 2022 年 7 月 1 日起,本条适用于《商法典》第 L. 225 – 102 – 1 条规定的会计期限内非财务业绩报告。

第 139 条

1.《交通法典》第 L. 1431 – 3 条,增加:

“针对任何违反第 1 段提及的信息义务的行为,处行政罚款,最高 3000 欧元。”

2. 本条于 2025 年 1 月 1 日生效。

第 140 条 本法颁布之日起 6 个月内,政府应当向议会提交报告,说明主要负责人承担最初和最后一公里物流费用的方式以及管理货物运输能源和气候转型的方式。货物运输政策应当以物流链为重心。

第三章 更好地让居民参与交通管理部门的行动

第 141 条

1. 对《交通法典》第 L. 1231 – 5 条第 1 段,修改如下:

(1)第 2 句增加“以及随机抽选的居民”;

(2)增加:“当第 L. 1231 – 1 – 1 条和第 L. 1231 – 3 条规定的交通管理部门对交通政策进行评估时,针对结构性交通规划项目,应当与合作伙伴委员进行磋商”。

2. 本条于 2022 年 1 月 1 日生效。

第四章 限制航空运输排放,促进铁路和航空联运

第一节 规划条款

第 142 条

1. 为了高效减少温室气体排放,国家应当设立目标,自 2025 年起,要求航空运输支付大于或等于碳市场平均价格的碳价,并优先考虑采用欧洲统一的管理规范。碳税不得取代《一般税法典》第 302(乙)K 条第 6 款提及的机票团结税。

2. 自本法颁布之日起 1 年内,政府应当向议会提交一份报告,说明本条第 1 款提及的碳税的征收情况,其中包括竞争力、保护就业情况、消费者购买力、航空业生态转型投资力度和地区开放程度。应当通过保留《交通法典》第 L. 6412 – 4 条提及的地区规划航线的方式,根据本法典第 L. 1803 – 1 条提及的海外行政区与法国本土持续性连接政策相关的原则和目标,实现地区开放。该报告应当研究在缺少欧洲统一管理规范的情况下,国家可以实施的条款,其中包括自进出法国领土或在法国领

土内出行的乘客数量达到2019年的规模时，提高《一般税法典》第302(乙)K条第6款提及的机票团结税价格。

为了促进减少航空运输产生的碳足迹，国家应当设定目标，自即日起至2025年，减少航空业温室气体排放，改善航空运输环境效能，采用更加直接的飞行路线，缩短飞机巡航距离，减少跑道上等待和滑行时间，普及连续下降技术程序。

3. 自本法颁布之日起1年内，政府应当向议会提交一份报告，根据《环境法典》第L.222-1B条提及的低碳战略目标，说明有关减少航空业碳足迹的支持性措施，其中包括发展生物燃料部门和实施新的发展方案，以便减少每位乘客每千米出行对气候造成的影响。

第143条 针对铁路运输模式占比到2030年增加至17%，到2050年增加至42%的目标，为了实现国家低碳战略规定的目标，国家应当设定目标，支持铁路客运的发展。

第二节 其他条款

第144条 为了促进空运模式向铁路运输模式的转变，高效减少航空运输造成的温室气体排放，国家应当设定目标，打击亏本销售机票，通过修改欧盟法规，设定最低销售票价。

在2022年法国结束担任欧洲理事会主席国前，政府应当向议会提交一份报告，针对打击亏本销售机票采取的措施，说明该措施取得的效果。

第145条

1. 对《交通法典》第L.6412-3条修改如下：

(1)开头增加“1.”；

(2)第2款增加：

“2. 根据2008年9月24日欧洲议会和欧洲理事会(EC)1008/2008号条例第20条，国家铁路网络部分出行线路能够覆盖飞行航线且不涉及中转，每日设有多个班次且旅行时间不超过两个半小时。针对法国境内的相关出行线路，禁止经常性使用公共客运飞行服务。

最高行政法院法令应当规定本第2款第1段的适用方式，说明相关铁路线路特点，以及针对涉及乘客中转或属于低碳运输方式的飞行服务，该禁令的例外情况。针对作为低碳运输方式的飞行服务，该法令应当说明每名乘客每千米二氧化碳排放须达到规定的标准。”

2. 针对《交通法典》第L.6412-3条第2款提及的禁令，自该禁令生效之日起3

年内,应当对其进行评估。

3. 自本法颁布之日起 1 年内,政府向议会提交一份报告,说明在铁路网络覆盖出行航线且旅行时间不超过两个半小时的情况下,针对在巴黎戴高乐机场起飞或降落的国内货运该航线航班,提高《交通法典》第 L. 6412 - 3 条第 2 款规定的措施适用至该航班的可能性。

4. 本法自颁布后第 2 年 3 月最后一个星期日生效。

第 146 条

1.《公共利益征用法典》第一卷第二编第二章第一节,增加第 L. 122 - 2 - 1 条:

"第 L. 122 - 2 - 1 条　1. 航站楼或跑道的建造或扩建工程项目旨在提高公共航空运输飞机、旅客或货物的接待能力。在对该工程项目造成的温室气体排放进行补偿后,当其排放水平与 2019 年相比表现为净增长时,该工程项目不得作为本法典规定征用的公共财产。

2. 在 2036 年 12 月 31 日前,第 1 款不适用于南特—大西洋机场、巴塞尔—米卢斯机场、直升机停机坪和《宪法》第 72 - 3 条提及的行政区域机场工程项目,以及出于健康、安全、国防和监管规定理由进行的工程项目。

3. 法国最高行政法院法令应当规定本条的适用条件。该法令应当说明提高机场接待能力的工程项目的类型,并针对遵守第 1 款规定的温室气体排放条件的情况,说明对其进行评估的方法。该评估应当对相较于项目末期的中期航空交通的发展情况进行预测,并从能效改善、生物燃料的使用、新型能源的使用和补偿机制角度,分析飞机排放变化的情况。根据地方行政区域当地的发展状况和居民生活质量,该法令同时应当说明与受到本条提及的机场影响的区域进行磋商的方式。"

2. 本条于 2022 年 1 月 1 日生效。

第 147 条

1.《环境法典》第二卷第二编第九章,增加第七节:

"第七节　温室气体排放补偿机制项目下的减排

第 L. 229 - 55 条　温室气体排放补偿机制项目下的减排固碳应当符合以下原则:可衡量性、可核证性、永久性、补充性。

最高行政法院法令应当规定该原则的适用方式。

唯一分节　国内航空运输温室气体排放补偿

第 L. 229 - 56 条　2003 年 10 月 13 日欧洲议会和欧洲理事会第 2003/87/EC 号指令确立欧盟范围内温室气体排放交易体系,同时对欧洲理事会第 96/61/EC 号指令进行修正。本节适用于须履行该指令规定的欧盟排放交易体系义务的国内航空运输承运人。

第 L. 229 – 57 条　每年年底,航空运输承运人应当根据第 L. 229 – 59 条规定的处罚措施,补偿第 L. 229 – 56 条提及的航空运输造成的温室气体排放。在最高行政法院法令规定的条件下,对排放量进行申报、核实和审批。

该义务根据以下方式生效:

(1) 自 2022 年 1 月 1 日起,承运人补偿排放量的 50% ;

(2) 自 2023 年 1 月 1 日起,承运人补偿排放量的 70% ;

(3) 自 2024 年 1 月 1 日起,承运人补偿全部排放量。

第 L. 229 – 58 条　针对符合第 L. 229 – 55 条规定原则的补偿方案提及的碳信用额,航空运输承运人应当利用该额度,履行补偿义务。该碳信用额不得同时用于本节的补偿方案和其他强制性温室气体排放补偿机制项目。

应当优先考虑法国境内或欧盟成员国境内碳吸收项目,其中包括促进森林更新、农林业和农林畜牧业发展的项目,以及采取相关农业措施,减少温室气体排放和促进土壤碳储存的项目。

政府应当每年对补偿项目及其效果进行总结并予以公布。

最高行政法院法令应当规定补偿项目资格条件、碳信用额使用条件、承运人须提供的信息内容和信息提供的期限,以及行政部门根据补偿义务对项目进行审核的方式。

第 L. 229 – 59 条　若航空运输承运人每年未在最高行政法院法令规定的期限内,证明已履行第 L. 229 – 57 条提及的补偿义务,行政部门应当责令该承运人在两个月内提供该证明。

责令内容应当包括处罚的措施,并要求承运人提交书面意见。行政部门可以将责令期限延长 1 个月。

本条第 1 段提及的期限到期时,或根据第 2 段延长的期限到期时,行政部门应当告知航空运输承运人其是否已履行补偿义务。若承运人未履行该义务,行政部门应当根据未补偿的排放量,对承运人处以罚款。最终处罚结果,行政部门可以予以公开。

针对航空运输承运人未履行补偿义务的情况,根据温室气体排放量对其处以每吨 100 欧元的行政罚款。

支付罚款后,承运人仍应当在下一年内履行排放补偿义务。

应当以除税金和遗产外的形式,收取罚款。

第 L. 229 – 60 条　若国内航空运输承运人无须履行第 L. 229 – 56 条至第 L. 229 – 58 条规定义务,可自愿选择是否根据第 L. 229 – 57 条和第 L. 229 – 58 条规定的方式履行该义务。”

2. 本条于 2022 年 1 月 1 日生效。

第五编　住　　房

第一章　房 屋 修 缮

第 148 条　在《建筑与住房法典》第 L. 173 - 1 条后,增加第 L. 173 - 1 - 1 条:

第 L. 173 - 1 - 1 条　根据能源性能水平和温室气体排放性能水平,由高到低对居住用途建筑物或建筑物部分进行排列。能耗水平单位为一次能源千瓦时每平方米年,温室气体排放水平单位为二氧化碳千克每平方米年。建筑和能源部长决定应当规定按照以下评级标准,对建筑物或建筑物部分进行分类:

"

特优	A 级
优	B 级
特良	C 级
良	D 级
中	E 级
差	F 级
特差	G 级

。"

第 149 条　在《建筑与住房法典》第 L. 126 - 26 条后,增加第 L. 126 - 26 - 1 条:

"第 L. 126 - 26 - 1 条　针对《能源法典》第 L. 211 - 2 条第 1 款提及的可再生能源,第 L. 126 - 26 条提及的能源性能评估应当说明居住用途的建筑物或建筑物部分的能耗量,区分由固定设备生产能源和由电力、燃气、热力分配网络输送能源。"

第 150 条　在"第 L. 126 - 26 条"后,删除《建筑与住房法典》第 L. 126 - 27 条第 1 句末尾内容。

第 151 条　《能源法典》第 L. 100 - 1A 条第 1 款第 5 项:

"(5) 根据至 2025 年拥有低能耗且低温室气体排放的建筑群的目标,连续两个 5 年期内,应当对建筑行业进行能源改造。为了实现能源改造的目标,根据《建筑与住房法典》第 L. 111 - 1 条第 17(2) 项,应当向全面优质能源改造项目提供财政激励,落实稳定的预算援助、国家税收援助和本法典第 L. 221 - 1 条至第 L. 221 - 13 条规定措施下的援助机制。该援助机制应当面向所有家庭,并根据家庭收入情况进行调整。在工程由国有企业或国家授权企业负责的情况下,应当允许经济最困难的受益人群承担最低个人部分费用。根据地区住房类型特征和气候条件,本第 1 款第 1 段规定的各项法律应当通过设定改造速度,实现建筑群能源改造目标。根据《建筑与住房法典》第 L. 111 – 1 条第 17(2)项,该改造应当重点针对工程步骤、节能建筑工程、优质综合能源改造工程。”

第 152 条 [根据 2021 年 8 月 13 日宪法委员会(DC)第 2021 – 825 号决定,宣布本条与《宪法》不符]

第 153 条 对《建筑与住房法典》第一卷第二编第六章第五节修改如下:

(1)对第 L. 126 – 26 条第 1 段修改如下:

(a)在“最终的”一词后增加“以及温室气体排放”和“和其温室气体排放性能”;

(b)第 2 句,由“此类性能”取代“该性能”;

(2)第 L. 126 – 33 条第 1 段,在第 1 次出现的“能源的”一词后增加“和其温室气体排放性能”。

第 154 条 对《建筑与住房法典》第 L. 126 – 33 条修改如下:

(1)第 1 段开头,增加“1.”;

(2)第 2 段开头,增加“2.”;

(3)增加第 3 款,内容如下:

“3. 针对任何由非专业人员造成的违反本条提及的信息义务的行为,处以行政罚款,金额不超过 3000 欧元。

行政部门应当责令当事人在规定的期限内履行义务。

若当事人未在规定的期限内履行义务,行政部门可以对其处以本第 3 款第 1 段规定的罚款。

当事人在规定的期限内提交书面意见后,应当采取本条第 3 款第 3 段规定的措施。”

第 155 条

1. 在《建筑与住房法典》第 L. 111 – 1 条第 17 项后,增加第 17(2)项:

“优质能源改造:建筑物或建筑物部分优质能源改造是指通风条件良好的改造工程项目,该项目应当满足以下条件:

(a)根据第 L. 173 – 1 – 1 条,A 级或 B 级建筑物或建筑物部分;

(b)6 项能源改造工程项目包括:墙体隔热、地板隔热、屋顶隔热、外部细木工制品替换、通风、暖气和热水供应和相关界面安装。

作为例外,以下可被视为本第 17(2)款第 1 段或倒数第 2 段规定的优质能源改

造项目:

根据第 L.173 –1 –1 条,出于技术、建筑和遗产限制,建筑物改造费用与该资产价值不符,虽无法使能源改造工程达到 B 级或以上性能水平,但能够提升至少两个性能水平等级和上述 6 项工程项目已完成评估的建筑物;

根据第 L.173 –1 –1 条,在改造前等级为 F 或 G,改造后达到 C 级或以上的工程和 6 项工程项目已完成评估的建筑物。

全面优质能源改造是指在对上述 6 项工程项目进行评估后,针对居住用途的独户建筑物或建筑物部分,对其进行为期 18 个月以上的优质能源改造,针对其他用途的建筑物或建筑物部分,对其进行为期 24 个月以上的优质能源改造。

最高行政法院法令应当说明第 17(2)项第 5 段规定的例外情况和费用评判标准,并规定第 17(2)项倒数第 2 段规定的期限;"

2. 2019 年 12 月 28 日关于 2020 年财政的第 2019 –1479 号法第 179 条第 1 款第(6)项最后一段,增加 1 句,内容如下:"为了实现《能源法典》第 L.100 –1A 条第 1 款第 5 项规定的目标,政府应当采取措施,促进住房能源改造,包括根据《建筑与住房法典》第 L.111 –1 条第 17(2)项,推出针对全面优质能源改造的财政激励,并说明经济最困难的受益人群承担最低个人部分费用须满足的条件;"

第 156 条 《建筑与住房法典》第 L.300 –3 条,增加第 7 项,内容如下:

"统计每年开展的能源改造工程的数量信息,包括根据第 L.111 –1 条第 17(2)项,开展全面优质能源改造工程的数量。"

第 157 条 在《建筑与住房法典》第 L.126 –26 条第 1 段第 1 句后,增加:"包括通风或换气条件信息。"

第 158 条

1. 对《建筑与住房法典》修改如下:

(1)删除第 L.126 –28 条最后 3 段。

(2)在第 L.126 –28 条后,增加第 L.126 –28 –1 条:

"第 L.126 –28 –1 条 部分居住用途的建筑物或建筑物部分属于 1965 年 7 月 10 日关于现有不动产共同共有权地位的第 65 –557 号法范围以外的单独或多个住宅,且为本法典第 L.173 –1 –1 条规定的 D 级、E 级、F 级或 G 级。销售该部分建筑物和建筑物部分时,具备法令规定资质的专业人员应当开展能源审计,并按照第 L.271 –4 条和第 L.271 –5 条规定的条件和方式对审计结果予以公布。开展能源审计的专业人员不得与所有权人或向其提出审计申请的代理人有任何关联,以免影响其公正性和独立性。

能源审计报告应当提供工程建议。该建议应当遵守《遗产法》规定的地役权相关要求,提供符合资产价值的工程费用,并根据本法典第 L. 111 – 1 条第 17(2)项,说明优质能源改造的阶段性工程方案。在工程第一阶段,该建筑物应当至少达到第 L. 173 – 1 – 1 条规定的 E 级。若该建筑物能源性能等级的提升不受技术、建筑、遗产和费用的限制,该工程方案应当说明须实施的工程,以使建筑物达到第 L. 173 – 1 – 1 条规定的 B 级。该审计报告应当说明理论上该工程的能源消耗情况和工程费用范围,以及针对改善能源性能工程的现有公共援助措施。

法令应当规定该审计报告的内容。根据建设部长的意见,法令应当规定审计员的职权、资质、任务范围和责任。"

(3)第 L. 126 – 23 条第 3 项,由"第 L. 126 – 26 条"取代"第 L. 126 – 31 条"。

(4)删除第 L. 126 – 29 条最后 3 段。

(5)第 L. 126 – 31 条内容如下:

"第 L. 126 – 31 条　针对在 2013 年 1 月 1 日前申请建筑许可的集体住房建筑物,在第 L. 126 – 26 条规定的条件下对其进行能源性能评估。

根据第 L. 173 – 1 – 1 条,在 2021 年 7 月 1 日后进行的评估将建筑物划归为 A 级、B 级或 C 级。除该评估结果外,应当每 10 年对该评估更新一次。"

(6)第 L. 153 – 1 条增加"根据建筑物类型的具体要求"。

(7)在第 L. 153 – 3 条末尾"加热"一词后,增加:"在必要的情况下,应当进行额外的工程,以确保通风良好且受控。"

(8)第 L. 153 – 5 条"国家"一词后增加"于 2025 年 1 月 1 日前生效"。

(9)第 L. 173 – 2 条第 3 款第 1 段,增加:"作为例外,本段第 1 句自 2024 年 7 月 1 日起适用于瓜德罗普、马提尼克、法属圭亚那、留尼汪和马约特地区。"

(10)对第 L. 271 – 4 条第 1 款修改如下:

(a)第 6 项内容如下:

"(6)本法第 L. 126 – 26 条和第 L. 126 – 28 – 1 条规定的能源性能评估和能源审计。"

(b)在第 10 项后,增加第 11 项,内容如下:

"(11)若房产位于《环境法典》第 L. 222 – 4 条规定的大气保护计划范围内,证书应当证明木材供暖设备符合该省国家代表规定的安装和排放规则。"

(c)第 13 段,在"第 7 项"一词后增加"本条第 1 款的"。

(d)第 15 段,由"第 6 项提及的相关文件非"取代"第 6 项提及的该文件非";

(e)增加一段:

“在首次参观能源审计报告涉及的建筑物或建筑物部分时,卖方或其代理人应当通过包括电子途径在内的方式,向潜在买方提供第1款第6项提及的能源审计报告。”

(11)删除第L.731－1条第4项第2句。

2.对1965年7月10日关于现有不动产共同共有权地位的第65－557号法第24－4条第1段,作如下修改:

(1)开头,删除“针对所有安装有集体供暖或制冷设施的建筑物”;

(2)由“《建筑与住房法典》第L.126－31条规定的”取代“《建筑与住房法典》第L.126－26条或第L.126－31条规定的能源审计”。

3.对2019年11月8日关于能源和气候的第2019－1147号法,作如下修改:

(1)第17条第3款,增加:

“作为第3款第1段的例外,自法令规定之日起至2028年1月1日前,第1款和第2款适用于瓜德罗普、马提尼克、法属圭亚那、留尼汪和马约特地区。当日仍在生效中的租赁合同受其适用条款的约束。”

(2)废除第20条第2款和第3款。

(3)对第22条修改如下:

(a)废除第1款第2项和第3项。

(b)第2款末尾,由“第L.126－33条,”取代“第L.134－4－3条,”。

(c)第4款内容如下:

“4.第1款第4项、第2款和第3款于2022年1月1日生效。”

4.在瓜德罗普、马提尼克、法属圭亚那、留尼汪和马约特地区,自2024年7月1日起,《建筑与住房法典》第L.126－26条至第L.126－30条,第L.126－32条和第L.126－33条适用。

5.在瓜德罗普、马提尼克、法属圭亚那、留尼汪和马约特地区,自2024年7月1日起,根据2019年11月8日关于能源和气候的第2019－1147号法,对1986年12月23日第86－1290号法进行修订的1989年7月6日关于改善租赁关系的第89－462号法的第3条第12段适用。

6.第1款第5项和第11项以及第2款于2024年1月1日生效。针对1965年7月10日关于现有不动产共同共有权地位的第65－557号法规定的且包含至多200间居住、办公或商业用途房间的建筑物,该条款仅在以下情况下适用:

(1)2025年1月1日,包含50间至200间房间的共有建筑;

(2)2026年1月1日,包含超过50间房间的共有建筑。

7.第1款第2项生效日期为:

(1)针对F级或G级住宅,2022年1月1日;

(2)针对E级住宅,2025年1月1日;

(3)针对D级住宅,2034年1月1日。

8. 作为例外,在瓜德罗普、马提尼克、法属圭亚那、留尼汪和马约特地区,第1款第2项生效日期为:

(1)针对F级或G级住宅,2024年7月1日;

(2)针对E级住宅,2028年1月1日。

9. 作为例外,在瓜德罗普、马提尼克、法属圭亚那、留尼汪和马约特地区,第1款第5项和第11项以及第2款于2028年1月1日生效。

10. 在2024年1月1日前,政府应当向议会提交一份报告,说明《建筑与住房法典》第L. 126 – 28 – 1条的适用情况,并针对自2025年1月1日起,扩大审计范围至E级住宅的落实方式进行评估。在2027年7月1日前,政府应当向议会提交一份报告,说明第L. 126 – 28 – 1条的适用情况,并针对自2034年1月1日起,扩大审计范围至D级住宅的落实方式进行评估。

第159条

1. 对1989年7月6日关于改善租赁关系的第89 – 462号法,作如下修改:

(1)第17条第2款,增加:"针对新租住的《建筑与住房法典》第L. 173 – 1 – 1条规定的F级或G级住宅,新租房合同的租金不得超过上一位租客支付的租金。"

(2)第17 – 1条,增加第3款:

"3. 本条第1款和第2款规定的租金调整和上涨不适用于《建筑与住房法典》第L. 173 – 1 – 1条规定的F级或G级住宅。"

(3)对第17 – 2条,作如下修改:

(a)第1段开头,增加"1. "。

(b)第5段和第6段,由"第1款"取代"条"。

(c)增加第2款,内容如下:

"2. 针对《建筑与住房法典》第L. 173 – 1 – 1条规定的F级或G级住宅,不得在续签合同时对房租进行调整。"

(4)删除第18条第2段第2句。

(5)第25 – 3条第2段"第8 – 1条"一词后增加"第17条,"。

(6)第25 – 9条第1段,内容如下:

"第17 – 1条第1款和第3款适用于带家具住宅的租金调整。"

(7)第25 – 12条第3段,在第2次出现的"条"后,增加"第17条,"。

2.《建筑与住房法典》第L. 321 – 11 – 1条第1段,由"在第1款"取代第2次出现的“在”。

3.2018 年 11 月 23 日关于住房发展与数字设施配置的第 2018 – 1021 号法第 140 条第 6 款第 2 段,增加 1 句,内容如下:“然而,针对《建筑与住房法典》第 L. 173 – 1 – 1 条规定的 F 级或 G 级住宅,不得采取该措施”。

4. 对 1986 年 12 月 23 日第 86 – 1290 号法进行修订的 1989 年 7 月 6 日关于改善租赁关系的第 89 – 462 号法第 17 条、第 17 – 1 条、第 17 – 2 条、第 18 条、第 25 – 3 条、第 25 – 9 条和第 25 – 12 条,以及 2018 年 11 月 23 日关于住房发展与数字设施配置的第 2018 – 1021 号法第 140 条适用于自本法公布之日起 1 年后签署、续签或自动续期的租赁合同。该法律条款适用于 2024 年 7 月 1 日后,在瓜德罗普、马提尼克、法属圭亚那、留尼汪和马约特地区,签署、续签或自动续期的租赁合同。

第 160 条

1. 对根据 2019 年 11 月 8 日关于能源和气候的第 2019 – 1147 号法第 17 条第 1 款起草的上述 1989 年 7 月 6 日第 89 – 462 号法第一编,作如下修改:

(1)对第 6 条第 1 段,作如下修改:

(a)第 1 句,由“《建筑与住房法典》第 L. 173 – 1 – 1 条规定的最低性能等级”取代“最低能源性能标准”。

(b)第 2 句,由“第 L. 173 – 1 – 1 条规定的最低性能等级”取代“最低能源性能标准”。

(c)第 1 句,删除“根据每平方米年最终能源消费最大基准,”。

(2)第 6 条第 2 段,由“相应的合格住宅”取代“相应的”。

(3)在第 2 段后,增加:

“根据《建筑与住房法典》第 L. 173 – 1 – 1 条,合格住宅性能等级包括:

(1)自 2025 年 1 月 1 日起,A 级至 F 级;

(2)自 2028 年 1 月 1 日起,A 级至 E 级;

(3)自 2034 年 1 月 1 日起,A 级至 D 级;

针对瓜德罗普、马提尼克、法属圭亚那、留尼汪和马约特地区,根据第 L. 173 – 1 – 1 条,合格住宅性能等级包括:

(a)自 2028 年 1 月 1 日起,A 级至 F 级;

(b)自 2031 年 1 月 1 日起,A 级至 E 级;

未在规定期限内达到上述标准的住宅为不合格。”

(4)由 3 段取代第 20 – 1 条最后一段,内容如下:

“在不违反本条第 3 段提及的其他措施情况下,法官不得在以下情况下要求开展工程,以达到第 6 条第 1 段提及的最低性能等级:

(1)住宅为共有房屋的一部分,经共有权人证明,在对有关共有部分、共有设备或符合房屋特征的私有部分的工程方案进行评估后,该住宅仍无法达到最低性能等级;

(2)出于建筑或遗产限制,在采取限制内的工程措施后,该住宅仍无法达到最低性能等级。最高行政法院法令应当说明建筑或遗产限制的评判标准。”

2. 本条第1款于2025年1月1日生效。

3. 在2027年7月1日前,政府应当向议会提交一份报告,总结本条的适用情况,并根据改造费用的范围和对私人租赁市场的潜在影响,对从2034年1月1日起开展的合格住宅性能升级带来的影响进行评估。

第161条 [根据2021年8月13日宪法委员会的(DC)2021-825号决定,宣布本条与《宪法》不符]

第162条 对《建筑与住房法典》修改如下:

(1)对第L.126-32条第1段修改如下:

(a)在“能源的”一词后,增加“或能源审计”。

(b)第3句,在“地区的”一词后增加“以及公共机构、负责清算和提供个人住房援助的机关、1990年5月31日关于落实住房权的第90-449号法第3条提及的不合格住房观察研究所和打击能源贫困的协会”。

(2)对第L.635-3条第2段修改如下:

(a)在“住宅”一词后增加“不符合1986年12月23日第86-1290号法进行修订的1989年7月6日关于改善租赁关系的第89-462号法规定的合格特征”。

(b)第2句,删除“安全和卫生”。

第163条 上述1989年7月6日第89-462号法第7条第f目第2句,在“自给自足”一词后增加“或能源改造工程”。

第164条

1. 对《能源法典》第二卷第三编第二章修改如下:

(1)第L.232-1条,内容如下:

“第L.232-1条 住房能源性能公共部门旨在增加能源改造项目的数量,鼓励《建筑与住房法典》第L.111-1条第17(2)项规定的性能改造和全面改造。该服务应当为减少能源消耗的消费者提供信息、建议和支持。

住房能源性能公共部门应当调动专业人员和银行部门,搭建专业人员和地方机构网络,并采取提升专业人员能力水平的措施。”

(2)第L.232-2条,内容如下:

“第 L. 232 - 2 条　1. 根据第 L. 232 - 3 条,住房能源性能公共部门应当搭建窗口网络,调动全国统一的技术、法律、经济和社会资源,为能源改造提供信息、建议和支持。地方行政区域和区域群组可以申请并管理该公共部门。

针对 2000 年 4 月 12 日关于在公民与行政部门关系中公民权利的第 2000 - 321 号法第 27 条提及的公共服务中心,根据各独立财政管辖权的市镇公共合作组织的管理范围,各窗口应当与该中心机构在全国范围内,共同组织该公共部门。该窗口的建立应符合《环境法典》第 L. 222 - 2 条第 a 目提及的窗口部署计划、同法典第 L. 229 - 26 条规定的地区气候、空气和能源计划,以及《建筑与住房法典》第 L. 302 - 1 条规定的当地住房项目。

在以上文件的起草和更新过程中,应当包含与该公共部门有关的总结报告。

国家和国家住房机构应当负责搭建国家窗口网络,确保家庭可以享受到全国统一的服务。

2. 根据第 L. 232 - 3 条,该窗口应当向包括所有权人、承租人和共同共有人集体在内的私人工程主管人和主管人代表,提供独立的信息、建议和支持服务。窗口可以在所属的地方行政区域规定的范围内,提供上门流动信息服务。

该窗口应当提供免费且个性化的信息和建议,帮助家庭制订能源改造方案,调动公共或私人经济援助,并在改造过程中,帮助家庭对接相关专业人员,协助其向建筑、城市化和环境委员会寻求建筑方面的建议。根据对 1986 年 12 月 23 日第 86 - 1290 号法进行修订的 1989 年 7 月 6 日关于改善租赁关系的第 89 - 462 号法第 6 条,该窗口应当向家庭提供有关住宅能源性能的法律信息,帮助为达到合格住宅最低性能等级的所有权人和租住该不合格住宅的承租人,向《建筑与住宅法》第 L. 366 - 1 条规定的住宅信息协会和上述 1989 年 7 月 6 日第 89 - 462 号法第 20 条规定的省调解委员会寻求帮助。针对位于《一般税法典》第 1609 之 24A 条提及的机场噪音污染计划周边的地区的家庭,该窗口应当向其提供有关欺诈行为的风险信息,以及与住宅的隔音性能、改善隔音效果的工程和现有援助相关的信息。

3. 若销售的建筑物或建筑物部分在《建筑与住房法典》第 L. 126 - 28 - 1 条规定的审计义务范围内,经买方同意且通知合同公证员后,该公证员在签署销售契约后 1 个月内,应当通过包括电子渠道在内的方式,向建筑物或建筑物部分所在地的窗口,提供审计结果、售房信息和买受人姓名与地址。该窗口可以利用该信息向买方提供有关建筑物或建筑物部分的信息和建议。

最高行政法院法令应当规定该信息内容、信息提交和利用的方式。”

(3) 增加第 L. 232 - 3 条,内容如下:

“第 L. 232 - 3 条　在住宅能源性能公共服务的框架下,消费者可以享受帮扶性措施，获取资金和能源建议并与相关专业人员进行对接。该帮扶性措施可以包含对专业人员服务质量的评估。

由国家或国家住宅机构授权的行政机关应当落实为期5年的帮扶性措施。该措施期限可以根据相关决定，予以延长。该机关应当提供足够的资金，具备针对技能和资源的管理措施，提出并采取确保其资源和管理的独立性和公正性的行动。

针对申请并承担住宅能源性能公共服务的地方行政区域和群组，帮扶性措施应当由第L.232－2条第1款提及的窗口和该区域及群组共同提供。本条第2段提及的行政机关可以由该窗口、地方行政区域或群组担任。

帮扶过程中收集到的数据应当提交给国家或国家住宅机构。该数据应当用于信息采集、消费者行为监测和打击诈骗活动。地方行政区域或群组可以将收集到的该数据，用于信息采集和消费者行为监测活动。

针对《建筑与住房法典》第L.111－1条第17(2)项规定的优质或全部能源改造以及私人工程主管人进行的能源改善工程，当该工程需要帮扶时，应当向其提供2019年12月28日关于2020年财政的第2019－1479号法第15条第2款规定能源转型补贴和国家住宅机构的能源改造援助。

最高行政法院法令应当规定：

(1)帮扶性措施的内容，包括帮扶性改造预期能达到的能源性能等级。

(2)根据2006年12月12日欧洲议会和欧洲理事会关于内部市场服务的第2006/123/EC号指令第10条第2款的标准，获取和撤销本条第2段提及的行政机关授权的方式，该授权的期限。同时应当规定资金，包括技术、建筑或遗产在内的能力，信用度和资源要求。若未能履行本条规定的资金、管理、能力、资源或程序要求，可以在本条第2段第1句提及的期限内，撤回该授权。

(3)对本条第2段提及的行政机关和帮扶性措施涉及的改造工程进行监督的方式，以确保行政机关在评判技术方案和工程质量时保持中立。

(4)第2段提及的行政机关和第L.232－2条第1款提及的窗口之间的关系，以及该行政机关和地方行政区域或区域群组之间的关系，以便推动住宅能源性能公共服务的展开。

(5)本条第5段提及的改造工程的要求，其中包括与工程性质、费用、目标能源性能、工程承包人性质和收入，以及所调动的援助金有关的标准。

(6)第4段提及的数据类型以及该数据提交和利用的方式。

(7)第5段规定的履行条件的期限和基准值，以及应当于2023年1月1日前确定第一阶段的期限。该基准值不得低于税前5000欧元。”

2.对《环境法典》第L.222－2条修改如下：

(1)第 a 目,由“提及的窗口”取代“提及的地区能源改造平台”;

(2)第 b 目,由“窗口”取代“平台”;

(3)第 c 目,由“第 L. 232 - 2 条提及的窗口”取代“地区平台”;

(4)第 f 目,由“上述第 L. 232 - 2 条提及的窗口”取代“地区能源改造平台”。

3. 在 2000 年 4 月 12 日关于在公民与行政部门关系中的公民权利的第 2000 - 321 号法第 27 条第 3 段,增加 1 段,内容如下:

“针对交通、能源、供暖、可持续且负责任的消费和回收,公共服务中心应当提供符合相关生态转型需求的服务。”

4. 在《能源法典》第 L. 221 - 7 条第 e 目后增加第 f 目,内容如下:

“(f)本法第 L. 232 - 3 条提及的消费者帮扶性措施。”

第 165 条 《能源法典》第 L. 211 - 5 - 1 条,内容如下:

“第 L. 211 - 5 - 1 条 地方行政区域和群组可以与国家共同成立非营利性合作与地区工程机构,即地方能源和气候机构,以便为能源与气候公共政策的规划提供帮助。

在与国家权力下放部门和利益攸关方协商后,该机构应当:

(1)与地方行政区域和区域群组共同制订符合国家相关政策的地方能源和气候策略;

(2)参与起草相关的能源和气候文件;

(3)通过制定和支持有关实现公共政策目标的行动和措施,促进地方能源和气候政策的落实;

(4)向地方行政区域、区域群组和国家提供有关能源消费和生产以及温室气体排放的量化指标,以确保对地方能源和气候政策的落实进行监测,并评估该政策的落实情况;

(5)推动或加入欧洲、国家和地方网络,促进能源转型,应对气候变化,传播和丰富地区专业知识,尝试创新解决方案。

具有独立财政管辖权的市镇公共合作机构可以在地方能源和气候机构的帮扶下,落实住宅能源性能公共服务。”

第 166 条 在《建筑与住房法典》第 L. 321 - 1 - 3 条后,增加第 L. 321 - 1 - 4 条:

“第 L. 321 - 1 - 4 条 国家住宅机构可以在提供第 L. 321 - 1 条规定的帮扶性措施的同时,提供《能源法典》第 L. 232 - 1 条提及的住宅能源性能公共服务。”

第 167 条 在《建筑与住宅法》第一卷第二编第六章第五节后,增加第五(乙)节:

“第五(乙)节　住宅信息手册

第 L.126－35－2 条　在本节规定的条件下,应当制订住宅信息手册,以便为住宅能源性能改善工程和能源监督和管理设备安装工程提供便利和支持。

在第 L.111－1 条第 8 项规定的住宅建造期间,或在第 L.171－1 条第 1 项评定为对现有住宅能源性能有显著改善的改造工程实施期间,应当制订住宅信息手册。

第 L.126－35－3 条　根据本节,住宅是指用于居住用途的房屋及其附属设施,其中包括居民住宅、门卫住宅、员工住宅、商业住宅和在第 L.632－1 条规定的条件下租赁的带家具住宅。

第 L.126－35－4 条　针对自 2023 年 1 月 1 日起提交建筑许可申请或预申报且符合第 L.126－35－2 条规定的住宅建造或改造工程,应当制订信息手册。

若第 L.126－35－2 条规定的住宅改造工程无须取得建筑许可或进行预申报,自 2023 年 1 月 1 日起其估价凭据通过审批的住宅工程,应当制订信息手册。若无该估价凭据,则应当针对自 2023 年 1 月 1 日起开工的住宅工程,制订手册。

第 L.126－35－5 条　住宅所有权人应当制订并更新住宅信息手册。

根据《民法典》第 1792－1 条,建筑商应当在建造或改造工程验收前,向住宅所有权人提供本法典第 L.126－35－6 条至第 L.126－35－8 条规定的信息手册里的内容。若建筑商未提供该信息,应当由《能源法典》第 L.232－2 条规定的国家住宅机构和能源改造帮扶性窗口,以及同法典第 L.232－3 条规定的授权经营者向住宅所有权人提供本法典第 L.126－35－7 条和第 L.126－35－8 条规定的信息内容。

若住宅所有权人非建造或改造工程承包人,应当由工程承包人在住宅交付或工程验收前,提供第 L.126－35－6 条至第 L.126－35－8 条规定的信息手册的内容。

第 L.126－35－6 条　对建造工程,信息手册应当包含:

(1)住宅平面图和剖面图;

(2)住宅水、电、气、通风系统平面图、方案图表和说明书;

(3)直接影响住宅能源性能的工程操作、维修和维护说明。

平面图、方案图表和说明书应当明确所属阶段为设计阶段或实施阶段。

第 L.126－35－7 条　针对第 L.126－35－2 条规定的能源改造工程,住宅信息手册应当包含工程日期和说明。

第 L.126－35－8 条　信息手册同时应当包含:

(1)若第 L.126－35－2 条规定的建造或改造工程过程中使用的材料直接影响住宅能源性能,则应包含材料的清单和类型说明;

(2)根据第 L.111－1 条第 11 项,若建造或改造工程直接影响住宅能源性能,则应包含在建造或改造工程过程中所安装的设备的操作、维修和维护说明;

(3)能够说明住宅能源性能的文件,以及针对改善住宅能源性能的合规合法措施,能够采取的该措施的文件。

第 L. 126 – 35 – 9 条　根据2004 年6 月21 日关于数字经济信心的第2004 – 575 号法第4 条,应当以通用的电子格式向物业所有权人提供第 L. 126 – 35 – 6 条至第 L. 126 – 35 – 8 条规定的住宅信息手册内容。

若物业所有权人提出要求,则应当以非电子格式向其提供该内容。

第 L. 126 – 35 – 10 条　在签署公证书前,应当向住宅改造期间的买方提供改造当时的住宅信息手册。买方应当在公证书中予以证明。

第 L. 126 – 35 – 11 条　最高行政法院法令应当规定本节的适用方式,以及:

(1)根据建筑部部长决定,第 L. 126 – 35 – 2 条提及的直接影响能源性能的改造工程标准;

(2)根据建筑部部长决定,第 L. 126 – 35 – 8 条第1 项和第2 项提及的直接影响能源性能的材料和设备类型标准;

(3)第 L. 126 – 35 – 8 条第3 项规定的证明住宅能源性能的文件清单。"

第168 条　[根据2021 年8 月13 日宪法委员会(DC)2021 – 825 号决定,宣布本条与《宪法》不符]

第169 条

1.《建筑与住房法典》第 L. 312 – 7 条第1 款,增加第4 项:

"(4)《消费者法典》第 L. 315 – 2 条规定的预付贷款旨在资助改善住宅能源性能的改造工程。该笔预付贷款不得覆盖全部贷款和利息。本条第4 款提及的法令应当规定贷款受益人的收入条件和贷款机构从该笔预付贷款中获益的条件。"

2. 对《消费者法典》修改如下:

(1)第三卷第一编第五章的标题为:"终身按揭贷款及预付贷款。"

(2)第 L. 315 – 2 条,增加:

"若住宅改造未在贷款机构规定的期限内进行,则应当分期偿还本条第1 段提及的改造预付贷款。最高行政法院法令应当规定贷款机构设定该期限的条件。"

(3)第 L. 315 – 3 条,内容如下:

"第 L. 315 – 3 条　终身按揭贷款及预付贷款不得用于资助职业活动。"

(4)第 L. 315 – 4 条第1 段"第 L. 315 – 1 条"一词后增加"或第 L. 315 – 2 条规定的预付贷款,"。

(5)第 L. 315 – 8 条,"按揭的"一词后增加"或预付贷款,"。

(6)对第 L. 315 – 9 条修改如下:

(a)第1 段"按揭的"一词后增加"或预付贷款,";

(b)第 3 项“专业技能”一词后增加“,当”;

(c)第 3 项增加如下内容:“针对预付贷款,贷款机构可以对贷款金额进行预估;”。

(7)对第 L. 315 – 14 条,作如下修改:

(a)删除“终身按揭”。

(b)增加如下内容:

“针对在《建筑与住房法典》第 L. 312 – 7 条第 1 款第 4 项规定的条件下进行的能源改造工程,借款人可以选择定期偿还预付贷款利息,当该类借款人无法履行定期还款义务时,贷款机构可以建议借款人选择年利息资本化。作为本条第 1 段的例外,借款人应当保留当期利润。”

第 170 条

1.《建筑与住房法典》第 L. 321 – 1 条第 1 款第 2 项,在第 2 次出现的“法国”一词后增加“市区”。

2. 第 1 款于下次国家住宅机构理事会换届时生效。

第 171 条

1. 对 1965 年 7 月 10 日关于现有不动产共同共有权地位的第 65 – 557 号法,作如下修改:

(1)第 14 – 1 条修改如下:

(a)第 1 段开头,增加“1.”。

(b)新增第 2 款:“2. 预算不得包含集体工程支出。最高行政法院法令应当规定该支出清单。可根据大会投票通过的方式,要求偿还该支出的费用。”

(2)第 14 – 2 条,内容如下:

“第 14 – 2 条　1. 自房屋建造工程验收之日起 15 年后,针对本法规定的部分或全部用于居住用途的住房,应当制订多年期工程计划草案,并每 10 年对该草案更新一次。

除《建筑与住房法典》第 L. 126 – 31 条第 2 段规定的例外情况外,根据房屋框架结构和设备说明书、《建筑与住房法典》第 L. 126 – 31 条提及的能源性能评估报告,以及同法典第 L. 731 – 1 条规定的全面技术评估报告,多年工程计划草案应当包含:

(1)针对维护房屋、保证住户健康和安全、节约能源、减少温室气体排放的工程,该类工程的清单;

(2)在进行本第 1 款第 1 项提及的工程后,预计可以达到的上述法典第L. 173 – 1 – 1 条规定的性能等级;

(3)预计工程费用以及各项工程的优先级；

(4)针对未来10年内须开展的工程，该类工程的项目进度表。

若本第1款第2段提及的全面技术评估报告说明无须在评估后10年内开展工程，则该集体无须制订多年期工程计划草案。

具备相关能力和资金的法令授权人应当制订多年工程计划草案。该能力和资金可以不同于《建筑与住房法典》第L.731－1条提及的第三方须具备的能力和资金。

管理机构应当将多年期工程计划草案的制订方式列入共同共有人大会议程。应当将该草案的制订方式提交至出席大会的共同共有人、共同共有人代表或通过通信方式进行投票的共同共有人，以对其进行多数表决。

本法第18条规定的住房维修手册应当包含多年期工程计划草案和全面技术评估报告规定的工程和工程的项目进度表。

2.针对多年期工程计划草案，在制订或修订该草案后，应当将其提交至首届共同共有人大会。若该计划草案提出在未来10年内开展工程的需求，针对是否全部采纳该草案的问题，管理机构应当将该问题列入此次大会议程，并提交至所有共同共有人，以对其进行多数表决。

管理机构应当将是否全部采纳该草案的问题或是否采纳已通过的多年期工程项目进度表的问题列入大会议程，以便作出第2款第1段提及的大会决定。

3.针对《建筑与住房法典》第五卷第一编规定的房屋、房间和设施的安全和卫生监察，行政机关可以随时要求管理机构提交在本条第2款规定的条件下通过的多年期工程计划，以确保规划的工程对房屋进行修缮并能够保障住户的安全。

若自该要求通知之日起1个月内管理机构未提交已通过的多年期工程计划，或提交的计划未明确规定保障住户安全的工程，行政机关可以代替共同共有人集体，制订或更新多年期工程计划草案。期间产生的费用应当由共同共有人集体承担。

在收到行政机关通知的多年期工程计划草案后，管理机构应当召集大会，对是否通过全部或部分多年期工程计划草案的问题进行表决。”

(3)在第14－2条后新增第14－2－1条：

“第14－2－1条　1.针对全部或部分用于居住用途的房屋，共同共有人集体在房屋建造工程验收后10年内，应当设立工程基金，以支付以下过程中产生的费用：

(1)第14－2条提及的多年期工程计划草案的制订和《建筑与住宅法》第L.731－1条提及的全面技术评估；

(2)共同共有人大会通过的多年期工程计划下工程的实施；

(3)针对紧急的情况，在本法第18条第1款第3段规定的条件下，由管理机构决定的工程；

(4)多年期工程计划中未规定的与维护房屋、保证住户健康和安全、节约能源、减少温室气体排放有关的工程。

强制性年会费应当作为工程基金的资金来源。各共同共有人应当根据大会决定的预算经费支付方式，向该工程基金提供资金。

通过针对其他类似费用的多数表决程序，大会应当将工程基金全部或部分资金划分给第1款第1项至第4项提及的支出。资金划分过程中应当说明是否存在特殊共用支出以及费用的分配规则。

若大会通过第14－2条提及的多年期工程计划，年会费金额不得低于通过的计划规定的工程费用的2.5%，以及第14－1条提及的预算的5%。若计划未通过，年会费金额不得低于第14－1条提及的预算的5%。

经全体共同共有人的多数表决结果，大会可以决定最高年会费金额。

2. 若基金资金超过第14－1条提及的预算金额，大会应当决定是否暂停对工程基金注资。若多年期工程计划通过且工程基金资金超过该计划规定的工程金额的50%，大会应当决定暂停对该基金注资。

3. 支付给工程基金的款项属于共有物业部分。一经支付，则属于共同共有人集体资产。若涉及共有物业部分的转让，共同共有人集体无须偿还该款项。买方可以向卖方支付该共有物业部分售价以外等同于该款项金额的费用。”

(4)第10条第2段，第18条第2款倒数第1段第1句末尾，第19－2条第3段末尾，第29－1A条第1段第1句和第41－15条第1句末尾，由“第14－2－1条”取代“第14－2条”。

(5)第18－1A条第3款第1段第1句由“第14－1条第2款”取代“第14－2条”。

(6)第19－2条第1段，删除“或第14－2条第1款”，由“以及第14－1条”取代“以及第14－1条或第14－2条”。

(7)第24－4条第3段，由“本法第14－2条”取代“《建筑与住房法典》第L.731－2条”。

2.《建筑与住房法典》修改如下：

(1)第L.252－1－1条第2段和第L.253－1－1条第1款第2句，由“第14－2－1条”取代“第14－2条”。

(2)第L.443－14－2条第2款最后1段修改如下：

(a)第1句,由“第14-2-1条第1款”取代“第14-2条第2款”;

(b)第2句末尾,由“同法典第14-2条提及的多年期工程计划草案和在第14-2条第2款第2段规定的条件下规定的工程”取代“本法典第L.731-1条和第L.731-2条规定的评估和工程”。

(3)第L.711-2条第3款第2项“以及”一词后,新增“上述1965年7月10日第65-557号法第14-2条提及的多年期工程计划方案或”。

(4)第L.721-2条修改如下:

(a)在第2款第5项后,新增第6项和第7项:

“(6)在上述1965年7月10日第65-557号法第14-2条第2款第1段规定的条件下通过的多年期工程计划方案;

(7)不存在第2款第6项提及的多年期工程计划方案的情况下,已制订的上述1965年7月10日第65-557号法第14-2条第1款第1段提及的多年期工程计划方案。”

(b)第2款第17段,由“和第3项至第7项”取代“第3项、第4项和第5项”。

(c)第2款第18段,由“和第3项至第7项”取代“第3项、第4项和第5项”。

(d)第3款第1句,由“第7项”取代“第5项”。

(e)第4款修改如下:

第1句,由“第7项”取代“第5项”;

第2句,由“第20和倒数第2”取代“第18和第19”。

(5)第L.731-1条修改如下:

(a)第1段,在“情况”一词后新增“技术的”;

(b)第2项修改如下:

由“建筑物的技术”取代“共同共有人集体的情况”;

末尾,删除“和住房”;

(c)最后一段,在“房屋”一词后新增“保证住户的健康和安全,并节约能源,”。

(6)第L.731-2条,内容如下:“第L.731-2条　在制订或修订全面技术评估报告后,应当将该报告内容提交至首届共同共有人大会。”

(7)废除第L.731-3条。

3.《一般税法典》第31条第1款第1项第a(4)目,删除“和第14-2条第1款”。

4.《民法典》第2374条第1(2)项第1段,由“第14-2-1条”取代“第14-2条”。

5. 1970 年 1 月 2 日关于房地产和商业资产某些商业活动实施条件的第 70 - 9 号法第 3 条第 2 项第 1 句,由“第 14 - 2 - 1 条”取代“第 14 - 2 条”。

6. 本条生效自：

(1)2023 年 1 月 1 日,针对由超过 200 个居住、办公或商业用途的土地组成的共同共有人集体；

(2)2024 年 1 月 1 日,针对由 51 ~ 200 个居住、办公或商业用途的土地组成的共同共有人集体；

(3)2025 年 1 月 1 日,针对由不超过 50 个居住、办公或商业用途的土地组成的共同共有人集体。

7. 作为第 6 款的例外,第 2 款第 4 项生效自：

(1)2024 年 1 月 1 日,针对由超过 200 个居住、办公或商业用途的土地组成的共同共有人集体；

(2)2025 年 1 月 1 日,针对由 51 ~ 200 个居住、办公或商业用途的土地组成的共同共有人集体；

(3)2026 年 1 月 1 日,针对由不超过 50 个居住、办公或商业用途的土地组成的共同共有人集体。

第 172 条　在《建筑与住房法典》第 L. 113 - 5 条后新增第 L. 113 - 5 - 1 条,内容如下：

“第 L. 113 - 5 - 1 条　1. 若其他技术方案不足以达到相应能源效率等级,或该方案费用或难度过高,针对采用外部隔热设施进行隔热的现有建筑,该建筑所有权人有权将该隔热设施悬挂在越过相邻房产不超过 35 厘米的部分。在未征得两侧房产所有权人同意的情况下,外部隔热设施应当距墙角、棚脚或地面 2 米以上。

应当事先对被悬空越过的房产所有权人进行补偿。

针对配有隔热设施的建筑物,在对该建筑物进行拆除时,该悬空权失效。

该权利的实施方式应当由公证书或法院决定制订,并在房地产档案中公布,以供第三方参考。

2. 悬空权是指临时介入相邻房屋,搭建工程实施所必要的临时性设施的权利。

相邻房屋的所有权人有权获得赔偿。

协议应当明确该权利的实施方式。

3. 针对进行悬空式隔热设施安装工程并行使第 2 款提及的权利的意向,在实际开工前,须安装隔热设施的建筑物所有权人应当通知相邻房产所有权人该意向。

自收到通知之日起 6 个月内,相邻房产所有权人可以提出鉴于当前或未来本人的使用需求,或以对第 1 款第 1 段规定的条件不知情为合理正当的理由,反对在其房产上行使悬空权。在同一期限内,相邻房产所有权人仅在房产用途、完整性和使用权受到持久、过度影响时,可以反对行使进入其房产并搭建临时设施的权利。

在同一期限内,相邻房产所有权人可以向法官提出第 1 款或第 2 款规定的事先补偿金额。

4. 针对与安装有悬空式隔热设施的房产相邻的房产,当该房产所有权人已取得房产分界处建造行政许可或其行使的共享墙面所有权涉及拆除隔热设施时,应当由安装有隔热设施的建筑物所有权人承担拆除费用,并支付第 1 款规定的补偿。

5. 最高行政法院法令应当规定本条的适用方式。”

第 173 条 根据《宪法》第 38 条,为有效执行《建筑与住房法典》第一卷规定的规则,自本法颁布之日起 1 年内,政府有权通过法令采取该法律范围内任何措施,旨在:

(1)完善和修改《建筑与住房法典》内与该法典第一卷规定的规则有关的行政监察制度;

(2)通过删除或修改部分违法行为,使第 1 项提及的行政监察制度与《建筑与住房法典》第一卷第八编规定的监管制度、刑法处罚制度保持统一;

(3)修改第一卷第二编规定的建筑规则相关证书的发放范围和条件,[根据 2021 年 8 月 13 日宪法委员会的(DC)2021 – 825 号决定,宣布本条与《宪法》不符]包括发放证书的自然人或法人信息、该自然人或法人具备的资格和提供的资金,并说明在第 1 项和第 2 项提及的监管框架下该证书的使用条件;

(4)使《城市规划法典》条款与根据第 1 项和第 3 项对《建筑与住房法典》作出的修改保持统一。

自法令公布之日起 3 个月内,应当向议会提交审批法案。

第 174 条

1.《建筑与住房法典》第 L. 173 – 2 条修改如下:

(1)第 1 款第 1 段,内容如下:

“1. 自 2028 年 1 月 1 日起,根据第 L. 173 – 1 – 1 条,按照能源性能评估方法,性能等级为 A 级至 E 级居住用建筑及其附属设施。”

(2)以及第 1 款第 1 项,由“性能等级符合”取代“低于提及的标准的能耗”。

(3)第 3 款第 1 段和第 2 段,由“性能等级不符合”取代“高于提及的标准的能耗”。

2. 上述 1989 年 7 月 6 日第 89 – 462 号法第 23 – 1 条修改如下:

(1)在“住宅”一词后,第 1 段第 2 句末尾改为“根据《建筑与住房法典》第

L. 173－1－1 条，性能等级为 A 级至 E 级的”；

(2) 最后一段，“能源”一词后新增“温室气体排放相关”。

3. 2015 年 8 月 17 日关于绿色经济增长能源转型的第 2015－992 号法第 5 条，由“根据《建筑与住房法典》第 L. 173－1－1 条，评为 F 级或 G 级的”取代“一级能源消耗超过 300 千瓦时每平方米年的”。

4. 2019 年 11 月 8 日关于能源和气候的第 2019－1147 号法第 25 条第 2 句，由“根据《建筑与住房法典》第 L. 173－1－1 条，评为 F 级或 G 级的”取代“一级能源消耗超过 300 千瓦时每平方米年的”。

第 175 条

1. 批准 2020 年 1 月 29 日关于重新编写建筑规则和《建筑与住房法典》第一卷的第 2020－71 号法。

2.《建筑与住房法典》第一卷第二编第六章第五节修改如下：

(1) 开头新增第一分节，标题为：“信息和诊断”，并包括第 L. 126－23 条至第 L. 126－25 条；

(2) 新增第二分节，标题为：“能源性能诊断”，并包括第 L. 126－26 条至第 L. 126－33 条；

(3) 第 L. 126－29 条修改如下：

(a) 第 1 段，删除“作为参考”；

(b) 第 2 段末尾，由“能源性能诊断建议，仅供参考”取代“能源性能诊断包含的信息”；

(4) 新增第三分节，标题为“预防和管理现有建筑物施工前废弃物的诊断和研究”，包括第 L. 126－34 条、第 L. 126－35 条，以及根据本法第 224 条制定的第 L. 126－35－1 条。

3. 废除 2018 年 11 月 23 日关于住房、规划、数字化发展的第 2018－1021 号法第 179 条第 1 款第 1 项。

第 176 条 《建筑与住房法典》第 L. 174－1 条修改如下：

(1) 对第 1 款，作如下修改：

(a) 第 1 段，在第 3 次出现的“建筑物”一词后新增“现有的”，并删除“2018 年 11 月 23 日关于住房、规划、数字化发展的第 2018－1021 号法发布之日现有的”；

(b) 第 2 段新增“不得加大利用不可再生能源或增加温室气体排放”。

(2) 第 2 款第 2 段，在“确保”一词后新增“每年”。

(3) 第 3 款第 4 项，在“收集”一词后新增“每年”；在“监测”一词后新增“每年”。

第 177 条 在《建筑与住房法典》第 L. 421 –3 条第 4 项后新增第 4(2)项:“(4)(2)根据第 L. 411 –2 条最后一段,应当代表共同共有人集体进行相关活动或能源改造工程。”

第 178 条

1.《建筑与住房法典》第 L. 422 –2 条第 11 段新增:“根据第 L. 411 –2 条最后一段,应当代表共同共有人集体进行相关活动或能源改造工程;”;

2.《建筑与住房法典》第 L. 312 –3 –1 条第 1 段,由“第 34”取代“第 33”。

第 179 条 《建筑与住房法典》第 L. 422 –3 条修改如下:

(1)在第 8 项后新增第 8(2)项:“8(2)根据第 L. 411 –2 条最后一段,应当代表共同共有人集体进行相关活动或能源改造工程;”;

(2)倒数第二段由“第 56 至第 59”取代“第 55 至第 58”。

第 180 条

1.《地方行政区域一般法典》修改如下:

(1)在第 L. 2311 –1 –1 条第 1 段后新增:“根据《建筑与住房法典》第 L. 174 –1 条规定的义务,针对地方行政区域所有且用于第三产业活动的建筑物及其附属设施,该报告说明确保减少该建筑物及附属设施能耗的行动计划。”

(2)第 L. 3311 –2 条和第 L. 4310 –1 条新增:“根据《建筑与住房法典》第 L. 174 –1 条规定的义务,针对地方行政区域所有且用于第三产业活动的建筑物及其附属设施,该报告说明确保减少该建筑物及附属设施能耗的行动计划。”

2. 第 1 款于 2024 年 1 月 1 日生效。

第二章 减少能源消耗

第 181 条

1. 在《公法人一般法典》第 L. 2122 –1 条后新增第 L. 2122 –1 –1A 条:

“第 L. 2122 –1 –1A 条 禁止在公共场所使用能源消耗型户外供暖或空调系统。

针对违反该禁令的情况,不得发放第 L. 2122 –1 条第 1 段提及的凭证。

法令应当规定本条的适用条件。”

2. 本条于 2022 年 3 月 31 日生效。

第 182 条 《能源法典》第 L. 345 –2 条第 2 项,内容如下:

“(2)建在不相邻地籍地块上的多个建筑物或同一建筑物的独立部分;”。

第 183 条 《能源法典》修改如下:

(1)第 L. 221 - 8 条新增:"根据最高行政法院法令规定的条件和方式,获得节能证书的个人应当采取识别、评估和管理风险的措施,以便及时发现证书转让人欺诈性获取证书的行为。"

(2)第 L. 221 - 9 条修改如下:

(a)由以下两句取代第 1 段第 2 句:"监管费用应当由申请人承担。应当由申请人选择的认证检查机构在工程所在地进行监管。"

(b)第 2 段第 1 句新增"针对申请所涵盖且受监督义务约束的工程,由须对该类工程进行监管的单位,"。

(3)在第 L. 222 - 2 条第 4 项后新增第 5 项:"(5)针对未采取或未完全采取第 L. 221 - 8 条提及的措施的个人,应当撤销其已获得的节能证书。"

(4)在第 L. 222 - 3 条后新增第 L. 222 - 3 - 1 条:

"第 L. 222 - 3 - 1 条　若受到第 L. 222 - 2 条第 3 项提及的处罚的个人未持有节能证书,应当责令其获取该证书。

未在期限内履行责令要求的个人,应当根据第 L. 221 - 4 条提及的罚款向国库缴纳罚金。

应当以除税金和遗产外的形式,收取罚款。针对延迟缴纳罚金的情况,每延迟半年缴纳,处以应付金额 10% 的罚款。"

(5)第 L. 222 - 8 条修改如下:

(a)第 1 段新增"在获取节能证书时,当本法典第 L. 221 - 8 条提及的措施发现证书转让人存在欺诈性获取证书行为的时,处以同等处罚。";

(b)第 2 段开头,由"本条第 1 段规定的犯罪未遂行为"取代"上一段规定的犯罪未遂行为"。

(6)第 L. 222 - 10 条修改如下:

(a)第 1 段,由"《建筑与住房法典》第 L. 321 - 1 条提及的竞争、消费和打击诈骗、经济、就业、劳工和团结、打击非法金融链、洗钱和资助恐怖主义,以及国家警局、市政警局、国家宪兵队公务员和授权人员,社会保障和家庭津贴缴纳协会"取代"竞争、消费和打击诈骗";

(b)在第 1 段后新增:"针对市政警局公务员和授权人员,本条第 1 段提及的交换应当取得所属的市长或市镇公共合作组织主席同意。";

(c)第 3 段,由"本法典第 222 - 9 条"取代"同第 222 - 9 条";

(d)最后一段修改如下:

由"倒数第二"取代"第三";

由"倒数第二"取代第二次出现的"第三"一词。

第 184 条

1. 在《能源法典》第 L. 221 - 1 - 1 条后新增第 L. 221 - 1 - 2 条:

“第 L. 221 - 1 - 2 条　在新一阶段开始前 6 个月内,政府应当向议会提交一份报告,评估本章规定措施在当前阶段的实施情况,包括第 L. 221 - 1 条提及的个人的能源节约情况、其与成本的关系、对消费者能源价格的影响,以及所发现的欺诈行为。

在提交该报告 2 个月后,政府应当向议会说明对下一阶段措施进行的调整。”

2. 根据《能源法典》第 L. 221 - 1 - 2 条,政府提交的首份报告应当根据循环经济的标准以及产品和设备的生命周期,对调整同法典第 L. 221 - 8 条规定节能证书的权重进行评估。

第 185 条

1.《能源法典》第 L. 221 - 10 条新增:

“根据《消费者法典》第 L. 221 - 1 条第 3 项,能源证书申请文件应当通过电子只读形式提交。”

2. 第 1 款于本法颁布之日起 1 年后生效。

第 186 条

1.《环境法典》第 L. 222 - 6 条第 3 段修改如下:

(1)在“禁止”一词后新增“安装和”。

(2)在“供热”一词后新增“低能源性能和”。

(3)新增“以及造成大量大气污染物排放的燃料的使用。省级国家代表可申请开具并保留由具备资质的专业人员制订的合规性证书,以证明其符合要求”。

2. 在《环境法典》第 L. 222 - 6 条新增第 L. 222 - 6 - 1 条和第 L. 222 - 6 - 2 条:

“第 L. 222 - 6 - 1 条　在第 L. 222 - 4 条提及的的聚居区,根据市镇委员会和独立财政管辖权市镇公共合作组织决策机构的意见,在 2023 年 1 月 1 日前,省级国家代表应当采取必要措施,提高燃木供暖设备的能源性能,以便实现相较 2020 年在 2030 年前减少 50% 木材燃烧造成的细颗粒物 PM2. 5 排放的目标。为了实现目标,应当至少每两年对相关地区的 PM2. 5 排放和空气质量的措施效果进行一次评估。

第 L. 222 - 6 - 2 条　环境部部长可以作出决定,规定市场上特定类型固体供暖燃料须满足的技术标准,以便限制其燃烧对空气质量的影响。

在面向非专业用户进行市场销售时,分销商应当提供有关存储和使用条件的信息,以便限制材料燃烧对空气质量的影响。法令应当规定本第 1 段的适用方式。”

第 187 条　《能源法典》第 L. 221 - 11 条第 1 段新增“以及每年,所签订的购买或销售的认证的平均价格”。

第 188 条 在《能源法典》第 L. 100 – 2 条第 10 项后新增第 11 项："(11)针对除供热或制冷网络相关措施外，直接造成温室气体排放增加的节能措施，应当避免国家或公共机构该类节能措施提供预算援助。"

第 189 条 《建筑与住房法典》第 L. 174 – 1 条第 1 款倒数第 2 段，在"义务"一词后新增"从该建筑物或非位于同一场所的第三产业的建筑物，"。

第 190 条

1.《能源法典》第 L. 712 – 1 条修改如下：

(1)在"制冷"一词后新增"根据《地方行政区域一般法典》第 L. 2224 – 38 条，属于公共工商服务范围内的，"。

(2)新增："针对建立并运行公共供热或制冷网络的地方行政区域或有权公共机构，该机构可以应网络所有权人或其代理人的要求，在位于区域范围内现有或未来的供热或制冷分配网络满足本条第 1 段提及的标准时，对不符合第 L. 2224 – 38 条规定的公共工商服务网络进行分类。应当对公共工商服务网络进行能源审计，分析提高其能源效率的可能性。地方行政区域或有权公共机构有权决定不对该网络进行分类，并给出相应理由。若在提交申请 6 个月后，地方行政区域或有权公共机构未作答复，则默认拒绝该申请。"

2.《地方行政区域一般法典》第 L. 2224 – 38 条新增第 3 款："3. 根据《能源法典》第七卷第一编第二章，在须连接供暖制冷网络的地区，负责公共供暖制冷服务的地方行政区域应当划定该分类网络的优先开发区域。若地方行政区域未作出决定，应当根据最高行政法院的法令规定适用的优先开发区域。"

第三章 通过调整城市规划规则，应对土地人工化

第一节 规划条款

第 191 条 为了实现 2050 年土地零人工化的国家目标，在本法颁布后 10 年内应当保持土地人工化速率与国家范围内总用地消耗量一致，即低于此前 10 年消耗量的一半。

根据法律规定的条件，该目标应当按照地方区域性差异实施。

第二节 其他条款

第 192 条 《城市规划法典》修改如下：

(1)第 L. 101 -2 条修改如下:

(a)第 1 项第 b 目,在第 2 次出现的“城市的”一词后新增“和农村的”;

(b)在第 6 项后新增第 6(2)项:“6(2)应对土地人工化,实现零人工净增长期目标。”

(2)在第 L. 101 -2 条后新增第 L. 101 -2 -1 条:

“第 L. 101 -2 -1 条　第 L. 101 -2 条第 6(2)项提及的目标应当基于以下方面之间的平衡:

(1)城市扩张控制;

(2)城市更新;

(3)城市化空间密度优化;

(4)城市质量;

(5)城市中的生物多样性和自然环境的保护和恢复;

(6)自然、农业和森林土壤保护;

(7)人工化土地恢复自然。

人工化是指通过占用或使用土地,持久改变土壤的全部或部分生态功能,如生物、水和气候功能,以及其农业潜在能力。

土地恢复自然或去人工化是指恢复或改善土壤功能的措施,使人工化土壤转化为非人工化土壤。

净人工化土地是指在特定区域和期限内人工化土地和恢复自然土地之间的差值。

在计划性和城市规划文件中,法律、条例在规定降低土地人工化或人工化速率的目标时,应当根据以下因素对目标进行设定和评估:

(a)人工化地面:其土壤因建筑物或路面而被密封,或被稳定和压实,或由复合材料制成;

(b)未人工化地面:处于自然、裸露状态,或覆盖水、植被,构成自然栖息地或用于耕种。

最高行政法院法令应当规定本条的适用条件,包括制订人工化土地名录,以及计划性和城市规划文件中人工化土地评估的规模。”

第 193 条　《城市规划法典》第 L. 132 -8 条新增第 3 项:“(3)《环境法典》第 L. 213 -12条第 1 款和第 2 款提及的地方公共团体群组。”

第 194 条

1.《地方行政区域一般法典》第四部分修改如下:

(1)第 L. 4251 -1 条修改如下:

(a)第 2 段,在“空间”一词后新增“应对土地人工化,”

(b)同第 2 段,新增“针对应对土地人工化,该目标包括实现零人工化土地净增的规划和以 10 年为单位降低人工化速率的目标。这一目标被细分到该地区的不同部分。”

(2)在第 L. 4424 - 9 条第 1 款第 3 段后新增:“制订实现零人工化土地净增的规划和以 10 年为单位降低人工化速率的目标。”

(3)第 L. 4433 - 7 条第 3 段新增:“制订实现零人工化土地净增的规划和以 10 年为单位降低人工化速率的目标。”

2.《城市规划法典》第一卷修改如下:

(1)第 L. 123 - 1 条新增:“制订实现零人工化土地净增的规划和以 10 年为单位降低人工化速率的目标。”

(2)第 L. 141 - 3 条新增:“战略规划方案应当制订以 10 年为单位降低人工化速率的目标。”

(3)第 L. 141 - 8 条,内容如下:

“第 L. 141 - 8 条　为了实现第 L. 141 - 3 条提及的减少人工化土地的目标,导向性和目标文件可以按照地理区域,根据以下方面对该目标进行细分:

(1)法律和该区域人口动态的住房需求和社会保障性住房的供应义务;

(2)建立经济活动以及转型、振兴就业区的需求;

(3)已城市化和将城市化的区域可调动的土地资源,以及保护海岸、山区和自然区域的相关法律对土地资源的影响;

(4)城市和农村区域的多样性、农村发展相关策略和需求,以及法国国家统计与经济研究所制订的密度统计数据,人口稀疏或非常稀疏的农村地区和农村市镇的振兴;

(5)过去二十年间,负责城市规划的有权行政区域为减少消耗自然、农业和林业用地采取的包含在城市规划文件内的措施;

(6)国家级或区级项目,该项目对人工化造成的影响与评估同第 L. 141 - 3 条第 2 段提及的目标的达成情况无关,但与评估《地方行政区域一般法典》第 L. 4251 - 1 条第 2 段提及的目标的达成情况有关;

(7)市镇或市镇合作项目。”

(4)第 L. 151 - 5 条修改如下:

(a)倒数第 2 段开头,由“为了实现第 L. 141 - 3 条和第 L. 141 - 8 条提及的减少人工化土地的目标,在缺乏区域协调发展纲要的情况下,根据《地方行政区域一般法典》第 L. 4251 - 1 条第 2 段第 2 句提及的目标,或根据同法典第 L. 4424 - 9 条第 1 款第 4 段、第 L. 4433 - 7 条第 3 段第 2 句、本法典第 L. 123 - 1 条最后一段提及的目标和第 L. 151 - 4 条制订的可持续规划及发展项目诊断”取代“其”。

(b)在最后一段前新增:“根据城市化区域的密度研究,可以了解能够调动的规划和建设能力。针对已调动该能力的区域,仅可以在该区域对自然、农业或林业用地进行城市化。为了对相关用地进行城市化,应当在制订、修订或修改地方城市规划至开展第 L. 153 - 27 条规定的分析期间,考虑有效调动空置房屋、弃置不动产和已城市化区域的能力。”

(5)第 L. 161 - 3 条新增:“在缺乏区域协调发展纲要的情况下,根据《地方行政区域一般法典》第 L. 4251 - 1 条第 2 段第 2 句提及的目标,或根据同法典第 L. 4424 - 9 条第 1 款第 4 段、第 L. 4433 - 7 条第 3 段第 2 句、本法典第 L. 123 - 1 条最后一段提及的目标,有助于实现第 L. 141 - 3 条和第 L. 141 - 8 条提及的减少人工化土地的目标。仅在说明在城市化区域已调动规划和建设能力的情况下,可以将未经授权建筑的地区纳入已授权建筑的地区。为此,应当考虑有效调动空置房屋、弃置不动产和现有已城市化区域的能力。”

3. 本条第 1 款和第 2 款适用于:

(1)自本法颁布之日起首个 10 年期间。

(2)在第一个 10 年期间,人工化速率体现在自然、农业和林业领域的消耗量与前 10 年这些领域的实际消耗量相比有所减少的目标上。

(3)在首个 10 年期间,《地方行政区域一般法典》第 L. 4251 - 1 条规定的人工化进程不得快于本第 3 款第(1)项提及日期前 10 年期间消耗自然、农业和林业用地面积的一半。

(4)为了了解现行区域协调发展纲要涉及的区域范围和已减缓的土地人工化进程,针对第 4 款规定的文件修订,有权机关与《城市规划法典》第 L. 143 - 16 条提及的公共机构应当共同制订并实施本条第 1 款第 1 项提及的目标。第 5 款应当规定上述机构相互协作的方式。

(5)根据本条,自然、农业和林业用地的消耗是指在相关区域建立或有效扩展城市化区域。

针对本条第 3 款第(2)项提及的阶段,若设施的安装方式不对包括生物、水力、气候功能和农业潜在能力在内的土地生态功能造成持续性影响,且该安装活动不与该场所农业或畜牧业活动产生冲突,光伏能源生产设施所在的自然或农业区域不计入消耗的自然、农业和林业用地。最高行政法院法令应当规定本段的实施方式。

4. 为了实现应对土地人工化和减少消耗自然、农业和林业用地的目标:

(1)若已生效的大区规划整治、可持续发展与区域平等纲要未规定《地方行政区域一般法典》第 L. 4251 – 1 条第 2 段第 2 句提及的目标,则自本法颁布之日起 1 年内,应当根据本法典第 L. 4251 – 9 条第 1 款规定的修改程序对该纲要进行修订。已规定该目标的大区规划、可持续发展与区域平等纲要应当自本法颁布之日起 2 年内生效。

(2)若已生效的《科西嘉整治和可持续发展计划》未规定《地方行政区域一般法典》第 L. 4424 – 9 条第 1 款第 4 段提及的目标,则自本法颁布之日起 1 年内,应当根据《地方行政区域一般法典》第 L. 4424 – 14 条规定的修改程序对该计划进行修订。已规定该目标的《科西嘉整治和可持续发展计划》应当自本法颁布之日起 2 年内生效。

(3)若已生效的《大区规划纲要》未规定《地方行政区域一般法典》第 L. 4433 – 7 条第 3 段提及的目标,则自本法颁布之日起 1 年内,应当根据《地方行政区域一般法典》第 L. 4433 – 10 – 9 条规定的修改程序对该计划进行修订。已规定该目标的《大区规划纲要》应当自本法颁布之日起 2 年内生效。

(4)若已生效的《法兰西岛地区指导纲要》未规定《城市规划法典》第 L. 123 – 1 条最后一段提及的目标,则自本法颁布之日起 1 年内,应当根据《城市规划法典》第 L. 123 – 14 条规定的修改程序对该计划进行修订。已规定该目标的《法兰西岛地区指导纲要》应当自本法颁布之日起 2 年内生效。

(5)针对根据第 4 款第 1 项至第 4 项的规定修订后的纲要和规划,当该类纲要和规划通过后首次进行修订时,根据《地方行政区域一般法典》第 L. 4251 – 1 条第 2 段第 2 句、第 L. 4424 – 9 条第 1 款第 4 段、第 L. 4433 – 7 条第 3 段第 2 句、《城市规划法典》第 L. 123 – 1 条最后一段提及的目标,按照同法典第 L. 141 – 3 条、第 L. 141 – 8 条、第 L. 151 – 5 条第 4 段或第 L. 161 – 3 条最后一段规定的条件,应当对区域协调发展纲要、地方城市规划、相关城市规划文件、市镇地图进行修订。

若未根据本条第 4 款第 1 项至第 4 项的规定在第 1 项至第 4 项规定的期限内对第 1 项至第 4 项规定的纲要和规划进行修订,则自本法颁布之日起 10 年内,区域协调发展纲要、地方城市规划、城市规划相关文件或市镇地图应当包括相较于上一个 10 年实际消耗情况将自然、农业和林业用地面积的消耗减少一半的目标。

作为《城市规划法典》第 L. 143 – 29 条至第 L. 143 – 36 条和第 L. 153 – 31 条至第 L. 153 – 44 条的例外,应当根据《城市规划法典》第 L. 143 – 37 条至第 L. 143 – 39 条和第 L. 153 – 45 条至第 L. 153 – 48 条规定的简化修改程序对区域协调发展纲要或地方城市规划进行本条第 5 项规定的修订。

根据上述法典第 L. 143 – 28 条和第 L. 153 – 27 条,当市镇公共合作组织决策机构或市镇委员会对尚未根据第 5 项进行修订的区域协调发展纲要或地方城市规划进行分析时,该机构应当针对是否根据第 5 项修改该纲要的问题进行审议。

(6)根据第 4 款第 5 项修订的区域协调发展纲要应当自本法颁布之日起 5 年内生效。

(7)根据第 4 款第 5 项修订或制订且符合根据第 6 项修订的区域协调发展纲要目标的地方城市规划应当自本法颁布之日起 6 年内生效。

应当根据第 5 项第 3 段提及的简化修订程序,对制订符合根据第 4 款第 6 项修订的区域协调发展纲要目标的地方城市规划进行调整。

(8)根据第 5 项修订的地图,或制订符合根据第 6 项修订的区域协调发展纲要目标的市镇地图应当自本法颁布之日起 6 年内生效。

(9)若根据第 4 款第 6 项修订的区域协调发展纲要未在第 6 项规定的期限内生效,应当暂停对《城市规划法典》第 L. 142 - 4 条规定地区进行城市化,直至修订后的纲要生效。

若第 4 款第 7 项和第 8 项提及的修订后的地方城市规划或市镇地图未在第 7 项和第 8 项规定的期限内生效,针对地方城市规划下的待城市化区域以及市镇地图上已获得建筑授权的地区,不得发放城市化许可,直至修订后的地方城市规划或市镇地图生效;

(10)第 4 款第 5 项第 2 段不适用于自本法颁布之日起 10 年内批准的区域协调发展纲要、地方城市规划、相关文件、市镇地图,其规定包括减少自然、农业和林业用地消耗的量化目标,与文件草案起草或最后修订通过前的 10 年间观察到的实际消耗量相比应至少减少 1/3。

(11)《城市规划法典》第 L. 141 - 3 条、第 L. 141 - 8 条第 4 款第 5 项、第 6 项、第 9 项、第 10 项适用于 2021 年 4 月 1 日前规定且根据《城市规划法典》第 L. 141 - 4 条和第 L. 141 - 9 条制订的区域协调发展纲要。

(12)针对在本法颁布前制订或修订本条第 4 款提及文件的有权机关,若该机关未采纳文件草案,或针对市镇地图,若进行公共调查的决定未通过,则本条第 4 款对已制订或修订的文件适用。

针对在本法颁布前制订或修订本条第 4 款提及文件的有权机关,若该机关采纳文件草案,或针对市镇地图进行公共调查的决定通过,已制订或修订的文件可以不遵守本条第 4 款规定的条款。该文件一经通过,则该条款对其适用。

5. 自本法颁布之日起 6 个月内,《城市规划法典》第 L. 143 - 16 条提及的处于同一地区管辖范围的公共机构应当召开区域协调发展纲要大会。负责管理城市化文件且不受区域协调发展纲要管辖的两位市镇公共合作组织和市镇代表应当出席大会。

区域协调发展纲要大会应当在2个月内向本条第3款第4项提及的有权机关提交关于制订减少人工化净增区域目标的议案。该文件应当包含有关区域目标制订和根据《地方行政区域一般法典》第L.4251-1条第2段次区域目标实施的建议。

针对修订后包含本条第1款第1项提及目标的大区规划、可持续发展与区域平等纲要草案,不得在本条第5款第2段提及的议案提交前采纳该草案。若未提交议案,则不得在本法颁布之日起8个月内采纳该草案。

最后一次区域协调发展纲要大会后3年内,应当再次召开会议,制订本条规定的减少人工化净增目标的整合和实施总结报告。该总结报告包括:

(1)根据第4款第5项,与区域协调发展纲要规定目标有关的数据;

(2)过去3年内,在区域协调发展纲要和区域范围内,与人工化有关的数据;

(3)根据第4款第1项,针对降低人工化面积对实现空间规划、可持续发展与区域平等纲要规定目标所作贡献进行的分析;

(4)针对《地方行政区域一般法典》第L.4251-1条第2段规定的下一个10年阶段,修改第5款第2段提及的目标的建议。

6.自本法颁布之日起6个月内,政府应当向议会提交报告,说明针对城市规划许可发放、住房和建筑税收和城市规划税收法律机制提出的修改意见,以及地方行政区域的土地管理和整治工具。该工具应当对实现零人工化净增目标、建筑成本管理、住房建设、土地公共管理进行协调。该报告应当分析现有生态、农业和林业补偿措施,《商法典》第L.752-6条第5款第3项规定的补偿措施、该措施的调整,以及为了实现本法第191条规定的目标,推出的新的人工化补偿机制的情况。

第195条 [根据2021年8月13日宪法委员会的(DC)2021-825号决定,宣布本条与《宪法》不符]

第196条 《农村与海洋渔业法典》第L.112-1-1条第3段最后一句末尾,删除"除2014年10月13日关于农业、食品和林业未来的第2014-1170号法颁布后通过的区域协调发展纲要范围内市镇的相关地方城市规划草案外"。

第197条

1.《城市规划法典》第L.141-10条第3项,新增"可通过将人工化土地转为非人工化土地,确定优先恢复自然的区域;"。

2.《城市规划法典》第L.151-7条第1款第4项,在"修复"一词后新增"恢复自然,"。

3.《环境法典》第L.163-1条第2款新增:"针对根据《城市规划法典》第L.141-10条第3项,由区域协调发展纲要确定的优先恢复自然区域,或根据同法典第 L. 151 –7 条第 1 款第 4 项,由归还自然地段整治和规划指南确定的优先恢复自然区域,在该区域或地段恢复自然指南和项目规定的补偿性质允许的情况下,应当优先在该区域实施补偿措施。最高行政法院法令应当规定本段的适用方式。”

第 198 条 《地方行政区域一般法典》第 L. 1231 – 2 条第 1 款第 1 段第 1 句在“生态的”一词后新增“应对土地人工化,”。

第 199 条

1.《城市规划法典》第一卷第五编修改如下:

(1)第一章修改如下:

(a)在第 L. 151 –6 条后新增第 L. 151 –6 –1 条:“第 L. 151 –6 –1 条 根据《可持续整治和发展规划》,整治和规划指南应当制订待城市化区域开展城市化和各区域设备安装的临时时间表。”

(b)废除第 L. 151 –7 条第 1 款第 3 项。

(2)第 L. 153 –31 条第 4 项,由“6”取代“9”。

2. 第 1 款第 1 项不适用于在本法颁布前处于制订、修订或修改阶段且已暂停其项目的地方城市规划。第 1 款第 2 项不适用于 2018 年 1 月 1 日前通过的地方城市规划规定的待城市化区域。针对该区域,《城市规划法典》第 L. 153 – 31 条第 4 项在本法颁布后仍适用。

第 200 条 《城市规划法典》第一卷第五编第一章第三节修改如下:

(1)在第 L. 151 –6 条后新增第 L. 151 –6 –2 条:“第 L. 151 –6 –2 条 根据《可持续整治和发展规划》,整治和规划指南应当规定生态持续性行动和措施。”

(2)第 L. 151 –7 条第 1 款修改如下:

(a)第 1 项,删除“尤其是生态持续性”;

(b)新增第 7 项:“(7)规定保护城市和农村边缘的行动和措施、在农业区域边缘的建设和整治项目在城市和农村边缘整合非人工化植被过渡区的条件,以及该过渡区的首选位置。”

第 201 条 《城市规划法典》第 L. 151 –22 条修改如下:

(1)开头新增“1.”;

(2)新增第 2 款和第 3 款:

“2. 在位于持续城市化区域、居民人数超过 5 万、位列《一般税法典》第 232 条规定名单的市镇,以及居民人数超过 1.5 万、具有人口增长潜力、位列《建筑与住房法典》第 L. 302 –5 条第 2 款最后一段规定名单的市镇,根据本条第 1 款规定的方式,条例在其划定的场地中规定了非不透水面或生态可开发面的最低比例。

3. 根据第 1 款和第 2 款通过的地方城市规划条例应适用于根据本守则获得城

市化授权的项目,但对现有建筑物的翻新、修复或改变建筑物用途但不需要改变占地面积的项目除外。”

第 202 条

1. 在《公法人财产一般法典》第 L. 2125 – 1 条后新增第 L. 2125 – 1 – 1 条:

“第 L. 2125 – 1 – 1 条　作为第 L. 2125 – 1 条的例外,当参与城市自然发展并通过建设和维护绿化措施,实现公共利益目标的公、私法人提出申请时,市镇决策机构可以通过审议决定免费发放市政公共财产临时占用许可。

审议应当规定临时占用许可免费发放涉及的绿化措施、许可期限,以及财产占用须遵守的规则。

经预审后,市镇应当发放临时占用许可。持有免费许可的个人不得以盈利目的进行绿化措施的建设和维护。

本条第 1 段提及的绿化措施应当遵守《城市规划法典》《环境法典》《遗产法典》的适用规则。根据《城市规划法典》规定的条件,应当对符合公共财产用途的绿化措施进行授权。

法令应当规定本条的适用方式。”

2. 第 1 款对地方行政区域造成的收入损失应当由提高后的整体财政配给按相应金额进行补贴。

3. 第 2 款对国家造成的收入损失应当根据《一般税法典》第 575 条和第 575A 条规定的提高后税费按相应金额进行补贴。

4. 在《城市规划法典》第 L. 152 – 5 条后新增第 L. 152 – 5 – 1 条:“第 L. 152 – 5 – 1 条　负责发放建筑许可和审理预申报的权力机关在最高行政法院法令规定的期限内,可以不遵守与建筑物高度和外部有关的地方城市规划,授权在城市或待城市化区域外墙、屋顶建立绿化措施。”

第 203 条　《城市规划法典》第一卷修改如下:

(1) 第 L. 143 – 28 条第 1 段,在“区域”一词后新增“降低土地人工化速率”;

(2) 第五编第三章第四节修改如下:

(a) 第 L. 153 – 27 条第 1 段开头,由“6”取代“9”;

(b) 第 L. 153 – 28 条第 1 段,删除“第 L. 153 – 27 条提及的 9 年期限缩短为 6 年”。

第 204 条　[根据 2021 年 8 月 13 日宪法委员会的(DC)2021 – 825 号决定,宣布本条与《宪法》不符]

第 205 条

1. 《建筑与住房法典》第 L. 302 – 1 条第 3 款修改如下:

(1)第 2 段,由“观察研究所”取代“观察措施”;

(2)新增:

“住房与土地观察研究所应当在地方住房规划实施之后 3 年内建立。该观察研究所旨在分析土地、不动产市场情况和可用的土地供应情况。该分析涉及:

(1)可建造的弃置房屋;

(2)空置房屋;

(3)根据城市规划文件的适用规则,建筑密度低于基准值或根据《城市规划法典》第 L. 152 – 6 条,可以对建筑密度进行优化的区域;

(4)在市镇公共合作组织事先划定的关键区域,加高现有建筑从而多出的表面;

(5)在城市化区域,非不透水面或生态可开发的表面,以及在城市地区,维持生态持续性所需的未开发区域。

该分析应当考虑同法典第 L. 318 – 8 – 2 条规定的经济活动区的清单。

住房与土地观察研究所应当记录每年在城市化区域、待城市化区域建造的房屋数量。

不属于地方住房计划范围且无法建立住房和土地观察设备的市镇或市镇公共合作组织可以根据其规定的条件,与管理地方住房计划的临近市镇公共合作组织签订协议。

最高行政法院法令针对住房与土地观察研究所负责的分析、跟踪和统计,规定本条第 3 款的适用方式。”

2.《建筑与住房法典》第 L. 302 – 3 条第 1 段修改如下:

(1)新增“根据第 L. 302 – 1 条第 3 款规定的观察研究所”;

(2)新增“该年度总结对比各市镇按照第 L. 302 – 1 条提及的地方住房计划设定的年度目标与成效。”

3.《城市规划法典》修改如下:

(1)在第 L. 132 – 6 条第 5 项后,新增第 6 项和第 7 项:

“(6)助力落实《建筑与住房法典》第 L. 302 – 1 条第 3 款规定的住房与土地观察研究所;

(7)根据伙伴关系发展项目合同或区域振兴行动协议,在动工范围附近区域,应当按时开展工程。”

(2)在“框架”一词后,第 L. 321 – 1 条和第 L. 324 – 1 条倒数第 2 句末尾新增“《建筑与住房法典》第 L. 302 – 1 条第 3 款规定的住房与土地观察研究所”。

4.《地方行政区域一般法典》第 L. 5219 – 1 条第 5 款第 8 段,由“第 4 款第 3 段”取代“第 9 段”。

5. 在“在”一词后，上述1989年7月6日第89－462号法第16条第3段末尾新增“《建筑与住房法典》第L.302－1条第3款规定的住房与土地观察研究所”。

第206条

1.《地方行政区域一般法典》第二部分第二卷第三编，内容如下：

“第三编　土地人工化

独立章节

第L.2231－1条　在地方城市规划、相关城市规划文件、市镇地图范围内的市镇市长或市镇公共合作组织主席应当至少每3年向市镇委员会或审议大会提交一次关于上一年地区土地人工化的报告。

该报告应当说明土地人工化目标的达成情况。

市镇委员会或审议大会应当针对该报告进行辩论并投票。

根据第L.2131－1条最后一段规定的条件，应当公布该报告内容和市镇委员会或审议大会意见。

自公布之日起15日内，应当将报告和意见提交给区级、省级国家代表、市镇委员会主席、市镇所属的独立财政管辖权的市镇公共合作组织主席、有权市镇公共合作组织成员市镇市长、《城市规划法典》第L.143－16条提及的公共机构主席。

最高行政法院法令应当规定本条的适用条件、报告中出现的指标和数据、国家向相关行政区域提供人工化观察研究所数据的条件。”

2.《城市规划法典》第L.153－27条新增：“成效分析可以包括《地方行政区域一般法典》第L.2231－1条提及的土地人工化报告。根据《地方行政区域一般法典》第L.2231－1条第3段，在本条第3段规定的审议期间进行辩论和投票。”

第207条　政府应当至少每5年公布一次关于限制土地人工化政策评估的报告。

该报告应当说明上一年土地人工化的变化情况，对土地人工化相关法律进行总结，评估降低人工化措施的成效。

该报告应当评估降低人工化目标在计划性和大区、市镇、跨市城市规划文件中的采用情况，对比说明在大区范围内目标的地区适应性情况，评估市镇及其群组是否有足够的资源，以履行有关应对人工化的法律、法规的义务。

该报告应当根据地方行政区域对行动的支持，指出国家为土地回收、城市化区域建筑物的修复和重大公共整治行动所调动的财政资源。该报告应当说明为了助力包括土壤恢复自然在内的应对土地人工化措施，向公共土地机构和土地开发及乡村建设企业提供的资源。

该报告应当包含至2050年实现零人工净增的降低土地人工化方案的建议，说明2031~2040年限制人工化的指导方针,以及确保土地消耗测算工具向人工化测算工具的转变。

第208条 《城市规划法典》修改如下:

(1)第L.151-27条新增一段:"在上述区域,法规应当规定按地段划分的最小建筑密度";

(2)第L.311-6条第1段第1句新增"以及根据第L.151-27条,法规应当规定的各地段最小建筑密度";

(3)第L.312-4条第2段第1句末尾,由"大型城市规划行动周围以及按地段划分的最小建筑密度"取代"大型城市规划行动周围"。

第209条 《城市规划法典》第L.152-6条修改如下:

(1)第1段,由:"根据本法典第L.312-3条,在大型城市规划行动周围,以及根据《建筑与住房法典》第L.303-2条,在包括区域振兴行动城市中心在内的区域"取代"可以授权",在"地点"一词后新增"可以授权"。

(2)在第5项后新增第6项:"(6)对于那些有助于提高居住环境质量的建筑,允许其在建筑尺寸限制方面有15%的额外减免,具体做法是创造与住宅连为一体的室外空间,确保建筑区与开放空间之间的平衡;这种额外减免不得超过总量的50%。"

第210条 《城市规划法典》修改如下:

(1)删除第L.151-28条第3项第2句;

(2)在第L.152-5条后新增第L.152-5-2条:"第L.152-5-2条 根据项目的性质和所在区域,负责发放建筑许可和审理预申报的权力机关可以授权环境示范性建筑无须遵守地方城市规划有关建筑物高度的规则,以避免相较于其他类建筑对楼层层数进行限制。最高行政法院法令应当规定该类建筑须遵守的要求。"

第211条 《城市规划法典》第一卷第五编第二章第二节新增第L.152-6-2条:"第L.152-6-2条 在第L.111-26条所指的弃置房屋上进行的建设项目或工程,如果是为了使上述荒废土地得到重新利用,则可由有权颁发规划许可的当局作出合理的决定,批准减损有关尺寸的规定,但最多不得超过这些规定的30%,并减损停车义务。"

第212条

1. 作为为期3年的试验,针对有关《城市规划法典》第L.111-26条规定的弃置房屋且根据《城市规划法典》、《环境法典》、《建筑与住房法典》、《农村与海洋渔业法典》、《森林法典》、《遗产法典》、《商法典》和《采矿法典》须获得授权的项目,当项目负责人提出申请时,省级国家代表可以规定项目认证条件。

根据最高行政法院法令规定的条件，应当向省级国家代表提交项目认证申请文件。

2. 根据申请人提交的申请内容，第 1 款规定的认证应当说明：

(1) 在该申请日期适用于该项目的制度、决定和程序，其中包括公众参与的义务、文件可接受性和规范性的条件，以及负责审理和发放必要许可的权力机关；

(2) 法规规定的对该决定进行协商的期限，或取代对该决定进行协商的期限而采用的决定预审时间表。在发放项目认证前，未获得相应职权的省级国家代表应当征得负责审理的权力机关的同意。

第 1 款规定的认证可以说明对项目实施造成阻碍的技术、法律困难。

3. 第 1 款提及的项目负责人可以在提交项目认证申请时，同时提交《环境法典》第 L. 122 – 1 条第 4 款规定的一事一议申请、同法典第 L. 122 – 1 – 2 条规定的意见申请，以及《城市规划法典》第 L. 410 – 1 条规定的城市化认证申请。该申请应当提交给负责审理的权力机关。在项目认证前采取的决定应当附于该认证后。

4. 当项目认证涉及城市规划授权且自该认证发放之日起 18 个月内已将该授权申请提交给权力机关时，根据不包括与欧盟法律、法国国际承诺相关且旨在维护公共安全、健康或卫生的条例在内的该认证发放之日的城市规划条例，应当对该申请进行预审。

针对项目实施必要的其他须落实的程序和审理的决定，项目认证受益人可以随时拒绝使用本条例第 4 款。

5. 第 1 款提及的最高行政法院法令应当规定本条的适用方式。

6. 试验结束后，负责城市规划和环境的部长应当向议会提交报告，评估本条的落实情况。

第 213 条 《城市规划法典》第三卷第二编修改如下：

(1) 在“可持续的”一词后，第 L. 321 – 1 条第 3 段第 1 句末尾修改为：“反对城市扩张和限制土地人工化。”

(2) 在“可持续的”一词后，第 L. 324 – 1 条第 2 段第 1 句末尾修改为：“反对城市扩张和限制土地人工化。”

第 214 条

1.《城市规划法典》修改如下：

(1) 第 L. 300 – 1 条修改如下：

(a) 第 1 段新增“尤其是争取优化城市区域和待城市化区域的使用”；

(b) 删除最后一段。

(2) 第 L. 300 – 1 条新增第 L. 300 – 1 – 1 条：

“第 L. 300 – 1 – 1 条 根据《环境法典》第 L. 122 – 1 条，应当对接受环境评估的规划行动或措施进行以下研究：

(1) 对该地区可再生能源发展的潜力进行可行性研究，包括对建立或连接依靠可再生能源和回收能源的供暖制冷网络的适当性进行研究；

(2) 根据城市质量和对城市生物多样性和自然的保护和恢复，在相关区域对建筑密度进行优化研究。

最高行政法院法令应当在同法典第 L. 122 – 3 条规定的影响性研究中采用该研究结果的方式。”

2. 针对本法生效前首次提交授权申请且须经环境评估的规划行动或措施，《城市规划法典》第 L. 300 – 1 – 1 条第 2 项不适用。

第 215 条 《商法典》修改如下：

(1) 第 L. 752 – 1 – 1 条第 1 段，在第 2 次出现的“第 L. 752 – 1 条”一词后新增“根据第 L. 752 – 6 条第 5 款不造成土地人工化和”。

(2) 第 L. 752 – 6 条新增第 5 款：

“5. 根据《城市规划法典》第 L. 101 – 2 – 1 条第 9 段，不得向造成土地人工化的建造或扩展发放商业活动许可。

若申请人根据本条第 3 款的影响性分析证明项目适应周围城市化区域发展，且符合区域需求并遵守以下标准之一：

(1) 根据第 L. 752 – 1 条，该项目位于区域振兴行动区域或城市政策的优先地区；

(2) 该项目属于城市区域规划措施，以便相关区域功能的组合；

(3) 根据《城市规划法典》第 L. 101 – 2 – 1 条倒数第 2 段，通过将人工化土地转化为非人工化土地进行补偿；

(4) 根据在 2021 年 8 月 22 日关于应对气候变化和加强气候抗御力的第 2021 – 1104 号法公布前生效的区域协调发展纲要指导性条款和目标文件，该项目位于城市化周边区域或属于城市中心化，或根据第 2021 – 1104 号法公布前生效的地方跨市城市规划法规，该项目位于商业活动区域。

第 5 款第 2 段至第 6 段仅适用于符合以下目标的项目：

(a) 建立销售面积小于 10,000 平方米的零售商店或商业综合体。

(b) 扩大零售商店或商业综合体的销售面积，保持商店或商业综合体的总销售面积在 10,000 平方米以下。

(c) 对销售面积已经达到或在项目完成时超过 10,000 平方米标准的零售商店或商业综合体进行销售面积扩大。各商店或商业综合体销售面积只能扩大一次，且扩大面积不超过1000平方米。

对于销售面积超过3000平方米和小于10,000平方米的任何项目,只有在国家代表同意后才能予以减损。

最高行政法院法令应当规定本条的适用方式和本条第5款第1段规定的造成土地人工化的项目。"

第216条 《商法典》第L.752-4条第1款第1段"居民"一词后,增加"在所有市镇,根据第L.752-6条第5款,造成土地人工化的项目",并在末尾,由"同条"取代"条"。

第217条 《环境法典》第L.122-3条第2款第2项第f目,在"尤其是关于"一词后新增"土地人工化和"。

第218条 《环境法典》第L.511-1条第1段,在"景观"一词后新增"节约使用自然、农业或林业用地,"。

第219条

1.《城市规划法典》第L.141-6条修改如下:

(1)第1段、第3段第1句、最后一段,由"商业的和物流的"取代"和商业的"。

(2)由两段取代第2段:

"根据商业建筑和商业物流建筑的表面积、对土地人工化的影响以及对区域平衡的影响,其中包括对当地商业发展、采购频率、人员流动或货物流动的影响,应当规定商业建筑和商业物流建筑的实施条件。这些条件有利于经济地利用空间,特别是在城市入口处,通过提高建筑密度,加强对自然、农业和森林土壤的保护,优先使用空置区域以及优化专用于停车的区域。

针对商业设施,该条件包括设施与公共交通的连通性、行人和骑行者的可达性以及包括能源性能和水资源管理在内的环境、建筑和景观质量。"

(3)在第3段后新增一段:"针对商业物流设施,根据地区物流需求、现有或计划中的道路管理货物流动的能力、第L.141-3条第2段提及的目标,确定优先地区。"

(4)废除第3项至第5项。

2.《城市规划法典》第L.151-6条第2段修改如下:

(1)由"和工艺的"取代",工艺的和物流的";

(2)在"商业的"一词后新增",工艺的和物流的";

(3)由"第L.141-5条第1项和第2项"取代"第L.141-5条"。

3.《城市规划法典》第一卷第四编第一章第二节第一分节标题末尾,由",商业的和物流的"取代"和商业的"。

4.《地方行政区域一般法典》修改如下:

(1)第 L. 1425 - 2 条第 5 段,由“第五”取代第 1 次出现的“第四”一词;

(2)第 L. 4251 - 1 条修改如下:

(a)第 2 段,删除“物流的”;

(b)在第 2 段后新增一段“根据货物向城市中心的流动,主要道路的位置,当地商业和电子商务的发展,与景观的融合,以及自然、农业和林业用地的节约使用,应当制订该区域物流设备建设和定位的中长期目标。”;

(c)第 7 段,由“本条”取代“第 2 段和第 4 段”。

5. 若已生效的大区规划、可持续发展与区域平等纲要不符合《地方行政区域一般法典》第 L. 4251 - 1 条第 3 款中提到的目标,应当在本法生效后首次修订或修改时指出。

第 220 条

1.《城市规划法典》第三卷修改如下:

(1)第一编第八章的第四节改为第五节。

(2)第四节,内容如下:

“第四节　经济活动区

第 L. 318 - 8 - 1 条　根据本节,经济活动区是指《地方行政区域一般法典》第 L. 3641 - 1 条、第 L. 5214 - 16 条、第 L. 5215 - 20 条、第 L. 5216 - 5 条、第 L. 5217 - 2 条和第 L. 5219 - 1 条提及的工业、商业、第三产业、工艺、旅游、港口或机场活动区。

第 L. 318 - 8 - 2 条　负责第 L. 318 - 8 - 1 条规定的经济活动区的建立、规划和管理的权力机关应当负责制订位于其管辖范围内的经济活动区登记册。

针对各经济活动区,本条第 1 段提及的登记册应当包括以下内容:

(1)构成经济活动区的各土地单位情况,其中包括各土地单位的面积和所有权人信息。

(2)经济活动区使用人员的信息。

(3)经济活动区空置率。根据截至纳税年度的 1 月 1 日,以至少两年未用于应当缴纳企业土地使用税的活动且在同一时期内未使用的土地单位数量占经济活动区内的土地单位总数的比例计算空置率。

在与经济活动区所有权人和使用人员进行为期 30 天的磋商后,权力机关应当制订该登记册,并提交给负责区域协调发展纲要、城市规划及其相关文件、地方住房规划的权力机关。

该登记册应当至少每六年更新一次。”

(3)第 L. 300 - 1 条第 1 段,在“组织”一词后新增“转移”。

(4)在第 L. 300 - 7 条后新增第 L. 300 - 8 条:

“第 L. 300 – 8 条　在第 L. 318 – 8 – 1 条规定的涉及第 L. 312 – 1 条提及的规划伙伴关系项目合同的经济活动区,或位于《建筑与住房法典》第 L. 303 – 2 条提及的区域振兴行动协议划定的城市化区域周围,当记录在本法第 L. 318 – 8 – 2 条提及的登记册中的房屋存在破损或缺乏业主维护的情况,阻碍经济活动区的规划或重建时,省级国家代表、经市镇委员会意见同意后的市长或经审议机构意见同意后的有权市镇公共合作组织主席,可向业主发出正式通知,要求其修复相关房舍、土地或设施。

当业主在 3 个月内未表现出遵守责令的意愿,或在 1 年内未开始修复工程时,根据《公共事业征用法典》规定的条件,为了国家、市镇、市镇公共合作组织或根据第 L. 321 – 14 条或第 L. 326 – 1 条设立的公共规划机构的利益,应当启动征用程序。

最高行政法院法令应当规定本条的适用条件。”

2. 自本法颁布之日起 1 年内,权力机关应当启用《城市规划法典》第 L. 318 – 8 – 2 条规定的登记册,并在两年内完成登记。

3. 在 2004 年 7 月 1 日关于业主联合协会的第 2004 – 632 号命令第 6 条第 1 段后新增一段:“若公法人为业主联合协会成员,则法定抵押权不适用于其不动产中属于公共财产的部分。”

4. 2004 年 7 月 1 日关于业主联合协会的第 2004 – 632 号命令第 6 条第 2 段适用于本条生效前成立的业主联合协会。

第 221 条　[根据宪法委员会 2021 年 8 月 13 日(DC)2021 – 825 号决定,宣布本条与《宪法》不符]

第 222 条　《城市规划法典》第一卷第一编第一章新增第八节:

“第八节　弃置房屋

第 L. 111 – 26 条　根据本法典,弃置房屋是指已建或在建,未使用,根据其状况、外观、全部或部分使用情况未经规划或施工不得重新使用的任何不动产或不动产权。法令应当规定本条的适用方式。”

第 223 条

1.《环境法典》修改如下:

(1)第一卷第二编第五章第一节修改如下:

(a)第 L. 125 – 6 条第 1 款,在“用途”一词后新增“根据第 L. 556 – 1A 条”;

(b)第 L. 125 – 7 条第 2 段修改如下:

——第 1 句,在第 1 次出现的“合同”一词后,增加“或者,若无,第 L. 556 – 1A 条规定用途”;

——增加 1 句:“根据同第 L. 556 – 1A 条,土地修复是指”;

(2)第五卷第一编修改如下:

(a)第一章开头新增第 L. 511 - 1A 条:"第 L. 511 - 1A 条　根据本编,用途和修复的定义与第 L. 556 - 1A 条提及的定义一致";

(b)第 L. 512 - 5 条第 1 段第 2 句,由"修复"取代"恢复"。

(3)第 L. 512 - 17 条第 1 段、第 2 段第 1 句和第 2 句、最后一段,由"修复"取代"恢复";

(4)第 L. 516 - 1 条第 2 段第 1 句,由"修复"取代"恢复";

(5)第五卷第五编第六章开头新增第 L. 556 - 1A 条:

"第 L. 556 - 1A 条　1. 根据本章,用途是指针对特定场地或一组场地、该场地土地、位于该场地上的建筑物和设施,在用或在建的功能或活动。

法令应当规定本章用途的类型。

2. 根据本章,土地修复是指为使土地状况符合对第 L. 511 - 1 条和在必要情况下,第 L. 211 - 1 条提及利益的保护,以及该场地未来的用途。"

2. 第 1 款对国家造成的收入损失应当根据《一般税法典》第 575 条和第 575A 条规定的提高后税费按相应金额进行补贴。

3. 第 1 款对地方行政区域造成的收入损失应当根据提高后整体财政配给按相应金额进行补贴。

4. 第 3 款对国家造成的收入损失应当根据《一般税法典》第 575 条和第 575A 条规定的提高后税费按相应金额进行补贴。

5. 第 1 款对社会保障机构造成的收入损失应当根据《一般税法典》第 575 条和第 575A 条规定的提高后税费按相应金额进行补贴。

第 224 条

1.《建筑与住房法典》第一卷第二编修改如下:

(1)第二章第一节新增第 L. 122 - 1 - 1 条:

"第 L. 122 - 1 - 1 条　在建造建筑物前,应当针对建筑物的用途更改和包括加高在内的变化进行研究。负责进行研究的法人或自然人应当向工程主管人提供一份文件,证明已经进行该研究。在提交建筑许可申请前,工程主管人应当向位于该省的有权国家机构提交该证明。

最高行政法院法令规定本条的适用条件、所研究的建筑类别、该研究的内容、负责该研究的法人或自然人的职权、提供给工程主管人的证明的内容。"

(2)第六章第五节新增第 L. 126 - 35 - 1 条:

"第 L. 126 - 35 - 1 条　针对需要对其进行第 L. 126 - 34 条提及的诊断的建筑物,在拆除该建筑物前,工程主管人应当评估该建筑物用途更改和包括加高在内的变化的可能性。该评估报告应当附于诊断书中。

最高行政法院法令应当规定该评估研究的内容和负责该研究的法人或自然人的职权。”

2. 第1款于2023年1月1日生效。

第225条

1.《建筑与住房法典》第一卷修改如下：

(1)第L.126－34条：

“第L.126－34条　在拆除或改造建筑物时，工程主管人应当对该工程的产品、材料和来自该工程的废弃物的管理进行诊断。该诊断应当提供与产品、材料和废弃物的再利用或回收有关的信息，推荐回收渠道，并进行进一步分析，以确保该产品和材料可以被再利用。该诊断应当包括指导性意见，以确保产品、材料和废弃物的可追溯性。针对不可再利用或回收的情况，该诊断应当规定废弃物处理的方式。应当向行政机关指定的机构提供诊断书中的信息。

有权自然人或法人应当制订第1段规定的诊断。该个人或机构应当受保，且不得与进行全部或部分拆除或改造工程的公司在同一业务上有任何资本、商业或法律关联，以避免对其公正性和独立性造成影响。法令应当规定本段的适用方式和诊断的公布方式。”

(2)第L.126－35条：

“第L.126－35条　除特殊条款外，最高行政法院法令应当规定第L.126－26条至第L.126－34条的适用方式，其中包括：

(1)根据建筑物的表面积和可能产生的材料和废弃物的性质，第L.126－34条规定的义务所覆盖的建筑物类别和拆除或改造工程的性质；

(2)第L.126－34条规定的诊断的内容和方式；

(3)上述第L.126－34条规定的诊断书中收集到的信息的提交方式。”

(3)第L.181－1条第1段，由“建造、改造或拆除”取代“实施”。

2. 废除2020年2月10日关于反对浪费和循环经济的第2020－105号法第51条。

第226条　根据《宪法》第38条规定的条件，政府有权在本法颁布后9个月内以法令的形式采取属于法律范围内的所有措施，优化《城市规划法典》和《环境法典》规定的授权、规划和磋商程序，以加快开展在区域振兴行动、主要城市规划行动或国家利益行动的范围内，已人工化土地上的项目。该优化措施不得造成地方行政区域及其群组与国家之间的职权转移以及负责城市规划的市镇公共合作组织或市镇的职权被削弱。

应当自本条例公布之日起3个月内,由政府提交修正案。

第四章　应对土地人工化,保护生态系统

第227条

1.《环境法典》第一卷第一编新增第L.110-4条:

"第L.110-4条　1.根据现有科学数据且经与地方公共团体及其群组和其他利益相关方协商后,国家应当制订并实施国家保护区战略。该战略旨在建立陆上、海上法国本土及海外领土保护区网络。该网络应当至少覆盖全部国家领土和法国主权或管辖海域的30%,并对至少10%全部国家领土和法国主权或管辖海域进行升级保护。

本条第1款第1段提及的战略旨在保护环境和景观,保护和恢复生物多样性,防止和减轻气候变化的影响,重视各地区的自然和文化遗产。

该战略应当至少每10年更新一次。在两次更新之间,不得减少保护区网络总面积和升级保护区域网络面积。

该战略应当制订一份清单,内容包括实现本条规定的任务和目标所需的人力和财政资源。

法令应当规定第1段提及的升级保护的定义和实施方式。

2.国家应当鼓励开展与"低碳"标志有关的分配碳信用额的方式和项目,支持保护区的发展和参与管理保护区的人士。"

2.《环境法典》第L.334-1条第10项:"(10)根据法属波利尼西亚、瓦利斯和富图纳群岛、新喀里多尼亚各省的环境法规以及新喀里多尼亚政府的审议意见建立的海洋保护区"。

第228条

1.《环境法典》第L.411-1A条第1款第3段:"通过在对项目、计划或方案进行授权、批准或减损前开展的评估性研究以及采取的包括根据第L.110-1条规定的避免、减少或补偿措施在内的环境影响监测措施,获取原始生物多样性数据。第L.122-1条和第L.122-4条中提到的项目、计划和方案的公共或私人工程主管人,或受益于第L.411-2条规定的豁免权的工程主管人应当通过输入或提交的方式,将该数据登记在册。"

2.第1款自本法公布之日起6个月后生效。

第229条　《地方行政区域一般法典》第L.1111-10条第3款第3段最后一句,"艺术"一词后增加"以及与畜牧设备有关的"。

第 230 条 在《森林法典》第 L. 331 – 21 条第 4 项后,增加第 4(2)项:“4(2)为根据《环境法》第 L. 414 – 11 条批准的地区自然保护区的利益(作为事先确定并经国家驻该地区代表批准的战略和干预范围的一部分)或为该法第 L. 322 – 1 条提及的滨海空间和湖泊保护区的利益(作为其经董事会批准的战略的一部分)。在对这些战略发表意见时,国家应当确保考虑到本法第 L. 121 – 1 条规定的林业问题。”

第 231 条

1.《环境法典》第三卷第六编开头新增第 L. 360 – 1 条:

“第 L. 360 – 1 条 1. 根据本卷或第四卷,当进入受保护的区域并在此活动的人员、车辆和宠物对该区域的保护以及其生态、农业、林业、美学、景观或旅游价值的利用,或对动物或植物的保护造成影响时,可以管控或禁止人员、车辆和宠物进入该区域并在此活动。

针对执行救援、民事安全、警察、海关或国防行动任务而必须进入该区域并在此活动的情况,本条第 1 款第 1 段规定的限制性措施不适用。

2. 根据移交给负责第 1 款提及区域的机关的权利、移交给《地方行政区域一般法典》第 L. 3221 – 4 条规定的省委员会主席的权利,以及移交给同法典第 L. 5211 – 9 – 2 条规定的市镇公共合作组织主席的权利,应当管理或禁止本条第 1 款提及的进入或活动的权力机关为:

(1)市长;

(2)若该措施超过单个市镇的范围,则根据相关市镇市长的意见,可为省级国家代表;

(3)若该措施涉及海域,则为国家在海上的代表。

当市长未根据本条第 2 款第 1 项采取行动,且对其发出责令后仍无回应时,省级国家代表可以采取第 1 款规定的措施。”

2.《环境法典》第三卷第六编第三章:

“第三章 飞行进入

第一节 禁止以娱乐目的实施降落

第 L. 363 – 1 条 在山区,禁止除不载客飞机外的飞机以娱乐目的降落。同时禁止除在《交通法典》第 L. 6300 – 1 条规定的机场以及行政机关批准的地点外,载客飞机以娱乐目的降落。

第 L. 363 – 2 条 禁止利用第 L. 363 – 1 条提及的方式直接或间接宣传服务。

第二节 刑事条款

第 L. 363 – 3 条 针对违反第 L. 363 – 1 条提及禁令的行为,处 1 年监禁和 150,000 欧元罚款。

第 L. 363 - 4 条　针对违反第 L. 363 - 2 条提及禁令的行为,处 6 个月监禁和 75,000 欧元罚金。”

第 232 条　作为《环境法典》第 L. 333 - 1 条的例外,针对在 2024 年 12 月 31 日前到期的有关地区自然公园分类的法令,应当将其延长 12 个月。

根据第 L. 333 - 1 条,针对相关各地区自然公园,在 12 个月的期限到期前更新分类法令,将导致延长期限提前终止。

第 233 条

1.《城市规划法典》第二卷第一编第五章第二节第一分节新增第 L. 215 - 4 - 1 条:

“第 L. 215 - 4 - 1 条　根据在 1985 年 7 月 18 日关于发展原则定义和实施的第 85 - 729 号法之前起草的第 L. 142 - 1 条以及为使其适用而出台的文本,第 L. 215 - 4 条规定的优先购买权适用于行政机关规定且未被划入经省委员会审议后针对敏感自然区域建立的优先购买区的区域内。

在上述 1985 年 7 月 18 日第 85 - 729 号法之前法律规定的条件下签订的法案和协议仍有效,无须更新。

最高行政法院法令应当规定本条第 1 段规定的优先购买权的行使方式。”

2. 除已作出的法院裁决外,在自 2016 年 1 月 1 日至本条生效期间作出的优先购买决定有效。根据 2015 年 9 月 23 日关于《城市规划法典》第一卷立法部分的第 2015 - 1174 号命令而废除的《城市规划法典》第 L. 142 - 12 条,可以对该决定的合法性提出异议。

第 234 条　《城市规划法典》修改如下:

(1)第二卷第一编第五章第三节新增第 L. 215 - 13 - 1 条:

“第 L. 215 - 13 - 1 条　当涉及生前赠予时,优先购买权适用于不动产或全部社会权利,除以下赠予情况:

(1)直系亲属之间;

(2)六亲等以下的旁系亲属之间;

(3)配偶或受法国民事互助契约约束的伴侣之间;

(4)个人与其配偶或法国民事互助契约约束的伴侣的后代之间,或该后代之间。

作为第 L. 215 - 14 条第 1 段的例外,向省级机关提交的申报书中不应当提及购买价格。当具有优先购买权的个人作出购买不动产的决定时,税务部门应当对该不动产进行估价。”

(2)第 L. 215 - 14 条新增一段:“根据法令规定的条件,具有优先购买权的自然人可以提出参观该不动产。”

第 235 条 ［根据宪法委员会 2021 年 8 月 13 日(DC)2021－825 号决定,宣布本条与《宪法》不符］

第五章 使地区适应气候变化

第 236 条

1.《环境法典》第 L.125－5 条修改如下:

(1)第 1 款修改如下:

(a)在“科技的”一词后新增“通过防范采矿风险的计划”;

(b)在“法规的”一词后新增“根据《城市规划法典》第 L.121－22－2 条、第 L.121－22－3 条、第 L.121－22－6 条和第 L.121－22－7 条,或位于可能受到海岸线后退影响的地区”;

(c)新增一句:“鉴于此,对风险进行评估。”

(2)在第 1 款后新增第 1(2)款:

“1(2)针对销售第 1 款规定的风险评估报告涉及的不动产,任何传播形式的宣传应当指出获取有关该不动产同第 1 款提及的信息的途径。

在销售全部或部分不动产时,卖方应当在买方首次参观该不动产时向买方提供风险评估报告。

在不违反第 1(2)款前两段的情况下,风险评估报告:

(1)应当包含在《建筑与住房法典》第 L.271－4 条规定的技术诊断文件中,或针对期房销售,包含在初步销售协议中,若无该初步销售协议,则包含在最终销售协议中。

(2)应当包含在最终销售协议中。针对根据未来完工状况的不动产销售,则包含在预售合同中。

若买方未在初步销售协议或预售合同签订前收到风险评估报告,同法典第 L.271－1 条规定的协议或合同撤回期限自买方收到该报告次日起算。

当未在签订初步销售协议或预售合同前签订最终销售协议且最终销售协议中不包含风险评估报告时,第 L.271－1 条提及的协议或合同撤回期限自买方收到该报告次日起算。

针对初步销售协议、预售合同和最终销售协议,根据第 L.271－1 条规定的该文件通知或撤回方式,应当告知买方有关信息。”

(3)第 2 款,内容如下:

“2.针对出租第 1 款规定的风险评估报告涉及的不动产,任何传播形式的宣传应当指出获取有关该不动产同第 1 款提及的信息的途径。

在出租全部或部分不动产时,卖方应当在买方首次参观该不动产时向买方提供风险评估报告。

在不违反第 2 款第 2 段的情况下,在签订租赁合同时,根据对 1986 年 12 月 23 日第 86 – 1290 号法进行修订的 1989 年 7 月 6 日关于改善租赁关系的第 89 – 462 号法第 3 – 3 条规定的条件和方式,应当将风险评估报告包含在租赁合同中或《商法典》第 L. 145 – 1 条和第 L. 145 – 2 条提及的商业租赁合同中。"

(4)废除第 3 款。

(5)第 4 款修改如下:

(a)第 1 段第 1 句,由"在本条第 1 款、第 1(2)款和第 2 款提及的风险评估报告中"取代"书面形式";

(b)删除同第 1 段第 2 句;

(c)新增一段:"当不动产属于《城市规划法典》第 L. 121 – 22 – 5 条规定义务的管辖范围内时,不动产出卖方或出租方应当在本条第 1 款、第 1(乙)款和第 2 款提及的风险评估报告中告知买方或承租方相关信息。"

(6)第 5 款,由"第 1 款、第 1(2)款第 3 段至第 5 段、第 2 款和第 4 款最后一段"取代"规定"。

2.《建筑与住房法典》修改如下:

(1)第 L. 271 – 4 条第 1 款第 5 项,删除"自然的和科技的"和"第 2 段的"。

(2)第 L. 271 – 5 条最后一段修改如下:

(a)由"若执行同第 1 款应当考虑的文件"取代"同条第 3 款规定的省级决定";

(b)删除"自然的和科技的"。

3. 对 1986 年 12 月 23 日第 86 – 1290 号法进行修订的 1989 年 7 月 6 日关于改善租赁关系的第 89 – 462 号法第 3 – 3 条第 6 段末尾,由"同第 1 款规定的"取代"自然的和科技的"。

4. 对上述 1989 年 7 月 6 日第 89 – 462 号法第 3 – 3 条修改如下:

(1)第 6 段新增 1 句:"若无该文件,承租方可以取消合同或向法官申请减免购买费用。"

(2)最后一段新增 1 句:"在《环境法典》第 L. 125 – 5 条第 1 款提及的区域内,出租方应当在承租候选人首次参观该不动产时向其提供风险评估报告。"

5. 经最高行政法院法令通过并生效后,自 2023 年 1 月 1 日起本条开始适用。

第 237 条 《环境法典》第三卷第二编第一章第七节修改如下:

(1)开头新增第 L. 321 – 13A 条：

"第 L. 321 – 13A 条　为了保护环境和综合协调管理与水文沉积单元规模的海岸线演变和该演变造成的风险有关的活动,应当出台参考性文件。该文件应当包含国家海岸线综合管理战略。根据第 L. 219 – 1 条至第 L. 219 – 6 – 1 条规定的海洋和海岸线相关活动的综合协调管理原则和第 L. 566 – 4 条规定的国家洪水风险管理战略,实施国家海岸线综合管理战略。

国家与地方行政区域、国家海洋和海岸线委员会、科学界、社会经济参与者和相关环境保护协会协商后应当制订国家海岸线综合管理战略。在法令通过前,应当根据第 L. 120 – 1 条规定的程序,公布国家战略草案及其内容摘要。

根据战略制订时规定的方式,国家海岸线综合管理战略应当每六年更新一次。"

(2)新增第 L. 321 – 16 条和第 L. 321 – 17 条：

"第 L. 321 – 16 条　根据第 L. 211 – 7 条第 1 款第 5 项,负责防洪和海防职权的地方公共团体及其群组应当制订地方海岸线综合管理战略,以落实第 L. 321 – 13A 条规定的海岸线管理原则。该战略应当包含有助于公众知悉海岸线后退风险的条款,并应符合第 L. 321 – 14 条规定的目标和规则。

若存在第 L. 566 – 8 条规定的地方洪水风险管理战略,地方海岸线综合管理战略应当与其统一,确保行动和措施的一致性。

在实施《城市规划法典》第一卷第二编第一章第一节第三分节第 3 段规定的措施前,经本法典第 L. 321 – 15 条提及的市镇提出,应当制订与国家或相关地方公共团体及其群组签订的协议下涉及的地方海岸线综合管理战略。该协议应当制订国家或相关地方行政区域为支持海岸线管理行动而调动的技术和财政资源清单：

(1)海防工程的建设、改造或维护；

(2)监测海岸线后退变化情况的装置；

(3)根据《城市规划法典》第 L. 121 – 22 – 1 条规定绘制的地方海岸线后退图；

(4)与海岸线后退有关的规划措施。

第 L. 321 – 17 条　海岸线综合管理战略应当考虑沿海生态系统对海岸线管理的贡献,制订与了解和保护自然区有关的目标,确保该生态系统能够再生并适应新的环境条件以及伴随或限制海岸线后退的自然沉积物运输过程。"

(3)第 L. 321 – 14 条第 1 段增加"符合本法典第 L. 321 – 13A 条规定的国家海岸线综合管理战略规定"。

第 238 条

1.《环境法典》第二卷第一编第九章第一节开头新增第 L. 219 – 1A 条：

"第 L. 219 – 1A 条　应当成立国家海洋和海岸带委员会,负责规划、保护和重视海洋与海岸带、综合管理沿海区域。委员会应当由国家总理负责,在国家总理缺席的情况下,由海洋部部长负责。法令应当规定其构成和运行机制。该委员会的构成应当考虑海外领土海域的重要性,一半成员由包括议会成员、在《宪法》第72-3条提及的地方行政区域选出的一名众议员和一名参议员在内的两名众议员和两名参议员、法国欧洲议会代表和法国本土和海外领土沿海地方行政区域代表组成,另一半成员由有关公共机构、社会职业界和海岸带活动和利用的民间协会的代表组成。

针对与海洋和海岸带有关的法律法规的起草、优先处理的事项、国家援助的分配条件和国家与大区之间签订的合同下的项目,可以向该委员会征求意见。

该委员会应当向政府提出建议。针对任何与海洋和海岸带有关的问题,政府可以向其征求意见。该委员会应当通过提出意见和建议,参与协调海洋和沿海地区的公共行动,跟进1986年1月3日关于发展、保护和利用海岸线的第86-2号法、为实施该法律而通过的文本、由欧盟发起的与海岸线有关的合同,以及国家海洋和海岸线战略的实施情况。

该委员会应当参与欧洲、国家和区域间就海岸线开展的规划、观察和评估工作。"

2. 废除1986年1月3日关于发展、保护和利用海岸线的第86-2号法第41条和第43条。

第239条 《环境法典》第三卷第二编第一章第七节新增第L.321-15条:

"第L.321-15条　为适应造成海岸侵蚀的水文沉积现象的城市规划和发展政策,法令应当规定采取该措施的市镇名单。在制订该名单时,应当根据第L.321-13条提及的国家海岸侵蚀指标信息和对暴露在水文沉积现象下的财产与活动的了解,考虑到市镇所在区域海岸线后退的趋势。

应当经与该名单不涉及市镇的市镇委员会磋商且根据国家海洋和海岸带委员会和国家海岸线委员会的意见,制订该名单。

该名单应当至少每9年更新一次。针对希望采取城市规划和发展政策措施以适应造成海岸侵蚀的水文沉积现象的市镇,经获取所在地的《城市规划法典》第L.153-8条第1项或第163-3条提及的权力机关的同意,若其所在地的有独立财政管辖权的市镇公共合作组织非上述权力机关,则经该市镇公共合作组织的同意,该市镇可以申请加入该名单。

《城市规划法典》第一卷第二编第一章第一节第三分节第3段适用于本条第1段提及的市镇。"

第 240 条

1.《环境法典》第 L. 562 – 4 – 1 条第 2 款修改如下：

(1)根据《城市规划法典》第一卷第二编第一章第一节第三分节第 3 段，自包含有关海岸线后退的条款的城市规划文件生效之日起，在拟议的修正涉及在单个或多个市镇废除该规划中关于海岸线后退的条款的情况下；

(2)第 3 句，在“第 L. 562 – 3 条”一词后新增“本法典”；

(3)新增一段：“根据《城市规划法典》第一卷第二编第一章第一节第三分节第 3 段，当包含有关海岸线后退的条款的城市规划文件在单个或多个市镇生效，且在相同市镇通过的防范可预见自然风险的单个或多个计划涉及海岸线后退的议题时，省级国家代表应当根据本第 2 款第 1 段规定的程序，修改该防范可预见自然风险计划，废除该计划中在该市镇与海岸线后退有关的条款，若该计划仅与海岸线后退有关，则废除该计划。在城市规划文件中与海岸线后退有关的条款生效后 1 年内完成该修改程序。”

2. 根据《城市规划法典》第一卷第二编第一章第一节第三分节第 3 段，在相同市镇，包含有关海岸线后退的条款的城市规划文件和涉及海岸线后退的议题的防范可预见自然风险计划适用期间，在省级国家代表根据《环境法典》第 L. 562 – 4 – 1 条第 2 款第 2 段对防范可预见自然风险计划进行修改时，该两份文件中的限制性条款仍适用。

第 241 条

1. 在《地方行政区域一般法典》第 L. 4433 – 7 – 2 条第 3 段后新增一段：“在根据《环境法典》第 L. 321 – 15 条制订的名单内的市镇，包含使地区适应海岸线后退的导向，应当说明位于《城市规划法典》第 L. 121 – 45 条规定的海岸带、根据同法典第 L. 121 – 22 – 2 条划定的区域和海岸线特殊区域以外的搬迁项目涉及的安装和建设的区域。”

2. 2020 年 3 月 1 日已开始准备程序的区域发展纲要，如在 2019 年 11 月 13 日关于区域发展纲要法律制度的第 2019 – 1170 号命令颁布之前，是根据《地方行政区域一般法典》第 L. 4433 – 7 至第 L. 4433 – 11 条准备的，则须遵守《地方行政区域一般法典》第 L. 4433 – 7 – 2 条的规定，即本条第 1 款的措辞。

第 242 条 《城市规划法典》第一卷第二编第一章修改如下：

(1)第 L. 121 – 19 条修改如下：

(a)删除“海岸侵蚀”；

(b)新增一段：“在第 L. 121 – 22 – 1 条提及的市镇，当未来 30 年海岸线后退情况的预测得到佐证时，地方城市规划、相关城市规划文件、市镇地图应当将第 L. 121 - 16 条提及的海岸带宽度增加至 100 米以上。该海岸带应当为位于第 L. 121 - 22 - 2 条第 1 项规定区域的城市化区域以外的部分。”

(2)第 L. 121 - 21 条第 1(2)项新增“海岸线后退情况的预测”。

(3)第一节第三分节新增第 3 段:

“第 3 段　受到海岸线后退影响和修改城市规划文件

第 L. 121 - 22 - 1 条　根据本段规定的条件,市镇所在地区列入依照《环境法典》第 15 条制定的名单,且在该名单生效之日,其未被已通过的包含海岸线后退条款的防范海岸线风险计划所覆盖,该市镇应当绘制当地海岸线后退图,显示其领土受海岸线后退的影响。

根据本段规定的条件,市镇所在地区列入依照《环境法典》第 15 条制定的名单,且在该名单生效之日,其被已通过的包含海岸线后退条款的防范海岸线风险计划所覆盖,该市镇可以绘制当地海岸线后退预测图。

若单个或多个市镇由负责地方城市规划、相关城市规划文件、市镇地图的市镇公共合作组织管辖,则由该市镇公共合作组织绘制图表。

根据本段,本章适用于本条开头两段提及的市镇。

第 L. 121 - 22 - 2 条　地方城市规划图或适用于第 L. 121 - 22 - 1 条提及的市镇的城市规划文件在该市镇所在地区划定:

(1)未来 30 年,受到海岸线后退影响的区域;

(2)未来 30 年至 100 年,受到海岸线后退影响的区域。

地方城市规划或相关城市规划文件的介绍性报告应当包括技术研究摘要以及应对海岸侵蚀和有权地方行政区域实施的地方海岸线综合管理战略下的行动摘要,以便在规划图中划定本条第 1 项和第 2 项提及的区域。

第 L. 121 - 22 - 3 条　当地方城市规划或相关城市规划文件涉及至少一个第 L. 121 - 22 - 1 条提及的市镇所在的地区,第 L. 153 - 8 条提及的权力机关通过其审议机构审议的方式,对该计划进行变更,以划定第 L. 121 - 22 - 2 条提及的区域。当计划按照修订程序进行变更时,该审议应符合第 L. 153 - 32 条规定的审议。当计划按照普通法修改程序或简化修改程序进行变更时,该审议应符合第 L. 153 - 37 条规定的承诺。

作为第 L. 153 - 31 条至第 L. 153 - 44 条的例外,可以根据第 L. 153 - 45 条至第 L. 153 - 48 条规定的简化修改程序对计划进行变更。

针对第 L. 121 - 22 - 1 条第 1 段提及的市镇,在《环境法典》第 L. 321 - 15 条提及的名单公布后 1 年内开始启动地方城市规划或相关城市规划文件的修改程序。

若划定本法典第 L. 121 - 22 - 2 条规定区域的地方城市规划未在本条第 1 段规定的修改程序开始后 3 年内生效，则除在此期限内已通过的包含有关海岸线后退的条款的防范海岸线风险计划覆盖该区域的情况外，权力机关审议机构在此期限内采用第 L. 121 - 22 - 2 条规定区域的预设规划图。该规划图在包含该区域的地方城市规划生效前适用。

在采纳预设规划图并公布该决定后，根据第 L. 424 - 1 条规定的条件和期限，权力机关可以推迟对位于本条倒数第二段规定的预设区域内且对未来规划的实施造成影响的工程、建筑或设施的授权申请作出决定。

第 L. 121 - 22 - 4 条　1. 在不增加建筑容量的前提下，在第 L. 121 - 22 - 2 条第 1 项划定区域内的城市化区域，仅授权以下工程：

(1) 在划定第 L. 121 - 22 - 2 条规定区域的地方城市规划生效之日现有建筑的维修和改造工程；

(2) 有靠近水资源需求的公共服务或经济活动所需且可拆卸的新建筑或设施；

(3) 在划定上述第 L. 121 - 22 - 2 条规定区域的地方城市规划生效之日可拆卸的现有建筑的扩建。

2. 在根据第 L. 121 - 22 - 2 条第 1 项划定区域内的非城市化区域，可以根据第 L. 121 - 17 条授权有靠近水资源需求的公共服务或经济活动所需且可拆卸的建筑或设施。

第 L. 121 - 22 - 5 条　1. 在根据第 L. 121 - 22 - 2 条第 2 项划定的区域内，若海岸线后退对未来 3 年后公众人身安全造成影响，则自包含第 L. 121 - 22 - 2 条提及区域的地方城市规划或相关城市规划文件生效之日，应当拆除所有新的建筑和现有建筑的扩建部分并修复土地。拆除和修复的责任和费用由建筑物所有权人承担。

根据本条第 3 款规定的条件，市长决议应当规定拆除和修复的义务。

2. 当项目需要建筑许可证、规划许可证或按照先前决议的决定时，根据第 L. 425 - 16 条，项目实施须在法国存托银行存入一笔款项，涉及的金额相当于本条第 1 款提及的拆除和修复所需的预估费用，由城市规划授权书决定。

授权内容的受益人应在实施授权内容前向市长提交由法国存托银行签发的存托凭证。

作为《货币与金融法典》第 L. 518 - 24 条的例外，第 L. 518 - 24 条第 1 段和倒数第二段提及的 30 年期限增加至 100 年。

在有效期内，根据同法典第 L. 518 - 23 条规定的条件确定回报率。

根据《民法典》第 2333 条，金额为拆除和修复所需的预估费用的存托属于特殊合法分配，涉及优先权。

根据《民事执行程序法典》第 L. 112 - 2 条，不得扣押存托的费用。

最高行政法院法令应当规定存托的金额确定、存放和保管方式。

3. 针对任何应当履行拆除和修复义务的建筑，根据第 1 款规定的条件，市长规定在规定期限内履行该义务。该期限不得少于 6 个月。

当未在本条第 3 款第 1 段规定期限内执行决议时，市长应当责令建筑所有权人在规定期限内履行该义务。该期限不得少于 1 个月。

4. 若建筑所有权人未在责令进行的拆除和修复工程规定期限内完工，市长有权接手被责令人应当完成的工作，费用由被责令人承担。根据《地方行政区域一般法典》第 L. 1617 - 5 条，若存托金额缺乏或不足，产生的任何性质的费用作为直接税覆盖。若该建筑物属于共同共有不动产，则对每个共有人发出追偿令，追偿其应承担的部分债务。

5. 根据最高行政法院的法令规定的条件，在拆除和修复工程进行期间，为了所有权人或市镇会计，按照市长的决定，可以退回不动产存托金额和应缴纳的利息。

6. 尽管存在相反条例，与根据本段建设或规划的建筑有关的任何性质的不动产权利或租约的持有人不得向进行拆除和修复工程的行政机关申请任何补偿。

7. 与本条规定的义务有关的建筑销售协议、销售合同、租赁合同或不动产权利合同应当提及该义务，否则无效。

第 L. 121 - 22 - 6 条　在第 L. 121 - 22 - 1 条提及的市镇适用的市镇地图在该市镇区域内划定第 L. 121 - 22 - 2 条第 1 项和第 2 项提及的区域。

市镇地图的介绍性报告应当包括技术研究摘要以及应对海岸侵蚀和有权地方行政区域实施的地方海岸线综合管理战略下的行动摘要，以便在规划图中划定第 1 项和第 2 项提及的区域。

第 L. 121 - 22 - 7 条　当市镇地图涉及至少一个第 L. 121 - 22 - 1 条提及的市镇所在的地区，第 L. 163 - 3 条提及的权力机关对市镇地图进行修订，以划定第 L. 121 - 22 - 2 条第 1 项和第 2 项提及的区域。

针对第 L. 121 - 22 - 1 条第 1 段提及的市镇，在《环境法典》第 L. 321 - 15 条提及的名单公布后 1 年内开始该修订程序。

若划定本法典第 L. 121 - 22 - 2 条规定区域的地方城市规划未在修订程序开始后 3 年内生效，除在此期限内已通过的包含有关海岸线后退的条款的防范海岸线风险计划覆盖该区域的情况外，权力机关审议机构在此期限内采用第 L. 121 - 22 - 2 条规定区域的预设规划图。该规划图在包含该区域的地方城市规划生效前适用。

在采纳预设规划图并公布该决定后，根据第 L. 424 - 1 条规定的条件和期限，针对位于本条倒数第 2 段规定的预设区域内且对未来规划的实施造成影响的工程、建筑或设施,权力机关可以推迟对与其相关的授权申请作出决定。

第 L. 121 – 22 – 8 条　在不增加建筑容量的前提下,在第 L. 121 – 22 – 6 条和第 L. 121 – 22 – 2 条第 1 项划定区域内的城市化区域,第 L. 121 – 22 – 4 条适用。

第 L. 121 – 22 – 9 条　在第 L. 121 – 22 – 6 条和第 L. 121 – 22 – 2 条第 2 项划定区域内的城市化区域,第 L. 121 – 22 – 5 条适用。

第 L. 121 – 22 – 10 条　1. 当第 L. 121 – 22 – 1 条提及有权市镇或至少一个有权市镇公共合作组织地区的市镇且该市镇不属于任何城市规划文件时,权力机关应当开始制订地方城市规划或市镇地图。

针对第 L. 121 – 22 – 1 条第 1 段提及的市镇,在《环境法典》第 L. 321 – 15 条提及的名单公布后 1 年内开始启动地方城市规划或市镇地图的制订程序。

2. 在不违反本卷第五编第三章第三节的情况下,根据本段规定的条件,制订地方城市规划。

3. 在不违反本卷第六编第三章第三节的情况下,根据本段规定的条件,制订市镇地图。

第 L. 121 – 22 – 11 条　根据第 L. 121 – 22 – 7 条修订或根据第 L. 121 – 22 – 10 条通过的市镇地图生效之日起 6 年内,按照本段规定的条件,当海岸线后退情况的预测得到佐证时,市镇或有权市镇公共合作组织的审计机构应当在收集其成员市镇的意见后,考虑是否对市镇地图进行修订,或制订地方城市规划并绘制当地海岸线后退对该区域影响的地图。

在根据本条第 1 段修订的地图生效后或根据第 1 段的决定维持现有地图的审议结束后,权力机关每 6 年对上述第 1 段提及的意见进行审议。

当权力机关根据本条对市镇地图进行修订时,第 L. 121 – 22 – 7 条最后两段适用。

第 L. 121 – 22 – 12 条　最高行政法院法令应当规定本段的适用方式。”

(4)第 L. 121 – 45 条新增一段:“在第 L. 121 – 22 – 1 条提及的市镇,当未来 30 年海岸线后退情况的预测得到佐证时,地方城市规划或相关城市规划文件应当将海岸带宽度增加至超过国家保护区的规定上限,若无该上限的划分,则增加至距离最高水位线 81.20 米以上。该海岸带为位于第 L. 121 – 22 – 2 条第 1 项规定的区域。”

第 243 条

1.《城市规划法典》第一卷第三编第三章第一节修改如下:

(1)第 L. 133 – 1 条,在“公共的”一词后新增“和第 L. 121 – 22 – 3 条和第 L. 121 – 22 – 7 条规定的预设规划图,”;

(2)第 L. 133 – 2 条修改如下:

(a)由“这些”取代“当前的版本”;

(b)由“这些”取代最后三次出现的“那些”;

(c)在“公共的”一词后新增“以及第 L. 121 - 22 - 3 条和第 L. 121 - 22 - 7 条规定的预设规划图”;

(3)第 L. 133 - 4 条修改如下:

(a)由“那些”取代“和那些”;

(b)在“公共的”一词后新增“以及第 L. 121 - 22 - 3 条和第 L. 121 - 22 - 7 条规定的预设规划图”。

2. 对《城市规划法典》第一卷第四编第一章第二节第五分节修改如下:

(1)标题末尾,由“海洋的”取代“海洋”。

(2)第 L. 141 - 13 条第 3 项,内容如下:

“(3)水生环境的管理、与海洋有关的自然风险防范和地区应对海岸线后退的准则。确定适合开展海防工程的区域,以保护人口密集的居住区或具有普遍或公共利益的设施。同时确定针对搬迁项目的设施和建筑的区域。迁入区应当位于海岸带、根据第 L. 121 - 22 - 2 条划定的区域以及特殊沿海地区之外。”

3.《城市规划法典》第一卷第五编修改如下:

(1)第 L. 151 - 5 条新增一段:“当《市镇地方城市规划》的区域包含至少一个海岸线后退对其造成影响的市镇时,本条第 1 项和第 2 项提及的准则考虑农业、自然和林业用地的调整、人类活动,以及海岸线后退对其造成影响的城市化区域。”

(2)第 L. 151 - 7 条新增第 3 款:“3. 在受到海岸线后退影响的区域,针对项目、设备、建筑和设施逐渐消失的情况,发展和规划准则规定对地区重新进行规划所需的行动、措施,以及临时时间表。”

(3)在第 L. 151 - 41 条第 5 项后新增第 6 项:“(6)在受到海岸线后退影响的区域外,用于受到海岸线后退影响的设备、建造和设施重新安置的区域。”

(4)第 L. 153 - 27 条修改如下:

(a)第 1 段,在“生效”一词后新增“或其修改”。

(b)第 2 段新增 1 句:“在第 L. 121 - 22 - 1 条提及的市镇,该分析包括对海岸线后退的预测。”

(c)最后一段新增 1 句:“在第 121 - 22 - 1 条提及的市镇,该意见涉及修订或修改该计划的可取性。”

4. 第 3 款不适用于本法公布之日实行中的地方城市规划制订或修订程序。

在未通过《城市规划法典》第 L. 153 - 14 条规定项目的情况下,在本法公布前已规定制订或修订程序的《城市规划法典》第 L. 153 - 8 条提及的权力机关可决定使用根据本条第 3 款第 1 项起草的同法典第 L. 153 – 5 条最后一段。

5. 根据本条第 2 款第 2 项起草的《城市规划法典》第 L. 141 – 13 条适用于 2021 年 4 月 1 日前规定且根据 2020 年 6 月 17 日关于更新地区协调发展纲要的第 2020 – 744 号命令前起草的《城市规划法典》第 L. 141 – 24 条制订的区域协调发展纲要。

第 244 条 《城市规划法典》第二卷第一编修改如下：

(1) 第 L. 210 – 1 条第 1 段，在“水”一词后新增“并帮助地区应对海岸线后退”。

(2) 第 L. 213 – 3 条第 2 段，由“，第 L. 213 – 1 条至第 L. 213 – 18 条和第L. 219 – 1 条至第 L. 219 – 13 条”取代“和第 L. 213 – 1 条及以下”。

(3) 新增第九章：

“第九章　使地区适应海岸线后退的优先购买权

第一节　优先购买权机构和享有人

第 L. 219 – 1 条　在第 L. 121 – 22 – 1 条提及的市镇，设立优先购买权，帮助地区应对海岸线后退。

根据本章进行的土地收购旨在防范位于根据第 L. 121 – 22 – 2 条划分的区域的财产受到海岸线后退带来的影响。

为了市镇或该市镇成员所在的有权负责地方城市规划或市镇地图的市镇公共合作组织的利益，设立该优先购买权。

该优先购买权适用于第 L. 121 – 22 – 1 条第 1 项规定的受到海岸线后退影响的全部区域。

市镇或有权市镇公共合作组织可以经审议在上述第 L. 121 – 22 – 1 条第 2 项规定的全部或部分区域设立该优先购买权。

在根据本条规定的优先购买权区域内，第 L. 211 – 1 条、第 L. 212 – 2 条和第 L. 214 – 1 条规定的优先购买权不适用。根据《农村与海洋渔业法典》第 L. 143 – 1 条，在这些区域，经土地规划和乡村发展机构同意后，根据本条规定的优先购买权对农业用途的在建不动产和农业活动建筑物适用。

根据本条规定的优先购买权具有的法律效力不得优先于本编第五章规定的优先购买权。

第二节　涉及优先购买权的转让

第 L. 219 – 2 条

1. 本章规定的优先购买权适用于：

(1) 除包括在根据《商法典》第 L. 631 – 22 条或第 L. 642 – 1 条至第 L. 642 – 7 条决定的转让计划内的不动产和社会权利外，以任何形式有偿转让的不动产或赋予已建、在建的全部或部分建筑物的所有权或使用权的社会权利。

(2)除仅转让共同共有人其中一人的共同共有权以外,转让已建、在建的全部或部分建筑物的共同共有权,以及转让土地用以置换待建房屋。

(3)民事不动产公司多数股份的转让,或导致购买者持有上述公司多数股份的转让,如果该公司的资产包括一个土地单位,无论是否已建成,其转让将受制于优先购买权。本条款不适用于仅在亲属和四等以下(含四等)关系人之间成立的民事不动产公司。

(4)针对受1984年7月12日关于不动产租赁过渡购买的第84-595号法约束的租赁过渡购买合同所涉及的全新住宅的建设和购买,除已涉及省级国家代表许可意见的该类不动产外,在《建筑与住房法典》第L.443-11条规定的承租人权利范围内,由同法典第L.411-2条提及的机构所建设或购买的不动产。

当法官授权或要求进行不动产拍卖时,优先购买权人有权代替买受人,以最后成交价,获得该不动产。除分赠所涉及的财产外,本段不适用于拍卖已约定为共同共有的财产。

针对受1984年7月12日第84-595号法约束的租赁过渡购买合同,应当在该合同签订前而非买方提出购买承诺时实行优先购买权。本法典第L.211-4条第a项和第c项提及的10年期限自该合同签订之日起计算。

2.优先购买权不适用于:

(1)根据本法典第L.152-2条、第L.311-2条或第L.424-1条或《公用征收法典》第L.241-1条和第L.241-2条,涉及征收的不动产;

(2)根据2006年12月30日关于金融法修正案的第2006-1771号法第141条,转让国家或国家公共机构不动产的全部所有权涉及的不动产;

(3)若享有优先购买权的行政区域提出明确请求,本法典第L.321-4条和第L.324-1条提及的机构所购买的不动产。

第L.219-3条　当涉及生前赠予时,优先购买权适用于第L.219-2条第1款第1项提及的不动产或全部社会权利,除以下赠予情况:

(1)直系亲属之间;

(2)六亲等以下的旁系亲属之间;

(3)配偶或受法国民事互助契约约束的伴侣之间;

(4)个人与其配偶或受法国民事互助契约约束的伴侣的后代之间,或该后代之间。

第L.219-4条　当第L.219-2条第1款第1项提及的不动产或全部社会权利构成民事不动产公司的实物股时,优先购买权对其适用。转让意向申报书应当包括民事不动产公司的社会、财务和资产状况报告。

第 L. 219 – 5 条　当行使第 L. 219 – 1 条规定的优先购买权购买优先购买区域的用地时,土地所有权人可以要求优先购买权人购买整块用地。

第三节　优先购买程序

第 L. 219 – 6 条　在第 L. 219 – 1 条规定的优先购买权适用的第 L. 121 – 22 – 2 条划定的区域,针对第 L. 219 – 2 条和第 L. 219 – 3 条提及的转让,所有权人应当向不动产所在的市镇提交动工申报书,并向省级或区级公共财政主管提交该申报书副本,否则无效。

除生前赠予情况外,该申报书应当包括转让的价格和条件,或针对拍卖的情况,不动产的估价或报价。当以实物支付转让费用时,该申报书应当说明该实物的估价。

在收到本条第 1 段规定的申报书后两个月内,若优先购买权人未作出回应,则视为放弃行使该权利。

优先购买权人可以在第 3 段提及的两个月期限内,向财产所有权人提出单次申请,以获取该不动产有关文件中的信息,其中包括房屋类型和状况,以及民事不动产公司的社会、财务和资产情况。最高行政法院法令应当规定可以申请查看的文件清单。

在收到第 4 段提及的申请后,暂停该两个月的期限计算。自优先购买权人收到所申请的文件后,再次开始计算该期限。若暂停后的剩余期限少于一个月,优先购买权人可以在一个月的时间内通知其决定。若优先购买权人超过该期限未作出回应,则视为放弃行使优先购买权。

当优先购买权人提出财产购买的意向时,应当立即向省级税务部门负责人提交转让意向申报书副本,并向出卖人、公证员和转让意向申报书中提及的潜在买受人公布其决定。该决定应当包括税务部门对该财产进行的估价。公证员应当告知转让意向申报书中提及的长期租赁权、居住权、使用权享有人,地役权受益人,农用地使用人和承租人该决定。

根据法令规定的条件,优先购买权人可以申请参观该不动产。

第 L. 219 – 7 条　若无相互协商,具有征用权限的法院应当根据海岸线后退带来的影响,确定购买价格。该价格不包括任何补充补贴以及与再利用相关的补贴。

应当根据公共征用相关规则确定该价格,并承付或延付。

第 L. 219 – 8 条　根据第 L. 219 – 5 条,针对优先购买部分用地的情况,具有征用权限的法院应当考虑非所购买的用地对已购买部分造成的贬值,确定购买价格。

当法官授权或要求进行不动产拍卖时,优先购买权人有权代替买受人,以最后成交价,获得该不动产。除分赠所涉及的财产外,本段不适用于拍卖已约定为共同共有的财产。

第 L. 219 - 9 条　第 L. 219 - 6 条第 1 段规定的无效申请的期限自所有权转让证明公开后起算,为期 5 年。

第 L. 219 - 10 条　本章涉及优先购买权的财产的所有权人可以向优先购买权人提出购买该财产的建议,并报价。该优先购买权人应当自上述建议提出后两个月内作出决定。市长应当将该建议的副本提交给省级或区级公共财政主管。

若无相互协商,根据第 L. 219 - 7 条提及的规则,具有征用权限的法院应当确定购买价格。

针对优先购买权人拒绝购买或未在本条第 1 段规定的两个月期限内作出回应的情况,第 L. 213 - 8 条相关条款对该财产的所有权人适用。

第四节　购买财产制度

第 L. 219 - 11 条　根据本章成为所有权人的公法人应当对因受到海岸线可预见变化的影响而购买的财产进行管理,并将该财产恢复自然。该公法人可以委托有权公法人或私法人进行管理。

根据受到海岸线可预见变化的影响,可以针对需要恢复自然的财产,签订过渡性协议或租赁合同,以占有、开发、规划、建造或修复设施、工程或建筑物。

第五节　一般条款

第 L. 219 - 12 条　第 L. 213 - 3 条、第 L. 213 - 5 条、第 L. 213 - 7 条至第 L. 213 - 10 条、第 L. 213 - 14 条和第 L. 213 - 15 条适用于第 L. 219 - 1 条划定的优先购买的区域。

第 L. 219 - 13 条　最高行政法院法令应当规定本章的适用条件。"

第 245 条　《城市规划法典》第三卷第二编修改如下:

(1)第 L. 321 - 1 条修改如下:

(a)由"这些政策"取代"这个政策";

(b)在"自然的"一词后新增"和使区域适应海岸线后退"。

(2)第 L. 324 - 1 条第 3 段修改如下:

(a)由"这些政策"取代"这个政策";

(b)在"自然的"一词后新增"和使区域适应海岸线后退"。

第 246 条　《城市规划法典》第四卷修改如下:

(1)第二编第一章修改如下:

(a)在第 L. 421 - 5 条后新增第 L. 421 - 5 - 1 条:"第 L. 421 - 5 - 1 条　根据第 L. 121 - 22 - 5 条,针对落实建筑拆除和土地修复决定所需的工程,免除本法典规定的手续。"

(b)在第 L. 421 – 6 条后新增第 L. 421 – 6 – 1 条:“第 L. 421 – 6 – 1 条　根据第 L. 121 – 22 – 5 条,建造规划许可以及遵照先前申报内容的决定意味着按照规定延迟支付相应金额。”

(c)第 L. 421 – 8 条修改如下:

由“和提及的工程”取代第一次出现的“提及的”;

在“第 L. 421 – 5 条”一词后新增“和第 L. 421 – 5 – 1 条”。

(d)第 L. 421 – 9 条新增第 7 项:

“(7)在未按规划许授权书要求支付款项的情况下进行建造。”

(2)第 L. 424 – 1 条第 2 段,在“条”后新增“第 L. 121 – 22 – 3 条、第 L. 121 – 22 – 7 条,”。

(3)第二编第五章第四节新增第 L. 425 – 16 条:

“第 L. 425 – 16 条　针对第 L. 121 – 22 – 5 条第 1 款规定的拆除义务涉及的建造项目,不得在延迟支付且由获得授权的受益人向市长提交第 L. 121 – 22 – 5 条规定的延付凭证前,落实建造规划许可以及遵照先前申报内容的决定。”

(4)第六编第二章修改如下:

(a)在“建筑”一词后,标题末尾内容改为“规划或拆除”。

(b)第 L. 462 – 1 条新增 1 段:“根据第 L. 121 – 22 – 5 条,本条第 1 段适用于拆除和修复工程。该申报书证明工程完工且符合履行第 L. 121 – 22 – 5 条规定的拆除和修复义务的决定。”

(c)第 L. 462 – 2 条新增 1 段:“针对第 L. 121 – 22 – 5 条规定的拆除和修复工程,根据开展工程的决定评估该工程是否符合要求。”

(5)在第 L. 480 – 4 条第 2 项后新增第 3 项:“3. 若未能在第 L. 121 – 22 – 5 条规定的正式通知的期限内,完成因海岸线后退应当进行的拆除和修复工程。”

第 247 条

1. 1996 年 12 月 30 日关于沿海“五十步区”的规划、保护和利用的第 96 – 1241 号法修改如下:

(1)第 3 条修改如下:

(a)第 1 段由“减免金额可达所售财产市价的全部金额”取代“国家特殊援助”;

(b)第 1 段新增 1 句:“转让公证内容包括减免金额、所售财产市价和根据市价的减免比率”;

(c)第 2 段删除“有偿”;由“20”取代“10”;在“分配”一词后,末尾内容改为:“本条第 1 段规定的减免,应当向国家支付等同于根据第 1 段规定的

减免比率计算的转让金额”;

(d)第3段由“本条第2段提及的金额”取代“前几段提及的援助”。

(2)第4条修改如下:

(a)第1段第1句由“2031年”取代“2022年”;

(b)最后一段,内容如下:

“机构可以在本法第5条第3款规定的开展任务所需的区域履行职权。”

(3)第5条修改如下:

(a)第1段开头,新增“1.”。

(b)第2项修改如下:

在第2次出现的“和”一词后新增“所售的或”;

新增“或由地方行政区域”。

(c)在第5项后新增3段:

“(6)根据《城市规划法典》第L.211-2-2条规定的条件,可以行使授予的城区优先购买权。

相关机构在2015年10月14日关于更新海外领土权利的第2015-1268号法第27条第3款规定的转让前或后应当行使第1款第1项至第6项提及的职权。

2.根据《公法人所有权一般法典》第L.2132-3-2条规定的条件,委托或宣誓的机构专员应当记录在城区和‘五十步区’内分散型城市化区域损害公共区域的完整、维护和使用的情况。”

(d)第8段,内容如下:

“3.相关机构可以实施规划措施并购买开展该措施和道路、饮用水和污水处理网络的工程所需的土地或不动产。通过与地方公共团体及其群组签订协议,相关机构可以代替其进行上述活动。在这种情况下,可以将公共设备转让给所在区域的地方公共团体及其群组。相关机构与地方公共团体及其群组签订的协议包括位于其划定区域范围内的公共设施计划、转让和配备过程所需的技术、法律和财政措施,以及机构和地方公共团体及其群组各自应当承担的开展规定措施所需的费用。若迫切需要维护‘五十步区’或重新安置该区域居民,相关机构可以在本法第4条规定的职权范围外开展该工程或措施。”

(e)第9段开头新增“4.”。

(f)第10段,在“申请”一词后新增“机构的”。

(4)第 6 条第 3 段修改如下：

(a)末尾，由“经国家代表和行政委员会意见，负责城市规划和海外领土的部长决议，为期 5 年，可续期”取代“经行政委员会协商后的法令”。

(b)新增 1 句：“可以在任期结束前以同样方式解除其职务。”

(5)第 7 条新增第 7 项：“(7)法律、法规授权的其他任何资源。”

2. 2015 年 10 月 14 日关于更新海外领土权利的第 2015 - 1268 号法第 27 条修改如下：

(1)第 3 款修改如下：

(a)第 1 段，由“2025 年”取代“2022 年”。

(b)第 1 项第 1 句，在第一次出现的“那些”一词后新增“国家公共财产涉及的地区”；由“本条第 6 款”取代“《公法人所有权一般法典》第 L. 5112 - 1 条第 1 段”。

(c)在第 2 次出现的“财产”一词后，删除第 1 项最后一句末尾内容。

(d)第 2 项第 1 句修改如下：

开头：“在……区域的国家公共财产涉及的地区(其余保持不变)。”

由“本条第 6 款”取代“《公法人所有权一般法典》第 L. 5112 - 1 条第 1 段”；新增“除为履行其职务占用的国家不动产”。

(e)同第 2 项最后一句末尾，删除“上述 1996 年 12 月 30 日第 96 - 1241 号法第 5 条第 8 段提及的权利”。

(2)第 5 款，由“2024 年 6 月 1 日”取代“2021 年 1 月 1 日”。

(3)新增第 6 款：

“6. 在 2024 年 1 月 1 日前，针对第 3 款规定的转让，经市镇和瓜德罗普地区委员会和马提尼克地方行政区域意见，最高行政法院法令应当根据土地占用情况，在‘五十步区’内划定城区、分散型城市化区域和自然区域。

《公法人所有权一般法典》第 L. 5112 - 1 条最后两段适用。”

3.《公法人所有权一般法典》修改如下：

(1)在第 L. 2132 - 3 - 1 条后新增第 L. 2132 - 3 - 2 条：

“第 L. 2132 - 3 - 2 条　在城区和‘五十步区’内分散型城市化区域，危害公共区域的完整、维护和使用的，处以 150 至 12,000 欧元的罚款。

违规者应当对损害进行修复，并承担有权公法人为制止损害公共区域的违法行为而采取的临时紧急措施所支付的费用。

受“五十步区”城市发展机构主任委托且在司法法庭上宣誓的该机构专员、在司法法庭上宣誓的国家专员，以及司法警察和专员应当记录损害的情况。

机构主管有权根据《行政司法法典》规定的条件和程序，将问题提交行政法院。”

（2）第 L.5112－1 条第 1 段，内容如下：

“经与市镇磋商，有权机关在‘五十步区’内，根据土地占用情况，划定城区、分散型城市化区域和自然区域。”

（3）第 L.5112－3 条最后一段末尾，由“公共财产所有权人”取代“国家”。

（4）第 L.5112－4 条修改如下：

（a）第 1 段，在“社会的”一词后新增“，利用 1996 年 12 月 30 日关于沿海‘五十步区’的规划、保护和利用的第 96－1241 号法第 4 条提及的‘五十步区’城市发展机构”；

（b）第 3 段，在“市镇”一词后新增“或由‘五十步区’城市发展机构”；

（c）倒数第 2 段新增 1 句：“当 10 年期限在 2015 年 10 月 14 日关于更新海外领土权利的第 2015－1268 号法第 27 条第 3 款规定的所有权转让后到期，归还给从该转让中受益的行政区域。”；

（d）最后一段，在“社会的”一词后新增“机构”。

（5）第 L.5112－5 条修改如下：

（a）第 1 段第 1 句，由“2010 年”取代“1995 年”；

（b）第 2 段末尾，由“2024 年”取代“2021 年”；

（c）倒数第 2 段第 2 句末尾，由“2010 年”取代“1995 年”；

（d）最后一段，由“严重可预见威胁的”取代“严重的和可预见威胁的”。

（6）第 L.5112－6 条修改如下：

（a）第 1 段删除“有偿”；由“2010 年”取代“1995 年”；

（b）第 2 段末尾，由“2010 年”取代“1995 年”；

（c）第 3 段末尾，由“2024 年”取代“2021 年”；

（d）最后一段，由“严重可预见威胁的”取代“严重的和可预见威胁的”。

（7）第 L.5112－6－1 条第 2 段，由“减免”取代“特殊援助”。

（8）废除第 L.5112－9 条。

4.《城市规划法典》修改如下：

（1）第 L.211－1 条第 1 段，在“同法典”一词后新增“在全部或部分《公法人所有权一般法典》第 L.5112－1 条和第 L.5112－2 条划定的城区和分散型城市化区域”；在“第 L.313－1 条”一词后新增“本法典”。

（2）在第 L.211－2－1 条后新增第 L.211－2－2 条：“第 L.211－2－2 条　在瓜德罗普和马提尼克，优先购买权人可以将其权利授予 1996 年 12 月 30 日关于‘沿海五十步区’的规划、保护和利用的第 96 – 1241 号法第 4 条提及的利用‘五十步区’城市发展机构。除在《公法人所有权一般法典》第 L. 5112 – 1 条和第 L. 5112 – 2 条划定的城区和分散型城市化区域外，不得授予该权利。”

第 248 条

1. 根据《宪法》第 38 条规定的条件，在本法颁布后 9 个月内，政府可以通过出台条例，采取法律范围内的任何措施：

（1）建立新的长期不动产租赁制度，根据该制度，出租人授予承租人不动产权利，收取土地费，以便承租人占用或租用、开发、规划、建造或修复位于受海岸线后退和由于气候变化而加剧的自然风险影响的区域的设施、工程和建筑；

（2）规定根据本条第 1 款第 1 项建立的新的长期不动产租赁制度与《城市规划法典》第 L. 121 – 22 – 5 条规定的拆除和修复义务之间的关系；

（3）根据保护工程、地方海岸线综合管理战略的状况，以及征用补偿的计算方式和配套措施，规定或调整土地规划和土地管理工具，通过调整公共土地管理者的职务和确定受海岸线后退影响的财产的评估方法，使受海岸线后退影响的地区适应该变化；

（4）若位于同法典第一章第一节第三分节第 3 段规定的受海岸线后退影响的区域的可持续建筑搬迁项目的实施涉及特殊情况，规定同法典第一卷第二编第一章的例外；

（5）经与相关地方行政区域协商，针对“沿海五十步区”，规定海外省适应性措施。

2. 自第 1 款规定的条例公布之日起 3 个月内，向议会提交修正案。

第 249 条 《国内安全法典》第七卷第三编第二章第一节新增第 L. 732 – 2 – 1 条：

“第 L. 732 – 2 – 1 条 为了识别服务和网络的漏洞、采取危机预警管理、迅速恢复正常运作，针对由于严重受到一种或多种自然灾害影响，使全部或部分服务中断，进而导致居民的基础需求无法满足的地区，《国防法典》第 L. 1311 – 1 条提及的国防安全区域长官可以向本法典第 L. 732 – 1 条提及的位于该区域的服务或网络供应商索要：

（1）根据受到自然风险影响的程度和应对该风险采取的网络部署情况，对已有工程的漏洞进行的诊断；

（2）危机发生时，为防范对工程造成的损失以及保障满足居民基础需求所需的最低限度服务而采取的措施；

（3）风险出现后，网络的修复程序；

(4)针对风险出现的情况，为改善居民基础服务的抗御力而采取的优先投资规划；

法令规定本条的适用方式。"

第 250 条 在《环境法典》第 L. 125－2－1 条后新增第 L. 125－2－2 条：

"第 L. 125－2－2 条 在第 L. 125－5 条提及的为提高购买方或承租人意识而制订文件的框架下，负责宣传和防范不断变化、危险的自然现象的国家和地方行政区域专员可以通过安装在由远程飞行员操作的无人驾驶飞机上的摄像头和传感器，对正在或可能发生该自然现象且该自然现象对居民生命造成威胁的地区进行观测。该观测活动涉及图片和物理数据的采集、保存和传输。

当观测活动涉及在私人领地上空飞行时，应当采取预防措施，限制与该私人区域有关的个人数据的采集。

数据的保存非永久性质，且仅在本条最后一段规定的法令授权的情况下，按照环境部部长提出的合理使用原则，对数据进行保存。

仅经过相关培训且获得授权的专员在需要该保存的信息以履行第 1 段提及的任务时，可以获取保存的数据。

当涉及个人数据时，该保存的数据或数据中与个人数据有关的部分须在 6 个月之后删除。

实施的新科技不得阻碍 1978 年 1 月 6 日关于信息、文件与自由的第 78－17 号法规定的有关个人权利的行使。

除紧急情况外，若拍摄直接或间接识别自然人，应当在飞行前通知可能涉及的人群。

经国家信息与自由委员会意见，最高行政法院法令应当规定本条的适用方式以及倒数第二段规定的面向公众的宣传方式。"

第 251 条 在 1985 年 1 月 9 日关于山区发展和保护的第 85－30 号法第 7 条第 2 款第 3 段后新增 1 段：制订应对气候变化战略计划，指出面对山区平均气温增长促进经济、旅游活动多样化的途径。

第六编　饮　　食

第一章　支持造成少量温室气体排放、针对所有人的健康可持续饮食

第252条

1.《农村与海洋渔业法典》第L.230－5－6条，内容如下：

第L.230－5－6条

“1.公共或私有学校集体食堂服务管理人每周至少提供一次素食菜单。该菜单由动物或植物蛋白构成且遵守第L.230－5条规定的与膳食营养质量有关的规则。管理人应当优先考虑采购符合质量或环保要求的农产品和食品。

2.根据法律规定的确保膳食营养平衡的条件且按照人群饮食需求，如学校食堂儿童年龄需求，志愿性地方行政区域以试验的形式，在负责管理的学校集体食堂服务中每天提供素食菜单的选择。

该试验自2021年8月22日关于应对气候变化和加强气候抗御力的第2021－1104号法公布之日开始，为期两年。针对该试验的地区普及情况、对气候造成的影响、有关机构采购贴有本法典第L.230－5－1条规定的标志或标签的优质产品的变化情况、食物浪费、就餐率、膳食成本和膳食营养质量，进行评估。志愿行政区域将参与试验的情况告知区级国家代表，以便接受评估。政府应当向议会提交该评估总结报告，并在试验结束前6个月内公开。

该评估涉及提供单份菜单的学校食堂的适用方式，并采纳国家食品、环境、职业卫生安全局有关素食膳食营养质量的意见以及根据2018年10月30日关于农业与食品业商业关系的平衡和健康、可持续、面向所有人群的饮食的第2018－938号法起草的《农村与海洋渔业法典》第L.230－5－6条规定的评估，以便推广该试验。

3.在2023年1月1日前，鉴于国家、公共机构和国家公有企业的公有和私有集体食堂服务管理人经常性提供多种选择的菜单，该管理人应当每天提供素食菜单的选择，并优先考虑采购符合质量或环保要求的农产品和食品。

4.在第L.230－5－5条规定的地区膳食委员会的框架下，在试验进行期间，组织地方行政区域、其群组和区级国家代表之间的协商，确保该试验的实施。在协商期间，应当告知第L.230－5－6－1条提及的援助工具。”

2.在《农村与海洋渔业法典》第L.230－5－6条后新增第L.230－5－6－1条：“第L.230－5－6－1条　自2021年8月22日关于应对气候变化和加强气候抗御力

的第2021－1104号法颁布之日起1年内,针对位于参加本法典第L.230－5－6条第2款规定的试验的志愿地方行政区域的公法人和负责公共集体食堂的私有企业,政府提供有关决定、地区采购业构造、招标合同起草和每天提供素食菜单的相关人员培训的援助工具。第L.230－5－1条第1款和第4款提及的集体食堂主管人应当采取包括员工培训在内的一切必要的方法,保障膳食质量和营养平衡,实现本章规定的目标。该培训涉及菜单内蛋白质的多样化,反对食物浪费,可持续、优质的采购,以及塑料替代品。"

第253条 在本法颁布后两年内,与烹饪有关的在职和初始培训将有关人类膳食中蛋白质来源多元化对健康和环境的益处的课程模块纳入培训参考目录中。

第254条 《农村与海洋渔业法典》第L.230－5条修改如下:

(1)在第1段后新增1段:"第1段提及的规则规定排除由动物细胞或组织培养构成、分离或生产的食物。"

(2)第3段第1句,由"第三"取代"第二"。

第255条 [根据宪法委员会2021年8月13日(DC)2021－825号决定,宣布本条与《宪法》不符]

第256条 作为反对食物浪费的试验,基于自愿原则,由公法人负责管理的公共或私有集体食堂服务管理人应当提出膳食保存的方案,按照实际需要的膳食数量进行采购,并针对各个方案,在条件允许的情况下,提供备选方案。

该试验自本法颁布之日开始,为期3年。针对该试验的食物浪费的变化情况、就餐率的变化情况和顾客的满意程度进行评估。在距离试验结束6个月前,向议会提交该评估结果。

法令规定本条的适用方式。

第257条

1.《农村与海洋渔业法典》第二卷第三编序章修改如下:

(1)第L.230－5－1条修改如下:

(a)第1款修改如下:

在第1项后新增第1(2)项:"1(2)根据《公共采购法典》的规定,按照在环境保护和农产品直接采购发展方面的表现,进行产品采购。"

在第3项后新增第3(2)项:"3(2)或来自2005年8月2日关于鼓励中小型企业的第2005－882号法第60条规定的公平贸易。"

第6项,由"2026年"取代"2029年"。

第7项,由"2027年"取代"2030年"。

新增一段:"在2024年1月1日前,按价值计算,符合本条第1款规定的牛肉、猪肉、羊肉和禽肉及水产品应当至少占提供的牛肉、猪肉、羊肉和禽肉以及水产品比例的60%。在国家、公共机构和国家公共企业管理的集体食堂中,该比例为100%。”

(b)第2款,删除“采购的产品来自2005年8月2日关于鼓励中小型企业的第2005-882号法第60条规定的公平贸易以及”。

(c)第2款新增1段:“当确定根据农产品和食品的公共供应或服务合同需要满足的性质和程度时,本条第1款第1段提及的公法人应当考虑保持食品新鲜程度的条件、对应季性食品的需求和产品的预期加工水平。”

(d)新增第4、5款:

“4. 自2024年1月1日起,本条规定的规则适用于由私法人负责管理的集体食堂提供的膳食。

5. 自2021年8月22日关于应对气候变化和加强气候抗御力的第2021-1104号法公布之日起,政府应当向议会提交关于本条的适用情况的年度统计总结,并于1月1日公开该总结。

该总结旨在向议会说明:

(1)提供的优质产品中不同类型食品的比例;

(2)符合本条规定的各项标准所提供的优质产品的比例;

(3)符合本条规定各项标准的来自短渠道或产自法国的优质产品的比例。”

(2)废除第L.230-5-2条;

(3)第L.230-5-3条,内容如下:

“第L.230-5-3条　负责管理集体食堂的法人在食堂入口设立永久性标示,告知集体食堂用餐者有关第L.230-5-1条第1款规定的产品比例以及地方食品项目涉及的产品在提供的膳食中的比例。该实体标示每年至少更新一次,所有用餐者均可阅读,通过电子形式传阅的标示内容每年至少更新一次。”

(4)第L.230-5-4条,删除“第L.230-5-1条和第L.230-5-2条提及的法人负责管理的”。

2. 第1款第3项于2022年1月1日生效。

3. 第1款第2项和第4项于2024年1月1日生效。

第258条　《教育法典》第L.421-23条第2款修改如下:

(1)第3段第2句,由“规定的有关农产品和食品的采购目标”取代“规定的”;

(2)最后一段新增1句:“包含与学校食堂有关的部分,旨在响应《农村与海洋渔业法典》第L.230-5-1条规定的目标。”

第259条

1. 自本法颁布之日起两个月内,政府应当向议会提交一份中期报告,说明建立“长期食品支票”的方式和期限,以及采取的相关行动。

2. 自本法颁布之日起6个月内,政府应当向议会提交一份报告,说明第1款提及的“长期食品支票”的实施条件,其中包括受益人、合格产品、面值、期限、评估和监测程序、分配程序、为确保合格产品的供需良好匹配而实施的措施、提高优质食品意识的支票配套措施以及该措施的融资。

第260条 《社会行动与家庭法典》第L. 266-2条第1段第2句,在“援助”一词后新增“旨在满足数量需求,同时尽可能考虑到食品质量标准,”。

第261条 根据本法第60(4)条起草的《农村与海洋渔业法典》第L. 1条第1款第(18)项,新增“自即日起至2030年1月1日,将法国的豆科植物种植面积提高至8%”。

第262条 在《农村与海洋渔业法典》第L. 1条第1款第10项后新增第10(2)项:“10(2)承认并更好地利用有关环境服务和土地使用规划的农业的积极外部因素。”

第263条 《农村与海洋渔业法典》第L. 1条第2款,新增两段:

“根据该地区的需求,国家推动保护和设立树篱和地块内树阵,旨在储存碳,保护用于生物防治的生物庇护场所,防范土壤侵蚀,改善水体质量和土壤渗水。

国家推动农业用地中永久性草地的保护,以便对其实施可持续性管理,将农业生产与碳储存和生物多样性的积极外部因素结合。”

第264条 《农村与海洋渔业法典》第L. 1条第1款修改如下:

(1)在第1段后新增第1(A)项:“1(A)通过维护法国的农业模式以及食品的质量和安全,保护农民免受来自不符合欧洲法规标准的生产系统的进口产品的不公平竞争,保障并针对受影响最大的行业恢复法国的粮食主权,并在国际上促进法国的粮食独立。”

(2)废除第18项。

(3)第19项变为第18项。

(4)第20项变为第19项。

(5)第21项变为第20项。

第265条

1.《农村与海洋渔业法典》第L. 1条第3款修改如下:

(1)由以下两段取代第2段:

“国家食品、营养和气候战略规定可持续食品政策的准则,即减少温室气体排放，尊重人类健康，保护生物多样性，促进第 1 款第 1 项提及的农业系统和地区粮食系统的抗御力，保证粮食主权。同时，该国家战略以国家粮食计划和《公共卫生法典》第 L. 3231 – 1 条规定的国家营养和健康计划为基础，规定营养政策的准则。

国家粮食计划涉及粮食主权、社会正义、青年粮食教育，包括推动与粮食有关的技能和反对食物浪费。为了确保该政策落地，该计划规定地方行政区域参与实现目标的方式。根据同法典第 L. 3231 – 1 条规定的国家营养和健康计划的准则，该计划提出教育和信息领域的行动类别，以推动膳食均衡和多样化，鼓励购买当地产品和季节性产品，促进膳食营养和提高感官质量。

(2)第 3 段，增加 1 句“该计划鼓励作物多样性，以加强法国农艺的丰富程度和种植、养殖的生物多样性，尤其是针对由于缺乏竞争力，膳食中依靠大量进口的作物。”

2.《公共卫生法典》第 L. 3231 – 1 条修改如下：

(1)第 1 段，新增“根据《农村与海洋渔业法典》第 L. 1 条第 3 款规定的国家膳食、营养和气候战略的准则”；

(2)最后一段，新增“根据国家膳食、营养和气候战略的准则”。

3. 本条于 2023 年 7 月 1 日生效。

第 266 条

1.《农村与海洋渔业法典》第一卷第一编第一章修改如下：

(1)开头，新增第一节，标题为“农村地区规划和可持续发展政策”。该节包括第 L. 111 – 1 条和第 L. 111 – 2 条。

(2)在第 L. 111 – 2 条后新增第二节，标题为“地区粮食政策”。该节包括第 L. 111 – 2 – 1 条和第 L. 111 – 2 – 2 条。

(3)第 L. 111 – 2 – 2 条修改如下：

(a)第 1 段第 2 句，新增“或在第 L. 611 – 6 条规定的集体环境认证措施的框架下”。

(b)同第 1 段，新增 1 句：“针对健康、可持续、面对所有人群的饮食区域化产业链，促进该产业链应对经济和环境风险的抗御力，保障国家粮食主权。”

(c)第 2 段，内容如下：

“在国家及其公共机构、地方行政区域、协会、第 L. 315 – 1 条规定的经济和环境利益集团、农业从业人员和区域内其他个体的倡议下，以利益伙伴合同形式正式成立。”

(d)在同第 2 段后新增 4 段：

“针对合同涉及的所有农业活动,项目负责人可以采取第 L. 611 – 6 条规定的集体环境认证措施。

区域粮食计划符合地区可持续农业计划目标和第 L. 1 条提及的战略。

在人口密集地区,该计划有利于促进当地粮食自主,并为城市农业发展作出贡献。

全国性区域粮食计划网络应当跟进区域粮食计划的落实情况,鼓励良好的措施,并作为监测性工具,服务地方行政区域。”

(4)新增第三节,标题为“其他条款”。该节包括第 L. 111 – 3 条和第 L. 111 – 5 条。

2. 在 2023 年 1 月 1 日前,国家监督各省至少开展一项区域粮食计划。

第 267 条 《农村与海洋渔业法典》修改如下:

(1)第 L. 230 – 2 条第 1 段后新增 1 段:“根据第 1 段,为了落实在粮食领域的行动,在尊重商业机密的前提下,国家可以向提出要求的地方行政区域提供任何企业法律种类的食品生产商、加工商和经销商提供的与产品的生产、进口、加工、销售和消费有关的技术、经济或社会经济性质的数据。”

(2)在“提交”一词后,第 L. 230 – 5 – 8 条末尾改为:“《环境法典》第 L. 541 – 15 – 10 条第 3 款第 6 段”。

第二章 发展农业生态

第一节 规划条款

第 268 条

1. 法令规定减少农业活动氧化亚氮和氨气排放的年度计划,逐步实现 2030 年氨气排放比 2005 年减少 13% 的目标和 2030 年氧化亚氮排放比 2015 年减少 15% 的目标。

2. 在《农村与海洋渔业法典》第二卷第五编第五章第一节后新增第一(乙)节:

“第一(乙)节 减少使用矿物氮肥产生的氨气和一氧化二氮排放的国家行动计划

第 L. 255 – 1 – 1 条 为了实现 2030 年氨气排放量比 2005 年减少 13% 的目标和 2030 年氧化亚氮排放量比 2015 年降低 15% 的目标,根据 2021 年 8 月 22 日关于应对气候变化和加强气候抗御力的第 2021 – 1104 号法第 268 条第 1 款提及的法令规定的计划,推出减少由于矿物氮肥的使用产生的氨气和一氧化二氮排放的国家行动计划,包括监测所设定目标的指标。

经综合所有利益相关方的协商和监测机构的意见,通过国家行动计划并予以公开。法令规定该机构的组成。

本条第 1 段规定的国家行动计划提出,要利用所有措施和做法,包括更好地识别造成的相关影响以及减少与矿物氮肥使用量有关的氨气和一氧化二氮排放的方法,鼓励合理使用矿物氮肥,支持种植和农艺实践的发展,关注健康、环境和经济问题。该计划会建立一份现有技术的清单和一份用于研究、培训和支持农业从业人员的公共资金和措施的清单,以找到更合理的或替代的解决方案和做法,鼓励有机氮肥和对环境友好的设备的使用。”

3. 针对有利于气候的公共政策的目标,根据对《农村与海洋渔业法典》第 L. 255 – 1 – 1 条规定的国家行动计划进行的监测,如果连续两年未达到本条第 1 款规定的减少由矿物氮肥使用产生的氨气和氧化亚氮排放的目标,应当在保证相关农业产业链的经济可行性的前提下,考虑对使用矿物氮肥的征费,避免造成与其他欧盟成员国现行措施的恶意竞争。

为此,政府应当采取预见性和预防性措施,在 1 年内向议会提交一份报告,分析比率、基数和分配给农业生态转型的收入的条件,并根据该条件,建立收费项目,以促进减排。该报告应当研究收费项目的建立对经济、社会和环境带来的影响,其中包括对各产业链农业从业人员的经济可行性的影响。针对不同类型化肥的使用造成的氨气和一氧化二氮排放因素,该报告应当根据该因素设定不同比率。

4. 自本法颁布之日起 1 年内,政府应当向议会提交一份报告,跟进《农村与海洋渔业法典》第 L. 255 – 1 – 1 条提及的减少由于矿物氮肥的使用产生的氨气和一氧化二氮排放的国家行动计划,并跟进减少农业活动造成的氨气和一氧化二氮排放的情况。该报告每年提交一次。

第 269 条

1.《农村与海洋渔业法典》第二卷第五编第五章第二节,新增第 L. 255 – 13 – 1 条:

“第 L. 255 – 13 – 1 条

1. 禁止《公法人所有权一般法典》第 L. 1 条提及的公法人使用或安排使用合成肥料,以提高公共或私有地区非农业用地的土壤肥力。

2. 禁止销售、运输、使用和扣留非专业用途的合成肥料。

3. 针对非第 L. 143 – 1 条第 1 段规定的农业用地,禁止在该地范围内私有地产使用非农业用途的合成肥料。

4. 本条第 1 款和第 3 款规定的禁令不适用于包括赛马场和赛马训练基地在内

的体育设施。针对该设施，为保证体育活动的正常进行，合成肥料的使用是正当的。在 2025 年 1 月 1 日前，经与相关个体协商，根据用于维护体育设施的合成肥料的使用及其影响的总结，体育部长和环境部长负责制订一份路线图，设定时间期限和可量化目标，并说明如何普及有关维护体育设施质量的良好措施。

5. 第 1 款至第 3 款提及的禁令不适用于有机耕作和维护历史遗迹使用到的肥料。

法令规定本条的适用方式。"

2. 自本法颁布之日起两年内，政府应当向议会提交一份报告，根据《农村与海洋渔业法典》第 L. 255 – 13 – 1 条规定的条件，评估禁止在非农业用地和体育设施使用合成肥料的实施条件。

3. 本条第 1 款于《农村与海洋渔业法典》第 L. 255 – 13 – 1 条最后一段提及的法令规定的日期生效，最晚不超过 2027 年 1 月 1 日。

第二节　其他条款

第 270 条

1.《环境法典》第一卷第一编新增第 L. 110 – 6 条：

"第 L. 110 – 6 条

针对直接或间接造成国家领土以外毁林、森林退化或自然生态系统退化的原材料和加工产品，为了停止进口该类产品，国家应当制订并实施减少毁林国家战略。该战略至少每 5 年更新一次。

根据第 1 段提及的战略，建立国家减少毁林平台。该平台旨在协助公司和公共采购商供应链转型，并鼓励选择可持续、可溯源和对热带森林、自然生态系统及当地社区和土著居民友好的原材料。"

2. 自本法颁布之日起 1 年内，政府应当向议会提交一份报告，说明《环境法典》第 L. 110 – 6 条提及的打击进口毁林国家平台的运行情况以及提供经济和地图数据的条件。

第 271 条　《海关法典》第二编第三章新增第 59 之十五条："第 59 之十五条　针对有助于提高农业原材料供应链透明度和可溯源性的信息、数据和文件，负责实施《环境法典》第 L. 110 – 6 条规定的减少毁林国家战略的环境部专员以及海关和间接税总局专员可以自发或应要求相互交换。"

第 272 条　《环境法典》第一卷第一编新增第 L. 110 – 7 条：

"第 L. 110 – 7 条　根据第 L. 110 – 6 条提及的国家战略，针对直接造成国家领土以外毁林、森林退化或自然生态系统退化的商品,国家应当设定不再购买该商品的目标。

法令对该目标进行阶段化划分,其中 2022 ~ 2026 年为一个阶段,此后每 5 年为一个阶段。"

第 273 条

1. 在《商法典》第 L. 225 - 102 - 4 条第 1 款第 3 段后新增两段:

"针对生产或销售农业或林业产品的企业,该计划包括合理的警戒措施,以识别风险,并防范与生产和运输到法国的进口商品和服务有关的毁林行为的发生。

决议规定本条第 1 款第 4 段提及的企业类型。"

2. 本条于 2024 年 1 月 1 日生效。

第 274 条 《农村与海洋渔业法典》序卷新增第 L. 4 条:

"第 L. 4 条 根据本文件适用的条款,欧盟法律规定的国家战略计划文件中为实施共同农业政策而制定的目标符合《环境法典》第 L. 222 - 1B 条规定的低碳战略、同法典第 L. 110 - 3 条规定的国家生物多样性战略、《公共卫生法典》第L. 1311 - 6 条规定的防范环境卫生风险国家计划,以及《环境法典》第 L. 110 - 6 条提及的减少毁林国家战略。为实现目标而采取的行动监测措施,包括气候和生物多样性的成效指标。定期对该目标的实现情况进行评估。

成效报告包括本条第 1 段提及的监测措施规定的指标。每年应当向议会和经济、社会和环境委员会提交该报告,并予以公布。同时应当向议会和经济、社会和环境委员会提交规划文件、修改文件、为实现第 1 段提及的目标而实施的行动计划以及欧盟法律规定的评估,并予以公布。"

第 275 条

1. 2005 年 8 月 2 日关于鼓励中小型企业的第 2005 - 882 号法第 60 条修改如下:

(1)第 2 款第 5 段,在"产业链"一词后新增"利用对环境和生物多样性友好的生产和经营方式,如粮食产业链的农业生态,和"。

(2)第 2(2)款,在"第 2 款"一词后新增"根据第 3 款规定的条件,受担保制度的约束的或符合认可的标签的"。

(3)第 3 款,由"为期 3 年,可以续约,由国家企业社会责任行动平台规定其任务和组成。该平台的成员包括一名议员和一名参议员"取代"根据规定的方式,由委员会"。

2. 第 1 款第 2 项于 2023 年 1 月 1 日生效。

第 276 条 在《农村与海洋渔业法典》第 L. 640 - 2 条后新增第 L. 640 - 2 - 1 条:

“第 L. 640 –2 –1 条　根据欧盟法规,在不违反第 L. 640 –2 条的情况下,未加工或已加工的农业、林业、食品和水产品可以携带自有标志。该自有标志属于集体性措施,申领时应当符合具体规格细则,以确保特定的质量、环保的生产条件或农业生产者的合理报酬,区别于其他销售的产品。

应当定期检查该规格细则的实施情况以及带有该标签的产品是否符合该规格细则。”

第 277 条　《消费者法典》第一卷第一编第三章修改如下:

(1)标题内容如下:“其他信息。”

(2)开头新增第一节,标题为:“产品生产社会条件信息。”该节包括第 L. 113 –1 条和第 L. 113 –2 条。

(3)新增第二节:

“第二节　新鲜水果和蔬菜季节性信息

第 L. 113 –3 条　超过 400 平方米的食品零售商店应当全年向消费者提供清晰易读的信息,说明其出售的新鲜水果和蔬菜的季节性。该信息可以通过电子形式标示。

根据产品原产地,法规规定本条的适用方式,尤其是针对温室水果和蔬菜。

第 L. 113 –4 条　针对任何违反第 L. 113 –3 条规定的标示义务的行为,对自然人处行政罚款,不超过 3000 欧元,对法人处行政罚款,不超过 15, 000 欧元。在第五卷第二编第二章规定的条件下,宣判该罚款。”

第 278 条　《农村与海洋渔业法典》第 L. 640 –1 条新增 1 段:“针对农业生态措施、可持续原材料的使用、负责任的加工方法以及当地生产和消费渠道,鼓励构建对环境和生物多样性友好的产业链。”

第七编　加强对环境的司法保护

第 279 条

1. 在《环境法典》第 L. 173 –3 条后新增第 L. 173 –3 –1 条:

“第 L. 173 –3 –1 条　当动物、植物或水体质量直接受到危害程度高且持续时间长的风险的影响时,针对第 L. 173 –1 条和第 L. 173 –2 条规定的行为,处 3 年监禁和 250, 000 欧元罚金。该罚金金额最高可达违法行为所得利益的 3 倍。

根据本条,危害的持续时间长是指持续 7 年以上。

《刑法典》第 131 –38 条第 1 段仅适用于以绝对值表示的罚金金额。”

2.《环境法典》第 L. 541 –46 条,新增第 10 款:

"10. 当动物、植物或水体质量直接受到危害程度高且持续时间长的风险的影响时,根据第 L. 541 – 3 条第 1 款,针对违抗正式通知的行为,处 3 年监禁和 250,000 欧元罚金。该罚金金额最高可达违法行为所得利益的 3 倍。

根据本条,危害的持续时间长是指持续 7 年以上。"

3.《交通法典》第 L. 1252 – 5 条修改如下:

(1)第 1 段开头新增"1."。

(2)新增第 2 款:

"2. 当动物、植物或水体质量直接受到危害程度高且持续时间长的风险的影响时,根据第 1 款,针对违抗正式通知的行为,处 3 年监禁和 250,000 欧元罚金。该罚金金额最高可达违法行为所得利益的 3 倍。

根据本条,危害的持续时间长是指持续 7 年以上。

《刑法典》第 131 – 38 条第 1 段仅适用于以绝对值表示的罚金金额。"

4.《交通法典》第 L. 1252 – 6 条和第 L. 1252 – 7 条第 1 段,由"第 1 款的"取代"由"。

第 280 条

1.《环境法典》修改如下:

(1)第 L. 172 – 1 条第 2 款第 1 项,在"第一编"一词后新增"和第三编"。

(2)第 L. 173 – 8 条修改如下:

(a)在"在"一词后新增"第 1 项";

(b)由",第 9 项和第 12 项"取代"第 9 项"。

(3)第一卷第七编第三章新增第 L. 173 – 13 条:"第 L. 173 – 13 条　针对再犯的情况,第 L. 173 – 3 条第 2 项和第 3 项、本法典第 L. 216 – 6 条、第 L. 218 – 11 条、第 L. 218 – 34 条、第 L. 218 – 48 条、第 L. 218 – 64 条、第 L. 218 – 73 条、第 L. 218 – 84 条、第 L. 226 – 9 条、第 L. 231 – 1 条至第 L. 231 – 3 条、第 L. 415 – 3 条、第 L. 415 – 6 条、第 L. 432 – 2 条、第 L. 432 – 3 条和第 L. 436 – 7 条、《采矿法典》第 L. 512 – 2 条规定的违法行为被视为同一违法行为。"

(4)第二卷新增第三编:

"第三编　对物理环境的危害

独立章节

第 L. 231 – 1 条　针对明显故意违反法律、法规规定的出于谨慎、安全的特殊义务,在领海范围内直接或间接向空气中排放、投掷、泄漏一种或多种物质或允许该物质流入地表、地下水或进入海洋的行为,当该物质或由该物质引起的反应对健康、植物、动物造成除第 L. 218 – 73 条和第 L. 432 – 2 条提及的损害外的严重和持久的有害影响时,或严重影响正常水供应制度时,处 5 年监禁和 100 万欧元罚金,该罚金金额最高可达违法行为所得利益的 5 倍。

本条第 1 段不适用于:

(1)关于向空气中的排放,针对超过有权行政机关决定规定的排放限值;

(2)关于授权的排放和授权物质的使用,针对违抗有权行政机关规定的要求。

对健康造成的持久性有害影响或对植物、动物造成的持久性损害是指持续时间超过 7 年的有害影响或损害。

自发现损害之日起,开始计算本条第 1 段提及的犯罪行为诉讼时效期间。

第 L. 231 –2 条　针对在违反第五卷第四编第一章的条件下遗弃、堆放或导致堆放废弃物的行为和未按照第 L. 541 –2 条、第 L. 541 –2 –1 条、第 L. 541 –7 –2 条、第 L. 541 –21 –1 条和第 L. 541 –22 条规定的特征、数量、处理废弃物的技术条件和处理流程对废弃物进行第 L. 541 –1 –1 条提及的管理的行为,当该行为对动物、植物、空气、土壤或水体质量造成严重损害时,处 3 年监禁和 150,000 欧元罚金。

自发现损害之日起,开始计算本条第 1 段提及的犯罪行为诉讼时效期间。

第 L. 231 –3 条　当故意进行该行为时,第 L. 231 –1 条规定的违法行为构成生态灭绝。

当故意进行的该行为对动物、植物、空气、土壤或水体质量造成严重损害时,第 L. 231 –2 条规定的违法行为构成生态灭绝。

第 L. 231 –1 条和第 L. 231 –2 条规定的监禁期限提高至 10 年。

第 L. 231 –1 条和第 L. 231 –2 条规定的罚金提高至 450 万欧元,该罚金金额最高可达违法行为所得利益的 10 倍。

对健康造成的持久性有害影响或对植物、动物、土壤和地表、地下水质量造成的持久性损害是指持续时间超过 7 年的有害影响或损害。

自发现损害之日起,开始计算本条第 1 段提及的犯罪行为诉讼时效期间。”

(5)第 L. 512 –16 条和第 L. 555 –2 条第 1 段,由“第 L. 216 –13 条、第 L. 231 –1 条和第 L. 231 –2 条”取代“和第 L. 216 –13 条”。

2.《税务程序守则》第 L. 135P 条,由“同法典第 L. 216 –6 条、第 L. 231 –1 条和第 L. 231 –2 条”取代“和上述法典第 L. 216 –6 条”。

3. 在本法公布前根据《环境法典》第 L. 172 –1 条第 3 款派发给环境监督员的调查和记录《环境法典》第 L. 216 –6 条规定的违法行为的任务与自本法公布之日起调查和记录《环境法典》第 L. 231 –1 条至第 L. 231 –3 条规定的违法行为的任务效力等同。

第 281 条　根据本法第 280 条起草的《环境法典》第二卷第三编独立章节新增

第 L. 231 – 4 条和第 L. 231 – 5 条：

“第 L. 231 – 4 条　针对第 L. 173 – 3 条和第 L. 231 – 1 条至第 L. 231 – 3 条规定的违法行为：

(1) 根据第 L. 173 – 9 条规定的程序，法院可以要求罪犯对自然环境进行修复；

(2)《刑法典》第 131 – 38 条第 1 段仅适用于以绝对值表示的罚金。

第 L. 231 – 5 条　除司法警察长官和专员以及第 L. 172 – 1 条提及的环境监督员外，授权以下人员调查和记录本节的违法行为：

(1) 海关专员；

(2) 符合第五卷第九编第六章规定的条件的核安全检查员；

(3) 因其在林业方面的能力受托并宣誓的国家林业局专员；

(4) 在第 L. 332 – 20 条规定的条件下履行职务的第 L. 332 – 20 条提及的自然保护区专员；

(5) 拥有《消费者法典》第 L. 511 – 22 条第 1 款规定权力的竞争、消费者事务和反欺诈专员；

(6) 中央实验室的工程师和技术人员，以及警察局卫生检查员；

(7) 乡村警察。”

第 282 条　《环境法典》第一卷第七编第一章第一节新增第 L. 171 – 5 – 2 条：

“第 L. 171 – 5 – 2 条　为了确保履行本章第二节规定的行政警察的任务和记录《能源法典》第一卷第四编第二章第二节第三分节规定的受到行政处罚的违法行为，负责本法典第 L. 170 – 1 条规定的检查专员和《能源法典》第 L. 142 – 21 条提及的专员可以在对本法典第 L. 511 – 1 条的设施和第 L. 214 – 1 条和第 L. 214 – 2 条适用、经《能源法典》第五卷第一编授权或经同法典转让的水利工程进行检查期间，使用安装在由远程飞行员操作的无人驾驶飞机上的摄像头和传感器，采集、保存和传输图片以及物理、化学数据。

仅经过相关培训且获得授权的专员在需要该数据以履行任务时，可以获取保存的数据。

应当告知协助检查的场地使用人或其代表检查过程中使用无人驾驶飞机的情况。根据本法典第 L. 171 – 2 条或《能源法典》第 L. 142 – 23 条，当自由及羁押法官命令授权造访该场地时，应当事先通知该无人驾驶飞机的使用意图。

仅在以下情况下，可以使用本条第 1 段提及的飞机：

(1) 与使用飞机相比，开展检查所需的技术、物理条件造成地面调查困难或可靠性降低；

(2) 空中勘察能更好保证检查人员的安全；

(3)地面调查造成过多的行政开支。

当在公共区域实施第 1 段提及的措施时,不得拍摄住房内部以及入口的画面。

仅在履行任务和调查上述第 1 段提及的违法行为所需监视的场所或场所附近使用第 1 段提及的摄像头。数据的保存非永久性,且仅在最后一段规定的法令授权的情况下,按照环境部部长提出的合理使用原则,对数据进行保存。

摄像头配备有技术装置,以确保所采集数据的完整性。禁止通过自动面部识别装置对摄像头的图像进行分析。禁止将所采集的个人数据与其他个人数据处理装置进行自动互联、匹配或关联。

新型技术的使用不得影响相关人员行使 1978 年 1 月 6 日关于信息、文件与自由的第 78 – 17 号法规定的权利。

当与在公共区域采取的该措施有关的信息保存涉及行政复议时,保存该信息至行政复议结束。针对行政诉讼,保存该信息至行政诉讼结束且其他诉讼程序完成。当不涉及行政复议时,保存期限为 6 个月,当包含个人数据时,保存期限为 30 天。

经国家信息与自由委员会意见,最高行政法院法令应当规定本条的适用方式。"

第 283 条 《农村与海洋渔业法典》第九卷第四编第一章第二节新增第L. 941 – 9 条:

"第 L. 941 – 9 条 为了确保履行第 L. 941 – 1 条规定的行政警察的任务和记录本编规定的受到行政处罚的违法行为,负责海洋渔业监察的专员可以使用安装在由远程飞行员操作的无人驾驶飞机上的摄像头和传感器,并采集、保存和传输图片以及物理数据。仅第 L. 942 – 1 条提及的专员在需要该数据以履行任务时,可以获取保存的数据。

仅在执行海上监查任务或在法国领海和管辖海域确保履行本卷条款规定时,可以使用本条第 1 段提及的飞机。使用飞机时应当说明每次执行任务的情况。飞机的使用时长视任务情况而定,不得持续使用。

摄像头配备有技术装置,以确保所采集数据的完整性。

当在公共区域实施第 1 段提及的措施时,不得拍摄私人领地或住宅的画面。

当与在公共区域采取的该措施有关的信息保存涉及行政复议时,保存该信息至行政复议结束。针对行政诉讼,保存该信息至行政诉讼结束且其他诉讼程序完成。当不涉及行政复议时,保存期限为 6 个月。

除紧急情况外,若拍摄可能直接或间接识别自然人,应当在飞行前通知可能涉及的人群。

新型技术的使用不得影响相关人员行使 1978 年 1 月 6 日关于信息、文件与自由的第 78 – 17 号法规定的权利。

经国家信息与自由委员会意见，最高行政法院法令应当规定本条的适用方式，包括倒数第二段规定的面向公众的宣传方式。”

第 284 条 《环境法典》第 L. 216 – 13 条第 1 段开头：“针对违反第 L. 181 – 12 条、第 L. 211 – 2 条、第 L. 211 – 3 条和第 L. 214 – 1 条至第 L. 214 – 6 条提及的规定或本法典第 L. 171 – 7 条或《采矿法典》第 L. 111 – 13 条提及的措施，法官……（其余保持不变）。”

第 285 条 《环境法典》第 L. 332 – 20 条第 1 款最后一段修改如下：

（1）由“和第 L. 172 – 8 条”取代“第 L. 172 – 9 条”；

（2）由“，第 L. 172 – 16 条和第 L. 174 – 2 条”取代“和第 L. 172 – 16 条”。

第 286 条

1.《环境法典》第二卷第一编第八章修改如下：

（1）第 L. 218 – 11 条修改如下：

（a）第 1 段，由“100,000 欧元”取代“50,000 欧元”；

（b）最后一段，由“200,000 欧元”取代“100,000 欧元”。

（2）第 L. 218 – 34 条修改如下：

（a）第 1 款，由“100,000 欧元”取代“18,000 欧元”；

（b）新增第 5 款：“5. 该罚款金额最高可达违法行为所得利益的两倍。《刑法典》第 131 – 38 条第 1 段仅适用于本条规定的以绝对值表示的罚金金额。”

（3）第 L. 218 – 48 条修改如下：

（a）第 1 段，由“100,000 欧元”取代“18,000 欧元”；

（b）新增 1 段：“该罚款金额最高可达违法行为所得利益的两倍。《刑法典》第 131 – 38 条第 1 段仅适用于本条规定的以绝对值表示的罚金金额。”

（4）第 L. 218 – 64 条修改如下：

（a）第 1 段，由“100,000 欧元”取代“75,000 欧元”；

（b）新增 1 段：“该罚款金额最高可达违法行为所得利益的两倍。《刑法典》第 131 – 38 条第 1 段仅适用于本条规定的以绝对值表示的罚金金额。”

（5）第 L. 218 – 73 条修改如下：

（a）开头删除“处 22,500 欧元罚款”。

（b）末尾新增“处 100,000 欧元罚款，该罚款金额最高可达违法行为所得利益的两倍。《刑法典》第 131 – 38 条第 1 段仅适用于本条规定的以绝对值表示的罚金金额”。

2.《环境法典》第三卷修改如下：

(1)第 L. 331 –26 条修改如下:

(a)第 1 段修改如下:

由“100,000 欧元”取代“75,000 欧元”;

新增 1 句:“该罚款金额最高可达违法行为所得利益的两倍。”

(b)新增 1 段:“《刑法典》第 131 –38 条第 1 段仅适用于本条规定的以绝对值表示的罚金金额。”

(2)第 L. 331 –27 条修改如下:

(a)末尾由“100,000 欧元罚款,该罚款金额最高可达违法行为所得利益的两倍”取代“75,000 欧元罚款”;

(b)新增 1 段:“《刑法典》第 131 –38 条第 1 段仅适用于以绝对值表示的罚金金额。”

(3)第 L. 332 –25 条修改如下:

(a)第 1 段末尾由“30,000 欧元罚款,该罚款金额最高可达违法行为所得利益的两倍”取代“9000 欧元罚款”:

(b)新增 1 段:“《刑法典》第 131 –38 条第 1 段仅适用于本条规定的以绝对值表示的罚金金额。”

(4)第 L. 341 –19 条修改如下:

(a)第 1 款第 1 段由“100,000 欧元”取代“30,000 欧元”。

(b)第 2 款新增 1 句:“第 2 款提及的罚款金额最高可达违反规定所得利益的两倍。”

(c)第 3 款第 1 段末尾,由“375,000 欧元罚款,该罚款金额最高可达违法行为所得利益的两倍”取代“300,000 欧元罚款”。

(d)新增第 4 款:“4.《刑法典》第 131 –38 条第 1 段仅适用于本条第 1 款至第 3 款规定的以绝对值表示的罚金金额。”

3.《环境法典》第四卷修改如下:

(1)第 L. 415 –3 –1 条第 1 款,新增 1 段:“本第 1 款第 1 段和倒数第 2 段提及的罚款金额最高可达违法行为所得利益的两倍。《刑法典》第 131 –38 条第 1 段仅适用于本条规定的以绝对值表示的罚金金额。”

(2)第 L. 436 –7 条第 1 段,由“100,000 欧元”取代“4500 欧元”。

(3)第 L. 436 –16 条,新增第 3 款:“3. 第 1 款和第 2 款提及的罚款金额最高可达违法行为所得利益的两倍。《刑法典》第 131 –38 条第 1 段仅适用于本条规定的以绝对值表示的罚金金额。”

(4)第 L. 437 –22 条第 2 段修改如下:

(a)末尾由“30,000 欧元罚款,该罚款金额最高可达违法行为所得利益的两倍”取代“3750 欧元罚款”。

(b)新增1句:“《刑法典》第131-38条第1段仅适用于本段规定的以绝对值表示的罚金金额。”

4.《环境法典》第L.635-2-1条第1段,在“第L.415-3-1条”一词后,新增“根据2021年8月22日关于应对气候变化和加强气候抗御力的第2021-1104号法起草的”。

5.《环境法典》第L.713-5条修改如下:

(1)第1项增加“该罚款金额最高可达违法行为所得利益的两倍”。

(2)第2项第1段末尾由“100,000 欧元罚款,该罚款金额最高可达违法行为所得利益的两倍”取代“30,000 欧元罚款”。

(3)第3项修改如下:

(a)由“375,000 欧元”取代“75,000 欧元”。

(b)新增1句:“第3项提及的罚款金额最高可达违法行为所得利益的两倍。”

(4)新增1段:“《刑法典》第131-38条第1段仅适用于本条规定的以绝对值表示的罚金金额。”

第287条 根据2004年2月27日关于法属波利尼西亚自治地位的第2004-192号组织法第21条,批准法属波利尼西亚的第LP.1611-7条、第LP.1612-7条、第LP.1640-1条、第LP.2300-1条、除第3款第3项外的第LP.2300-2条、第LP.2300-6条、第LP.3131-1条、第LP.3132-7条、第LP.3132-8条、第LP.3129-9条、第LP.3132-10条、除《国际防止船舶造成污染公约》附件4第8条规定的违法行为外第LP.3132-11条、第LP.3132-12条、第LP.3132-13条、第LP.3132-15条、第LP.4133-1条、第LP.4133-3条、第LP.4133-4条、除第7项外第LP.4272-1条和《法属波利尼西亚环境法典》第LP.4273-1条规定的监禁处罚。

第288条 《环境法典》第五卷序编:

“序编 防范技术风险高级委员会与技术调查

独立章节 技术调查

第一节 程序

第L.501-1条 1.应第L.501-5条提及的工业风险调查分析局负责人或环境部部长要求,针对在以下设施、矿井、网络和产品及设备出现的任何事故开展技术调查:

(1)第L.511-1条和第L.511-2条所指的环保设施;

(2)《采矿法典》第 L. 111 – 1 条和第 L. 112 – 1 条所指的矿地;

(3)本法典第 L. 554 – 5 条所指的地下、高架或水下的流体运输或分配网络;

(4)本卷第五编第七章所指的处于危险中的产品和设备;

(5)第 L. 551 – 2 条提及的基础设施。

针对在第 L. 515 – 32 条提及的设施出现的对动物、植物、空气、土壤或水体质量造成严重且持久损害的重大事故,应向欧盟委员会通报,并开展技术调查。

2. 作为本条第 1 款的例外,原核安全局特殊管辖内相关设施和活动仅接受第 L. 592 – 35条至第 L. 592 – 40 条规定的技术调查。

3. 本章不适用于由国防部长负责或由其担任有关行政主管的活动、设施、工程和作业。

4. 在不影响对第三方遭受的损害进行赔偿的情况下,国家可以要求相关设施和装置的经营者承担第 L. 501 – 5 条提及的工业风险调查分析局要求的对工业和科技风险或环境损害进行鉴定和分析的费用。

第 L. 501 – 2 条　第 L. 501 – 1 条规定的技术调查旨在改善安全和防范未来事故,而非定罪追责。

在不影响开展司法调查的情况下,技术调查涉及收集和分析有用信息,确定事故背景和原因,制订安全建议。

第 L. 501 – 3 条　第 L. 501 – 5 条提及的工业风险调查分析局应当制订一份技术调查报告,并在调查结束后以适当的形式公布。所有数据和证词均匿名提供。该报告仅包括确定事故背景、原因和对安全建议进行解释所需的调查信息。

在报告公布前,调查员可以向相关机构、企业和员工收集意见。调查员对磋商内容负有职业保密义务。

第 L. 501 – 4 条　1. 针对启动法律程序的情况,应当向共和国检察官提供技术调查报告副本。

2. 当开展技术调查时,应当告知负责环境事务的部长和具有领土管辖权的国家代表。

第二节　调查权利

第 L. 501 – 5 条　第 L. 501 – 1 条提及的技术调查由常设的专门机构工业风险调查分析局负责。

工业风险调查分析局的成员、该调查分析局设立的调查委员会的成员(如有)在该调查分析局提出要求时,调查和检查机构的成员、法国或外籍专家可以行使技术调查员职能,履行本条内容。

第 L. 501 – 6 条　在技术调查方面,当其他任何机关或机构的利益与其进行的任务产生冲突时,工业风险调查分析局和技术调查员应当独立行事,不得接受或寻求该机关或机构的指示。

第 L. 501 -7 条　根据第 L. 171 -1 条和第 L. 171 -2 条规定的条件,技术调查员可以立即进入事故现场,当场记录有用信息。

调查员应当在进行调查前,事先通知司法机关。

在有必要的情况下,技术调查员应当采取一切措施,保存证据以及维护现场安全。

第 L. 501 -8 条　技术调查员有权立即获取了解事故原因和背景的技术资料,并根据以下条件,使用该资料:

(1)当涉及司法调查时:

(a)仅在经共和国检察官或预审调查法官同意后,可以获取该资料。

(b)仅在经共和国检察官或预审调查法官同意后,技术调查员可以对该资料开展可能导致其修改、篡改或灭失的检查或分析。

(c)当未征得同意时,有权司法机关应当将展开的鉴定告知技术调查员。技术调查员有权参与鉴定并为了满足技术调查的需求,利用在鉴定范围内记录到的资料。

(d)对于司法当局先前扣押的物品,如果可以在不改变其所含数据的情况下进行复制,技术调查员可以在司法警察长官的监督下,提出申请,获取该资料,以制订一份其收集到的资料副本。

(2)当不涉及司法调查时:

(a)技术调查员可以获取有利于确定事故背景和原因的任何技术资料,用于检查或分析。

(b)当技术调查员为了满足调查需求,需要篡改或销毁该资料时,应当事先通知有权共和国检察官,以确保不展开任何司法调查。若该检察官展开司法调查,第 1 项规定的制度适用。

第 L. 501 -9 条　当不再需要事故背景和原因确定时,技术调查员应当立即归还扣留的物品或资料。

若在资料获取和归还期间,展开司法调查,收到事先归还资料通知的共和国检察官或预审调查法官可以对归还提出反对意见。

为了满足调查的需要,扣留、篡改或销毁的用于检查或分析的物品或文件,不享有任何赔偿权利。

第 L. 501 -10 条　技术调查员可以与任何相关人员会面,且在不违反职业保密规则的情况下,获得与事故有关的背景、企业、组织和材料的任何信息或文件,其中包括所涉及的设施或设备的设计、建造、维护和操作的信息或文件。调查员可以组织会面，不得有任何妨碍安全调查的人在场。除公共利益所需外，技术调查员不得将收集到的证词、信息和文件用于技术调查本身以外的任何目的。

根据同样的条件，技术调查员可以要求提供任何有关相关人员的培训、资格或职业能力的个人信息或文件。医疗信息仅可以向第 L. 501 - 11 条提及的医生提供。

当调查人员提出申请时，司法机关应当向其提供封存文件的副本。

第 L. 501 - 11 条　当技术调查员提出申请时，任职于常设机构或被指定协助技术调查员的医生应当向其提供从事故活动的参与人身上提取的检查结果或样本，以及有关受害者的法医报告。

第三节　有关司法调查保密和职业保密的条款

第 L. 501 - 12 条　根据《刑法典》第 226 - 13 条规定的条件和处罚，工业风险调查分析局员工和调查负责人应当遵守职业保密规则。

第 L. 501 - 13 条　1. 在不违反第 L. 501 - 12 条的情况下，工业风险调查分析局负责人有权向以下机构和单位提供技术调查信息，以防范事故的发生：

（1）安全行政机关；

（2）设计、生产、使用或维护事故中使用设施、设备的自然人和法人。

2. 工业风险调查分析局负责人有权在任务范围内公开与调查员进行的调查结果、技术调查的开展情况和临时性结论有关的技术信息。

第 L. 501 - 14 条　在《刑事诉讼法典》第 11 - 1 条规定的条件下，经共和国检察官或预审调查法官授权后，可以提供司法诉讼进行期间有关科学、技术研究或调查的资料，以防范事故发生。

第 L. 501 - 15 条　经共和国检察官同意后，可以向技术调查员提供有关司法调查或预审机密的信息或文件。

第 L. 501 - 16 条　在调查进行期间，工业风险调查分析局可以提供安全建议，以便立即采取安全措施，防范事故发生。

第四节　与技术调查有关的处罚

第 L. 501 - 17 条　针对以下妨碍第 L. 501 - 5 条提及的技术调查员的行动的情况，处 1 年监禁和 15,000 欧元罚金：

（1）妨碍技术调查员履行其职责；

（2）拒绝向技术调查员提供有用的数据、内容、材料、信息和文件，将其掩藏、篡改或销毁。

第 L. 501 - 18 条　根据《刑法典》第 121 - 2 条规定的条件，对本法典第L. 501 - 17 条规定的违法行为负刑事责任的法人，判处《刑法典》第 131 - 38 条规定的罚款和同法典第131－39条提及的处罚。

根据同法典第131－39条第2项,禁止进行与违法行为有关的活动。

第五节　适用条款

第L.501－19条　最高行政法院法令应当规定本章的适用条件,其中包括非工业风险调查分析局成员的技术调查员的任务的派发条件和第L.501－6条规定的调查委员会成员的任命条件。”

第289条　《环境法典》第L.515－19条第1款第1段,在“物理的”一词后新增“和纳税的”。

第290条

1.《环境法典》第L.173－5条修改如下:

(1)第2项第2句新增“,和临时性决定”;

(2)新增1段:“针对根据《刑事诉讼法》第495条至第495－6条规定的刑事指令简化程序或根据同法典第495－7条至第495－16条规定的庭前认罪答辩程序,对本法典规定的违法行为进行的定罪,可以同样的方式下令采取本条提及的措施。”

2.在《城市规划法典》第L.480－5条第1段后,新增1段:“针对根据《刑事诉讼法》第495条至第495－6条规定的刑事指令简化程序或根据同法典第495－7条至第495－16条规定的庭前认罪答辩程序,对第L.480－4条和第L.610－1条规定的违法行为进行的定罪,可以同样的方式下令采取本条提及的措施。”

第291条　《刑事诉讼法》第398－1条修改如下:

(1)第6项修改如下:

(a)删除“海洋渔业,”;

(b)由“自然遗产”取代“动物和植物”。

(2)在“城市化”一词后删除第7项末尾;

(3)第9项新增“海洋渔业”。

第292条　《刑事诉讼法》第41－1－3条修改如下:

(1)第2项新增“以及法国生物多样性局有权部门”;

(2)第5段第1句,在“环境”一词后新增“或法国生物多样性局有权部门”。

第293条　《环境法典》修改如下:

(1)第L.332－20条第1款新增1段:“该专员有权调查和记录违反《刑法典》中有关垃圾、废弃物、材料和其他物品丢弃的规定的行为。”

(2)第L.541－44条新增第9项:“(9)第L.332－20条提及的自然保护区专员在第L.332－20条规定的条件下履行职务。”

(3)第L.541－44－1条在“地区的”一词后新增“及其群组”。

第 294 条 《环境法典》第 L. 541 – 9 – 5 条修改如下:

(1)第 2 段新增 1 句:"根据同样的条件,环境部部长可以要求违规人员自决定规定的日期起每天支付最高 20,000 欧元的罚款,直到达到规定的措施所需的金额。"

(2)在同第 2 段后新增 1 段:

"针对违反第 L. 541 – 10 条规定的生产者责任延伸义务的情况,一方面根据生产者在违反义务期间年平均市场投放估计量;另一方面根据相关产业链生态组织的最大单位财务贡献和同产业链个人系统所承担的废弃物管理费用,规定本条第 2 段提及的金额。"

第 295 条 2020 年 12 月 24 日关于欧洲检察官办公室、环境正义和专门刑事司法的第 2020 – 1672 号法第 15 条至第 20 条规定针对由有权专员根据《环境法典》记录的违法行为追究刑事责任的比率和性质、与环境问题有关的判决次数以及处以的罚金金额。针对该条法律条款以及本法第 279 条和第 280 条,政府应当自本法颁布之日起两年内,向议会提交一份报告,说明其影响。该报告应当提出补充性法律措施,以确保有效且合理地对环境造成的破坏进行处罚。

第 296 条 自本法颁布之日起 1 年内,政府应当向议会提交一份报告,说明政府为推动认定生态灭绝属于犯罪且应当受到国际刑事法院审理而采取的行动。

第 297 条 自本法颁布之日起 1 年内,政府应当向议会提交一份报告,考虑在不改变现行法律的基础上,对与环境违法违规行为有关的刑事条款进行法律修改。

第八编 与气候和环境变化有关的条款

第 298 条 按照其协助议会对公共政策进行评估的职责,审计法院应当每年对本法规定的措施的实施情况进行评估,并公开评估报告。根据《环境法典》第 L. 132 – 4 条第 2 款第 2 项规定的职权,气候最高委员会应当为审计法院提供支持。政府应当对该报告作出回应,并公开回应的内容。

针对有关《能源法典》第 L. 100 – 1A 条规定的减少温室气体排放目标且经议会同意通过的法案,该法案的附件报告应当对政府、地方行政区域和企业根据《环境法典》第 L. 222 – 1B 条规定的国家低碳战略采取的行动进行总结,并说明碳预算的变化情况,以确保法国实现气候目标。

第 299 条 根据《环境法典》第 L. 132 – 4 条第 2 款第 2 项规定的职权,针对地方行政区域采取的有关减少温室气体排放和应对气候变化的行动,气候最高委员会应当对其进行评估。每 3 年评估一次。

根据2015年8月17日关于绿色经济能源转型的第2015-992号法第190条规定的方式,该报告应当评估地区温室气体排放减少量,分析《环境法典》第L.229-26条规定的区域气候空气能源计划和《地方行政区域一般法典》第L.4251-1条规定的地区规划、可持续发展和地域平等纲要的实施情况,并根据1982年7月29日关于规划改革的第82-653号法第11条规定的国家——大区计划合同和恢复与生态转型合同,对国家向地方行政区域提供的支持进行总结。

该评估报告应当公开。政府应当对该报告作出回应,并公开回应的内容。

第300条 根据《环境法典》第L.133-4条,国家生态转型委员会应当规定选举团成员所代表的地方行政区域。由该选举团成员代表的地方行政区域应当设立观察研究所,研究地方行政区域推动的行动和作出的承诺,落实同法典第L.222-1B条规定的国家低碳战略。

根据上述法典第L.132-4条第2款第2项规定的职权,经气候最高委员会意见,至少每3年向议会提交监测报告。

第301条 在2023年1月1日前,针对温室气体排放严重的行业,由经济产业链代表、政府和有权地方行政区域代表共同制订一份路线图。根据《商法典》第L.151-1条,该路线图说明各方应当开展的行动,以实现《环境法典》第L.222-1B条规定的国家低碳战略目标。

该条款适用于由现有协商机构推动的旨在减少行业碳排放的工程。该协商机构包括产业链战略委员会在内。

根据同法典第L.132-4条第2款第2项规定的职权,经气候最高委员会意见,至少每3年向议会提交监测报告。

第302条 在2022年12月31日前,政府应当提交一份报告,针对法案对环境和气候的影响的评估,说明评估改善的方法。

通过增加多重标准指标,对法案的潜在影响的研究进行完善。针对环境福利和由国家领土的生态系统提供的服务,该报告还应提出建立对该福利和服务进行货币价值化的标准。

第303条 自本法颁布之日起6个月内,政府应当向议会提交一份报告,针对在公开室内停车场及停车棚充电桩的安装,说明其相关规定和标准,以及适用情况,并提出对该规定和标准进行调整的建议。

第304条 在2022年1月1日前,政府应当向议会提交一份报告,针对职业培训需求变化,说明实现生态转型急需的职业和能力、与该职业和能力相关的初级、继续职业培训课程,以及是否开设生态转型学校。

第305条 自本法颁布之日起3个月内,政府应当向议会提交一份报告,针对来自《环境法典》第 L. 173 - 3 条、第 L. 173 - 3 - 1 条、第 L. 218 - 11 条、第 L. 218 - 34 条、第 L. 218 - 48 条、第 L. 218 - 64 条、第 L. 218 - 73 条、第 L. 218 - 84 条、第 L. 226 - 9 条、第 L. 331 - 26 条、第 L. 331 - 27 条、第 L. 341 - 19 条、第 L. 415 - 3 条、第 L. 415 - 6 条、第 L. 432 - 2 条和第 L. 432 - 3 条、同法典第二卷第三编,以及《采矿法典》第 L. 512 - 2 条规定的刑事处罚的充公财产,说明如何分配该财产用以修复对环境造成的破坏。

英国气候变化法[①]

本法旨在制定2050年的温室气体减排目标;建立碳预算系统;设立气候变化委员会;授权制定碳排放交易计划以限制温室气体排放并鼓励有助于减少此类排放或从大气中移除温室气体的活动;为适应气候变化作出规定;授权制定财政激励计划以减少生活垃圾生产并提高其回收率;对家庭垃圾的收集作出规定;授权对一次性购物袋和购物袋的收费作出规定;修正2004年《能源法》关于可再生运输燃料义务的规定;制定碳减排目标;对气候变化及其相关事项作出其他规定。

[2008年11月26日]

上议院神职议员、世俗议员和下议院众议员集议于国会,经其同意、通过、授权,由圣主女王陛下签署、颁布如下。

第一编　碳目标和碳预算

2050年的目标

1. 2050年的目标

(1)国务大臣有责任确保在2050年之前,英国的净碳账户相较于1990年基准线至少降低100%。

(2)"1990年基准线"指以下各项的合计——

(a)英国当年的二氧化碳净排放量,以及

(b)英国除二氧化碳以外其他目标温室气体在各自基准年的净排放量。

2. 2050年目标或基准年的修正

(1)国务大臣可以通过发布命令——

① 本法2008年11月26日颁布,原文来自英国立法数据库,网址为:https://www.legislation.gov.uk/ukpga/2008/27.以2023年修订版进行翻译。翻译:胡卫、王镱霖、唐寅智;校对:叶祖欣、王岱威。

(a)修正第 1 条第 1 款规定的百分比;

(b)修正第 1 条以规定不同的年份作为基准年。

(2)第 1 款 a 项的权力只能在以下情况行使——

(a)国务大臣认为在以下方面有重大发展——

(i)有关气候变化的科学知识,或

(ii)欧洲或国际的法律、政策,

因此行使该权力是合适的,或

(b)涉及——

(i)根据第 24 条(将更多温室气体指定为目标温室气体)作出命令,或

(ii)根据第 30 条(来自国际航空或国际航运的排放)制定条例。

(3)第(2)款中提到的科学知识发展指——

(a)就第 1 款 a 项中权力的首次行使而言,指自本法通过以后的发展;

(b)就该权力的后续行使而言,指上一次行使权力的证据基础确立以后的发展。

(4)第 1 款 b 项的权力仅在国务大臣认为欧洲或国际的法律、政策出现重大发展时,才能行使。

(5)根据第 1 款 b 项作出的命令,可以对本法中对该基准年的其他援引之处进行相应的修正。

(6)根据本条作出的命令适用肯定性决议程序。

3. 对修正 2050 年目标或基准年命令的协商

(1)在向议会提交包含根据第 2 条作出的命令(修正 2050 年目标或基准年的命令)的制定法文件草案之前,国务大臣须——

(a)征求并考虑气候变化委员会的建议,以及

(b)考虑其他国家机关的陈述。

(2)委员会在向国务大臣提出建议时,须向其他国家机关送交一份副本。

(3)向国务大臣提出建议后,委员会须在合理可行的情况下,以其认为适当的方式尽快公布该建议。

(4)如有关国家机关自委员会的建议发出之日起 3 个月内未提供其陈述,则国务大臣可以在未收到国家机关陈述的情况下,向议会提交该制定法文件草案。

(5)在向议会提交此类制定法文件草案的同时,国务大臣须发表声明,说明该命令是否考虑以及如何考虑其他国家机关的陈述。

(6)如命令的规定与委员会的建议不同,国务大臣还须发表声明,说明做出该决定的原因。

(7)根据本条发表的声明可以国务大臣认为合适的方式发布。

碳 预 算

4. 碳预算

(1)国务大臣的职责包括——

(a)自2008~2012年("预算期")开始,为每个5年预算期设定英国净碳账户的限额("碳预算"),以及

(b)确保预算期英国的净碳账户不超过碳预算。

(2)预算期的碳预算可在本编生效后的时间制定,并且须在以下时间设定——

(a)对于2008~2012年、2013~2017年和2018~2022年3个预算期的碳预算,须于2009年6月1日之前设定;

(b)对于2022年之后的碳预算,应不晚于相应预算期开始前第12年的6月30日设定。

5. 碳预算水平

(1)对于——

(a)包含2020年的预算期,该预算期的年均碳预算相较于1990年基准线须下降至少34%;

(b)包含2050年的预算期,该预算期的年均碳预算相较于1990年基准线须下降至少第1条所规定的百分比(2050年的目标);

(c)包含2050年之后年份的预算期,国务大臣通过命令设定的该预算期的年均碳预算须——

(i)至少比1990年基准线降低该命令规定的百分比,或

(ii)至少比1990年基准线降低该命令规定的最小百分比,且不超过该命令规定的最大百分比。

(2)某一预算期的"年均碳预算水平",指该预算期的碳预算总额除以该预算期所含年数。

(3)根据本条作出的命令适用肯定性决议程序。

(4)[已废止]

6. 目标百分比的修正

(1)国务大臣可以通过命令修正——

(a)第5条第1款a项规定的百分比;

(b)第5条第1款c项规定的百分比。

(2)该权力只能在以下适当的情况下行使——

(a)国务大臣认为在以下方面有重大发展——

(i)有关气候变化的科学知识,或

(ii)欧洲或国际的法律、政策,

因此行使该权力是合适的,或

(b)涉及——

(i)根据第24条(将更多温室气体指定为目标温室气体)作出命令,或

(ii)根据第30条(来自国际航空或国际航运的排放)制定条例。

(3)第2款a项中提到的科学知识发展指——

(a)就第5条第1款a项规定的百分比首次行使本条授予的权力而言,指2000年6月(皇家环境污染委员会第22次报告"能源——气候变化")以后的发展;

(b)就第5条第1款c项规定的百分比首次行使本条授予的权力而言,指规定该百分比之命令的证据基础确立以后的发展情况;

(c)就该类权力的后续行使而言,指上一次行使权力的证据基础确立以后的发展。

(4)本条授予修正第5条第1款a项百分比的权力,包括修正或废除第5条第4款的权力(该条使二氧化碳以外的目标温室气体被排除在英国净碳账户外)。

(5)根据本条作出的命令适用肯定性决议程序。

7.对设定或修正目标百分比命令的协商

(1)在向议会提交包含根据第5条第1款c项(设定目标百分比)或第6条(修正目标百分比)作出的命令的制定法文件草案之前,国务大臣须——

(a)征求并考虑气候变化委员会的建议,以及

(b)考虑其他国家部门国家机关的陈述。

(2)委员会在向国务大臣提出建议时,须向其他国家机关送交一份副本。

(3)向国务大臣提出建议后,委员会须在合理可行的情况下,以其认为适当的方式尽快公布该建议。

(4)如有关国家机关自委员会的建议发出之日起3个月内未提供其陈述,则国务大臣可以在未收到国家机关的陈述的情况下,向议会提交该制定法文件草案。

(5)在向议会提交此类制定法文件草案的同时,国务大臣须发表声明,说明该命令是否考虑以及如何考虑其他国家机关的陈述。

(6)如命令的规定与委员会的建议不同,国务大臣还须发表声明,说明做出该决定的原因。

(7)根据本条发表的声明可以国务大臣认为合适的方式发布。

8. 预算期内碳预算的设定

(1)国务大臣须通过命令设定预算期的碳预算。

(2)须制定预算期的碳预算,以期达到——

(a)第1条的目标(2050年的目标),以及

(b)第5条的要求(关于碳预算水平的要求),并履行英国的欧洲和国际义务。

(3)设定碳预算的命令适用肯定性决议程序。

9. 碳预算的协商

(1)在向议会提交包含根据第8条(设定碳预算的命令)作出的命令的制定法文件草案之前,国务大臣须——

(a)考虑气候变化委员会在第34条下的建议(关于碳预算的建议),以及

(b)考虑其他国家机关的陈述。

(2)如有关国家机关自委员会的建议发出之日起3个月内未提供其陈述,则国务大臣可以在未收到国家机关的陈述的情况下,向议会提交该制定法文件草案。

(3)在向议会提交此类制定法文件草案的同时,国务大臣须发表声明,说明该命令是否考虑以及如何考虑其他国家机关的陈述。

(4)如命令设定的碳预算水平与委员会建议的水平不同的,国务大臣还须发表声明,说明做出该决定的原因。

(5)根据本条发表的声明可以国务大臣认为合适的方式发布。

10. 与碳预算相关的需要考虑的事项

(1)须考虑本条第2款事项的情形为——

(a)国务大臣在根据本编做出与碳预算有关的决定时,以及

(b)气候变化委员会在对此类决定提出建议时。

(2)需要考虑的事项包括——

(a)与气候变化相关的科学知识;

(b)与气候变化相关的技术;

(c)经济环境,尤其是该决定对经济和特定经济部门的竞争力可能产生的影响;

(d)财政状况,尤其是该决定对税收、公共支出和政府债务可能产生的影响;

(e)社会环境,尤其是该决定对燃料匮乏可能产生的影响;

(f)能源政策,尤其是该决定对能源供应以及经济的碳密集程度和能源密集

程度可能产生的影响;

(g)英格兰、威尔士、苏格兰和北爱尔兰之间的情况差异;

(h)欧洲和国际层面的情况;

(i)预算期或有关预算期内国际航空和国际航运应报告的排放量的估计值。

(3)在第 2 款 i 项中,“国际航空和国际航运应报告的排放量的估计值”指预算期内根据国际碳报告惯例,国务大臣、国家或委员会(视情况而定)对英国在该预算期内应报告的国际航空和国际航运产生的目标温室气体排放的总量。

(4)此类排放量可采用国务大臣或委员会(视情况而定)认为合理的方法计算。

(5)若根据第 30 条作出的条例规定在预算期或有关期间内,国际航空或国际航运产生的温室气体排放不算作英国排放源,则适用第 2 款 i 项的责任。

(6)第 30 条第 1 款(基于本编目的,国际航空和国际航运的排放不计入英国的排放源,除非另有规定)并不妨碍国务大臣或委员会为施行本条考虑第 2 款 i 项涉及的事项。

(7)本条内容均不得理解为限制国务大臣或委员会可考虑的事项。

碳单位使用限额

11. 碳单位使用限额

(1)国务大臣有责任对每个预算期记入英国净碳账户的净碳单位数量设定限额。

(2)“净碳单位数量”指——

(a)根据第 27 条的规定,在某一碳预算期内记入英国净碳账户贷方的碳单位数量,减去

(b)根据该规定,在某一碳预算期内记入英国净碳账户借方的碳单位数量。

(3)预算期的限额须设定于——

(a)对于 2008 ~ 2012 年的预算期,不晚于 2009 年 6 月 1 日设定,以及

(b)对于 2012 年以后的预算期,须在不晚于该预算期开始之前的第 18 个月设定。

(4)国务大臣须根据本条作出命令以设定限额。

(5)命令中可以规定某些特定的碳单位不计入限额。

(6)根据本条作出的命令适用肯定性决议程序。

(7)在向议会提交包含本条规定的与预算期有关的命令的制定法文件草案之前,国务大臣须——

(a)考虑气候变化委员会根据第 34 条第 1 款 b 项(关于使用碳单位的建议)提出的建议,以及

(b)征求其他国家机关的意见。

指导性年度范围

12. 为英国净碳账户提供指导性年度范围的责任

(1)下令设定预算期内碳预算后,国务大臣须在合理可行的情况下,尽快向议会提交一份报告,列出该预算期内每年英国净碳账户的指导性年度范围。

(2)每年的"指导性年度范围"指国务大臣期望当年英国净碳账户的(净碳单位)数量下降的范围。

(3)在根据本条向议会提交报告之前,国务大臣须就报告中规定的指导性年度范围征求其他国家机关的意见。

(4)国务大臣须向上述国家机关送交一份报告副本。

为满足碳预算而制定提案和政策

13. 为满足碳预算制定提案和政策的责任

(1)国务大臣须制定其认为能够满足根据本法设定的碳预算的提案和政策。

(2)上述提案和政策须为满足以下目标而制定——

(a)第 1 条的目标(2050 年的目标),以及

(b)根据第 5 条第 1 款 c 项(为 2050 年以后的预算期设定目标的权力)设定的目标。

(3)上述提案和政策整体上须有助于可持续发展。

(4)在制定提案和政策时,国务大臣可以采纳其认为应当由其他国家机关制定的提案和政策。

14. 报告为满足碳预算而制定的提案和政策的责任

(1)在下令设定预算期内碳预算后,国务大臣须在合理可行的情况下,尽快向议会提交一份报告,列出满足当前至未来预算期的碳预算的提案和政策。

(2)报告须特别列出——

(a)国务大臣根据第 13 条制定的现行提案和政策,以及

(b)上述提案和政策预计的有效期。

(3)报告须解释其所列出的提案和政策如何作用于不同的经济部门。

(4)若提案和政策涉及报告中所述的预算期内的碳单位借贷,报告中须概述该提案和政策会带来的影响。

(5)只要报告涉及苏格兰部长、威尔士部长或北爱尔兰部门的提案和政策,就须与有关机关协商后制定。

(6)国务大臣须向上述机关送交一份报告副本。

15. 考虑英国应对气候变化采取国内行动必要性的责任

(1)在行使本编下的职能时(涉及如何满足下列事项),国务大臣须考虑英国在气候变化方面采取国内行动的必要性——

(a)第1条第1款的目标(2050年的目标),或

(b)任何预算期的碳预算。

(2)“英国应对气候变化的国内行动”指英国目标温室气体排放量减少行动或英国目标温室气体移除量增加行动(或两者兼而有之)。

确定目标是否达成

16. 英国排放量年度声明

(1)从2008年开始,国务大臣有责任每年向议会提交一份包含以下信息的声明。

(2)对于每一种温室气体(无论是否为目标温室气体),该声明须——

(a)说明该气体当年在英国的排放量、移除量和净排放量,

(b)确定测量或计算英国排放量、移除量和净排放量的方法,以及

(c)说明该气体的排放量和移除量与上一年相比,是增加还是减少。

(3)该声明须说明当年英国所有温室气体排放量、移除量和净排放量总量。

(4)如按照国际碳报告惯例,由于计量方法变更,需要对同一预算期内较早年度的数量进行调整,则该声明须具体说明需调整的数量和调整后的数量。

(5)对于第2款的规定,若国际航空或国际航运产生的温室气体排放量未被要求纳入该声明,该声明也须根据国际碳报告惯例说明英国需报告的国际航空或国际航运排放相关(排放、移除和净排放)数量。

(6)该声明须——

(a)说明当年记入英国净碳账户的碳单位借贷总量,以及

(b)提供这些碳单位的数量和类型的详细信息。

(7)该声明须说明当年英国净碳账户的数量。

(8)该声明须说明——

(a)英国 1990 年的二氧化碳净排放量,

(b)英国除二氧化碳以外每种目标温室气体在基准年的净排放量,以及

(c)各种非目标温室气体的基准线,由国务大臣以其认为适当的基础确定。

(9)第 8 款 c 项中提到的基准线可以是——

(a)1990 年或其他年份的英国温室气体净排放量,或

(b)若干年份内英国温室气体的平均净排放量。

(10)本条的声明须在声明中所指年份的次年 3 月 31 日之前提交给议会。

(11)国务大臣须将声明副本送交至其他国家机关。

17. 将碳预算数额从一个预算期转移到另一个预算期的权力

(1)国务大臣可以决定将一个预算期内的部分碳预算结转至上一个预算期。结转后,后一个预算期的碳预算减少,前一个预算期的碳预算相应增加。

(2)根据第 1 款结转的数额不得超过后一个预算期内碳预算的 1%。

(3)国务大臣也可以决定将某一预算期内超过英国净碳账户的碳预算全部或部分结转到后一个预算期,后一个预算期的碳预算相应增加。

(4)在决定根据本条向后或向前结转碳预算数额之前,国务大臣须——

(a)征求其他国家机关的意见,以及

(b)征求并考虑气候变化委员会的建议。

(5)国务大臣结转碳预算的决定,须在前后两个预算期中较早的预算期结束后次年 5 月 31 日之前作出。

18. 预算期的最终声明

(1)国务大臣有责任就每个预算期向议会提交一份包含以下信息的声明。

(2)该声明须说明预算期内,每种目标温室气体在英国的排放量、移除量和净排放量的最终数量。

该数量指第 16 条(英国排放量年度声明)中规定的此种温室气体年度排放量、移除量和净排放量(或调整后的量)在预算期内的总量。

(3)该声明须——

(a)说明预算期内,记入英国净碳账户的碳单位借贷总量,以及

(b)提供这些碳单位的数量和类型的详细信息。

(4)该声明须说明预算期内英国净碳账户的最终数量。

(5)该声明须说明国务大臣是否已决定根据第 17 条第 1 款(将碳预算数额从一个预算期转移到另一个预算期的权力)结转碳预算数额,如是,结转的数额是多少。

(6)该声明须说明预算期的碳预算数额。

该数额指初始数额,可根据第 17 条(将碳预算数额从一个预算期转移到另一个

预算期的权力)和第21条进行调整。

(7)对于某一预算期的碳预算是否被满足,参照根据本条提交给议会的声明中各项预算期数据来判断。

(8)如未满足预算期的碳预算,则须解释未满足的原因。

(9)本条要求的声明须在相关预算期结束后次年5月31日之前提交议会。

(10)国务大臣须将声明副本送交至其他国家机关。

19. 报告补偿超额碳预算提案和政策的责任

(1)在根据第18条向议会提交声明后,若该预算期内英国净碳账户超过了碳预算,则国务大臣须尽快向议会提交一份报告,列出在未来的预算期内如何补偿超额碳预算的提案和政策。

(2)只要报告涉及苏格兰部长、威尔士部长或北爱尔兰部门的提案和政策,就须与有关机关协商后制定。

(3)国务大臣须向上述机关送交一份报告副本。

20. 2050年的最终声明

(1)国务大臣有责任在2050年向议会提交一份包含以下信息的声明。

(2)该声明须说明当年每种目标温室气体在英国的排放量、移除量和净排放量。

即根据第16条(英国排放量年度声明)规定的该温室气体年度排放量、移除量和净排放量。

(3)该声明须——

(a)说明当年记入英国净碳账户的碳单位借贷数量,以及

(b)提供这些碳单位的数量和类型的详细信息。

(4)该声明须说明当年英国净碳账户的数量。

(5)对于第1条的目标(2050年的目标)是否已实现,参照根据本条提交议会的声明所载数据来判断。

(6)如目标未达到,则须解释未达到的原因。

(7)本条要求的声明须在2052年5月31日之前提交给议会。

(8)国务大臣须将声明副本送交至其他国家机关。

碳预算或预算期的变更

21. 碳预算的变更

(1)在设定某一预算期内碳预算的规定日期后,国务大臣不得撤销设定碳预算的命令。

(2)由于碳预算是最初设定的(或事先变更的),当国务大臣认为存在重大变化足以影响先前决定时,可以在某一预算期内碳预算设定日期后修正设定预算期内碳预算的命令。

(3)预算期开始后,当国务大臣认为存在重大变化足以影响先前决定时,可以修正设定预算期内碳预算的命令。

(4)预算期结束后,国务大臣不得修正设定预算期内碳预算的命令。

(5)撤销或修正设定碳预算的命令适用肯定性决议程序。

22. 碳预算变更的协商

(1)在向议会提交包含根据第21条(碳预算的变更)作出的命令的制定法文件草案之前,国务大臣须——

(a)征求并考虑气候变化委员会的建议,以及

(b)考虑其他国家机关的陈述。

(2)委员会在向国务大臣提出建议时,须向其他国家机关送交一份副本。

(3)向国务大臣提出建议后,委员会须在合理可行的情况下尽快以其认为适当的方式公布该建议。

(4)如有关国家机关在相关期限结束前未提供有关陈述,国务大臣可以在未收到国家机关的陈述的情况下向议会提交制定法文件草案。

(5)相关期限指——

(a)如命令涉及的预算期已经开始,则至委员会的建议送交至国家机关之日起1个月截止,或

(b)如命令涉及的预算期尚未开始,则至预算期开始之日起3个月截止。

(6)在向议会提交此类制定法文件草案的同时,国务大臣须发表声明,说明该命令是否考虑以及如何考虑其他国家机关的陈述。

(7)如命令的规定与委员会的建议不同,国务大臣还须发表声明,说明做出该决定的原因。

(8)根据本条发表的声明可以国务大臣认为合适的方式发布。

23. 预算期的变更

(1)国务大臣可以通过命令修正第4条第1款a项,以更改——

(a)预算期的长度,或

(b)预算期开始和结束的日期。

(2)为使本编的预算期与英国加入的欧洲或国际级协定的类似预算期保持一致,仅在国务大臣认为有必要这样做时才能行使此项权力。

(3)国务大臣不得对某个预算期以外的期间行使此项权力。

(4)国务大臣可发布命令对本法的规定作出其认为必要或合宜的相应修正。

(5)根据本条作出命令前,国务大臣须征求其他国家机关的意见。

(6)根据本条作出的命令适用肯定性决议程序。

目标温室气体

24. 目标温室气体

(1)在本编中,"目标温室气体"指——

(a)二氧化碳,

(b)甲烷,

(c)氧化亚氮,

(d)氢氟碳化物,

(e)全氟碳化物,

(f)六氟化硫,以及

(g)国务大臣通过命令指定为目标温室气体的其他温室气体。

(2)该命令可以对本法的规定作出国务大臣认为必要或合宜的相应修正。

(3)根据本条作出命令前,国务大臣须——

(a)征求其他国家机关的意见,以及

(b)征求并考虑气候变化委员会的建议。

(4)向国务大臣提出建议后,委员会须在合理可行的情况下尽快以其认为适当的方式公布该建议。

(5)如命令的规定与委员会的建议不同,国务大臣须发表声明,说明做出该决定的原因。

(6)该声明可以国务大臣认为合适的方式发布。

(7)根据本条作出的命令适用肯定性决议程序。

25. 二氧化碳以外目标温室气体的基准年

(1)就本法而言,除二氧化碳以外的目标温室气体的基准年是——

气体	基准年
甲烷	1990
氧化亚氮	1990
氢氟碳化物	1995
全氟碳化物	1995
六氟化硫	1995
三氟化氮	1995

(2)国务大臣可以通过命令修正第1款表格,以——

(a)根据第24条第1款作出命令以规定目标温室气体的基准年,或

(b)为二氧化碳以外的目标温室气体规定一个与当前基准年不同的基准年。

(3)命令可以——

(a)指定一个特定的基准年,或

(b)指定多个基准年,并规定将这些年份的英国温室气体净排放量的平均量视为基准年的英国净排放量。

(4)第2款b项的权力仅在国务大臣认为欧洲或国际的法律或政策出现重大发展时,才能行使。

(5)根据本条作出命令前,国务大臣须——

(a)征求其他国家机关的意见,以及

(b)征求并考虑气候变化委员会的建议。

(6)向国务大臣提出建议后,委员会须在合理可行的情况下尽快以其认为适当的方式公布该建议。

(7)如命令的规定与委员会的建议不同,国务大臣须发表声明,说明做出该决定的原因。

(8)该声明可以国务大臣认为合适的方式发布。

(9)根据本条作出的命令适用肯定性决议程序。

碳单位、碳核算和英国净碳账户

26. 碳单位和碳核算

(1)在本编中,“碳单位”指国务大臣制定的条例中规定的一种单位,代表——

(a)减少的温室气体排放量,

(b)从大气中移除温室气体的量,或

(c)对温室气体排放施加限制的计划、协议规定的温室气体排放或移除量。

(2)国务大臣可以通过条例,建立一项计划用于——

(a)通过登记或其他方式跟踪碳单位,或

(b)建立和维系可以持有和转移碳单位的碳账户。

国务大臣可以特别地为一项已存在的此类计划制定条例以规范其适用。

(3)条例可以——

(a)委派一个机构来管理该计划;

(b)为该计划的目的建立一个机构,并就其成员的任命、人员配备、花费、程序和国务大臣认为需考虑的其他方面作出规定;

(c)授予国务大臣向管理该计划的机构提供指导或指示的权力;

(d)授予国务大臣将其职能委托授权给其他机构履行的权力;

(e)要求使用该计划的主体支付其运营成本(数额由条例规定)。

(4)如某个机构被委派管理该计划,则条例可以对与该机构有关的法规作出国务大臣认为适当的修正。

27. 英国净碳账户

(1)在本编中,某一预算期的“英国净碳账户”指该预算期内英国目标温室气体的净排放量——

(a)记入某个预算期英国净碳账户贷方的碳单位会减少英国净碳账户数量,以及

(b)记入某个预算期英国净碳账户借方的碳单位会增加英国净碳账户数量。

(2)预算期内记入英国净碳账户贷方的净碳单位数量不得超过第11条(碳单位使用限额)规定的限额。

(3)国务大臣须通过条例规定——

(a)在某预算期内,碳单位记入英国净碳账户贷方的条件,

(b)在某预算期内,碳单位记入英国净碳账户借方的条件,以及

(c)记入的方式。

(4)条例中须包含确保记入英国净碳账户贷方的碳单位在一段时间内不再用于抵消其他温室气体排放的规定。

(5)条例中须包含以下事项的规定——

(a)确定根据对英国的排放源施加限制的计划或协议分配给英国的、代表英国每个预算期目标温室气体净排放量的碳单位总量是否超过了该预算期碳预算,以及

(b)确保在这种情况下,碳单位(表明温室气体排放量超过了碳预算)不被用于抵消英国或其他地区的温室气体排放。

28. 根据第 26 条或第 27 条制定条例的程序性规定

(1)以下条款适用于根据第 26 条(碳单位和碳核算)或第 27 条(英国净碳账户)制定的条例。

(2)条例适用肯定性决议程序,若——

(a)该条例是根据第 26 条或 27 条首次制定的,

(b)该条例新规定了一种以前(在根据第 26 条或 27 条制定的条例中)未规定的碳单位类型,

(c)该条例改变了——

(i)记入某个预算期内英国净碳账户贷方的碳单位减少英国净碳账户的数量,或

(ii)记入某个预算期内英国净碳账户借方的碳单位增加英国净碳账户的数量,或

(d)该条例修正了一项包含主要立法的法规。

(3)否则该条例适用否定性决议程序。

(4)下列情形中,国务大臣须征求其他国家机关的意见——

(a)在条例适用肯定性决议程序的情况下,国务大臣需在向议会提交包含条例的制定法文件草案之前,征求其他国家机关的意见;

(b)在条例适用否定性决议程序的情况下,国务大臣需在制定条例之前征求其他国家机关的意见。

(5)国务大臣在向议会提交包含以下内容的制定法文件草案之前,须征求并考虑气候变化委员会的建议——

(a)根据第 26 条或 27 条首次制定条例,或

(b)制定第 2 款 b 项或 c 项所述的条例。

其他补充规定

29. 英国温室气体排放量和移除量

(1)在本编中——

(a)"英国排放量",指来自英国排放源的温室气体排放量;

(b)"英国移除量",指通过英国的土地利用、土地利用变化或林业从大气中移除的温室气体量;

(c)某个预算期内的"英国净排放量",指同一预算期内,某种温室气体的英国排放量减去该气体的移除量所得的数量。

(2)某个预算期内的英国排放量和英国移除量须与国际碳报告惯例一致。

30. 来自国际航空或国际航运的排放

(1)基于本编目的,国际航空或国际航运产生的温室气体排放不算作英国排放源,国务大臣制定的条例另有规定的除外。

(2)国务大臣可以通过命令定义被视为国际航空或国际航运的内容。此类命令均适用肯定性决议程序。

(3)国务大臣须截至 2012 年 12 月 31 日之前——

(a)基于本编目的,对国际航空或国际航运的排放量在何种情况下以及在何种程度上被视为英国排放源通过条例作出规定,或

(b)若未通过条例作出规定,向议会提交一份报告,解释其原因。

(4)第 3 款中提到的期限届满不影响国务大臣根据本条制定条例的权力。

(5)根据本条制定的条例——

(a)可仅就目标温室气体的排放作出规定;

(b)可以特别规定,如此类排放与进出英国的旅客或货物运输有关,则此类排放应被视为英国排放源。

(6)根据本条制定的条例可以规定——

(a)目标温室气体排放量被视为英国温室气体排放量的一个或多个预算期(无论是过去还是未来),以及

(b)目标温室气体排放量在其基准年被视为英国温室气体排放量的方式。

(7)根据本条制定的条例可以特别地——

(a)指定不同的基准年,或

(b)指定若干基准年,

并且基于本法目的,规定该年的排放量或若干年份的平均排放量作为

目标温室气体基准年的英国排放量。

(8)就本条而言,二氧化碳的基准年是本编所指的基准年。

31. 根据第 30 条制定条例的程序性规定

(1)在根据第 30 条制定条例之前,国务大臣须征求并考虑气候变化委员会的意见。

(2)在向国务大臣提供建议后,委员会须在合理可行的情况下尽快以其认为适当的方式公布该意见。

(3)如条例的规定与委员会建议的规定不同,国务大臣须发表一份声明,说明作出该决定的理由。

(4)声明可以国务大臣认为合适的方式发表。

(5)根据第 30 条制定的条例适用肯定性决议程序。

第二编　气候变化委员会

委　员　会

32. 气候变化委员会

(1)气候变化委员会是一个法人团体,在威尔士语中称为 y Pwyllgor ar Newid Hinsawdd(在本编中称为"委员会")。

(2)附件 1 载有关于委员会的进一步规定。

委员会的职能

33. 关于 2050 年目标水平的建议

(1)委员会有责任就以下事项向国务大臣提出建议——

(a)是否应修正第 1 条第 1 款中规定的百分比(2050 年的目标),以及

(b)如是,修正后的百分比应该是多少。

(2)委员会根据本条提出的建议还须包含提出该建议的理由。

(3)委员会须不晚于 2008 年 12 月 1 日根据本条提出建议。

(4)委员会在根据本条向国务大臣提出建议时,须向其他国家机关送交一份副本。

(5)向国务大臣提出建议后,委员会须在合理可行的情况下尽快以其认为适当的方式公布该建议。

34. 关于碳预算的建议

(1)委员会有责任在每个预算期向国务大臣提出以下建议:

(a)该预算期的碳预算水平,

(b)该预算期的碳预算应达到的水平——

(i)通过减少英国目标温室气体的净排放量,或

(ii)通过使用根据第26条和第27条的规定应记入英国净碳账户贷方的碳单位,

(c)以下部门为满足该预算期的碳预算而应做出的各自贡献——

(i)被交易计划涵盖的经济部门(作为一个整体);

(ii)未被交易计划涵盖的经济部门(作为一个整体),以及

(d)有特殊机会通过减少目标温室气体的排放为实现该预算期的碳预算做出贡献的经济部门。

(2)对于2008~2012年预算期,委员会还须就以下事项向国务大臣提出建议——

(a)设定的碳预算是否符合该预算期内碳预算水平,使得该预算期的年均碳预算比1990年的基准低20%,以及

(b)制定此类碳预算的成本和费用。

(3)委员会根据本条提出的建议还须包含提出该建议的理由。

(4)委员会须根据本条给出其建议的期限为——

(a)对于2008~2012年、2013~2017年和2018~2022年的预算期,不晚于2008年12月1日;

(b)对于2022年之后的碳预算,不晚于为该预算期设定碳预算的最后日期前的6个月(见第4条第2款b项)。

(5)委员会在根据本条向国务大臣提出建议时,须向其他国家机关送交一份副本。

(6)在根据本条给出建议后,委员会须在合理可行的情况下尽快以其认为适当的方式公布该建议。

35. 关于国际航空和国际航运排放的建议

(1)基于第一编目的,委员会有责任将——

(a)国际航空,以及

(b)国际航运的目标温室气体排放作为英国排放源的后果向国务大臣提出建议。

(2)如根据第30条制定的条例未规定对此类排放进行上述处理,则委员会应履

行建议责任。

(3)委员会根据本条提出的建议还须包含提出该建议的理由。

(4)委员会须根据本条给出其建议——

(a)当委员会根据第 34 条就 2023～2027 年预算期提出建议时,以及

(b)当委员会根据该条为每个 2027 年后的预算期提供建议时。

(5)委员会在根据本条向国务大臣提出建议时,须向其他国家机关送交一份副本。

(6)向国务大臣提出建议后,委员会须在合理可行的情况下尽快以其认为适当的方式公布该建议。

36. 进展报告

(1)从 2009 年开始,委员会有责任每年向议会和每个获得授权立法的机关提交一份报告,阐述委员会对以下问题的看法——

(a)在实现第一编下设定的碳预算和第一编的目标(2050 年目标)方面取得的进展,

(b)实现这些预算和目标所需的进一步进展,以及

(c)这些预算和目标实现的可能性。

(2)委员会在预算期结束后次年的报告中还须列出委员会对以下方面的整体意见——

(a)该预算期碳预算的实现方式或未实现方式,以及

(b)在此预算期为减少英国目标温室气体的净排放量而采取的行动。

(3)本条下的首份报告须在 2009 年 9 月 30 日之前提交给议会和获得授权立法的机关。

(4)除预算期结束后次年的报告外,本条下的每份后续报告都须在报告当年的 6 月 30 日之前提交给议会和获得授权立法的机关。

(5)预算期结束后次年的报告须不晚于报告当年的 7 月 15 日提交给议会和获得授权立法的机关。

(6)国务大臣可以下令延长第 4 款或第 5 款中提到的期限。

(7)在作出此类命令之前,国务大臣须征求其他国家机关的意见。

(8)此类命令均适用否定性决议程序。

37. 对委员会进展报告的答复

(1)国务大臣须向议会提交一份关于委员会根据第 36 条(进展报告)提交报告所提出的问题的答复。

(2)在此之前,国务大臣须就答复草案征求其他国家机关的意见。

(3)对委员会根据第36条提交的首次报告的答复须在2010年1月15日之前提交议会。

(4)随后的每项答复须在委员会提交报告的当年的10月15日之前提交议会。

(5)国务大臣可下令延长该期限。

(6)此类命令均适用否定性决议程序。

38. 应要求提供建议或其他协助的责任

(1)委员会须应国家机关的要求，就以下事项向国家机关提供建议、分析、信息或其他协助——

(a)国家机关在本法下的职能，

(b)实现根据本法设定的目标方面所取得的进展，

(c)气候变化适应，或

(d)与气候变化有关的其他事项。

(2)特别地，应国家机关的要求，委员会须——

(a)就根据交易计划适用的排放活动总配额而设定的任何限额向国家机关提供建议，或

(b)协助国家机关编制有关温室气体排放的统计数据。

(3)委员会须应国务大臣以外的国家机关的要求，就已被国家机关采纳或其他涉及国家机关与温室气体排放有关的目标、预算或类似要求，向国家机关提供建议、分析、信息或其他协助。

附　　则

39. 一般附属权力

(1)委员会可以实施任何其认为必要或适当的行为以实现执行职能的目的或履行其职能。

(2)特别地，委员会可以——

(a)签订合同，

(b)获取、持有和处置财产，

(c)借贷资金，

(d)接受赠与，以及

(e)投资。

(3)委员会在行使职能时，可以——

(a)收集信息并进行研究和分析，

(b)委托其他主体开展此类活动,以及

(c)公布委员会或其他主体开展的此类活动的结果。

(4)委员会在行使其职能时,须考虑到公众参与的可行性。

40. 向委员会提供的补助

国家机关可向委员会提供其认为适当数量和条件的补助。

41. 提供指导的权力

(1)国家机关可以就委员会在行使以下职能时应考虑的事项时向委员会提供指导——

(a)委员会的一般职能,或

(b)委员会在附件1下的职能。

(2)国务大臣可以就委员会在根据以下规定履行其职能时应考虑的事项向委员会提供指导——

(a)第一编(碳目标和碳预算),

(b)第33条(关于2050年目标水平的建议),

(c)第34条(关于碳预算的建议),

(d)第35条(关于国际航空和国际航运排放的建议),

(e)第36条(进展报告),

(f)第57条(关于气候变化影响报告的意见),或

(g)第59条(报告气候变化适应方面的进展)。

在对a项至f项给出指导之前,国务大臣须征求其他国家机关的意见。

(3)国家机关根据——

(a)第38条(应要求提供建议或其他协助的责任),或

(b)第48条(制定条例的程序)

要求委员会提供建议、分析、信息或其他协助的,可就答复该要求时应考虑的事项向委员会提供指导。

如该要求由两个或两个以上的国家机关提出,则须由它们共同提供指导。

(4)根据本条,提供指导的权力包括更改或撤销该指导的权力。

(5)委员会在履行其职能时,须考虑国家机关根据本条提供的指导。

42. 发出指示的权力

(1)国家机关可以向委员会发出关于行使以下职能的指示——

(a)委员会的一般职能,或

(b)委员会在附件1下的职能。

(2)国务大臣可以就委员会履行以下职能向委员会发出指示——

(a)第一编(碳目标和碳预算),

(b)第33条(关于2050年目标水平的建议),

(c)第34条(关于碳预算的建议),

(d)第35条(关于国际航空和国际航运排放的建议),

(e)第36条(进展报告),

(f)第57条(关于气候变化影响报告的意见),或

(g)第59条(报告气候变化适应方面的进展)。

在对a项至f项作出指示之前,国务大臣须征求其他国家机关的意见。

(3)国家机关可根据以下条款,要求委员会提供建议、分析、信息或其他协助——

(a)第38条(应要求提供建议或其他协助的责任),或

(b)第48条(制定条例的程序),

并可就委员会应要求行使的职能向其发出指示。

如该要求由两个或两个以上的国家机关提出,则须由它们共同发出指示。

(4)根据本条,发出指示的权力不包括就建议或报告的内容指示委员会的权力。

(5)根据本条,发出指示的权力包括更改或撤销该指示的权力。

(6)委员会须遵守根据本条发出的指示。

释　　义

43. 第二编释义

本编中使用的表达与第一编(碳目标和碳预算)中含义相同。

第三编　交易计划

交易计划

44. 交易计划

(1)有关国家机关可以通过制定条例对与温室气体排放有关的交易计划作出规定。

(2)“交易计划”指——

(a)通过限制或鼓励限制涉及直接或间接促使或导致温室气体排放活动运作的一项计划,或

(b)通过鼓励直接或间接涉及、促使或导致温室气体排放减少活动或从大气中移除温室气体活动来运作的一项计划。

45. 交易计划适用的活动

(1)基于本编目的,如活动特别涉及下列方面,则视为间接促使或导致温室气体排放:

(a)能源消费,

(b)生产中使用消耗能源的原料,

(c)生产中除回收外对消耗能源的原料的处置,或

(d)某种后续使用将直接促使或导致温室气体排放的产品的生产或供应。

(2)基于本编目的,上述活动的减少相应地视为间接促使或导致温室气体排放的减少。

(3)本编适用于在英国开展的活动,无论该活动的温室气体排放、减少或移除具体发生在何处。

46. 条例可以或必须规定的事项

(1)附件2规定了第44条的条例可以或必须规定的事项。

(2)在该附件中——

第一编涉及通过限制或鼓励限制包含温室气体排放、直接或间接产生、导致该类排放的活动而运作的交易计划;

第二编涉及通过鼓励直接或间接减少温室气体排放活动或从大气中移除温室气体的活动运作的计划;

第三编涉及管理和执行。

(3)根据第44条制定的条例也可以就其对政府的适用作出规定。

国家机关和条例

47. 有关国家机关

(1)基于本编目的,本条定义了"有关国家机关"。

(2)苏格兰部长是处理苏格兰议会立法权限内事务的相关国家机关。

(3)威尔士部长是处理以下事务的相关国家机关——

(a)属于威尔士国民议会的立法权限,或

(b)涉及限制或鼓励限制在威尔士进行的温室气体排放活动,但与海上石油和天然气勘探和开采有关的活动除外。

(4)在第3款b项中——

“威尔士”与2006年《威尔士政府法》(C.32)中含义相同;

“海上石油和天然气勘探和开采”与2005年《威尔士国民议会(职能转移)令》(S.I.2005/1958)中含义相同。

(5)国务大臣或北爱尔兰有关部门是1998年《北爱尔兰法》(c.47)所指保留事务的相关主管部门。

(6)北爱尔兰有关部门是处理北爱尔兰议会立法权限内所有其他事务的有关机关。

(7)国务大臣是所有其他事务的有关国家机关。

48. 制定条例的程序

(1)在根据本编制定条例之前,国家机关须——

(a)征求并考虑气候变化委员会的建议,以及

(b)在国家机关认为适当的情况下,与可能受条例影响的人磋商。

(2)特别是在根据本编制定对适用该交易计划的一个或多个交易期活动总量的限制规定时,国家机关须征求并考虑气候变化委员会关于该限制数量的建议。

(3)如根据本编制定的条例包含对以下内容的规定,则适用肯定性决议程序——

(a)制定交易计划,

(b)扩大交易计划适用的参与者或活动的类型,

(c)延长交易计划的期限,

(d)使交易计划的总体要求更加繁重,

(e)为执行交易计划的要求作出新的授权,

(f)施加新的经济处罚或其他处罚,或增加现有经济处罚的数额,

(g)规定某行为为犯罪或加重对现有犯罪的处罚,或

(h)修正或废除主要立法中的制定法条文。

(4)如根据本编制定的条例是包含附件2第31条规定的首个条例(上诉),则适用肯定性决议程序。

(5)根据本编制定的其他条例适用否定性决议程序。

(6)仅在国务大臣同意的情况下,北爱尔兰有关部门才能根据本编制定条例,规定1998年《北爱尔兰法》(c.47)内的保留事项。

49. 制定条例的进一步规定

(1)附件3对根据本编制定的条例作了进一步规定。

(2)在该附件中——

第一编涉及由单个国家机关制定的条例;

第二编涉及两个或两个以上国家机关制定的条例;
第三编赋予了通过枢密院命令作出规定的权力。

其他补充规定

50. 信息

(1)附件4赋予了为建立交易计划要求提供信息的权力。

(2)该附件第1条至第5条将于2011年1月1日失效。

51. 提供指导的权力

(1)有关国家机关可向交易计划的管理人提供指导。

(2)根据本条提供指导的权力包括更改或撤销该指导的权力。

(3)管理人须考虑根据本条提供的指导。

52. 发出指示的权力

(1)有关国家机关可向交易计划的管理人发出指示。

(2)根据本条发出指示的权力包括更改或撤销该指示的权力。

(3)管理人须遵守本条下给出的指示。

53. 向管理人和参与者提供补助

(1)国家机关可向下列主体作出或安排作出补助——

(a)交易计划的管理人,或

(b)交易计划的参与者。

(2)根据本条提供的补助,可按提供补助的国家机关确定的条件或作出的安排提供。

54. 作出相应规定的权力

国家机关可以通过条例——

(a)对根据第44条(交易计划)由该国家机关制定的条例规定,作出其认为适当的修正、废除或撤销;

(b)对上述规定的生效,作出国家机关认为适当的过渡性规定和保留条款。

释　　义

55. 第三编释义

在这一编中——

就交易计划而言,"管理人"指根据附件2第21条制定的条例委任为该计划管

理人的主体;

就交易计划而言,“参与者”指根据附件 2 第 4 条或第 15 条制定的条例适用该计划的主体;

就交易计划而言,“交易期”指根据附件 2 第 2 条或第 13 条制定的条例规定的该计划的运作期间。

第四编　气候变化的影响和适应

国家报告和方案

56. 关于气候变化影响的报告

(1)国务大臣有责任向议会提交报告,评估英国目前和预测的气候变化影响对英国的风险。

(2)本条下的首次报告须在本条生效后 3 年内提交议会。

(3)随后的报告须在上一份报告提交后 5 年内提交议会。

(4)国务大臣可以延长提交此类报告的期限,但须向议会提交一份声明说明延迟的原因以及提交报告的时间。

(5)在根据本条向议会提交报告之前,国务大臣须考虑气候变化委员会根据第 57 条提出的建议。

(6)国务大臣须将本条规定的每份报告副本送交至其他国家机关。

57. 气候变化委员会关于气候变化影响报告的意见

(1)气候变化委员会有责任就国务大臣根据第 56 条作出的每份报告向其提供建议。

(2)委员会须根据本条在向议会提交报告的最后日期前 6 个月内就报告提出意见(见第 56 条第 2 款至第 4 款)。

(3)委员会在根据本条向国务大臣提出建议时,须将副本送交至其他国家机关。

(4)在根据本条提出意见后,委员会须在合理可行的情况下尽快以其认为适当的方式公布该意见。

58. 气候变化适应方案

(1)国务大臣有责任向议会提出以下方案,列出——

(a)英国政府在气候变化适应方面的目标,

(b)政府为实现这些目标提出的提案和政策,以及

(c)提出上述提案和政策的时限,

以解决根据第56条作出的最新报告所确定的风险。

(2)政府的目标、提案和政策须有助于可持续发展。

(3)在根据第56条向议会提交与其相关的报告后,本条的每项方案都须在合理可行的情况下尽快提交给议会。

(4)国务大臣须将本条规定的每个方案副本送交至其他国家机关。

59. 报告气候变化适应方面的进展

(1)气候变化委员会根据第36条提交的每份报告都须评估在执行根据第58条(气候变化适应方案)提交议会的方案所确定的目标、提案和政策方面取得的进展。

(2)本条适用于国务大臣根据第58条向议会提交首个方案的次年的报告。

(3)其后,本条适用于委员会上一次提交适用本条的报告后次年根据第36条提交的报告,但须遵守第4款的命令。

(4)国务大臣可通过命令规定本条应适用于根据第36条提出的报告,在命令所指明的某个指定年份和随后的每一年。

(5)根据第4款作出的命令适用否定性决议程序。

60. 气候变化适应方案:北爱尔兰

(1)北爱尔兰有关部门有责任向北爱尔兰议会提出以下方案,列出——

(a)该部门在气候变化适应方面的目标,

(b)该部门为实现这些目标而提出的提案和政策,以及

(c)提出上述提案和政策的时限,

以处理根据第56条作出的最新报告所确定的风险。

(2)该部门的目标、提案和政策须有助于可持续发展。

(3)本条下的第二个和每个后续方案须包含对在实施早期方案中规定的目标、提案和政策方面取得的进展的评估。

(4)在根据第56条向议会提交与其相关的报告后,本条的每项方案都须在合理可行的情况下尽快提交给北爱尔兰议会。

(5)北爱尔兰有关部门须将本条下的每个方案副本送交至其他国家机关。

报告机关:非委托职能

61. 国务大臣对报告机关的指导

(1)国务大臣可以就以下事项向报告机关发布指导——

(a)评估气候变化对机关职能的当前和预期影响,

(b)制定气候变化适应提案和政策,以及

(c)为以上目的，与其他报告机关合作。

(2)本条不适用于已委托职能。

62. 国务大臣关于制定报告的指示

(1)国务大臣可以指示报告机关制定一份包含以下内容的报告——

(a)评估气候变化对报告机关职能的当前和预期影响；

(b)报告机关对于其气候变化适应提案和政策的声明，以及提出上述提案和政策的时限；

(c)评估报告机关在执行其前几次报告中提出的提案和政策方面取得的进展。

(2)国务大臣可以指示两个或两个以上报告机关制定一份联合报告。

(3)国务大臣可以就以下事项发出指示——

(a)须制定报告的时间，以及

(b)报告的内容，

并且可以要求它覆盖特定的地理区域。

(4)本条不适用于已委托职能。

63. 遵守国务大臣的指示

(1)报告机关须遵守第62条下的指示。

(2)如指示两个或两个以上报告机关制定一份联合报告，它们须为此目的采取合理的步骤相互合作。

(3)在制定报告时，报告机关须考虑以下相关事项——

(a)第56条下的最新报告(关于气候变化影响的报告)；

(b)第58条下的最新方案(气候变化适应方案)；

(c)国务大臣根据第61条发布的指导。

(4)如报告机关——

(a)具有可在威尔士行使或涉及威尔士的职能，或

(b)威尔士的委托职能，

它还须在相关的范围内考虑威尔士部长根据第66条发布的指导和根据第80条发布的最新报告(气候变化报告：威尔士)。

(5)报告机关须将报告副本送交国务大臣。

(6)国务大臣须公布报告，可以以其认为适当的方式公布。

(7)这并不要求国务大臣公布——

(a)国务大臣可以拒绝涉及以下规定的信息披露请求——

(i)2000年《信息自由法》(c.36)，或

(ii)2004 年《环境信息条例》(S. I. 2004/3391)或任何替代条例;

(b)制定法禁止披露的信息。

(8)报告机关在行使其委托职能以外的职能时须考虑该报告。

64. 委托机关同意或与其协商

(1)国务大臣在根据第 61 条发布指导或根据第 62 条发出与以下职能相关的指示之前,须获得委托机关的同意——

(a)职能可由该委托机关和英国政府大臣共同行使,或

(b)职能只能由英国政府大臣在该委托机关的同意下行使。

(2)国务大臣在根据第 61 条发布指导或根据第 62 条发出与职能相关的指示之前,须与委托机关协商——

(a)职能仅由该委托机关独自行使,而不是与英国政府大臣共同行使,或

(b)职能仅在与委托机关协商后才能由英国政府大臣行使。

65. 行使发出指示权力的报告

(1)国务大臣有责任向议会提交报告,说明国务大臣打算如何行使第 62 条中向报告机关发出指示的权力。

(2)特别地,报告须确定——

(a)可能发出指示的情况,以及

(b)国务大臣认为应优先向其发出指示的机关或机关类型。

(3)本条规定的报告内容均不影响国务大臣根据第 62 条行使权力。

(4)在根据本条向议会提交报告之前,国务大臣须在其认为适当时与可能受该报告影响的人磋商。

(5)本条规定的首份报告须在本法通过后 12 个月内提交议会。

(6)后续报告须在第 58 条规定的下一个方案提交之前提交给议会。

(7)国务大臣须根据本条向其他国家机关送交每份报告副本。

报告机关:威尔士的委托职能

66. 威尔士部长对报告机关的指导

威尔士部长可以向报告机关提供关于以下方面的指导——

(a)评估气候变化对威尔士委托职能的当前和预期影响,

(b)在行使威尔士委托职能时,制定气候变化适应提案和政策,以及

(c)为此目的与其他报告机关合作。

67. 威尔士部长关于制定报告的指示

(1)威尔士部长可以指示报告机关制定包含以下内容的报告——

(a)评估气候变化对威尔士委托职能的当前和预期影响;

(b)报告机关在行使威尔士委托职能时,对气候变化适应提案和政策的说明,以及提出上述提案和政策的时限;

(c)评估报告机关在执行其前几次报告中提出的提案和政策方面取得的进展。

(2)威尔士部长可以指示两个或两个以上报告机关制定一份联合报告。

(3)威尔士部长可以就以下事项发出指示——

(a)须制定报告的时间,以及

(b)报告的内容,

并且可以要求它覆盖特定的地理区域。

68. 遵守威尔士部长的指示

(1)报告机关须遵守第 67 条的指示。

(2)如指示两个或两个以上报告机关制定一份联合报告,它们须为此目的采取合理的步骤相互合作。

(3)在制定报告时,报告机关须考虑以下相关事项——

(a)第 56 条下的最新报告(关于气候变化影响的报告);

(b)第 58 条下的最新方案(气候变化适应方案);

(c)国务大臣根据第 61 条发布的指导;

(d)威尔士部长根据第 66 条发布的指导;

(e)第 80 条下的最新报告(气候变化报告:威尔士)。

(4)报告机关须将报告副本送交至威尔士部长。

(5)威尔士部长须以其认为合适的方式公布报告。

(6)这并不要求威尔士部长发布——

(a)威尔士部长可以拒绝涉及以下规定的信息披露请求——

(i)2000 年《信息自由法》(c. 36),或

(ii)2004 年《环境信息条例》(S. I. 2004/3391)或该条例的替代条例;

(b)任何制定法禁止披露的信息。

(7)报告机关在行使威尔士的委托职能时须考虑该报告。

69. 国务大臣同意或与其协商

(1)威尔士部长在根据第 66 条发布指导或根据第 67 条发出与以下职能相关的指示之前,须征得国务大臣的同意——

(a)职能可由英国政府大臣与威尔士部长、首席大臣或法律总顾问共同行使,或

(b)威尔士部长、首席大臣或法律总顾问仅在英国政府大臣同意的情况下才能行使职能。

(2)威尔士部长在根据第66条发布指导或根据第67条发出与以下职能相关的指示之前,须与国务大臣协商——

(a)职能仅由英国政府大臣行使,而不是与威尔士部长、首席大臣或法律总顾问共同行使,或

(b)威尔士部长、首席大臣或法律总顾问仅在与英国政府大臣协商后才能行使职能。

释　　义

70. 释义

(1)在第61条至第69条和本条中,"报告机关"指——

(a)具有公共职能的个人或机关,

(b)就以下条款而言,指是或被视为法定承办人的主体——

(i)1990年《城乡规划法》(c.8)第11编(见该法第262条),或

(ii)1997年《城乡规划(苏格兰)法》(c.8)第10编(见该法第214条),或

(c)2011年《规划法(北爱尔兰)》(见该法第250条)意义上的法定承办人。

(2)就上述各编和本编而言,以下主体都不是报告机关——

(a)英国政府大臣;

(b)议会两院;

(c)委托机关;

(d)获得授权立法的机关。

(3)在第61条至第69条和本条中,"委托机关"指以下主体——

(a)威尔士部长、首席大臣或法律总顾问,

(b)苏格兰大臣、首席大臣、苏格兰检察长或副检察长,或

(c)1998年《北爱尔兰法》(c.47)或北爱尔兰部门所指的部长。

(4)在第61条至第69条和本条中提及报告机关的"委托职能"指以下英国政府大臣不得行使的职能——

(a)由威尔士国民议会的一项法令或法案授予或实施的,

(b)可在威尔士或与其有关的地区行使,并且能够由属于威尔士国民议会立法权限的规定授予,

(c)可在苏格兰或与其有关的地区行使,并与苏格兰议会立法权限内的事项有关,

(d)可在北爱尔兰或与其有关的地区行使,并与1998年《北爱尔兰法》所指的转移事项有关,或

(e)委托机关可行使的职能。

(5)为此目的,不得仅因为以下规定就认为英国政府大臣可以行使与报告机关的委托职能有关的职能——

(a)英国政府大臣可以根据以下条款行使职能——

(i)1972年《欧洲共同体法》(c.68)第2条第2款,

(ii)1998年《苏格兰法》(c.46)第57条第1款或第58条(共同体和国际义务),

(iii)1998年《北爱尔兰法》第27条或第28条(国际等义务),

(iv)2006年《威尔士政府法》(c.32)附件3第5条或该法第82条(社会和国际义务),或

(v)该法第152条(介入与水有关的职能等),

(b)委托机关行使与报告机关职能有关的职能需要英国政府大臣的同意,或

(c)委托机关须就与报告机关职能相关职能的行使与英国政府大臣协商。

(6)在第61条至第69条和本条中,对报告机关"威尔士的委托职能"的引用指以下职能——

(a)由威尔士国民议会的一项法令或法案授予或实施的,

(b)可在威尔士或与其有关的地区行使,并且能够由属于威尔士国民议会立法权限的规定授予,或

(c)可由威尔士部长、首席大臣或法律总顾问行使的职能类型。

(7)为此目的,不得仅因为以下规定就认为威尔士部长、首席大臣或法律总顾问可以行使与报告机关的职能有关的职能——

(a)英国政府大臣行使与报告机关职能有关的职能需要威尔士部长、首席大臣或法律总顾问的同意,或

(b)英国政府大臣须就行使与报告机关职能有关的职能与威尔士部长、首席大臣或法律总顾问协商。

(8)在第61条至第69条和本条中——

(a)"法律总顾问"和"威尔士"的含义与2006年《威尔士政府法》(c.32)中含义相同;

(b)"英国政府大臣"包括某个政府部门。

第五编 其他规定

减少垃圾计划[①]

71. 减少垃圾计划

72. 减少垃圾规定:试点

73. 减少垃圾规定:报告和审查

74. 减少垃圾规定:中期报告

75. 减少垃圾规定:推出或废除

收集生活垃圾

76. 收集生活垃圾

在1990年《环境保护法》(c.43)第46条(生活垃圾容器)第10款之后插入——

"(11)垃圾收集机关没有义务收集违反本条要求的生活垃圾。"

一次性购物袋和购物袋的收费

77. 一次性购物袋和购物袋的收费

(1)附件6对一次性购物袋和购物袋的收费作出了规定。

(2)在该附件中——

第一编规定了有关国家机关制定一次性购物袋和购物袋收费条例的权力;

第二编规定了民事制裁;

第三编规定了条例适用的程序。

(3)在该附件中,"有关国家机关"指——

(a)英格兰的国务大臣;

---

① 第71条至第75条于2012年1月15日被2011年《地方主义法》(c.20)第47条、第240条第1款e项废除。

(b)威尔士的威尔士部长;

(c)北爱尔兰的北爱尔兰环境部。

(4)如该附件中的条例符合以下情形,则适用肯定性决议程序——

(a)是有关国家机关根据该附件制定的首批条例,

(i)是威尔士部长根据该附件第4A条制定的首批条例,

(ii)将由北爱尔兰环境部根据该附件第4A条制定,

(iii)将由北爱尔兰环境部制定并增加该附件第4条规定的最低金额。

(b)包含施加或规定施加新的民事制裁的规定,

(c)增加了罚款的金额或最高金额,或改变了确定此类金额或最高金额的基础,或

(d)修正或废除主要立法中包含制定法的规定。

(5)该附件下的其他条例适用否定性决议程序。

(6)《1954年解释法(北爱尔兰)》第17条第5款适用于根据附件6制定条例的权力。

可再生运输燃料义务

78. 可再生运输燃料义务

附件7包含对2004年《能源法》(c. 20)有关可再生运输燃料义务的规定的修正案。

碳减排目标

79. 碳减排目标

附件8包含对1986年《天然气法》(c. 44)、1989年《电力法》(c. 29)和2000年《公共设施法》(c. 27)中与碳减排目标有关的条款的修正案。

其 他 事 项

80. 气候变化报告:威尔士

(1)威尔士部长有责任不定期向威尔士国民议会提交关于以下方面的报告:

(a)威尔士部长关于温室气体排放和气候变化对威尔士的影响方面的目标,

(b)威尔士部长和其他主体为处理此类排放和影响而采取的行动,以及

(c)威尔士部长和其他主体处理此类排放和影响的未来优先事项。

(2)报告须特别说明威尔士部长打算如何行使根据第 67 条(威尔士部长关于制定报告的指示)下达指令的权力。

(3)根据本条提交的报告内容均不影响威尔士部长根据第 67 条行使权力。

(4)根据本条作出的第二次及以后的报告都须评估在实现前几份报告所述目标方面取得的进展。

(5)在本条中,“威尔士”的含义与 2006 年《威尔士政府法》(c. 32)中的含义相同。

81. 威尔士气候变化措施报告

(1)2006 年《气候变化和可持续能源法》(c. 19)修正如下。

(2)在第 3 条之后新增——

3A 威尔士地方机关应重视气候变化措施报告

(1)威尔士部长须不定期发布气候变化措施报告。

(2)威尔士的地方机关在行使其职能时须考虑当前的气候变化措施报告。

(3)“气候变化措施报告”指包含威尔士部长认为可能产生以下影响的地方机关采取措施的信息的报告——

(a)提高任何种类或来源的能源使用效率;

(b)提高微型发电产生的能量或热量;

(c)提高完全或主要依赖第 26 条第 2 款所列能源或技术的工厂产生的能量或热量;

(d)减少温室气体排放;

(e)减少燃料匮乏家庭的数量;

(f)应对气候变化的影响。

(4)在发布气候变化措施报告之前,威尔士部长须与地方政府代表以及威尔士部长认为合适的其他人员协商。

(5)在气候变化措施报告中发布有关第 6 款适用的地方机关采取措施的信息需要获得国务大臣的同意。

(6)如国务大臣具有与以下措施有关的职能并且该职能可对威尔士行使,则本条适用于地方机关采取的措施——

(a)制定次级立法,

(b)发出指导或指示,或

(c)作出裁决或听取上诉,

(7)在本条中——

“地方机关”指以下任何一项——

(a)郡议会；

(b)郡自治市议会；

(c)社区委员会；

“地方机关措施”指威尔士地方机关在行使其职能(包括决定不行使权力)时可能采取的行动。

(3)[已废止]

82. 废除先前的报告义务

2006年《气候变化和可持续能源法》(c.19)第2条(温室气体排放年度报告)被废除。

83. 指导报告

(1)国务大臣须发布有关温室气体排放量测量或计算的指导，以协助有关人员对其负责的活动产生的此类排放量进行报告。

(2)该指导须不晚于2009年10月1日发布。

(3)国务大臣可不定期根据本条或修订后的指导发布对指导的修订。

(4)在根据本条发布指导或对其进行修订之前，国务大臣须征求其他国家机关的意见。

(5)根据本条及其修订的指导可以国务大臣认为合适的方式发布。

84. 气候变化目标贡献的报告

(1)国务大臣须——

(a)审查温室气体排放报告对实现英国政府在气候变化方面的目标可能做出的贡献，以及

(b)向议会提交一份报告，列出该审查的结论。

(2)报告须在2010年12月1日之前提交议会。

(3)国务大臣在履行本条义务时须征求其他国家机关的意见。

85. 关于公司报告的条例

(1)国务大臣须在2012年4月6日之前——

(a)根据2006年《公司法》(c.46)第416条第4款制定条例，要求公司的董事报告中包含其温室气体排放信息，或

(b)向议会提交一份报告，解释未制定此类条例的原因。

(2)如制定的条例包含与公司排放有关的规定，则符合第1款a项的规定。

86. 关于民用不动产的报告

(1)内阁办公厅大臣的职责是从2008年开始，每年向议会提交一份报告，评估

当年在民用不动产一编规定的建筑效率的提高和可持续性的贡献方面取得的进展。

(2)报告须包括以下方面取得的进展的评估——

(a)民用不动产减少的规模,以及

(b)确保民用不动产一编规定的建筑在节能表现上处于前1/4。

(3)如不属于节能表现前1/4的建筑在报告相关年度成为民用不动产的一部分,报告须说明该建筑仍作为民用不动产一部分的原因。

(4)根据本条提出的报告须在不晚于报告相关年度的次年的6月1日之前提交给议会。

(5)在本条中,"建筑"指使用能源来加热或冷却其内部的全部或部分的建筑。

(6)根据本条的目的,以下建筑是民用不动产的一部分——

(a)用于中央政府管理的目的,以及

(b)在本法通过时,财政部对其描述为在效率和可持续性方面负有责任的建筑。

(7)基于本条的目的,内阁办公厅大臣可以通过命令规定将特定的建筑视为或不视为民用不动产的一部分。

(8)此类命令均适用肯定性决议程序。

87. 部长和有关部门抵消温室气体排放的权力

(1)本条适用的有关部门和机关可以收购和处置下列单位或单位权益——

(a)减少的温室气体排放量,

(b)大气中温室气体的移除量,或

(c)对温室气体排放量施加限制的计划或协议规定的温室气体排放量和移除量。

(2)本条适用于以下主体——

(a)英国政府大臣或政府部门;

(b)苏格兰大臣;

(c)威尔士部长;

(d)北爱尔兰部门。

(3)如财政部获得此类单位或单位权益,在处置之前,应将其视为暂时由财政部持有。

88. 污染有关罪行的罚款

(1)2005年《清洁社区和环境法》(c.16)第105条第2款(该款在2003年《刑事司法法》(c.44)第154条第1款生效之前,通过第1款b项推迟了根据1999年《污染预防和控制法》(c.24)的规定增加最高罚款金额)将"第1款"改为"第1款a项"。

(2)[已废止]

第六编　一般补充规定

与温室气体排放有关的地域范围规定

89. 与温室气体排放有关的地域范围规定

(1)本法有关温室气体排放的规定适用于以下地区的排放源或其他事件导致的排放,因其属于英国排放源或其他事件导致的排放——

(a)英国沿海水域,或

(b)英国大陆架部分。

(2)在第1条中——

"英国沿海水域"指与英国相邻的领海向海界的陆地区域;

"英国大陆架部分"指根据1964年《大陆架法》(c. 29)第1条第7款指定的区域。

(3)本条受第30条的约束(根据第一编的目的,国际航空或国际航运的排放不记入英国的排放源,条例另有规定的除外)。

命令和条例

90. 命令和条例

(1)本法项下的命令和条例须通过制定法文件制定并须遵守以下规定。

(2)对于北爱尔兰部门根据第三编(交易计划)或附件6(一次性购物袋和购物袋的收费)制定条例的权力——

(a)如制定法文件中包含由另一国家机关制定或将制定的第三编或附件6下的规定,则可依制定法文件行使,

(b)否则,根据1979年《法定规则(北爱尔兰)令》[S. I. 1979/1573(N. I. 12)]依法定规则行使。

(3)根据本法作出的命令或条例可以——

(a)对不同的案件或情况作出不同的规定,

(b)包括补充、附带和后果性规定,以及

(c)作出过渡性和保留性规定。

(4)本法命令作出的规定均可通过条例作出。

(5)本法条例作出的规定均可通过命令作出。

91. 肯定性和否定性决议程序

(1)如根据本法作出的命令或条例适用“肯定性决议程序”,则只有向议会两院提出并经其批准载有这些命令或条例的制定法文件草案后才能发布命令或条例。

(2)如根据本法作出的命令或条例适用“否定性决议程序”,则载有该命令或条例的制定法文件可根据议会两院的决议予以废除。

(3)根据本法适用否定性决议程序的命令或条例作出的规定,均可由适用肯定性决议程序的命令或条例作出。

(4)本条不适用于——

(a)第三编(交易计划)下的条例(但见附件3),或

(b)附件6下的条例(但见该附件第三编)。

释　　义

92. “温室气体”的含义

(1)在本法中,“温室气体”指以下气体——

(a)二氧化碳(CO_2),

(b)甲烷(CH_4),

(c)氧化业氮(N_2O),

(d)氢氟碳化物(HFCs),

(e)全氟碳化物(PFCs),

(f)六氟化硫(SF_6),

(g)三氟化氮(NF_3)。

(2)国务大臣可以下令修正第1款中“温室气体”的定义,以增加该定义中所列的气体。

(3)只有在国务大臣认为欧洲或国际层面的协议或协定承认将要添加的气体有助于气候变化时,才能行使这一权力。

(4)根据本条作出的命令适用否定性决议程序。

93. 参照二氧化碳当量测量排放量等

(1)就本法而言,温室气体排放量、此类排放量的减少量和大气中温室气体的移除量应以吨二氧化碳当量为单位测量或计算。

(2)“吨二氧化碳当量”指一公吨二氧化碳或具有同等全球变暖潜能值的其他温室气体的量(按照国际碳报告惯例计算)。

94. “国际碳报告惯例”的含义

(1)在本法中,“国际碳报告惯例”指为《气候公约》各项议定书或国务大臣通过命令确定的欧洲或国际一级的其他协议或协定的目的而报告的公认惯例。

(2)根据本条作出的命令适用否定性决议程序。

95. “国家机关”的含义

(1)在本法中,“国家机关”指以下主体——

(a)国务大臣;

(b)苏格兰大臣;

(c)威尔士部长;

(d)相关北爱尔兰部门。

(2)本法授予或强加给数个“国家机关”的职能由其共同行使。

96. “相关北爱尔兰部门”的含义

(1)在本法中,就某项事项或规定而言,“相关北爱尔兰部门”指负责该事项或该规定相关事项(视情况而定)的北爱尔兰部门。

(2)如有多个部门负责则指多个部门。

(3)北爱尔兰相关部门的问题均由北爱尔兰的财政部和人事部决定。

97. 次要定义

在本法中——

“获得授权立法的机关”指——

(a)苏格兰议会,

(b)威尔士国民议会,或

(c)北爱尔兰议会;

“排放”,指由于人类活动而向大气中排放的温室气体;

“制定法”包括——

(a)1978 年《解释法》(c. 30)所指的附属立法中所包含的制定法;

(b)包含在《苏格兰议会法》中或根据《苏格兰议会法》制定的文件中的制定法;

(c)包含在北爱尔兰法律中或根据北爱尔兰法律制定的文件中的制定法;以及

(d)包含在威尔士国民议会的法令或法案中或根据该法令或法案制定的文件中的制定法;

“欧洲法律”指——

(a)《欧洲联盟条约》不定期创造或产生的所有权利、权力、责任、义务和限制,以及

(b)《欧洲联盟条约》不定期规定或根据该协议规定的所有救济措施和程序,

“欧洲政策”具有相应的含义；

“修订”指对某一制定法的增补或修订或删减；

“主要立法”指——

(a)《议会法》，

(b)《苏格兰议会法》，

(c)威尔士国民议会的法令或法案，或

(d)北爱尔兰法律。

98. 定义索引

在本法中，下列表述由下列对应条文作出定义或以其他方式解释——

法规	条款
“1990 年基准线”(第一编和第二编)	第 1 条第 2 款
“管理人”(第三编)	第 55 条
“管理人”(附件 6)	附件 6 第 6 条第 1 款和第 4 款
“肯定性决议程序”(第三编和附件 6 除外)	第 91 条第 1 款
某个预算期碳预算的“年均碳预算”(第一编和第二编)	第 5 条第 2 款
“预算期”(第一编和第二编)	第 4 条第 1 款
“碳预算”(第一编和第二编)	第 4 条第 1 款
“碳单位”(第一编和第二编)	第 26 条第 1 款
“主席”(附件 1)	附件 1 第 1 条第 1 款
“儿童”(附件 6)	附件 6 第 4B 条第 2 款
“民事制裁”(附件 6)	附件 6 第 9 条第 3 款
“委员会”(第二编)	第 32 条
“法律总顾问”(第 61 至 70 条)	第 70 条第 8 款
“副主席”(附件 1)	附件 1 第 2 条
“委托机关”(第 61 至 70 条)	第 70 条第 3 款
报告机关“委托职能”(第 61 至 69 条)	第 70 条第 4 款和第 5 款
“获得授权立法的机关”	第 97 条
报告机关“威尔士的委托职能”(第 61 至 69 条)	第 70 条第 6 款和第 7 款
“自由裁量”(附件 6)	附件 6 第 12 条第 3 款
“电力分销商”(附件 4)	附件 4 第 2 条第 3 款

续表

法规	条款
“电力供应商”（附件 4）	附件 4 第 2 条第 2 款
“排放”	第 97 条
“制定法”	第 97 条
“环境主管部门”（附件 4）	附件 4 第 1 条第 2 款
“欧洲法律”	第 97 条
“欧洲政策”	第 97 条
“财政年度”（附件 1）	附件 1 第 23 条
“定额罚款”（附件 6）	附件 6 第 10 条第 3 款
“温室气体”	第 92 条
“国际碳报告惯例”	第 94 条
“英国政府大臣”（第 61 至 70 条）	第 70 条第 8 款
制定法的“修订”	第 97 条
“国家机关”	第 95 条
“否定性决议程序”（第三编和附件 6 除外）	第 91 条第 2 款
“英国净碳账户”（第一编和第二编）	第 27 条第 1 款
温室气体预算期内的“英国净排放量”（第一编和第二编）	第 29 条第 1 款
“非货币性自由裁量要求”（附件 6）	附件 6 第 12 条第 4 款
“妨害”（附件 6）	附件 6 第 4B 条第 6 款
“污染”（附件 6）	附件 6 第 4B 条第 3 款
“参与者”（第三编）	第 55 条
“潜在参与者”（附件 4）	附件 4 第 3 条第 2 款
“主要立法”	第 97 条
“有关国家机关”（第三编）	第 47 条
“有关国家机关”（附件 6）	第 77 条第 3 款
“相关北爱尔兰部门”	第 96 条
“报告机关”（第 61 至 70 条）	第 70 条第 1 款和第 2 款
“销售者”（附件 6）	附件 6 第 3 条
“一次性购物袋和购物袋”（附件 6）	附件 6 第 5 条

续表

法规	条款
“指定”(附件 6)	附件 6 第 3 条第 4 款
“目标温室气体”(第一编和第二编)	第 24 条第 1 款
“交易期”(第三编)	第 55 条
“交易计划”	第 44 条第 2 款
温室气体的“英国排放量”(第一编)	第 29 条第 1 款
温室气体的“英国移除量”(第一编)	第 29 条第 1 款
“可调节罚款”(附件 6)	附件 6 第 12 条第 4 款
“威尔士”(第 61 至 70 条)	第 70 条第 8 款
[已废止]	[已废止]
“青年”(附件 6)	附件 6 第 4B 条第 8 款

最后条款

99. 范围

(1)除下列规定外,该法适用于英国全境。

(2)本法的下列规定仅适用于英格兰和威尔士——

(a)第 71 条至第 75 条及附件 5(减少垃圾计划);

(b)第 76 条(收集生活垃圾);

(c)第 81 条(威尔士气候变化措施报告);

(d)第 88 条(污染有关罪行的罚款)。

(3)第 77 条和附件 6(一次性购物袋和购物袋的收费)仅适用于英格兰和威尔士以及北爱尔兰。

(4)第 79 条和附件 8(碳减排目标)仅适用于英格兰和威尔士以及苏格兰。

100. 生效时间

(1)第一编(碳目标和碳预算)、第二编(气候变化委员会)和本编于本法通过之日生效。

(2)第 71 条第 1 款及附件 5(减少垃圾计划)根据第 72 条至第 75 条生效。

(3)第 81 条(威尔士气候变化措施报告)在威尔士部长指定的日期生效。

(4)第 82 条(废除先前的报告义务)于 2009 年 1 月 1 日生效。

(5)该法的其他规定自通过之日起 2 个月后生效。

101. 简称

本法的简称是2008年《气候变化法》。

附件1 **第32条**

气候变化委员会

委员

1. (1)委员会由以下人员组成——

(a)由国家机关任命的委员会主席(以下简称主席),以及

(b)由国家机关任命的5名以上8名以下的其他委员。

(2)国家机关在任命其他委员前应当与主席协商。

(3)任命委员时,国家机关应当考虑到确保委员会(视为一个整体)具有下列方面的经验或知识——

(a)商业竞争力;

(b)国家和国际级的气候变化政策,特别是此类政策的社会影响;

(c)气候科学,以及环境科学的其他分支;

(d)英格兰、威尔士、苏格兰和北爱尔兰之间的地区差异,以及国家机关在气候变化方面采取行动的能力;

(e)经济分析和预测;

(f)排放交易;

(g)能源生产和供应;

(h)金融投资;

(i)技术开发和推广。

(4)国务大臣可通过命令修改第1款b项变更委员会委员人数的上限或下限。

(5)此类命令仅能在其他国家机关同意的情况下作出。

(6)此类命令均适用否定性决议程序。

2. 国家机关在与主席协商后,可任命一名委员担任委员会副主席(以下简称副主席)。

任期

3. 委员根据委员任命条款任职和卸任。

4. 委员可以向国务大臣书面提出辞职。

5. 国家机关可辞退以下委员——

(a)未经委员会允许缺席委员会会议达6个月以上,

(b)已经破产或与债权人达成协议;

(c)其财产在苏格兰被扣押、根据苏格兰法律与债权人达成和解或协议,或为债权人授予信托书,或

(d)其他国家机关认为不能或不适合继续履行该委员职责的情形。

6. 下列情况下,主席或副主席可卸任——

(a)向国务大臣书面提出辞职,或

(b)卸任委员职位。

7. 以下情况不影响再次被任命该职位——

(a)卸任委员职位,或

(b)卸任主席或副主席职位。

薪酬和津贴等

8. 委员会可以向委员支付国家机关决定的薪酬和津贴。

9. 如国家机关要求,委员会则应当——

(a)向现任或曾任委员支付国家机关决定的津贴、奖金或补贴,或

(b)支付国家机关决定的款项,作为向该类人员支付的津贴、奖金或补贴的经费。

10. 如国家机关认为存在特殊情况使离任人员有权获得补偿,委员会应当向其支付国家机关决定的补偿。

职员

11. (1)委员会应当任命一名首席执行官,但只能任命国家机关认可的人。

(2)首席执行官是委员会的雇员。

12. 委员会可以任命其他雇员。

13. 如国家机关要求,委员会应当做到——

(a)向雇员或曾任雇员支付国家机关决定的津贴、奖金或补贴,或

(b)支付国家机关决定的款项,作为向雇员或曾任雇员支付的津贴、奖金或补贴的经费。

14. (1)在1972年《退休金法》(c.11)附件1(该法第1条适用的职业)中,在其他机关名单的适当位置新增——"气候变化委员会"。

(2)在部长指定的时间内,委员会应当向行政事务部长支付部长决定的因第1款而增加的款项,该款项由议会根据1972年《退休金法》提供。

委员会小组

15. (1)委员会可设立委员会小组。

(2)委员会小组委员可包括非委员会委员。

(3)委员会可向下列人员支付国家机关决定的薪酬和津贴——

(a)委员会小组委员,但

(b)非委员会委员。

(4)本条不适用于气候变化适应委员会小组。

气候变化适应委员会小组

16.(1)委员会应设立一个气候变化适应委员会小组,在威尔士语中称为 yr Is-bwyllgor Addasu(本条下称 ASC)。

(2)ASC 应由以下人员组成——

(a)由国家机关任命 ASC 委员会主席(以下简称 ASC 主席),和

(b)5 名以上由国家机关任命的其他委员。

(3)国家机关应当——

(a)在任命 ASC 主席之前与主席协商,以及

(b)在任命 ASC 其他成员之前与 ASC 主席协商。

(4)在以下情况下,ASC 主席可卸任——

(a)向国务大臣书面提出辞职,或

(b)卸任 ASC 委员职位。

(5)ASC 可包括非委员会委员的成员。

(6)第 3 条至第 5 条(任期)适用于以下人员——

(a)委员会委员,和

(b)ASC 成员。

(7)上述规定和第 8 条至第 10 条(薪酬和津贴等)适用于非委员会委员的 ASC 成员,与适用于委员会委员的规定一致。

(8)根据本条适用第 5 条 a 项时,委员会即指 ASC。

(9)如有人——

(a)卸任 ASC 成员职位,或

(b)卸任 ASC 主席职位。

不妨碍再次被任命为该职位。

(10)ASC 应当向委员会提供委员会在行使其职能时可能需要的建议、分析、信息或其他协助,这些职能包括——

(a)第 38 条第 1 款 c 项(就气候变化适应向国家机关提供建议等),

(b)第 57 条(关于气候变化影响报告的建议),或

(c)第 59 条(报告适应方面的进展)。

诉讼程序

17. 委员会可以规定——

(a) 其自身的程序(包括法定人数),以及

(b) 委员会小组的程序(包括法定人数)。

18. 委员会或委员会小组所做工作的有效性不受以下影响——

(a) 委员会或委员会小组成员的空缺,或

(b) 委员会或委员会小组成员的任命有任何缺陷。

19. 委员会应当以其认为适当的方式公布其会议纪要。

职能的履行

20. 委员会可授权委员会小组、委员或雇员行使委员会的职能。

印章的使用和文件的证明

21. (1) 委员会印章的使用应当由以下人员签字确认——

(a) 为此目的被授权(一般或特别)的委员会委员,或

(b) 获此授权的雇员。

(2) 凡声称已加盖委员会印章正式签署或代表委员会签署的文件,除有相反证据证明,应作为证据接收,并视为已正式签署或已签署。

(3) 本条规定不适用于苏格兰。

报告及账目

22. (1) 在每个财政年度,委员会应当——

(a) 编写一份关于其在该年度履行职能情况的年度报告,并

(b) 在国家机关指定的期限内向国家机关送交一份副本。

(2) 根据本条收到的每份报告副本应当由以下人员提交——

(a) 由国务大臣向议会提交,

(b) 由苏格兰大臣向苏格兰议会提交,

(c) 由威尔士部长向威尔士国民议会提交,

(d) 由北爱尔兰的相关部门向北爱尔兰议会提交。

23. 在本附件中,"财政年度"指——

(a) 从委员会成立之日起至次年 3 月 31 日止,以及

(b) 此后每一个截至 3 月 31 日的 12 个月周期。

24. (1) 委员会应当留存适当的账目及账目相关的适当记录。

(2) 对每个财政年度,委员会应当——

(a) 就该财政年度编制一份账目报表,并且

(b) 在国家机关指定的期限内,向国家机关和总审计长送交报表副本。

(3)报表应当采用国家机关指示的形式。

(4)总审计长应当——

(a)审查、核查并报告该报表,并且

(b)尽快向国家机关送交一份经核查的报表和报告副本。

(5)根据第4款收到的每份报表副本应当由以下人员提交——

(a)由国务大臣提交给议会,

(b)由苏格兰大臣提交给苏格兰议会,

(c)由威尔士部长向威尔士国民议会提交,以及

(d)由北爱尔兰相关部门向北爱尔兰议会提交。

信息

25.(1)委员会应当根据要求向国家机关提供委员会财产的相关信息。

(2)委员会应当根据要求向国务大臣提供行使或拟行使国务大臣职能的相关信息,这些职能包括——

(a)第一编(碳目标和预算),

(b)第33条(关于2050年目标水平的建议),

(c)第34条(关于碳预算的建议),

(d)第35条(关于国际航空和国际航运排放的建议),

(e)第36条(进展报告),

(f)第57条(气候变化委员会关于气候变化影响报告的意见),或

(g)第59条(报告气候变化适应方面的进展)。

(3)委员会应当根据要求向国家机关提供委员会在以下方面行使或拟行使的职能与该国家机关相关的信息——

(a)第38条(应要求提供建议或其他协助的责任),或

(b)第48条(制定条例的程序)。

如信息涉及对两个及以上的国家机关行使或拟行使上述职能,则应当由所有国家机关共同提出请求。

(4)委员会应当根据要求向国家机关提供行使或拟议行使其他职能的相关信息。

(5)委员会还应当——

(a)允许国家机关授权的人检查和复制委员会的任何账目或其他文件,以及

(b)向上述人员或国家机关提供其要求的上述文件的相关解释。

(6)行使第5款规定的职能前,国家机关应当与其他国家机关协商。

发表意见等

26. 本法要求委员会公布的内容并不强制委员会公布以下信息——

(a)根据以下规定，其可以拒绝披露信息的要求——

(i)2000 年《信息自由法》(c. 36)，或

(ii)2004 年《环境信息条例》(S. I. 2004/3391)或其他替代条例；

(b)制定法禁止披露的信息。

地位

27. (1)委员会不得被视为政府的公务员或代理人，或享有政府的任何地位、特权或豁免权。

(2)根据 1998 年《苏格兰法》(c. 46)下列条款的目的，委员会应被视为该法意义上的跨界公共机关——

(a)第 23 条第 2 款 b 项(苏格兰议会要求非苏格兰人出席提供证据或出示文件的权力)；

(b)第 70 条第 6 款(苏格兰议会的立法不要求特定跨境公共机关编制账目)。

1958 年《公共记录法》(c. 51)

28. 在 1958 年《公共记录法》附件 1(公共记录的定义)中，在第 3 条末尾表格的第二编中，在适当位置新增 "气候变化委员会"。

1967 年《议会专员法》(c. 13)

29. 在 1967 年《议会专员法》附件 2(受调查的部门等)中——

(a)在适当位置新增——"气候变化委员会"，以及

(b)在注释中的适当位置新增——

"气候变化委员会

就气候变化委员会而言，不得就该委员会或其代表采取的下列行动进行调查——

(a)在苏格兰境内或涉及苏格兰行使移交权限范围内职能采取的行动(根据 1998 年《苏格兰法》第 54 条的含义)，或

(b)就威尔士相关委员会的职能采取的行动(2006 年《威尔士政府法》的含义)。"

1975 年《下议院资格取消法》(c. 24)

30. 在 1975 年《下议院资格取消法》附件 1 第二编(所有成员皆被取消资格的机关)中，在适当位置新增——"气候变化委员会"。

1975 年《北爱尔兰议会资格取消法》(c. 25)

31. 在 1975 年《北爱尔兰议会资格取消法》(所有成员皆被取消资格的机关)附件 1 第二编中,在适当位置新增“气候变化委员会”。

1976 年《种族关系法》(c. 74)

32. [已废止](2010)

2000 年《信息自由法》(c. 36)

33. 在 2000 年《信息自由法》附件 1 第六编(公共机关所属其他公共机关和办事处)中,在适当位置新增——

“气候变化委员会。”

2002 年《苏格兰公共服务监察员法》(asp 11)

34. (1) 2002 年《苏格兰公共服务监察员法》修订如下。

(2) 在第 7 条(可调查事项:限制)中,在第 6B 款后新增——

“(6C) 监察员不得调查气候变化委员会或其代表在苏格兰境内或涉及苏格兰在移交权限外行使职能时采取的行动(在 1998 年《苏格兰法》第 54 条的含义范围内)。”

(3) 在附件 2(可受调查人员)中,在第 91A 条后新增——

“91B 气候变化委员会。”

2005 年《公共事务监察员(威尔士)法》(c. 10)

35. 在 2005 年《公共服务监察员(威尔士)法》附件 3(列表机关)中,在“环境”类别后新增——

“气候变化委员会。”

附件 2 **第 46 条**

第一编　限制活动的计划

引言

1. 本附件该编涉及通过限制或鼓励限制包含温室气体排放、直接或间接产生、导致该类排放的活动而运作的交易计划。

交易期

2. 条例应当确定计划运作所参照的一个或多个周期(“交易期”)。

活动

3. (1) 条例应当确定交易计划适用的活动。

(2)条例可以通过参考任何标准或标准的组合确定上述活动,尤其——

(a)可以通过参考位置或开展上述活动的位置确定上述活动,或

(b)可表现为适用于在英国或英国某地进行的所有特定种类的活动。

(3)条例应当为该计划的目的指定活动的计量单位。

(4)条例可以通过参考以下内容指定计量单位——

(a)活动本身,

(b)为活动目的而消耗或使用的物品,

(c)上述活动产生的任何物质,或

(d)上述活动导致的其他后果。

(5)条例可以特别规定——

(a)相关活动应当以其所造成的温室气体排放量(以吨二氧化碳当量为单位)来计量;以及

(b)用于测量或计算该排放量的方法。

(6)条例可以对该计划适用的不同类型活动作出不同规定。

参与者

4.(1)条例应当确定适用交易计划的主体("参与者")。

(2)条例——

(a)可以通过参考任何标准或标准的组合确定参与者,或

(b)规定由特定的人或机关进行确认。

(3)条例可以特别规定,通过参考参与者对交易计划所适用活动的责任确定参与者的身份。

(4)条例可以规定将一人以上主体视作单一参与者。

(5)条例可以规定,在特定情况下终止参与者的参与。

配额的分配

5.(1)条例可以规定在参与者之间分配配额,以代表其在一个交易期内进行特定数量活动的权利。

(2)条例可对以下事项设置限制——

(a)一个交易期内的活动总量,和

(b)该期间内预计分配的配额总量。

(3)条例可以规定分配方法,或规定依照条例确定分配方法。

(4)条例不得规定以支付对价的形式分配配额。

配额的使用

6.(1)条例可要求各参与者持有或获得足够的配额,以匹配参与者在某一交易

期内的活动，但应当根据第 7 条的规定进行抵消。

（2）条例——

（a）可允许参与者在某一交易期结束时，将在该交易期内剩余的活动配额用于该参与者在下一交易期的活动。

（b）可允许将某一交易期内分配给某一参与者的配额用于该参与者在上一交易期的活动，以及

（c）任何情况下皆可规定配额的使用应当遵守条例中指定或规定的条件和限制。

（3）条例应当包含规定，以确保参与者为交易计划目的使用的配额不能用作其他目的。

（4）条例——

（a）可规定配额在条例规定期限后失效。

（b）可使配额持有人注销配额，代替用于交易计划目的。

积分

7.（1）条例可以使参与者通过获得代表以下内容的积分抵消在交易期开展的活动——

（a）温室气体排放量的减少，或

（b）从大气中移除一定量的温室气体。

（2）根据本条对某一交易期做出规定的条例，应当对该交易期的活动总量作出限制。

（3）如条例规定了该交易期的配额分配，须——

（a）对将在该交易期内分配的配额总量设定限制，并且

（b）要求各参与者获得足够的积分，以抵消其在该交易期内进行的超出已获配额的活动。

（4）否则，上述条例应当——

（a）对各参与者在该期间内可能进行的活动数量作出限制，并且

（b）要求各参与者获得足够的积分，以抵消其在该期间内进行的超过该限额的活动。

（5）条例应当规定——

（a）可用于抵消参与者活动的积分的说明，

（b）就被视为抵销活动的数量而言不同类型积分的价值，以及

（c）任何类型的积分可用于交易计划目的的情况。

（6）条例——

（a）应当包含规定，以确保用于抵消交易计划规定的活动的积分不被参与

者用作其他目的；

(b)可使配额持有人注销配额，代替用于交易计划目的。

支付费用

8.(1)条例可以规定，如参与者未持有或未获得足够的配额或积分以匹配或抵消其在某一交易期的活动，则应当在规定的期限内支付条例中规定的金额。

(2)条例可以要求费用支付给以下人员——

(a)管理人，或

(b)条例指定的其他人员。

(3)可以就支付金额作出规定，包括特别规定——

(a)由管理人或某一国家机关确定金额；

(b)如未在条例规定的期限内支付，金额将按规定的比例增加，直到支付为止；

(c)支付的金额，或经计算应支付的金额，将不定期参照通货膨胀或其他因素进行调整。

(4)第3款c项的规定可以特别参考条例中规定的指数或数据(包括在条例生效后不定期修改的数据)。

(5)如条例规定向国家机关以外的主体支付，则须规定相应主体将收到的款项支付给条例中规定的一个或多个国家机关。

交易

9.(1)条例应当规定，交易计划的参与者可以在该计划下进行配额或积分交易。

(2)条例可以规定由按照条例授权的第三方进行配额或积分的交易。

(3)条例应当指明允许交易的情况。

(4)条例可以要求将上述交易告知交易计划的管理人。

许可证

10.(1)条例可以规定，参与者仅在持有许可证的情况下，可以进行交易计划适用的活动，或交易计划适用的特定活动。

(2)条例可以对许可证的发放、变更、转让、交出和撤销作出规定。

(3)条例可以对许可证的附加条件作出规定。

(4)本附件所提及的计划要求，包括许可证所附条件附加的要求。

其他计划规定的单位

11.(1)条例可以规定，将以下任一项视为等同于交易计划中的配额或积分——

(a)根据本编规定的，其他交易计划下的配额、积分或凭证；

(b)其他温室气体排放相关交易计划(在英国、欧洲或国际层面)规定的单位。

(2)条例可以规定——

(a)为计划目的确定的此类配额、积分、凭证或单位的价值,以及

(b)为该计划目的使用此类配额、积分、凭证或单位,应当遵循条例规定的条件和限制。

第二编 鼓励活动的计划

引言

12.本附件该编涉及通过鼓励包含、直接或间接导致或促成下列活动而运作的交易计划——

(a)温室气体减排,或

(b)从大气中移除温室气体。

交易期

13.条例应当规定该计划运行的一个或多个周期(“交易期”)。

活动

14.(1)条例应当确定交易计划适用的活动。

(2)条例可以参照任何标准或标准的组合确定上述活动,特别是——

(a)可通过参考位置或开展上述活动的位置确定上述活动,或

(b)可表现为适用于在英国或英国某地进行的所有特定种类的活动。

(3)条例应当为该计划目的指定活动的计量单位。

(4)条例可以通过参考以下内容指定计量单位——

(a)活动本身,

(b)为活动目的消耗或使用的物品,

(c)活动产生的物质,或

(d)活动产生的其他后果。

(5)特别是条例可以规定——

(a)相关活动应当以其带来的温室气体减排量或从大气中移除的温室气体总量(以吨二氧化碳当量为单位)来计量;以及

(b)用于测量或计算上述减排量或移除量的方法。

(6)条例可以对该计划适用的不同类型活动作出不同规定。

参与者

15.(1)条例应当确定适用交易计划的人(“参与者”)。

(2)条例可以规定以下事项——

(a)通过参考任何标准或标准的组合确定参与者,或

(b)由特定的人或机关进行确认。

(3)条例可以规定将一人以上主体视作单一参与者。

(4)条例可以规定在特定情况下终止参与者的参与。

目标和义务

16. 条例应当为每个交易期——

(a)为活动的总量设定目标,以及

(b)对各参与者施加或规定施加义务,要求其在该期间进行特定数量的活动。

凭证

17. (1)条例应当规定颁发能够证明在交易期内进行活动的凭证。

(2)条例可以规定颁发凭证以证明下列主体进行的活动——

(a)由尚不具备参与者身份的主体,

(b)由交易计划的另一参与者,或

(c)由按照条例授权为该计划目的获得凭证的第三方。

(3)条例应当要求各参与者在每个交易期结束时有足够的凭证履行其由交易计划规定的义务。

(4)条例应当包含确保参与者用于上述目的的凭证不能用作其他目的的规定。

(5)条例——

(a)可以规定凭证在条例特定或规定的期限后失效。

(b)可以使持证人能够注销凭证。

支付费用

18. (1)条例可以规定,如参与者在某一交易期结束时未持有足够的凭证以履行其由交易计划规定的义务,则应当在规定的期限内支付条例中规定的金额。

(2)条例可以要求将费用支付给以下人员——

(a)管理人,或

(b)条例所指定的其他人员。

(3)可以就支付金额作出规定,包括特别规定——

(a)由管理人或某一国家机关确定金额;

(b)如未在条例规定的期限内支付,金额将按规定的比例增加,直到支付为止;

(c)支付的金额或经计算应支付的金额,该金额将不定期参照通货膨胀或其他因素进行调整。

(4)第 3 款 c 项的规定可以特别参考条例中规定的指数或数据(包括在条例生效后不定期修改的)。

(5)如条例规定向国家机关以外的主体支付费用,则须规定相应主体将收到的款项支付给条例中规定的一个或多个国家机关。

交易

19.(1)条例应当规定,交易计划的参与者可以进行凭证交易。

(2)条例可以规定,由条例授权的第三方进行凭证交易。

(3)条例应当规定允许交易的情况。

(4)条例可以要求将上述交易告知交易计划的管理人。

其他计划下的单位

20.(1)条例可以规定将以下任一项视为等同于交易计划中的凭证——

(a)根据本编规定的其他交易计划下的配额、积分或凭证;

(b)其他温室气体排放相关交易计划(在英国、欧洲或国际层面)规定的单位。

(2)条例可以规定——

(a)确定此类配额、积分、凭证或单位的价值,以及

(b)使用此类配额、积分、凭证或单位,应当遵循条例所规定的条件和限制。

第三编 行政和执法

管理人

21.(1)条例可以任命个人作为交易计划的管理人。

(2)条例可以为了计划目的授予或规定管理人的职能。

(3)仅以下主体可以被任命为交易计划的管理人:

(a)国务大臣,

(b)苏格兰大臣,

(c)威尔士部长,

(d)北爱尔兰的相关部门,

(e)根据某项制定法设立的机关,或

(f)上述主体的任意组合。

(4)同一人可以被任命为多个交易计划的管理人。

(5)可以任命多人为同一交易计划的管理人。

信息

22.(1)条例可要求向以下人员提供条例中规定的信息——

(a)交易计划的管理人,

(b)国家机关,或

(c)计划的参与者或潜在参与者。

(2)条例可以授权交易计划管理人要求向相应人员提供信息。

(3)条例应当规定,管理人提供信息的要求须以书面形式作出。

(4)如条例为本条目的授予管理人职能,其可以规定管理人通过委托履行上述职能。

(5)条例可以规定,由交易计划的管理人或管理人代表备存的管理人职能相关信息可以向以下主体披露——

(a)计划的其他管理人。

(b)另一交易计划的管理人,或

(c)国家机关。

登记册

23.(1)条例可以规定建立和维护一个或多个交易计划相关信息登记册,特别是规定登记册应持续记录以下情况——

(a)交易计划的参与者;

(b)适用于参与者在交易计划项下活动的限制或义务;

(c)参与者之间的配额分配;

(d)参与者或其他人持有的配额、积分、凭证;

(e)配额、积分、凭证的交易;

(f)参与者或其他人为计划目的,使用配额、积分、凭证;

(g)注销配额、积分、凭证或其他单位;

(h)参与者持有的许可证,以及上述许可证的附加条件。

(2)条例可以特别规定建立和维护账户,参与者、管理人或其他人可以在这些账户中持有配额、积分、凭证或其他单位,并可以在这些账户之间转移。

(3)条例可以规定以同一登记册管理多个交易计划。

(4)条例可以规定披露在某一交易计划相关登记册中备存的或源自该登记册的信息——

(a)为管理另一交易计划的目的,由本编的条例作出的规定,或

(b)为管理温室气体排放相关的其他交易计划(在英国、欧洲或国际层面)。

资料的公布

24.条例可就公布交易计划或参与者的相关信息(特别是包括参与者及其他人提供给管理人的信息)授予或规定交易计划管理人相关职能。

由管理人获取碳单位

25. 条例可授权交易计划管理人获得——

(a)根据本编制定的条例规定的另一交易计划下的配额、积分或凭证;或

(b)在其他温室气体排放相关交易计划(英国、欧洲或国际层面)下的单位。

费用

26. (1)条例可以——

(a)要求参与者或获得授权交易配额、积分或凭证的其他人支付参考计划运作成本的条例规定的特定数额费用,以及

(b)规定由下列主体征收上述费用——

(i)国家机关;

(ii)计划管理人,或

(iii)条例指定或规定的其他人。

(2)如条例规定可以向国家机关以外的主体支付费用,则须规定相应主体将收到的款项支付给条例中规定的一个或多个国家机关。

监督遵守情况

27. (1)条例可就监督遵守交易计划的要求作出规定。

(2)条例可以就以下方面作出特别规定——

(a)由参与者保存的记录,

(b)由参与者和其他人提供的信息,

(c)对该信息的审计和核证,以及

(d)对营业场所的检查。

(3)如条例为本条目的授予计划的管理人职能,其可以规定管理人委托执行上述任意职能。

执行

28. (1)条例可以向适用本条之人授权,以便——

(a)要求出示文件或提供信息,

(b)询问公司的管理人员,

(c)凭搜查令进入营业场所,或

(d)扣押文件或记录。

(2)条例应当规定,该权力只能在被授权人有合理理由认为存在违反交易计划规定的情况下行使。

(3)本条适用于——

(a)国家机关,

(b)计划的管理人,以及

(c)条例中规定的其他人员。

罚则

29.(1)条例可以规定,如某人违反交易计划的要求,其可能受到经济或其他方面的处罚。

(2)条例可以——

(a)明确规定罚款数额,或

(b)规定罚款数额由条例规定。

(3)如条例规定可以向国家机关以外的人支付罚款,则须规定相应人员将收到的款项支付给条例中规定的一个或多个国家机关。

犯罪

30.(1)条例可以规定交易计划相关犯罪。

(2)条例可以规定,犯罪依以下程序裁判——

(a)只能依简易程序审理,或

(b)可依简易程序或普通程序审理。

(3)条例可以规定此类犯罪经简易程序定罪后,可处以以下刑罚——

(a)监禁,刑期不超过条例规定的期限(不得超过正常的最高刑期),

(b)处以规定数额以下的罚金(不得超过50,000英镑),或

(c)同时适用。

(4)“正常最高刑期”指——

(a)就英格兰和威尔士而言指——

(i)只可依简易程序审理的犯罪,为51周,以及

(ii)可依简易程序或普通程序审理的犯罪,为12个月;

(b)就苏格兰而言指——

(i)只可依简易程序审理的犯罪,为6个月,以及

(ii)可依简易程序或普通程序审理的犯罪,为12个月;

(c)就北爱尔兰而言,为6个月。

(5)如条例——

(a)在2003年《刑事审判法》(c.44)第281条第5款生效之前制定,以及

(b)就英格兰和威尔士而言,规定轻微犯罪可判处6个月以上监禁。

应当规定,如犯罪行为在该日期之前实施,可判处6个月以下监禁。

(6)如条例——

(a)在2022年5月2日前制定,并且

(b)就英格兰和威尔士而言,规定可通过简易程序或普通程序审理的犯罪,经简易程序定罪后可判处6个月以上监禁,

应当规定,如犯罪行为在该日期前实施,经简易程序定罪后可判处6个月以下监禁。

(7)条例可以规定一项犯罪可判处——

(a)监禁,刑期不超过条例中规定的期限(不超过5年),

(b)罚金,或

(c)同时适用。

(8)条例可以——

(a)对犯罪的辩护理由作出规定,以及

(b)对犯罪相关诉讼程序和证据事项作出规定。

上诉

31.(1)条例可授予下列事项的上诉权——

(a)就交易计划作出的决定,以及

(b)因违反交易计划的要求而施加的民事处罚或采取的执法行动。

(2)条例应当指定法院、法庭或其他主体审理和裁定交易计划相关的上诉。

(3)条例可以特别规定交易计划的相关上诉由以下主体审理——

(a)国家机关,如不是交易计划的管理人,或

(b)国家机关为此目的任命的人。

(4)条例可以规定由审理上诉之外的人裁定上诉。

附件3 **第49条**

交易计划条例:进一步规定

第一编　由单个国家机关制定的条例

1.本编适用于由单个国家机关根据本编制定的包含条例的文件。

2.(1)如该文件包含以下条例——

(a)由国务大臣制定,并且

(b)需要经过肯定性决议程序,

除非包含条例的制定法文件草案已经提交给议会两院并获得批准,否则不得制定条例。

(2)如文件包含下列条例——

(a)由国务大臣以外的国家机关制定,并且

(b)需要经过肯定性决议程序,

除非已向相关受移交立法机关提出包含上述条例的制定法文件草案并经其批准,否则不得制定上述条例。

3.(1)载有国务大臣制定的适用否定性决议程序的条例的文件,可根据议会任一院的决议予以废止。

(2)载有苏格兰大臣制定的适用否定性决议程序的条例的文件,可根据苏格兰议会的决议予以废止。

(3)载有威尔士部长制定的适用否定性决议程序的条例的文件,可根据威尔士国民议会的决议予以废止。

(4)载有北爱尔兰部门制定的适用否定性决议程序的条例的文件,可经1954年《解释法(北爱尔兰)》[c.33(N.I.)]第41条第6款的含义予以否定决议。

4.适用否定性决议程序的条例可以作出的规定,均可以适用肯定性决议程序的条例作出。

第二编　两个或两个以上国家机关制定的条例

5.本编适用于包含本编规定条例的相关文件,该文件由或可由任意两个或两个以上的主体制定——

(a)国务大臣,

(b)威尔士部长,以及

(c)北爱尔兰部门。

6.任何一项规定适用肯定性决议程序的,均适用该程序。

7.该文件与载有单个国家机关制定的条例的文件一样,适用第2条和第3条(肯定和否定的决议程序)的规定。

8.(1)如根据第3条(否定性决议程序)——

(a)议会任何一院决议向女王陛下提议要求废止由国务大臣制定的载有条例的文件,或

(b)受移交立法机关决议废止载有国家机关制定的条例的文件,

在决议日期之后,不得根据该文件进一步采取行动,且女王陛下可通过枢密院命令撤销该文件。

(2)这不影响此前根据该文件所做工作的有效性,也不影响制定新文件。

(3)本条适用于取代任何其他制定法对上述决议的效力所作的规定。

第三编　以枢密院命令作出规定的权力

9.(1)女王可通过枢密院命令对交易计划作出规定。

(2)此权力仅可在以下情况行使——

(a)涉及或适用于苏格兰,以及英格兰、威尔士和北爱尔兰的一个或多个地区,或

(b)仅适用于苏格兰,并同时包含苏格兰议会立法权限内和权限外的条款。

(3)根据本条规定,可通过枢密院命令作出的规定包括国家机关根据本编可作出的规定。

10.除非第48条第1款和第2款关于建议和磋商的要求得到遵守,否则不得向女王陛下提出根据第9条制定枢密院命令的建议。

11.(1)本条适用于根据第9条制定的包含规定的枢密院命令,该规定如根据本编的规定制定,则适用肯定性决议程序。

(2)除下列情况外,不得向女王陛下提出建议制定适用本条的枢密院命令——

(a)如枢密院命令包含国务大臣可根据本编制定条例的条款,且包含枢密院命令的制定法文件草案已提交给议会两院,并经其批准,以及

(b)如枢密院命令中的规定可由国务大臣以外的国家机关根据本编规定制定,且包含枢密院命令的制定法文件草案已提交给相关受移交立法机关,并得到其批准。

12.(1)本条适用于第9条规定的枢密院命令,但第11条适用的命令除外。

(2)本条适用的枢密院命令包含国务大臣根据本编规定可以制定的条例,可以根据议会任何一院的决议予以废除。

(3)本条适用的枢密院命令包含苏格兰大臣根据本编规定可以制定的条例,可根据苏格兰议会的决议予以废除。

(4)本条适用的枢密院命令包含威尔士部长根据本编规定可以制定的条例,可根据威尔士国民议会的决议予以废除。

(5)本条适用的枢密院命令包含北爱尔兰部门可根据本编规定制定的条例,可经1954年《解释法(北爱尔兰)》[c.33(N.I.)]第41条第6款的含义予以否定决议。

13.(1)根据第12条规定——

(a)议会任何一院决议向女王陛下提议废止任意一条枢密院命令,或

(b)受移交立法机关决议废止任意一条枢密院命令,

在决议日期之后,不得根据该枢密院命令进一步采取行动,女王陛下可通过枢密院命令撤销该命令。

(2)这不影响此前根据枢密院命令所做工作的有效性,也不影响制定新的枢密院命令。

(3)本条适用于取代任何其他制定法对上述决议的效力所作的规定。

附件 4[①]

交易计划:要求提供信息的权力

1. 引言

2. 来自电力供应商和分销商的信息

3. 来自交易计划潜在参与者的信息

4. 有效通知的要求

5. 不遵守通知等构成犯罪

信息披露

6. (1)本条适用于环境主管部门为使交易计划得以设立(无论是否依据本附件规定的通知),从以下方面获取的信息——

(a)电力供应商或电力分销商,或

(b)潜在参与者,

(2)相关信息可为交易计划的设立、运作或执行的目的或在与此有关的情况下被披露——

(a)由一个环境主管部门向另一个环境主管部门或计划管理人披露,或

(b)由计划管理人向计划的其他管理人或环境主管部门披露。

(3)这不影响本条之外第 1 款内的其他信息披露权利。

附件 5 **第 71 条**

减少废物计划

[已废止]

---

① 附件 4 第 1~5 条根据 2008 年《气候变化法》(c. 27)第 50 条第 2 款、第 100 条第 5 款于 2009 年 1 月 26 日废止。

附件 6 **第 77 条**

一次性购物袋和购物袋收费

第一编 制定收费条例的权力

一般性权力

1. 有关国家机关可通过条例对商品销售者供应一次性购物袋和购物袋的收费做出规定。

收费要求

2. 条例可作出规定,要求商品销售者对提供的一次性购物袋和购物袋收费若购物袋——

(a)在商品销售地点提供,以便将商品带走,或

(b)为交付商品而提供。

2A. 若购物袋为带走商品而设计,则条例可对购物袋的处理作出规定。

商品销售者

3. (1)就商品而言,“销售者”具有条例赋予的含义,条例对该术语的定义与下列内容相关(特别是)——

(a)其参与商品销售,

(b)其对商品的权益,或

(c)其对商品的销售地或来自商品销售地的权益,

或上述要素的任意组合。

(2)条例可就本附件规定的条例作出规定,以适用于以下主体——

(a)所有商品销售者,

(b)条例指定的商品销售者,

(c)参照指定因素确定的商品销售者,或

(d)b 项规定的商品销售者和 c 项规定的商品销售者。

(3)指定因素可包括——

(a)销售者供应商品的一个或多个地点;

(b)销售者供应的商品类型;

(c)销售者供应商品的价值;

(d)销售者的营业额或该营业额的部分;

(e)销售者对应的全职员工人数。

(4)在本附件中,“指定”指在本附件规定的条例中指定。

(5)就第3款e项而言,销售者的全职员工人数计算方法如下——

第一步,获取销售者全职员工的数量。

第二步,对于销售者的非全职员工,应添加公平合理的比例。其结果即为对应的全职员工人数。

收费金额

4. 条例可指定销售者对每只一次性购物袋和购物袋收取的最低金额,或规定该金额由条例决定。

款项用途——威尔士

4A. (1)本条适用于威尔士部长就威尔士制定的条例。

(2)条例可以规定将净收款用于指定用途。

(2A)条例可以——

(a)规定向有关部门支付总收款或净收款的时间及方式;

(b)就延迟向有关部门支付总收款或净收款的利息的事项作出规定。

(3)第2款规定的条例(除其他外)可以——

(a)要求销售者将收费的净收款用于一项或多项指定用途;

(b)规定根据本条a项征收的税项(受本条c项规定的限制)可由下列任何一人或多人接受的净收款予以免除——

(i)指定人员;

(ii)指定类别的人员;

(c)就销售者将收费的净收款交付本条b项指定人员或其他人员的约定作出规定;

(d)规定接受本条b项规定的净收款的,应将所得收款用于一项或多项指定用途;

(e)规定由威尔士部长收回与已接受的或不按第2款规定适用的净收款相当的款项;

(f)规定将根据本条e项收回的款项用于特定用途(包括规定此类款项不得支付给威尔士统一基金);

(g)要求威尔士部长就条例的遵守提供指导。

(4)可根据第2款指定的目的,限定与下列任何一项相关的目的——

(a)防止或减少浪费;

(b)废弃物的收集、管理、处理或处置;

(c)与污染或妨害相关的环境保护或改善;

(d)与本条a至c项指定事项相关的儿童或青少年的教育或娱乐活动。

(5)但为了生产用于交通运输的可再生能源或在交通运输中使用该能源的目的,不得根据第2款指定。

(6)若威尔士部长认为执行根据第2款制定的规定或以其他方式使该规定生效是适当的,条例可以规定根据本附件制定的条例适用于销售者以外的人。

(7)根据第3条第2款c项规定的指定因素可包括以下内容——

(a)销售者就适用净收款的约定,或

(b)威尔士部长认为适当的其他因素,无论该因素是否与该条所列因素属于同一类型。

(8)条例可以规定例外和免责事由。

4A.(1)本条适用于有关部门就北爱尔兰制定的条例。

(2)条例可要求销售者向部门支付——

(a)收费的总收款,或

(b)收费的净收款。

(3)第7条第3款c项不适用于根据本条制定的条例要求支付给有关部门的金额。

(4)本条中——

"有关部门"指北爱尔兰环境部;

"收费的总收款"指销售者以收取一次性购物袋和购物袋费用的方式收到的金额;

"收费的净收款"指销售者的收费的总收款减去指定数额。

第4A条的解释

4B.(1)本条适用于第4A条。

(2)"儿童"指未满18周岁的人。

(3)"污染"指可能造成环境损害的空气、水或土地污染,包括(但不限于)由光、噪音、热或振动或其他种类的能量释放造成的污染。

(4)就第3款定义而言,"环境损害"指以下含义——

(a)对人类及其他生物健康的危害;

(b)对环境质量的损害,包括——

(i)对整体环境质量的损害;

(ii)损害空气、水或土地质量;以及

(iii)对任何生物组成的生态系统的其他损害或干扰;

(c)对人类感官的侵害;

(d)财产损害;

(e)损害或干扰环境的舒适或对环境的合法利用。

(5)就第3款和第4款而言,"空气"包括(但不限于)建筑内的空气和其他地上地下的、天然或人造的构筑物内的空气。

(6)"妨害"指影响任何地点或任何地点事态的作为或不作为,其可能损害或干扰环境的舒适或对环境的合法利用。

(7)"净收款"与第7条第4款含义相同。

(8)"青年"指18周岁以上,25周岁以下的人。

一次性购物袋和购物袋

5.(1)一次性购物袋和购物袋具有条例赋予的含义,其对该术语的定义与下列内容相关——

(a)购物袋的大小、厚度、结构、成分或其他特性,或

(b)预期用途,或

(c)价格,

或上述因素的任意组合。

(2)本条中,"价格"是指指定人员支付的价格,不包括根据第4条可能适用的最低收费。

管理

6.(1)条例可委任一人("管理人")管理根据本附件制定的条例中的条文。

(2)可以委任一人或多人为管理人。

(3)条例可授权或施加职责于管理人,且可实施以下行为(特别是)——

(a)修改适用于管理人的制定法,或

(b)规定制定法无论是否修改皆可适用于本附件规定的条例。

(4)本附件提及的管理人包括由管理人委任的主体。

登记

6A.(1)本条适用于下列主体制定的条例——

(a)国务大臣,或

(b)北爱尔兰农业、环境和农村事务部。

(2)条例可以要求销售者向管理人登记。

(3)条例可以规定——

(a)登记申请,

(b)登记的有效期,

(c)登记注销事宜。

(4)条例可以要求销售者就其登记向管理人支付费用,由本条例规定数额或管理人根据本条例确定数额。

(5)条例可以规定的费用数额以足以收回管理人根据条例履行其职责所发生的成本为限。

记录保存与公开

7. (1)条例可要求备存一次性购物袋和购物袋收费的相关记录。

(2)条例可要求——

(a)相关记录或其他指定信息,应在规定时间以指定方式公开;

(b)相关记录或其他指定信息,应根据下列主体的要求,以指定方式提供——

(i)有关国家机关;

(ii)管理人,或

(iii)公民。

(3)条例可(特别)要求公开或提供与下列任何一项相关的记录或信息——

(a)销售者以一次性购物袋和购物袋收费方式收取的款项;

(b)销售者收取的费用总收款或净收款;

(c)净收款已作何用途;

(d)向北爱尔兰环境部支付收费的总收款或净收款。

(3A)威尔士部长制定的条例亦可要求公开或提供个人从销售者处获得的适用于第4A条第2款规定目的的净收款相关的记录或信息。

(4)在本条——

“收费的总收款”指销售者以一次性购物袋和购物袋收费方式收取的款项;

“收费的净收款”指销售者的收费的总收款减去指定数额。

执行

8. (1)条例可授权或施加职责于管理人,以执行依据本附件制定的条例的规定。

(2)条例可(特别)授予管理人下列权力——

(a)要求提供文件或提供信息,或

(aa)检查、保留或复制此类文件,或

(b)询问销售者或销售者的管理人员或雇员。

(2A)威尔士部长制定的条例亦可授权管理人,以询问其合理地认为已收取净收款的人员,或此人的管理人员或雇员。

(3)第2款规定的条例应当载有规定,以确保只有在某人合理地认为违反依据本附件制定的条例的规定时,此人才会行使相关权力。

第二编 民事制裁

民事制裁

9. (1)有关国家机关可以通过条例规定对违反根据本附件制定的条例的行为进行民事制裁。

(2)为本附件目的,在以下特定情况下,视为某人违反依据本附件制定的条例——

(a)未能遵守条例的规定或根据条例提出的要求,或

(b)妨碍或未能协助管理人工作。

(3)本附件中,"民事制裁"指——

(a)定额罚款(见第 10 条),或

(b)自由裁量要求(见第 12 条)。

定额罚款

10. (1)条例可以规定授权管理人,通过通知对违反本附件规定的人处以定额罚款。

(2)条例只能在管理人在权衡各种可能性后,确信违反行为已经发生的情况下,才可授权。

(3)为本附件目的,"定额罚款"指要求向管理人支付规定的或按照条例确定的金额的罚款。

(4)条例不得规定处以 5,000 英镑以上的定额罚款。

定额罚款:程序

11. (1)第 10 条的规定须确保——

(a)如管理人建议对某人处以定额罚款,管理人须向此人送达符合第 2 款规定的包含建议的通知("意向书"),

(b)意向书同时为此人提供通过支付特定金额(须少于或等于罚款金额)款项免除其对定额罚款的责任的途径,

(c)如此人未能免除责任——

(i)此人可以就拟议的定额罚款处罚向管理人以书面形式提出申诉和异议,以及

(ii)管理人须在提出申述和异议的期限结束前决定是否处以定额罚款,

(d)如管理人决定处以定额罚款,处以定额罚款的通知("最终通知")应符合第 4 款的规定,以及

(e)被处以定额罚款的人可以对处以罚款的决定提出上诉。

(2)为遵守本款规定,意向书应当包含以下信息——

(a)建议处以定额罚款的理由,

(b)支付第 1 款 b 项提及款项的效果,

(c)提出申述和异议的权利,

(d)管理人不处以定额罚款的情形,

(e)免除定额罚款责任的期限,该期限不得超过自收到意向书之日起 28 日,以及

(f)可提出申述和异议的期限,该期限不得超过自收到意向书之日起 28 日。

(3)根据第 1 款 c 项 ii 目的规定,应当包括管理人可能决定不处以定额罚款的情况的规定。

(4)为遵守本款规定,第 1 款 d 项提及的最后通知应当包含以下信息——

(a)处以罚款的理由,

(b)支付方式,

(c)支付期限,

(d)提前支付的优惠或逾期支付的罚款,

(e)上诉的权利,以及

(f)不支付的后果。

(5)根据第 1 款 e 项的规定,应当确保个人可以对管理人的决定提出上诉的理由包括以下内容——

(a)该决定基于事实错误;

(b)该决定法律适用错误;

(c)该决定不合理。

自由裁量要求

12. (1)条例可以规定授权管理人,以通知形式对违反本附件规定的人施加一个或多个自由裁量要求。

(2)条例只能在管理人在权衡各种可能性后,认为违反行为已经发生的情况下,授予这种权力。

(3)为本附件目的,“自由裁量要求”指——

(a)要求向管理人支付其决定的数额的罚款,或

(b)要求在管理人指定期限内,采取指定措施,以确保违反行为不会继续或再次发生。

(4)本附件中——

“可调节罚款”指第 3 款 a 项提及的要求；

“非货币性自由裁量要求”指第 3 款 b 项提及的要求。

(5)条例应当就本附件规定的每一种可处以可调节罚款的违反条例的行为——

(a)指定对此类违反行为可处以的最高处罚，或

(b)规定最高限额将根据条例确定。

(6)条例不得允许就同一作为或不作为对某人处以一次以上的自由裁量要求。

自由裁量要求：程序

13. (1)第 12 条的规定须确保——

(a)如管理人建议对某人施加自由裁量要求，管理人应当向此人送达符合第 2 款的包含建议的通知（“意向书”），

(b)此人可以就建议施加的自由裁量要求向管理人以书面形式提出申诉和异议，

(c)在提出上述申诉和异议的期限结束后，管理人须决定是否——

(i)无论修改与否，施加自由裁量要求，或

(ii)施加管理人根据第 12 条有权施加的其他自由裁量要求，

(d)如管理人决定施加自由裁量要求，施加该要求的通知（“最终通知”）应符合第 4 款的规定，以及

(e)被施加自由裁量要求的人可以对处以该要求的决定提出上诉。

(2)为遵守本款规定，意向书应当包含以下信息——

(a)建议施加自由裁量要求的理由，

(b)提出申述和反对的权利，

(c)管理人不施加自由裁量要求的情形，

(d)提出申诉和异议的期限，该期限不得少于自收到意向书之日起 28 日。

(3)根据第 1 款 c 项作出的规定应当包括管理人决定不施加定额罚款的情形。

(4)为遵守本款，第 1 款 d 项提及的最后通知应当包含以下信息——

(a)施加自由裁量要求的理由，

(b)如该自由裁量要求为可调节罚款，则——

(i)支付方式，

(ii)支付期限，以及

(iii)提前支付的优惠或逾期支付的罚款，

(c)上诉的权利，以及

(d)不遵守规定的后果。

(5)根据第 1 款 e 项作出的规定，应当确保个人可对管理人的决定提出上诉的

理由包含以下内容——

(a)该决定基于事实错误;

(b)该决定法律适用错误;

(c)如是可调节罚款,处罚的金额不合理;

(d)在非货币性自由裁量要求的情况下,该要求的性质不合理;

(e)基于其他理由,该决定不合理。

自由裁量要求:执行

14.(1)根据第12条制定的规定可以包括,如某人未能遵守对其处以的非货币性自由裁量要求,其应向管理人支付罚款("违规罚款")。

(2)第1款的规定可以——

(a)指定不遵守规定的罚款金额,或根据条例确定该金额,或

(b)规定由管理人或以其他方式确定金额。

(3)如条例在第2款b项中做出规定,其应当就每一种可能被处以违规罚款的不符合规定的行为——

(a)指定对此类不遵守行为可能施加的最高处罚,或

(b)规定该处罚的最高限额将根据条例确定。

(4)第1款的规定须确保——

(a)违规罚款是由管理人送达的通知处以的,并且

(b)被处罚人可以对该通知提出上诉。

(5)根据第4款b项的规定,应当确保个人可以对该款提及的通知提出上诉的理由包含以下内容——

(a)送达通知的决定基于事实错误;

(b)该决定法律适用错误;

(c)该决定因任何理由不公平或不合理(包括在由管理人决定违规罚款数额的情况下,该金额不合理)。

组合制裁

15.(1)除非符合以下要求,否则不得根据第10条和第12条的规定,就本附件规定的同一类违反条例的行为向管理人授权。

(2)规定应当在确保管理人不得向某人就同一违反行为施加自由裁量要求的情况下,向此人送达第11条第1款a项提及的意向书。

(3)条款应当确保管理人不得在下列情况就某项违反行为向某人发出第13条第1款a项所提及的意向书——

(a)已就同一违反行为对此人处以定额罚款,或

(b)此人已根据第11条第1款b项的规定，免除了对该违反行为的定额罚款的责任。

货币性处罚

16.(1)如条例授权管理人，要求某人根据第14条第1款规定支付定额罚款、可调节罚款或违规罚款，其可以包括以下规定——

(a)提前支付的优惠；

(b)逾期支付罚款的利息或其他经济处罚，上述利息或其他经济处罚的总额不得超过该罚款的数额；

(c)罚款的执行。

(2)第1款c项的规定可包括——

(a)规定管理人可将罚款，以及利息或其他因逾期支付而受到的经济处罚作为民事债务收回；

(b)同根据法院命令支付，可根据法院的命令，规定罚款和利息或其他因延迟支付的经济处罚可以被收回。

成本收回

17.(1)根据第12条的规定，可以包括管理人通过通知要求被施加自由裁量要求的人支付管理人因执行自由裁量要求而产生的费用，直至执行自由裁量要求为止。

(2)在第1款中，提及的费用特别包括——

(a)调查费用；

(b)管理费用；

(c)获得专家意见(包括法律意见)的费用。

(3)本条规定应当确保，在任何情况下送达要求支付费用的通知时——

(a)该通知明确要求支付的金额；

(b)管理人可能被要求提供该金额的详细分类；

(c)被要求支付费用的人没有责任支付由此人证明是不必要发生的费用；

(d)被要求支付费用的人可就以下内容提出上诉——

(i)管理人作出支付费用要求的决定；

(ii)管理人对上述费用金额的决定。

(4)本条规定可包括第16条第1款b项和c项及第2款提及的规定。

(5)本条规定应当确保管理人被要求公布关于管理人如何行使该规定授予的权力的指导。

上诉

18.(1)条例仅能规定向以下主体提起上诉——

(a)初审法庭,或

(b)另一个根据制定法设立的法庭。

(2)在第1款b项中,“法庭”不包括普通法院。

(3)如条例规定了与施加要求或送达通知相关的上诉,其可以包括——

(a)在上诉裁决作出前暂停要求或通知的规定;

(b)关于法庭受理上诉的权力的规定;

(c)关于如何收回根据法庭决定应支付款项的规定。

(4)第3款b项中提及的规定包括授权法庭受理上诉的规定——

(a)撤回要求或通知;

(b)确认要求或通知;

(c)就引致该项要求或通知的作为或不作为,管理人可采取的措施;

(d)将是否确认该要求或通知的决定或该决定相关事项发回管理人;

(e)裁定费用。

进行民事制裁的公告

19.(1)条例可以规定,使管理人可向已根据本附件的条例受到民事制裁的人发出公告。

(2)“公告通知”是要求相关人员公告以下内容的通知——

(a)已经进行民事制裁的事实,以及

(b)条例规定的其他信息,

以通知指定的方式。

(3)条例可以规定公告通知应当——

(a)指定遵守通知的时间,以及

(b)要求收到通知的人向管理人提供其在通知指定时间内遵守通知的证据。

(4)条例可以规定,如不遵守公告通知,管理人可——

(a)公告通知规定应当公开的信息,以及

(b)向此人收回公告费用。

可能受到民事制裁的人

20.条例可就根据本附件的条例可受民事制裁的人作出规定,并可(特别)规定,在规定的情形下——

(a)法人团体的管理人员与法人团体负同等责任,以及

(b)合伙企业的合伙人与合伙企业承担同等责任,

关于适用民事制裁的指导意见

21.(1)凡条例授权管理人就违反本附件规定的条例的行为适用民事制裁,授权规定应当确保——

(a)管理人应当公开其适用民事处罚的指导意见,

(b)指导意见应当包含相关信息,

(c)管理人应当适时修订指导意见,

(d)管理人在公布指导意见或经修订的指导意见前,应当咨询条文指定人员,以及

(e)管理人行使职能时,应当考虑指导意见或经修订的指导意见。

(2)就定额罚款相关指导意见,第1款b项提及的相关信息是关于——

(a)制裁适用的情形,

(b)不得制裁的情形,

(c)罚款金额,

(d)制裁的责任可如何免除及免除的效果,以及

(e)申诉、异议和上诉的权利。

(3)就自由裁量要求相关指导意见,第1款b项提及的相关信息是关于——

(a)要求适用的情形,

(b)不得制裁的情形,

(c)就可调节罚款,管理人在确定罚款金额时可能考虑的事项(包括在相关情况下自愿举报不合规行为的罚款减免),以及

(d)申诉、异议和上诉的权利。

执法行动的公告

22.(1)凡条例授权管理人,就违反本附件规定的条例的行为适用民事制裁,在符合本条规定的情况下,授权规定应当确保管理人须不定期公布报告,确定——

(a)已适用民事制裁的案件,以及

(b)如民事处罚为定额罚款,则根据第11条第1款b项免除罚款责任的案件。

(2)第1款a项中,提及已进行民事制裁的案件不包括已适用制裁但经上诉被驳回的案件。

(3)相关机关认为不合适时,授权规定无需确保第1款的结果。

遵守监管原则

23.除有关国家机关确信管理人将按照以下原则行事外,机关不得制定规定授权管理人对违反本附件规定的行为进行民事制裁,即——

(a)监管活动应以透明、负责、适当和一致的方式进行;

(b)监管活动应只针对需要采取行动的情况。

审查

24.(1)有关国家机关须根据本款审查授权管理人就违反本附件规定实施民事制裁的机关所作的规定的实施情况。

(2)审查应当在规定生效之日起3年期满后,在切实可行的范围内尽快进行。

(3)审查应当特别考虑规定能否有效实现其目标。

(4)在根据本条进行审查时,有关国家机关应当向其认为合适的人咨询。

(5)有关国家机关应当公布根据本条(正文)和本条(附件)进行审查的结果。

(6)有关国家机关应当将根据本条进行审查的副本提交给——

(a)议会(如有关国家机关是国务大臣);

(b)威尔士国民议会(如有关国家机关是威尔士部长);

(c)北爱尔兰议会(如有关国家机关是北爱尔兰环境部)。

中止

25.(1)凡条例授权管理人就违反本附件规定的条例的行为适用民事制裁,有关机关可以指示管理人——

(a)如该权力是施加定额罚款的权力,则无须就此类违规行为发出第11条第1款a项提及的进一步的意向书,以及

(b)如该权力是施加自由裁量要求的权力,则无须就此类违规行为发出第13条第1款a项提及的进一步的意向书。

(2)有关国家机关只有确信管理人在以下情况下不止一次未能履职的情况下,才可就违反本附件条例的行为根据第1款作出指示——

(a)遵守根据或凭借本附件就此类违规行为施加于其的责任,

(b)依照就此类违规行为所发布的指导意见(特别是根据第21条发布的指导意见),或

(c)按照第23条提及的原则或强制执行此类违规行为相关的其他最佳实践原则。

(3)如确信管理人已采取适当措施补救指示所涉及的未能履职的情况,有关国家机关可以通过指示撤销其根据第1款发出的指示。

(4)在根据第1款或第3款作出指示前,有关国家机关应当咨询以下主体的意见——

(a)管理人,以及

(b)管理局认为适当的其他人员。

(5)如有关国家机关根据本条(正文)作出指示,该机关应当向以下主体提交一份副本——

(a)议会(如有关国家机关是国务大臣);

(b)威尔士国民议会(如有关国家机关是威尔士部长);

(c)北爱尔兰议会(如有关国家机关是北爱尔兰环境部)。

(6)如有关国家机关根据本条(正文)本条(附件)作出指示,管理人应当——

(a)以机关认为合适的方式公告该指示,以及

(b)采取管理人认为合适的其他措施,或机关要求的其他措施,以提醒其他可能受其影响的人注意。

向统一基金支付罚款

26.(1)如管理人根据本附件作出的规定收到——

(a)固定罚款、可调节罚款或第14条规定的违规罚款,

(b)因逾期支付上述罚款产生的利息或其他经济罚款,或

(c)根据第11条第1款b项为免除定额罚款责任而支付的款项,

管理人应当将该款项存入相关基金。

(2)第(1)款中"相关基金"指——

(a)管理人仅享有威尔士相关职能的情况下,为威尔士统一基金,

(b)管理人仅享有北爱尔兰相关职能的情况下,为北爱尔兰统一基金,以及

(c)在其他情况下,为统一基金。

第三编　条例适用程序

由单一国家机关制定的条例

27.(1)本条适用于由单个国家机关制定的载有本附件规定的条例的文件。

(2)文件载有条例——

(a)应由国务大臣作出,以及

(b)符合肯定性决议程序,

除非包含条例的制定法文件草案已提交议会两院并经其批准,否则不得制定条例。

(3)文件载有条例——

(a)应由国务大臣之外的国家机关作出,以及

(b)符合肯定性决议程序,

除非已向相关移交立法机关提出包含上述条例的制定法文件草案并经其批准,

否则不得制定条例。

(4)载有国务大臣制定的适用否定性决议程序的条例的文件,可根据议会任何一院的决议予以废止。

(5)载有威尔士部长制定的适用否定性决议程序的条例的文件,可根据威尔士国民议会的决议予以废止。

(6)载有北爱尔兰环境部制定的适用否定性决议程序的条例的文件,可经1954年《解释法(北爱尔兰)》[c. 33(N. I.)]第41条第6款的含义予以否定。

(7)适用否定性决议程序的条例可以作出的规定,可由适用肯定性决议程序的条例作出。

两个或两个以上国家机关制定的条例

28. (1)本条适用于载有本附件规定的条例的文件,该文件由下列任意两名或两名以上主体制定或将要制定——

(a)国务大臣,

(b)威尔士部长,以及

(c)北爱尔兰环境部。

(2)任何适用肯定性决议程序的条例,均适用该程序。

(3)第27条第2款至第6款适用于该文件,同载有单个国家机关制定的条例的文件。

(4)如根据本条——

(a)议会任何一院决定向女王陛下致函,提议废除载有国务大臣制定的条例的文件,或

(b)受移交立法机关决定废除载有国家机关制定的条例的文件,

决议日期后,不得根据该文件采取进一步行动,女王陛下可通过枢密院命令撤销该文件。

(5)这不影响此前根据本文件所作工作的效力,也不影响制定一项新文件。

(6)本条适用于代替其他法律对该决议效力所作的规定。

混合文件

29. 除本条外,如载有本附件规定的条例的文件草案在议会任何一院的常务议事规则中被视为混合文件,则在该院处理时应视为非混合文件。

附件 7 **第 78 条**

可再生运输燃料义务

引言

1. 2004 年《能源法》(c. 20)第二编第 5 章(可再生运输燃料义务)修订如下。

管理人

2. 第 125 条(管理人)替代为以下内容——

"125. 管理人任命

(1)就本章所作或根据本章所作的规定,可再生运输燃料(RTF)命令可——

(a)设立法人团体,以及

(b)任命该团体为管理人。

(2)RTF 命令可以——

(a)就团体成员任命作出规定;

(b)就团体人员编制作出规定;

(c)就团体支出作出规定;

(d)就团体的程序作出规定;

(e)为团体的设立和维持相关目的,作出国务大臣认为适当的其他规定。

(3)根据本条可由 RTF 命令作出的规定,特别包括授予下列主体自由裁量权的规定——

(a)国务大臣;

(b)团体;或

(c)团体成员或工作人员。

125A. 管理人的一般职能

(1)RTF 命令可——

(a)为执行本章规定或根据本章制定的规定的目的,向管理人授权或施加义务;

(b)就根据该命令作出的决定,以及在其他方面管理人的权力和职责,授予管理人自由裁量权;以及

(c)为管理人的权力和职责(特别是包括管理人所作决定规定的职责)相关目的,对运输燃料供应商征税。

(2)管理人有责任促进可再生运输燃料的供应,其生产、供应或使用——

(a)导致或有助于减少碳排放,以及

(b)有利于可持续发展或环境保护及改善。

125B. 管理人职能:补充

(1)根据第125A条第1款可授予管理人的权力,特别包括——

(a)有权要求运输燃料的供应商向管理人提供其为行使职能要求的资料;

(b)有权就应当提供此类资料的形式及期限作出要求;

(c)有权向运输燃料供应商征收特定数额的费用。

(2)国务大臣可就第1款a项或b项授予管理人的权力的行使向管理人作出书面指示。

(3)根据第2款作出指示的权力,包括更改或撤销指示的权力。

(4)管理人应当遵守根据该款作出的指示。

(5)管理人因第1款c项的规定收到的款项——

(a)如管理人为国务大臣,应当划入统一基金,以及

(b)否则,应当用于支付管理人行使职能所产生的费用。

(6)国务大臣可根据其决定的条款向管理人授予补助金。

125C. 权力移交至新管理人

(1)国务大臣可下达命令——

(a)任命个人作为管理人('新管理人'),以取代此前根据本章命令任命的人('原管理人'),以及

(b)规定将原管理人的职能移交给新管理人。

(2)仅下列人员可根据本条以命令形式被任命为管理人——

(a)国务大臣;

(b)为行使其他职能,由法律直接或根据法律设立的团体或任命的个人;

(c)为了任命为管理人而以命令形式设立的团体。

(3)根据本条为了任命为管理人而设立团体的命令,可作出根据第125条由RTF命令作出的规定。

(4)根据本条作出的命令可规定将原管理人的工作人员,以及原管理人有权或受其支配的财产、权利或责任转让给新管理人,特别是可以——

(a)规定财产、权利或责任的转让在该命令指定或根据该命令确定的例外或保留情况下有效;

(b)规定在转让或保留的财产上产生利益或权利,或产生新的权利和责任;

(c)规定该命令在除该命令以外的情况下仍有效,以防止或限制该财产、权利或责任的转移。

(5)该命令可以特别——

(a)规定原管理人与新管理人所作的或与之相关的工作效力相同；

(b)允许在转让生效时原管理人正在进行或与之相关的工作(可能包括法律程序)由新管理人继续进行；

(c)规定在文件或其他文件中提及原管理人时，应视为提及新管理人；

(d)如原管理人根据本章命令设立，应规定原管理人解散；

(e)对原管理人或新管理人相关的制定法作出国务大臣认为适当的修改，以便交接。

(6)根据本条规定将原管理人的工作人员转移给新管理人的命令，应当对2006年《经营转移(就业保护)条例》作出规定，以适用于该项转移。

(7)除第8款另有规定外，本条规定的命令适用否定性决议程序。

(8)根据本条作出命令的权力应当遵守肯定性决议程序，如命令——

(a)根据第2款c项载有条款，或

(b)对载有下列内容的制定法作出修改——

(i)《议会法》，

(ii)《苏格兰议会法》，

(iii)威尔士国民议会的法令或法案，或

(iv)北爱尔兰立法。"

运输燃料量的测定

3. 在第126条(运输燃料数量的测定)中，在第4款后新增——

"(5)如RTF命令为本章或根据本章所作规定的目的，通过引用任何文件对运输燃料数量的计算或测定作出规定，则该命令可规定对该文件的引用与对不定期修订或重新发布的文件的引用具有同等效力。

(6)国务大臣可以就管理人为本章规定或根据本章规定计算或测定运输燃料数量的职能，向管理人发出书面指示。

(7)根据第6款作出指示的权力，包括更改或撤销指示的权力。

(8)管理人应当遵守根据该款作出的指示。"

以支付方式解除义务

4. 代替第128条(以支付方式免除义务)第6款和第7款——

"(6)如管理人为国务大臣——

(a)管理人根据本条收到的款项，应当划入统一基金，以及

(b)RTF命令可规定管理人应当按照指定分配系统，向运输燃料供应商或特定类别的运输燃料供应商支付款项。

(7)该命令须包含规定，以确保管理人支付的款项总额在任意时候皆不超过其

截至该时间为止所收到的款项总额。

(8)如管理人为非国务大臣,RTF 命令可以——

(a)要求管理人在规定的范围内,将其根据本条所收到的款项用于支付其行使职能所产生的费用,或

(b)要求管理人在规定的范围内将收到的款项支付给国务大臣。

(9)管理人如未按照第 8 款的规定处理所收到的款项,应当按照指定的分配制度,向运输燃料供应商或特定类别的运输燃料供应商支付款项。

(10)国务大臣应当将其根据第 8 款 b 项的规定收到的款项划入统一基金。"

民事处罚

5. 代替第 129 条(民事处罚的实施)第 7 款——

"管理人根据本条收到的款项——

(a)如管理人为国务大臣,则应当将款项划入统一基金,以及

(b)否则,应当支付给国务大臣,由国务大臣划入统一基金。"

信息披露

6. 在第 131 条后新增——

"131A. 披露税务及海关所备存的信息

(1)本条适用于英国税务和海关专员或其代理人备存的信息,上述信息与其根据或凭借 1979 年《碳氢油类税法》行使的职能相关。

(2)此类信息可向下列主体披露——

(a)管理人,或

(b)被授权人,

为行使管理人的职能或管理人的职能相关事项。

(3)在本章中,'被授权人'指下列人员——

(a)向管理人提供服务或代表管理人行使职能的,以及

(b)被管理人授权接收本条适用的信息的。

(4)管理人可授权此类人员接收本条一般适用或为特定目的而适用的信息。

131B. 进一步披露信息

(1)本条适用于根据第 131A 条披露的信息,但同时提供给管理人或本条以外的授权人的信息除外。

(2)本条适用的信息不得由以下主体披露——

(a)管理人,

(b)被授权人,或

(c)在向管理人提供服务或代表管理人行使职能的过程中获得该信息的其

他人,但本条下列规定允许的除外。

(3)第 2 款不适用于由下列主体作出的披露——

(a)由管理人向被授权人,

(b)由被授权人向管理人,或

(c)由被授权人向另一被授权人,

为管理人履行其职能的目的或与之相关。

(4)第 2 款不适用于以下情况下的披露——

(a)由法律授权,

(b)根据法院命令作出,

(c)为管理人享有职能事项相关的刑事调查或刑事诉讼(无论是否在英国境内)的目的而作出,

(d)为管理人享有职能事项相关的民事诉讼(无论是否在英国境内)的目的而作出,

(e)经英国税务及海关专员同意作出,或

(f)经此类信息相关人员全体同意作出。

131C. 错误信息披露

(1)符合下列各项的,为犯罪——

(a)违反第 131B 条第 2 款披露他人相关信息,以及

(b)他人身份在披露中指明或可由披露推断出。

(2)在第 1 款中,'个人信息'指 2005 年《税务和海关专员法》第 19 条第 2 款(错误披露)中个人相关的税务和海关信息。

(3)被指控违反本条规定的人,如证明其有合理理由相信下列事项,可作为抗辩——

(a)此类披露是合法的,或

(b)此类信息已合法公开。

(4)犯本条规定之罪者,应当——

(a)经公诉程序定罪,处 2 年以下监禁或罚款,或并处,或

(b)经简易程序定罪,处 12 个月以下监禁或不超过法定最高额的罚款,或并处。

(5)就本条规定的罪行起诉——

(a)在英格兰和威尔士,须得到总检察长的同意;

(b)在北爱尔兰,须得到北爱尔兰总检察长的同意。

(6)在本条的适用中——

(a)在英格兰和威尔士,涉及2003年《刑事审判法》第154条第1款生效前犯下的罪行,或

(b)在北爱尔兰,

第4款b项提及的12个月应理解为6个月。”

解释

7.(1)第132条第1款(第二编第5章的解释)修订如下。

(2)“管理人”的定义替代为——

“‘管理人’指根据本章规定的命令被任命为管理人的人”。

(3)在适当的位置新增——

“‘被授权人’具有第131A条第3款赋予的含义;

‘制定法’包括——

(a)附属立法中包含的制定法,

(b)《苏格兰议会法》或根据《苏格兰议会法》制定的文件中包含的制定法,

(c)北爱尔兰立法或根据北爱尔兰立法制定的文件中包含的制定法,以及

(d)威尔士国民议会的法令或法案中或根据该法令或法案制定的文件中包含的制定法”。

(4)在2004年《能源法》(c. 20)第196条第1款(一般解释)“制定法”的定义中,在“制定法”后新增“(第二编第5章除外)”。

附件8 **第79条**

碳减排目标

1986年《天然气法》(c. 44)

1.(1)1986年《天然气法》第33BC条(促进减少碳排放:天然气运输商和天然气供应商)修订如下。

(2)在第1款后新增——

“(1A)可行使根据本条下达命令的权力,以便就同一期间或在任何程度上重叠的期间,对某一主体施加一项以上的碳减排义务。”

(3)在第5款(根据第33BC条可由命令就该命令所施加的义务作出的规定)中,在b项后新增——

“(ba)要求碳减排目标的全部或部分通过下列主体的相关行动实现——

(i)特定类型的人员,

(ii)指定区域或特定类型的区域,或

(iii)指定区域或特定类型区域的特定类型人员”。

(4)在第13款(解释)中,在适当位置新增——

“‘指定的’指命令中指定的”。

1989年《电力法》(c.29)

2.在1989年《电力法》第6条第9款(“电力分销商”和“电力供应商”的定义)中,在适当的位置新增——

“‘电力生产者’指获发电许可授权发电的人,除非此人行为与该许可授权的活动无关”。

3.(1)该法第41A条(促进减少碳排放:电力分销商和电力供应商)修订如下。

(2)第1款(命令分销商和供应商履行碳减排目标义务的权力)——

(a)在a项之前新增——

“(za)每个电力生产者(或每个特定类型的电力生产者)”,以及

(b)在结语中,在“分销商”前新增“生产者”。

(3)在该款后新增——

“(1A)可行使根据本条下达命令的权力,以便就同一期间或在任何程度上重叠的期间,对某一主体施加一项以上的碳减排义务”。

(4)在第3款[命令参考天然气及电力市场管理局(Gas and Electricity Markets Authority)确定目标以指定标准的权力]中,在“电力分销商”之前新增“电力生产者”。

(5)在第4款(国务大臣和机关以不妨碍竞争的方式行使本条规定的职能)中,对于从“无电力分销商”到该款末尾的表述替换为“——

(a)无电力生产者在与其他发电力生产者竞争时处于不适当的不利地位,

(b)无电力分销商在与其他电力分销商竞争时处于不适当的不利地位,以及

(c)无电力供应商在与其他电力供应商竞争时处于不适当的不利地位。”

(6)在第5款中(可由命令就其所施加的义务作出的规定)——

(a)在a项中,在“电力分销商”之前新增“电力生产者”,

(b)在b项后新增——

“(ba)要求碳减排目标的全部或部分通过下列主体的相关行动实现——

(i)特定类型的人员,

(ii)指定区域或特定类型的区域,或

(iii)指定区域或特定类型区域的特定类型人员;”

(c)在 d 项中,在“分销商”之前新增“生产者”,以及

(d)在 f 项中,在“分销商”前新增“生产者”。

(7)在第 6 款(命令授权机关要求提供信息的权力)中,在“分销商”之前新增“生产者”。

(8)在第 7 款 d 项(命令规定将某一主体的目标转移至另一分销商或供应商或天然气运输商或供应商的权力)中,在“电力分销商”之前新增“电力生产者”。

(9)在第 8 款 d 项(就不同分销商或供应商作出不同规定的命令的权力)中,在“分销商”之前新增“生产者”。

(10)在第 11 款(下达命令前的咨询义务)中,在“电力分销商”之前新增“电力生产者”。

(11)在第 13 款(解释)中,在适当位置新增——

“‘指定的’指命令中指定的。”

(12)标题中,在“电力分销商”前新增“电力生产者”。

4. (1)该法第 42AA 条(公开供应商和分销商业绩统计信息)修订如下。

(2)在第 1 款(天然气及电力消费者委员会有义务公开相关服务表现及消费者投诉的信息)——

(a)在 a 项中,在“电力供应商”之前新增“电力生产者”,以及

(b)在 b 项中,在“供应商”之前新增“生产者”。

(3)在第 2 款(“投诉”的定义)中,在“电力供应商”之前新增“电力生产者”。

5. 在该法第 64 条第 1 款(第一编的解释等)中,在“电力分销商”和“电力供应商”的定义中,在“电力分销商”后新增“电力生产者”。

2000 年《公共设施法》(c. 27)

6. 2000 年《公共设施法》第 103 条(总体碳减排目标)修订如下。

(2)在第 1 款 b 项中(通过命令指定促进 1989 年法第 41A 条第 2 款所述措施的总体目标),在“分销商”之前新增“生产者”。

(3)在第 1 款后新增——

“(1A)本条授予的权力可就同一期间或在某种程度上重叠的多个期间规定一个以上的总目标。”

(4)在第 2 款 b 项(以命令确定电力和天然气部门之间总体目标分配标准的权力)中,在“电力分销商”之前新增“电力生产者”。

(5)在第 4 款(下达命令前的咨询义务)中,在“电力分销商”之前新增“电力生产者”。

气候变化法（北爱尔兰）①

本法旨在制定2050年、2040年和2030年温室气体减排目标；制定碳预算系统；根据目标和预算提供报告和声明；授予向公共机构施加气候变化报告义务的权力；提供气候变化委员会的报告和咨询意见；以及用于相关目的。

[2022年6月6日]

北爱尔兰议会通过本法，并获王室御准。

第一编　排放目标和行业计划

排放目标

1. 2050年排放目标

(1)北爱尔兰各部门应当确保2050年北爱尔兰净排放账户至少比基线低100%。

(2)北爱尔兰各部门应当确保2050年北爱尔兰二氧化碳净排放账户至少比二氧化碳基线低100%。

(3)第1款规定的义务不要求北爱尔兰2050年的甲烷净排放账户比甲烷基线低46%以上。

2. 2030年和2040年排放目标

(1)该部门(指“农业、环境和农村事务部”)应当为2030年和2040年制定与2050年目标相一致的目标。

(2)2030年和2040年的拟议目标应当在本法获得御准后的24个月内向议会提交，并通过肯定性决议草案予以批准。

① 本法2022年6月6日通过，原文来自英国立法数据库，网址：https://www.legislation.gov.uk/nia/2022/31/enacted。翻译：唐寅智；校对：王茜茜、王璐瑶、杨浩。

3. 2040 年排放目标

北爱尔兰各部门应当确保2040 年北爱尔兰净排放账户与2050 年目标相一致。

4. 2030 年排放目标

北爱尔兰各部门应当确保 2030 年北爱尔兰的净排放账户至少比基线低48%。

修改目标的权力

5. 修改排放目标的权力

(1)该部门可以通过条例修改第 1、3 或 4 条,以明确——

(a)比目前指定年份更早的特定排放目标;

(b)高于目前规定百分比的特定年份的百分比。

(2)该部门可以通过条例修改本编,以对北爱尔兰各部门施加义务,确保指定年份的北爱尔兰净排放账户至少比基线低一定百分比。

(3)关于对第 1 和 2 款规定的授权的限制,参见第 54 条。

6. 考虑是否修改目标的义务

(1)该部门应当考虑第 3 条和第 4 条规定的目标是否符合第 1 条第 1 款规定的排放目标。

(2)对于第 3 条和第 4 条中的每个目标,该部门应当——

(a)向议会提交第 5 条规定的条例草案,以修改目标,使之与第 1 条第 1 款规定的目标相一致,或

(b)向议会提交声明解释其认为不需要修改该目标的理由。

(3)该部门应当在本法获得御准之日起 2 年内就每个目标制定条例草案或声明。

(4)第 54 条第 2 款不适用于根据第 2 款 a 项提交大会的条例。

关键概念的含义

7. "基线"的含义

(1)基线为下表所述的每种温室气体在指定年份中与该气体相关的北爱尔兰净排放总量——

温室气体	年份
二氧化碳	1990
甲烷	1990
氧化亚氮	1990
氢氟碳化物	1995
全氟碳化物	1995
六氟化硫	1995
三氟化氮	1995

(2)二氧化碳的基线是1990年北爱尔兰的二氧化碳净排放量。

(3)甲烷的基线是1990年北爱尔兰的甲烷净排放量。

(4)该部门可以通过条例修改——

(a)第1款中的表格,以就一种温室气体指定不同的年份,或

(b)第2或3款,以就二氧化碳或甲烷指定不同的年份。

(5)关于对第4款授权的限制,参见第55条。

"北爱尔兰净排放账户"的含义

8.(1)某年的北爱尔兰净排放账户以如下方式确定——

(a)获取该年每项温室气体的北爱尔兰净排放总量(将根据第9条和第10条确定),

(b)扣除将记入该年度北爱尔兰净排放账户的碳单位数量(根据第11条规定的条例),以及

(c)增加将从该年北爱尔兰净排放账户中扣除的碳单位数量(亦根据第11条规定的条例)。

(2)第1款不适用于2050年北爱尔兰二氧化碳净排放账户或2050年北爱尔兰甲烷净排放账户(参见第3和4款)。

(3)2050年北爱尔兰二氧化碳净排放账户以如下方式确定——

(a)获取2050年北爱尔兰二氧化碳净排放量(将根据第9条和第10条确定),

(b)扣除将计入2050年北爱尔兰二氧化碳净排放账户的碳单位数量(根据第11条规定的条例),以及

(c)增加将从2050年北爱尔兰二氧化碳净排放账户中扣除的碳单位数量

(亦根据第 11 条规定的条例)。

(4)2050 年北爱尔兰甲烷净排放账户为 2050 年北爱尔兰甲烷净排放量(将根据第 9 条和第 10 条确定)。

基本概念的含义

“北爱尔兰净排放量”的含义

9.(1)一定期限内北爱尔兰温室气体净排放量为——

(a)该期间北爱尔兰气体的排放量(参见第 2 款),

减去

(b)该期间北爱尔兰气体的移除量(参见第 3 款)。

(2)一定期限内北爱尔兰的气体排放量为——

(a)该期间以北爱尔兰为来源的气体排放量,以及

(b)该期间计入北爱尔兰排放量的国际航空或国际航运的气体排放量(由第 10 条规定的条例确定)。

(3)北爱尔兰在某一期间内对某种气体的移除量是指该期间内由于以下原因从大气中移除的气体——

(a)北爱尔兰的土地利用;

(b)北爱尔兰的土地利用变化;

(c)北爱尔兰的林业活动;以及

(d)北爱尔兰使用的碳捕获和储存技术。

(4)该部门可以通过条例修改第 3 款,以修改北爱尔兰移除量的定义。

(5)应当按照国际碳报告惯例确定一定期间内北爱尔兰的气体排放量和北爱尔兰的移除量(参见第 63 条)。

“北爱尔兰排放量”的含义:国际航空和航运

10.(1)该部门可以通过条例规定将国际航空或国际航运的温室气体排放量计为北爱尔兰的气体排放量。

(2)该条例可以——

(a)规定应被视为国际航空或国际航运的活动;

(b)规定国际航空或国际航运温室气体排放量在何种情况下及在多大程度

上应计入北爱尔兰温室气体排放量;

(c)规定国际航空或国际航运的温室气体排放应被计入北爱尔兰该气体排放的时期(无论过去或未来);

(d)规定确定北爱尔兰在第7条第1款规定的年份中的相关温室气体排放量时,如何考虑国际航空或国际航运的温室气体排放量。

碳单位的计入和扣除

11.(1)该部门可以通过条例规定——

(a)碳单位在一定期间内可以或不可计入北爱尔兰净排放量的情况,

(b)在一定期间内可以或不可从净排放量中扣除碳单位的情况,以及

(c)如何做到。

第59条解释了"碳单位"的含义。

(2)该条例应当包含相关规定,以确保在一个期间内计入北爱尔兰净排放量的碳单位不再用于抵消其他温室气体排放。

(3)该条例应当对碳单位的净量设定限额,由于适用根据第1款a和b项作出的规定,北爱尔兰的净排放量在一个期间内可能会减少;该限额不得超过该时期每种温室气体的北爱尔兰净排放总量的25%(根据第9和10条确定)。

(4)条例可以规定条例中特定的碳单位不计入限额。

(5)条例可对2050年北爱尔兰二氧化碳净排放账户中的碳单位计入和碳单位扣除作出规定。

(6)2050年计入北爱尔兰二氧化碳净排放账户的碳单位数量不得超过——

$$\text{贷方总额} \times \frac{\text{二氧化碳排放量}}{\text{总排放量}}$$

(7)如果——

(a)碳单位计入2050年北爱尔兰二氧化碳净排放账户,以及

(b)碳单位从2050年北爱尔兰净排放账户中扣除,

碳单位应当从2050年北爱尔兰二氧化碳净排放账户中扣除;如此扣除的碳单位数量不得少于——

$$\text{借方总额} \times \frac{\text{二氧化碳排放量}}{\text{总排放量}}$$

(8)在第6款和第7款中——

"贷方总额"指计入2050年北爱尔兰净排放账户的碳单位数量;

“借方总额”指从2050年北爱尔兰净排放账户中扣除的碳单位数量;

“二氧化碳排放量”指2050年北爱尔兰二氧化碳净排放量;

“总排放量”指2050年北爱尔兰每种温室气体净排放总量。

碳单位:核算办法

12.(1)该部门可以通过条例为计划作出规定——

(a)用于登记或以其他方式跟踪碳单位,或

(b)建立和维护账户,该部门可在其中持有碳单位,并可在不同账户之间进行转让。

(2)条例可以规定为上述目的调整现有计划。

(3)条例可以——

(a)任命个人或机构(“管理人”)管理该计划,或规定由该部门进行管理;

(b)设立机构以管理该计划,并就该机构的成员任命、人员配置、支出和程序作出规定;

(c)授权管理人或向其施以职责,以管理计划;

(d)授权该部门向行政长官提供指导或指示;

(e)要求该计划的使用人支付费用(由条例确定或根据条例规定确定的金额)以支付该计划的运营成本。

(4)若条例调整现有计划,或任命现有人员管理该计划,则条例可以修改与现有计划或现有人员相关的法定条款。

行 业 计 划

行 业 计 划

13.(1)北爱尔兰各部门应当制定并发布经济领域的计划,称为“行业计划”,规定各行业将如何实现第1、3和4条的目标。

(2)这些应当包括确保实现第1、3和4条中规定目标的提案和政策。

(3)中期行业报告应当根据第1、3和4条规定的目标发布。

(4)行业计划还应通过以下方式支持公正过渡——

(a)与行业和工会合作,以工人权利、健康和安全为中心,支持创造有保障的绿色就业机会,并建设进入绿色职业的路径;

(b)确保依赖高碳经济的工人和社区在转型中得到支持;

(c)支持向绿色经济转型,进行净零碳投资和基础设施建设;以及

(d)解决不平等问题,打破分裂障碍。

(5)该部门应当与北爱尔兰其他部门作出约定,以确保合作并提交第1款规定的信息,包括第3款概述要求的格式及细节。

能源行业计划

14.(1)经济部门应当为能源行业制定并发布行业计划,说明该行业将如何为实现第1、3和4条的目标作出贡献。

(2)能源行业计划应当包括能源生产、私营和公共供暖以及制冷系统供应的提案和政策。

可再生能源消耗

15.经济部门应当确保到2030年至少80%的电力消耗来自可再生能源。

基础设施行业计划

16.(1)基础设施部门应当为基础设施行业制定和发布行业计划,说明该行业将如何为实现第1、3和4条的目标作出贡献。

(2)基础设施行业计划应当包括规划和建设的提案和政策。

工业流程行业计划

17.经济部门应当为工业流程行业制定并发布行业计划,说明该行业将如何为实现第1、3和4条的目标作出贡献。

废弃物管理行业计划

18.(1)该部门应当确保到2030年至少70%的废弃物被回收。

(2)该部门应当为废弃物管理行业制定和发布行业计划,说明该行业将如何为实现第1、3和4条以及第1款中的目标作出贡献。

农业行业计划

19.(1)该部门应当为农业行业制定和发布行业计划,说明该行业将如何为实现第1、3和4条中的目标作出贡献。

(2)农业行业计划应当包含对农场进行全额资助的碳审计的提案,以评估可以提高绩效和节省开支之处。

(3)作为碳审计过程的一部分,应计算该行业已经进行的碳封存措施。

渔业行业计划

20.(1)该部门应当为渔业行业制定和发布行业计划,说明该行业将如何为实现第1、3和4条的目标作出贡献。

(2)渔业行业计划应当包括海洋渔业和内陆渔业的提案和政策。

运输行业计划

21.(1)基础设施部门应当为运输行业制定和发布行业计划,说明该行业将如何为实现第1、3和4条的目标作出贡献。

(2)运输行业计划应当包括公共和私人运输的提案和政策。

活力出行

22.基础设施部门应当为运输业制定行业计划,规定总运输预算中最低10%将用于活力出行。

第二编 碳预算

碳预算

23.(1)该部门应当通过条例为每个预算期的北爱尔兰净排放账户设定最高限额。该额度被称为该期间的“碳预算”。

(2)该部门应当——

(a)就拟议的碳预算进行为期至少 16 周的公众咨询,

(b)委托对该期间碳预算效用的财政、社会、经济和农村影响进行评估,以及

(c)征求北爱尔兰气候专员、北爱尔兰其他部门和公正过渡委员会的意见,并向议会提出提案。

(3)在就制定碳预算或其他环境问题征求意见时,该部门应适当考虑以下机构的专业知识和建议——

(a)爱尔兰共和国气候变化咨询委员会;以及

(b)政府间气候变化专门委员会。

(4)预算期为——

(a)2023 至 2027 年,以及

(b)每个后续的 5 年期间。

(5)该部门可通过条例修改第 4 款,以更改预算期。

(6)参见——

(a)第 25 至 28 条,规定碳预算的制定和调整,以及

(b)第 55 条,限制第 5 款赋予的权力。

未超过碳预算的排放量

24. 北爱尔兰各部门应当确保每个预算期的北爱尔兰净排放账户不超过该期的碳预算。

碳预算的制定:原则

25. 该部门应当——

(a)为 2048 年至 2052 年的每个预算期(包括该预算期)设定碳预算,其水平应与实现 2050 年排放目标相一致(参见第 1 条);

(b)设定 2033 年至 2037 年和 2038 年至 2042 年预算期的碳预算,使其符合 2040 年的排放目标(参见第 3 条);以及

(c)设定 2023 年至 2027 年和 2028 年至 2032 年预算期的碳预算,使其符合 2030 年和 2040 年的排放目标(参见第 3 条和第 4 条)。

碳预算的制定:社会、环境和经济因素

26. (1)在制定碳预算时,该部门应当考虑到——

(a)不超过公平和安全排放预算的目标,

(b)气候变化相关的欧洲和国际法案和政策(包括《气候公约》及其议定书),

(c)气候变化相关科学知识,

(d)气候变化相关技术,

(e)经济环境,特别是预算对以下方面可能产生的影响——

(i)经济,

(ii)特定经济部门的竞争力,

(iii)中小企业,

(iv)工作和就业机会,

(f)财政情况,特别是预算对税收、公共支出和公共借款可能造成的影响,

(g)社会环境,特别是预算对生活在贫困社区人群可能造成的影响,

(h)预算对公共卫生可能造成的影响,

(i)预算对偏远农村社区和岛屿社区居民的可能影响,

(j)能源政策,特别是预算对能源供应、可再生能源行业以及经济的碳和能源强度可能造成的影响,

(k)环境考虑因素,特别是预算对生物多样性可能造成的影响,

(l)预算对实现可持续发展,包括实现联合国可持续发展目标可能造成的影响,

(m)目前的国际碳报告惯例,

(n)农业的特殊经济和社会作用,包括生物甲烷的独特特征,

(o)大量和不合理的碳泄漏风险。

(2)“碳泄漏”是指将商品(包括农产品)的生产和服务提供转移到没有类似气候变化政策的国家。

(3)在第2款中,“类似的气候变化政策”是指旨在实现有关国家温室气体减排的政策,该类政策在第1、3和4条规定的年份之前相当于该条款规定的目标。

碳预算的制定:期间

27. (1)该部门应当——

(a)在2023年年底前制定前三个预算期的碳预算,以及

(b)至少在相关预算期开始前12年制定第4个及以后预算期的碳预算。

(2)部门可以根据条例——

(a)在预算期开始前修改该期的碳预算(而非其他内容)。

(b)修改第1款,以更改应当设定碳预算的日期。

(3)关于对第2款a项授权的限制,参见第54条的规定。

从一个预算期至另一个预算期的结转

28. (1)该部门可以决定将预算期的部分碳预算转回至上一预算期。

(2)如果该部门预支部分碳预算,则——

(a)按预支量,减少后期的预算,以及

(b)按预支量,增加上一期的预算。

(3)结转量不得超过下一期碳预算的1%。

(4)该部门可以决定将预算期内碳预算中任何未使用的部分结转到下一预算期。

(5)如果该部门结转部分碳预算,则——

(a)按结转量,增加下一期的预算,以及

(b)按结转量,减少上一期的预算。

(6)一个期间的碳预算"未使用"的范围是指超过该期间北爱尔兰净排放账户的部分。

(7)在决定根据本条结转之前,该部门应当咨询——

(a)北爱尔兰其他部门,

(b)气候变化委员会,以及

(c)北爱尔兰气候专员。

(8)北爱尔兰各部门在决定根据本条规定结转时,应当提供该部门要求的协助。

(9)第39条规定了本条规定的报告决定。

第三编　针对目标和预算等的报告和声明等

碳　预　算

满足碳预算的提案和政策

29.(1)该部门应当为每个预算期编制并公布一份报告,列明满足该期碳预算的提案和政策。

(2)本法中提及的“气候行动计划”是指本条规定的报告。

(3)报告应当列明涵盖北爱尔兰各部门职责范围的提案和政策。

(4)在制定政策时,各部门皆应确保其符合碳预算中规定的目标。

(5)咨询相关行业特定咨询小组后,各北爱尔兰部门应向该部门提供——

(a)其职责范围内的提案和政策,以及

(b)该部门在编制报告时所需的其他援助。

(6)北爱尔兰各部门应当在该预算期的前 9 个月结束前提供该预算期的提案和政策。

(7)该部门应当在该期间第一年结束前向议会提交预算期报告。

(8)该部门应当公布该报告以征求公众意见,时间不少于 16 周,截止日期为该报告提交给议会前不少于 10 个工作日。

(9)该部门应当在提交报告的同时,向议会提交第 8 款中的公众咨询结果。

第 29 条对提案和政策的要求

30.(1)在为第 29 条的目的决定其提案和政策时,北爱尔兰的各部门应当——

(a)考虑到这些提案和政策与英国其他地区、爱尔兰共和国(承认爱尔兰岛是由单一部分构成的生物地理单位)或其他地方的相应提案和政策相协调的可取性;

(b)征求其认为适当的人士的意见(包括在任何其他管辖区负责提供与适应气候变化或减轻其影响有关的咨询或建议的公共机构);

(c)委托对提案和政策效果的财政、社会、经济和农村影响进行评估;以及

(d)适当考虑农业的特殊经济和社会作用,包括生物甲烷的独特特征。

(2)在为第 29 条目的决定其提案和政策时,各北爱尔兰部门还应考虑——

(a)公正过渡原则(参见第3款),以及

(b)使用和支持基于自然的解决方案的可取性(参见第5款),无论单独或与其他类型的行动联合。

(3)公正过渡原则是指在采取行动减少北爱尔兰的排放量和增加北爱尔兰的移除量时,应当尽可能地实现以下目标——

(a)支持具有气候抗御力、环境和社会可持续性的就业机会和就业机会的增长,

(b)特别是支持北爱尔兰的农业行业和其他经济行业,该类行业可能会受到减少上述排放量和增加上述移除量行动的最大影响,

(c)支持低碳投资和基础设施建设,

(d)通过与工人、工会、社区、非政府组织和工商界利益代表等的互动,发展和保持共识,

(e)以不对现有劳动力产生负面影响的方式创造体面、公平和高价值的工作,

(f)为资源节约型可持续经济作出贡献,

(g)支持受气候变化影响最严重的主体,特别是对造成气候变化影响最小或最没有能力适应其影响的主体,

(h)减少并最终消除贫穷、不平等和社会剥夺,

(i)消除性别不平等,促进男女机会平等,

(j)支持农村地区人民的社会和经济需求,以及

(k)考虑到后代原则。

(4)在本条中——

(a)"气候抗御力"用于就业和就业增长时,是指社会、经济和环境系统适应气候变化影响的能力。

(b)"环境和社会可持续"用于就业和就业增长时,是指根据后代原则以保护和改善自然资源的方式创造和促进就业。

(c)"后代原则"是指在不影响后代满足其自身需要的能力的情况下,采取行动力求确保满足当代人的需要。

(5)"基于自然的解决方案"是指保护、恢复或可持续管理生态系统的项目,以——

(a)促进人类福祉和生物多样性,或

(b)提供其他环境、社会和经济效益。

(6)各气候行动计划皆应解释计划中提出的提案和政策如何考虑到公正过渡原则。

(7)各气候行动计划皆应解释该部门打算如何减轻相关财政、社会、经济和农村影响评估中发现的负面影响。

(8)第2款规定的义务是对2006年《北爱尔兰(其他规定)法》第25条(可持续发展)规定义务的补充,而非限制。

(9)该部门可通过条例修改第3款。

农业公正过渡基金

31.(1)该部门应当通过条例建立一个基金管理计划,称为“农业公正过渡基金”,目的是向农业行业提供咨询和财政援助,以根据第29条的提案和政策作出贡献。

(2)条例可以规定——

(a)确定根据该计划获得咨询或援助的资格或权利;

(b)关于根据该计划提出的咨询或援助申请(如果有);

(c)施加与该计划相关的条件或限制;

(d)要求人们提供与该计划相关的特定信息,或对其施加其他义务;

(e)授予该部门或其他公共机构与该计划相关的职能;

(f)为使有可能具备资格获得该计划援助的人注意该计划而采取的措施;

(g)关于执行条例规定的义务或遵守条例规定的义务(其中可能包括该部门实施经济处罚的权力);

(h)关于该计划的一般管理,包括审查根据该计划作出的决定和处理该计划相关资格或权利的纠纷的规定;

(i)关于该部门认为对该计划的高效和有效管理是必要或适当的其他事项。

(3)如果该计划规定财政援助,条例可以规定——

(a)以任何形式提供援助,特别包括以补贴、贷款或担保等形式;

(b)确定援助范围(包括计算需支付的款项);

(c)提供的援助应符合计划中规定的或根据计划确定的条件;

(d)上述条件包括(在补贴的情况下)特定情况下的还款条件;

(e)提供援助——

(i)直接向根据计划有权获得的人;或

(ii)间接(例如,针对公共机构制定条款,要求该机构向有资格者提供财政援助)。

提案和政策:目标

32.(1)气候行动计划应当包含相关预算期间在以下领域拟实现的目标——

(a)土壤质量,以及

(b)生物多样性;

但上述目标受本条第2款的约束。

(2)第1款规定的目标应当在考虑到以下事项后,以最能实现相关碳预算的方式确定——

(a)国际法,特别包括《气候公约》;

(b)上述目标对北爱尔兰环境的影响;

(c)上述目标对公共卫生和福祉的影响;

(d)上述目标对北爱尔兰特有的财政、经济和社会环境的影响;

(e)公正过渡原则;

(f)跨境影响。

(3)气候行动计划还应当包括以下年度目标——

(a)温室气体排放,以及

(b)空气质量。

提案和政策:进一步规定

33.第29条规定的提案和政策应当确保在以下行业实现相关的碳预算——

(a)能源生产和供应(包括用于住宅、公共和地区供暖及制冷的能源);

(b)运输(包括航运和航空);

(c)基础设施(包括电动车辆运输基础设施);

(d)商业和工业流程;

(e)住宅和公共(与该类行业的建筑相关);

(f)废弃物管理;

(g)农业;

(h)土地利用和土地利用的变化,包括林业;

(i)渔业;以及

(j)向任何人提供下列事项相关财政援助——

(i)促进北爱尔兰或北爱尔兰任何地区的经济发展;以及

(ii)在北爱尔兰或北爱尔兰任何地区提供基础设施、商品或服务;

但在制定能源生产和供应相关提案和政策时,应当获得单一电力市场委员会(SEM Committee)就其根据2007年《电力(单一批发市场)(北爱尔兰)法令》第6条第2款职能所涉事项提出的意见和建议,并应当予以考虑。

提案和政策:基于自然的解决方案

34. 第29条下的提案和政策应尽可能支持基于自然的解决方案,以改善生物多样性,保护和恢复生态系统,并寻求减少温室气体排放或增加温室气体排放的移除量或支持气候适应力。

提案和政策:劳动力、雇主和社区

35. (1)各气候行动计划应当——

(a)解释计划中提出的提案和政策预期会如何影响劳动力、雇主和社区;以及

(b)包括支持劳动力、雇主和社区的提案和政策。

(2)第1款中包含的解释、提案和政策应当特别提及小型企业。

(3)在第2款中,"小型企业"是指雇用人数少于50人的企业。

(4)该部门可通过条例修改第3款;该条例可参考该部门认为适当的事项(或事项组合,特别是包括其雇员人数、营业额和资产负债表)以界定小型企业。

提案和政策:碳泄漏

36. (1)在为第29条目的决定其提案和政策时,各北爱尔兰部门皆应考虑到——

(a)实施该类提案和政策将导致碳泄漏的风险,以及

(b)消除或尽量减少该风险的可取性。

(2)"碳泄漏"是指向没有类似气候变化政策的国家转让商品(包括农产品)生产和服务。

(3)在第2款中,"类似的气候变化政策"是指旨在实现国家温室气体减排的相关政策,该类政策在第1、3和4条规定的年份之前相当于该条款规定的目标。

公正过渡委员会

37.(1)该部门应当通过条例建立名为“公正过渡委员会”的机构。

(2)委员会的职能为——

(a)监督本法公正过渡要素的实施,以及

(b)就如何确保本法要求的提案、政策、战略和计划符合公正过渡原则向北爱尔兰各部门提供建议。

(3)第1款规定的条例——

(a)应当为委员会的组成作出规定(特别包括其成员、一般性权力和程序);

(b)可规定委员会作为法人团体成立[且1954年《解释法(北爱尔兰)》第19条经条例规定修改(如有)后可适用];

(c)可就支付委员会委员的薪酬和津贴以及支付委员会费用作出规定;

(d)可就委员会的账目、报告和记录保存作出规定;

(e)可就委员会作出该部门认为适当的进一步规定。

(4)根据第3款a项制定的条例应当规定委员会委员包括下列各项的代表——

(a)农业行业;

(b)渔业行业;

(c)学术界;

(d)工会;

(e)青年团体;

(f)民间团体;

(g)环保组织。

(但不排除条例规定其他人员成为委员会委员。)

(5)第1款规定的条例亦可对委员会的职能作出规定,包括具体规定——

(a)如何履行监督职能;

(b)该法案的公正过渡要素。

预算期中期进度报告

38.(1)该部门应当在各预算期间编制和公布一份报告,说明在执行根据第29条为该期间编制的气候行动计划中提出的提案和政策方面取得的进展。

(2)各北爱尔兰部门应当向该部门提供——

(a)关于在其职责范围内执行其提案和政策所取得进展的信息,以及

(b)该部门在编制报告时所需的其他援助。

(3)北爱尔兰各部门皆应在一个预算期的前33个月结束前提供该预算期的进展信息。

(4)该部门应当在预算期第三年结束前向议会提交预算期报告。

预算期最终报告

39.(1)该部门应当——

(a)根据本条为各预算期编制一份最终报告,以及

(b)在该时期之后的第二年年底前向议会提交该报告。

(2)本条规定的最终报告应当就每种温室气体的下列事项作出说明——

(a)在此期间内的北爱尔兰的排放总量,

(b)在此期间内的北爱尔兰的移除总量,以及

(c)在此期间内的北爱尔兰净排放总量。

(3)其应当——

(a)说明在此期间计入北爱尔兰净排放账户或从中扣除的碳单位总量,以及

(b)提供上述单位的数量和类型的详细信息。

(4)该报告应当说明该时期北爱尔兰净排放账户的最终数额。

(5)其应当——

(a)说明该部门是否已决定根据第28条结转,以增加或减少该期间的碳预算,以及

(b)如果是,需说明预支或结转的数额。

(6)其应当说明该期间碳预算的最终数额。

(7)某一期间的碳预算是否满足,应参照该期间报表中的信息确定。

(8)该报告应当解释该期间的碳预算已经满足或尚未满足的原因。

(9)特别是,其应当包括上述提案和政策对第29条下气候行动计划规定的该期间碳预算满足程度的评估——

(a)已经执行,以及

(b)导致该期间的碳预算得到满足或未得到满足。

(10)第8款规定的报告和第9款规定的评估应当涵盖各北爱尔兰部门的责任范围。

(11)北爱尔兰各部门应向该部门提供——

(a)解释此部门认为就其职责范围而言,该期间的碳预算已经或尚未得到满足的原因,

(b)评估其提案和政策对碳预算的满足程度——

(i)已经执行,以及

(ii)导致该期间的碳预算得到满足或未得到满足,以及

(c)该部门在编制报告时所需的其他协助。

(12)北爱尔兰各部门应当在某一预算期结束后的前21个月内提供其对该预算期的说明和评估。

未满足碳预算的提案和政策

40.(1)若该部门已经根据第39条向议会提交关于北爱尔兰净排放账户超过碳预算的预算期的最终报告,则适用本条。

(2)在提交报告后的3个月内,该部门应当向议会提交一份报告,列明在随后的预算期间补偿超额排放的提案和政策。

(3)北爱尔兰各部门应当提供该部门在编制报告方面所需的协助。

排放目标

关于遵守排放目标的报告

41.(1)该部门应当——

(a)根据本条为2030年、2040年和2050年各编制一份报告,以及

(b)在有关年度后的第二年年底前向议会提交报告。

(2)本条规定的报告应当就每种温室气体的下列事项作出说明——

(a)报告所涉年份的北爱尔兰排放总量。

(b)报告所涉年份的北爱尔兰移除总量,以及

(c)报告所涉年份的北爱尔兰净排放量总量。

(3)其应当——

(a)说明当年记入北爱尔兰净排放账户或从中扣除的碳单位总量,以及

(b)提供上述单位数量和类型的详细信息。

(4)其应当说明该年度北爱尔兰净排放账户的数额。

(5)2050 年的报告还应当说明——

(a)该年度已记入北爱尔兰二氧化碳净排放账户或从中扣除的碳单位总量(如果有),以及

(b)北爱尔兰该年度的二氧化碳净排放账户的数额。

(6)2030 年、2040 年或 2050 年排放目标(或多个目标)是否已经实现,应参照该年报告中的信息确定。

(7)报告应当解释本年度的目标(或每个目标)已经或尚未实现的原因。

(8)北爱尔兰各部门应当向该部门提供——

(a)该部门认为该年的目标(或每个目标)在其职责范围内已经实现或尚未实现的原因,以及

(b)该部门在编制报告时所需的其他协助。

(9)北爱尔兰各部门应当在报告所涉年份结束后的 21 个月内作出其解释。

其他报告

公共机构报告气候变化

42.(1)该部门应当制定条例,对特定公共机构规定特定的气候变化报告义务。“特定的”指条例中规定的内容。

(2)本条规定的“公共机构”是指——

(a)具有公共职能的主体或机构;

(b)属于 2011 年《规划法(北爱尔兰)》(参见该法第 250 条)意义上的特许经营者。

(3)根据第 1 款可对机构施加的气候变化报告义务,特别包括编制包含以下内容的报告义务——

(a)评估气候变化对机构职能当前和预计的影响;

(b)说明该机构在行使其职能时适应气候变化或减轻其影响的提案和政策;

(c)说明实施这些提案和政策的时间范围;

(d)对该机构在实施根据该条例编制的先前报告中提出的提案和政策方面取得的进展进行评估。

(4)相关情况下,条例可能要求公共机构考虑(除其他事项外)以下内容——

(a)根据 2008 年《气候变化法》第 56 条提交的最新报告(关于气候变化影

响的报告);

(b)该法第60条规定的最新方案(北爱尔兰适应气候变化方案);

(c)使第3款b项中所述的提案和政策与英国其他地区、爱尔兰共和国或其他地方的相应提案和政策相协调的可取性。

(5)条例可以规定——

(a)报告的内容(包括报告所涉及期间);

(b)应当编制报告的期间;

(c)公共机构之间合作编制报告,或由两个或多个公共机构编制联合报告;

(d)报告的形式;

(e)报告的发布。

(6)条例可以赋予该部门与条例规定的职责有关的职能。

(7)在制定条例之前,该部门应当酌情咨询此类公共机构及其他主体。

(8)根据本条制定的第一批条例应当在本法获得御准之日起的18个月期限结束前开始实施。

第四编　气候变化委员会的报告

第一个预算期的进展报告

43.(1)在2027年年底之前,气候变化委员会应当向该部门提交一份报告,阐述委员会对以下方面的意见——

(a)在会议方面取得的进展——

(i)第1、3和4条设定的排放目标,以及

(ii)根据第23条确定的碳预算,

(b)上述目标和预算是否可能实现,以及

(c)实现上述目标和预算所需的进一步措施。

(2)该部门应当在收到报告后尽快向议会提交报告副本。

每个预算期的声明后进展报告

44.(1)该部门根据第39条向议会提交某一预算期的最终报告后的6个月内,气候变化委员会应当向该部门提交一份报告,列明委员会对以下事项的意见——

(a)该期间碳预算满足或未满足的方式,

(b)在此期间，北爱尔兰各部门为减少北爱尔兰温室气体净排放量而采取的行动，

(c)在会议方面取得的进展——

(i)第1、3和4条设定的排放目标，以及

(ii)根据第23条确定的碳预算，

(d)上述目标和预算是否可能实现，以及

(e)实现上述目标和预算所需的进一步措施。

(2)第1款c至e项不要求委员会就前项所述事项提出意见，只要在报告发送前，其考虑的目标和预算涉及的周期已结束。

(3)该部门应当在收到报告后尽快向议会提交报告副本。

关于2030年排放目标报告后的进展报告

45.(1)该部门向议会提交2030年第41条规定的报告后6个月内，气候变化委员会应当向该部门提交一份报告，阐述委员会对以下内容的意见——

(a)2040年和2050年排放目标是否是可实现的最高目标，

(b)若均不是可实现的最高目标——

(i)何为可实现的最高目标，以及

(ii)需要采取哪些进一步措施以实现最高可实现目标。

(2)该部门应当在收到报告后尽快向议会提交报告副本。

关于2040年排放目标报告后的进展报告

46.(1)在该部门向议会提交2040年第41条规定的报告后6个月内，气候变化委员会应当向该部门提交一份报告，阐述委员会对以下问题的意见——

(a)2050年排放目标是否是可实现的最高目标，

(b)若均不是可实现的最高目标——

(i)何为可实现的最高目标，以及

(ii)需要采取哪些进一步措施以实现最高可实现目标。

(2)该部门应当在收到报告后尽快向议会提交报告副本。

对进展报告的答复

47. (1)该部门应当对气候变化委员会根据第43至46条提交的每份报告所提出的要点编制一份答复。

(2)各北爱尔兰部门在编制答复时应当提供该部门所需的协助。

(3)该部门应当在收到委员会报告后6个月内向议会提交答复。

适应计划报告

48. (1)本条适用于根据2008年《气候变化法》第60条(北爱尔兰适应气候变化方案)向议会提交的计划。

(2)在制定计划后3年内,气候变化委员会应当向该部门提交一份报告,说明——

(a)委员会对实施计划中规定的目标、提案和政策所取得的进展的评估,以及

(b)委员会关于根据该法第60条制定的下一计划的建议。

(3)该部门应当在收到报告后尽快向议会提交报告副本。

对适应计划报告的答复

49. (1)该部门应当对气候变化委员会根据第48条提交的每份报告所提出的要点编制一份答复。

(2)每个北爱尔兰部门在编制答复时应当提供该部门所需的协助。

(3)该部门应当在收到委员会报告后6个月内向议会提交答复。

第五编　进一步监督

北爱尔兰气候专员

50. (1)执行办公室应当根据条例设立一个独立的办公室,称为“北爱尔兰气候专员”。

(2)专员的职能是监督和报告本法的实施情况。

(3)第 1 款规定的条例——

(a)应当为专员的任命作出规定;

(b)可以规定专员为独体法人;

(c)可就专员的一般性权力作出规定;

(d)可就支付给专员的薪酬和津贴以及支付专员的费用作出规定;

(e)可就专员的账目、报告和记录保存作出规定;

(f)可对专员任命官员和工作人员作出规定;

(g)可就专员对财产、权利和责任(包括土地)的获取和处置作出规定;

(h)可在行政办公室认为适当的情况下对专员作出进一步规定。

(4)第 1 款规定的条例还可对专员的职能作出规定,包括规定如何履行监督和报告职能。

(5)第 1 款规定的第一批条例应当在本法获得御准之日开始的 2 年内向议会提交草案。

气候行动计划

51.(1)该部门应当在本法获得御准之日起 24 个月内向议会提交并公布一项计划,称为“气候行动计划”。

(2)在向议会提交每个计划前,该部门应当委托对气候行动计划草案效用的财政、社会、经济和农村影响进行评估,并就气候行动计划草案进行公众咨询,包括与特定行业咨询小组进行磋商,至少持续 16 周。

(3)后续计划应当在上一计划提交议会之日起 5 年内公布。

(4)气候行动计划应当规定如何在 2050 年前实现中期目标和净零目标。

(5)气候行动计划应当具有气候抗御力,并支持环境可持续型经济。

(6)计划应当包含下列事项的年度目标——

(a)温室气体排放,以及

(b)空气质量。

(7)“气候抗御力”是指最大限度地减少、减缓或修复气候变化影响的能力。

第六编　补　　充

与排放有关的职责

确保实现目标等职责

52.(1)第1条、第3至5条和第24条中所述的对北爱尔兰各部门的职责(确保北爱尔兰净排放账户低于一定数额,以及2050年北爱尔兰二氧化碳净排放账户低于一定数额)是各部门应尽的下列职责——

(a)尽可能以符合实现这一目标的方式行使自身职能,

(b)在符合适当行使其自身职能的范围内,与其他各部门合作,协助其他部门履行a项规定的职责,以及

(c)为履行a和b项规定的职责,起草并实施适当的计划、政策和战略。

(2)北爱尔兰各部门应在合理可行的范围内,使上述计划、政策和战略与爱尔兰共和国的计划、政策和战略保持一致。

(3)第1款是对本法其他条款规定职责的补充(而非限制)。

条例制定权:通则

条例:通则

53.(1)本法规定的条例可作出该部门认为适当的相应或补充规定。

(2)根据第1款可作出的规定,特别包括以下规定——

(a)修改本法,或

(b)修改该期间开始前任何预算期的碳预算(但不修改其他)。

(3)除非条例草案已向议会提交并经议会决议批准,否则不得根据本法的规定制定条例;但这受第4款的约束。

(4)根据第9条第4款或第42条第1款制定的条例须经否定性决议程序,除非其包含第2款所述的继续性或补充性条款。

(5)关于对第2款所述规定的权力的限制,参见第54和55条。

条例制定权：限制和考虑因素

修改、添加排放目标或修改碳预算的条例

54.（1）本条适用于根据本法规定制定的条例，即——

（a）修改排放目标或添加与排放相关的新目标，或

（b）修改碳预算。

（2）该部门仅在下列情况能制定此类条例——

（a）确信由于以下一个或多个事项的重大发展，制定条例是适当的——

（i）英国或国际上的气候变化相关法律或政策；

（ii）气候变化相关科学知识；

（iii）气候变化相关技术；或

（b）条例的规定——

（i）经气候变化委员会建议，或

（ii）与委员会建议的条款没有实质性区别。

（3）在制定此类条例时，该部门应当考虑以下事项——

（a）英国或国际上的气候变化相关法律或政策，

（b）气候变化相关科学知识，

（c）气候变化相关技术，以及

（d）北爱尔兰气候专员和公正过渡委员会的意见。

（4）但是，若该部门确信由于第 2 款 a 项所列事项的重大发展，制定该条例是适当的，则第 3 款也无须要求该部门单独考虑该事项。

规定不同基准年或改变预算期的条例

55.（1）本条适用于根据本法规定制定的条例，即——

（a）为温室气体规定不同的基准年，或

（b）更改预算期。

（2）该部门仅在确信由于英国或国际上的气候变化相关法律或政策的重大发展且适当的情况下才能制定此类条例。

条例制定权:建议

要求就制定法规的提案征求意见

56. (1)本条适用于根据本法规定制定的条例,但根据第54条第2款b项(气候变化委员会的建议)制定的条例除外。

(2)在根据第9条第4款或第42条第1款制定条例或根据第53条第3款向议会提交条例草案之前,该部门应当——

(a)要求气候变化委员会就制定条例的提案提供意见,以及

(b)考虑委员会的意见。

(3)当该部门根据本条要求气候变化委员会提供意见时,应当规定一个合理的期限,作为应当提供意见的期限。

(4)委员会应当在该期限内提供意见。

(5)委员会的意见应当阐明提出该意见的理由。

(6)该部门收到委员会的意见后,应当在合理切实可行的情况下尽快公布。

(7)第8和9款适用于——

(a)委员会建议包括关于应通过条例作出规定的意见,以及

(b)该部门拟制定与该意见不同的条例。

(8)若向议会提交该条例草案,该部门应当同时向议会提交一份报告,说明存在差异的原因。

(9)否则,该部门应当在制定条例时发布一份声明,说明产生差异的原因。

就目标相关拟议条例提供意见。

57. (1)第2和3款适用于——

(a)该部门建议根据本法规定制定条例——

(i)为特定排放目标指定不同的年份,或

(ii)为特定年份指定不同的比例,以及

(b)气候变化委员会根据第56条提供意见。

(2)若该部门建议制定条例,为某一特定目标指定不同的年份,委员会的意见应当包括委员会对以下方面的意见——

(a)拟议的年份是否是可以实现目标的最早年份,以及

(b)如果不是,最早哪一年可实现该目标。

(3)若该部门建议制定条例,规定某一特定年份的不同比例,委员会的意见应当

包括委员会对以下方面的意见——

(a)拟议比例是否是当年可以达到的最高百分比,以及

(b)如果不是,当年可以达到的最高比例是多少。

(4)根据本条提供意见时,委员会应当考虑以下事项——

(a)英国或国际上的气候变化相关法律或政策,

(b)关于气候变化的科学知识,以及

(c)与气候变化相关的技术。

关于拟议预算条例的意见

58.(1)本条适用于以下情况——

(a)该部门建议根据本法规定制定条例,设定或改变预算期的碳预算,以及

(b)气候变化委员会根据第56款提供意见。

(2)委员会的意见应当包括委员会关于以下内容的意见——

(a)该期间碳预算的适当水平;

(b)该期间的碳预算应在多大程度上得到满足——

(i)通过减少北爱尔兰温室气体净排放量,或

(ii)根据第11条制定的条例,通过使用可以记入该期间北爱尔兰净排放账户的碳单位。

(c)为满足该时期的碳预算应作出的各自贡献——

(i)由贸易计划所涵盖的北爱尔兰经济行业(作为一个整体);

(ii)由北爱尔兰经济未涵盖的行业(作为一个整体)。

(d)北爱尔兰的经济行业有特别的机会,可以通过减少温室气体的排放,为实现该时期的碳预算作出贡献。

(3)根据本条提供意见时,委员会应当考虑以下事项——

(a)英国或国际上的气候变化相关法律或政策,

(b)气候变化相关科学知识,以及

(c)气候变化相关技术。

(4)在第2款c项中,“贸易计划”具有2008年《气候变化法》第44条赋予的含义。

定　　义

“碳单位”的含义

59. 本法中,“碳单位”是指该部门制定的条例规定的单位之一,代表——
(a)减少的温室气体排放量,
(b)从大气中去除温室气体的移除量,或
(c)对温室气体排放施加限制的计划或约定所允许的温室气体排放数量。

“温室气体”的含义

60. (1)本法中,“温室气体”是指下列任意一种——
(a)二氧化碳;
(b)甲烷;
(c)氧化亚氮;
(d)氢氟碳化物;
(e)全氟碳化物;
(f)六氟化硫;
(g)三氟化氮。
(2)该部门可通过条例修改第1款中的温室气体清单,以增加气体。

排放的含义和测量

61. (1)本法中,“排放”就一种温室气体而言,是指由人类活动引起的该气体向大气层的排放。
(2)下列各项均应以吨二氧化碳当量进行测量或计算——
(a)温室气体排放量;
(b)温室气体排放量的减少;
(c)大气中的温室气体移除量。
(3)“吨二氧化碳当量”是指一公吨二氧化碳或具有同等全球变暖潜能值的其他温室气体量,其计算方法与国际碳报告惯例一致(参见第63条)。

“行业”的含义

62. 本法中,“行业”或“行业(复数)”是指下列一项或全项——

(a)能源生产和供应(包括用于住宅、公共和地区供热和制冷);

(b)运输(包括航运和航空);

(c)基础设施(包括电动车辆运输基础设施);

(d)商业和工业流程;

(e)住宅和公共(与这些行业的建筑物有关);

(f)废弃物管理;

(g)土地利用和土地利用的变化,包括林业;

(h)农业;以及

(i)向任何人提供下列事项相关财政援助——

(i)促进北爱尔兰或北爱尔兰任何地区的经济发展;以及

(ii)在北爱尔兰或北爱尔兰任何地区提供基础设施、商品或服务。

其他定义

63. 本法中——

“气候变化委员会”是指根据2008年《气候变化法》第二编设立的委员会;

“该部门”是指农业、环境和农村事务部;

“排放目标”是指第1、3或4条设定的目标;

“国际碳报告惯例”是指下列报告相关公认惯例——

(a)《气候公约》的议定书,或

(b)该部门可能通过条例规定的其他国际协定或约定;

“北爱尔兰排放量”具有第9条第2款赋予的含义;

“北爱尔兰移除量”具有第9条第3款赋予的含义。

一般事项

生效日期

64. 本法自获得御准的次日生效。

简　　称

65. 本法称为2022年《气候变化法(北爱尔兰)》。

气候变化法（苏格兰）[①]

苏格兰议会2009年6月24日通过本法，并于2009年8月4日获王室御准。

苏格兰议会制定本法，设定2050年目标，2020年中期目标，并规定温室气体减排的年度目标；向苏格兰部长提供气候变化相关建议；赋予部长令公共机构承担气候变化职责的权力；对减缓和适应气候变化作出进一步规定；制定能源效率相关规定，包括减免市政税；制定减少和回收废弃物的规定；其他相关目的。

第一编　减 排 目 标

净零排放目标

A1. 净零排放目标

(1)苏格兰部长需确保苏格兰净零排放目标年的净排放账户至少比基线低100%(该目标称净零排放目标)。

(2)2045年为净零排放目标年。

(3)苏格兰部长可通过条例修改第2款，采用以下时间替代第2款所述时间：

(a)较早年份；或

(b)较晚年份，前提是：

(i)较晚年份与其从相关机构收到的最新建议一致；以及

(ii)根据相关气候变化的科学知识或当前国际碳报告惯例(或两者兼有)，该建议指出较晚年份是合适的。

(4)在编制根据第3款制定的条例草案时，苏格兰部长需考虑：

(a)目标设定的标准；以及

---

① 本法2009年颁布，原文来自英国立法数据库，网址：https://www.legislation.gov.uk/asp/2009/12，以2023年5月31日修订版为准翻译。翻译：胡卫、杨浩；校对：叶祖欣、王茜茜、马遥、唐寅智。

(b)其从相关机构获得的最新建议。

(5)在此类条例草案获批通过后,苏格兰部长需在合理可行的情形下发布声明,列明:

(a)其提议修改净零排放目标年的理由;

(b)拟议的净零排放目标年多大程度上参考了目标设定标准;以及

(c)拟议的净零排放目标年是否与其从相关机构获得的最新建议一致,若不一致,原因为何。

1.2050 年目标(已废止)

中 期 目 标

2. 中期目标

(1)苏格兰部长需确保苏格兰年净排放账户:

(a)2020 年比基线至少低 48.5%;

(b)2030 年比基线至少低 75%;以及

(c)2040 年比基线至少低 90%。

(2)本法中,第 1 款规定的各目标称为中期目标。

2A. 中期目标的修改

(1)苏格兰部长可通过条例修改中期目标规定的一个或多个百分比数字,以通过更高或更低的数字替代第 2 条第 1 款 a、b 或 c 项中所述的数字。

(2)根据第 1 款制定的条例不得以更低的百分比数字替代中期目标的百分比数字,除非中期目标的百分比数字:

(a)与苏格兰部长从相关机构收到的最新建议不一致;

(b)从相关气候变化的科学知识或当前国际碳报告惯例(或两者兼有)的角度来说,该建议是不适当的;

(c)低于条例生效后立即适用于较早年份的中期目标的百分比数字;或

(d)在净零排放目标年或其后年份,低于 100%。

(3)根据第 1 款编制条例草案时,苏格兰部长需考虑:

(a)目标设定标准;以及

(b)其从相关机构获得的最新建议。

(4)第 5 款适用于以下情形:

(a)苏格兰部长提请苏格兰议会批准第 A1 条第 3 款下的条例草案,该条例草案将净零排放目标年修改为早于 2045 年的某一年;以及

(b)拟议净零排放目标年或其后年份的中期目标百分比数字低于100%。

(5)苏格兰部长需在制定第4款a项所述条例的同时,或在合理可行的情形下,将第1款所述条例草案提请苏格兰议会批准,该草案将第4款b项中提及的百分比数字修改为100%。

(6)根据第1款制定的条例草案获批后,苏格兰部长需在合理可行的情形下发布声明,说明依照条例对百分比数字拟议修改的以下相关内容:

(a)其提议修改百分比数字的理由;

(b)拟议修改在多大程度上参考了目标设定标准;以及

(c)拟议修改与从相关机构收到的最新建议是否一致。

目标设定标准

2B. 目标设定标准

(1)本法中"目标设定标准"指:

(a)不超过公平且安全的苏格兰排放预算的目标;

(b)与气候变化相关的欧洲和国际法律及政策(包括《气候公约》及其各项议定书);

(c)气候变化相关科学知识;

(d)气候变化相关技术;

(e)经济环境,特别是目标对以下领域的影响:

(i)苏格兰经济;

(ii)苏格兰特定经济部门的竞争力;

(iii)中小型企业;

(iv)工作和就业机会;

(f)财政状况,特别是目标对税收、公共支出和公共借贷可能产生的影响;

(g)社会环境,特别是目标对贫困地区居民群体可能产生的影响;

(h)目标对公共卫生可能产生的影响;

(i)目标对偏远农村社区和岛屿地区居民可能产生的影响;

(j)能源政策,特别是目标对能源供应、可再生能源行业、苏格兰经济的碳和能源强度可能产生的影响;

(k)环境因素,特别是目标对生物多样性可能产生的影响;

(l)目标对实现可持续发展,包括实现联合国可持续发展目标可能产生的影响;

(m)现行的国际碳报告惯例。

(2)本法中,“公平且安全的苏格兰排放预算”是相关机构建议的,苏格兰2010年至2050年期间温室气体净排放量的总和,符合《气候公约》第3条规定的原则。其有助于将全球平均温度上升控制在低于工业化前水平2℃以内,并努力将温度上升限制在比工业化前水平高1.5℃以内。

(3)苏格兰部长可根据条例修改第1款和第2款,以增加、删除或变更有关目标设定标准的描述。

关于目标的建议

2C. 向相关机构征询建议的职责

(1)苏格兰部长需在每个相关的五年期间届满前至少向相关机构征询一次建议。

(2)“相关的五年期间”指从以下时间开始的五年期间:

(a)第一个期间为本条生效日期;以及

(b)以后期间指根据第1款提出的或视为根据第1款提出的征询建议的日期。

(3)根据第1款提出的建议请求,需要求相关机构就以下事项提出意见:

(a)净零排放目标是否可实现,若可实现,则最早可实现净零排放目标的年份为哪一年(在考虑目标设定标准的情形下,对这两项事宜提出意见);

(b)参照目标设定标准,根据第33条尚未报告的每个中期目标所适用的百分比数字是否合适(若不合适,则提供关于其他适当百分比数字的建议);

(c)公平且安全的苏格兰排放预算是否合适,若不合适,则要求机构对预算提出新的建议;

(d)净零排放目标和中期目标对全球努力将全球平均气温升高限制在工业化前水平1.5℃以内的预估贡献;

(e)每个相关目标应当:

(i)采取行动减少苏格兰温室气体净排放;以及

(ii)根据第13条第5款规定的条例,将碳单位计入苏格兰净排放账户;

(f)以下各部门为实现各相关目标所作贡献,包括:

(i)2008年《气候变化法》第44条所述的贸易计划涵盖的苏格兰经济部门;以及

(ii)苏格兰经济的其他部门;

(g)第35条第3款所述的每个部门为实现各相关目标分别应作出的贡献;

(h)根据第16条第3款适用于每种温室气体的、反映国际航空高空排放对非二氧化碳气候变化的直接和间接影响的乘数是否适当(若不适当,则就其他任何适当的替代乘数提出建议)。

(4)相关目标是指:

(a)自根据第1款提出征询建议的次年起的15年期间内某一年的年度目标;

(b)该15年期间内,某一年的中期目标;以及

(c)若净零排放目标年在该15年期间内,则指净零排放目标。

(5)根据第1款提出的建议,可要求相关机构就苏格兰部长认为与本部分目的相关的其他事项发表意见。

2D. 征询额外建议的权力

(1)苏格兰部长可随时就以下事项向相关机构征询建议:

(a)第2C条第3款所述事项;

(b)其认为与本部分目的相关的其他事项。

(2)但根据第1款就第2C条第3款所述事宜提出的建议请求,应视为根据第2C条第1款提出。

2E. 征询建议后部长的职责

(1)苏格兰部长需在合理可行的情形下,公布根据第2C条第1款或第2D条第1款提出请求而收到的建议。

(2)以下情形适用第3款:

(a)相关机构的建议指出某一年是可实现净零排放目标的最早年份;以及

(b)该年未至净零排放目标年。

(3)苏格兰部长需:

(a)在收到建议后3个月内发布声明,说明其打算如何回应该建议;以及

(b)若在收到该建议后12个月内未依据第A1条第3款提交将净零排放目标年修改为该年的条例草案以供批准,应向苏格兰议会提交声明,说明相应理由。

(4)若相关机构的建议表明提出征询建议请求时适用的中期目标百分比数字不合适,而另一数字适当的,适用第5款。

(5)苏格兰部长需:

(a)在收到建议后3个月内发表声明,说明其打算如何回应该建议;以及

(b)若在收到该建议后12个月内未依第2A条第1款规定提交条例草案以对该百分比数字按照建议进行修改,应向苏格兰议会提交声明,说明相应理由。

(6)以下情形适用第7款:

(a)相关机构的建议指出,就温室气体而言,在提出请求时的反映国际航空在高空排放的直接和间接非二氧化碳气候变化影响的乘数数字是不合适的,而另一个数字是合适的;以及

(b)苏格兰部长收到建议后12个月内未根据第16条第1款提交将该乘数数字按照建议进行修改的命令草案。

(7)苏格兰部长需发表声明,说明不根据第16条第1款提交将该乘数数字按照建议进行修改的命令草案的理由。

年度目标

3. 年度目标:2021年至净零目标年的前一年

(1)苏格兰部长需确保苏格兰净排放账户在以下每个期间至少低于该期间内每年的基线目标数额:

(a)自2021年起至2029年结束("2021~2029年期间");

(b)自2031年起至2039年结束("2031~2039年期间");以及

(c)自2041年起,至2041年后净零排放目标年之前的一年结束("最终年度目标期间")。

(2)2021~2029年期间每年的相关目标数额为通过以下方式计算的百分比数:

(a)先计算2020年和2030年中期目标的百分比数字差额;以及

(b)以某种方式分配差额,使自2020年起至2030年结束的期间内,每年的百分比变化率相等。

(3)2031~2039年期间每年的相关目标数额为通过以下方式计算的百分比数:

(a)先计算2030年和2040年中期目标的百分比数字差额;以及

(b)以某种方式分配差额,使自2030年起至2040年结束的期间内,每年的百分比变化率相等。

(4)最终年度目标期间每年的相关目标数额为通过以下方式计算的百分比数:

(a)先计算2040年中期目标适用百分比与100%之间的差额;以及

(b)以某种方式分配差额,使自2040年起至净零排放目标年结束的期间内,每年的百分比变化率相等。

(5)根据本条、第3A条或第3B条计算或重新计算相关百分比数时,该数需四舍五入至小数点后一位,中间数或更大的数字向上舍入,其他数字向下舍出。

(6)本法中,根据本条设定的每个目标(或根据第3A条或第3B条重新计算的目标)称为"年度目标"。

3A. 年度目标:若净零排放目标年处于特定时期,则重新计算

(1)第2款适用于根据第A1条第3款制定的条例将净零排放目标年修改至以下期间内的年份:

(a)2021~2029年期间;或

(b)2031~2039年期间。

(2)根据第3条适用于以下年份的相关目标数额为:

(a)与净零排放目标年处于同一期间,但在净零排放目标年之前的,根据第4款进行修改;

(b)处于净零排放目标年或其后的,修改为100%。

(3)若根据第A1条第3款制定的条例将净零排放目标年修改为2041年后的某一年,则根据第3条适用于净零排放目标年(由条例设定)之前某年的相关目标数额根据第4款进行修改。

(4)如本款适用于相关目标数额,则该数额修改为通过以下公式计算的百分比数:

(a)先计算以下两者的差额:

(i)在净零排放目标年之前,适用于中期目标的目标数额,以及

(ii)100%。

(b)以某种方式分配差额,使自紧接净零排放目标年之前的中期目标年份起至净零排放目标年结束,每年的百分比数存在相等的百分比变化率。

(5)本条下的修改均不适用于第A1条第3款下条例生效年份或更早年份。

3B. 年度目标:关于重新计算的进一步规定

(1)本条适用于苏格兰部长根据以下任一规定制定条例的情形:

(a)第A1条第3款;

(b)根据第2A条第1款修改一个或多个适用于任何中期目标的百分比数。

(2)第1款所述条例生效年份后某年的年度目标需根据第3条重新计算,并在可适用情形下根据第3A条按照前述条例生效后立即适用的数字加以修改。

(3)但与第1款所述条例的生效年份相同或在更早年份的,其相关年度目标不得重新计算或修改,但适用第4款的情形除外。

(4)第1款所述条例草案获批后,苏格兰部长应同时或在合理可行的情形下发

布声明,说明条例是对相关机构提供的最新建议的回应并与之一致,且前述建议为仅因国际碳报告惯例变化而修改目标的建议。

(5)若第4款适用,则苏格兰部长尚未根据第33条报告的年度目标也应根据第2款重新计算,以根据第33条进行评估和报告。

目标信息

3C. 公布目标

(1)苏格兰部长需备存和维护以下清单:

(a)净零排放目标年;

(b)各中期目标的百分比数;

(c)各年度目标的百分比数[包括根据本部分重新计算和修改(若适用)的此类数据];

(d)2019年《气候变化(减排目标)(苏格兰)法》第11条规定的2018年和2019年的百分比数。

(2)苏格兰部长可从清单中删除其根据第33条报告的某一年份中的条目。

(3)苏格兰部长需将清单副本提交苏格兰议会:

(a)对于首份清单,应在其编制完成后合理可行的情形下提交;以及

(b)其他情形下,在第1款所述的净零排放目标年或百分比数修改后,合理可行的时间内提交。

(4)苏格兰部长需以适当方式公布第1款所述清单所包含的信息。

4. 设定年度目标(已废止)

5. 设定年度目标前的建议(已废止)

6. 修改年度目标等(已废止)

7. 修改年度目标之前的建议等(已废止)

8. 国内努力目标(已废止)

氮资产负债表

8A. 氮资产负债表

(1)苏格兰部长需在本条生效后的24个月内创建资产负债表,以量化苏格兰全行业和媒介的所有主要氮流量,包括其沿海水域、大气和土壤及其边界的流量,并依据第2款将其命名为“氮资产负债表”。

(2)氮资产负债表旨在记录氮的利用效率以及如何助力本法实现目标。

(3)苏格兰部长需通过条例规定以下事项:

(a)氮利用效率的基线数据;

(b)如何计算氮利用效率;

(c)审查氮资产负债表的时间表;

(d)监测和报告氮资产负债表;

(e)其认为适当的其他事项。

(4)苏格兰部长在根据第3款向苏格兰议会提交条例草案前,需咨询其认为合适的人员。

(5)本法中,"氮利用效率"指从环境中移除的氮与释放的氮总量的比率。

(6)为评估第5款所述比率,应考虑氮污染源,包括:

(a)粮食生产和废弃物;

(b)能源;以及

(c)运输。

进 度 建 议

9. 实现目标的进展

(1)苏格兰部长每年需要求相关机构编制报告,列明该机构对以下事项的意见:

(a)实现未来减排目标的进展:

(i)~(iii)(已废止);

(b)未来的减排目标是否可能实现;

(c)实现未来减排目标所需的进一步努力;

(d)根据第35A条第1款a项在提出请求前12个月内向苏格兰议会提交的气候变化计划草案。

(2)在不迟于每个目标年后的第二年年底,苏格兰部长需要求相关机构编制报告,列明该机构对以下事项的意见:

(a)该目标年的减排目标是否实现;

(b)(已废止);

(c)实现或未实现前述目标的方式;

(d)苏格兰部长在该年度为减少苏格兰温室气体净排放量采取的行动。

(3)苏格兰部长在收到相关机构根据本条提供的报告后,需在合理可行的情形下向苏格兰议会提交对该机构报告的答复。

温 室 气 体

10. 温室气体

(1)在本法中,“温室气体”指:

(a)二氧化碳;

(b)甲烷;

(c)氧化亚氮;

(d)氢氟碳化物;

(e)全氟碳化物;

(f)六氟化硫;

(g)三氟化氮。

(2)苏格兰部长若认为适当,可命令修改第1款,以:

(a)添加气体种类;

(b)修改对某种气体的描述。

(3)本条第2款a项的权力仅在苏格兰部长认为欧洲、国际层面的协议或约定将要添加的气体会导致气候变化的情形下行使。

(4)苏格兰部长在向苏格兰议会提交包含第2款命令的法定文书草案前,需征询相关机构的建议。

(5)若命令规定与相关机构建议不符,苏格兰部长需发表声明并说明理由。

(6)第5款规定的声明以苏格兰部长认为适当的方式发布。

基 线

11. 基线

(1)本法中,“基线”指以下情形的总量:

(a)1990年苏格兰的二氧化碳净排放量;

(b)苏格兰除二氧化碳外的温室气体在基准年的净排放量。

(2)二氧化碳以外的温室气体的基准年为:

(a)甲烷,1990年;

(b)一氧化二氮,1990年;

(c)氢氟碳化物,1995年;

(d)全氟碳化物,1995年;

(e)六氟化硫,1995 年;

(f)三氟化氮,1995 年。

12. 额外温室气体的基线

(1)本条适用于苏格兰部长根据第 10 条第 2 款 a 项作出的增加温室气体种类的命令。

(2)本条中,此类气体称为“额外温室气体”。

(3)苏格兰部长可就额外温室气体,以命令形式规定基准年苏格兰净排放数量的确定方式。

(4)根据第 3 款作出的命令可以:

(a)指定某年作为额外温室气体的基准年;

(b)根据本法目的,将该年苏格兰该温室气体的净排放量视为该基准年苏格兰此类温室气体的净排放量。

补　　充

13. 苏格兰净排放账户

(1)苏格兰净排放账户指苏格兰温室气体净排放总量:

(a)根据第 5 款的规定,扣除该期间计入苏格兰净排放账户的碳单位数量;

(b)根据此类条例,增加该期间苏格兰净排放账户中将扣除的碳单位数量。

(2)~(4)(已废止)。

(5)苏格兰部长可根据条例就以下事项作出规定:

(a)某一时期内,碳单位可计入或不计入苏格兰净排放账户的情形;

(b)某一时期内,碳单位可或不可从该账户中扣除的情形;

(c)完成此操作的方式。

(5A)但根据第 5 款的规定,苏格兰部长购买的可在某一期间计入苏格兰净排放账户的碳单位数量为零,除非第 13A 条规定了该期间的更高限额。

(6)该条例需包含可确保计入苏格兰净排放账户的碳单位在某一时期内停止用于抵消其他温室气体排放的规定。

13A. 允许使用苏格兰部长购买的碳单位

(1)苏格兰部长可通过条例设定限额,以代表其购买的可计入苏格兰某年净排放账户的碳单位最大数量。

(2)根据第 1 款规定的条例,目标年的限额不得超过该年苏格兰净排放账户计划减少量的 20%。

(3)目标年的苏格兰净排放账户计划减少量是以下两个数量的差额,其皆在根据第1款规定的条例制定之前计算得出:

(a)目标年的减排目标要求苏格兰净排放账户低于基线的最低数量;以及

(b)前一年的减排目标要求苏格兰净排放账户低于基线的最低数量。

(4)仅在以下年份可根据第1款规定的条例设定限额:

(a)苏格兰部长尚未根据第33条提交报告的年份;以及

(b)自该条例生效之日起的10年内。

14. 2010~2017年期间,苏格兰部长购买碳单位的使用限制(已废止)

15. 归属于苏格兰的排放

就第17条第1款而言,在以下情形,温室气体的排放归属于苏格兰:

(a)排放源在苏格兰;

(b)根据第16条第1款作出的命令,归属于苏格兰。

16. 苏格兰在国际航空和国际航运中的排放份额

(1)苏格兰部长可通过命令,对归属于苏格兰国际航空和国际航运的温室气体排放作出规定。

(2)第1款规定的命令:

(a)需对国际航空和国际航运的以下排放作出规定:

(i)第1款命令规定的每种温室气体;以及

(ii)根据第1款作出的后续命令,自上一次此类命令作出后纳入第10条第1款温室气体清单中的气体,自苏格兰议会批准命令后的1月1日起至2050年12月31日,此类气体的排放均将被纳入苏格兰的考虑范围;

(b)可规定,在过去的任何时期内,某种温室气体的排放视为苏格兰的温室气体排放;

(c)一旦国际航空和国际航运温室气体排放因根据第1款发布的先前命令视为苏格兰的温室气体排放,则不得规定此种排放不再视为苏格兰温室气体排放;

(d)在不违反第3款的情形下,需在确定苏格兰温室气体排放时,就下列期间国际航空和国际航运的每种温室气体排放应以何种方式考虑作出以下规定:

(i)该气体基准年的年份;以及

(ii)该气体的排放将视为苏格兰排放的期间。

(3)根据第2款d项作出的规定,需包含每一种温室气体使用的乘数,该乘数应反映国际航空高空排放对气候变化直接和间接的非二氧化碳影响。

(4)需在2010年6月1日前向苏格兰议会提交包含第1款第1项命令的法定文书草案。

(5)若在第4款所述日期未提交第1项规定的草案,苏格兰部长需在此后合理可行的时间内尽快提交该草案。

(6)苏格兰部长在向苏格兰议会提交包含第1款规定命令的法定文书草案前,需征询相关机构的建议(包括第3款每种温室气体乘数的建议)。

(7)若命令规定与相关机构建议不符,苏格兰部长需发布声明并说明原因。

(8)第7款所述声明以苏格兰部长认为适当的方式发布。

17. 苏格兰排放量和移除量

(1)本法中:

温室气体"排放量"指因人类活动向大气排放的气体量;

温室气体"苏格兰排放量"指可归因于苏格兰的此类气体排放量;

温室气体"苏格兰移除量"指因苏格兰的土地利用、土地利用变化或林业活动从大气中移除的此类气体量;

温室气体"苏格兰净排放量"指苏格兰在一段时间内排放此类气体的数量减去苏格兰在该期间内移除此类气体的数量。

(2)若苏格兰部长认为适当,可通过命令修改第1款中关于苏格兰移除量的定义。

(3)一段时期内苏格兰温室气体的排放量和移除量需在合理可行的范围内,按照现行的国际碳报告惯例确定,或根据第33条进行评估和报告,根据目标相关国际碳报告惯例确定。

18. 排放量的计量等

(1)就本法而言,温室气体排放量、排放量的减少和温室气体从大气中的移除量以吨二氧化碳当量计量或计算。

(2)"吨二氧化碳当量"是指一公吨二氧化碳或具有同等全球变暖潜能值的其他温室气体(在合理可行的范围内,按照现行国际碳报告惯例确定,或为根据第33条进行评估和报告,按照目标相关国际碳报告惯例确定。)

19. 国际碳报告惯例

(1)本法中,"国际碳报告惯例"指下列报告相关的公认惯例:

(a)《气候公约》的议定书;

(b)苏格兰部长可通过命令指定的欧洲或国际层面的其他协议或约定。

(2)下列定义亦适用于本法:

“现行国际碳报告惯例”指最新的国际碳报告惯例;

“目标相关国际碳报告惯例”指产生结果与使用现行国际碳报告惯例一致的惯例,该惯例在以下较晚日期采用:

(a)2018 年 6 月 30 日,或

(b)根据第 2C 条要求,苏格兰部长最后一次收到来自相关机构建议的日期。

20. 碳单位和碳核算

(1)苏格兰部长可根据条例,对以下计划作出规定:

(a)登记或以其他方式追踪碳单位;

(b)由苏格兰部长建立和维持碳单位账户,碳单位可在账户中持有,亦可在账户间转让。

(2)根据第 1 款制定的条例可规定对现有计划进行调整以达前述目的。

(3)条例还可包括对以下事项的规定:

(a)指定某人或机构管理该计划;

(b)为此目的确定个人或机构,并就个人或机构的成员任命、人员配置、开支、程序及其他方面等作出苏格兰部长认为适当的规定;

(c)授权苏格兰部长向管理该计划的个人或机构提供指导或指示;

(d)授权苏格兰部长委托个人或机构履行条例赋予其的职能;

(e)要求参与该计划的人员支付合理费用,以支付该计划运作产生的合理成本。

(4)本法中,“碳单位”指根据第 1 款制定的条例规定的一种单位,其代表:

(a)温室气体的减排量;

(b)大气中移除温室气体的数量;

(c)对该温室气体排放施加限制的计划或约定允许的温室气体排放量。

20A. 相关机构

(1)本编中,“相关机构”指:

(a)未根据第 24 条第 1 款发布命令指定任何人或机构为咨询机构的,为英国气候变化委员会;

(b)若发布命令,为相应的人或机构。

(2)第 1 款 a 项中,“英国气候变化委员会”指根据 2008 年《气候变化法》第 32 条设立的气候变化委员会。

21. 限制碳排放单位的使用(已废止)

22. 修改碳单位的使用限制等(已废止)

23. 在设定或修改碳单位等的使用限制前提供建议(已废止)

第二编　咨询职能

咨询机构

24. 咨询机构的含义

(1)苏格兰部长可通过命令指定:

(a)根据第25条第1款设立的机构;或

(b)其认为适当的其他公共机构,以行使第3款所述的职能(以下简称咨询职能)。

(2)本法中,根据第1款指定的机构为“咨询机构”。

(3)咨询职能指:

(a)第2条第1款规定的向苏格兰部长提供建议、分析、信息和其他协助的部长义务,及第2C条、第2D条、第9条和第10条第4款规定的职能;

(b)第32条和第56条赋予咨询机构的职能;

(c)苏格兰部长根据第1款通过命令授予的气候变化咨询相关其他职能。

(4)根据第1款发布的命令可特别规定以下内容:

(a)向咨询机构授予气候变化咨询相关职能;

(b)咨询建议需包含的信息;

(c)该机构在提出建议时需考虑的因素;

(d)该机构需提出建议的期限;

(e)建议提供对象;

(f)该建议将以何种形式和方式公布并提交苏格兰议会。

(5)第1条b款中,“公共机构”指具有公共性质职能的个人或机构。

苏格兰气候变化委员会

25. 苏格兰气候变化委员会

(1)苏格兰部长可通过命令成立一个行使咨询职能的机构。

(2)根据第1款成立的机构称为苏格兰气候变化委员会(以下简称委员会)。

(3)附表1对该委员会作进一步规定。

(4)根据第1款发布的命令可特别规定以下内容：

(a)向委员会授予有关气候变化咨询建议的职能；

(b)苏格兰部长认为适当的委员会相关地位、章程和议事程序；

(c)委员会建议中需包含的信息；

(d)委员会提出该建议时需考虑的因素；

(e)委员会需提出建议的期限；

(f)建议提供对象；

(g)该建议将以何种形式和方式公布并提交苏格兰议会。

26. 第30至第32条及第56条的适用

(1)第30条至第32条和第56条仅自以下日期起生效：

(a)苏格兰部长根据第24条第1款发布的命令生效之日；或

(b)苏格兰部长根据该条发布的命令中指定的较晚日期。

(2)根据第24条第1款作出的命令：

(a)(已废止)

(b)第56条生效后,第55条第4款同时废止。

27. 年度目标等的建议(已废止)

28. 目标进展的报告(已废止)

29. 苏格兰部长对进展报告的答复(已废止)

30. 咨询机构提供建议或其他协助的职责

苏格兰部长提出要求的,咨询机构有义务就以下方面提供建议、分析、信息或协助：

(a)苏格兰部长行使本法规定的职能；

(b)行使本法以外与气候变化相关的部长职能；

(c)气候变化相关其他事项。

31. 对咨询机构的指导

(1)咨询机构需考虑苏格兰部长就其行使本法规定的职能而向其提供的任何指导。

(2)苏格兰部长可不就任何建议或报告的内容向咨询机构提供指导。

(3)第1款所述给予指导的权力包括更改或撤销指导的权力。

32. 向咨询机构作出指示的权力

(1)苏格兰部长如认为适当,可向咨询机构作出关于行使本法规定职能的指示。

(2)苏格兰部长不得就任何建议或报告的内容向咨询机构作出指示。

(3)第 1 款所述给予指示的权力包括更改或撤销指示的权力。

(4)咨询机构需遵从根据第 1 款作出的任何指示。

第2A编　公民大会

32A. 公民大会

(1)苏格兰部长需成立一个称为“公民大会”的小组,以行使第 5 款所述的职能。

(2)公民大会指由苏格兰部长认为能够代表苏格兰普通民众的人员组成的小组。

(3)公民大会有两名召集人,独立于苏格兰部长和苏格兰议会。

(4)召集人之间需保持性别平衡。

(5)赋予公民大会的职能为:

(a)考虑如何预防或尽量减少或减缓气候变化的影响。

(b)就实现减排目标的措施提出建议。

(c)就苏格兰部长根据第 6 款提交给公民大会的气候变化其他相关事项提出建议。

(6)仅当经苏格兰议会决议批准,苏格兰部长方可根据第 5 款 c 项将事项提交公民大会。

(7)苏格兰部长需在公民大会首次会议前,向苏格兰议会提交一份关于公民大会管理和运作安排的报告。

(8)公民大会应:

(a)在报告中列明其建议;

(b)将报告提交至苏格兰议会;以及

(c)将报告副本报送苏格兰部长。

(9)苏格兰部长需在收到报告副本后 6 个月内发表声明,说明其打算如何回应报告中提出的建议。

(10)公民大会应:

(a)于 2021 年 2 月 28 日前,根据第 8 款 b 项向苏格兰议会提交报告,若由于新冠病毒有关原因无法在该日期前报送报告,则应在该日期后合理可行的情形下尽快提交;

(b)在提交报告之日前完成对第 5 款 a 项所述事项的审议。

(11)第 10 款 a 项中,“新冠病毒”的含义参见《2020 年新冠病毒(苏格兰)法》第 1 条。

第三编　报告和规划职责

报　　告

33. 减排目标报告

(1)苏格兰部长需在各目标年后向苏格兰议会提交关于该目标年的报告。

(2)报告需说明:

(a)目标年的减排目标;

(b)目标年的减排目标是否已经实现;

(c)目标年的苏格兰净排放账户低于基线的百分比;

(d)目标年的苏格兰净排放账户低于或高于该年减排目标的数额;

(e)苏格兰净排放账户低于或高于相应减排目标的累计数额,计算方法为将自2018年起至目标年结束期间,每年账户低于或高于相应目标的数值相加。

(3)苏格兰部长需:

(a)采用目标相关国际碳报告惯例,以评估和报告第2款所述事项,同时以相关机构提供的最新建议中的方法确定每个数值和数额;

(b)在报告中详细说明根据a项确定每个数值和数额所使用的方法。

(4)本条规定的报告获取所需信息后,应在合理可行的情形下尽快提交至议会。

34. 减排目标报告:进一步的内容

(1)第33条规定的报告,除该条规定的事项外,还需说明以下内容:

(a)关于苏格兰温室气体净排放量:

(i)基线;

(ii)报告所涵盖年份苏格兰温室气体净排放总量;

(iii)报告所涵盖年份苏格兰温室气体净排放总量低于基线的百分比;

(iv)报告所涵盖年份苏格兰温室气体净排放总量低于或高于上一年排放总量的百分比;以及

(v)用于确定苏格兰温室气体净排放总量的方法,以及对此类方法进行更改的细节。

(b)关于苏格兰净排放账户:

(i)报告所涵盖年份的排放量;

(ii)报告所涵盖年份的账户低于基线的百分比;

(iii)报告所涵盖年份的账户低于或高于上一年账户的百分比;以及

(iv)报告所涵盖年份的账户减排量相对于上一年账户减排量的百分比,且该百分比由苏格兰温室气体净排放量的减少量决定。

(c)碳单位总量,包括:

(i)计入或扣除报告所涵盖年份的苏格兰净排放账户的;

(ii)在报告所涵盖年份,苏格兰部长购买的碳单位;

(iii)苏格兰部长在报告所涵盖年份结束后立即持有,并仍可用于抵消其他目标年份温室气体排放的碳单位。

(d)报告所涵盖年份之前的每个目标年份的:

(i)苏格兰温室气体净排放总量;以及

(ii)苏格兰净排放账户的数额。

(e)2010 年至报告所涵盖年份期间的公平且安全的苏格兰排放预算和苏格兰温室气体净排放总量。

(2)苏格兰部长需使用现行国际碳报告惯例评估和报告第 1 款所述事项。

(3)若用于确定苏格兰温室气体净排放量的方法发生变化,且该变化需要调整早期目标年的排放量,则报告需:

(a)具体说明所需的调整,并说明调整后的数额;以及

(b)解释需要调整的原因。

(4)根据第 3 款作出的调整,需在合理可行的情形下,根据现行国际碳报告惯例进行。

(5)该报告可包含苏格兰部长认为适当的其他信息。

气候变化计划

35. 气候变化计划

(1)苏格兰部长需向苏格兰议会提交气候变化计划(于以下期间):

(a)首份计划于本条生效之日起的 5 年期届满前提交;

(b)每个后续计划于前一计划制定之日起的 5 年期届满前提交。

(2)该计划需特别说明:

(a)苏格兰部长在计划期间内实现减排目标的提议和政策;

(b)前述提议和政策涵括:

(i)第 3 款所述的各部门;以及

(ii)苏格兰部长认为适合该计划的其他部门或主题。

(c)前述建议和政策预计生效的时间表。

(3)第 2 款 b 项 i 目所述的部门为:

(a)能源供应;

(b)运输(包括国际航空和航运);

(c)商业和工业流程;

(d)住宅和公共(与此类部门的建筑物相关);

(e)废弃物管理;

(f)土地利用、土地利用变化和林业;

(g)农业。

(4)在第 2 款中,"计划期间"指:

(a)自计划草案提交议会的次年起算的 15 年内,或

(b)苏格兰部长在计划中规定的,从该年起 10 至 20 年内的其他期限,以使该期限与中期目标或净零排放目标年于同一年结束。

(5)该计划还需列明苏格兰部长关于第 3 款所述的各行业为实现减排目标应分别作出的贡献的提议和政策。

(6)在不影响第 5 款一般性规定的情形下,该计划需特别列明苏格兰部长关于以下方面的提议和政策:

(a)建立区域土地利用的合作关系(前提是此类合作关系尚未建立);以及

(b)支持区域土地利用的合作关系并为其提供资源,以制定框架。

(7)就本条:

"区域土地利用合作关系"指根据第 57 条的战略建立的合作关系;

"框架"指根据区域土地利用合作关系创建的框架。

(8)该计划还需列明苏格兰部长关于化石燃料开采(包括陆上非常规石油和天然气储备)的提议和政策。

(9)该计划还需列明苏格兰部长关于在可行情形下为新开发项目的区域供暖发展的提议和政策。

(10)该计划还需列明苏格兰部长关于电动汽车公共采购的提议和政策。

(11)该计划还需列明苏格兰部长为增加 2004 年《物业(苏格兰)法》第 26 条含义范围内公寓居民获得电动汽车充电站的提议和政策。

(12)该计划还需列明苏格兰部长关于公共采购超低排放车辆的提议和政策。

(13)该计划还需列明苏格兰部长关于以下方面的提议和政策:

(a)建立苏格兰农场的整体排放核算方法;

(b)通过使用以下方法减少苏格兰农场整体的温室气体排放:

(i)研究;

(ii)知识传递和建议;

(iii)土地管理认证,包括有机农业;

(iv)营养资源预算;

(v)循环经济倡议;

(vi)能源生产和效率;

(vii)根据第57条制定的土地利用战略;

(viii)农业生态学;

(ix)碳封存;

(x)农林复合经营/混农林业。

(14)第13款中:

"农业生态学"指对土地和资源管理采取的农场整体方法,该方法将粮食生产与自然环境的恢复和维护及其他社会效益结合起来,同时考虑到农场活动更广泛的影响,

"农场整体"与1948年《农业(苏格兰)法》第86条中的"农业"、"农业用地"和"农业单位"的综合含义相同。

(15)该计划还需列明苏格兰部长在根据2010年《海洋(苏格兰)法》第67条指定海洋保护区时,考虑碳捕获和长期储存潜力的提议和政策。

(16)该计划还需列明苏格兰部长关于设立一项基金(称为农业现代化基金)的提议和政策,以支持对苏格兰农场温室气体减排减缓措施的投资。

(17)在不影响第2款一般性规定的情形下,该计划需列明苏格兰部长在计划期间建议采取的措施(如有),以确保减少住房排放,使苏格兰大多数住房在实际情形下达到"C"或以上等级的能源效能认证。

(18)该计划还需列明苏格兰部长的提议和政策,以采取或支持减少由苏格兰商品及服务的消费和使用产生的,或与之相关的温室气体排放(无论在苏格兰或别处)。

(19)该计划还需列明苏格兰部长的提议和政策,包括分享专业知识和技术,以支持发展中国家减少温室气体排放和适应气候变化影响的行动。

(20)该计划还需在参照公正过渡原则的前提下(参见第35C条):

(a)解释计划中提出的提议和政策预期将如何影响苏格兰经济的不同行业及苏格兰不同地区,包括其预期如何影响前述行业和地区的就业;以及

(b)制定苏格兰部长关于支持前述部门和地区的劳动者、雇主及社区的提议和政策。

(21)该计划还需列明计划中规定政策的相关成本和预估收益。

(22)在根据第1款制定计划时,苏格兰部长需考虑:

(a)公正过渡原则(参见35C条);以及

(b)气候正义原则。

(23)第22条第b款中,"气候正义原则"指以下列方式采取行动减少全球温室气体排放和适应气候变化影响的重要性:

(a)为受气候变化影响最大、但造成气候变化的原因力最小,且适应气候变化影响能力最弱的群体提供支持;

(b)助力解决不平等问题。

(24)本条规定的每项计划均需解释:

(a)在何种程度上考虑了公正过渡原则;

(b)预计该计划的实施将如何有助于实现可持续发展,包括实现联合国可持续发展目标。

(25)本条规定的每项计划:

(a)需包含实施前一计划中所述的提议和政策进展情况的评估;以及

(b)可在苏格兰部长认为适当的情形下对前述提议和政策作出调整。

(26)第25款所述的"前一计划"包括苏格兰部长在2019年《气候变化(减排目标)(苏格兰)法》第24条生效之前根据本法第35条提交的关于实现年度目标的提议和政策的最新报告。

(27)苏格兰部长可通过条例修改第3款。

(28)根据第27款对条例所作的修改需符合国际碳报告惯例。

35A. 气候变化计划:进一步程序

(1)苏格兰部长在根据第35条向苏格兰议会提交气候变化计划前,需:

(a)向议会提交为期120日的计划草案,其中议会未解散或未休会的时间至少为60日;以及

(b)需考虑到:

(i)向其提出的关于计划草案的任何声明;

(ii)相关机构根据第9条第1款d项在报告中就该计划草案提出的任何建议;

(iii)议会通过的与该计划草案相关的任何决议;以及

(iv)由当时根据常规命令任命的议会委员会发布的计划草案相关报告。

(2)苏格兰部长在向议会提交根据第35条制定的气候变化计划时,需提交一份声明,列明:

(a)第 1 款 b 项所述的任何声明、建议、决议或报告的详情;

(b)其为回应此类声明、建议、决议或报告而对计划作出的更改(如有),以及作出更改的原因。

35B. 气候变化计划:年度进展报告

(1)苏格兰部长需在各相关年份向苏格兰议会提交报告,说明根据第 35 条提出的最新气候变化计划的每个实质性章节。

(2)根据第 1 款规定提交的每一份报告需包含对执行该章所列提议和政策进展情形的评估,包括支持劳动者、雇主和社区的提议和政策。

(3)根据第 1 款提交的报告需在每个相关年份的 5 月 31 日前提交,若苏格兰部长认为无法获得所需信息致使无法提交报告,则应在该日期后的合理可行的情形下尽快提交。

(4)本条中:

(a)"相关年份"指:

(i)2021 年;以及

(ii)此后的每一年,但根据第 35 条第 1 款向苏格兰议会提交气候变化计划的年份除外。

(b)"实质性章节"指根据第 35 条第 2 款 b 项纳入计划的气候变化计划章节,包含在计划期间实现减排目标的不同提议和政策。

(5)根据第 35 条提交首份气候变化计划前,第 1 款应被理解为:

(a)适用于苏格兰部长在 2019 年《气候变化(减排目标)(苏格兰)法》第 24 条生效之日前,根据本法第 35 条制定的关于实现年度目标的提议和政策的最新报告;以及

(b)要求就最新报告的每一章编制一份报告,载明报告所涉期间实现报告所涉目标的不同提议和政策。

35C. 公正过渡原则

(1)本法中,"公正过渡原则"是指以下列方式采取行动减少苏格兰温室气体净排放的重要性:

(a)支持环境和社会可持续就业;

(b)支持低碳投资和基础设施建设;

(c)通过与工人、工会、社区、非政府组织、工商业利益代表以及苏格兰部长认为适当的其他人士的互动,发展和保持社会共识;

(d)以不会对当前劳动力和整体经济产生负面影响的方式开展适宜、公平和高价值的工作;

(e)促进节约型和可持续发展的经济方式,促进解决不平等和贫穷问题。

(2)苏格兰部长可通过条例修改第1款。

36. 关于未实现年度目标的提议、政策的报告

(1)若苏格兰部长根据第33条提交报告,说明未达减排目标,则适用本条。

(2)在第1款所述报告提交后,苏格兰部长需在合理可行的情形下向苏格兰议会提交报告,列明未来几年补偿超额排放的提议和政策。

其他报告规定

37. 苏格兰商品和服务消费的排放报告

(1)苏格兰部长需向苏格兰议会提交一份2010—2050年期间的年度报告,包括以下信息。

(2)在合理可行的范围内,报告需对以下方面作出说明:

(a)在该年度内,对苏格兰商品及服务的消费和使用产生的或与之相关的温室气体排放量(无论在苏格兰或别处);

(b)某一部分商品及服务的消费和使用对此类排放影响最大。

(3)本报告亦包含苏格兰部长认为适当的其他信息。

(4)根据第1款提交的每份报告,需在上一份根据该款提交的报告提交之日起15个月内提交苏格兰议会。

37A. 土地利用战略报告

(1)苏格兰部长需向苏格兰议会提交一份报告,列明下列内容:

(a)对第57条规定的土地利用政策的目标、提议和政策的实施进度进行评估;以及

(b)前述目标、提议和政策将如何有助于实现本法中的目标。

(2)苏格兰部长需:

(a)于各财政年度结束后,在合理可行的情形下公布根据第1款编制的报告;以及

(b)于各财政年度结束后,在合理可行的情形下向苏格兰议会提交副本。

(3)该报告亦可包含苏格兰部长认为适当的其他信息。

38. 关于行使与发电有关的职能对排放影响的报告(已废止)

39. 关于实现中期目标进展情形的报告(已废止)

40. 中期目标报告(已废止)

41. 2050年目标报告(已废止)

42. 报告:向苏格兰议会提供进一步信息

(1)当苏格兰部长向苏格兰议会提交第 2 款所述的报告时,其需:

(a)立即将报告副本报送当时根据会议常规命令任命的苏格兰议会委员会的召集人和主席;以及

(b)报送后,在合理可行的情形下尽快就该报告向议会作出声明。

(1A)若报告所涵盖目标年的减排目标未实现,则需对根据第 1 款 b 项所作声明进行解释。

(2)前述报告指以下条文规定的报告:

(a)第 33 条第 1 款(减排目标报告);

(b)第 36 条第 2 款(补偿超额排放的提议和政策的报告);

(c)(已废止);

(d)(已废止)。

(3)若苏格兰部长根据第 33 条提交减排目标报告,若被邀请,其需在合理可行的情形下,出席苏格兰议会根据会议常规命令任命的任何委员会的会议,以便为报告提供证据。

(4)苏格兰部长需考虑到:

(a)与第 2 款所述报告内容相关的,苏格兰议会通过的决议;

(b)与第 2 款所述报告内容相关的,根据会议常规命令任命的议会委员会发布的报告。

43. 关于报告职责的进一步规定

(1)苏格兰部长如认为适当,可通过命令作出进一步规定,规定其有向苏格兰议会报告的义务。

(2)根据第 1 款作出的命令应当:

(a)规定该职责须提供的信息;

(b)规定提供该信息所涉期间;

(c)规定提供该信息的期限。

第四编　气候变化相关的公共机构职责

公共机构的职责

44. 公共机构的气候变化相关职责

(1)公共机构在行使其职能时,需通过以下方式采取行动:

(a)助力实现本法第一编规定目标的最佳方式;

(b)助力实施根据第 53 条提交苏格兰议会计划的最佳方式;

(c)以其认为最可持续的方式。

(2)本编中,“公共机构”指 2002 年《苏格兰信息自由法》(asp13)第 3 条第 1 款 a 项规定的苏格兰公共机构。

(3)苏格兰部长如认为适当,可通过命令作出进一步规定,对相关公共机构施加气候变化相关职责。

(4)第 1 款规定的职责,以及根据第 3 款通过命令规定的任何职责,于本法中称为“气候变化职责”。

(5)本编中,根据第 1 款或第 3 款承担气候变化职责的公共机构为“相关的公共机构”。

(6)根据第 3 款作出的命令可规定:

(a)可以对以下机构施加气候变化职责:

(i)所有公共机构;

(ii)特定类别的公共机构;

(iii)个别公共机构;

(b)对不同公共机构施加不同的气候变化职责;

(c)撤销气候变化职责。

(7)在向苏格兰议会提交载明第 3 款规定命令的法定文书草案前,苏格兰部长需在合理可行的范围内咨询第 8 款所述人员。

(8)前述人员包括:

(a)地方机关的此类协会;以及

(b)苏格兰部长认为合适的其他人员。

(9)苏格兰部长需与相关公共机构合作,帮助该机构履行其气候变化职责。

45. 对相关公共机构的指导

(1)苏格兰部长需就气候变化职责向相关公共机构提供指导,机构需参考前述指导。

(2)在根据第 1 款提供指导前,苏格兰部长需在合理可行范围内向第 3 款所述人员进行咨询。

(3)前述人员包括:

(a)地方机关的此类协会;以及

(b)苏格兰部长认为合适的其他人员。

(4)苏格兰部长可更改或撤销根据本条提供的指导,若指导被大幅修改,则适用第 2 款和第 3 款。

(5)苏格兰部长需公布根据本条作出的任何指导。

46. 气候变化职责报告

(1)苏格兰部长可通过命令作出以下规定：

(a)要求相关公共机构编制关于遵守气候变化职责的报告；

(b)根据第 48 条进行调查后，要求未履行气候变化职责的相关公共机构编制报告，说明其为确保今后履行职责已经采取、正在采取或打算采取的行动；

(c)在符合第 2 款的前提下，规定报告需包含的信息；

(d)规定报告的形式及方式；

(e)规定需向苏格兰部长提交报告的期限。

(2)根据第 1 款 a 项要求提供的报告需包含与以下方面相关的信息：

(a)为履行气候变化职责作出贡献的相关公共机构的采购政策；以及

(b)为履行气候变化职责作出贡献的相关公共机构的采购活动。

(3)根据第 1 款发出的命令可以：

(a)要求两个及以上相关公共机构就履行一项或多项气候变化职责的情形编制联合报告；以及

(b)要求前述机构在编制该报告时相互合作。

监督机构

47. 监督机构的任命

(1)苏格兰部长可通过命令指定一名或多名人员或机构，监督相关公共机构是否：

(a)履行气候变化职责；

(b)参考根据第 45 条作出的指导。

(2)本编中，根据第 1 款指定的人员或机构为“监督机构”。

调查

48. 调查

(1)监督机构可对以下情形进行调查：

(a)相关公共机构履行气候变化职责的情形；

(b)相关公共机构是否参考根据第45条作出的指导。

(2)若苏格兰部长有指示,监督机构需进行调查。

49. 调查:调查人员的权力

(1)本条中,"调查人员"指:

(a)监督机构;

(b)经监督机构授权,进行调查的人员。

(2)调查人员认为进行调查或调查相关活动有必要使用第3至5款所列权力时,其有权使用此权力。

(3)调查人员可通过书面通知,要求相关公共机构提供由其保管或控制的相关文件或有关信息。

(4)调查人员可要求任何保管或控制第3款所述文件或信息的人员就该文件或信息提供解释。

(5)调查人员可复制或摘录第3款所述的任何文件或信息。

(6)本条未授权调查人员要求披露某人在最高法院的诉讼中有权以保密为由拒绝披露的内容。

50. 监督机构的报告

(1)苏格兰部长可指示监督机构编制一份关于以下内容的报告:

(a)监督机构根据本编开展的活动;

(b)监督机构进行的调查;

(c)其在执行本编规定的职能时对资源的使用情形;

(d)苏格兰部长可以指示的其他事项。

(2)仅当苏格兰部长指示时,报告方能纳入持续调查的相关信息。

(3)监督机构需将报告提交至苏格兰部长。

(4)苏格兰部长需将报告提交至苏格兰议会。

51. 对监督机构的指导

(1)监督机构需参考苏格兰部长行使本编职能时向其提供的任何指导。

(2)根据第1款提供指导前,苏格兰部长需在合理可行的范围内,咨询第3款所述人员。

(3)前述人员包括:

(a)监督机构;以及

(b)苏格兰部长认为合适的其他人员。

(4)苏格兰部长可更改或撤销根据本条作出的指导,若指导被大幅修改,则适用第2款和第3款。

(5)苏格兰部长需公布根据本条作出的指导。

52. 指示监督机构的权利

(1)苏格兰部长可就监督机构行使本编规定职能向其作出相关指示。

(2)苏格兰部长可更改或撤销根据本条作出的指示。

(3)监督机构需遵守根据本条作出的指示。

第五编 其他气候变化规定

第一章 适 应

适应方案

53. 气候变化适应方案

(1)本条适用于国务大臣根据2008年《气候变化法》第56条(气候变化影响报告)向议会提交报告。

(2)苏格兰部长须向苏格兰议会提交一份方案:

(a)列明:

(i)其在适应气候变化方面的目标;

(ii)为实现前述目标所提出的建议和政策;

(iii)吸纳雇主、工会和其他利益相关方参与实现前述目标的安排;

(iv)确保公众参与实现前述目标的机制;

(v)前述提议和政策出台的时间;以及

(b)以其他方式应对报告中根据2008年《气候变化法》第56条确定的风险。

(2A)苏格兰部长在根据第2款a项i目制定目标时,需符合国际最佳惯例,以制定包括苏格兰对国际气候变化适应作出贡献的相关目标。

(3)若2008年《气候变化法》第56条规定的报告是后续报告(在该条第3款的含义范围内),该方案需包含对实施前一方案中规定的目标、提议和政策所取得进展的评估。

(4)苏格兰部长在收到国务大臣的报告副本后,需在合理可行的情形下尽快制定每项方案。

54. 关于适应方案执行进展情形的报告

(1)本条适用于苏格兰部长根据第53条第2款向苏格兰议会提交的方案。

(2)苏格兰部长需向苏格兰议会提交报告,说明其对实施计划中规定的目标、提议和政策进展情形的评估。

(3)本条规定的第一份报告需在自计划提出之日起 12 个月内提交至苏格兰议会。

(4)本条规定的第二份及后续报告,需在后续每 12 月期限内,提交至苏格兰议会。

55. 适应方案的实施进展:

(1)本条适用于:

(a)苏格兰部长根据第 53 条第 2 款向苏格兰议会提交的方案;

(b)国务大臣根据 2008 年《气候变化法》第 56 条向议会提交的第二份或后续报告。

(2)在第 1 款 a 项适用的情形下,苏格兰部长需在自计划制定之日起的 2 年内,要求相关机构编制一份报告,说明其对实施该计划中规定的目标、提议和政策进展情形的评估。

(3)在第 1 款 b 项适用的情形下,苏格兰部长在收到报告副本后,需在合理可行的情形下,要求相关机构编制一份进一步的报告,说明其对苏格兰部长根据第 53 条第 2 款制定的最新计划中规定的目标、提议和政策的实施进展的评估。

(4)苏格兰部长收到相关机构根据第 2 款提交的报告或根据第 3 款提交的进一步报告后(视具体情形而定),需在合理可行的情形下,提交至苏格兰议会。

56. 适应方案报告

(1)本条适用于:

(a)苏格兰部长根据第 53 条第 2 款向苏格兰议会提交的方案;

(b)国务大臣根据 2008 年《气候变化法》第 56 条向议会提交的第二份或后续报告。

(2)在第 1 款 a 项适用的情形下,咨询机构需在方案提交之日起的两年期限届满之前,编制一份报告,说明其对实施该计划规定的目标、提议和政策的进展情形的评估。

(3)在第 1 款 b 项适用的情形下,咨询机构需在报告提交后,在合理可行的情形下,编制一份进一步的报告,说明其对苏格兰部长根据第 53 条第 2 款制定的最新计划规定的目标、提议和政策的实施进展的评估。

(4)咨询机构需在合理可行的情形下,在根据第 2 款编制报告或根据第 3 款编制进一步报告后(视具体情形而定),将其提交至苏格兰议会。

第二章　土 地 利 用

土地利用战略

57. 制定土地利用战略的职责

(1)苏格兰部长需在 2011 年 3 月 31 日前向苏格兰议会提交土地利用战略。

(2)该战略须特别列明：

(a)苏格兰部长关于可持续利用土地的目标；

(b)其为实现前述目标提出的提议和政策；以及

(c)前述提议和政策预期生效的时间。

(3)第 2 款所述目标、提议及政策需有助于：

(a)实现第 1 条、第 2 条第 1 款或第 3 条第 1 款 b 项规定的苏格兰部长职责；

(b)实现苏格兰部长关于适应气候变化的目标，包括根据第 53 条第 2 款制定的方案中规定的目标；以及

(c)可持续发展。

(4)将战略提交至苏格兰议会前，苏格兰部长需公布该战略的草案，并与其认为合适的机构和公众进行磋商。

(5)该战略需附有一份报告，列明以下事项：

(a)为遵守第 4 款规定进行磋商的过程；以及

(b)在最后确定战略时已考虑到在这一过程中表达意见的各种方式(或声明没有考虑该意见)。

(6)苏格兰部长需不迟于：

(a)根据第 1 款向苏格兰议会提出战略后的 5 年；以及

(b)其后每 5 年期届满时，向苏格兰议会提交修订后的战略；第 2 至 5 款适用于修订后的战略，同时也适用于根据第 1 款提交的战略。

烧　荒

58. 烧荒许可时间的更改

在 1946 年《山区耕作法》(c. 73)第 23 条(禁止在特定时间烧荒)后，增加：

“23A. 更改烧荒许可时间的权力

(1)苏格兰部长可通过命令修改第23条,以其认为适当的其他日期代替第1、2或3款(视情形而定)中规定的日期,作为某年可以在该日期之前或后进行合法烧荒的日期。

(2)苏格兰部长仅在认为对气候变化有必要或合适的情形下可根据第1款发布命令。

(3)若根据第1款作出的修改命令将导致每年规定的合法烧荒时间短于2009年《苏格兰气候变化法》(asp12)第58条生效前适用的相应期限,则不得修改第23条所述的任何日期。

(4)第1款授予的权力可通过法定文书行使。

(5)不得制定包含第1款所规定命令的法定文书,除非该文书草案已在苏格兰议会提出并经决议批准。"

林　　业

59. 修改林业委员职能的权力(已废止)

第三章　能源效率

能源效率的提升及可再生热能

60. 苏格兰部长提升能源效率的职责

(1)苏格兰部长需编制并公布以下方面的相关计划:

(a)提升苏格兰地区能源效率;以及

(b)提升苏格兰居民住房的能源效率。

(2)该计划需设定年度能源效率目标,并说明如何报告此类目标。

(3)该计划还需包括苏格兰部长如何更新规划和建筑条例的详细信息,以确保所有新建筑通过安装和适用低碳和零碳发电技术,根据特定建筑的获批设计和计划,避免在使用中产生特定的、不断上升的预期温室气体排放量。

(4)根据第1款编制的计划需在本条生效之日起12个月内公布。

(5)苏格兰部长:

(a)可不定期审查根据本条编制和发布的计划;以及

(b)需在第6款所述期间结束前审查根据本条编制和发布的计划。

(6)第5款b项所述的期间为3年,起算时间点如下:

(a)该计划首次发布的时间;或

(b)该计划最近一次根据第5款审查的时间。

(7)根据第5款进行审查后,苏格兰部长如对计划进行变更,其需在变更后合理可行的情形下,公布变更后的计划。

(8)在制定或变更计划时,苏格兰部长需考虑改良建筑和改变建筑标准对提高能源效率和减少温室气体排放所作的贡献。

(9)本条中:

“能源效率”包括对以下内容的使用:

(a)依赖可再生能源的技术(用于生产热能的技术除外);

(b)制造或使用比其他材料或设备产生或涉及更少温室气体排放量的材料和设备;

(c)用于区域供暖或其他用途的发电或其他工业过程的余热;

“化石燃料”指:

(a)煤炭;

(b)褐煤;

(c)泥炭;

(d)天然气[1976年《能源法》(c.76)规定范围内];

(e)原油液体石油;

(f)石油产品[1976年《能源法》(c.76)规定范围内];

(g)由a至f项所述物质直接或间接生产的物质;

“可再生能源”指除化石燃料和核燃料以外的其他能源。

61. 苏格兰部长推广可再生热能的职责

(1)苏格兰部长需编制并公布计划,以促进可再生能源产生热量的使用。

(2)该计划需:

(a)设定:

(i)可再生能源产生热量的百分比目标;以及

(ii)每个目标的预计完成时间;以及

(b)说明如何报告此类目标。

(3)根据第1款编制的计划需在本条生效之日起12个月内公布。

(4)苏格兰部长:

(a)可不定期审查根据本条编制和公布的计划;

(b)需在第5款所述期间结束前审查根据本条编制和公布的计划。

(5)第4款b项所述期间为两年,起算时间点如下:

(a)该计划首次发布的时间;或

(b)该计划最近一次根据第4款审查的时间。

(6)在根据第4款进行审查后,苏格兰部长若对计划进行变更,需在变更后合理可行的情形下,公布变更后的计划。

(7)在本条中,"可再生能源"与第60条第9款含义相同。

62. 制定计划和报告

(1)苏格兰部长应在根据第60条第1款、第7款或第61条第1款、第6款发布计划后,在合理可行的情形下,尽快提交至苏格兰议会。

(2)苏格兰部长需在第3款所述期限结束前,向议会提交一份报告,说明在实施该计划方面采取的措施。

(3)第2款所述期间是指从以下日期开始后的12个月:

(a)该计划首次发布的时间;或

(b)根据第2款最近一次提交报告的时间。

(4)若苏格兰部长向议会提交第1款所述计划或第2款所述报告,其需在提交后,在合理可行的情形下,就该计划或报告向议会作出有关声明。

非住宅建筑的能源效能

63. 非住宅建筑:能源效能和排放评估

(1)苏格兰部长需通过条例:

(a)规定对以下事项进行评估:

(i)非住宅建筑的能源效能;

(ii)由此类建筑或在此类建筑物内进行的活动产生的或相关的温室气体排放;

(b)要求此类建筑物的所有人采取由此类评估确定的措施:

(i)提高此类建筑的能源效能;

(ii)减少此类排放。

(2)条例可特别规定以下内容:

(a)条例适用的情形;

(b)该条例适用的非住宅建筑;

(c)其他可能被要求进行评估的人员;

(d)需进行此类评估的期限;

(e)评估建筑物能源效能的程序及方法;

(f)评估建筑物或在建筑物内进行的活动产生的或相关的温室气体排放的程序和方法;

(g)其他需进行此种评估的人员;

(h)评估后颁发证书,包括此类证书的形式、方式和内容;

(i)此类证书载明的建议形式,以提高建筑物能源效能,减少建筑物或建筑物内进行活动产生的或相关的温室气体排放;

(j)相关人员需采取措施以遵守此类证书建议的方式和期限;

(k)登记此类证书;

(l)披露登记册内登记的信息;

(m)根据第3款,规定该条例相关的执行机关;

(n)根据第5款,规定该机关的职能;

(o)备存信息或向执行机关提供信息;

(p)履行条例规定的职责;

(q)未能遵守条例要求的相关违法行为。

(3)本条例规定的执行机关应由苏格兰部长认为合适的人员或机构担任。

(4)条例可规定由两个及以上执行机关行使执行机关的职能,并规定各执行机关的职能。

(5)执行机关的职能可以包括征收费用的权力,以收回其根据条例行使职能产生的合理成本。

(6)苏格兰部长需在本条生效之日起12个月内发布一份报告,说明:

(a)减少非住宅建筑排放的措施;以及

(b)拟作出第2款i及j项所述规定的时间。

(7)本条中,"非住宅建筑物"指:

(a)住宅以外的建筑物;

(b)不包括:

(i)该类住宅相关的院落、花园、附属建筑物、其他土地或建筑物;

(ii)该类住宅相关的任何公共区域。

住宅的能源效能

64. 生活住宅:评估能源效能和排放

(1)苏格兰部长需根据条例规定:

(a)对以下内容进行评估:

(i)住宅的能源效能;

(ii)由此类住宅产生的或与住宅相关的温室气体排放。

(b)要求此类住宅的所有人采取此类评估所规定的措施,以此:

(i)提高此类住宅的能源效能;

(ii)减少此类排放。

(2)条例可特别规定以下内容:

(a)条例适用的情形;

(b)条例适用的住宅类型;

(c)其他可能需要进行评估的人员;

(d)需进行此类评估的期限;

(e)评估住宅能源效能的程序及方法;

(f)评估住宅产生的或其他与住宅相关的温室气体排放的程序和方法;

(g)其他需要进行此类评估的人员;

(h)评估后颁发证书,包括证书的形式、方式和内容;

(i)此类证书载明的建议形式,以提高生活住宅的能源效能,减少生活住宅或住宅内进行活动产生的或与住宅相关的温室气体排放;

(j)相关人员需采取措施以遵守此类证书建议的方式和期限;

(k)登记此类证书;

(l)披露登记册内登记的信息;

(m)根据第3款,规定该条例相关的执行机关;

(n)根据第5款,规定该机关的职能;

(o)备存信息或向执行机关提供信息;

(p)遵守条例规定的职责;

(q)未能遵守条例要求的相关违法行为。

(3)本条例规定的执行机构应由苏格兰部长认为合适的人员或机构担任。

(4)条例可规定由两个及以上执行机关行使执行机关的职能,并规定各执行机关的职能。

(5)执行机关的职能可包括征收费用的权力,以收回其在行使条例规定的职能时发生的合理成本。

(6)苏格兰部长需在本条生效之日起12个月内发布一份报告,说明:

(a)采取的减少住宅排放的措施;以及

(b)拟作出第2款i及j项所述规定的时间。

(7)本条中,“生活住宅”指:

(a)住所;以及

(b)包括:

(i)此类住宅相关的实际总建筑面积为50平方米或以上的建筑物;以及

(ii)此类住宅相关的公共区域。

能源效率折扣计划

65. 地方机关制定能源效率折扣计划的职责

(1)1992年《地方当局财政法》(c. 14)修订如下。

(2)在第80条(减少市政税的应纳税额)后,增加:

"80A. 地方机关减少应纳税额的权力

(1)地方当局需制定计划,在可征税住宅能源效率得到改善的情形下,减少个人市政税的应纳税额。

(2)根据1992年《地方当局财政法》第1款建立的计划为'能源效率折扣计划'。

(3)能源效率折扣计划可作出地方机关认为适当的规定,包括对以下事项的特别规定:

(a)该计划适用的能源效率提升;

(b)该计划适用的应纳税住宅;

(c)该计划可作出的,针对个人相关市政税缴税额的减免;

(d)根据该计划提出的申请。

(4)但在能源效率折扣计划下,仅当符合1992年《地方当局财政法》第5款所述的各项条件(根据该计划可能要求满足的其他条件)时,个人方可获得市政税缴税额减免。

(5)前述条件为:

(a)该主体有义务在任何时间就应纳税住宅缴纳市政税;

(b)对该住宅能源效率进行改善(无论是否由纳税人作出);

(c)前述改善在纳税人市政税缴付额减少的同一财政年度内作出;

(d)纳税人就该年度需缴付税额,尚未在该计划下因前述改善而减少;

(e)其他人就该住宅需缴付的市政税额,在此年度未根据该计划因能源效率改善而减少。

(6)确定是否符合1992年《地方当局财政法》第5款e项的条件时,不考虑其他与1992年《地方当局财政法》第5款a项所述人员共同及连带就该住宅缴付市政税的人员。

(7)根据能源效率折扣计划规定可提供的最低减免额应为:

(a)若就市政税应当缴付的金额为50英镑或以上,则不低于50英镑;

(b)若就市政税应当缴付的金额少于50英镑,则为实际应当缴付的税额。

(8)地方当局可根据能源效率折扣计划,将个人应缴付的住宅税减至零。

(9)本条中:

'能源效率'包括对以下事项的使用:

(a)依赖除化石燃料和核燃料以外能源的技术;

(b)制造或使用比其他材料产生或涉及更少温室气体排放量的材料;以及

(c)用于区域供热或其他用途的发电或其他工业来源产生的余热;

'化石燃料'指:

(a)煤炭;

(b)褐煤;

(c)泥炭;

(d)天然气[1976年《能源法》(c.76)规定范围内];

(e)原油液体石油;

(f)石油产品[1976年《能源法》(c.76)规定范围内];

(g)由a至f项所述物质直接或间接生产的其他物质;

'温室气体'的含义参见2009年《苏格兰气候变化法》(asp12)第10条第1款。"

(3)在附表2第21条(根据第13A条减少缴付市政税义务的影响)后,增加:

"22(1)本条适用于地方机关根据第80A条制定的能源效率折扣计划。

(2)凡根据能源效率折扣计划削减应缴付市政税的,就本附表,减免的税额应视为享有与减免金额相等的折扣。"

66. 能源效率折扣计划的审查

(1)苏格兰部长需在2012年3月31日后,以及此后每年向苏格兰议会提交根据1992年《地方政府财政法》(c.14)第80A条制定的能源效率折扣计划的运行报告,需包括对此规定的减免是否有效提高能源效率的评估。

(2)苏格兰部长若认为适当,可通过命令修订1992年《地方政府财政法》第80A条,以提高能源效率折扣计划对提高能源效率的贡献。

67. 非住宅利率:能源效率折扣等

1994年《地方政府等(苏格兰)法》(c.39)第153条(非住宅利率金额的权力),第3款中:

(a)"住宅的应税价值部分超过、部分不超过规定数额"改为 a 项;以及

(b)在结尾增加:

"(b)其能源效率和温室气体排放属于本条第 1 款规则中规定的不同类别。

(3A)本条规定的条例可就如何确定土地和遗产属于第 1 款规则所述第 3 款 b 项规定的类别作出规定。"

气候变化负担

68. 气候变化负担

在 2003 年《不动产所有权条件(苏格兰)法》(asp9)第 46 条(医疗负担)后,增加:

"气候变化负担

46A. 气候变化负担

(1)本条生效后,为减少温室气体排放,有权对公共机构、信托机构或苏格兰部长施加实际负担;此类负担称为'气候变化负担'。

(2)气候变化负担只包括一项义务,即设立负担的资产开发时,该资产需满足特定的减缓和适应标准。

(3)为本条目的,'公共机构'指 2003 年《不动产所有权条件(苏格兰)法》之 2003 年《保护机构令》(SSI2003/453)附表第一或第二编所列机构。"

物业管理计划

69. 物业管理计划:"维修"的定义

在 2004 年《物业(苏格兰)法》(asp11)附表 1(物业管理计划)规则 1.5"维护"的定义中,在"更换"后增加"绝缘装置"。

许可开发权

70. 住宅的空气源热泵与微型风力涡轮机

(1)苏格兰部长需根据 1997 年《城镇和乡村规划(苏格兰)法》(c.8)第 30 条和第 31 条的规定行使其职能,以作出规定,具体说明第 2 款所述开发项目类别在何种情形下,可根据该法第 30 条规定的命令获得规划许可。

(2)该项目类别指在包含一套或多套公寓的住宅或建筑物内安装、改造或更换

以下设备:

(a)空气源热泵微型发电设备;或

(b)风力涡轮机微型发电设备。

(3)苏格兰部长需在本条生效后6个月内施行第1款。

(4)施行第1款前,苏格兰部长需咨询:

(a)其认为可代表第2款a、b项所述设备生产商和供应商的人员;以及

(b)其认为合适的其他人员。

(5)本条中,"微型发电"的含义参见2004年《能源法》(c.20)第82条第6款。

71. 非住宅建筑中的微型发电

(1)苏格兰部长需根据1997年《城镇和乡村规划(苏格兰)法》(c.8)第30条和第31条行使其职能,以作出规定,具体说明第2款所述开发项目类别在何种情形下可根据该法第30条规定的命令获得规划许可。

(2)该项目类别为在非住宅建筑的范围内安装、改造或更换微发电设备。

(3)苏格兰部长需在本条生效后12个月内施行第1款。

(4)施行第1款前,苏格兰部长需咨询:

(a)其认为可以代表第2款所述设备生产商和供应商的人员;以及

(b)其认为合适的其他人员。

(5)本条中:

"微型发电"的含义与第70条第5款相同;

"非住宅建筑"的含义与第63条第7款相同。

发 展 计 划

72. 发展计划:包含温室气体排放政策

在1997年《城镇和乡村规划(苏格兰)法》(c.8)第3E条后,增加:

"3F. 温室气体排放政策

规划机关在其编制的地方发展计划中,需包括要求设计地方发展规划区所有开发项目的政策,以确保所有新建筑在使用过程中,通过安装和运行低碳和零碳发电技术,根据获批的特定发展设计和计划,避免在使用中产生特定的、不断上升的预计温室气体排放量。"

73. 第72条执行情形的年度报告

(1)苏格兰部长需:

(a)自第72条生效起1年内;以及

(b)此后每年,向苏格兰议会提交一份报告,说明相关规划机关根据该条将政策纳入发展计划要求的执行情形,包括评估前述要求是否能有效减少因发展产生的温室气体排放。

(2)根据第1款提交的第四次及后续报告需包括评估相关规划机关将政策纳入发展计划的持续需求或其他要求的评估;若苏格兰部长认为此要求不再必要,可通过命令废除1997年《城镇和乡村规划(苏格兰)法》第3F条和本条。

促进节约用水和提高用水效率

74. 苏格兰水资源部门促进节约用水和提高用水效率的职责

在2002年《苏格兰水工业法案》(asp3)第56条第1款中,在a项后增加:

"(aa)要求其促进节约用水和提高用水效率。"

第四章　苏格兰国有财产

75. 苏格兰国有财产的建筑物能源效能

(1)在合理可行的情形下,苏格兰部长需确保苏格兰国有财产的所有建筑物的能源效能在能源效能前四分之一内。

(2)为第1款目的,由苏格兰部长或其代表购买或建造的建筑物属于国有财产。

(3)苏格兰部长可通过条例规定,第1款中的职责不适用于特定建筑物或特定类别的建筑物。

76. 苏格兰国有财产报告

(1)自2010年到2011年起的每个财政年度,苏格兰部长需向苏格兰议会提交报告,包括对该年度在以下事项取得进展的评估:

(a)属于苏格兰国有财产的建筑的效率;以及

(b)属于苏格兰国有财产的建筑对可持续性的贡献。

(2)若第3款所述建筑物的能源效能不在能源效能前四分之一内,报告需说明该建筑物成为国有财产的原因。

(3)该建筑物是指:

(a)适用第75条的建筑物;以及

(b)在报告所涉财政年度内成为国有财产的建筑物。

(4)本条规定的报告需在报告所涉财政年度结束后的下一个10月31日前提交至议会。

77. 苏格兰国有财产:补充

(1)为本条及第75条、第76条之目的:

(a)“建筑物”指使用能源对整体或局部进行供热或制冷的建筑物;以及

(b)建筑物属于苏格兰国有财产:

(i)由苏格兰中央政府管理;以及

(ii)属于苏格兰部长在效率和可持续性方面负有职责的建筑物类别。

(2)苏格兰部长可通过命令规定:

(a)命令指定的建筑物类别是否视为或不视为国有财产;

(b)命令指定用途是否为苏格兰中央政府的行政用途。

第五章　减少废弃物及循环再造

废弃物预防和管理计划

78. 废弃物预防和管理计划

(1)苏格兰部长可通过条例要求指定人员:

(a)制定计划,防止、减少、管理、回收利用、使用和处置由其活动产生的或其他活动相关的废弃物;

(b)遵守计划。

(2)条例可包括以下内容:

(a)需编制计划的情形,包括多个计划;

(b)需编制计划的废弃物种类;

(c)期间:

(i)计划相关期间;

(ii)编制计划的期间。

(d)计划的内容;

(e)根据第89条:

(i)条例相关执行机关;以及

(ii)机关职能,包括批准根据条例编制的计划;

(f)备存计划和其他资料,并将其提交至执行机关;

(g)条例规定的职责履行情形;

(h)未能遵守条例要求的相关违法行为。

(3)执行机关需参考苏格兰部长根据条例赋予其的职能向执行机关提供的

指导。

（4）本章中：

“循环利用”，指任何废弃物均包括回收和再利用（无论废弃物是否经过处理）（同源表达须据此解释）；

“指明”指根据条例指明（同源表达须据此解释）；

“废弃物”具有 1990 年《环境保护法》（c. 43）（以下简称《1990 年法案》）第 75 条第 2 款赋予的含义。

废弃物数据

79. 废弃物信息

（1）苏格兰部长可通过条例，要求特定类型人员向苏格兰环保局（SEPA）提供相关人员活动产生的或其他与之相关的废弃物信息。

（2）条例可包括下列内容：

（a）需提供信息的情形；

（b）要求提供的信息，包括该信息所涉期间；

（c）信息提供形式和方式；

（d）信息提供期限；

（e）条例规定的苏格兰环保局（SEPA）职能；

（f）备存及向苏格兰环保局（SEPA）提供信息；

（g）条例规定职责的履行情形；

（h）未能遵守条例要求的相关违法行为。

（3）根据本条规定，制定条例的权力不得违反《1990 年法案》第 34 条第 5 款以及与该条具有同等效力的其他此类规定；根据本条规定，对任何人施加职责不得违反根据该条规定的条例或其他具有同等效力的此类规定施加的废弃物信息提供职责。

（4）苏格兰环保局（SEPA）可就如何遵守本条例要求对本条例适用人员提供指导。

（5）载有第 1 款规定的首个条例的法定文书草案需在本条生效之日起 12 个月内提交至苏格兰议会。

（6）本条和第 89 条中，“SEPA”指苏格兰环保局。

可回收废弃物的存放等事项

80. 可回收废弃物:存放设施等

(1)苏格兰部长可通过条例要求:

(a)特定人员提供存放废弃物设施;

(b)获授权人员需:

(i)根据 a 项收集存放的废弃物;

(ii)在合理可行的情形下,确保由其收集或向其转移的废弃物(根据《1990 年法案》第 34 条或其他规定)被回收。

(2)条例可包括以下有关内容:

(a)需提供设施的情形,包括需提供设施的地点;

(b)需提供设施的人员;

(c)需提供设施的废弃物种类;

(d)获授权人员需在何种情形下收集废弃物,包括获授权人员类型;

(e)获授权人员就收集废弃物、回收废弃物及以其他方式确保废弃物得到循环利用而收取的费用;

(f)根据第 89 条:

(i)条例相关执行机关;以及

(ii)机关职能;

(g)保存记录并提交至履行机关;

(h)履行条例规定职责;

(i)未能遵守条例要求的相关违法行为。

(3)执行机关需参考苏格兰部长就条例赋予其的职能向执行机关提供的指导。

(4)苏格兰部长不得根据本条规定的条例,要求个人在第 81 条规定的相关情形下,提供存放废弃物的设施。

(5)本条和第 81 条中,“被授权人”的含义与《1990 年法案》第 34 条第 3 款的含义相同。

81. 可回收废弃物:活动中存放废弃物的设施等

(1)苏格兰部长可通过条例授权地方机关发布通知,要求:

(a)负责筹办向公众开放的临时活动的人员,为活动参与人提供存放废弃物的设施;

(b)获授权人员需:

(i)收集根据 a 项存放的废弃物;

(ii)在合理可行的范围内,确保由其收集或向其转交的废弃物(根据《1990 年法案》第 34 条或其他规定)被回收。

(2)条例可包括以下内容:

(a)可发布通知的事项;

(b)需提供设施的情形,包括需提供设施的地点;

(c)需提供设施的人员;

(d)需提供设施的废弃物种类;

(e)可通知人员;

(f)通知的内容;

(g)通知的形式和方式,包括通知时间;

(h)对通知的申诉;

(i)获授权人员需收集废弃物的情形,包括获授权人员类型;

(j)获授权人员就收集废弃物、回收废弃物及以其他方式确保废弃物得到循环利用而收取的费用;

(k)根据第 89 条:

(i)通知相关执行机关;以及

(ii)机关职能;

(l)由收到通知之人备存记录,并向执行机关提交;

(m)履行通知规定职责;

(n)未遵守通知要求的相关违法行为。

(3)地方机关需参考苏格兰部长就条例赋予其的职能向地方机关提供的指导。

(4)执行机关需参考苏格兰部长就条例赋予其的职能向执行机关提供的指导。

回收物的采购

82. 回收物的采购

(1)苏格兰部长可根据条例,要求特定类型人员遵守第 2 款的要求。

(2)该要求是为确保此类人员或其代表采购或建造的物品:

(a)由回收物组成;或

(b)包括或包含一定比例的回收物。

(3)条例可包括以下内容:

(a)要求适用的情形;

(b)要求适用的物件种类;

(c)需包括或包含回收物的比例;

(d)比例确定方式;

(e)个人可向苏格兰部长申请不适用该要求的情形;

(f)根据第89条:

(i)条例相关执行机关;以及

(ii)机关职能;

(g)备存记录并向执行机关提交;

(h)执行条例规定职责;

(i)未遵守条例要求的相关违法行为。

(4)执行机关需参考苏格兰部长就条例赋予其的职能向执行机关提供的指导。

(5)条例适用人员需参考以下人员和机构的指导:

(a)苏格兰部长提供的条例要求相关指导;

(b)执行机关提供的条例要求相关指导。

(6)本条中,"回收物"指已回收利用的废弃物。

82A. 采购回收物和可回收物等

(1)苏格兰部长可通过条例要求指定缔约机关确保以下事项:

(a)由机关或其代表采购的特定比例货物或工程属于第2款范围,或

(b)用于生产、供给或建造的采购货物、服务或工程的特定比例材料,属于第2款范围。

(2)以下情形的物件属于本款范围:

(a)已被使用(包括使用后被翻新),

(b)已被再制造;或

(c)被设计为可修理、再利用、翻新、再制造或回收。

(3)条例可包含以下内容:

(a)要求适用的情形;

(b)要求适用的物件种类;

(c)指定比例的确定方式;

(d)个人可向苏格兰部长申请不适用该要求的情形;

(e)根据第89条:

(i)条例相关执行机关;

(ii)执行机关职能;

(f)备存记录并向执行机关提交;

(g)履行条例规定职责;

(h)未遵守条例要求的相关违法行为。

(4)执行机关需参考苏格兰部长就条例赋予其的职能向执行机构提供的指导。

(5)条例适用人员需参考以下人员和机构的指导:

(a)苏格兰部长提供的条例要求相关指导;

(b)执行机关提供的条例要求相关指导。

(6)本条中:

“缔约机关”的含义参见2014年《采购改革(苏格兰)法》第1条;

“指定”指根据条例指定。

减 少 包 装

83. 减少包装目标等

(1)苏格兰部长可通过条例:

(a)设定以下目标:

(i)减少包装;

(ii)减少因制造包装产生的温室气体排放或减少其他相关的温室气体排放;

(b)要求指定个人或单位遵守前述目标。

(2)条例可包括以下内容:

(a)第1款b项规定适用的情形;

(b)设定目标相关的包装种类;

(c)包装相关目标(包括目标设定方式);

(d)检验目标实现与否的方法;

(e)根据第89条:

(i)条例相关执行机关;以及

(ii)执行机关职能;

(f)保存记录其他信息并向执行机关提交(包括记录信息相关期间,以及需向执行机关提供的期限);

(g)履行本条规定职责;

(h)未遵守条例要求的相关违法行为。

(3)执行机关需参考苏格兰部长就条例赋予其的职能向执行机关提供的指导。

(4)本条和第84条中,“包装”具有欧洲议会和欧盟委员会关于包装和包装废弃物的第 94/62/EC 指令第 3 条赋予的含义。

押金和返还

84. 押金和返还计划

(1)苏格兰部长可通过条例制定押金和返还计划。

(2)“押金和返还计划”包含以下内容:

(a)商品售价中包括可退还部分(以下简称押金);

(b)返还以下物件的人员,有权获得押金等价款项:

(i)返还此类商品;

(ii)返还此类商品相关包装(以下简称可回收包装);

(iii)返还此类商品及包装。

(3)在押金返还计划下,零售商有义务:

(a)以包含押金的商品售价投放市场;

(b)接受以下物件的退还:

(i)此类商品;

(ii)可回收包装;或

(iii)上述商品及包装;

(c)向返还以下物件之人支付押金等价金额:

(i)此类商品;

(ii)可回收包装;或

(iii)上述商品及包装;

(d)将该类商品返还生产者;

(e)将可回收包装返还生产者或相关商品生产者。

(4)在押金和返还计划下,生产者有义务:

(a)以包含押金的商品售价投放市场;

(b)接受以下物件的返还:

(i)此类商品;

(ii)可回收包装;或

(iii)上述商品及包装;

(c)向返还以下物件之人支付押金等价金额:

(i)此类商品;

(ii)可回收包装;或

(iii)上述商品及包装;

(d)回收,或已回收:

(i)此类商品;

(ii)可回收包装;或

(iii)上述商品和包装。

(5)押金和返还计划亦可对个人或单位(以下简称计划管理人)作出以下规定:

(a)确保以包含押金的商品售价投放市场;

(b)接受以下物件的返还:

(i)此类商品;

(ii)可回收包装;或

(iii)上述商品及包装;

(c)向返还以下物件之人支付押金等价金额:

(i)此类商品;

(ii)可回收包装;或

(iii)上述商品及包装;

(d)将此类商品返还生产者;

(e)将可回收包装返还生产者或相关商品生产者;

(f)从生产者处收回押金等价金额;

(g)回收,或已回收:

(i)此类商品;

(ii)可回收包装;或

(iii)上述商品及包装。

(6)苏格兰部长仅在其认为必要或有利的情形下制定条例,以促进或确保材料的回收利用。

(7)条例可对下列事项作出规定:

(a)适用押金和返还计划的零售商和生产者类型;

(b)适用该计划的商品类型;

(c)此类商品售价中应包含的押金;

(d)在商品的售价中增加一部分不可退还金额,用于支付零售商、生产者或计划管理者管理此计划时产生的合理费用;

(e)个人返还商品后有权获得押金等价金额;

(f)此类商品的识别方法;

(g)计划包含的可回收包装类型;

(h)识别可回收包装的方法;

(i)实施本计划的相关信息(包括该类商品出售地点的通知和此类通知的内容);

(j)可返还商品的地点;

(k)可返还包装的地点;

(l)计划适用的零售商及生产者登记(包括就该登记须缴付的合理费用);

(m)计划管理人;

(n)根据第89条:

(i)本条相关执行机关;以及

(ii)执行机关职能;

(o)保存记录与其他信息,并向执行机关提交;

(p)履行本条规定职能;

(q)未遵守条例要求的相关违法行为。

85.押金与返还计划:指定计划管理人

(1)苏格兰部长可通过命令指定下列主体为第84条规定设立的押金和返还计划的管理人:

(a)根据第86条第1款设立的机构;或

(b)其认为合适的其他个人或单位(现有机关)。

(2)根据第1款b项作出的命令,苏格兰部长认为合理且必要的,可通过以下方式修改现有机关的职能:

(a)赋予该机关职能;

(b)撤销该机关职能;或

(c)以其他方式更改该机关职能,

(3)命令可对以下内容作出规定:

(a)向现有机关借款(经苏格兰部长批准);

(b)为行使其押金和返还计划的相关职能,该机关可收取苏格兰部长认为合理适当的费用。

(4)行使押金和返还计划相关职能时,计划管理人需遵守苏格兰部长不定期就此职能向其发出的一般性或特定性的书面指示。

86.计划管理者的权力

(1)苏格兰部长可通过命令成立机构,作为第84条第1款设立的押金和返还计划的管理人。

(2)根据第1款设立的机构应为法人团体。

(3)该机构可对下列事项制定措施：

(a)对实现其押金和返还计划相关职能及目的必要或有利的措施；

(b)有利于履行该职能的措施。

(4)具体而言，该机构可：

(a)订立合同；

(b)经苏格兰部长同意，进行借款；

(c)为履行其押金和返还计划的相关职能，收取苏格兰部长认为适当的费用。

(5)根据第1款作出的命令可规定以下事项：

(a)该机构的地位和组成；

(b)该机构成员和雇员的身份；

(c)成员及雇员的薪酬、津贴及退休金；

(d)授予该机构的职能；

(e)由该机构备存账目和会计记录。

87. 计划管理人的资金

(1)苏格兰部长可为履行押金和返还计划相关职能或因与之相关，向计划管理人：

(a)支付拨款，数额由部长决定；

(b)发放贷款，数额由部长决定。

(2)此类拨款或贷款皆可根据苏格兰部长认为适当的条款和条件(包括贷款情形下的还款条件)支付或发放(视情形而定)。

(3)苏格兰部长支付拨款或发放贷款后(视情形而定)，可不定期更改其支付拨款或发放贷款的条款和条件；

(4)苏格兰部长可按照其认为适当的方式和条件，免除计划管理人为实施押金和返还计划相关职能产生的借款。

购物袋费用

88. 提供购物袋的费用

(1)苏格兰部长可通过条例，要求商品供应商：

(a)在商品供应地点提供购物袋并收费，以便商品能够被带走或交付；

(b)将收取的此类费用所得净额用于促进或改善环境，或用于其他合理的类似目的。

(2)条例可规定以下事项：

(a)要求适用的情形；

(b)适用该要求的供应商；

(c)适用该要求的购物袋；

(d)每个购物袋的最低收费；

(e)确定收费筹集的净收益的方式；

(f)净收益使用目的；

(g)根据第 89 条：

(i)条例相关执行机关；以及

(ii)执行机关职能；

(h)备存记录并向执行机关提交；

(i)履行条例规定的职责；

(j)未遵守条例要求的相关违法行为。

(3)执行机关需参考苏格兰部长就条例赋予其的职能向执行机关提供的指导。

购物袋违法行为：定额罚款通知书

88A. 供应购物袋的相关违法行为：定额罚款通知书

(1)经执行机关为本条目的授权的个人，若有充分理由认为某人实施了本法相关违法行为，可向该违法行为人发出定额罚款通知书。

(2)第 1 款中，"相关的违法行为"指根据第 88 条制定的条例所列违法行为。

(3)苏格兰部长可通过条例就第 1 款规定的定额罚款通知书作进一步规定。

(4)根据第 89 条，条例可规定以下内容：

(a)条例相关执行机关；以及

(b)定额罚款通知书相关执行机关的职能。

(5)附表 1A 就定额罚款通知书作了进一步规定。

一般规定

89. 执行机关

(1)本条适用于除第 79 条外，其他根据本章制定的条例。

(2)条例规定的执行机关为：

(a)苏格兰环保局(SEPA)；

(b)地方机关;或

(c)苏格兰部长认为合适的其他个人或机构。

(3)条例可对两个及以上施行本条例的执行机关之职能进行规定,且可对任一执行机关的职能分别作出规定。

(4)条例可规定执行机关可征收的费用,以收回其因履行条例规定职能发生的合理费用。

90. 处罚

(1)违反根据本编制定的条例的,应进行处罚,但不应超过第2款所述的范围。

(2)该处罚为:

(a)经简易程序定罪的,处不超过法定最高限额的罚款;

(b)经公诉程序定罪的,处罚款。

第六编　一般规定及其他规定

91. 公众参与

(1)苏格兰部长需编制并公布一项战略(以下简称公众参与战略),说明其计划采取的措施,并:

(a)向苏格兰人民公布本法目标;

(b)鼓励民众为实现上述目标作出贡献。

(2)公众参与战略需明确苏格兰人民为实现第1款a项所述目标可采取的行动。

(3)公众参与战略需在2010年12月31日之前公布。

(4)苏格兰部长:

(a)可不定期审查该战略;以及

(b)需在第5款所述期间结束之前,审查该战略。

(5)第4款b项所述的期间为5年,自以下日期起算:

(a)战略首次公布之日;或

(b)战略最近一次根据第4款审查之日。

(6)若进行第4款规定的审查后,苏格兰部长对公众参与战略进行了变更,其需在合理可行的情形下,公布变更后的战略。

(7)根据第6款公布的战略需包含对实施早期战略的措施取得进展的评估。

(8)公众参与战略可以苏格兰部长认为适当的方式公布。

(9)公共参与战略公布后,苏格兰部长应在合理可行的情形下尽快向苏格兰议会提交。

92. 可持续发展

(1)第 2 款所述人员行使本法赋予其的职能时,需以有助于实现可持续发展的方式行使,包括实现联合国可持续发展目标。

(2)上述人员为:

(a)苏格兰部长;

(b)咨询机构。

93. 机会平等

(1)第 2 款所述人员在行使本法赋予其的职能时,需促进机会平等,特别是遵守机会平等的要求。

(2)上述人员为:

(a)苏格兰部长;

(b)咨询机构;

(c)公共机构(定义参见第 44 条第 2 款)。

(3)本条中,“机会平等”和“机会平等要求”的含义与 1998 年《苏格兰法案》(c. 46)附表 5 第 2 编第 L2 条中的含义相同。

94. 预算提案对排放的影响

(1)苏格兰部长向苏格兰议会提交财政年度资源使用提案草案的同时,应向苏格兰议会提交一份文件,说明据提案资助的活动对温室气体排放的直接和间接影响。

(2)本条中,“资源使用”含义参见 2000 年《苏格兰公共财政与问责法》(asp1)第 1 条第 3 款。

94A. 基础设施投资对排放的影响

(1)第 2 款适用于苏格兰部长公布基础设施投资计划的情形。

(2)其仍需公布一份评估报告,评估根据该计划进行的投资将有助于实现减排目标的程度。

(3)该评估:

(a)可置于:

(i)计划中,或

(ii)单独的文件中;

(b)若以一份单独的文件列明,则需与计划公布同时或在公布后合理可行的情形下公布。

(4)第 1 款中,“基础设施投资计划”指由苏格兰部长制定的计划,其规定了部长在公共基础设施方面的优先投资事项和发展战略。

95. 皇室适用

(1)本法及根据本法制定的命令和条例对皇室具有约束力。

(2)皇室不会因违反本法规定承担刑事责任。

(3)但最高法院可依有义务执行该规定的公共机构或官员申请,宣布皇室的作为或不作为构成此类违法行为。

(4)尽管有第2款规定,但根据本法作出的规定适用于皇室从事公共服务的人员,适用标准与其他人相同。

96. 附属立法

(1)本法赋予苏格兰部长制定命令或条例的权力均可通过法定文书行使。

(2)此类权力:

(a)可行使以对不同案件、不同类型案件或不同目的作出不同规定;

(b)包括有权作出苏格兰部长认为适当的、相应的、附带的、补充的、临时的、过渡的、保留的条款。

(3)根据本法颁布的命令或条例可修改任何已颁布的法案(包括本法)。

(4)根据第5至8款和第97条的规定,除已提交至苏格兰议会并经决议批准外,不得制定任何载有本法命令或条例的法定文书(第100条第2款规定的命令除外)。

(5)第6款所述命令或第7款所述条例的法定文书,可根据苏格兰议会的决议废止。

(6)上述命令根据以下条款作出:

(a)第19条第1款b项;

(b)第46条第1款;

(c)附表1第2款第2项。

(7)前述条例为:

(a)(已废止)

(aa)第13A第1款规定的条例,未提议对一年内可计入苏格兰净排放账户的碳单位最大数量设定更高上限;

(b)第20条第1款规定的第二个条例或其后的条例(不包括规定本条先前未规定的碳单位种类之条例);

(c)第84条第1款规定的条例,仅就下列一项或多项事项作出规定:

(i)第84条第7款c项所述的押金;

(ii)第84条第7款i项所述通知的形式及内容;

(iii)设定第 84 条第 7 款 1 项所述的登记费;

(d)第五编第 5 章规定的条例,仅就第 89 条第 4 款所述事项作出规定。

(8)第 5 款不适用于包含修改法案或苏格兰议会法案规定的命令或条例。

97. 附属立法:预置程序

(1)本条适用于苏格兰部长提议向苏格兰议会提交包含以下内容的法定文书草案:

(a)根据第 84 条或第 88 条制定的首个条例(不包括第 96 条第 7 款 c 项或 d 项所述且第 96 条第 5 款适用的条例草案);或

(b)根据第 13A 条第 1 款制定的条例,提议对一年内可计入苏格兰净排放账户的碳单位最大数量设定更高上限。

(2)此前,苏格兰部长需向议会提交:

(a)拟议条例的副本;

(b)说明建议制定该条例的理由声明一份;以及

(c)若属第 1 款 b 项所述的条例,应提供一份声明,阐述提议的限额是否与其从相关机构接收的最新建议一致。

(3)苏格兰部长在提交该副本时,需指定一个可就拟议条例向其提出申诉的时期(申诉期)。

(4)申诉期至少为 90 日,其中议会未解散或未休会应不少于 30 日。

(5)苏格兰部长需在合理可行的情形下,在制定拟议条例后,以其认为适当的方式公布。

(6)苏格兰部长向议会提交条例提案前,需考虑到:

(a)就拟议条例向其提出的申诉;

(b)议会通过的上述条例相关决议;以及

(c)由会议常规命令任命的议会委员会发布的条例相关报告。

(7)苏格兰部长提交此类拟议条例时,需提供一份声明,载明:

(a)第 6 款所述申诉、决议或报告的详情;

(b)其为回应上述申诉、决议或报告而对拟议条例作出的更改(如有),以及作出更改的原因;以及

(c)就第 1 款 b 项所述的条例,拟议上限是否与其从相关机构收到的最新建议一致。

(8)本条中,"拟议条例"指第 1 款适用的法定文书草案。

98. 解释

本法中:

“额外温室气体”的含义参见第 12 条第 2 款;

“咨询机构”的含义参见第 24 条第 2 款;

“咨询职能”的含义参见第 24 条第 3 款;

“目标年度”的含义参见第 3 条第 6 款;

“被授权人”的含义参见第 80 条第 5 款;

“基线”的含义参见第 11 条第 1 款;

“基准年”指:

(a)就第 11 条第 2 款所述的温室气体,指该款第 a、b、c、d、e 项所述年份(视情形而定)。

(b)额外温室气体,指根据第 12 条第 3 款指定的年份。

“碳单位”的含义参见第 20 条第 4 款;

“气候变化职责”的含义参见第 44 条第 4 款;

“委员会”指苏格兰气候变化委员会;

“现行国际碳报告惯例”的含义参见第 19 条第 2 款;

“押金和返还计划”指根据第 84 条第 1 款设定的计划;

“排放量”的含义参见第 17 条第 1 款;

“减排目标”指:

(a)年度目标;

(b)中期目标;

(c)净零排放目标;

“能源效率”的含义参见第 60 条第 9 款;

“公平且安全的苏格兰排放预算”的含义参见第 2B 条第 2 款;

“温室气体”的含义参见第 10 条第 1 款;

“中期目标”的含义参见第 2 条第 2 款;

“国际碳报告惯例”的含义参见第 19 条第 1 款;

“公正过渡原则”的含义参见第 35C 条第 1 款;

“地方机关”指根据 1994 年《苏格兰地方机关等法》(c. 39)第 2 条成立的委员会;

“监督机构”的含义参见第 47 条第 2 款;

“苏格兰净排放”应根据第 17 条第 1 款进行解释;

“苏格兰净排放账户”的含义参见第 13 条第 1 款;

“净零排放目标”的含义参见第 A1 条第 1 款;

“净零排放目标年”的含义参见第 A1 条第 2 款;

"包装"的含义参见第 83 条第 4 款;

"公共机构"(第四编和第 93 条除外)的含义参见第 24 条第 5 款;

"相关机构"的含义参见第 20A 条第 1 款;

"相关公共机构"的含义参见第 44 条第 5 款;

"循环再造"的含义参见第 78 条第 4 款;

"可再生能源"的含义参见第 60 条第 9 款;

"苏格兰气候变化委员会"的含义参见第 25 条第 2 款;

"苏格兰排放量"的含义参见第 17 条第 1 款;

"苏格兰移除量"的含义参见第 17 条第 1 款;

"苏格兰环保局"的含义参见第 79 条第 6 款;

"目标年"指设定减排目标的年份;

"与目标相关的国际碳报告惯例"的含义参见第 19 条第 2 款;

"目标设定标准"指第 2B 条第 1 款所述事项;

"《1990 年法案》"指 1990 年《环境保护法》(c. 43);

"2008 年《气候变化法》"指 2008 年《气候变化法》(c. 27);

"英国气候变化委员会"的含义参见第 20A 条第 2 款;

"联合国可持续发展目标"指联合国大会 2015 年 9 月 25 日第 A/Res/70/1 号决议通过的《变革我们的世界:2030 年可持续发展议程》中提出的目标;

"废弃物"的含义参见第 78 条第 4 款。

99. 细微的相应修改

附表 2 对本法规定进行了细微的相应修改。

100. 简称及生效

(1)本法称为 2009 年《苏格兰气候变化法》。

(2)本法(不包括本条、第 30 至 32 条、第 56 条、第 70 条和第 96 条)于苏格兰部长通过命令指定的日期生效(若为第 44 至 52 条,则于本法案获得批准之日后 18 个月内)。

(3)第 30 至 32 条和第 56 条根据第 26 条生效。

(4)第 70 条在本法案获得批准后次日生效。

(5)根据第 2 款的规定,可为不同目的指定不同日期。

附表1

(由第25条第3款引入)
苏格兰气候变化委员会

1. 地位

(1)委员会为法人团体。

(2)委员会不得视为皇室的雇员或代理机构，亦不得视为享有皇室的地位、特权或豁免权。

(3)委员会委员及雇员不得视为公务员。

(4)委员会财产不得视为皇室财产或代表皇室持有的财产。

2. 委员会委员

(1)委员会由以下委员组成：

(a)主席一名(以下简称主席)；

(b)五名以上八名以下其他委员。

(2)苏格兰部长可通过命令修改第1款b项，以更改委员会其他委员的人数。

(3)委员会委员由苏格兰部长任命。

(4)任命委员会委员时，苏格兰部长需考虑委员会(作为整体)是否具备以下方面的专业知识或经验：

(a)商业竞争力；

(b)苏格兰、英国和国际的气候变化政策(特别是此类政策的社会影响)；

(c)气候科学和环境科学的其他分支；

(d)经济分析和预测；

(e)排放交易；

(f)能源生产和供应；

(g)金融投资；

(h)技术开发和推广。

3. 委员的任期及条件

(1)委员会委员任期不超过5年。

(2)委员按照委任条款及相关条件进行任职或离任。

(3)委员可以向苏格兰部长发出书面通知的形式辞去委员会委员职务。

(4)任期届满时，委员均享有连任资格。

4. 不符合委任资格条件的人员

某人若为以下机构的现任或曾任成员,不得委任为委员会委员:

(a)下议院;

(b)苏格兰议会;

(c)欧洲议会。

5. 委员会委员的免职

(1)根据第3款的规定,若主席认为存在第2款所述情形之一,可以书面通知形式将委员免职。

(2)上述情形为:

(a)该委员破产;

(b)该委员已被判决刑事罪行;

(c)该委员未经主席许可缺席委员会会议超6个月;

(d)该委员在其他方面不能或不适合履行委员的职能,或不适合继续担任委员。

(3)主席仅在苏格兰部长同意的情形下可罢免该委员。

(4)若苏格兰部长认为存在第2款所述情形之一,可以书面通知形式将主席免职。

(5)根据第2款a项,委员在以下情形下即属破产:

(a)该委员提议的自愿安排获批;

(b)该委员被判定破产;

(c)该委员的财产被扣押;

(d)根据2002年《苏格兰债务安排和扣押法》(asp17)第一编的规定,该委员作为债务人订立债务安排方案;

(e)该委员为债权人提供信托契据。

6. 委员的薪酬、津贴和退休金

(1)委员会需向其委员支付苏格兰部长在不同情形下决定的酬金及津贴。

(2)委员会经苏格兰部长同意后,可:

(a)付款(或为付款作出安排);

(b)通过规定付款;

(c)提供及维持支付计划(无论是否有效),向现任或曾任委员支付退休金、津贴或酬金。

(3)第2款所述的退休金、津贴及酬金,包括为离职而支付的补偿。

7. 行政长官及其他雇员

(1)委员会将聘用一名行政长官。

(2)行政长官需由委员会按其决定的条款及条件委任。

(3)行政长官的委任以及委任条款和条件需经苏格兰部长同意。

(4)委员会可按其决定的条款及条件委任其他雇员。

(5)苏格兰部长可根据第4款就雇员委任向委员会发出指示,具体可涉及:

(a)委任人数;

(b)雇用的条款和条件。

(6)委员会需遵守根据第5款作出的指示。

(7)经苏格兰部长同意,委员会可:

(a)付款(或为付款作出安排);

(b)通过规定付款;

(c)提供及维持支付计划(无论是否有效),向现任或曾任委员支付退休金、津贴或酬金。

(8)第7款所述的退休金、津贴及酬金,包括为离职而支付的补偿。

8. 账目

(1)委员会需:

(a)妥当备存账目和会计记录;

(b)就每个财政年度编制会计报表;

(c)将会计报表报送苏格兰部长。

(2)委员会需遵守苏格兰部长就第1款所述事项作出的指示。

(3)苏格兰部长收到委员会的会计报表后,需在合理切实可行的情形下:

(a)将会计报表报送苏格兰审计长进行审计;

(b)向苏格兰议会提交经审计的声明。

(4)委员会需提供经审计的会计报表和会计记录,以便查阅。

(5)这些文件应根据以下条件提供:

(a)在合理的时间内;以及

(b)免费。

(6)本条及第9条中,"财政年度"指:

(a)自委员会成立之日起至次年3月31日前;

(b)随后的12个月,截至每年3月31日前。

9. 报告

(1)每个财政年度结束后,委员会应在切实可行的情形下,编制一份报告,包括:

(a)委员会在该年度履行职能的情形;

(b)委员会为履行职能而在次年建议采取的行动。

(2)委员会需:

(a)向苏格兰部长提交一份报告副本;以及

(b)公布报告。

(3)委员会需按照苏格兰部长可能作出的指示编制和公布报告。

(4)苏格兰部长收到委员会的报告后,需在合理可行的情形下将报告副本提交苏格兰议会。

(5)其他委员会就其职能相关事宜可发布其认为适当的报告。

10. 小组委员会

(1)委员会可为职能相关目的设立小组委员会。

(2)小组委员会需遵守委员会向其作出的指示。

11. 程序

(1)根据本法规定,委员会可规定:

(a)内部程序(包括法定人数);

(b)小组委员会的程序(包括法定人数)。

(2)主席若出席会议,则需主持委员会或其任何小组委员会的会议。

(3)主席若不能出席委员会(或其任何小组委员会)的会议,主席需委任另一委员主持会议。

(4)主席有权投决定票,主席根据第 3 款委任之人就该项委任,亦有权投决定票。

(5)委员会(或其任何小组委员会)议事程序的有效性,不因委员缺席或委员委任存在缺陷而受影响。

12. 职能授权

(1)根据第 2 款的规定,委员会可授权:

(a)其任何委员;

(b)其任何小组委员会;

(c)其行政长官;

(d)其他雇员,行使其决定的职能(在其决定的范围内)。

(2)委员会不得根据第 1 款授权行使以下职能:

(a)核准年度报告和账目;

(b)预算或其他财务计划的批准。

(3)第 1 款不会对委员会行使其职能的责任产生影响。

13. 一般性权力

(1)委员会可作出其认为:

(a)为执行其职能或与职能相关且必要或有利的行为;

(b)有利于其职能行使的行为。

(2)委员会有权:

(a)订立合同;

(b)经苏格兰部长同意,进行借款;

(c)经苏格兰部长同意,获得和处置土地;

(d)向委员会认为有资格的人寻求建议和协助。

(3)委员会可向提供建议或协助之人支付委员会经苏格兰部长同意的费用、酬金及津贴。

附表 1A

(由第 88A 条第 5 款引入)

定额罚款

1. 序言

本附表中,除文意另有所指外:

“执行机关”指条例规定的执行机关;

“通知书”指根据第 88A 条第 1 款发出的定额罚款通知书;

“违法行为”指该通知书所涉违法行为;

“规定”指本条例的规定;

“条例”根据第 88A 条第 3 款制定的条例。

2. 定额罚款通知书的内容

(1)通知书需就构成违法行为的详情提供合理说明。

(2)通知书需包含以下信息:

(a)定额罚款的金额;

(b)付款截止日期;

(c)折扣金额和折扣付款截止日期;

(d)以下名称:

(i)收取罚款的执行机关名称;或

(ii)收取罚款的执行机关代表人名称;

(e)支付罚款的地址;以及

(f)付款方式。

(3)通知书需说明:

(a)若被通知人遵守下列规定缴付款项,则被定罪的法律责任即告免除:

(i)在缴款期限届满前缴付定额罚款;

(ii)在折扣金额期限届满前缴付折扣金额;

(b)缴付定额罚款不构成违法行为,亦不得因此记录在案;

(c)除非缴款期限已届满且折扣金额或定额罚款仍未缴付,否则不得就该违法行为对被通知人启动法律程序;

(d)被通知人有权作出第 8 条所述的申诉。

3. 可发出通知书的期限

在规定时间后,不得发出与规定违法行为相关的通知书。

4. 罚款金额

(1)定额罚款的金额及折扣金额为规定金额。

(2)可规定的定额罚款最高金额等于标准金额表第二级的金额(根据 1995 年《苏格兰刑事诉讼法》第 225 条第 1 款的含义)。

(3)规定的折扣金额需少于定额罚款的最高金额。

5. 付款截止日期

(1)付款截止日期为发出通知之日起计 28 日后的首个工作日。

(2)特殊情形下,执行机关若认为适当,可在通知书发出后延长付款期限。

(3)折扣付款截止日期为发出通知书之日起计 14 日后的首个工作日。

(4)特殊情形下,执行机关若认为适当,可在通知书发出后延长折扣付款期限。

(5)延长第 2 款规定的付款截止日期或第 4 款规定的折扣付款截止日期时,执行机关需通知收件人。

(6)本条中,“工作日”指周六、周日、圣诞节或 1971 年《银行及金融交易法》苏格兰银行假日以外之日。

6. 付款方式

定额罚款(及折扣付款金额)需:

(a)向通知书指定的执行机关或其代理人支付罚款;

(b)在通知书指定地址支付罚款;以及

(c)以通知书指定方式支付罚款。

7. 对诉讼和付款效力的限制

(1)就该违法行为提起诉讼的最早日期为缴款期限届满次日。

(2)但若存在以下情形,则不得提起诉讼:

(a)于折扣付款期限届满当日或之前(或根据第5条第4款延长的期限届满前)已缴付折扣金额;

(b)于缴款期限届满当日或之前(或根据第5条第2款延长期限届满前)已缴付定额罚款。

(3)在该违法行为的诉讼中,以下证明为主张事实的充分证据:

(a)由负责执行机关财务的人员或其代表签署的证明;以及

(b)可充分证明通知书上载明金额在载明付款期限届满前已收到或尚未收到的证明。

(4)若执行机关为地方机关,则第3款a项所述的负责执行机关财务的人员,需视为对地方机关负有1973年《苏格兰地方政府法》第95条(财务管理)所述职责之人。

8. 撤销定额罚款通知书

(1)被通知人可就不应发出通知书的原因向执行机关提起申诉。

(2)执行机关参考根据第1款提起的申诉后,若认为不应发出该通知书,可发出撤销该通知书的通知。

(3)凡根据第2款发出的通知:

(a)执行机关需偿还被通知人依据定额罚款通知书已缴付的金额;以及

(b)不得就该违法行为提起诉讼。

9. 起诉对定额罚款通知书的影响

凡对已发出通知书的违法行为起诉,该通知书应视为撤销。

10. 一般性和补充规定

条例可就以下事项作出规定:

(a)执行机关对根据本附表收到款项的使用;

(b)备存此类款项账目,并编制和发布会计报表。

11(1)条例可就以下事项作出规定:

(a)通知书的格式,包括根据第8条第2款发出的通知;

(b)不得发出通知书的情形;以及

(c)缴付定额罚款的方式。

(2)条例可修改第5条第1、3款,以另一期限取代该款规定的期限。

12. 执行机关需参考苏格兰部长就条例赋予其的职能向执行机关提供的指导。

英国清洁能源（定义和推广）法[①]

2009 年第 19 号

现由女王陛下，经上议院灵职议员、上议院世俗议员和下议院议员的建议和同意，在本届议会上开会，并经其授权，制定如下：

为定义清洁能源，促进其开发、安装与使用及其他相关目的而制定本法。

第 1 条 【清洁能源的定义和推广】

(1)本法的主要目的是推广清洁能源。

(2)本法所称的清洁能源指：

(a)使用设备利用可再生能源或低碳能源发电或供热，其发电或供热容量不超过第 3 款规定；

(b)能源效率措施。

(3)发电和供热容量为：

(a)对于发电：5 兆瓦；

(b)对于供热：5 兆瓦热能。

(4)在履行本法规定职能时，国务大臣应当考虑到：

(a)第 1 款规定的主要目的；

(b)缓解燃料匮乏的可行性；

(c)确保多元化和长期供应可持续能源的可行性。

第 2 条 【微型发电战略】

(1)国务大臣应当制定并颁布一项在英格兰推行微型发电的战略。

(2)在制定战略前，国务大臣应当与以下主体磋商：

(a)微型发电设备的生产商和供应商代表；

---

① 本法 2009 年制定，原文来自英国立法数据库，网址：https://www.legislation.gov.uk/ukpga/2009/19/introduction/enacted。以 2010 年修订版英文文本进行翻译。翻译：刘彦、任婧；校对：徐榕苑、叶祖欣。

(b)其他国务大臣认为应当参与磋商的人员。

(3)根据第2款规定的磋商程序应当在本法生效之日起6个月内启动。

(4)国务大臣应当在磋商程序结束之日起6个月内公布该战略。

(5)制定战略时，国务大臣应当：

(a)考虑微型发电对2004年《能源法》第82(3)条*(大不列颠微型发电战略)中规定事项的促进作用；

(b)考虑国务大臣在2009年7月1日之后发布的有关可再生能源或低碳能源发电或供热的其他战略。

(6)国务大臣应当采取合理措施确保该战略的实施。

(7)本条中：

微型发电含义具有见2004年《能源法》第82条。但是，在该条第8款中，“45千瓦热能”修改为“300千瓦热能”。

“可再生能源或低碳能源”是指2004年《能源法》第82(7)条**中规定的能源或技术。

第3条 【微型发电：住宅】(1)国务大臣应当修订1995年《城乡规划(一般性许可开发)令》(S.I.1995/418)(以下简称GPDO)中与英格兰有关的，对住宅及其庭院指定类型的微型发电设备授予规划许可的规定。

(2)根据第1款规定微型发电设备类型应包括风力涡轮机和空气源热泵。

(3)第1和2款中的“指定”指GPDO中的指定类型。

---

* 2004年《能源法》第82(3)条：
制定或修改战略时，国务大臣应当考虑微型发电的以下促进作用：
(a)减少大不列颠的温室气体排放；
(b)减少大不列颠生活在燃料匮乏环境下的人数；
(c)减少大不列颠对输电和配电系统的需求；
(d)减少修缮上述系统的需求；
(e)提高大不列颠消费者的电力和暖气供应。

** 2004年《能源法》第82(7)条：
能源和技术来源是指以下方面：
(a)生物量；
(b)生物燃料；
(c)燃料电池；
(d)光伏发电；
(e)水(包括海浪和潮汐)；
(f)风；
(g)太阳能；
(h)地热资源；
(i)热电联产系统；
国务大臣认为可减少大不列颠温室气体排放的用于发电或供热的其他能源和技术。

(4)第1款所指的修正案应当在本法生效之日起6个月内作出。

(5)可根据第1款的规定,确定限制、例外情况或条件,授予规划许可。

(6)国务大臣应当在修正案生效之日起2年内,在合理可行的情况下尽快审查GPDO修正案的效力。

(7)本条中,微型发电具有2004年《能源法》第82条所赋予的含义。

第4条 【微型发电:非住宅用地】

(1)国务大臣应当考虑修订GPDO,以促进在英格兰非住宅用地安装微型发电设备。

(2)第1款中,非住宅用地指除住宅及其庭园以外的建筑物或其他土地。

(3)根据第1款进行的审议应当在本法生效之日起6个月内进行。

(4)国务大臣应当在合理可行的情况下,尽快向议会提交报告,说明根据第1款进行的审议结果。

(5)在对GPDO进行修订时(若有),国务大臣——

(a)应当考虑国务大臣就GPDO进行相关磋商的结果;

(b)国务大臣认可的,可进一步磋商。

(6)本条中的微型发电的含义与第3条中微型发电的含义相同。

第5条 【解释】

本法中:

“住宅”指完全由公寓组成的建筑物;

“能源效率措施”指提高消费者使用电力、天然气或其他能源效率的措施;

“设备”指2004年《能源法》第82(6)条规定的设施;

“燃料匮乏”具有2000年《温暖家园和节能法》第1条赋予的含义;

“GPDO”具有第3(1)条赋予的含义;

“可再生能源或低碳能源”具有第2(7)条赋予的含义。

第6条 【简称、生效与使用范围】

(1)本法称为2009年《清洁能源(定义与推广)法》。

(2)本法自通过之日起2个月后生效。

(3)本法仅适用于英格兰和威尔士。

英国温室气体排放交易计划拍卖条例①

根据2020年《金融法》第96条所赋予的权力，财政部制定了以下条例。

根据该法第96条第6款，本条例草案已提交下议院并获其批准。

第一编 总 则

1. 名称和生效

(1)本条例称为2021年《温室气体排放交易计划拍卖条例》。

(2)本条例自制定之日的次日起生效。

2. 释义

(1)在本条例中：

"关联企业"指集团内的任何企业。

"配额"指除另有规定外，根据《交易计划令》设定的排放1吨二氧化碳当量的配额。

"指定拍卖平台"指拍卖人根据第22条第1款指定拍卖平台。

"拍卖流程"指包括确定拍卖日程、准予竞价程序、提交竞价程序、组织拍卖、拍卖结果的计算和公布、价款的支付安排、配额的交付以及防范交易风险所需的担保物，以及由认可的拍卖平台对正当的拍卖流程进行监督和监控的流程。

"拍卖标的"指第4条第1款规定的含义。

"拍卖保留价"指第6条第9款规定的含义。

"拍卖人"指由财政部指定的进行配额拍卖的公共或私营实体。

"受益人"指《洗钱条例》第3条第1款规定的含义。

"竞价"指在拍卖中为获得一定数量的配额，以特定的价格进行报价。

---

① 本法2021年4月22日颁布，原文来自英国立法数据库，网址：https://www.legislation.gov.uk/uksi/2021/484。以2021年8月25日修订版进行翻译。翻译：胡卫、安峻屹；校对：王镱霖、金婧。

“竞价窗口”指可以提交竞价的期间。

“中央对手方”指直接介于拍卖人和竞买人或其权利继受人之间，或双方代理人之间的实体。中央对手方作为上述主体双方各自的对手方，根据第 31 条向拍卖人或其代理人支付拍卖收益，并向竞买人或其代理人交付拍卖配额。

“清算系统”指任何可提供清算、保证金结算、净额结算、担保物管理、结算和交付以及其他服务的拍卖平台基础设施，该系统由中央对手方进行操作，并由中央对手方的工作人员作为其客户与中央对手方之间的中间人直接或间接访问。

“清算”指竞价窗口开放前、竞价窗口期间和竞价窗口关闭后直至结算的所有过程，包括管理竞价窗口期间出现的任何风险，包括由清算或结算系统可能提供的保证金结算、净额结算或契约变更的任何其他服务。

“担保物”指 1999 年《金融市场和破产（结算终局性）条例》第 2 条第 1 款所述的担保形式，包括以清算系统或结算系统所接受的任何配额进行担保。

“信贷机构”指吸收公众定金或其他可偿还资金并用自己的账户发放信贷的企业。

“犯罪活动”指参与实施以下法律或条例中规定罪行的犯罪活动：

（a）附件 3 中的 2001 年《反恐怖主义、犯罪和安全法》，

（b）附件 3 中的《洗钱条例》，

（c）根据 2018 年《制裁和反洗钱法》第 1 条制定的条例，或

（d）2019 年《反恐怖主义（国际制裁）（退出欧盟）条例》的第 3 编。

“客户尽职调查措施”指《洗钱条例》第 3 条第 1 款规定的含义。

“FCA”指金融行为监管局。

“五日期货”指交付的约定日期不迟于拍卖日起第五个交易日的配额。

“集团”指母公司及其所有子公司组成的集团企业。

“投资公司”指《金融工具市场条例》第 2 条第 1A 款规定的含义。

“保证金缴纳”指为确保竞买人的所有付款承诺以及拍卖人或其代理人的所有交付承诺在短期内得以实现，拍卖人、竞买人或代理人基于特定财务状况而进行担保的过程（包括计量、计算和管理的过程）。

“市场滥用”指《市场滥用行为监管条例》第 14 条和第 15 条禁止的行为。

《市场滥用行为监管条例》指欧洲议会和欧洲理事会于 2014 年 4 月 16 日关于市场滥用的欧盟第 596/2014 号条例（以下简称《市场滥用条例》）。

《金融工具市场条例》指欧洲议会和欧洲理事会于 2014 年 5 月 15 日发布的关于金融工具市场的第 600/2014 号条例。

“洗钱”指 2002 年《犯罪所得法》第 340 条第 11 款规定的含义。

“《洗钱条例》”指 2017 年《洗钱、恐怖主义融资和资金转移(付款人信息)条例》。

“指定银行账户”指拍卖人、竞买人或其权利继受人指定的，用于收取本条例规定的应付款项的账户。

“指定持有账户”指《交易计划令》附件 5A 第 10 至 14 条所规定的一个或多个指定用于参与根据上述条款在交付之前代持配额等拍卖流程的持有账户。

“母公司”和“子公司”的含义与 2006 年《公司法》中的含义相同(见 2006 年《公司法》第 1162 条和附件 7)。

“认可的拍卖平台”指第 22 条规定的含义。

“认可的投资交易所”指根据 2000 年《金融服务和市场法》第 290 条，经认可令认可的投资交易所，但(根据该法第 313 条的含义范围)不包括海外投资交易所。

“登记册”指英国排放交易计划主管部门根据《交易计划令》附件 5A 第 5 条建立的电子系统。

“二级市场”指主体在免费或通过拍卖获得配额之前或之后进行配额买卖的市场。

“结算代理人”指作为代理人向拍卖平台提供账户的机构。通过该机构，拍卖人或其代理人发出的拍卖配额转让指令以及买受人、其权利继受人或代理人支付拍卖成交价款的指令得以同时或几乎同时以有保证的方式安全地执行。

“结算系统”指为实现拍卖人向买受人或其权利继受人交付配额，并由买受人或其权利继受人向拍卖人支付应付款项，可提供包括清算、净额结算、担保物管理或任何其他服务的任何基础设施(无论是否由拍卖平台提供)，该设施通过以下方式运行：

(a)银行系统和登记册；

(b)代表拍卖人和竞买人或其权利继受人的一个或多个结算代理人；结算代理人的工作人员作为结算代理人和其被代理人之间的中间人，直接或间接地与结算代理人接触。

“结算”的含义包括：

(a)由买受人及其权利继受人、中央对手方或结算代理人支付款项，以及

(b)向买受人、其权利继受人、中央对手方或结算代理人交付配额；

“恐怖主义融资”指《洗钱条例》第 3 条第 1 款规定的含义；

“交易日”指拍卖平台及清算系统或结算系统开放交易之日；

《交易计划令》指 2020 年《温室气体排放交易计划令》；

“两日现货”指交付的约定日期不迟于拍卖日起第二个交易日的配额。

(2)[已废止]

(3)本条例和《交易计划令》中使用的术语,如果在本条例中没有定义的,适用《交易计划令》的定义。

(4)依据《欧盟退出法》第 20 条规定,本条例中提及的欧盟法规属于国内法的一部分,但另有规定的除外。

3. 英国排放交易计划主管部门的含义

(1)本条例中提到的英国排放交易计划主管部门指一切国家主管部门。

(2)本条例赋予或设定给英国排放交易计划主管部门的职能可以由以下人员行使:

(a)由一切的国家主管部门共同行使;

(b)在征得其他国家主管部门同意后,由其中一个国家主管部门(或由一个以上的国家主管部门共同)代表行使。

(3)就本条例而言,国家主管部门指以下任何一方:

(a)国务大臣;

(b)苏格兰部长;

(c)威尔士部长;

(d)2008 年《气候变化法》第 96 条定义的北爱尔兰相关部门。

第二编　拍卖设计

4. 拍卖标的

(1)配额可以通过标准化电子合同的方式在指定拍卖平台上出售,本条例所称的拍卖标的指一个或多个配额的标准化电子合同。

(2)在拍卖平台上出售配额可以采取两日现货或五日期货的形式。

(3)参加配额拍卖的竞价人须在一个竞价窗口内提交竞价,且不能获取其他竞价人提交的竞价。

(4)买受人应按照第 7 条规定,无论竞价如何对交易配额支付相同的结算价。

5. 竞价的提交和撤回

(1)最低竞价为 1 份,每份须包含 500 个配额。

(2)每个竞价须声明以下内容:

(a)竞价人的身份以及竞价人是以自己名义还是其代理的客户名义竞价;

(b)如果竞价人以代理的客户名义竞价,需提供客户的身份;

(c)以 500 个配额的整数倍为单位的配额数量作为竞价量;

(d)每个配额的竞拍价格以英镑为单位，精确至小数点后两位。

(3)除第4款另有规定外，每个竞价只能在拍卖平台设定的竞价窗口内提交、修改或撤回。

(4)提交的竞价可以在指定拍卖平台规定的竞价窗口关闭前修改或撤回，并在竞价窗口开启之日前至少5个交易日在该拍卖平台网站上公布。

(5)只有第17条第2款d项规定的有权就与拍卖相关的所有事宜约束竞价人(包括提交竞价)的自然人有权代表竞价人提交、修改或撤回竞价。

(6)竞价一经提交即具有约束力，除非其根据第3或4款修改或撤回，或根据第7款撤回。

(7)指定拍卖平台认为竞价确有错误的，经竞价人的代理人请求，可于竞价窗口关闭之后、拍卖结算价确定之前撤回错误竞价。

(8)投资公司或信贷机构在任何拍卖平台上接收、传输和提交竞价应被视为《金融工具市场条例》第2条第1款和第2款的投资服务。

6. 拍卖结算价和平价的处理

(1)拍卖结算价须在竞价窗口关闭时确定。

(2)拍卖平台应当按照竞价顺序对提交的竞价进行排序。

(3)多个竞价价格相同的，在拍卖前应按照拍卖平台确定的算法随机选择排序。

(4)不接受低于保留价的竞价。

(5)竞价总量须从最高竞价起往下依次相加，并排除低于保留价的竞价。

(6)根据第5款确定的所有竞价总量须按照根据第7条确定的拍卖结算价进行分配。

(7)如根据第5款确定的成功竞价的总量超过拍卖配额的数量，则剩余拍卖配额数量须分配给最后提交竞价的竞价人。

(8)如有未售出的配额：

(a)其将被分配至指定拍卖平台接下来举行的四次拍卖中，并进行平均分配，在随后的每次拍卖中加入四分之一的未售出配额；

(b)如进行a项的分配后，后续四次拍卖中的任何一次拍卖量增加到该拍卖首次推荐交易量的125%(125%的交易量)，则超过该125%交易量的配额须：

(i)被分配至这四次拍卖中不会出现上述情况的拍卖中，或

(ii)如果后续的四次拍卖都将增加到其首次推荐交易量的125%以上，则根据《交易计划令》附件5A第3部分，将该配额添加至英国排放交易计划管理局持有的市场稳定机制账户中。

(9)就本条例而言,拍卖保留价为每吨二氧化碳当量 22 英镑,或财政部指示的其他金额。

(10)财政部须以其认为合适的方式公布根据第 9 款发出的任何指示。

(11)本条受第 7 条第 1A 款的约束。

7. 拍卖结算价

(1)拍卖结算价为:

(a)竞价量总和等于或超过所拍卖配额量时的竞价;

(b)如果竞价总量小于拍卖配额量,则为最低竞价的价格;或

(c)在适用第 2 款的情况下,则为不明显低于现行二级市场价格的最低竞价。

(1A)但在适用第 2 款且每个竞价都明显低于现行二级市场价格的情况下:

(a)不得确定拍卖结算价;

(b)拟拍卖配额须按照第 6 条第 8 款处理。

(2)本款适用于根据第 1 款 a 或 b 项确定的拍卖结算价将低于竞价窗口期间和临近竞价窗口开放之前现行二级市场价格的情况,同时要考虑到拍卖前一定时期内配额价格的短期波动,根据第 4 款决定的方法确定。

(3)[已废止]

(4)在拍卖竞价窗口开放之前,指定拍卖平台须在咨询拍卖人并通知 FCA 后,就第 2 款确定现行二级市场价格以及给定价格是否明显低于现行二级市场价格的方法作出决定(第 2 款的方法)。

(5)在两个竞价窗口之间,指定拍卖平台可在咨询拍卖人并通知 FCA 后修改第 2 款的方法。

(6)如指定拍卖平台修改了第 2 款的方法,则须立即通知 FCA 和拍卖人。

第三编　拍卖日程

8. 个人拍卖日程

(1)拍卖人须确定拍卖日程,包括竞价窗口、单笔数量、拍卖日期以及拍卖标的、每个日历年中个人拍卖配额付款和交付日期,并将拍卖日程提供给指定拍卖平台。

(2)指定拍卖平台须在前一年的 7 月 15 日之前或在该日期之后尽快公布某一年的拍卖日程。

9. 年度配额量

(1)除本条例另有规定外,每个日历年拍卖配额量须为 AC -(AFA + IC + RFS + NER + BF),其中:

(a)“AC”是根据《交易计划令》第 22 条确定的计划年基数乘以根据《交易计划令》第 21 条确定的该年度医院和小型排放主体的减排系数;

(b)“AFA”指:

(i)根据《交易计划令》第 34K 条(航空免费配额)在计划年度免费分配的配额总数,或

(ii)如果第 i 目中的数量未知,则为根据第 9 款确定的作为航空免费配额的部分在有关计划年度分配的名义配额数量;

(c)“IC”指该日历年的行业上限,根据《免费分配条例》第 16a 条第 6 款确定;

(d)“RFS”指 4, 098, 497 个配额;

(e)“NER”指 3, 024, 907 个配额;

(f)“BF”指:

(i)如果在该日历年拍卖的部分配额已按照第 12 条第 1 款 b 项 i 目授权的措施提前增加在上一个日历年的拍卖配额量中,则指提前增加的配额量;

(ii)其他情况则为零。

(2)如果根据第 1 款 b 项 i 目,在日历年内确定的 AFA(AFA1)大于根据第 1 款 b 项 ii 目确定的名义配额数量(AFA2),将从该日历年拍卖配额总数中扣除相当于 AFA1 减去 AFA2 的配额数量,并且拍卖人须在 AFA1 确定后的一年内,以拍卖人认为适当的方式调整拍卖会中拍卖配额数量。

(3)当 AFA1 小于 AFA2 时,将相当于 AFA2 减去 AFA1 的配额数添加到该日历年要拍卖的配额总数中,并在 AFA1 确立后的该日历年举行的拍卖中以拍卖人认为适当的方式进行分配。

(4)[已废止]

(5)[已废止]

(6)[已废止]

(7)由于第 5 条第 1 款的四舍五入要求,在指定日历年无法拍卖的任何配额,应计入下一日历年拍卖配额量。

(8)如果根据第 3 款增加某一日历年的拍卖配额量,英国排放交易计划主管部门可以在该年创设额外的配额进行拍卖。

(9)就第 1 款 b 项 ii 目而言,下表列出了在计划年度作为航空免费配额的部分而分配的名义配额数。

表 1　名义航空免费配额

计划年度	名义航空免费配额
2021	5, 181, 021
2022	5, 064, 474
2023	4, 947, 928
2024	4, 831, 381
2025	4, 714, 835
2026	4, 598, 288
2027	4, 481, 742
2028	4, 365, 195
2029	4, 248, 649
2030	4, 132, 103

(10)《免费分配条例》指 2018 年 12 月 19 日颁布的《欧盟委员会授权条例》,该条例根据 2018 年《欧盟退出法》第 3 条构成国内法的一部分,并根据欧洲议会和欧洲理事会 2003/87/EC 号指令第 10a 条确定了全欧盟过渡性规则或统一的免费分配排放配额。

10. 拍卖日程的调整

(1)根据第 8 条和第 9 条确定和公布的年度拍卖量以及与个人拍卖有关的竞价窗口、数量、日期、拍卖标的、付款和交付日期不得修改,除非基于以下原因进行调整:

(a)未能在前一次的拍卖中出售所有配额;

(aa)根据第 9 条计算年度配额量;

(b)根据第 11 条,取消拍卖或改变竞价窗口开放或关闭的日期或时间;

(c)第 28 条第 5 款中提到的任何结算失误;

(d)《交易计划令》第 34G 条规定的新入预留储备配额中剩余的配额;

(e)根据第 12 条授权的任何措施;

(f)在无法根据第 20 条第 5 款进行拍卖的情况下保留配额;

(g)拍卖平台有必要避免开展违反本条例或《交易计划令》的拍卖。

(2)如本条例未规定修改实施方式的,拍卖平台需征求 FCA 和拍卖人的意见后实施修改。

11. 妨碍拍卖的情形

(1)在适当情况下,指定拍卖平台可在拍卖受到干扰或可能被破坏时,取消拍卖或更改拍卖竞价窗口的开放或关闭日期或时间。

(2)如根据第1款取消拍卖,被取消的拍卖配额须:

(a)平均分配至指定拍卖平台后续四次拍卖,以便在后续拍卖中增加在取消的拍卖中本应出售的配额的四分之一;

(b)如按上述做法,会使后续四次拍卖中任何一次的交易量增加至该拍卖首次建议交易量的125%以上(125%的交易量),则在该拍卖中超过125%交易量的任何配额须——

(i)被分配至这四次拍卖中不会出现上述情况的拍卖中,或

(ii)如果接下来的四次拍卖都将增加到其首次提议交易量的125%以上,则该配额应添加至英国排放交易计划主管部门持有的市场稳定机制账户。

12. 成本控制机制

(1)如第3款适用,财政部可以批准以下一项或多项措施:

(a)更改一个日历年内拍卖配额的分配;

(b)在下一个日历年增加拍卖配额数量:

(i)将部分配额移至下一个日历年进行拍卖;

(ii)将《交易计划令》第34G条规定的新入预留储备配额中最多25%的配额发放拍卖;

(iii)将英国排放交易计划主管部门持有的市场稳定机制账户中的部分配额发放拍卖;

(iv)如果某计划年度的行业上限(按照《免费分配条例》第16a条第6款a项确定)超过该计划年度的实际分配(按照第1A款确定),则发放不超过该差额的配额进行拍卖;

(v)通过发放最多40,984,970个配额进行拍卖(灵活份额)。

(1A)计划年度的实际分配额为A－B,其中:

(a)A是根据《免费分配条例》第16b条批准的所有设施在该计划年度的最终年度配额分配量(使用中的设施在设施级层面的最终分配);

(b)B是虽然获得了第a款所述的批准,但实际上没有被分配(或者获得分配后被退回)的数量,原因是英国排放交易计划主管部门根据《交易计划令》第34C条第1款b、c、e、f项提到的规定(活动水平变化、放弃、停止和错误)批准了减少该计划年度的分配。

(1B)在第1A款中,根据《免费分配条例》第16b条批准的配额分配量包括本该获得批准、但由于根据该条例申请免费配额或监管部门、英国排放交易计划主管部

门行使职能时出现任何错误,导致英国排放交易计划主管部门根据《交易计划令》第34H6条的批准增加了原先根据第16b条批准的最终年度配额数目。

(1C)在第1A及1B款中,"设施"不包括以下设施:

(a)如计划年度在2021～2025年分配期内,则为《交易计划令》第34A条第4款b、c项所指的设施(在2020年12月31日或之前停止运作或其许可证被撤销的设施);

(b)如果计划年度在2026～2030年分配期内,则为《交易计划令》第34A条第7款b、c项所指的设施(在2025年12月31日或之前停止运作或其许可证被撤销的设施)。

(2)如果财政部根据第1款b项授权增加某一日历年的配额拍卖量,英国排放交易计划主管部门可以在该年创造额外的配额进行拍卖。

(3)若月平均碳价超过以下情形,则适用本款:

(a)2×连续3个月的2年平均碳价,如果最后一个连续月是在2021年;

(b)2.5×连续3个月的2年平均碳价,如果最后一个连续月是在2022年;或

(c)3×连续6个月的2年平均碳价,如果最后一个连续月是在2023年或其后任何一年。

(4)就第3款而言:

(a)任何月份的"月平均碳价"须按以下方式计算:

(i)用该月每个相关日在相关碳市场交易所交易的相关12月期货合约的日终结算价之和除以该月的相关天数,或

(ii)如果相关12月期货合约在该月没有在相关碳市场交易所交易,则用该月每个相关日在最大的碳市场交易所交易的相关12月期货合约的日终结算价之和(根据该月相关12月期货合约的销售量确定)除以该月的相关天数;

(b)"2年平均碳价"的计算方法是,在第3款所述的第3或6个月期间(视情况而定)第一个月前的24个月内,相关12月期货合约在相关碳市场交易所交易的每个相关日终结算价之和除以24个月内的相关天数。

(5)在本规定中:

"日终结算价",就相关12月期货合约而言,指碳市场交易所公布的相关12月期货合约交易的每吨二氧化碳当量的日终结算价,以英镑表示,如以欧元表示,则参照英格兰银行当日即期汇率折算成英镑;"欧盟配额"指在特定时期内排放1吨二氧化碳当量的配额,为满足欧洲议会和欧洲理事会2003年10月13日颁布的关于在欧盟内建立温室气体排放配额交易制度的2003/87/EC号指令的要求,该配额有效,并

可根据该指令的规定进行转让。

“相关碳市场交易所”:

(a)就2019年、2020年或2021年间某日的相关12月期货合约的交易而言,指由ICE欧洲期货公司(公司编号:01528617)运营的碳市场交易所;

(b)就2021后(相关年份)某日的相关12月期货合约的交易而言,指根据相关年份之前的日历年内相关12月期货合约的销售量确定的最大碳市场交易所;

“相关日”指公布日终结算价之日;

“相关12月期货合约”,就第4款a项所述月份或第4款b项所述24个月期间的某日而言,指:

(a)如果该日处在2019年或2020年的1月至11月期间,指可在该日所在年份的12月交付的欧盟配额期货合约;

(b)如果该日处在2019年或2020年的12月期间,指可在该日所在年份后一年的12月交付的欧盟配额期货合约;

(c)如果该日处在2021年或其后年份的1月至11月,指可在该日所在年份的12月交付的配额期货合约;

(d)如果该日处在2021年或其后年份的12月,指可在该日所在年份后一年的12月交付的配额期货合约。

第四编　参加拍卖

13. 可以在拍卖中直接竞价的主体

根据第16条有资格申请参与竞价并根据第17条和第18条获准竞价的主体才能在拍卖中直接竞价。

14. 参加方式

(1)指定拍卖平台须平等地提供参加拍卖的方式。

(2)参加拍卖不以成为指定拍卖平台组织的二级市场或指定拍卖平台或任何第三方经营的其他交易场所的成员或参与者为条件。

(3)指定拍卖平台须确保其拍卖可以通过安全可靠的互联网链接进行远程访问。

(4)此外,指定拍卖平台可通过专用连接向竞价人提供可选择的参与拍卖方式。

(5)如果主要访问方式无法使用,则指定拍卖平台可以提供一种或多种替代方式,财政部也可以通过指示要求拍卖平台提供一种或多种安全可靠的平等替代方式。

15. 培训和帮助热线

(1)指定拍卖平台须提供正在开展的拍卖流程的实用网络培训,包括如何填写和提交表格的指导以及模拟如何在拍卖中竞价。

(2)指定拍卖平台还须至少在每个交易日的工作时间内通过电话、互联网和电子邮件提供帮助热线服务。

16. 有资格申请入场竞价的主体

(1)下列主体有资格申请入场直接竞拍:

(a)拥有运营商持有账户或航空器运营商持有账户的经营者或航空器经营者以自己的名义参与竞价,包括与经营者或航空器经营者属于同一集团的任何母公司、子公司或关联企业。

(b)符合以下条件的投资公司:

(i)根据2000年《金融服务和市场法》第4A部分获许可参与投资服务、投资活动有关的受监管活动,以自己名义或客户名义进行竞价的投资公司;以及

(ii)如果总部设在欧洲经济区国家,则需要根据欧洲议会和欧洲理事会关于金融工具市场的2014/65/EU号指令授权(因为该指令在英国和欧盟之间的脱欧协议的过渡期之前在欧盟适用)。

(ba)符合以下条件的投资公司:

(i)满足b项i目中的条件;以及

(ii)根据欧洲议会和欧洲理事会关于金融工具市场第2014/65/EU号指令授权。

(c)符合以下条件的信贷机构:

(i)根据2000年《金融服务和市场法》第4A部分获得许可,可从事定金、以自己的账户或代表客户竞价的受监管活动;以及

(ii)如果总部设在欧洲经济区国家,则需要根据欧洲议会和欧洲理事会关于信贷机构的活动准入和对信贷机构和投资公司的审慎监管的第2013/36/EU号指令的授权(因为该指令在英国和欧盟之间的脱欧协议的过渡期之前在欧盟适用)。

(ca)符合以下条件的信贷机构:

(i)满足c项i目中的条件;以及

(ii)获得根据欧洲议会和欧洲理事会关于信贷机构活动准入以及对信贷机构和投资公司审慎监管的第2013/36/EU号指令授权。

(d)a项所列的商业集团主体,担任其成员代理人并以自己的名义竞价;

(e)控制 a 项所列主体的英国公共机构或国有实体。

(2)在不影响 2000 年《金融服务和市场法》(受监管活动)2001(a)命令附件 3 第 1 条 k 项豁免的情况下,按照第 42 条的规定,符合豁免情况的主体有资格申请以自己的名义或代理其主要业务的客户直接参加拍卖,该豁免所涵盖的主体无论是否注册,总部都应位于英国。

(3)如第 1 款 b、c 项及第 2 款所指的主体代理其客户竞价,其须确保其客户根据第 1 或 2 款具有直接申请获准竞价的资格。

(4)如第 3 款所指主体的客户本身代理其客户竞价,其须确保:

(a)这些客户,以及

(b)这些客户在拍卖中间接竞价的直接或间接客户,也有根据第 1 或 2 款直接申请入场竞价的资格。

(5)下列主体在履行有关拍卖的职责时,不论是以自己名义还是代理其他主体,均没有资格申请获准直接参加拍卖,也不得通过根据第 17 条和第 18 条获准竞价的一个或多个主体参加拍卖:

(a)拍卖人;

(b)指定拍卖平台,包括与之相关的清算系统及结算系统;

(c)能够直接或间接对 a 和 b 项所述人员的管理有重大影响的主体;

(d)是 a 和 b 项所述主体的工作人员。

(6)根据第 27 至 32 条的规定,指定拍卖平台(包括与之相关的任何清算系统或结算系统)自权利继受人处接收付款、交付或取得担保物并向买受人给付时,不得妨害本条例或第 17 至 19 条的适用。

17. 获准竞价的条件

(1)根据第 16 条 1 或 2 款的规定由指定拍卖平台组织的二级市场的成员或参与者,可直接参加拍卖平台开展的拍卖,但须同时满足以下两个条件:

(a)成员或参与者通过指定拍卖平台组织的二级市场获准进行配额交易的准入条件,至少符合第 2 款所列的要求;

(b)为核实是否满足第 2 款所述的先前未经核实的要求,向指定拍卖平台提供了必要的额外信息。

(2)非指定拍卖平台组织的二级市场成员或参与者,但根据第 16 条第 1 或 2 款有资格的主体,在该拍卖平台开展的拍卖中直接竞价应符合以下条件:

(a)[已废止]

(b)拥有指定的持有账户;

(c)拥有指定的银行账户;

(d)按照第5条第5款的规定,至少指定一名竞价代理人;

(e)除第3款另有规定外,指定拍卖平台应开展《洗钱条例》规定的客户尽职调查措施,包括:

(i)该主体的身份;

(ii)该主体的受益人的身份;

(iii)该主体与竞价人间诚信、业务和交易的概况;

(iv)竞价人的类型;

(v)拍卖标的的性质;

(vi)预期竞价的规模以及支付和交付方式;

(f)使指定拍卖平台确认其财务状况,特别是能够履行其财务承诺和到期流动负债;

(g)已经制定或能够根据要求制定必要的内部流程、程序和合同,以落实根据第40条规定的最高竞价规模;以及

(h)符合第32条第1款的要求。

(3)符合第16条第1款b、ba、c、ca项或第16条第2款的主体,如代理其客户提交竞价,有责任确保满足以下所有条件:

(a)其客户是第16条第1或2款规定的适格主体;

(b)在竞价窗口开放之前,已经或将具备必要的内部流程、程序和合同,以便:

(i)使其能够处理来自客户的竞价,包括提交竞价、接收付款和转让配额;

(ii)防止将负责代理客户接收、准备和提交竞价的部分机密信息披露给负责自行编制和提交竞价的业务部门;

(iii)确保其本身代理客户执行事务时,遵守第2款和本款规定的要求,并确保按照第16条第4款的规定平等对待相关客户。

(4)指定拍卖平台可以采纳第3款开头所指的主体、第16条第3款和第4款的规定的相关客户开展的可靠检查。

(5)第3款所述人员有责任确保根据第18条第7款d项的要求,其向指定拍卖平台证明第3款a和b项的条件已得到满足。

18. 提交和处理获准竞价申请

(1)除第2款另有规定外,符合第16条第1或2款规定的主体,在直接通过指定拍卖平台提交首次竞价前,须向拍卖平台申请获准竞价。

(2)符合第17条第1款要求的由指定拍卖平台组织的二级市场的成员或参与

者,无需根据第1款提出申请即可参与竞价。

(3)根据第1款提出的获准竞价申请,须向拍卖平台提交完整申请表。

(4)申请表须由指定拍卖平台通过互联网提供。

(5)获准竞价申请须:

(a)附有指定拍卖平台所要求的所有证明文件的正式核证副本,以证明申请人符合第17条第2和3款的规定;

(b)至少包括附件中列出的要素。

(6)应要求向开展第45条第3款e项所述调查的任何执法机关提供获准竞价申请书等证明文件。

(7)如申请人违反下列规定,指定拍卖平台可拒绝准许竞价:

(a)遵守拍卖平台提出的补充信息、澄清或证实所提供信息的要求;

(b)参与拍卖平台发出的邀请,了解申请人的人员组成,包括其经营场所及其他场所;

(c)应拍卖平台要求,接受调查或核实,包括实地考察或抽查申请人的营业场所;

(d)遵守拍卖平台的要求,提交第16条第3和4款规定的申请人、申请人的相关客户提供的任何资料,以检查是否符合第17条第3款的规定;

(e)遵守拍卖平台为明确检查是否符合第17条第2款的规定,要求其提供任何信息的要求。

(8)指定拍卖平台须就参与拍卖竞价要求获准竞价申请,以确保申请人的客户遵守根据第7款提出的任何要求,并确保申请人的客户的任何客户符合第16条第4款的规定。

(9)申请人未在指定拍卖平台根据第7款第a、d、e项提出的提供信息要求中规定的合理期限内(该期限不得少于要求提供信息之日起五个交易日)提交拍卖平台要求的信息,或未根据第7款b或c项回应、提交或配合面谈或任何调查或核实,则视为受理申请被撤销。

(10)申请人:

(a)不得向指定拍卖平台提供虚假或误导性信息;以及

(b)须充分、坦率和及时地通知有关指定拍卖平台,说明可能影响其申请在拍卖平台开展的拍卖中获准竞价的变化情况或已获准的竞价申请的情况。

(11)指定拍卖平台须对其提交的申请作出决定,并以书面形式将决定通知申请人。

(12)指定拍卖平台可以：

(a)在不违反第37条第3款b项的情况下，准许无条件参加拍卖，期限不超过其指定期限，包括该指定期限的任何延期或续展；

(b)在满足特定条件的情况下，准予有条件参加拍卖，期限不超过其任命期限，并且须由有关拍卖平台进行适当核实；

(c)拒绝准予许可。

(13)经正式核证的副本是指原始文件的真实副本，由合格的律师、会计师、公证人或根据英国任何地区法律认可的类似专业人员证明副本的真实性、客观性。

19. 拒绝、撤销或中止准入许可

(1)下列情况中，指定拍卖平台须拒绝拍卖竞价的准入，撤销或中止任何已授予的竞价许可：

(a)没有资格根据第16条第1或2款申请竞价；

(b)不符合第16、17或18条的要求；

(c)故意或屡次违反本条例、违反其获准在指定拍卖平台开展的拍卖中竞价的条款和条件或任何其他相关指示或协议。

(2)如果指定拍卖平台怀疑申请人与洗钱、恐怖主义融资或其他犯罪活动或市场滥用的情形有关，则须拒绝准许其竞价，撤销或中止任何已授予的竞价准资格，除非此类拒绝、撤销或暂停可能会阻碍执法机构(根据《洗钱条例》第44条第10款)或FCA追查或追捕此类活动的犯罪人。

(3)在这种情况下，指定拍卖平台须根据第38条第4款向国家犯罪局局长委任的主体报告，并根据第39条第1款向FCA报告。

(4)在下列情况下，指定拍卖平台可拒绝准许主体在其拍卖中竞价、撤销或中止任何已准予竞价的准入：

(a)因过失而违反本规则、违反获准在指定拍卖平台开展的拍卖中竞价的条款及条件或任何其他相关指示或协议的；

(b)以其他方式有损于拍卖的有序或有效进行的；

(c)是第16条第1款第b、ba、c、ca项或第16条第2款中规定的主体，并且在过去220个交易日内未在任何拍卖中竞价的。

(5)须告知第4款所指的当事人被拒绝准予参与竞价、撤销或中止准予其竞价的通知，并使其在该通知中规定的合理期限内以书面形式作出答复。

(6)在考虑其书面答复后，指定拍卖平台须在必要时：

(a)自某一特定日期起准予或恢复其准入；

(b)须在给定日期前满足指定条件并经有关拍卖平台核实后，给予其有条

件准入或有条件恢复准入;

(c)确认自特定日期起拒绝准予竞价、撤销或暂停其准入。

(7)拍卖平台须将其决定通知当事人。

(8)根据第1、2、4款被撤销或中止竞价资格的主体,须采取合理步骤,确保按以下条件从拍卖中除名:

(a)按照顺序;

(b)不损害其客户的利益或干扰拍卖的有效运作;

(c)不影响其遵守付款规定、准许竞价的条款和条件或其他相关指示或协议的义务;

(d)不损害其根据第17条第3款b项ii目保护机密信息的义务,该规定在从拍卖中除名后的20年内仍然有效。

(9)第1、2、4款所指的拒绝准入、撤销或者中止准入的通知,应当载明遵守第8款所需的措施,拍卖平台应当核实措施的遵守情况。

第五编　拍卖人的任命及其职能

20. 拍卖人的任命

(1)财政部可书面通知任命以下人员担任拍卖人:

(a)国务大臣,苏格兰大臣,威尔士大臣,北爱尔兰农业、环境和农村事务部或任何其他主体;

(b)任何两个或两个以上的上述主体共同担任。

(2)任命需满足财政部认为适当的条件(包括收取的费用)和限制条件。

(3)须在拍卖开始前及时根据第1款指定拍卖人,以便与第22条第1款所指定(或将要任命)的拍卖平台作出并实施必要的安排,包括与之相关的任何清算系统和结算系统。

(4)不得向为拍卖人工作的人员披露内幕信息,除由财政部认为正常行使其职务、专业或职责过程中根据需要进行披露,除《市场滥用条例》第18条第8款和第19条第10款规定的措施外,拍卖人已采取适当措施防止内幕交易或为拍卖人工作的任何人非法披露内幕信息,其中:

(a)“内幕交易”指《市场滥用条例》第14条第a、b项禁止的行为;

(b)“内幕信息”具有《市场滥用条例》第7条的含义;

(c)“非法披露内幕信息”指《市场滥用条例》第14条第c项禁止的行为。

(5)除非有正式任命的拍卖人,并且第3款所述的安排已经作出并生效,否则不得拍卖任何配额。

21. 拍卖人的职能

(1)拍卖人须履行下列职能：

(a)拍卖指定的配额数量；

(b)收取拍卖收益；

(c)支付根据第3款应付的拍卖收益。

(2)拍卖人须确保拍卖收益最迟在产生拍卖收益的月份结束后15天内，根据第3款支付给财政部或统一基金。

(3)在扣除根据第5款支付的费用时：

(a)国务大臣作为拍卖人收到的作为分配配额回报的任何款项，须支付给统一基金；以及

(b)苏格兰部长，威尔士部长，北爱尔兰农业、环境和农村事务部或任何其他人员作为拍卖人收取的作为分配配额回报的任何款项须支付给财政部。

(4)财政部根据第3款b项收到的所有款项均应支付给统一基金。

(5)在拍卖人根据第3款付款之前，拍卖人可以扣除任何用于持有和支付的额外费用，但拍卖人须事先向财政部通报扣除的数额和原因。

第六编　拍卖平台的指定和功能

22. 指定拍卖平台

(1)拍卖人可以指定经认可的拍卖平台，并按照本条例的规定拍卖配额。

(2)除第4款外，第1款规定的拍卖平台的选择或指定须在选择程序的基础上进行，该程序须：

(a)遵守最佳采购实践和任何适用的采购法律；

(b)包括完整的公共采购程序。

(3)根据第1款指定拍卖平台的期限不超过3年，最多延长2年。

(4)如果根据2012年《欧盟排放交易计划(支付分配配额)条例》第4条指定的认可拍卖平台被指定为本条例下的拍卖平台，则第2款不适用。

(5)“认可拍卖平台”指根据2011年《认可拍卖平台条例》认可的投资交易所。

23. 拍卖平台的功能

(1)指定拍卖平台须向拍卖人提供以下服务，具体见委托拍卖人的合同：

(a)根据第13至19条提供拍卖准入方式，包括提供和维护必要的互联网链接和网站；

(b)按照第4条至第7条进行拍卖；

(c)根据第44条宣布和通知拍卖结果；

(d)提供或确保提供所需的清算系统或结算系统，以便：

(i)根据第27条和第28条处理买受人或其权利继受人支付的款项以及将拍卖收益分配给拍卖人；

(ii)根据第29、30和31条的规定，将拍卖配额交付给买受人或其权利继受人；

(iii)根据第32条和第33条管理担保物，包括由拍卖人或竞价人提供的任何保证金；

(e)根据第38条和第39条的要求，调查拍卖情况，通报涉嫌洗钱、资助恐怖主义、其他犯罪活动或滥用市场的情况，根据第37至42条和第47条第1款，采取任何必要的补救措施或制裁，包括提供司法外争端解决机制；

(f)根据第26条提交报告。

(2)在第一个竞价窗口开放前至少20个交易日内，拍卖平台至少须接入一个清算系统或结算系统。

(3)拍卖平台自指定之日起3个月内，须向拍卖人和财政部提交其详细的退出策略。

(4)“退出策略”指根据指定有关拍卖平台的合同确定的一份或多份文件，其中列出了计划采取的详细措施，以确保以下内容：

(a)拍卖平台的继任者为不间断地继续拍卖和拍卖流程的顺利进行，而转让所有必要的有形和无形资产；

(b)提供有关拍卖流程必要的指定拍卖平台继任者的采购程序所有信息；

(c)提供技术援助，使缔约方或拍卖平台的继任者理解、获取或使用根据第a和b项提供的相关信息。

第七编　拍卖人和拍卖平台的指定要求

24. 适用于拍卖人的指定要求

(1)在任命拍卖人时，财政部须考虑候选拍卖人：

(a)在以下方面具有最小的利益冲突或市场滥用风险：

(i)在二级市场上的任何活动；

(ii)任何旨在减轻利益冲突或市场滥用风险的内部流程和程序。

(b)能够按照最优的专业和质量标准及时履行拍卖人的职能。

(2)拍卖人的指定取决于第 20 条第 3 款,拍卖人与被指定拍卖平台之间的协议。

25. 适用于拍卖平台的指定要求

(1)拍卖只能在以下平台上进行:

(a)认可的拍卖平台;

(b)获授权运营商筹备配额或配额衍生品的二级市场中经认可的投资交易所。

(2)在不影响第 1 款 b 项的情况下,若经认可的投资交易所是组织欧洲议会和欧洲理事会(EC)1227/2011 号条例(关于大规模能源市场的完整性和透明性)第 2 条第 6 款所定义的大规模能源市场的运营商,可根据第 22 条参加采购程序,但不组织配额及配额衍生品的二级市场。

(3)如果该指定的投资交易所根据第 22 条被指定为指定拍卖平台,而其经营者在根据第 22 条第 2 款公布采购程序时没有组织配额或配额衍生品的二级市场,则该运营商获得授权,并且须在由有关拍卖平台运行的第一个竞价窗口开放前至少 60 个交易日,组织配额或配额衍生品的二级市场。

(4)指定拍卖平台可以提供适当的安排,便于第 16 条第 1 款和第 2 款所指的竞价人进入和参与拍卖。

(5)在指定拍卖平台时,拍卖人须考虑拍卖平台的符合以下所有条件:

(a)确保拍卖平台的政策和规则及其实际执行方面符合不歧视原则;

(b)按照《交易计划令》第 4 条的定义,确保中小企业充分、公平和公正地参与拍卖,医院和小型排放者可以参与拍卖竞价;

(c)确保成本效益和避免不必要的行政负担;

(d)进行严厉的拍卖监督,通报涉嫌洗钱、资助恐怖主义、其他犯罪活动或滥用市场的行为,提供必要的补救措施或制裁手段,包括提供司法以外的争端解决机制;

(e)避免不正当竞争,包括碳市场的竞争;

(f)确保碳市场的正常运作,包括实施拍卖;

(g)接入一个或多个清算系统或结算系统;

(h)提供适当措施,要求拍卖平台的继任者移交进行拍卖所需的所有有形和无形资产。

(6)FCA 须决定对根据第 22 条第 1 款指定的投资交易所进行授权,前提是指定的投资交易所及其市场经营者须遵守 2000 年《金融服务和市场法》第 18 部分的规定,以及 2001 年《金融服务和市场法(投资交易所、清算所和中央证券保管机构的认可要求)条例》的规定(如适用)。

(7)FCA 须保持有效的市场监督,并采取必要的措施,以确保第 6 款中提到的要求得到遵守。

(8)市场经营者具有《金融工具市场条例》第 2 条第 1 款第 10 项中的含义;

中小企业指欧盟委员会第 2003/361/EC 号建议所指的中小型企业的经营者或航空器经营者(分别见《交易计划令》第 5 条和第 6 条)。

第八编 交易报告

26. 报告交易的义务

(1)指定拍卖平台须向 FCA 报告在拍卖平台向买受人执行转让配额的每笔交易的完整和准确的具体信息。

(2)根据第 1 款提交的交易报告须尽快提交,且不迟于有关交易的交易日收盘时提交。

(3)如买受人是法人,则指定拍卖平台在根据第 6 款的要求报告指定已识别买受人时,须使用欧盟委员会 2016 年 7 月 28 日(EU)2017/590 号条例第 5 条中提及的法人机构标识符,该条例补充了欧洲议会和欧洲理事会(EC) No 600/2014 号《关于向主管部门报告交易的监管技术标准的条例》。

(4)指定拍卖平台须对报告的完整性、准确性和及时性负责,如果存在拍卖平台无法获得的交易细节,竞价人和拍卖人须向拍卖平台报告。

(5)如交易报告有错误或遗漏,指定拍卖平台须更正信息并向 FCA 提交更正后的报告。

(6)根据第 1 款提交的报告应包括配额及其衍生配额的名称、购买的数量、执行日期和时间、交易价格、识别买受人的标识,以及代理其执行交易的客户(如适用)。

(7)报告须使用欧盟委员会(EU)2017/590 号条例中规定的数据标准和格式起草,并包括该条例附件 1 中提及的所有相关细节。

第九编 支付和转移拍卖收益

27. 买受人的付款和收益的转移

(1)买受人或其权利继受人,包括代理其执行事务的任何中间人,须根据第 44 条第 5 款 c 项的通知支付应付款项,根据第 44 条第 5 款 a 项的通知支付所获配额的到期款项,并最迟在将配额交付到买受人的指定持有账户或其权利继受人的指定持有账户之前,将应付款项通过清算系统或结算系统转入拍卖人指定的银行账户。

(2)拍卖平台包括与之相关的清算系统或者结算系统,须将买受人或其他权利人因拍卖配额支付的款项转移给拍卖人。

(3)买受人向拍卖平台付款时均应以英镑支付给拍卖人。

28. 逾期付款或不付款的后果

(1)买受人或其权利继受人只有在根据第 27 条第 1 款向拍卖人支付根据第 44 条第 5 款 c 项通知的全部应付款项后,才有权获得根据第 44 条第 1 款 a 项转移的配额。

(2)逾期付款指买受人或其权利继受人未能在根据第 44 条第 5 款 d 项通知的到期日前全额履行第 1 款规定的义务。

(3)对逾期付款的买受人,可按指定有关拍卖平台的合同中规定的利率(按日计算)收取第 44 条第 5 款 d 项规定的自应付款之日起至付款之日止的利息。

(4)在不影响第 1、2、3 款的情况下,如果买受人逾期付款,则可能发生下列情况之一:

(a)中央对手方可以介入接收配额并支付应付给拍卖人的款项;

(b)结算代理人可以变现担保物以支付应付给拍卖人的款项。

(5)如果买受人逾期付款且未按照第 4 款进行结算,则须在有关拍卖平台安排的接下来的两次拍卖中拍卖该配额。

第十编 交付拍卖配额

29. 拍卖配额的转移

根据拍卖结果将配额交付给买受人或其权利继受人前,拍卖平台拍卖配额须在竞价窗口开放之前由英国排放交易计划主管部门转移到指定持有账户中,由清算系统或结算系统作为托管人进行托管。

30. 拍卖配额的交付

(1)清算系统或结算系统须将拍卖的每笔配额分配给买受人或其权利继受人,直至分配的配额总量与根据第 44 条第 5 款 a 项通知的买受人的配额数量相符。

(2)在根据第 27 条第 1 款支付应付款项后,应根据第 44 条第 5 款 a 项尽快向买受人交付配额,配额自清算系统或结算系统的指定持有账户交付至买受人或其权利继受人的一个或多个指定持有账户中,或其代理人的清算系统或结算系统指定的持有账户中。

31. 延迟交付拍卖配额

(1)因无法控制的情况,清算系统或结算系统未能交付全部或部分拍卖配额的,清算系统或结算系统须在后续日期尽早完成交付,且买受人或其权利继受人应当接受该交付。

(2)因无法控制的情况导致有关清算系统或结算系统未能交付拍卖配额时,第1款规定是买受人或其权利继受人有权获得的唯一补救办法。

第十一编　担保物管理

32. 竞价人提供的担保物

(1)在两日现货或五日期货拍卖的竞价窗口开放前,竞价人或者代理其执行事务的中介机构须提供担保。

(2)未竞价成功的竞价人存入的担保物(包括保证金及其应计利息)在竞价窗口关闭后应尽快返还。

(3)买受人未用于结算的担保物(包括保证金及其应计利息)在完成结算后应尽快返还。

33. 拍卖人提供的担保物

(1)在两日现货或五日期货拍卖的竞价窗口开放前,拍卖人只需在交付前提供配额作为担保物,由作为托管人的清算系统或结算系统代管。

(2)如根据第1款作为担保物提供的配额未使用,在其交付前,清算系统或结算系统可保留该配额在指定持有账户中。

第十二编　费用和成本

34. 费用构成和费用水平

(1)拍卖平台和结算系统费用的构成和水平以及相关条件均不得低于二级市场适用的同类费用标准和条件。

(2)拍卖平台、结算系统和清算系统只能适用指定合同中明确规定的费用及费用减免或条件。

(3)根据第1、2款适用的所有费用和条件须:

(a)明确、公开且易于理解,以及

(b)逐项列明每种服务收取的每项费用。

35. 拍卖流程的费用

(1)在不影响第2款的情况下,第23条第1款规定的服务费用须由竞价人支付。

(2)第1款所述的费用须从根据第27条第2、3款应付给拍卖人的拍卖收益中扣除。

第十三编　拍卖监管、补救措施和制裁

36. 拍卖监督

(1)指定拍卖平台须在月底前报告上个月开展的拍卖执行情况,特别是以下方面:

(a)公平公开;

(b)透明度;

(c)价格形成;

(d)执行指定有关拍卖平台合同的技术和操作情况;

(e)拍卖流程与二级市场在a至d项所述信息方面的关系;

(f)拍卖平台在根据第23条履职时发现的不正当竞争行为、市场滥用、洗钱、恐怖主义融资或其他犯罪活动的证据;

(g)拍卖平台在依照第23条规定履行职能时知悉的违反本条例的行为;

(h)对a至g项下报告的任何信息的后续情况。

(2)此外,在每年1月31日之前,拍卖平台还须提供上一年度的月度报告摘要和分析。

(3)指定拍卖平台须向FCA、拍卖人和财政部提供第1、2款规定的报告。

(4)拍卖人须:

(a)监督指定拍卖平台的合同执行情况;

(b)在网站上公布第2款所述的摘要报告。

(5)FCA和指定拍卖平台须积极与拍卖人和财政部合作,并根据要求向拍卖人或财政部提供掌握的与拍卖有关的信息以满足监督拍卖的需求。

37. 监测竞价人的关系

(1)指定拍卖平台须通过以下方式监测获准参加拍卖的竞价人的利害关系:

(a)仔细审查整个关系过程中的竞价行为,以确保竞价人的竞价行为符合拍卖平台对客户、其业务和风险状况的了解,包括必要时的资金来源;

(b)维持有效的安排和程序,定期监督根据第17条第1、2款获准竞价的主

体对指定拍卖平台的市场操守规则的遵守情况;

(c)监测根据第17条第1、2款获准竞价的主体和政治公众人物(在《洗钱条例》第35条的含义内)使用其系统进行的交易,以查明违反b项中提到的规则、不公平或无序的拍卖条件或可能引发市场滥用的行为。

(2)在根据第1款a项审查竞价时,指定拍卖平台须特别注意其认为性质上极可能与洗钱、恐怖主义融资或其他行为有关的任何犯罪活动。

(3)指定拍卖平台须确保其持有的关于竞价人的最新文件、数据或信息,为此目的,拍卖平台可以:

(a)根据第17条第2、3款以及第18条第7、8款的规定,要求竞价人提供任何信息,以便在其获准竞价后,在该关系的整个存续期间以及终止后的5年内监测该竞价人的利害关系;

(b)要求获准竞价的任何人定期重新提交竞价申请;

(c)要求获准竞价的任何人及时通知有关拍卖平台根据第17条第2、3款以及第18条第7、8款提交的信息的任何变更。

(4)指定拍卖平台须保存以下记录:

(a)申请人根据第17条第2款提交的获准竞价申请,包括对其的修改;

(b)以下过程中开展的检查:

(i)处理根据第17条和第18条提交的获准竞价申请;

(ia)根据第19条拒绝准予竞价并撤销或中止竞价准许;

(ii)根据第1款第a、c项,在申请人获准竞价后审查和监测竞价人的关系;

(c)根据第5条,与指定竞价人在拍卖中提交的给定竞价有关的所有信息,包括此类竞价的修改或撤回;

(d)与竞价人提交竞价的每次拍卖活动的进行有关的所有信息。

(5)竞价人获准在指定拍卖平台中竞价,指定拍卖平台须保留第4款所述的记录,并在与该竞价人的关系终止后至少保存5年。

38. 洗钱、恐怖主义融资或其他犯罪活动的告知义务

(1)FCA须监督并采取必要措施确保指定拍卖平台遵守第17条第2款第e项规定的客户尽职调查措施,遵守第19条第1、2款规定的拒绝、撤销或中止批准竞价的义务,遵守第37条的监测和记录保存要求以及第4、5、6款的通知要求。

(2)FCA可以行使《洗钱条例》第66至74条赋予的权力,以履行本条例下的监管职能:

(a)根据《洗钱条例》授予FCA的监管职能;

(b)在《洗钱条例》第66至74条中提到的违反《洗钱条例》的行为包括违反本条例的行为。

(3)指定拍卖平台违反第18条第8、12款,第19条第1、2款,第37条和本条第4、5、6款规定的,可以追究其责任。违反前述规定将被视为违反《洗钱条例》第9部分的相关规定。

(4)指定拍卖平台、其负责人和员工须及时与国家犯罪局(NCA)充分合作:

(a)上述主体在明知、怀疑或有合理理由怀疑与拍卖有关的资金(无论涉及金额多少)是犯罪活动的收益时,应主动通知NCA,包括主动提交与恐怖主义融资有关报告,并在此类情况下迅速响应NCA提供更多信息的要求;

(b)应NCA的要求,直接向其提供所有必要的信息。

(5)所有可疑交易(包括未完成的交易),须由指定拍卖平台向NCA报告。

(6)指定拍卖平台须将依本条例负责转送信息的责任人告知NCA。

39. 市场滥用的通知

(1)指定拍卖平台须:

(a)建立和保持有效的安排、制度和程序:

(i)以防止和发现市场滥用和企图市场滥用的行为,

(ii)发现并报告可疑的订单和交易。

(b)根据《市场滥用条例》第16条以及根据该条制定的任何技术标准,向FCA报告任何获准参加拍卖的主体或代表其执行事务的任何主体存在市场滥用情况或市场滥用企图的任何怀疑。

(2)根据第1款提交的报告须说明其提议采取何种补救措施来应对第1款中提到的不当行为。

(3)如果指定拍卖平台根据第1款向FCA提交报告,则指定拍卖平台须在合理可行的情况下尽快将该事实和建议的补救措施通知拍卖人和财政部。

40. 最大竞价规模和其他补救措施

(1)为减轻市场滥用、洗钱、恐怖主义融资或其他犯罪活动的风险以及反竞争行为的实际或潜在的可识别风险,可由指定拍卖平台在咨询FCA和拍卖人后规定最大竞价规模和采取其他补救措施。

(2)最大竞价规模须表示为给定拍卖中拍卖配额总数的百分比,或在任何给定年份中拍卖配额总数的百分比,以最适合处理市场滥用风险的方式为准。

(3)最大竞价规模指由任何个人或属于以下任何团体的个人可以直接或间接竞价配额的最大数量:

(a)同一集团,包括任何母公司、子公司和关联公司;

(b)同一企业集团;

(c)由公共机构或国有实体直接或间接控制的具有独立决策权的经济实体。

41. 市场行为规则或协议安排

在不违背或影响第 36 条至第 40 条的规定的情况下,指定拍卖平台根据其市场行为规则或其他协议安排,有权直接或间接与任何获准在拍卖中竞价的竞价人采取任何其他行动。

42. 被授权代表他人竞价的其他主体行为准则

(1)本条例适用于根据第 16 条第 2 款被授权竞价的主体。

(2)第 1 款中提到的主体须在与客户的关系中应用以下行为准则:

(a)须以类似条件接受客户的指示;

(b)如有合理理由怀疑存在洗钱、恐怖分子融资、其他犯罪活动或市场滥用行为的,须拒绝代表客户竞价,但须遵守 2002 年《犯罪所得法》第 327、328、329 条和第 338 条第 3 款的规定和 2000 年《恐怖主义法》第 21A 条;

(c)如有合理理由怀疑客户无力支付其竞价的配额,可以拒绝代表客户竞价;

(d)其须与其客户签订书面协议,其中:

(i)不得对有关客户施加不公平的条件或限制,以及

(ii)规定与所提供服务相关的所有条款和条件,特别是配额的支付和交付;

(e)可以要求客户以预付配额的方式预付定金;

(f)禁止不当限制客户可能提交的竞价数量;

(g)不得阻止或限制其客户选择根据第 16 条第 1 款第 b 至 e 项和第 2 款有资格代表其参加拍卖的其他实体提供的服务;

(h)须适当考虑在拍卖中代表其竞价的客户的利益;

(i)须公平、无歧视对待客户;

(j)须维持适当的内部系统和程序,以处理客户作为拍卖代理人并能够有效地参与拍卖的请求,特别是在代表客户提交竞价、向其代表的客户收取应付款和担保物以及转让配额时;

(k)须防止机密信息从其负责代表客户接收、准备和提交竞价的业务部分向以自己名义准备和提交竞价的业务或负责在二级市场上以自己名义

交易的业务泄露；

(1)须保留作为中间人在拍卖中代理客户处理竞价，获得或创建的信息的记录，自获取或创建相关信息之日起保存5年；

(3)第2款第e项所指的定金须在公正合理的基础上计算。

(4)第2款第e项所述的定金计算方法须在根据第2款第d项订立的协议中规定。

(5)第2款第e项所述未用于支付配额的定金的部分，须在拍卖结束后的合理期限内，根据第2款第d项订立的协议的规定退还收款人。

(6)第1款所指的主体在以自己的名义或代表其客户竞价时，须适用以下行为规则：

(a)须提供任何拍卖平台要求的任何信息，以履行其在本规则下的职能；

(b)须诚信、合理、审慎勤勉的执行事务。

(7)FCA负责授权此类主体开展第1款中提及的活动，并监督和强制遵守第2至6款中规定的行为准则，包括处理任何因不遵守此类行为准则的投诉。

(8)FCA只有在满足以下所有条件的情况下才可向第1款中提及的主体授权：

(a)有足够好的声誉和足够的经验以确保适当遵守第2至6款规定的行为规则；

(b)已制定必要的程序和检查来管理利益冲突并为客户的最大利益服务；

(c)符合《洗钱条例》的要求；

(d)在考虑到所提供的竞价服务的性质和有关客户在投资者或交易情况方面的复杂程度，以及对洗钱、资助恐怖主义或其他犯罪活动的可能性的任何风险评估后，遵守任何其他必要的措施。

(9)FCA须监督和执行第8款中列出的条件。

(10)第1款中提到的竞价人的客户可以将其就遵守第2至6款规定的行为规则提起的任何投诉提交给FCA。

(11)根据第16、17和18条获准在拍卖平台竞价的第1款所述主体可以向第17条第3款第a项所述客户提供竞价服务。

第十四编 透明度和保密性

43. 公布

(1)拍卖平台须公布与拍卖有关的立法、指导方针、说明、表格、文件、公告和其他任何非保密信息,包括:

(a)拍卖日程;

(b)获准参加拍卖竞价的主体名单;

(c)作出的任何决定,包括根据第40条作出的规定最大竞价规模决定;以及

(d)在该拍卖平台维护的专用最新拍卖网站上公布为减轻该拍卖平台上洗钱、恐怖主义融资、其他犯罪活动或市场滥用的实际或潜在可识别风险而采取的任何其他补救措施。

(2)不再相关的信息须存档,并且须经同一拍卖网站访问该存档。

(3)在指定拍卖平台开展的拍卖中获准代表他人竞价的所有主体的姓名、地址、电话号码、电子邮件地址和网站,须在有关拍卖平台维护的网站上公布。

44. 拍卖结果的公告和通知

(1)拍卖平台须公布其进行的每次拍卖的结果,至少包括以下信息:

(a)拍卖配额的数量;

(b)以英镑为单位的拍卖结算价格;

(c)所提交竞价包括的总量;

(d)竞价人总数及买受人人数;

(e)在取消拍卖或在拍卖中未售出配额的情况下,配额数量将转入的其他拍卖;

(f)拍卖所得的总收入。

(2)拍卖平台须在合理可行的情况下尽快公布每次拍卖的结果。

(3)第1款第a、b项关于拍卖结果的信息须在竞价窗口关闭后5分钟内公布。

(4)第1款第c至f项关于拍卖结果的信息须在竞价窗口关闭后15分钟内公布。

(5)在拍卖平台公布第1款第c至f项所列信息的同时,拍卖平台须通过系统通知每个买受人:

(a)分配给该竞价人的配额总数;

(b)平价的竞价(如有)是随机选择的;

(c)以英镑为单位支付的款项;

(d)须以清算资金支付的应付款项到拍卖人指定银行账户的日期。

(6)拍卖平台须将根据第5款通知给各买受人的信息告知与其相关的清算系统和结算系统。

45. 保护机密信息

(1)下列信息应视为机密信息：

(a)竞价的内容；

(b)竞价指示的内容(即使没有提交竞价)；

(c)披露可直接或由此推断出有关竞价人身份的资料，以及下列任何一种信息：

(i)竞价人希望在拍卖中获得的配额数量；

(ii)竞价人愿意为该等配额支付的价格；

(d)关于一项或多项竞价或竞价指示的信息，或从中衍生的信息，包括部分或全部信息：

(i)在拍卖之前说明对配额的需求；

(ii)在拍卖前就拍卖结算价格作出指示；

(e)主体在与竞价人建立或维持关系时，或根据第17、18、19、37条监测这种关系时提供的信息；

(f)参与竞争性采购程序的主体为委托拍卖平台而提供的商业秘密；

(g)关于第6条第3款所述随机选择平价的竞价的算法信息；

(h)第7条第4款中提到的方法和根据该方法确定的现行二级市场价格。

(2)除第3款规定外，直接或间接获得机密信息的人不得披露机密信息。

(3)第2款不妨碍在下列情况下披露机密资料：

(a)已经合法向公众公开的；

(b)经竞价人、获准竞价人或申请准予竞价的人书面同意予以公开的；

(c)根据英国或英国任何地区的法律规定的义务，需要披露或公开提供；

(d)根据法院命令公开；

(e)为在英国进行的刑事、行政或司法调查或诉讼的目的而披露或公开；

(f)已在披露之前被汇总或编辑的与以下内容有关的信息：

(i)私人竞价或竞价指示；

(ii)私人拍卖；

(iii)私人竞价人、潜在竞价人或申请准入竞价的人；

(iv)私人申请竞价；

(v)与竞价人的个人关系；

(g)在第1款第f项中提及,但须向为拍卖人工作的人员或参与第1款第f项所述竞争性采购过程的其他人员披露,这些人员本身受其雇用条款规定的职业保密义务的约束;

(h)以下内容自以下日期开始的30个月期限结束后予以公开,但须遵守英国或英国任何地区法律规定的现行专业保密义务:

(i)就第1款第a至d项所述机密信息,首次披露该相关信息的拍卖竞价窗口开放日期;

(ii)与竞价人就第1款第e项规定的机密信息终止关系的日期;

(iii)竞争性采购过程中就第1款第f项规定的机密信息提交信息的日期。

(4)须在指定拍卖平台的合同中规定确保机密信息不被错误披露所需的措施,以及拍卖平台(包括任何签约为其工作的人员)进行此类错误披露的后果。

(5)拍卖平台(包括任何签约为其工作的人员)获得的机密信息,仅用于履行义务或行使与拍卖有关的职能。

(6)第1至5款不妨碍拍卖平台与以下各方交换机密资料:

(a)FCA;

(aa)拍卖人;

(ab)英国排放交易计划机构;

(ac)财政部;

(b)就《洗钱条例》而言,属于监督机构的任何机构;或

(c)负责调查和起诉洗钱、恐怖主义融资、其他犯罪活动或市场滥用的警察和国家主管部门。

(7)根据第6款交换的机密信息不得透露给第6款所述人员以外的任何人。

(8)任何在参与拍卖的拍卖平台工作或曾经工作过的人员,须受职业保密义务的约束,须确保机密信息受到本条例的保护。

46. 用语制度

(1)指定拍卖平台根据第43条或指定合同提供的书面信息须使用英文。

(2)所有竞价申请人和获准竞价人的通信须以英文进行,包括:

(a)其获准竞价的申请,包括任何证明文件;

(b)竞价书,包括竞价书的修改或撤回;

(c)与第a或b项有关的任何询问。

(3)指定拍卖平台向获准竞价申请人、准予竞价人或参与竞价人的所有其他口头或书面通信,都须使用英文。

第十五编　最后条款

47. 上诉权

(1)指定拍卖平台须作出有效的安排,以处理来自获准竞价的申请人、被准予竞价的竞价人或者被拒绝、撤销或中止竞价的竞价人的投诉。

(2)这些安排须包括公平、独立、公正地解决对拍卖平台决定的上诉的程序。

(3)对第2款中的上诉作出的决定须以书面形式作出,并附上充分理由。

48. 纠正错误

(1)根据本条例作出的付款或配额转移以及提供或发放的担保物或定金的错误,须在收到任何人的通知后立即通知清算系统或结算系统。

(2)清算系统或结算系统须采取一切必要措施,纠正其发现的根据本条例进行的配额支付或转移以及提交或返还的担保物或定金中的任何错误。

(3)如果任何主体:

(a)从第1款所述的错误中受益,并且由于第三方买受人善意的干预无法根据第2款纠正错误,以及

(b)知道或应该知道错误,但未通知清算系统或结算系统,则该主体有责任弥补因错误造成的任何损失。

爱尔兰气候行动和低碳发展法[①]

2015 年第 46 号

第 1 条 【说明】

在本法中：

“2001 年法”指 2001 年《地方政府法》；

“机构”指环境保护局；

“适应”指对以下方面的调整：

(a)人类设计或操作的任何系统，包括经济、农业或技术系统，或

(b)任何自然形成的系统，包括生态系统，其旨在抵消气候刺激因素的影响(无论是实际的还是预期的)，防止或减轻气候变化造成的环境破坏，或带来环境效益；

“咨询理事会”具有第 8(2)条所赋予的含义；

“已批准的国家适应框架”是指政府根据第 5 条批准的国家适应框架，包括根据该条对该框架作出的一切变更或修订；

“已批准的国家减缓计划”是指政府根据第 4 条批准的国家减缓计划，包括根据该节对该计划作出的一切变更或修订；

“已批准的部门适应计划”是指政府根据第 6 条批准的部门适应计划，包括政府根据第 6(8)条对该部门适应计划作出的任何变更或修订，或根据第 6 条对该计划的变更或修订；

“排放”，就温室气体而言，指国家因工业、农业或其他人类活动向地球大气层排放的气体；

“成立日”指根据第 8(1)条指定的日期；

“温室气体”指：

---

① 本法 2015 年制定，原文来自爱尔兰法律数据库，网址：https://www.irishstatutebook.ie/eli/2015/act/46/enacted/en/print.html。以 2015 年原版英文文本进行翻译。翻译：胡卫、石鑫鉴；校对：安俊屹、金婧、杨浩。

(a)二氧化碳;

(b)甲烷;

(c)一氧化二氮(笑气);

(d)氢氟碳化合物;

(e)全氟化碳;

(f)六氟化硫;或

(g)三氟化氮;

“地方政府”具有2001年法赋予的含义;

“部长”指环境、社区和地方政府部长;

“减缓”指旨在减少对地球气候系统的有害影响的任何人类干预,包括旨在减少排放和创造或加强碳汇的行动;

“国家适应框架”具有第5(1)条赋予的含义;

“国家减缓计划”具有第4(1)条赋予的含义;

“国家过渡目标”具有第3(1)条赋予的含义;

“定期审查”具有第13条赋予的含义;

“定期审查报告”应当按第13(5)条解释;

“移除”,就温室气体而言,是指国家通过产生或增加碳汇或改变土地用途而从地球大气层中移除这些气体;

“部门适应计划”应按照第6(1)条解释;

“部门性减缓措施”应按照第4(2)(d)条解释;

“(碳)汇”指的是:

(a)有助于或协助从地球大气中移除一种或多种温室气体的自然或人为的过程或活动(包括光合作用),或

(b)有助于或协助从地球大气中移除一种或多种此类气体的生态系统或机制(无论是天然还是人为的)或其部分。

第2条 【法律效力】

本法、国家减缓计划、国家适应框架或部门适应计划的任何内容均不得影响:

(a)国家根据欧盟法律承担的现有或未来义务,包括:

(i)2001年6月27日欧洲议会和欧洲理事会关于评估某些计划和方案对环境的影响的第2001/42/EC号指令;

(ii)1992年5月21日欧洲议会和欧洲理事会关于保护自然生态环境和野生动植物的第92/43/EEC号指令;

(iii)2003年10月13日欧洲议会和欧洲理事会关于在共同体内建立温室气

体排放许可交易计划和修订欧洲议会和欧洲理事会第96/61/EC号指令的第2003/87/EC号指令；以及

(iv)2009年4月23日欧洲议会和欧洲理事会关于成员国努力减少温室气体排放以实现到2020年欧盟温室气体减排承诺的第406/2009/EC号决定；

(b)国家根据国际协定承担的现有或未来义务；

(c)爱尔兰国家议会的任何法或根据该法制定的任何文书，使此类义务生效或进一步生效，或

(d)国家或任何人根据上述法律、任何此类协议或爱尔兰国家议会的任何此类法或文书享有的现有或未来权利。

第3条 【低碳转型】

(1)为国家能在2050年底前执行并实现向低碳、气候适应型和环境可持续经济的过渡(本法中称为国家过渡目标)，部长应制定并提交政府批准：

(a)国家减缓计划，以及

(b)国家适应框架。

(2)在考虑批准第1款所述的计划或框架时，政府应努力在目标期间内实现国家过渡目标，确保通过实施具有成本效益的措施来实现该目标，并为此考虑到：

(a)1992年5月9日在纽约订立的《气候公约》第2条规定的最终目标以及欧盟为回应或以其他方式就该目标作出的任何减缓承诺；

(b)政府对气候变化的政策；

(c)气候正义；

(d)国家根据欧盟法律或第2条中提到的任何国际协定所承担的现有义务，以及

(e)机构编制的最新国家温室气体排放清单和未来温室气体排放预测。

第4条 【国家低碳转型和减缓计划】

(1)部长应：

(a)于本法通过后18个月内，

(b)每5年期间内，

至少指定并提交一次政府批准国家低碳转型和减缓计划(在本法中称为国家减缓计划)。

(2)国家减缓计划应当：

(a)释明实现国家过渡目标的预定方式；

(b)释明政府认为需要采取的政策措施，以便在适当水平上管理温室气体

排放和消除温室气体,以促进实现国家过渡目标;

(c)考虑到国家在欧盟法律或第2条中提到的国际协议下的任何现有义务,以及

(d)具体说明第(3)(a)款所述政府部长将采取的减缓政策措施(本法中称为部门性减缓措施),涉及政府的每位部长负责的事项,以实现以下目的:

(i)减少温室气体排放,以及

(ii)国家过渡目标得以实现。

(3)为了在国家减缓计划中包含依照第(2)(d)款为不同部门指明的部门性减缓措施:

(a)政府应要求有关政府部长在特定期间内就其负责的事项向部长提交建议采取的部门性减缓措施。

(b)根据第a项提出请求的政府部长应在政府规定的期限内向部长提交其将采取的部门减缓措施,若向部长提出此请求,部长应在政府规定的期限内准备其将采取的部门减缓措施。

(c)部长在收到根据第b项提交的部门减缓措施后,应将政府各部长提交的部门减缓措施纳入国家减缓计划。

(d)第b项所指的政府部长,在向部长提交部门减缓措施之前,应就其将采取的部门减缓措施:

(i)与部长和部长指定的政府其他部长协商,在向部长提出第b项所述请求时,部长应与其认为合适的政府其他部长协商;

(ii)考虑:

(Ⅰ)第2款a、b及c项所提述的事项;

(Ⅱ)第7款a、b、c、d、e、f、h和i项,和

(iii)与咨询理事会协商。

(e)政府在指明第a项所提述的期间时,应当参照第1款所指明的期间。

(4)政府可:

(a)批准,或

(b)批准,但应当根据本条提交给他们的国家减缓计划作出他们认为适当的修改。

(5)按照第13条向政府提交定期审查报告并考虑该报告后,部长可制定并向政府提交一份计划(本法中称为国家减缓计划)供批准,以改变、修订或取代已批准的国家减缓计划。

(6)政府可更改或修订他们根据本条批准的国家减缓计划。

(7)部长和政府在执行本条规定的职能时应考虑以下事项:

(a)需要考虑:

(i)国家根据欧盟法律或第 2 条中提到的国际协定所承担的现有义务;

(ii)国家未来可能作出的减缓承诺以及提前采取具有成本效益的行动的经济必要性;

(iii)要求能够迅速对经济和环境事件和情况作出反应;

(b)促进可持续发展的需要;

(c)须利用国内外环境上可持续的经济机会;

(d)应当以对国民经济造成最小负担的方式实现国家减缓计划的目标,并采取具有成本效益且不对财政部造成不合理负担的措施;

(e)有关的科学或技术意见;

(f)任何关于减缓措施和适应措施效力的研究结果;

(g)根据第 2 项第 d 款,国家减缓计划中包括的、由政府各部长就政府各部长负责的事项采取的部门性减缓措施;

(h)若政府已批准国家减缓计划,则为最新批准的国家减缓计划;

(i)咨询理事会的建议或意见;

(j)根据第 13 款向部长发出的通知或政府中规定的减缓措施;以及

(k)保护公众健康。

(8)部长在制定国家减缓计划前,应当:

(a)以适当的方式公布其建议制定的国家减缓计划草案;

(b)在互联网上和国家级的报纸上刊登通知,邀请公众及利益相关者在公告所指明的期间内(自通知公布之日起不超过 2 个月)就拟议的国家减缓计划提出书面意见;

(c)考虑根据第 b 项通知所提交的文件。

(9)(a)政府可为履行其在本条下的职能而征询咨询理事会的意见;

(b)部长应当与咨询理事会协商,以便其履行本条规定的职责。

(10)国家减缓计划应在政府批准后尽快提交爱尔兰各议会。

(11)实施国家减缓计划须由政府根据本条批准。

(12)政府的部长履职应考虑政府根据本条批准的国家减缓计划。

(13)地方政府可书面通知部长或政府:

(a)其打算采用,或

(b)已采用,有关通知中明确的与该地方政府行政区域有关的减缓措施。

第5条 【国家气候变化适应框架】

(1)(a)部长应在本法通过后24个月内制定计划并提交政府批准,该计划应被称为国家气候变化适应框架(本法称为国家适应框架)。

(b)部长:

(i)对政府根据本条批准的国家适应框架,应当每5年进行不少于一次的审查;

(ii)在考虑到审查与气候变化影响有关的适应要求后,可制定并提交政府批准国家适应框架。

(2)国家适应框架应当:

(a)释明在不同部门和地方政府的行政区域内实施适应措施的国家战略,以便:

(i)减少国家应对气候变化负面影响的脆弱性;

(ii)利用可能发生的气候变化的积极影响;

(b)考虑到第2条所述国家根据欧盟法律或任何国际协定所承担的任何现有义务。

(3)在向政府提交国家适应框架以供批准之前,部长应当:

(a)以其认为适当的方式,公布其提议制定的国家适应框架草案;

(b)在互联网上和国家级报纸上刊登通知,邀请公众及利益相关者在公告所指明的期间内(自通知公布之日起不超过2个月)就拟议的国家适应框架提出书面意见;

(c)考虑到根据第b项下的通知所提交的一切文件。

(4)政府可:

(a)批准,或

(b)在作出其认为适当的修改后,批准根据本条向其提交的国家适应框架。

(5)政府可随时变更或修订其根据本条批准的国家适应框架。

(6)国家适应框架应在政府批准后尽快提交给爱尔兰国会的各议院。

(7)只能实施政府按照本条批准的国家适应框架。

(8)政府部长在履行其职能时,应考虑政府根据本条批准的国家适应框架。

(9)在本条中,行政区域具有2001年法赋予其的含义。

第6条 【部门适应计划】

(1)政府应在根据第5条第6款向议会各院提交国家适应框架后的3个月内,要求其认为适当的政府部长在规定期限内向政府提交一份计划(本条中称为部门适应计划),该计划由收到该要求的每位政府部长就其所负责的事项制定。

(2)部门适应计划应具体规定有关政府部长在考虑到已批准的国家适应框架后，建议采取的适应政策措施，旨在：

(a)使部门适应计划所涉事项适应气候变化的影响；

(b)促进实现国家过渡目标。

(3)根据第1款，应在政府指定、制定并提交政府批准部门适应计划的期限届满前提出请求，在编制该计划时，政府部长应当：

(a)与部长根据第4款指定的政府其他部长协商；

(b)与机构协商；

(c)考虑到政府批准的国家适应框架和第7条第1款的第a至h项；

(d)与咨询理事会协商。

(4)就第3款第a项所述由政府部长进行的协商目的而言，该部长已根据第1款向其提出请求，其应指定一名或多名政府部长与该部长进行协商。

(5)根据第1款提出请求的政府部长，在提交部门适应计划前应当：

(a)以其认为适当的方式，发表提议制定的部门适应计划草案；

(b)在互联网上和国家级的报纸上刊登通知，邀请公众及利益相关者在公告所指明的期间内(自通知公布之日起不超过2个月)对拟议的部门调整计划视情况提出书面意见；

(c)考虑到根据第b项下的通知所提交的一切文件。

(6)政府可：

(a)批准，或

(b)在作出其认为适当的修改后，批准根据本条向他们提交的部门适应计划。

(7)政府部长可在任何时候制定并向政府提交一份计划(本法中称为部门适应计划)，以修订或取代已批准的部门适应计划。

(8)政府可对其根据本条批准的部门适应计划进行变更或修订。

(9)除非政府根据本条规定批准了部门适应计划，否则不得实施该计划。

(10)若政府根据第1款要求部长制定部门适应计划，就第3款第a项而言，部长应在其认为适当的情况下与政府的其他部长进行协商。

第7条 【为达第5条和第6条目的应当考虑的事项及咨询】

(1)为了履行第5条和第6条规定的职能，部长和政府应考虑以下事项：

(a)需要考虑：

(i)国家根据欧盟法律或第2条中提到的任何国际协议所承担的任何现有义务；

(ii)国家未来可能作出的任何适应承诺;

(b)促进可持续发展的需要;

(c)需以对国民经济造成最小负担的方式实现国家适应框架的目标,并采取具有成本效益且不会给财政部造成不合理负担的措施;

(d)有关的科学或技术意见;

(e)一切有关减缓措施和适应措施效力的研究结果;

(f)若政府已根据第 6 条批准部门适应计划,则采用最新批准的部门适应计划;

(g)若政府根据第 5 条批准了国家适应框架,则采用最新批准的国家适应框架;

(h)咨询理事会的任何建议或意见。

(2)(a)为履行第 5 条和第 6 条规定的职能,政府可与咨询理事会协商。

(b)为履行第 5 条和第 6 条规定的职能,部长可与咨询理事会协商。

第 8 条 【成立气候变化咨询理事会】

(1)部长应下令指定某一天作依据本法设立的咨询理事会的成立日。

(2)自成立之日起应设立一个机构,在爱尔兰语中称为 An Chomhairle Chomhairleach um Athrú Aeráide,或在英语中称为气候变化咨询理事会(在本法中称为咨询理事会),以履行本法赋予的职能。

第 9 条 【咨询理事会成员及相关事宜】

(1)咨询理事会由以下人士组成:

(a)主席,以及

(b)不少于 8 名但不多于 10 名普通成员(包括第 2 款适用的普通成员)。

(2)下列人士依职权均为咨询理事会的普通成员:

(a)机构总干事;

(b)爱尔兰可持续能源(爱尔兰可持续能源管理局)行政长官;

(c)Teagasc(农业和粮食发展局)局长;

(d)经济和社会研究所所长。

(3)咨询理事会的主席和普通成员(适用第 2 款的普通成员除外)应由政府根据部长的提名任命。

(4)(a)部长在提名咨询理事会主席和普通成员(适用第 2 款的普通成员除外)时,应考虑适当有效履行咨询理事会职能所必需的资格、专门知识和经验范围。

(b)在任命咨询理事会主席及普通成员(适用第 2 款的普通成员除外)时,

政府需考虑适当有效履行咨询理事会职能所必需的资格、专门知识及经验范围。

(5)(a)咨询理事会主席的任期不得超过5年,由部长决定。

(b)咨询理事会的普通成员(适用第2款的普通成员除外)的任期应不超过5年,由部长决定。

(6)除第7款另有规定外,咨询理事会的主席及普通成员(适用第2款的普通成员除外)任期届满的,有资格连任咨询理事会委员。

(7)(a)已连任两届的主席,不得再以主席或普通成员身份被任命为委员会成员。

(b)已连任两届的咨询理事会普通成员(适用第2款的普通成员除外),不得再被任命为咨询理事会成员。

(8)咨询理事会成员应按经公共支出和改革部长同意后由部长决定的条款和条件(包括有关费用津贴的条款和条件)任职。

(9)咨询理事会成员可通过向部长发出辞职的书面通知而辞职,辞职应在部长收到通知之日起生效。

(10)若政府认为主席或普通成员因健康状况不佳而不能有效履行其职能或有明显不当行为,或认为将其免职对咨询理事会有效履行职能是必要的,政府可在任何时候免去:

(a)主席,以及

(b)普通成员(适用第2款的普通成员除外)职务。

(11)若咨询理事会成员:

(a)被提名为爱尔兰国会参议院的成员;

(b)当选为爱尔兰国会议员或欧洲议会议员;

(c)根据1997年《欧洲议会选举法》附表2第XIII部分,视为已当选为欧洲议会成员;

(d)成为地方政府的成员,其将不再是咨询理事会的成员。

(12)凡是目前:

(a)根据爱尔兰议会两院的议事规则有权参加议会的人;

(b)欧洲议会的议员,或

(c)根据地方政府的议事规则有权参加议会的议员,在其有此权利或为此议员时,应被取消咨询委员会的成员资格。

(13)咨询理事会成员如有以下情况的,丧失任职资格并停止任职:

(a)被裁定破产;

(b)与债权人作出和解或约定;

(c)被判决犯有与公司有关的刑事犯罪;

(d)被判决犯有涉及欺诈或不诚实的罪行,无论是否与公司有关;

(e)被有管辖权的法院判处有期徒刑;或

(f)是或被视为是1990年《公司法》第160条的命令或2014年《公司法》第14部分第4编被取消资格令的对象。

(14)(a)若咨询理事会成员死亡、辞职、不再符合任职资格、不再任职或被免职,政府可委任一人为咨询委员会成员以填补临时空缺,其委任方式与导致临时空缺的咨询理事会成员的相同;

(b)根据第a项获委任为咨询理事会成员的人士,应当在出现临时空缺(该空缺的委任日期仍未届满)的成员任期内任职,且其有资格在该任期届满时(除本条另有规定外)连任咨询理事会成员。

(15)即使咨询理事会成员有一个或多个空缺,咨询理事会仍可采取行动。

(16)咨询理事会可设立委员会,全部或部分由咨询理事会成员组成,以:

(a)就其履行全部或部分职能提供协助和咨询意见;以及

(b)在征得部长同意后,履行咨询理事会可能委托给委员会的职能。

(17)根据第16款成立委员会的主席应为咨询理事会的委员(适用第2款的普通成员除外)。

(18)该委员会应当:

(a)为咨询理事会履行其职责,向咨询理事会提供适当的秘书和行政性质的服务;

(b)允许咨询理事会为履行其职能而使用其办公场所或在咨询理事会与委员会协商后认为适当的办公场所。

第10条 【利害关系披露】

(1)参加咨询理事会或委员会会议的咨询理事会委员,除该委员的身份外,在须由咨询理事会或委员会审议的任何事宜上有重大利益,该委员应当:

(a)在会议上向咨询理事会或委员会披露该利益存在的事实及该利益的性质;

(b)既不影响也不试图影响就该事项应当作出的决定;

(c)不出席会议,不讨论会议中的相关部分;

(d)不参加与该事项有关的咨询理事会或委员会的任何审议;

(e)不对与该事项有关的决定进行表决。

(2)根据本条规定披露重大利益的,披露事项应记录在有关会议记录中。

(3)若在咨询委员会的会议上出现问题,即对于咨询委员会的某位成员采取某种行为方式,是否会构成其未遵守第1款的要求,在符合第4款的前提下,有关问题可由会议主席决定,该决定为最终决定,决定的详情应记录在会议记录中。

(4)在咨询理事会或委员会的会议上,若该次会议的主席是根据第3款作出决定的成员,则出席会议的咨询理事会的其他委员须从其中选择一人担任该次会议的主席,以决定有关的问题。

(5)若政府确信咨询理事会成员已违反第1款,政府可将该成员免职,而对于根据本款被免职的对象而言,其将因此丧失咨询理事会成员资格。

(6)在本条中:

"委员会"指第9条第16款所提述的委员会;

"重大利益"应根据1995年《公职人员道德法》第2条第3款解释。

第11条 【咨询理事会一般职能】

(1)咨询理事会的职能为向下述人员就该项事务提供意见及提出建议:

(a)与部长有关的:

(i)国家减缓计划的制定;

(ii)国家适应框架的制定;

(iii)遵守国家根据欧盟法律或第2条所述任何国际协定所承担的任何现有义务;

(b)与政府其他部长有关的:

(i)根据第4条第2款第d项向部长提交将纳入国家减缓计划的部门减缓措施;

(ii)其制定的部门适应计划;

(c)与政府批准有关的:

(i)国家减缓计划;

(ii)国家适应框架;

(iii)部门适应计划;和

(d)政府、部长和政府的其他部长就政府的任何政策,或拟提交政府批准的与下列事项有关的政策:

(i)减少温室气体排放;

(ii)适应国家气候变化的影响。

(2)为履行其职能的目的,咨询理事会可:

(a)收集其认为必要或适当的信息;

(b)与其认为适当的人士(包括公众)会面及咨询。

(3)咨询理事会独立履行其职责。

第 12 条 【咨询理事会的年度审查与报告】

(1)咨询理事会应当:

(a)每年对前一年在实现温室气体减排以及进一步向低碳、具有气候适应型和环境可持续的经济过渡方面取得的进展进行审查(本条中称为年度审查);

(b)于年度审查结束后 30 日内,就年度审查的结果和建议编制报告(本条中称为年度报告)并提交部长。

(2)在不影响第 1 款的一般性规定的情况下,年度报告须载有:

(a)该机构编制的最新《国家温室气体排放清单》所载调查结果的摘要;

(b)机构编制的关于未来温室气体排放的最新预测摘要;

(c)咨询理事会认为关于以最具成本效益的方式减少温室气体排放以实现国家过渡目标所必要或适当的建议;

(d)咨询理事会认为就遵守第 2 条所述欧盟法律或国际协定规定的国家现有义务而言必要或适当的建议;

(e)为实现国家过渡目标,咨询理事会认为必要或适当的其他建议或意见;

(f)下列活动的摘要:

(i)咨询理事会根据第 11 条第 2 款所进行的活动;

(ii)根据第 11 条第 2 款收集的任何信息。

(3)在根据本条向部长提交年度报告后 30 日内,咨询理事会应以机构建议的方式公布年度报告。

第 13 条 【咨询理事会的定期审查】

(1)咨询委员会应在成立后不迟于 18 个月内,对下述事项进行审查(本法中称为定期审查)

(a)在履行欧洲议会和欧洲理事会 2009 年 4 月 23 日关于成员国努力减少温室气体排放以履行欧盟到 2020 年温室气体减排承诺的第 406/2009/EC 号决定规定的国家义务方面取得的进展;

(b)在促进实现国家过渡目标方面所取得的进展。

(2)咨询理事会可在其认为适当的任何时候,考虑:

(a)有关气候变化的科学知识的任何重大发展;

(b)欧盟法律或国际法有关控制和减少温室气体排放或适应气候变化影响的任何重大发展;

(c)需保持进展,以便能够实现国家过渡的目标,对下列项目进行审查(本

法中称为定期审查):

(i)在促进实现国家过渡目标方面所取得的进展;

(ii)最近批准的国家减缓计划、批准的国家适应框架和批准的部门适应计划;

(iii)第 ii 目所述计划及架构的实施情况。

(3)部长可要求咨询理事会对第(2)款的 i、ii 和 iii 目所述事项进行定期审查,并在进行审查时考虑该款 a、b 和 c 项。

(4)咨询理事会应在收到依第 3 款提出要求后不迟于 30 日内:

(a)发起定期审查;

(b)若认为在考虑到第 2 款的 a、b 和 c 项后没有必要进行定期审查,则将其意见及其理由通知部长。

(5)咨询理事会应在完成定期审查后 30 日内,就审查的结果和建议编制报告(本法中称为定期审查报告)并提交部长。

(6)部长应在收到定期审查报告后尽快将报告提交给政府。

(7)定期审查报告应包括:

(a)若是根据第 2 或 3 款的定期审查而编写的,应当陈述进行定期审查的理由;

(b)审议国家过渡目标和咨询理事会认为适当的与该目标有关的任何事项;

(c)关于第 2 条所述的欧盟法律或国际协定规定的国家现有义务:

(i)对遵守该义务以及咨询理事会认为适当的与该义务相关任何事项的考量;

(ii)咨询理事会认为适当的,关于遵守此种规定的意见或建议;

(d)咨询理事会认为适当的有关以下方面的意见或建议:

(i)国家减缓计划;

(ii)国家适应框架或部门适应计划;以及

(e)咨询理事会认为必要或适当的其他意见或建议:

(i)为制定和实施有关气候变化的国家政策;

(ii)关于国家根据欧盟法律或国际协定可能承担的未来的义务。

(8)在按照本条规定向部长提交定期审查报告后 30 日内,咨询理事会应以机构建议的方式公布该报告。

第 14 条 【向议会各议院提交年度过渡声明】

(1)根据本条,应在不迟于本法通过后 12 个月内,以及不迟于该法通过后的每个周年日，向议会各议院提交年度过渡声明。

(2)年度过渡声明应包括，就呈列该报表的年度的前一年而言：

(a)部长向议会各议院提交一份声明(本法中称为年度国家过渡声明)，该声明应包括第 4 款第 a 款规定的事项；

(b)由适用第 3 款的政府部长向议会各议院提交声明(本法中称为年度部门减缓过渡声明)，每一份此类声明应包括第 4 款第 b 项规定的事项；

(c)若根据第 5 款提出请求，则由收到此类请求的政府各部长向议会各院提交一份声明(本法中称为年度部门适应过渡声明)，并且每份声明应包括第 4 款第 c 项规定的事项。

(3)为达第 2 款第 b 项目的，本款适用于根据第 4 条第 3 款第 b 项向部长提交了部门减缓措施的每一位政府部长，这些措施依照第 4 条第 2 款第 d 项被列入最近批准的国家减缓计划中。

(4)就第 2 款而言：

(a)年度国家过渡声明应包括：

(i)为实现国家过渡目标、减少温室气体排放而采取的减缓政策措施的概述；

(ii)为使国家能够适应气候变化的影响和实现国家过渡目标而采取的适应政策措施的概述；

(iii)该机构最近编制的《国家温室气体排放清单》中所列的温室气体排放记录；

(iv)该机构编制的关于未来温室气体排放量的预测；

(v)关于国家遵守第 2 条所述欧盟法律或国际协定规定的任何现有义务的情况的报告。

(b)年度部门减缓过渡声明应包括：

(i)政府部长在提交有关部门减缓过渡年度声明时采取部门减缓措施的记录；

(ii)对第 i 目所述部门减缓措施在实现其目的方面的有效性进行的评估。

(c)年度部门适应过渡声明应包括：

(i)政府部长提交有关年度部门适应声明所采取的适应政策措施的记录；

(ii)对第 i 目所述适应政策措施在实现其目的方面的有效性进行的评估。

(5)在考虑到与气候变化影响和推进国家过渡目标有关的适应要求后，部长认

为适当的,可在任何一年请求政府其他部长:

(a)根据第6条第1款的要求向其提出部门适应计划;

(b)在卫生组织根据第6条制订了一项部门适应计划的情况下,向议会各议院提交年度部门适应过渡声明。

(6)当:

(a)已根据第6条第1款要求部长制定部门适应计划,或部长已根据第6条提出部门适应计划;

(b)考虑到适应气候变化的影响和促进国家过渡目标的适当要求,部长可在任何一年向议会各议院提交年度部门适应过渡声明,本条中对第5款要求的引用应被解释为包括根据本款提交的部门适应计划。

第15条 【有关机构职责】

(1)有关机构在履行其职能时,应当考虑:

(a)最新的国家减缓计划;

(b)最新的国家适应框架和批准的部门适应计划;

(c)促进国家过渡目标;

(d)减少温室气体排放和适应国家气候变化的影响的目标。

(2)有关部长可随时向有关机构发出指示,要求该机构在指示中规定的期限内编制并向其提交一份说明报告:

(a)有关机构为遵守第1款的规定而采取的措施;

(b)有关机构在按本款所述方式履行其职能方面所取得的进展。

(3)有关部长可随时向有关机构发出指示,要求其采取指示中指明的措施,以使有关机构遵守第1款。

(4)有关团体须遵守根据本条发出的指示。

(5)在本条中:

"2014年法"指《2014年信息自由法》;

"法定机构"具有与2014年法中相同的含义;

"公共机构"具有与2014年法中相同的含义;

"有关机构"指:

(a)法定机构;

(b)公共机构;

"有关部长"是指,就一个有关的公共机构而言:

(a)公共机构:

(i)根据2014年法第6条第1款第a项,负责有关国务院的政府部长;

(ii)根据2014年法第6条第1款第b项所述,政府就该公共机构指定的政府部长;

(iii)根据2014年法第6条第1款第c项所提述的由下述人员或部门设立或任命:

(I)政府,即政府可能指定的与该公共机构有关的政府部长;或

(II)政府部长,设立或任命有关公共机构的政府部长;

(iv)根据2014年法第6条第1款第d或e项所述,政府可指定的与该公共机构有关的政府部长;

(v)根据2014年法第6条第1款第f项所述的,由下述人员直接或间接负责的:

(I)第ii或iv目所涉及的公共机构,政府可就该公共机构指定的政府部长;

(II)第iii目第I点所涉及的公共机构,政府可指定的与该公共机构有关的政府部长;

(III)与第iii目第II点有关的公共机构,设立或任命2014年法第6条第1款第c项所述公共机构的政府部长;

(vi)根据2014年法第6条第1款第g项所述,教育和技术部长;

(vii)根据2014年法第6条第1款第h项所述(第i至iv目所述的公共机构除外),政府可指定的与该公共机构有关的政府部长;

(viii)根据2014年法第6条第2款的a或b项所述(第i至iv目所述的公共机构除外),政府可就该公共机构指定的政府部长;以及

(b)一个法定机构,政府可就该公共机构指定相关的政府部长。

第16条 【简称】

本法称为《气候行动和低碳发展法》(2015)。

荷兰气候法[①]

2019 年 7 月 2 日

第 1 章　总　　则

第 1 条

在本法中，使用以下定义：

可再生能源份额指根据《可再生能源指令》第 5 条至 11 条计算的可再生能源在最终能源消耗总量中的份额；

温室气体指《监测机制条例》附件一所列的气体；

可再生能源指《可再生能源指令》第 2 条第 a 款提到的可再生能源；

碳中和电力生产指不向大气排放温室气体或使用生物质作为燃料供能；

可再生能源指令指欧洲议会和欧洲理事会 2009 年 4 月 23 日关于促进使用可再生能源以及修订和废除第 2001/77/EC 指令和第 2003/30/EC 指令的第 2009/28/EC 指令；

监测机制条例指欧洲议会和欧洲理事会 2013 年 5 月 21 日关于监测和报告温室气体排放的机制，以及国家和欧盟层面气候变化其他信息报告机制的（EU）525/2013 号条例，以及废除第 280/2004/EC 号决定；

部长指履行经济事务和气候政策职能的部长。

第 2 条

1. 本法为制定政策提供的框架旨在逐步减少荷兰的温室气体排放，实现到 2050 年温室气体排放量比 1990 年减少 95%，以防止全球变暖和气候变化。

2. 为实现 2050 年的目标，部长将力争在 2030 年将温室气体排放量减少 49%，

① 本法 2019 年制定，原文来自荷兰政府官方网站，网址：https://wetten.overheid.nl/BWBR0042394/2020-01-01。以原版英文文本进行翻译。翻译：安俊屹；校对：杨浩、王茜茜。

并在2050年完全实现二氧化碳中和供能。

3. 就本法而言,温室气体排放被视为荷兰境内的温室气体排放,如《监测机制条例》第2条第b款所述。

第2章 气 候 计 划

第3条

1.《气候计划》包含部长将要推行的气候政策主要内容,这些政策旨在实现第2条中提到的未来十年的目标。

2.《气候计划》还包含:

a. 为实现第2条所述目标而采取的措施;

b. 可再生能源的预期份额和一次性能源使用的预期节省量;

c. 为提高可再生能源份额和一次性能源使用的节省量而采取的措施;

d. 对减缓气候变化的最新科学见解的回顾;

e. 考虑限制温室气体排放的技术可能性的发展,以及部长对创新的相关承诺;

f. 对全球和欧洲在减缓气候变化领域与荷兰政策相关的发展进行评估,以及

g. 评估政府的气候政策将对家庭、企业和政府的财政状况、就业(包括雇员的教育和培训)、经济发展、公平和可适用的转型、能源供应安全的影响。

第4条

1. 该《气候计划》将于2019年首次通过,并至少每5年重新通过一次。

2.《气候计划》通过后,应每两年报告一次实施进度及符合立法目的而采取的措施。

3. 第一个《气候计划》涵盖2021年至2030年。

第5条

1. 部长应根据部长会议的意见,在提交给参议院、众议院后通过《气候计划》。

2.《一般行政法》第3、4条适用于气候计划的编制,任何人可对计划的编制发表意见。

3. 国务委员会咨询处应就《气候计划》进行听证。

4. 若部长认为实现第2条所述目标所必须,可根据部长会议的意见,并在听取参议院、众议院的意见后,对气候计划进行修改。第2款和第3款比照适用。

第3章 责任机制

第6条

1. 环境规划署每年向部长提交一次气候和能源评估报告。

2. 气候和能源评估报告是关于上一年度实施的一份气候政策结果的科学报告。

3. 气候和能源评估报告将包含上一年的以下事项:

a. 温室气体排放量;

b. 按行业划分的温室气体排放量,以及

c. 影响温室气体排放的新态势和措施。

第7条

1. 部长将于10月的第4个星期四向参议院、众议院提交气候和能源评估报告,除非该日恰逢国会众议院休会期或该日为国定假日。若未能按期提交,部长应分别同参议院和众议院议长协商后,最晚于同年11月1日向参议院、众议院提交气候和能源评估报告。

2. 提交气候和能源评估报告的同时,部长应向参议院、众议院提交气候说明。

3. 气候说明应包含:

a. 气候计划中气候政策的总体实现情况;

b. 每个部门实现气候政策的主要情况;

c. 气候政策对部门预算的影响;

d. 气候政策严重偏离气候计划对家庭、企业和政府造成的财务影响;

e. 气候和能源评估报告将以何种方式参与气候计划的下一次修订或进展评估,以及

f. 报告第4条第2款所述气候计划的执行进展情况。

4. 国务委员会咨询处将听取关于气候说明的意见。

第4章 参与实施

第8条

1. 为实施本法和实现第2条所述目标,部长应与各省、水务局、基础地方政府为市镇和其他相关方的行政机构进行协商。

2. 协商应讨论当前气候计划的执行进展情况以及即将出台的气候计划措施的建议。

3. 通过协商,部长推动各方达成旨在实现第 2 条所述目标的协议。

第 5 章　兜底条款

第 9 条　本法在皇家法令决定的日期生效,皇家法令可根据不同的条款或部分决定不同的生效日期。

第 10 条　本法可被引用为:气候法。

指示和命令将在官方公报上公布,并要求所有部门、当局、学院和相关官员严格执行。

丹麦气候法①

2020年第965号

第1章　目　　的

1.(1)本法旨在与1990年的排放水平相比,到2030年,丹麦的温室气体排放减少70%,到2050年,丹麦成为气候中和社会,同时实现《巴黎协定》限制全球气温上升1.5℃的目标。

(2)丹麦须积极努力实现《巴黎协定》的目标,即限制全球气温上升1.5℃。

(3)气候工作须坚持以下若干指导原则:

①气候挑战是一个全球性问题。因此,丹麦须成为国际气候工作的领导国家,激励和影响世界其他国家。此外,丹麦在历史和道德上都有带头责任。

②丹麦气候目标的实现须尽可能具有成本效益,同时考虑长期绿色转型、商业可持续发展、丹麦竞争力、健全的公共财政和就业,丹麦的商业须得到发展而非削弱。

③丹麦应表明,在维持强大福利社会的同时,实现绿色转型的可能性,在这个社会中,凝聚力和社会平衡是有保障的。

④为减少温室气体排放而采取的行动须在国内实现真正的减排,但也须确保丹麦采取的措施不会简单地将所有温室气体排放转移到丹麦境外。

2.(1)气候、能源和公用事业部长至少每5年制定一个具有10年前景预期的国家气候目标。新气候目标不能低于前目标。

(2)根据第1款的规定,气候、能源和公用事业部长至少每五年发布一次具有10年前景预期的气候行动计划。

---

① 本法2020年制定,由丹麦气候、能源和公用事业部公布,英文原文来自世界气候变化法律网,网址:https://climate-laws.org/geographies/denmark/laws/the-climate-act。2021年修订版仅丹麦语文本,以2020年英文文本进行翻译。翻译:胡卫、石鑫鉴;校对:刘彦、叶祖欣、王璐瑶。

第 2 章　丹麦气候变化委员会

3. (1) 为了促进对气候工作的公正建议,气候、能源和公用事业部长应得到丹麦气候变化委员会的协助。

(2) 根据第 2 条第 1 款的规定,丹麦气候变化委员会协助气候、能源和公用事业部长制定国家气候目标。

4. (1) 丹麦气候变化委员会须每年就气候工作向气候、能源和公用事业部长提出建议。在此类建议中,丹麦气候变化委员会须遵守第 1 条第 3 款规定的原则。

(2) 在此类建议中,丹麦气候变化委员会还须评估政府的气候工作是否有可能实现第 1 条第 1 款和第 2 条第 1 款所述的气候目标。

(3) 关于此类建议,丹麦气候变化委员会须提供关于丹麦国际目标的最新情况。

5. (1) 丹麦气候变化委员会须就第 6 条所述的年度气候状况和预测,以及第 7 条第 1 款和第 7 条第 2 款所述的气候、能源和公用事业部长的年度气候方案发表评论。

(2) 丹麦气候变化委员会应编制一份可能采取的措施清单。

(3) 丹麦气候变化委员会应致力于促成公开辩论。

(4) 丹麦气候变化委员会可就气候工作等编写分析报告和建议。

第 3 章　气候状况与预测

6. 气候、能源和公用事业部长须编制年度气候状况与预测报告,应包括以下内容:

①总体上和按部门划分的历史温室气体排放情况。

②总体上和按部门划分的温室气体排放预测。

③丹麦气候工作的国际影响全球报告。

第 4 章　气候计划:向丹麦议会报告且有义务采取行动

7. (1) 气候、能源和公用事业部长应每年向丹麦议会提交一份气候计划。

(2) 气候计划须包括以下内容:

①第 1 条第 1 款和第 2 条第 1 款所述的国家气候目标实现情况报告。

②计划的气候倡议与措施,包括短期和长期影响及其预估的未来影响。

③关于第4条所述丹麦气候变化委员会建议的报告,以及气候、能源和公用事业部长对该建议的立场。

④关于新气候倡议研究和开发的现状报告。

⑤关于气候科学发展的现状报告,包括联合国气候小组的最新报告。

⑥国际气候目标完成情况说明及现状报告。

⑦全球气候战略。

(3)在气候计划中,气候、能源和公用事业部长须提供关于第1条第1款和第2条第1款中提到的国家气候目标是否有可能实现的评估。

(4)若认为不可能实现国家气候目标,气候、能源和公用事业部长须在气候方案中提出具有短期和长期减排效果的新举措,共同为实现国家气候目标指明道路。

8. 气候、能源和公用事业部长须在气候计划公布后向丹麦议会提交一份关于总体气候政策影响的年度报告。

9. 丹麦气象研究所是政府在气候科学发展方面的顾问。

第5章　丹麦气候变化委员会的组织

10. (1)丹麦气候变化委员会是一个独立的专家咨询机构。

(2)丹麦气候变化委员会由1名主席和8名其他成员组成。丹麦气候变化委员会为各空缺职位选出1名候选人,由气候、能源和公用事业部长任命。

(3)丹麦气候变化委员会由专家组成,他们在能源、建筑、交通、农业、环境、自然、经济、气候科学研究以及与气候领域相关的行为研究方面具有广泛的专业知识和高水平的气候相关学术知识。

(4)将气候委员会的其他两名成员任命为副主席。

(5)主席和副主席代表气候委员会发言。

(6)丹麦气候变化委员会成员任期为4年,委员可连任一次。主席或其他委员在任期届满前辞职的,可按本条第2款规定的程序委任任期不足4年的新委员。

(7)丹麦气候变化委员会确定其议事规则。

11. (1)丹麦气候变化委员会由秘书处协助。

(2)秘书处由一名负责人领导,该负责人由丹麦气候变化委员会主席任命。

12. (1)丹麦气候变化委员会须建立一个气候对话论坛,其任务是协助丹麦气候变化委员会开展工作。

(2)气候变化委员会气候对话论坛的成员由丹麦气候变化委员会任命,每届任期最长为3年。

(3)丹麦气候变化委员会和气候对话论坛须在提交第4条第1款所述的附建议的气候变化委员会年度报告以及气候变化委员会发表其他重要出版物之前，每年至少召开一次由主席主持的会议。

(4)第4条第1款所述的附建议的年度报告和丹麦气候变化委员会的其他重要出版物，应当附一份关于本条第3款所述会议的意见摘要。

(5)气候、能源和公用事业部长，须就某组织和机构有权提名气候对话论坛成员制定详细规则。

第6章　生效及其他

13. (1)本法于其在《丹麦法律公报》上公布的次日生效。

(2)丹麦气候变化委员会现任主席和成员将继续担任其职务，直至任期届满，在第一个任期届满后，可连任一次，任期4年。本法生效后，丹麦气候变化委员会主席可决定，丹麦气候变化委员会的两名成员可在其第二个任期届满时再被额外任命一个2年任期。

(3)2014年6月25日第716号关于气候变化委员会的《气候政策报告和国家气候目标的制定》特此废止。

14. 本法不适用于法罗群岛和格陵兰岛。

挪威气候目标法（气候法）[①]

第一条　目的

为促进挪威气候目标的实施，作为2050年挪威向低排放社会转型的组成部分，制定本法。

本法旨在提高该项工作的透明度，并就其现状、方向及进展进行公开讨论。

应当确保本法顺利实施，以促进与欧盟共同实现本法或根据本法确定的气候目标。

第二条　适用本法的温室气体的排放与移除

本法适用于挪威2015年12月12日根据《巴黎协定》首次作出的国家自主贡献中温室气体的排放与移除。

国王在内阁会议上可以通过条例决定，本法同样适用于第1款所涉范围以外的温室气体的排放与移除。

第三条　2030年气候目标

到2030年，温室气体排放量比1990年至少降低5%至55%。

第四条　2050年气候目标

到2050年，挪威成为一个低排放社会。低排放社会是指根据最佳科学证据、全球排放趋势及国情，减少温室气体排放，从而抵消全球变暖的有害影响。

到2050年，温室气体排放水平比1990年降低90%至95%。在评估目标的实现情况时，应当考虑挪威参与欧洲企业排放交易体系的影响。

第五条　以5年为周期开展气候目标审查

为了推动向低排放社会转型，参照第4条的规定，政府应当在2020年及此后每5年，向议会提交最新的气候目标。这些目标应该：

---

① 本法于2017年6月16日颁布，根据2021年6月18日第129号法案，2021年6月25日第2137号决定修改版翻译，原文来自挪威官方数据库（lovdata），网址：https://lovdata.no/LTI/lov/2017-06-16-60。翻译：刘彦；校对：徐榕苑、叶祖欣。

(a)以最佳科学证据为基础;

(b)尽可能做到可量化与可测量。

根据本条制定的气候目标应当代表上一目标的进步,并推动向2050年的逐步过渡。

气候目标应当与挪威在2015年12月12日《巴黎协定》下确定的国家自主贡献、与欧盟的联合行动相一致。

为向低排放社会转型,本法不排除制定其他类型的目标,作为第1至第3款气候目标的补充。

第六条 向议会提交年度报告

在下一年度的国家预算提案中,政府应当说明:

(a)挪威实现第3条至第5条中气候目标的措施;

(b)所提交预算的气候效益。

政府应当以科学为基础,每年向议会作出适当说明:

(a)根据本法第3条至第5条,温室气体排放和移除的情况、排放和移除量的预估以及气候目标的实施情况;

(b)挪威筹备和适应气候变化的措施;

(c)明确非欧盟排放交易系统(ETS)的部门排放轨迹以及实现目标需采取的措施;

(d)挪威的碳预算现状,以及与欧盟在共同实现气候目标方面开展的气候合作。

第七条 生效

本法自国王作出决定之日起生效。根据2017年6月16日第790号决议,自2018年1月1日起生效。

马耳他气候行动法[①]

2015 年第 17 号

本法为气候行动建立框架，众议院集议于国会，经其同意、通过，并由总统签署，颁布如下法：

第 1 条　【简称】本法称为 2015 年《气候行动法》。

第 2 条　【定义】在本法中，除内容另有规定外：

“气候变化”是指除在类似时期内所观测的气候的自然变异之外，由于直接或间接的人类活动改变了地球大气的组成而造成的气候变化；

“气候系统”是指大气圈、水圈、生物圈和地圈的整体及其相互作用；

“排放”是指在某一特定区域和特定时期内向大气排放的温室气体及温室气体前体；

“温室气体”是指大气中那些吸收和重新释放出红外辐射的自然的和人为的气态成分，包括附表所列气体，但另有规定的除外；

“部长”是指负责制定气候变化政策的部长；

“库”是指气候系统内存储温室气体或其前体的一个或多个组成部分；

“汇”是指从大气中移除温室气体、气溶胶或温室气体前体的任何过程、活动或机制；

“源”是指向大气排放温室气体、气溶胶或温室气体前体的任何过程或活动；

“UNFCCC”是指于 1994 年 3 月 21 日生效的《气候公约》；

“欧盟”和“欧洲联盟”与《欧洲联盟法》中“欧洲联盟”的含义相同。

第 3 条　【目标】(1) 国家承认地球气候变化及其不利影响是人类共同关心的问题。

---

① 本法 2015 年制定，原文来自 LSE 数据库，网址：https://climate-laws. org/geographies/malta/laws/climate-action-act。以 2015 年原版英文文本进行翻译。翻译：叶祖欣；校对：徐榕苑、王茜茜。

(2)本法规定采取行动，通过限制人为的温室气体排放，保护和增强碳汇和碳储存，减缓气候变化，增强预防、避免和减少气候变化的不利影响的能力，降低脆弱性，增强抵御能力，以适应气候变化的不利影响。

第4条 【个人有责任采取气候行动】个人有责任和政府一同保护气候，并协助政府采取预防和补救措施以保护气候。

第5条 【政府的义务和责任】(1)政府有责任为当代和后代保护气候。

(2)政府在履行第1款规定的责任时，除另有规定外，应当：

(a)制定并定期更新和公布温室气体的人为源排放量和汇移除量的国家清单，以便根据国际条约和欧盟成员国的义务，监测马耳他在实现量化排放限制或减排方面的进展情况；

(b)制定、实施、更新和发布有关减缓气候变化措施的政策，以限制并尽可能减少温室气体的人为排放源，并增加温室气体的汇移除量；

(c)制定、实施、更新和发布有关预防、避免和降低脆弱性，增强抵御气候变化不利影响的抗御力，促进适应气候变化的能力的政策；

(d)促进包括能源、运输、工业、农业、土地利用和林业以及废物管理部门等有关部门的合作，以发展、应用和推广有关控制、减少或消除人为排放温室气体的技术、措施和工艺；

(e)促进包括所有陆地、沿海和海洋生态系统在内的碳汇和碳储存的可持续性管理，并推动和强化有关合作以保护和增强包括所有陆地、沿海和海洋生态系统在内的温室气体碳汇和碳储存；

(f)促进与气候系统有关的科学、技术、工艺、社会经济及其他研究、系统观测和数据档案开发有关的合作；

(g)促进与气候系统、气候变化及其应对战略的经济和社会后果有关的科学、技术、工艺、社会经济和法律信息的交流合作；

(h)促进与气候变化有关的教育、培训以及提升公众意识的合作。

(3)政府应当确保制定和评估的政策、方案和项目考虑到并有助于减缓和适应气候变化。

(4)政府应当确保政策、方案和项目的设计能够尽可能的抵御气候变化的影响。

(5)政府应当在履行本条规定的责任和义务时适当参与、合作和支持与气候行动有关的国际和政府间的活动和方案。政府应当(特别)推动地中海区域的气候行动活动，并应当适当参与、合作和支持此类活动。

第6条 【气候行动的指导原则】(1)政府在履行本法所规定的责任和义务时，应当以本条所列原则为指导。此外，可使用此类原则解释本法中的其他条款和依据本法制定的条例中的条款。

(2)政府应当履行本法所规定的责任和义务:

(a)在有关的社会、经济、环境政策和行动中,尽可能考虑到气候变化因素;

(b)考虑其根据国际条约所承担的义务和承诺以及作为欧盟成员国的义务;

(c)考虑到马耳他的地理环境、社会和经济情况;

(d)尽可能确保所采取的行动最具成效,且运用适合马耳他国情的最佳实践和现有的最佳技术;

(e)确保考虑到现有的最佳科学、技术、工艺和社会经济信息;

(f)确保社会和经济的所有部门都参与到国家气候行动中,包括参与有关决定;

(g)确保气候变化、环境、传统和可替代能源政策以及措施的设计、制定、协调和实施符合环境、经济、国际和欧盟义务的最大利益;

(h)确保所采取的气候行动尊重社会各阶层的利益,且无歧视性,并在有关情况下可促进性别平等;

(i)确保数据的收集、处理和解释考虑到与履行其他领域的国际和欧盟总体义务相关的数据;

(j)尊重并尽可能保障社会弱势群体的利益,包括采取有关的气候行动以支持消除贫困;

(k)确保所采取的气候行动应当促进和增强马耳他的经济竞争力;

(l)尽可能确保气候行动所采取的政策和措施之间以及与其他的政策和措施之间不存在冲突;

(m)确保在预测、避免或最小化气候变化的产生和减轻其不利影响方面采取的措施是谨慎的,鉴于此,在面临严重或不可逆损害的威胁时,缺乏充分的科学确定性不应构成推迟采取此类措施的理由;

(n)确保所采取的气候行动有助于可持续发展;

(o)确保利用气候变化的有利影响造福社会、经济和环境,尽可能使其降低脆弱性及增强抵御气候变化不利影响的能力;

(p)确保在作出决定之前,考虑到该决定的结果在其整个有效期内可产生的所有后果;

(q)确保向公众提供充分的信息,以促进公众参与到与气候系统有关的计划和方案中,并确保其有权诉诸司法。

第7条 【国家低碳发展战略】(1)部长应当与处理该事项的其他部长及民间

团体、环境组织和公众协商，制定国家低碳发展战略，以促进：

(a)准确透明地监督政府在履行 UNFCCC 规定的限制或减少人为温室气体排放义务方面取得的实际和预期进展；

(b)政府履行其作为欧盟成员国的温室气体减排承诺；

(c)在所有部门实现长期减排并增加温室气体的汇移除量。

(2)部长应当确保至少每 4 年对国家低碳发展战略进行一次定期审查和更新。

(3)部长应当向公众公布国家低碳发展战略及其最新情况。

第 8 条　【国家适应战略】(1)部长应当与处理该事项的其他部长及民间团体、环境组织和公众协商，制订国家适应战略，以促进：

(a)预防、避免和减少气候变化的不利影响，促进适应气候变化的能力；

(b)透明地监督政府在降低脆弱性和增强抵御气候变化不利影响能力方面取得的进展。

(2)国家适应战略还应当包括与马耳他有关的气候变化信息以及气候变化对马耳他实际和预期影响的信息。

(3)部长应当确保至少每 4 年定期审查和更新一次国家适应战略。

(4)部长应当向公众公布国家适应战略及其最新情况。

第 9 条　【向众议院提交报告】(1)部长应当至少每 4 年向众议院提交一次国家低碳发展战略和国家适应战略及其最新版本。

(2)部长每年应当向众议院报告在实现国家低碳发展战略和国家适应战略设定的目标方面取得的进展。

第 10 条　【气候行动委员会】(1)应当设立气候行动委员会，以下简称委员会，由总统与部长协商后任命，并由下列成员组成：

(a)1 名主席；

(b)1 名副主席；

(c)分别代表财政、经济发展和竞争、能源、交通、环境、教育、国家安全和民防、旅游、社会政策、欧洲事务、土地利用和发展规划政策、健康、废物政策、农业政策、消费者事务和区域政策各部门的 1 名成员；

(d)为达本法目的，部长可对代表其他部门或公共实体的成员进行以下任命：部长可任命 1 名非政府部门的代表作为副主席；部长可授权委员会在必要时任命专家或专家小组以协助其履行职能。

(2)部长应当任命一人为委员会秘书。

(3)委员会主席、委员会其他成员和委员会秘书的任期为 3 年，但经任命的委员会成员在任期届满时可连任；若某一委员的委任在其他委员的委任之后，该委员的任期与其他委员的任期于同一日期届满。

(4)不得担任委员会成员的情形如下:

(a)丧失法律行为能力;或

(b)被宣布破产或与债权人达成和解协议;或

(c)因损害公信力、盗窃、诈骗或在明知是欺诈、盗窃的财物的情况下仍接受财产,被判处刑罚的,以及犯有任何违反本法的罪行;或

(d)在可能影响履行委员会成员职能的企业或活动中享有经济利益或其他权益。

(5)任何与委员会特定职能有直接或间接利益的委员会成员,若该利害关系并不使该成员当然丧失继续担任委员的资格,则其应当在知悉有关事实后,在委员会第一次会议上披露该利益的性质,披露的情况应当记录于会议记录内,该成员应当退出讨论该事项有关的所有会议。任何此类披露应当立即通知部长。若该利益关系使其当然丧失继续担任委员的资格,该成员应当立即向部长报告这一事实并提出辞职。

(6)委任或辞退委员会成员以及部长指派给委员会其他职能均应当在公报上公布,并立即生效;未公布任命或辞退的(视情况而定),不影响其法律效力。

第11条 【委员会职能】(1)委员会应当具有本法规定的职能、其他法律规定的职能以及部长根据本法设定的职能。

(2)委员会的职能是:

(a)监督本法和根据本法制定的条例的实施;

(b)监督马耳他履行其根据UNFCCC以及作为欧盟成员国所承担的义务;

(c)就本法、根据本法制定的条例或与政府应当遵守的气候行动有关的国际义务,以及作为欧盟成员国应当遵守的与气候行动有关的义务的实施,向部长提供建议;

(d)促进政府遵守国家低碳发展战略、国家适应战略和部长根据本法或根据本法制定的其他条例发布的战略或政策;

(e)就与本法或根据本法制定的条例有关的事项,或与气候行动有关的事项,向部长提出建议;

(f)每年向部长报告在气候变化领域所取得的进展;

(g)与马耳他经济和社会发展委员会就与本法或根据本法制定的条例有关的事项进行协商;

(h)根据《志愿组织法》,与已注册的环境志愿组织提名的两个环境志愿组织的代表,定期就本法或根据本法制定的条例有关的事项进行协商;

(i)执行部长指派的其他职能。

第12条 【制定条例的权力】(1)部长可根据本法制定条例以执行本法的规定,或根据本法对影响气候行动的职能和活动方面的任何事项作出规定或制定相应的措施。

(2)部长可根据本法制定条例,以更好地执行本法的规定,并可任命任何人或机构为指定机构,以履行政府根据本法规定的责任或义务。

(3)在不违反第1款和第2款一般规定的情况下,条例可:

(a)规定政府对其根据本法提供的服务或其认为应当收费的事项收取一定的费用;

(b)规定减缓气候变化的措施;

(c)规定预防、避免和降低应当对气候变化不利影响的脆弱性并增强抵御能力,以及适应气候变化的措施;

(d)规定气候减缓和适应的善治措施;

(e)实施国际条约或文书,包括马耳他作为缔约方或主体不定期签订的本法管辖范围内有关事项的指令、条例和决定,并为其实施而设立框架或作出其他规定;

(f)规定收集、处理、比较和解释与气候行动有关的数据,同时考虑到与当地经济以及履行国际和欧盟义务有关的数据,并规定从事可能影响气候的活动的人员定期或规定的其他方式向政府提供此类信息和数据,以便政府采取必要行动协调地方政策和措施,促进减缓和适应气候变化;

(g)规定用于监测气候变化的技术。

第13条 【条例制定程序】(1)不得根据第12条的规定制定条例,但部长已在公报上公布条例草案的除外,并允许任何人在公布之日起至少4周的时间内向部长提出建议。

(2)部长应当考虑根据第1款提出的所有建议,根据建议着手修订条例草案,并根据该修订结果颁布此类条例,或修订已颁布的其他条例。

(3)当部长为根据本法设立的委员会、理事会或其他机构,按照本法程序制定条例时,其应当征求该委员会、理事会或机构的意见。

第14条 【授权】(1)在不损害其在本法规定的权力的情况下,部长可指示任何个人或部门、机构、公司或依法设立的机关履行本法或本法规定的职能或职责,确保本法或根据本法制定的条例的正确实施,部长可通过条例设定或规范个人、部门、机构、公司及机关在行使职能时所采用的程序和方法。

(2)部长可不定期向任何实体、官员或雇员发出部长认为适当的指示和命令,但不得违反本法的规定,涉及此类实体须遵循的政策、职能的运作和执行,以及部长认为与气候行动有关的其他事项,有关实体、官员或雇员应当尽可能、毫不拖延地遵守指令和命令并按照上述指令和命令行事与履责。

(3)任何实体都应当向部长提供一切必要的便利,使部长能够获得与任何实体、官员或雇员的事务和活动有关的一切信息,为此目的,前述主体应当向部长提供与其职能有关的报告、账单和其他信息,并按部长要求的合理方式和时间对所有给定的信息进行审计。

(4)总统可通过与部长协商制定条例,将根据本法或依据本法制定的其他条例所授予该部长的职能委托给其他部长。

第 15 条 【部长就违法行为和行政罚款制定条例的权力】(1)在不影响本法其他有关规定的前提下,部长可制定条例,对违反本法规定的行为进行处罚,此类条例可:

(a)对不同的罪行处以不超过 4 年的监禁和不超过 100 万欧元(€1,000,000)的罚款;

(b)可根据犯罪的持续时间计算罚款,在犯罪期间,可处每天不超过 5 万欧元(€50,000)的罚款。

(2)在不影响本法和与本法有关的其他规定的前提下,部长可制定条例,授权任何人或任何部门、机构、公司或机关对违反本法及有关条例和指令的任何人、部门、机构、公司或机关处以不超过 100 万欧元(€1,000,000)的行政罚款或其他制裁。部长可制定条例,规定收缴和执行此类罚款的程序,此程序应包含一个执行条款,使其实现《组织和民事诉讼法》第Ⅱ卷第Ⅰ部分第Ⅶ章的效力和目的。

第 16 条 【气候行动基金】(1)部长应当与财政部长协商,根据命令设立和维持气候行动基金。

(2)气候行动基金的资金来源于:

(a)政府因参与和实施国际条约或欧盟立法所采取的与气候行动有关的市场措施而产生的收入,除其他外,包括根据(不定期修订或替换的)第 2003/87/EC 号指令拍卖碳配额所取得的收入;

(b)政府通过实施有关减少或限制温室气体排放的国家措施而产生的收入;

(c)个人或机构向本基金作出的任何捐赠或补助;

(d)议会为此目的拨出的所有款项;

(e)本法或任何其他法律不定期提供的所有金额或款项。

(3)(a)气候行动基金应当由主管人员组成的委员会管理,该委员会由根据第 10 条第 1 款第 a 项任命的气候行动委员会主席或气候行动委员会副主席作为其代表,第 10 条第 1 款第 c 项中负责财政部门的代表为其成员。

(b)部长应当根据条例决定：

(i)管理气候行动基金委员会其他成员的组成；

(ii)管理气候行动基金委员会的议事程序。

(4)气候行动基金应当具有独立于政府的法人资格,应能够订立合同,取得和转让财产,并从事其职能所必需的或附属的一切活动。

(5)第(2)款所称气候行动基金适用于：

(a)支持履行本法和根据本法制定的条例所规定的义务；

(b)支持政府履行 UNFCCC 和欧盟立法规定的义务和承诺；

(c)根据政府在国际条约中承担的义务和承诺,为促进、便利和资助环境友好技术和专业知识或能力的转让和获取提供财政支助,以满足国家需要和发展中国家的需求。

(6)第(2)款中提到的气候行动基金可用于支持与气候系统有关的研究和开发,促进与气候系统有关的教育及培训和提高公众意识,或资助其他类似活动,包括非政府组织组织的活动,以及部长与委员会协商后可能组织的其他活动。

(7)第(3)款规定委员会应当在每个财政年度向部长提交一份经审计的资产负债表副本,以及上一财政年度的活动报告。部长应当将资产负债表和报告的副本提交至众议院。

(8)部长与财政部长达成共识后,部长可制定条例,制定第(3)款所述委员会应当遵循的程序和其他方面的基金管理规定。部长可根据这些条例特别规定可能或将由该基金资助的职能、活动和倡议。

(9)气候行动基金的收入不应根据《所得税法》纳税。

附表【第二部分】

温室气体包括：

(a)二氧化碳(CO_2)

(b)甲烷(CH_4)

(c)一氧化二氮(N_2O)

(d)氢氟碳化物(HFCs)

(e)全氟碳化物(PFCs)

(f)六氟化硫(SF_6)

(g)三氟化氮(NF_3)

众议院于 2015 年 6 月 30 日第 282 号会议通过。

马耳他环境和气候相关法律修正案[①]

2020 年第 36 号

本法旨在修订《气候行动法》(第 543 章),并规定其他相关或附属事项。

众议院集议于国会,经其同意、通过,并由总统签署,颁布如下法:

第 1 条　【简称】本法称为 2020 年《环境和气候相关法律修正案》。

第一编　气候行动法修正案

第 2 条　【气候行动法第 543 章的修正案】本编对《气候行动法》进行修改,其应与《气候行动法》(本编中简称为原法)视为同一整体。

第 3 条　【原法第 2 条的修正】原法第 2 条,在“源”的定义后,新增以下定义:

“常务委员会是指根据《发展规划法》设立的环境、气候变化和发展规划常务委员会。”

第 4 条　【原法第 7 条的修正】原法第 7 条第 2 款修改为:

“(2)部长应当确保至少每 5 年对国家低碳发展战略进行一次定期审查和更新。”

第 5 条　【原法第 8 条的修正】原法第 8 条第 3 款修改为:

“(3)部长应当确保至少每 5 年定期审查和更新一次国家适应战略。”

第 6 条　【原法第 9 条的修正】原法第 9 条修改为:

(a)第 1 款修改为:

“(1)部长应当至少每 5 年向众议院提交一次国家低碳发展战略和国家适应战略及其最新版本。”

---

① 本法 2020 年制定,原文来自马耳他法律法规官方网站,网址:https://legislation. mt/eli/act/2020/36。以 2020 年原版英文文本进行翻译。翻译:叶祖欣;校对:徐榕苑、王茜茜。

(b)第2款后新增以下内容：

“(3)根据本条第1款和第2款和第11条第2款第f项，部长应将报告、战略或政策提交常务委员会。”

亚　洲　卷

日本全球变暖对策推进法①

地球温暖化対策の推進に関する法律
平成十年法律第百十七号

第一章　总　　则

第一条　【目的】鉴于全球变暖会对整个地球的环境造成严重的影响,在不对气候系统造成危险的人为干扰的前提下,稳定大气中的温室气体浓度,防止全球变暖是人类共同的课题,全员积极主动参与这一课题十分重要,以针对全球变暖对策,制定全球变暖对策计划,通过采取措施促进社会经济活动和其他活动产生的温室气体排放量减少等,推进全球变暖对策,从而为确保人民的健康和文化生活作出贡献,并以为人类福祉作出贡献为目的制定本法。

第二条　【定义】

(一)本法中,"全球变暖"是指伴随人类活动产生的温室气体导致大气中的温室气体浓度增加,进而导致整个地球的地表、大气和海水温度额外上升的现象。

(二)本法中,"全球变暖对策"是指温室气体排放量的削减和吸收作用的保护和强化(以下简称温室气体减排等)以及其他为防止全球变暖的国际合作措施。

(三)本法所称"温室气体"是指下列物质:

1. 二氧化碳;

2. 甲烷;

3. 一氧化二氮;

4. 由政令规定的氢氟碳化物;

5. 由政令规定的全氟碳化物;

---

① 本法 1998 年制定,原文来自日本政府法令检索官网(e-Gov 法令検索),网址:https://elaws.e-gov.go.jp/document?lawid=410AC0000000117_20230401_504AC0000000046&keyword=地球温暖化对策。本法以 2022 年修订版日文文本翻译。翻译:石鑫鉴;校对:唐寅智。

6.六氟化硫;

7.三氟化氮。

(四)本法中,“温室气体排放”是指伴随人类活动产生的温室气体排放、释放或泄漏到大气中,或者使用他人供给的电力或热能(限于以燃料或电力为热源)等情况。

(五)本法中,“温室效应气体总排放量”指根据政令规定的方法计算出每一种温室气体的排放量,用其乘以该物质的全球变暖潜能值(政令根据国际公认的知识规定的系数,表示每种温室气体造成全球变暖的程度与二氧化碳相关程度的比值,下同)所得值的合计量。

(六)本法中,“区域脱碳化促进事业”是指利用属于太阳能、风力等其他可再生能源,且适应地区的自然社会条件的物质,作为实现区域脱碳化(指以有助于实现下条规定的脱碳社会为宗旨,根据区域的自然社会条件,削减该区域的社会经济活动及其他活动所产生的温室气体排放量等,下同)的设施,一体化进行环境省令、农林水产省令、经济产业省令、国土交通省令规定的设施(以下简称区域脱碳化促进设施),维护及其他区域脱碳化促进措施,以及为保护区域环境和有助于区域经济、社会持续发展而采取的措施。

(七)本法中,“核算配额”是指下列数量,并以“吨二氧化碳”为单位表示:

1.《气候公约》之《京都议定书》第三条7规定的配额;

2.《京都议定书》第六条1规定的减排单位;

3.《京都议定书》第十二条3(b)规定的经认证的减排量。

第二条之二 【基本理念】全球变暖对策的推进包括:根据《巴黎协定》第二条1(a),在将全球平均气温的上升控制在比工业化以前高出2℃的水平上,继续努力将全球平均气温的上升限制在比工业化以前高出1.5℃的水平;在此基础上统筹推进环境保护和经济社会发展,以在我国实现2050年之前的脱碳社会(指伴随人类活动而产生的温室气体排放量和通过保护和强化吸收作用而吸收的温室气体吸收量之间保持平衡的社会,在第三十六条之二中相同)为宗旨,在公民、国家、地方政府、经营者及民间团体等的密切合作下进行。

第三条 【国家的职责和义务】

(一)国家应当开展观测和监视,以掌握大气中温室气体浓度变化情况以及与此相关的气候变化和生态系统情况,制定并实施综合性、计划性的全球变暖对策。

(二)国家推进旨在减少温室气体排放的措施时,涉及温室气体减排等措施的,应在谋求与该措施目的达成协调的同时,关注温室气体减排等的进行。

(三)国家在其事务和事业上采取温室气体减排等措施的同时,应支持地方政府采取措施以减少温室气体排放量,以及由经营者、公民或上述主体组织的民间团体(以下简称民间团体等)为促进温室气体减排开展的活动,在进行相关措施及活动的普及启蒙的同时,应努力确保必要的资金、提供技术建议和采取其他措施。

(四)国家可开展关于全球变暖及其影响预测的调查,关于温室气体减排的技术的调查,以及其他制定全球变暖对策所必要的调查,同时致力于推进温室气体减排相关技术的研究开发及成果普及。

(五)鉴于我国经济社会处于密切的国际相互依存关系中,国家应充分利用我国积累的知识、技术、经验等,采取必要的措施确保国际合作以有效推进第一款规定的观测和监视,以及前款规定的推进调查和研究开发的国际合作,以及其他有关全球变暖的国际合作,同时努力提供信息以及采取其他必要措施,以促进地方政府或民间团体等开展涉温室气体减排的国际合作活动。

第四条　【地方政府责任义务】

(一)地方政府应根据该区域的自然社会条件,推进温室气体减排等的措施。

(二)地方政府在其事务和事业上采取温室气体减排等措施的同时,应努力提供与前款规定措施相关的信息和采取其他措施,以促进该区域的经营者或居民进行温室气体减排的活动。

第五条　【经营者责任义务】经营者就其经营活动应努力采取温室气体减排等措施(包括有助于他人温室气体减排等措施),并应配合国家及地方政府实施的温室气体减排等措施。

第六条　【公民责任义务】公民在日常生活中应努力采取温室气体减排等措施,同时应配合国家和地方政府实施的温室气体减排等措施。

第七条　【温室气体排放量等的核算等】关于温室气体的排放和吸收,政府为编制《气候公约》第四条1(a)规定的目录和《京都议定书》第七条1规定的年度目录,应当每年核算我国温室气体的排放量和吸收量,并根据环境省令的规定予以公布。

第二章　全球变暖对策计划

第八条　【全球变暖对策计划】

(一)政府应制定全球变暖对策计划,以便综合性、计划性地推进全球变暖对策。

(二)全球变暖对策计划应当规定以下事项:

1. 计划期限。

2. 全球变暖对策计划推进的基本方向。

3. 关于国家、地方政府、经营者及公民各自应该采取的温室气体减排等措施的基本事项。

4. 温室气体的种类和其他类别的温室气体的减排量与吸收量目标。

5. 实施为达成前项目标所必需的措施的目标。

6. 国家及地方政府为达成前项目标所必需的措施事项。

7. 第二十条第一款规定的政府执行计划和第二十一条第一款规定的地方政府执行计划的基本事项。

8. 对温室气体总排放量较多的经营者,应当制定和公布温室气体减排等措施(包括有助于他人温室气体减排等措施)的计划的基本事项。

9. 第三条第三款规定的关于普及启蒙的推进(包括与此相关的国家和地方政府以及民间组织等的合作与协作)的基本事项。

10. 推进全球变暖对策国际合作的相关必要措施的基本事项。

11. 除前项所列内容外,与全球变暖对策相关的其他重要事项。

(三)内阁总理大臣应当就全球变暖对策计划的草案要求内阁会议作出决定。

(四)内阁会议依前款规定作出决定时,内阁总理大臣应立即公布全球变暖对策计划。

第九条 【全球变暖对策计划的修改】

(一)政府应当至少每三年考虑一次我国温室气体排放和吸收量状况及其他情况,对全球变暖对策计划中确定的目标和措施进行一次研究。

(二)根据前款规定的研究结果,政府认为有必要时,应当及时修改全球变暖对策计划。

(三)全球变暖对策计划的修改准用前条第三款和第四款的规定。

第三章 全球变暖对策推进总部

第十条 【全球变暖对策推进总部的设置】为全面且有计划地推进全球变暖对策,内阁设置全球变暖对策推进总部(以下简称总部)。

第十一条 【负责事务】总部负责以下事务:

1. 推进全球变暖对策计划草案的制定及实施的相关事项;

2. 除前项所列内容外,还包括关于从长远角度推进全球变暖对策实施的综合协调事项。

第十二条 【组织】总部由全球变暖对策推进总部长、副总部长及总部成员组成。

第十三条 【全球变暖对策推进总部长】

(一)总部的负责人是全球变暖对策推进总部长(以下简称总部长),由内阁总理大臣担任。

(二)总部长统管总部事务,指挥并监督其管辖的职员。

第十四条 【全球变暖对策推进副总部长】

(一)总部设置全球变暖对策推进副总部长(以下简称副总部长),由内阁官房长官、环境大臣以及经济产业大臣担任。

(二)副总部长,协助总部长职务。

第十五条 【全球变暖对策推进总部成员】

(一)总部设置全球变暖对策推进总部成员(以下简称总部成员)。

(二)总部成员由除总部长和副总部长以外的所有国务大臣担任。

第十六条 【事务】总部相关事务由内阁官房处理,并由内阁官房副长官助理受命掌管。

第十七条 【主任大臣】针对总部相关事项,《内阁法(昭和二十二年〈1947 年〉法律第五号)》所称主任大臣应视为内阁总理大臣。

第十八条 【政令委任】除本法规定的事项外,总部相关必要事项由政令规定。

第四章 政府执行计划、地方政府执行计划等

第十九条 【国家及地方政府政策】

(一)国家利用温室气体减排等技术的相关知识和本法规定报告的温室气体排放相关信息及其他信息,谋求与地方政府合作的同时,努力全面有效地推进温室气体减排等必要的措施。

(二)都道府县以及市町村应根据本地区的自然社会条件,单独或共同考虑全球变暖对策计划,为温室气体减排制定并实施全面且有计划的措施。

(三)国家应当为都道府县以及市町村制定并实施前款规定措施的费用采取必要的财政措施或其他措施。

第二十条 【政府执行计划等】

(一)政府根据全球变暖对策计划,就其事务和事业,制定关于温室气体减排等措施的计划(本条下称为政府执行计划)。

(二)政府执行计划应当规定下列事项:

1. 计划期限;

2. 政府执行计划目标;

3. 拟实施措施内容；

4. 其他与政府执行计划的实施相关的必要事项。

（三）环境大臣应当制定政府执行计划草案，并提请内阁会议决定。

（四）环境大臣拟订政府执行计划草案时，应当事先与相关行政机构负责人协商。

（五）内阁会议根据第三款的规定作出决定时，环境大臣应当立即公布政府执行计划。

（六）政府执行计划的修改准用前三款的规定。

（七）政府应当每年公布一次政府执行计划措施的实施情况（包括温室气体总排放量）。

第二十一条 【地方政府执行计划等】

（一）都道府县及市町村根据全球变暖对策计划，应当单独或共同就该都道府县及市町村的事务及事业，制定温室气体减排等措施的相关计划（以下简称地方政府执行计划）。

（二）地方政府执行计划应当规定下列事项：

1. 计划期限；

2. 地方政府执行计划目标；

3. 拟实施措施的内容；

4. 与地方政府执行计划实施有关的其他必要事项。

（三）都道府县及指定城市等［《地方自治法（昭和二十二年〈1947 年〉法律第六十七号）》第二百五十二条之十九第一款规定的城市（以下简称指定城市）和第二百五十二条之二十二第一款规定的“核心城市”，下同］，在地方政府执行计划中，除前款各项所列事项外，还应根据该区域的自然和社会条件，规定以下有关温室气体减排等的措施的相关事项：

1. 关于促进利用太阳能、风能和其他符合当地自然社会条件的可再生能源的事项；

2. 关于促进该区域的经营者或居民使用较少排放温室气体的产品和服务，以及其他有关温室气体减排活动的事项；

3. 关于促进都市功能的集约、增进公共交通工具的使用便利性、促进城市绿地的保护和绿化以及其他有助于温室气体减排的区域环境维护和改善事项；

4. 关于抑制该区域内废弃物等［《循环型社会形成推进基本法（平成十二年〈2000 年〉法律第一百一十号）》第二条第二款规定的废弃物等］的产生，以及其他有关循环型社会（指同条第一款规定的循环型社会）形成的事项；

5. 关于上述各项规定措施的实施目标。

(四)市町村(指定城市等除外)在地方政府执行计划中,除第二款所列事项外,还应当根据该区域的自然和社会条件,制定温室气体减排等措施的相关事项。

(五)市町村在地方政府执行计划中规定第三款所列事项时,应当规定以下促进区域脱碳化促进事业的相关事项:

1. 区域脱碳化促进事业的目标。

2. 区域脱碳化促进事业的目标区域(以下简称促进区域)。

3. 促进区域中,配备的区域脱碳化促进设施种类及规模。

4. 与区域脱碳化促进设施的维护相结合的,区域脱碳化措施的相关事项。

5. 应与区域脱碳化促进设施维护同时实施的下列措施的相关事项:

(1)以保护区域环境为目的的措施;

(2)有利于当地经济和社会可持续发展的措施。

(六)促进区域应按照环境省令规定的不影响环境保护的标准确定,并且,若都道府县将促进区域的设定标准规定为第三款第一项所列事项,则应根据该标准确定。

(七)前款规定的都道府县标准,应根据环境省令的规定,就环境省令同款的规定标准,考虑当地的自然社会条件保护环境制定。

(八)为了全球变暖对策的推进,各都道府县及市町村针对城市规划、农业发展区域扩充计划和其他温室气体减排等相关措施,应注意谋求相应措施的目的实现与协调,并配合地方政府执行计划,进行温室气体减排等。

(九)市町村制定地方政府执行计划时,应当确保与都道府县的地方政府执行计划以及其他市町村的地方政府执行计划的整合性。

(十)都道府县及市町村(限于在地方政府执行计划中规定的第三款各项或第五款各项所列事项的市町村,在下一款中相同)拟制定地方政府执行计划时,应当事先采取必要措施,以反映居民和其他利害关系人的意见。

(十一)都道府县及市町村拟制定地方政府执行计划时,应当事先听取相关地方政府的意见。

(十二)若都道府县拟在地方政府执行计划中规定第三款各项所列事项(包含第六款所规定的都道府县标准),或者市町村拟在地方政府执行计划中规定第三款各项或第五款各项所列事项,并且已经组织了第二十二条第一款所规定的地方政府执行计划协议会,则该都道府县或市町村应当就上述事项在该地方政府执行计划协议会进行协商。

(十三)都道府县及市町村,制定了地方政府执行计划后,应立即单独或共同公布该计划。

（十四）地方政府执行计划的修改准用第九款至前款的规定。

（十五）都道府县及市町村应当每年单独或共同公布一次以地方政府执行计划为基础的措施及其实施情况（包括温室气体总排放量）。

（十六）都道府县及市町村认为实现地方政府执行计划有必要的，可要求相关行政机构的负责人或相关地方政府的负责人提供必要的材料及其他协助，或者可就温室气体减排等发表意见。

（十七）除前各款规定外，地方政府执行计划的必要事项由环境省令规定。

第二十一条之二　【《农林渔业的健康发展与协调可再生能源电力发电促进法》特别规定】

（一）市町村在地方政府执行计划中，有关前条第五款第五项第二目中所列事项在促进区域中［限于符合《农林渔业的健康发展与协调可再生能源电力发电促进法（平成二十五年〈2013 年〉法律第八十一号）》第五条第五款的农林水产省令规定的达标区域］，与促进该项目实施的区域脱碳化促进事业［包括该法第三条第二款规定的可再生能源发电设备（以下简称可再生能源发电设备）的维护］同时促进的，有利于农林渔业健康发展措施的相关事项，该地方政府执行计划中前条第五款各项所列事项符合该法第四条第一款规定的基本方针时，针对该地方政府执行计划所规定的可再生能源发电设备的维护［该市町村制定的，该法第五条第一款规定的基本计划（以下简称为基本计划）中规定的除外］，应将该地方政府执行计划视为基本计划，适用该法第七条（第四款第一项、第三项、第四项和第七项至第九项，第五款、第六款，第七款第一项、第二项和第四项，以及第九款至第十五款除外）、第八条、第十条、第十二条和第十三条的规定。此情况下，该法第七条第一款中"可再生能源发电设备的维护者"是指"根据《全球变暖对策推进法》第二十二条之二第三款的规定所认定的，该条第一款规定的区域脱碳化促进事业计划，准备维护可再生能源发电设备的人"。

（二）在前款规定情况下，市町村在地方政府执行计划中，除前条第二款各项、第三款各项以及第五款各项所列事项外，可规定该市町村进行的农林地所有权转移等促进事业（指《农林渔业的健康发展与协调可再生能源电力发电促进法》第五条第四款规定的促进农林地所有权转移等事业）相关、同一法律第五条第四款各项所列事项。

（三）在地方政府执行计划中，规定了前款事项的市町村，视为《农林渔业的健康发展与协调可再生能源电力发电促进法》第十六条第一款规定的制定计划的市町村，适用该条至第十九条的规定。此情况下，该法第十六条第一款及第三款第一项中的“基本计划”是“根据《全球变暖对策推进法》第二十一条之二第一款的规定,被视为基本计划的地方政府执行计划”。

第二十二条 【地方政府执行计划协议会】

(一)拟制定地方政府执行计划的都道府县及市町村,可单独或共同召开为地方政府执行计划的制定和实施进行必要协商的协议会(以下简称地方政府执行计划协议会)。

(二)地方政府执行计划协议会由下列主体组成:

1. 拟制定地方政府执行计划的都道府县及市町村。

2. 相关行政机关、相关地方政府、第三十七条第一款规定的防止全球变暖活动推进员、第三十八条第一款规定的区域性防止全球变暖活动推进中心、预计开展区域脱碳化促进事业的人员及其他经营者、居民及其他与该区域的全球变暖对策推进相关的主体。

3. 有学识经验的人和其他都道府县及市町村认为有必要的人。

(三)主管大臣可根据地方政府执行计划协议会成员的要求,提供必要的建议、资料以及其他协助,以确保地方政府执行计划的制定能够顺利进行。

(四)针对地方政府执行计划协议会达成协议的事项,地方政府执行计划协议会的成员应当尊重该协议结果。

(五)除前各款规定事项外,地方政府执行计划协议会运营管理的相关必要事项,由地方政府执行计划协议会规定。

第二十二条之二 【区域脱碳化促进事业计划的认定】

(一)拟开展区域脱碳促进事业的人员,单独或共同组织地方政府执行计划协议会时,经该地方政府执行计划协议会协议,根据环境省令、农林水产省令、经济产业省令、国土交通省令的规定,制定实施该区域脱碳化促进事业的相关计划(以下简称区域脱碳化促进事业计划),制定地方政府执行计划(以第二十一条第五款所列事项为限,本条下同)的市町村(以下简称计划制定市町村)可申请认定。

(二)区域脱碳化促进事业计划应记载以下内容:

1. 申请人的姓名或者名称、住所,法人需提供其代表人的姓名。

2. 区域脱碳化促进事业计划的目标(包括温室气体减排等相关目标)。

3. 区域脱碳化促进事业计划的实施期限。

4. 拟维护的区域脱碳化促进设施的种类和规模及其他该区域脱碳化促进设施的维护内容。

5. 与前项规定的维护一并开展的区域脱碳化工作内容。

6. 第四项的配备及前项采用的土地所在地、土地编号、土地名目以及其面积或水域范围。

7. 实施第四项维护以及第五项措施的必要资金数额及其筹措方式。

8. 与第四项维护一并实施的下列工作事项：

(1)以保护区域环境为目的的措施；

(2)有利于区域经济和社会可持续发展的措施。

9. 环境省令、农林水产省令、经济产业省令、国土交通省令规定的其他事项。

(三)制定计划的市町村，根据第一款的规定提出申请，认为申请所涉及的区域脱碳化促进事业计划符合下列条件的，应当予以认定：

1. 区域脱碳化促进事业计划的内容应当符合地方政府执行计划。

2. 区域脱碳化促进事业计划中记载的区域脱碳化促进事业，预计能够顺利、确实地实施。

3. 其他符合环境省令、农林水产省令、经济产业省令、国土交通省令规定标准的事项。

(四)制定计划的市町村拟进行前款的认定时，其申请相关区域脱碳化促进事业计划中记载的第二款第四项规定的维护或同款第五项的措施相关的行为，符合以下各项所列情形之一时，对于该区域脱碳化促进事业计划，应当事先分别与下列各项规定的主体协商，并取得其同意。

1.《温泉法(昭和二十三年〈1948 年〉法律第一百二十五号)》第三条第一款或第十一条第一款应当得到许可的行为——都道府县知事。

2.《森林法(昭和二十六年〈1951 年〉法律第二百四十九号)》第五条第一款规定的区域森林计划所涵盖的同款规定的私有林[根据防护林(指该法第二十五条或第二十五条之二规定指定的防护林，下同)及该法第四十一条规定的指定防护设施区域内，以及根据《海岸法(昭和三十一年〈1956 年〉法律第一百零一号)》第三条规定的指定海岸保护区域内的森林(指《森林法》第二条第一款规定的森林)除外。第二十二条之六第一款称为“目标私有林”]中进行的，应当获得《森林法》第十条之二第一款许可的行为——都道府县知事。

3. 在防护林内进行的，应当获得《森林法》第三十四条第一款或者第二款规定许可的行为——都道府县知事。

4. 将耕地{指以耕作[包括种植根据《耕地法(昭和二十七年〈1962 年〉法律第二百二十九号)》第四十三条第一款规定，视为属于耕种的农作物，下同]为目的提供的土地，下同}改为耕地以外的用途，或者将农业用地[指耕地或草地牧场(指耕地以外的，主要用于耕作或养殖经营的采草或放牧牲畜的土地)，下同]改为非农业用地，应当获得该法第四条第一款或者第五条第一款规定的许可，取得该农业用地的所有权或者使用权的行为——都道府县知事。

5. 在国立公园[指《自然公园法(昭和三十二年〈1957 年〉法律第一百六十一号)》第二条第二款规定的国立公园。第二十二条之八中相同]区域内进行的,应当获得该法第二十条第三款许可或者应当根据该法第三十三条第一款申报的行为——环境大臣。

6. 在国定公园(指《自然公园法》第二条第三款规定的国定公园。第二十二条之八中相同)区域内进行的,应当获得该法第二十条第三款许可,或者应当根据该法第三十三条第一款申报的行为——都道府县知事。

7. 根据《河川法(昭和三十九年〈1965 年〉法律第一百六十七号)》第二十三条之二(包括准用该法第一百条第一款的情形,下同)应当登记的行为——河川管理者{指该法第七条(包括准用该法第一百条第一款的情形)规定的河川管理者[根据该法第九条第二款或第五款的规定,都道府县知事或指定城市的负责人在同一条第二款规定的指定区间内的一级河川(指该法第四条第一款规定的一级河流),进行该法第二十三条第二项规定的登记注册时,为该都道府县知事或该指定都市的负责人],在第八款中相同}。

8. 进行热回收[指《废弃物处理及清扫法(昭和四十五年〈1970 年〉法律第一百三十七号)》第九条之二及之四第一款规定的热回收,第二十二条之十条第一款中相同]的行为(限于申请人希望获得该法第九条之二及之四第一款或第十五条之三之二第一款的认定时)——都道府县知事。

9. 在指定区域(指《废弃物处理及清扫法》第十五条之十七第一款指定的区域,第二十二条之十第二款中相同)内进行的行为,同时是依照该法第十五条之十九第一款应当申报的行为——都道府县知事。

(五)都道府县知事协议下列行为相关区域脱碳化促进事业计划时,认为该协议相关的第二款第四项规定的维护或该款第五项的措施行为分别符合相关各项规定条件的,应当同意前款的规定。

1. 前款第一项所列行为

根据《温泉法》第四条第一款(包括该法第十一条第二款或第三款重新解读后准用的情形)的规定,属于该法第三条第一款或第十一条第一款规定应当许可的情形。

2. 前款第二项所列行为

《森林法》第十条之二第二款规定的应当获得该条第一款许可的情形。

3. 前款第三项所列行为

《森林法》第三十四条第三款或者第四款规定应当经该条第一款许可的情形,或者依照该条第五款规定应当获得该条第二款许可的情形。

4. 前款第八项所列行为

《废弃物处理及清扫法》第九条之二及之四第一款或第十五条之三之三第一款规定的可进行认定的情形。

（六）都道府县知事，在第四款第四项所列行为的区域脱碳化促进事业计划经协议时，认为与该协议有关的第二款第四项规定的维护或同款第五项的措施的相关行为符合下列条件的，应当同意第四款的规定。

1. 将耕地改为非耕地的，根据《耕地法》第四条第六款规定不属于该条第一款规定的不得许可的情形。

2. 为使农业用地改为非农业用地而获取该农业用地所有权、使用权、收益权，根据《耕地法》第五条第二款规定，不属于该条第一款规定的不得许可的情形。

（七）环境大臣或都道府县知事就第四款第五项或第六项所列行为（限于《自然公园法》第二十条第三款规定相关的许可）涉及的区域脱碳化促进事业计划进行协议时，认为该协议所涉及的第二款第四项规定的维护或同款第五项的措施的行为，根据该条第四款规定不属于该条第三款不许可的情形时，应当同意第四款的内容。

（八）河川管理者就第四款第七项所列行为涉及的区域脱碳化促进事业计划进行协议时，认为该协议所涉及的第二款第四项规定的维护行为，根据《河川法》第二十三条之四的规定不属于该法第二十三条之二的应当拒绝注册的情形时，应同意第四款的内容。

（九）都道府县知事就下列行为涉及的区域脱碳化促进事业计划进行协议时，如拟同意第四款的内容，应当分别与有关各项规定的人员进行协议。

1. 第四款第一项所列行为[限于可能对邻接都府县的温泉（指《温泉法》第二条第一款规定的温泉）涌出量、温度或成分产生影响的情况]——环境大臣。

2. 第四款第四项所列的行为（仅限行为所涉及土地中，耕地超过四公顷的情况）——农林水产大臣。

（十）环境大臣在接受前款第一项规定的协议时，应当听取相关都道府县的利害关系人的意见。

（十一）都道府县知事就下列各项所列的涉及区域脱碳化促进事业计划的行为进行协商时，如拟同意第四款的内容，应当分别听取各项规定相关人员的意见。

1. 第四款第一项所列行为

依照《自然环境保护法（昭和四十七年〈1972 年〉法律第八十五号）》第五十一条第一款规定，设立的审议会或其他合议制机关。

2. 第四款第二项所列行为

都道府县的森林审议会。

3. 第四款第四项所列行为

农业委员会[根据《农业委员会法(昭和二十六年〈1951年〉法律第八十八号)》第三条第一款的但书或第五项的规定不设农业委员会的市町村,应为市町村长。下一款及第十三款相同]。

(十二)农业委员会,根据前款(限于第三项相关部分,在本款及下款中相同)规定陈述意见时(限于前款协议所涉及的同项所列行为,涉及土地中耕地超过30亩的情况),应当事先听取《农业委员会法》第四十三条第一款所规定的都道府县机构的意见。但是,根据该法第四十二条第一款规定未指定都道府县知事的,不在此限。

(十三)除前款规定外,农业委员会认为有必要根据第十一款提出意见时,可听取都道府县机构的意见。

(十四)制定计划的市町村,根据《耕地法》第四条第一款规定指定市町村(下一款及第六十五条第六项及第七项称为"指定市町村")时,关于第三款及第四款规定的适用,第三款中的"必要条件"指"必要条件及第六款各项所列条件",第四款中的"下列各项"及"相关各项"指"第一项至第三项以及第五项至第九项"。

(十五)作为指定市町村的制定计划的市町村拟对区域脱碳化促进事业计划(限于第四款第四项所列行为的部分)进行第三款规定的认定时,准用第九款及第十一款的规定。此情况下,第九款中"下列各项"应重新解读为"第二项","相关各项"应重新解读为"同项",第十一款中"下列各项"应重新解读为"第三项","相关各项"应重新解读为"同项"。

(十六)制定计划的市町村是《废弃物处理及清扫法》第二十四条之二第一款中政令所规定的市时,关于第三款及第四款规定的适用,第三款中的"必要条件"指"必要条件及第五款第四项所列的条件",第四款中的"下列各项"及"相关各项"指"第一项至第七项"。

(十七)制定计划的市町村在根据第三款规定作出认定后,应当立即通知相关行政机关负责人及相关地方政府负责人,并公布环境省令、农林水产省令、经济产业省令、国土交通省令规定的与该认定相关的区域脱碳化促进事业计划所列事项。

第二十二条之三 【区域脱碳化促进事业计划的修改等】

(一)经前条第三款认定的人员(以下简称认证区域脱碳化促进经营者)拟修改相关认定涉及的区域脱碳化促进事业计划时,存在地方政府执行计划协议会组织的,应经该地方政府执行计划协议会的协商,并应根据环境省令、农林水产省令、经济产业省令、国土交通省令的规定,得到制定计划的市町村的认定。但是,关于环境省令、农林水产省令、经济产业省令、国土交通省令所规定的轻微修改,不在此限。

(二)认证区域脱碳化促进经营者在作出前款但书中规定的环境省令、农林水产省令、经济产业省令、国土交通省令规定的轻微修改时,应当立即将其要点通知制定计划的市町村。

(三)制定计划的市町村,认为有下列各项情形之一的,可撤销前条第三款的认定。

1. 认证区域脱碳化促进经营者未按照前条第三款认定的相应区域脱碳化促进事业计划(根据第一款规定认定修改,或者根据前款规定申报修改的,为变更后的计划。以下简称认证区域脱碳化促进事业计划)开展区域脱碳促进工作的。

2. 认证区域脱碳化促进事业计划不符合前条第三款第一项至第三项之一时。

(四)制定计划的市町村根据前款规定撤销认定时,应当及时通知相关行政机关负责人及地方政府负责人并公开。

(五)适用于根据第一款规定作出的修改认定准用前条第三款至第十七款的规定。

第二十二条之四 【区域脱碳化促进事业计划认定的特别规定】

(一)地方政府单独或与该地方政府以外的主体共同制定或修改区域脱碳化促进事业计划时,无论第二十二条第一款或前条第一款作何规定,该区域脱碳化促进事业计划由该地方政府与制定计划的市町村负责人签订协议,协议成立则视为第二十二条之二第三款或前条第一款的认定。

(二)制定计划的市町村根据前款规定接受协议的,准用第二十二条之二第四款至第十七款的规定。

第二十二条之五 【《温泉法》的特别规定】认证区域脱碳化促进经营者为根据认证区域脱碳化促进事业计划进行第二十二条第二款第四项规定的维护或该款第五项的措施,为应当获得《温泉法》第三条第一款或第十一条第一款规定许可的行为的,视为已获得该许可。

第二十二条之六 【《森林法》的特别规定】

(一)认证区域脱碳化促进经营者为根据认定区域脱碳化促进事业计划在目标私有林进行第二十二条之二第二款第四项规定的维护或者该款第五项的措施,为应当获得《森林法》第十条第二款第一项许可的行为的,视为已获得该许可。

(二)认证区域脱碳化促进经营者为根据认定区域脱碳化促进事业计划在防护林实施第二十二条之二第二款第四项规定的维护或该款第五项的措施,为应当获得《森林法》第三十四条第一款或第二款许可的行为的,视为已获得该许可。

第二十二条之七 【《耕地法》的特别规定】

（一）认证区域脱碳化促进经营者根据认证区域脱碳化促进事业计划，以进行第二十二条之二第二款第四项规定的维护或该款第五项的措施为目的，将耕地用于耕地以外的用途的，视为已获得《耕地法》第四条第一款规定的许可。

（二）认证区域脱碳化促进经营者根据认证区域脱碳化促进事业计划，以进行第二十二条之二第二款第四项规定的维护或该款第五项的措施为目的，将农业用地用于农业用地以外用途取得农业用地的所有权或使用权、收益权时，视为已获得《耕地法》第五条第一款的许可。

第二十二条之八 【《自然公园法》的特别规定】

（一）认证区域脱碳化促进经营者为根据认定区域脱碳化促进事业计划，在国家公园或国定公园区域内进行第二十二条之二第二款第四项规定的配备或进行该款第五项规定的措施，为应当获得《自然公园法》第二十条第三款许可的行为的，视为已获得该许可。

（二）认证区域脱碳化促进经营者为根据认定区域脱碳化促进事业计划，在国立公园或国定公园区域内进行第二十二条之二第二款第四项规定的维护或者该款第五项的措施的，不适用《自然公园法》第三十三条第一款和第二款的规定。

第二十二条之九 【《河川法》的特别规定】认证区域脱碳化促进经营者为根据认定区域脱碳化促进事业计划实施第二十二条之二第二款第四项规定的维护，为应当获得《河川法》第二十三条之二登记注册的行为的，视为已登记注册。

第二十二条之十 【《废弃物处理及清扫法》的特别规定】

（一）认证区域脱碳化促进经营者（限于依照第二十二条之二第一款或第二十二条之三第一款的规定提出申请，或根据第二十二条之四第一款规定的协议，希望获得《废弃物处理及清扫法》第九条之二及之四第一款或第十五条之三第一款规定认定的人员）根据认定区域脱碳化促进事业计划，作为第二十二条第二款第四项规定的维护行为进行热回收的，视为已获得此类规定的认定。

（二）认证区域脱碳化促进经营者为根据认定区域脱碳化促进事业计划，在指定区域内进行第二十二条之二第二款第四项规定的维护或者该款第五项的措施的，不适用《废弃物处理及清扫法》第十五条之十九第一款的规定。

第二十二条之十一 【《环境影响评价法》的特别规定】《环境影响评价法（平成九年〈1997 年〉法律第八十一号）》第二章第一节规定，认证区域脱碳化促进经营者根据认定区域脱碳化促进事业计划，不适用于第二十二条之二第二款第四项规定的维护（限于第二十一条第六款规定的都道府县标准所规定的在都道府县区域内进行的维护）的相关规定。

第二十二条之十二 【援助】国家及都道府县应当向市町村提供相关必要信息、建议和其他援助,以促进地方政府执行计划的制定及其顺利确实的实施。

第二十二条之十三 【指导及建议】制定计划的市町村应当为认证区域脱碳化促进经营者提供必要的指导和咨询,以确保根据认证区域脱碳化促进事业计划实施第二十二条之二第二款第四项规定的维护及同款第五项的措施,以及同款第八项第一、二目所列措施。

第二十二条之十四 【报告的征收】制定计划的市町村的负责人可要求认证区域脱碳化促进经营者根据认证区域脱碳化促进事业计划对第二十二条之二第二款第四项规定的维护和同款第五项的措施,以及同款第八项第一、二目所列措施的实施情况进行报告。

第五章 伴随经营活动的减排等

第二十三条 【伴随经营活动的减排等】经营者应根据温室气体减排等技术的进步和其他经营活动情况的变化,选择有利于温室气体减排的设备,并应当尽可能地以减少温室气体排放的方式使用设施。

第二十四条 【日常生活中对减排的贡献】

(一)经营者在制造、进口、销售或提供(本条以下简称制造等)国民在日常生活中使用的产品或服务(以下简称日常生活用产品)时,应当制造并使用温室气体排放量较少的产品,并提供伴随相关日常生活用产品的利用产生的温室气体排放的准确且适当的信息。

(二)进行日常生活用产品的制造等的经营者提供前款规定的信息时,应当根据需要,与收集并提供日常生活中使用温室气体排放产品或服务的相关排放量信息的团体,及为其他与公民日常生活有关的温室气体减排措施提供支援服务的主体进行有效合作,以有效地进行上述工作。

第二十五条 【减排指导方针】主管大臣为切实有效实施经营者根据前两条规定应当采取的措施,应当公布必要的方针。

第二十六条 【温室气体核算排放量报告】

(一)政令规定的经营活动中(包括国家或地方政府的事务和经营,本条下同)温室气体排放量多的实体(以下简称特定排放者)每年应根据主管省令规定,针对在主管省令的期间内排放的温室气体核算排放量,向主管该特定排放者业务的大臣(以下简称业务主管大臣)报告主管省令的事项(该特定排放者设置政令规定的规模以上的经营场所的,为主管省令的相关事项及各该规模以上的经营场所在主管省令期间排出的温室效应气体核算排放量的事项)。

(二)以格式条款合同为基础,使用特定的商标、商号或其他标识,指定销售商品或提供服务的方式,并持续进行经营指导事业,该条款中,针对相关事业加盟者(本款以下简称加盟者)设置的、主管省令规定相关事业(本款以下简称连锁化事业)的经营场所的温室气体排放事项的实施者(本款以下简称连锁化经营者),该加盟者所设置的该连锁化事业相关经营场所的经营活动,视为该连锁化经营者的经营活动,适用前款的规定。此情况下,同款中"设置经营场所的情形"指"设置经营场所的情形(包括下款规定的加盟者作为与同款规定的连锁化事业相关的设置经营场所的情况)"。

(三)本章所称"温室气体核算排放量",是指针对温室气体,将伴随特定排放者的经营活动的温室气体排放量以政令规定的方法计算所得的该物质排放量乘以该物质的全球变暖潜能值所得的值。

第二十七条 【权益保护相关请求】

(一)特定排放者认为根据前条第一款规定报告的温室气体核算排放量的信息公开后,有可能损害该特定排放者的权利、竞争地位以及其他正当利益(以下简称权益)的,可请求业务主管大臣不使用该温室气体核算排放量,而是将根据主管省令的相关规定合计的该特定排放者的温室气体核算排放量按照下条第一款的规定进行通知。

(二)特定排放者提出前款要求时,应根据前条第一款的规定报告,并按主管省令的规定附上理由。

(三)业务主管大臣若认可第一款规定的请求的,应当作出决定,并通知提出该申请的特定排放者。

(四)业务主管大臣不认可第一款规定的请求的,应当作出决定,并在作出决定后立即将该决定及其理由通知提出该请求的特定排放者。

(五)前两款规定的决定,应在第一款规定的请求提出之日起三十日内作出。

(六)虽有前款规定,业务主管大臣在事务处理上有困难或有其他正当理由的,可将前款规定的期限延长至三十日以内。

第二十八条 【报告事项的通知等】

(一)业务主管大臣收到依照第二十六条第一款规定的报告时,应当将相关报告事项通知环境大臣和经济产业大臣。

(二)依照前款规定的通知应以下列方式进行:

1. 未收到前条第一款规定的请求时,应当及时通知报告相关事项。

2. 收到前条第一款规定的请求,作出该条第三款决定时,应当及时通知该报告事项(关于该事项中该决定的温室气体核算排放量,根据该条第一款的主管省令的合计量,应以该特定排放者的温室气体核算排放量替代)。

3. 收到前条第一款规定的请求、作出第四条的决定时,应当在根据该款规定通知特定排放者之日起两周后,及时通知该报告相关事项。

(三)业务主管大臣收到第二十六条第一款规定的报告时,应当按照主管省令,及时对该报告所涉及的温室气体核算排放量进行统计。

(四)业务主管大臣应按照前款规定将统计结果及时通知环境大臣及经济产业大臣。但是,由于该统计结果的通知使得前条第三款的决定所涉及的特定排放者的权益有可能受到损害的,应当以主管省令规定的合计量代替该统计结果相关的温室气体核算排放量进行通知。

第二十九条 【报告事项的公开等】

(一)环境大臣及经济产业大臣对于根据前条第一款规定通知的事项,应按照环境省令、经济产业省令的规定及时记录在计算机的文件中,并将该文件中记录的事项予以公布。

(二)环境大臣及经济产业大臣根据环境省令、经济产业省令的规定,应当及时对依照前条第四款的规定通知的事项进行统计。此情况下,环境大臣及经济产业大臣为供统计之用,在向相关业务主管大臣确认第二十七条第三款决定所涉及特定排放者权益的保护不存在障碍的基础上,根据前条第三款的规定,可要求将统计结果中相关的温室气体核算排放量根据主管省令规定仅通知合计量。

(三)环境大臣和经济产业大臣应当根据环境省令、经济产业省令的规定,及时公布根据前款规定统计的结果。

第三十条及第三十一条 已删除

第三十二条 【情报的提供等】

(一)特定排放者根据主管省令,在第二十六条第一款规定的报告中,为有助于增进对根据第二十九条第一款及第三款规定公布信息的理解,可向业务主管大臣提供与该报告有关的温室气体核算排放量增减状况的信息及其他信息。

(二)业务主管大臣应当将根据前款规定提供的信息通知环境大臣及经济产业大臣。

(三)环境大臣及经济产业大臣对于根据前款规定通知的信息,应按照环境省令、经济产业省令的规定及时记录在计算机的文件中,并将该文件中记录的事项予以公布。

第三十三条 【技术建议等】主管大臣为确保温室气体核算排放量计算的适当实施或促进温室气体自主减排等,应对特定排放者提供必要的技术建议、信息以及其他援助。

第三十四条 【与《能源合理化使用与向非化石能源转换法》的关系】

(一)特定排放者根据《能源合理化使用与向非化石能源转换法(昭和五十四年〈1979年〉法律第四十九号)》第十六条第一款(包括根据该法第五十二条第一款规定重新解读后适用的情形)、该法第二十八条第一款(包括根据该法第五十二条第二款规定重新解读后适用的情形)、该法第四十条第一款(包括根据该法第五十二条第三款规定重新解读后适用的情形)、该法第八十四条第三款、该法第八十五条第三款,该法第八十六条第三款、该法第一百零七条第一款(包括根据该法第一百四十条第一款规定重新解读后适用的情形)、该法第一百一十五条第一款(包括根据该法第一百二十三条第一款规定重新解读后适用的情形)、该法第一百一十九条第一款(包括根据该法第一百二十三条第二款规定重新解读后适用的情形)、该法第一百三十一条第一款(包括根据该法第一百四十条第二款规定重新解读后适用的情形)、该法第一百三十六条第一款(包括根据该法第一百四十条第三款规定重新解读后适用的情形)或者该法第一百四十五条第一款的规定进行报告时,关于第二十六条至前条以及第六十四条规定的适用,该报告中涉及二氧化碳排放量事项的部分(该法第三十一条第二款规定的认证统管经营者、该法第一百一十七条第二款规定的认证统管货物持有人以及该法第一百三十四条第二款规定的认证统管货客运输经营者,限于经营者相关部分)视为对根据第二十六条第一款的规定伴随能源(指该法第二条第一款规定的能源,下款和下条中相同)使用产生的二氧化碳排放量的报告。此情况下,同款中"该特定排放者相关的业务主管大臣"除对于根据该法第十六条第一款(包括根据同法第五十二条第一款规定重新解读后适用的情形)、该法第二十八条第一款(包括根据该法第五十二条第二款规定重新解读后适用的情形)或该法第四十条第一款(包括根据该法第五十二条第三款规定重新解读后适用的情形)的报告,视为"《能源合理化使用与向非化石能源转换法(昭和五十四年〈1979年〉法律第四十九号)》第十六条第一款(包括根据该法第五十二条第一款的规定重新解读后适用的情况)、该法第二十八条第一款(包括根据该法第五十二条第二款的规定重新解读适用的情形)或该法第四十条第一款(包括根据该法第五十二条第三款的规定重新解读适用的情形)规定的主管大臣",对于根据该法第八十四条第三款、第八十五条第三款或第八十六条第三款规定的报告,视为"《能源合理化使用与向非化石能源转换法(昭和五十四年〈1979年〉法律第四十九号)》第八十四条第三款、第八十五条第三款或第八十六条第三款规定的主管大臣",对于根据该法第一百零七条第一款(包括根据该法第一百四十条第一款的规定重新解读适用的情形)、该法第一百三十一条第一款(包括根据该法第一百四十条第二款的规定重新解读适用的情形)、该法第一百三十六条第一款(包括根据该法第一百四十条第三款的规定重新解读适用的情形)或该法第一百四十五条第一款规定的报告,视为“国土交通大臣”,对于根据该法第一百一十五条第一款(包括根据该法第一百二十三条第一款的规定重新解读适用的情形)或该法第一百一十九条第一款(包括根据该法第一百二十三条第二款的规定重新解读适用的情形)规定的报告,视为“《能源合理化使用与向非化石能源转换法(昭和五十四年〈1979 年〉法律第四十九号)》第一百一十五条第一款(包括根据该法第一百二十三条第一款的规定重新解读适用的情形)或者该法第一百一十九条第一款(包括根据该法第一百二十三条第二款的规定重新解读适用的情形)规定的主管大臣”外,适用第二十六条至前条及第六十四条规定所需的技术性替换,由政令规定。

(二)由于《能源合理化使用与向非化石能源转换法》第三十一条第二款规定的认证管理统管经营者及同款第二项规定的管理相关经营者中包括特定排放者,该法第一百一十七条第二款规定的认证管理统管货物持有人及同款第二项规定的管理相关货物持有人或该法第一百三十四条第二款规定的认证管理统管货客运输经营者,及同款第二项规定的管理相关客货运输经营者中包含特定排放者,收到根据该法第四十条第一款(包括根据该法第五十二条第三款的规定重新解读后适用的情形)、该法第八十六条第三款、该法第一百一十九条第一款(包括根据该法第一百二十三条第二款的规定重新解读后适用的情形)或该法第一百三十六条第一款(包括根据该法第四十条第三款的规定重新解读后适用的情形)规定的报告的,针对第二十六条至前条以及第六十四条规定的适用,该报告中的有关管理相关经营者、有关管理相关货物持有人或有关管理相关货客运输经营者作为特定排放者的,涉及二氧化碳排放量的部分应视为第二十六条第一款规定的伴随能源使用产生的二氧化碳排放量的报告。此情况下,同款中“有关特定排放者相关的业务主管大臣”,除了对于根据该法第四十条第一款(包括根据该法第五十二条第三款的规定重新解读适用的情形)规定的报告应视为“《能源合理化使用与向非化石能源转换法(昭和五十四年〈1979 年〉法律第四十九号)》第四十条第一款(包括根据该法第五十二条第三款的规定重新解读适用的情形)规定的主管大臣”,对于根据该法第八十六条第三款规定的报告应视为“《能源合理化使用与向非化石能源转换法(昭和五十四年〈1979 年〉法律第四十九号)》第八十六条第三款规定的主管大臣”,以及对于根据该法第一百一十九条第一款(包括根据该法第一百二十三条第二款的规定重新解读后适用的情形)规定的报告应视为“《能源合理化使用与向非化石能源转换法(昭和五十四年〈1979 年〉法律第四十九号)》第一百一十九条第一款(包括根据该法第一百二十三条第二款的规定重新解读后适用的情形)规定的主管大臣”,以及对于根据该法第一百三十六条第一款(包括根据该法第一百四十条第三款的规定重新解读后适用的情形)规定的报告应视为“国土交通大臣”外,适用第二十六条至前条以及第六十四条规定所需的技术性替换,由政令规定。

第三十五条 【掌握二氧化碳排放量所必要的情报提供】向普通消费者提供能源业务的经营者,应当向供给对象提供使用供给能源产生的二氧化碳排放量的相关信息。

第三十六条 【经营者的经营活动相关计划】

(一)经营者应当就其经营活动,兼顾全球变暖对策计划的规定,单独或共同制定温室气体减排等措施(包括有助于他人温室气体减排等措施)的相关计划并公开。

(二)制定并公布前款计划的经营者,应当兼顾全球变暖对策计划的规定,单独或共同公布同款计划相关措施的实施情况。

第六章 股份有限公司脱碳化支援机构对目标经营活动的支援等

第一节 总 则

第三十六条之二 【机构目的】股份有限公司脱碳化支援机构是对温室气体减排等经营活动(包括有助于他人温室气体减排等的经营活动)以及支持该经营活动的经营活动(以下简称目标经营活动)提供资金及其他支持,谋求防止全球变暖和推进我国经济社会综合发展,并以为实现脱碳化社会做出贡献为目标的股份有限公司。

第三十六条之三 【数量】股份有限公司脱碳化支援机构(以下简称机构)仅能设立一个。

第三十六条之四 【政府持有股份】政府应当持续性持有相当于机构发行股份(对于股东大会可决议的全部事项,按规定不得行使表决权的股份种类除外,本条下同)总数的二分之一以上的股份。

第三十六条之五 【股份、公司债券及借款的批准等】

(一)机构对《公司法(平成十七年〈2005 年〉法律第八十六号)》第一百九十九条第一款规定的募集股份(第七十四条第一项所称募集股份)、该法第二百三十八条第一款规定的募集新股预约权(同项中的募集新股预约权)或该法第六百七十六条规定的募集公司债券(第三十六条之三十六以及同项所称“募集公司债券”)的认购人,在股票募集、交换和交付时计划发行股票、公司债券或新股预约权,或拟借入借款的,应当取得环境大臣的认可。

(二)机构依据新股预约权的行使发行股票时,应当及时向环境大臣申报。

(三)机构借款现值与公司债券本金相关债务现值之和,不得超过机构资本和准备金的总额乘以政令规定倍数所得数值。

第三十六条之六 【政府出资】政府认为有必要时,可在预算规定的金额范围内向机构出资。

第三十六条之七 【字号】

(一)机构应当在字号中使用股份有限公司脱碳化支援机构的字样。

(二)非机构主体在其名称中不得使用脱碳化支援机构字样。

第二节 设 立

第三十六条之八 【章程记载或记录事项】

(一)机构的章程除记载或记录《公司法》第二十七条各项所列事项外,还应记载或记录下列事项:

1. 机构设立时发行股票(以下简称设立时发行股票)的数量(拟将机构设立为种类股份发行公司的,为其种类的数量)。

2. 设立时发行股票的实缴金额(指设立时发行股票的一股股份换取的现金或给付的现金以外的财产数额)。

3. 政府获得分配的设立时发行股票数量(机构作为种类股份发行公司设立的,为其种类及各种类的数量)。

4.《公司法》第一百七十条第一款第一项所列事项。

5. 设立董事会及监事的内容。

6. 因第三十六条之二十三第一款各项所列业务届满而解散的内容。

(二)机构章程不得记载或记录下列事项:

1. 设立监察等委员会或《公司法》第二条第十二项所规定的指名委员会的内容。

2.《公司法》第一百三十九条第一款但书的其他规定。

第三十六条之九 【设立批准等】机构发起人制定章程,并在发起人认购设立时发行股票后,应当及时向环境大臣提交章程及经营计划书,申请批准设立。

第三十六条之十

(一)环境大臣接到根据前条规定提出的批准申请时,应当审查该申请是否符合下列标准:

1. 设立程序及章程的内容应当符合法令的规定。

2. 章程上未虚假记载或记录、虚假签名或记名盖章(包括《公司法》第二十六条第二款规定的代替签字或者记名盖章的措施)。

3. 确认业务运营健全,对目标经营活动的推进做出贡献。

(二)环境大臣根据前款规定进行审查的结果,认为该项申请符合同款各项所列标准的,应当批准设立。

第三十六条之十一　【设立时董事及监事的选任和解聘】《公司法》第三十八条第一款所规定的设立时董事,及同条第三款第二项规定的设立时监事的选任和解聘,未经环境大臣的认可,不产生效力。

第三十六条之十二　【《公司法》规定的替换】关于《公司法》第三十条第二款、第三十四条第一款、第五十九条第一款第一项及第九百六十三条第一款规定的适用,该法第三十条第二款中"前款经公证人认证的章程在股份有限公司成立前"替换为"《全球变暖对策推进法(平成十年〈1998 年〉法律第一百一十七号)》第三十六条之十第二款规定的批准后,股份有限公司脱碳化支援机构成立前,章程",该法第三十四条第一款中"认购设立时发行股票"替换为"《全球变暖对策推进法》第三十六条之十第二款中批准的",同项中"章程的认证年月日及进行认证的公证人的姓名"替换为"《全球变暖对策推进法》第三十六条之十第二款的批准的年月日",该法第九百六十三条第一款中的"第三十四条第一款"替换为"第三十四条第一款(包括根据《全球变暖对策推进法》第三十六条之十二的规定重新解读后适用的情形)"。

第三十六条之十三　【《公司法》规定适用的例外】机构的设立不适用《公司法》第三十条第一款和第三十三条的规定。

第三节　管　　理

第三十六条之十四　【董事和监事等的选任决议】机构的董事和监事的选任和解聘决议,未经环境大臣的许可,不产生效力。

第三十六条之十五　【董事等的保密义务】机构的董事、会计参与(会计参与为法人的,为应履行其职责的职员)、监事、职员或担任上述职务的人,不得泄露或盗用其职务上知悉的秘密。

第三十六条之十六　【脱碳化委员会的设置】机构设置脱碳化委员会(以下简称委员会)。

第三十六条之十七　【委员会的权限】委员会就下列事项作出决定:

1. 第三十六条之二十五第一款规定的目标经营活动支援的目标经营者及其支援内容的决定。

2. 第三十六条之二十七第一款规定的股份等或者债权的转让以及其他处理的

决定。

3. 除前两项所列事项外,《公司法》第三百六十二条第四款第一项及第二项所列事项中,根据董事会决议对委托事项的决定。

(二)就前款第一项和第二项所列决定,委员会视为接受董事会的委托。

第三十六条之十八 【委员会的组织】

(一)委员会,由担任董事的委员三人以上七人以下组成。

(二)委员中应当包括董事长及独立董事各一名以上。

(三)委员由董事会决议确定。

(四)委员的选任及解职决议,未经环境大臣许可,不产生效力。

(五)委员各自独立履行其职务。

(六)委员会设委员长,由委员互选决定。

(七)委员长总管委员会的会务。

(八)委员会应当事先从委员中指定一名委员,以在委员长出现无法履职事由时代行委员长职责。

第三十六条之十九 【委员会的运营】

(一)委员会由委员长(委员长出现无法履职事由时,由前条第八款规定的代行委员长职责者,下款及第三款相同)召集。

(二)委员会须在委员长出席、且在任委员总数的三分之二以上委员出席时,才能开会和决议。

(三)委员会的议事经出席委员的过半数通过决定。人数相等时,由委员长决定。

(四)对于依照前款规定作出的决议,有特殊利害关系的委员不得参与表决。

(五)前款规定不得参与表决的委员人数,不计入第二款规定的在任委员总数。

(六)监事应当出席委员会会议,认为有必要时,应当发表意见。

(七)被委员会选定的委员会委员,在作出第三款规定的决议后,应当及时向董事会报告决议内容。

(八)委员会的议事应根据环境省令的规定制作会议记录。会议记录以书面形式制作时,出席的委员及监事应当签名或盖章。

(九)前款的会议记录采用电磁记录(指以电子方式、磁力方式或其他人类无法识别的方式制作的记录,供计算机进行信息处理,本款以下及下条第二款第二项相同)的,对于该电磁记录所记录的事项,应当采取可替代环境省令规定的签名或者记名盖章的措施。

(十)除前各款及下条规定外,议事程序及其他委员会运营相关必要事项由委员会规定。

第三十六条之二十 【委员会的会议记录】

(一)机构应当在委员会成立之日起的十年内,将前条第八款规定的会议记录备置在其总部。

(二)股东为行使其权利,必要时经法院许可,可提出下列请求:

1. 前款会议记录以书面形式制作的,请求阅览或誊写该书面文件。

2. 前款会议记录以电磁记录的形式制作的,请求阅览或誊写依照环境省令规定的方法呈现的该电磁记录中记录的事项。

(三)债权人为追究委员的责任,必要时经法院许可,可就第一款的会议记录提出前款各项所列的请求。

(四)法院认为第二款各项所列请求或前款请求涉及的阅览或誊写,有可能对机构造成显著损害时,不得许可第二款或前款所列事项。

(五)第二款和第三款规定的许可准用《公司法》第八百六十八条第一款、第八百六十九条、第八百七十条第二款(限于第一项涉及部分)、第八百七十条之二、第八百七十一条正文、第八百七十二条(限于第五项涉及部分)、第八百七十二条之二、第八百七十三条正文、第八百七十五条及第八百七十六条的规定。

(六)董事可就第一款规定的会议记录提出第二款各项所列的请求。

第三十六条之二十一 【委员的登记】

(一)机构选定委员时,应当在两周内、在其总部所在地登记委员的姓名。委员的姓名发生变更时同样适用。

(二)根据前款规定的委员选定登记申请书,应当附有委员选定及被选定的委员承诺就职的书面证明。

(三)因委员卸任而变更登记的申请书上,应当附上相关证明的书面材料。

(四)机构应将被选定为委员的董事中属于独立董事的人登记为独立董事。

第三十六条之二十二 【章程的修改】变更机构章程的决议,未经环境大臣认可的,不发生效力。

第四节 业 务

第三十六条之二十三 【业务范围】

(一)机构为实现目标经营以下业务:

1. 向目标经营者{指依据第三十六条之二十五第一款的规定成为支援目标的经营者[根据《民法(明治二十九年〈1896 年〉法律第八十九号)》第六百六十七条第一

款规定的合伙协议成立的合伙企业、根据《商法(明治三十二年〈1899 年〉法律第四十八号)》第五百三十五条规定的匿名合伙协议成立的匿名合伙企业、根据《投资经营有限责任合伙协议法(平成十年〈1998 年〉法律第九十号)》第二条第二款规定的投资经营有限合伙企业,根据《有限责任经营合伙协议法(平成十七年〈2005 年〉法律第四十号)》第二条规定的有限责任经营合伙企业或根据外国法令设立的团体,包括与这些企业类似的团体。本章以下相同]下同}出资。

2. 向目标经营者的基金[指《一般社团法人及一般财团法人法(平成十八年〈2006 年〉法律第四十八号)》第一百三十一条规定的基金]捐赠。

3. 向目标经营者提供资金贷款。

4. 取得目标经营者发行的有价证券[指《金融商品交易法(昭和二十三年〈1948 年〉法律第二十五号)》第二条第一款各项所列的有价证券及根据同条第二款的规定被视为有价证券的权利,本项以下及第十二项后同]及目标经营者持有的有价证券。

5. 取得对目标经营者的货币债权及目标经营者持有的货币债权。

6. 为目标经营者发行的公司债券及资金借款相关债务提供担保。

7. 为目标经营者募集或私募有价证券(限于根据《金融商品交易法》第二条第二款的规定被视为有价证券的同款第五项或第六项所列权利)。

8. 向开展或拟开展目标经营活动的经营者派遣技术人员及其他专家。

9. 向开展或拟开展目标经营活动的经营者提出建议。

10. 向开展或拟开展目标经营活动的经营者进行知识产权[指《知识产权基本法(平成十四年〈2002 年〉法律第一百二十二号)》第二条第二款规定的知识产权及其在外国的同等内容,下项中相同]转让、设定或许可,或商业秘密[指《反不正当竞争法(平成五年〈1993 年〉法律第四十七号)》第二条第六款规定的商业秘密以及外国的同等内容,下项中相同]的披露。

11. 为前项所列业务必要的知识产权的取得、转让、设定或许可,或披露商业秘密。

12. 持有的股份、新股预约权、股权或有价证券(第三十六条之二十七中简称股份等)的转让及其他处理。

13. 债权的管理、转让及其他处理。

14. 与前列各项业务相关的必要的谈判及调查。

15. 为推进目标经营活动提供必要的调查和信息。

16. 前列各项业务的附带业务。

17. 除前列各项外,为达成机构目的的必要的业务。

(二)机构经营前款第十七项所列业务时,应当事先获得环境大臣的认可。

第三十六条之二十四 【支援标准】

(一)环境大臣应当确定机构在决定目标经营活动的支援(限于前条第一款第一项至第七项所列业务,以下简称目标经营活动支援)对象经营者以及该目标经营活动支援内容时应遵循的标准(本条以下和下条第一款中称为支援标准)。

(二)环境大臣根据前款规定决定支援标准时,应当事先与经济产业大臣以及目标经营活动支援的对象活动相关业务主管大臣进行协商。

(三)环境大臣根据第一款规定制定支援标准时,应当予以公布。

第三十六条之二十五 【支援决定】

(一)机构在进行目标经营活动支援时,应当根据支援标准,决定该目标经营活动支援的内容。

(二)机构拟决定是否支援目标经营活动时,应当事先通知环境大臣,并规定一定期间以给予其陈述意见的机会。

(三)环境大臣接到前款规定的通知时,应当及时将该内容通知与该目标经营活动支援的目标活动相关的业务主管大臣。

(四)根据前款规定接到通知的大臣认为有必要考虑该经营者所属经营领域的实际情况的,可在第二款规定的期间内,对机构提出意见。

第三十六条之二十六 【支援决定的撤回】

(一)有下列情形之一的,机构应当及时撤回根据前条第一款规定作出的决定(在下款中称为支援决定)。

1. 目标经营者不进行目标经营活动的。

2. 目标经营者接到破产程序开始的决定、重组程序开始的决定、重整程序开始的决定、特别清算开始的命令或外国破产处理程序批准的决定的。

(二)机构依照前款规定撤回支援决定的,应当及时通知目标经营者。

第三十六条之二十七 【股份等的转让及其他处理等】

(一)机构决定对其持有的目标经营者的股份等或债权进行转让及其他处理时,应当事先通知环境大臣,并规定一定期间以给予其陈述意见的机会。

(二)机构应当在考虑经济形势、目标经营者经营状况等因素的前提下,力争在令和三十三年〈2051 年〉三月三十一日之前将所持全部股份及债权进行转让及其他处理。

(三)机构提供债务担保的,作为担保对象的贷款的偿还期限,应当在令和三十三年〈2051 年〉三月三十一日之前。

第五节 国家援助等

第三十六条之二十八 【国家援助等】

(一)环境大臣和国家行政机关的负责人应当努力为机构和目标经营者提供必要的建议和其他帮助,以确保其工作能够顺利实施。

(二)除前款规定的事项外,环境大臣以及国家行政机关的负责人为促进机构以及目标经营者的业务顺利实施,应当相互协作。

第三十六条之二十九 【财政措施等】国家应当采取必要的财政及其他措施,以促进目标经营活动的支援以及其他有助于目标经营活动顺利实施的活动。

第六节 财务及会计

第三十六条之三十 【预算批准】

(一)机构在每个经营年度开始前,应当向环境大臣提交该经营年度的预算并获得批准。需要变更时同样适用。

(二)前款的预算中,应当附上该经营年度的经营计划及资金计划的相关文件。

第三十六条之三十一 【盈利分红等的决议】机构盈利的分红以及其他盈利的处理决议,未经环境大臣许可,不产生效力。

第三十六条之三十二 【财务报表】机构应当在每个经营年度结束后的 3 个月内,向环境大臣提交该经营年度的资产负债表、利润表以及经营报告书。

第三十六条之三十三 【政府担保】政府不受《政府对法人的财政援助限制法(昭和二十一年〈1945 年〉法律第二十四号)》第三条规定的限制,可在经国会表决金额范围内,就机构第三十六条之五第一款的公司债券或者借款相关债务订立保证合同。

第七节 监 督

第三十六条之三十四 【监督】

(一)机构由环境大臣依照本法规定进行监督。

(二)环境大臣认为有必要实施本法时,可对机构就其业务发出必要的监督命令。

第三十六条之三十五 【报告及检查】

(一)环境大臣认为有必要实施本法时,可要求机构报告其业务,或者让其职员进入该机构的营业场所、事务所等工作场所,检查账簿、文件及其他物件。

(二)根据前款规定入内检查的职员,应当携带表明其身份的证明文件,并向有关人员出示。

(三)第一款规定的入内检查权限,不应被理解为对犯罪调查的授权。

第三十六条之三十六 【与财务大臣的协商】环境大臣拟批准第三十六条之五第一款(限于募集公司债券的认购人拟进行募集、股份交换或股份交付时发行公司债券,或借入资金时)、第三十六条之十第二款、第三十六条之二十二、第三十六条之二十三第二款、第三十六条之三十第一款、第三十六条之三十一或第三十六条之三十九时,应当与财务大臣进行协商。

第三十六条之三十七 【关于业务成果的评价】

(一)环境大臣应当对机构每一经营年度的业务成果进行评价。

(二)环境大臣在进行前款评价时,应当及时通知机构评价结果,并予以公开。

第八节 解 散 等

第三十六条之三十八 【机构的解散】机构在第三十六条之二十三第一款所列各项业务完成后解散。

第三十六条之三十九 【合并等决议】机构的合并、分立、经营的转让或受让及解散决议,未经环境大臣许可,不产生效力。

第七章 全球变暖对策的普及启蒙等

第三十七条 【防止全球变暖活动推进员】

(一)都道府县知事及指定城市等的负责人(以下简称都道府县知事等)可从在推动致力于区域性普及全球变暖现状及全球变暖对策相关知识及推进全球变暖对策的活动中兼具热情和知识的人中委任防止全球变暖活动推进员。

(二)防止全球变暖活动推进员应进行下列活动:

1. 深化居民对全球变暖现状以及应对全球变暖重要性的理解。

2. 应居民的要求就日常生活相关温室气体减排等措施进行调查,并在调查的基础上提供指导和建议。

3. 向为全球变暖对策的推进开展活动的居民提供活动相关信息及其他协助。

4. 为国家或地方政府实行的温室气体减排等措施提供必要的协助。

第三十八条 【区域性防止全球变暖活动推进中心】

（一）都道府县知事等对于以通过进行全球变暖对策相关的普及启蒙谋求对防止全球变暖活动的促进为目的的一般社团法人、一般财团法人或《特定非营利活动促进法（平成十年〈1998 年〉法律第十号）》第二条第二款规定的特定非盈利活动法人，认定其能够适当且确实地开展下款规定业务的，可根据其申请将都道府县或指定城市等指定为区域性防止全球变暖活动推进中心（以下简称区域中心），各以一个为限。

（二）区域中心应在该都道府县或指定城市等区域开展下列业务：

1. 在开展以经营者和居民为对象，关于全球变暖的现状、全球变暖对策的重要性及温室气体减排等措施的教育活动和宣传活动的同时，协助防止全球变暖活动推进员和进行致力于推进全球变暖对策的活动的民间团体开展的活动。

2. 针对日常生活相关的温室气体减排等措施，根据咨询和协商提出必要的建议。

3. 根据前项规定的咨询和协商实例，对日常生活相关的温室气体排放的实际情况进行调查，并分析与该调查相关的信息和资料。

4. 为促进致力于推进全球变暖对策的居民活动，定期或适时提供根据前项规定分析的结果。

5. 为达成地方政府执行计划，该都道府县或指定城市等对施行的政策提供必要协助。

6. 前列各项业务的附带业务。

（三）都道府县知事等指定的区域中心除前款规定的业务外，还应就该都道府县区域内的负责人指定的区域中心的业务谋求沟通协调。

（四）都道府县知事等若认为指定相关区域中心的财产状况或事业运营需要改善的，可命令其采取必要的措施加以改善。

（五）都道府县知事等在指定相关区域中心违反前款规定的命令时，可撤销第一款的指定。

（六）区域中心的干部、职员或担任过上述职务的人不得泄露其获知的与第二款第二项或第三项所列业务或第六款所列业务（限于同款第二项或第三项所列的事业）相关的秘密。

（七）第一款指定的程序及其他区域中心的相关必要事项，由环境省令规定。

第三十九条 【全国防止全球变暖活动推进中心】

（一）环境大臣对于以通过进行全球变暖对策相关的普及启蒙谋求对防止全球

变暖活动的促进为目的的一般社团法人或一般财团法人,认定其能够适当且确实地开展下款规定业务的,可根据其申请指定全国防止全球变暖活动推进中心(以下简称全国中心),全国以一个为限。

(二)全国中心应进行下列业务:

1. 在两个以上的都道府县区域内开展关于全球变暖的现状、全球变暖对策的重要性及温室气体减排等措施的教育活动和宣传活动的同时,协助在两个以上的都道府县区域内开展致力于推进全球变暖对策的活动的民间团体的活动。

2. 根据日常生活中温室气体排放相关实例,对日常生活中有关温室气体减排等措施的促进方案进行调查研究。

3. 除前项所列内容外,还应进行有关全球变暖和全球变暖对策的调查研究,并收集、分析和提供信息及资料。

4. 收集并提供伴随日常生活使用排放温室气体的相关产品或服务的排放量信息。

5. 就区域中心的业务进行沟通协调,对从事该业务的人员进行培训,并对区域中心进行指导及其他帮助。

6. 前列各项业务的附带业务。

(三)环境大臣进行第一款的指定时,应当事先与相关行政机关的负责人协商。

(四)全国中心准用前条第四款、第五款和第七款的规定。此情况下,该条第四款中的"都道府县知事等"应重新解读为"环境大臣",该条第五款中"都道府县知事等"应重新解读为"环境大臣","第一款"应重新解读为"下条第一款",该条第七款中"第一款"应重新解读为"下条第一款"。

第四十条 【全球变暖对策区域协议会】

(一)地方政府、区域中心、防止全球变暖活动推进员、经营者、居民以及其他致力于全球变暖对策推进的人为协商日常生活相关温室气体减排等的必要措施,可组织全球变暖对策区域协议会(以下简称区域协议会)。

(二)对于在前款协议会议上达成协议的事项,区域协议会的组成人员应当尊重其协议结果。

(三)除前两款规定的事项外,区域协议会运营的相关必要事项,由地区协议会决定。

第四十一条 【环境大臣对防止全球变暖活动的促进】环境大臣与全国中心、地方政府、区域协议会及其他相关团体进行协作的同时,应促进对全球变暖现状和全球变暖对策相关知识的普及,和对全球变暖对策活动的推进。

第八章　森林等的吸收作用的保护

第四十二条　政府及地方政府为达成全球变暖对策计划规定的温室气体吸收量的相关目标，应以《森林·林业基本法（昭和三十九年〈1965 年〉法律第一百六十一号）》第十一条第一款规定的森林·林业基本计划及其他有关森林维护和保护或绿地保护和推进绿化的计划为基础，保护和强化温室气体的吸收作用。

第九章　配额账户簿等

第四十三条　【配额账户簿的制定等】

（一）环境大臣和经济产业大臣根据《京都议定书》第七条 4 基于配额计算方法的相关国际决定（以下简称配额计算方法的相关国际决定）制作配额账户簿，为取得、持有和转移核算配额（以下简称核算配额管理）而开设账户（以下简称管理账户）。

（二）配额账户簿全部使用磁盘（包括能按此方法确实地记录一定事项的物品）制成。

第四十四条　【核算配额的归属】核算配额的归属应当根据本章规定的配额账户簿记录确定。

第四十五条　【配额账户薄的记录事项】

（一）配额账户簿区分为下列账户：

1. 国家管理账户；

2. 在国内有总公司或主要事务所（以下简称总公司等）的法人（以下简称国内法人）的管理账户。

（二）前款第二项规定的管理账户按照该管理账户的持有人（指上述管理账户的开户人，以下简称账户持有人）区分。

（三）第一款第二项的管理账户，应记录下列事项：

1. 账户持有人的名称、代表人的姓名、总公司等所在地以及其他环境省令、经济产业省令规定的事项。

2. 持有的核算配额类别（指第二条第七款各项的类别，下同）的数量及识别编号［指《京都议定书》的缔约国或《气候公约》的秘书处（以下简称秘书处）为识别每个单位的核算配额所附上的文字和数字，下同］。

3. 前项的核算配额的全部或部分为信托财产时，为其主要内容。

4. 其他政令规定的事项。

第四十六条 【管理账户的开设】

(一)拟进行核算配额管理的国内法人,应当受领由环境大臣及经济产业大臣开设的管理账户。

(二)一个国内法人只能申请开设一个管理账户。

(三)申请开设管理账户的国内法人,应当向环境大臣及经济产业大臣提交申请书,载明其名称、代表人姓名、总部等所在地及其他环境省令、经济产业省令规定的事项。

(四)前款规定的申请书,应当附上章程、登记事项证明书以及其他环境省令、经济产业省令规定的文件。

(五)环境大臣和经济产业大臣收到根据第三款的规定提交的开设管理账户申请时,除该申请书或其附件中对重要事项有虚假记载外,应当及时开设管理账户。

(六)环境大臣和经济产业大臣根据前款规定开设管理账户时,应当将管理账户中核算配额管理的必要事项及时通知该账户持有人。

第四十七条 【变更的备案】

(一)账户持有人在其名称、代表人的姓名、总部等所在地及其他环境省令、经济产业省令规定的事项发生变更时,应当及时向环境大臣及经济产业大臣备案。

(二)环境大臣及经济产业大臣接到前款规定的申报的,应当及时变更该记录。

(三)前款规定的记录变更准用前条第六款的规定。

第四十八条 【过户手续】

(一)根据该条规定,核算配额的取得及转移(以下简称过户)应通过环境大臣及经济产业大臣在配额账户簿中记录有关该核算配额的减少或增加来进行。

(二)核算配额的过户申请由过户的管理账户中登记减少记录的账户持有人向环境大臣及经济产业大臣提出。

(三)提出前款申请的账户持有人(以下简称申请人)应在该申请中明示下列事项:

1. 在该过户中应记录减少或增加的核算配额的类别的数量及识别编号。

2. 根据该过户应该登记增加记录的管理账户(以下简称转入账户)。

3. 转入账户为国家管理账户的,该过户目的是否符合下列各项之一:

(1)撤销(根据配额计算方法的相关国际决定,核算配额不能用于履行基于《京都议定书》第三条规定的承诺)。

(2)出于履行下条第二款义务的目的。

(3)出于第一和二目所列目的以外的目的。

(四)提出第二款规定的申请时,除环境省令、经济产业省令规定的情况外,环境

大臣及经济产业大臣应及时采取下列措施:

1. 由申请人提供管理账户依前款第一项的核算配额减少的记录;

2. 由申请人提供转入账户依前款第一项的核算配额增加的记录。

(五)秘书处发出向配额账户簿中的管理账户转移核算配额的通知时,环境大臣及经济产业大臣应根据配额计算方法的相关国际决定记录该管理账户的核算配额的增加。

(六)核算配额的转移除根据第二款至前款的规定外,还可根据环境省令、经济产业省令的规定,由政府机关或公署委托环境大臣及经济产业大臣进行。

第四十九条 【植树造林事业涉及的认证减排相关措施】环境大臣及经济产业大臣接到秘书处基于植树造林事业涉及的认证减排的相关国际决定[指《京都议定书》第十二条3(b)规定的经认证的减排量中,关于新植树造林事业或重、再植树造林事业产生吸收量处理的国际决定,本款以下相同]发出的涉及特定认证减排量(指《京都议定书》第十二条3(b)规定的经认证的减排量中,根据植树造林事业相关经认证的减排量的国际决定,由环境省令、经济产业省令规定,本条下同)的森林灭失等配套措施的通知的,应根据环境省令、经济产业省令的规定,通知相关特定认证减排量的账户持有人限期向国家管理账户转移该通知涉及的特定认证减排量或与该通知涉及的特定认证减排量等量的核算配额(环境省令、经济产业省令规定的除外,下款中相同)。

第五十条 【核算配额转让的生效要件】根据基于第四十八条规定的过户,核算配额的转让仅在受让人在其管理账户中收到转让相关核算配额的增加记录的情况下生效。

第五十一条 【质权设立的禁止】核算配额不能作为质押的标的。

第五十二条 【核算配额信托的对抗要件】根据政令规定,关于核算配额,信托的受托人应当在其管理账户依照第四十五条第三款第三项的规定进行记录,否则不能对抗第三人。

第五十三条 【持有的推定】国家或账户持有人,推定其管理账户中记录的核算配额为合法持有。

第五十四条 【善意取得】基于第四十八条(第五款除外)的规定,通过转移在该管理账户中得到核算配额增加记录的国家或账户持有人将取得该核算配额。但是,国家或者该账户持有人恶意或者有重大过失的除外。

第五十五条 【配额账户簿中记录事项的证明请求】账户持有人可请求环境大臣和经济产业大臣提供证明其管理账户中记录在配额账户簿中的事项的书面文件。

第五十六条　【责令和命令】

(一)环境大臣及经济产业大臣在账户持有人无正当理由不向第四十九条第二款规定的国家管理账户转移时,可责令该账户持有人限期转移。

(二)环境大臣和经济产业大臣在账户持有人收到前款规定的责令后无正当理由不采取该责令相关措施时,可命令该账户持有人限期采取责令相关措施。

第五十七条　【对环境省令和经济产业省令的授权】除本章规定的事项外,配额账户簿中管理账户的开设和核算配额管理以及其他执行本章规定的必要事项,由环境省令、经济产业省令规定。

第十章　其他规定

第五十八条　【措施实施情况的掌握等】政府为有助于地方政府及民间团体等自行掌握和评价温室气体减排等措施(包括有助于他人温室气体减排等措施)的实施状况,应当致力于开发掌握和评价的方法以及普及其成果。

第五十九条　【促进温室气体减排的日常生活用产品的普及】政府应当努力采取必要措施,以促进使用温室气体排放量更少的光源替代白炽灯,以及促进温室气体排放量更少的日常生活用产品的普及。

第六十条　【本法施行时的考虑】环境大臣及经济产业大臣施行本法时,应当适当考虑促进经营者自主取得核算配额并转移到国家管理账户,以及经营者所为有助于他人温室气体减排等的措施。

第六十一条　【相关行政机关的协助】

(一)环境大臣为达到本法目的认为有必要的,可要求相关行政机关的负责人就有助于温室气体减排等措施的实施和全球变暖对策的推进提供必要协助。

(二)环境大臣为达本法目的认为有必要的,可要求相关地方政府负责人提交必要的资料或进行说明。

第六十二条　【手续费】根据政令规定,下列人员应当在考虑实际费用的基础上缴纳政令规定数额的手续费。

1. 第四十六条第三款规定的申请开设管理账户的主体。

2. 第四十八条第二款规定的提出过户申请的主体。

3. 第五十五条规定的请求交付书面材料的主体。

第六十三条　【过渡措施】基于本法规定制定、变更或废除命令时,可通过该命令,在伴随其制定、变更或废除而判断为合理必要的范围内规定所需的过渡措施。

第六十四条 【主管大臣等】

(一)本法规定的主管大臣为环境大臣、经济产业大臣及业务主管大臣。

(二)本法规定的主管省令是由环境大臣、经济产业大臣以及业务主管大臣发布的命令。

(三)内阁总理大臣将本法规定的权限(限于金融厅主管的相关部分,由政令规定的除外)委任给金融厅长官。

(四)根据本法,环境大臣、农林水产大臣、国土交通大臣及主管大臣的权限可分别委派给地方派出机关的负责人,其中环境大臣的权限根据环境省令规定,农林水产大臣的权限根据农林水产省令规定,国土交通大臣的权限根据国土交通省令规定,主管大臣的权限根据主务省令规定。

(五)金融厅长官根据政令规定,可将第三款规定委任的部分权限委任给财务局长或财务分局长。

第六十五条 【事务的分类】根据本法规定,由都道府县或市町村处理的事务中,下列事项为《地方自治法》第二条第九款第一项所规定的首项法定受托事务。

1. 根据第二十二条之二第四款第三项(包括准用第二十二条之三第五款和第二十二条之四第二款的情形)规定,由都道府县处理的事务[对于私有林(指《森林法》第二条第三款规定的私有林),限于为达成该法第二十五条第一款第一项至第三项所列目的在指定的防护林中采取的行为涉及区域脱碳化促进事业计划的相关事务]。

2. 根据第二十二条之二第四款第四项和第十一款第三项(包括这类规定准用第二十二条之三第五款和第二十二条之四第二款的情形)的规定由都道府县处理的事务(限于为同一经营目的将四公顷以上的耕地转化为非耕地的行为,或为同一经营目的,取得四公顷以上的耕地或计入该耕地的采草或放牧牲畜的土地上根据《耕地法》第三条第一款正文所规定权利的行为涉及区域脱碳化促进事业计划的相关事务)。

3. 根据第二十二条之二第四款第七项(包括准用第二十二条之三第五款和第二十二条之四第二款的情形)的规定,由都道府县或指定城市处理的事务。

4. 根据第二十二条之二第四款第八项(包括适用于第二十二条之三第五款和第二十二条之四第二款的情形)的规定由都道府县处理的事务(限于《废弃物处理及清扫法》第十五条之三第一款的相关事务)。

5. 根据第二十二条之二第九款第二项(包括准用第二十二条之三第五款和第二十二条之四第二款的情形)的规定由都道府县处理的事务。

6. 根据第二十二条之二第十五款(包括准用第二十二条之三第五款和第二十二

条之四第二款的情形)重新解读后准用第二十二条之二第九款第二项的规定由指定市町村处理的事务。

7. 根据第二十二条之二第十五款(包括适用于第二十二条之三第五款和第二十二条之四第二款的情形)重新解读适用于第二十二条之二第十一款第三项的规定,由指定市町村处理的事务(限于为同一经营目的将四公顷以上的耕地转化为非耕地的行为,或为同一经营目的,取得四公顷以上的耕地或计入该耕地的采草或放牧牲畜的土地上根据《耕地法》第三条第一款正文所规定权利的行为涉及区域脱碳化促进事业计划的相关事务)。

第十一章　罚　　则

第六十六条

(一)机构的董事、会计参与(会计参与为法人的,为应履行其职责的职员,第七十条和第七十四条中相同)、监事或职员或担任上述职务的人收受贿赂、提出要求或作出承诺的,处三年以下拘禁刑。因此有不正当行为或未作出相当行为的,处五年以下拘禁刑。

(二)前款规定的情况下,对犯人收取的贿赂予以没收。不能全部或者部分没收的,追缴其价额。

第六十七条

(一)前条第一款规定的行贿、提出要求或作出承诺的人,处三年以下拘禁刑或者一百万日元以下罚金。

(二)犯前款罪的人自首的,可以减轻或者免除刑罚。

第六十八条

(一)第六十六条第一款之罪,同时适用于在日本国外犯同款罪之人。

(二)前条第一款之罪,依照《刑法(明治四十年〈1907 年〉法律第四十五号)》第二条的判例处理。

第六十九条　违反第三十六条之十五的规定,泄露或盗用因其职务获悉的秘密的人,处一年以下的拘禁刑或者五十万日元以下的罚金。

第七十条　不作第三十六条之三十五第一款规定的报告、虚假报告,或拒绝、妨碍或者逃避同款规定的检查的,对有违规行为的机构的董事、会计参与、监事或者职员,处五十万日元以下的罚金。

第七十一条　虚假进行第四十六条第三款规定的申请的,对有违规行为的人处五十万日元以下的罚金。

第七十二条

(一)不作第二十二条之十四规定的报告或作虚假报告的,对有违规行为的人处三十万日元以下的罚金。

(二)违反第三十八条第六款规定的,处三十万日元以下罚金。

第七十三条 法人代表、法人或个人的代理人、雇工或者其他工作人员针对该法人或者个人的业务有违反第七十一条或者前条第一款规定行为的,除处罚行为人之外,对该法人或者个人分别处以本条的刑罚。

第七十四条 符合下列各项之一的,对有违规行为的机构的董事、会计参与或监事处一百万日元以下的过失罚款:

1. 违反第三十六条第五款的规定,由募集股份、新股预约权或公司债券的认购人进行募集、在股票交换或者股票交付时发行股票、公司债券或者新股预约权,或者借入资金的。

2. 违反第三十六条之五第二款的规定未进行股票发行申报的。

3. 违反第三十六条之二十一第一款或者第四款的规定怠于登记的。

4. 违反第三十六条之二十三第二款的规定开展业务的。

5. 违反第三十六条之二十五第二款或第三十六条之二十七第一款的规定,未通知环境大臣的。

6. 违反第三十六条之三十第一款的规定,预算未经许可的。

7. 违反第三十六条之三十二的规定,不提交资产负债表、利润表或者经营报告书,或者提交虚假记载或记录的。

8. 违反第三十六条之三十四第二款规定的命令的。

第七十五条 符合下列各项之一的,处二十万日元以下的过失罚款:

1. 不作第二十六条第一款规定的报告或作虚假报告的;

2. 不进行第四十七条第一款规定的申报或虚报申报的;

3. 违反第五十六条第二款规定的命令的。

第七十六条 违反第三十六条之七第二款的规定,在名称中使用脱碳化支援机构字样的,处十万日元以下过失罚款。

附　则

第一条 【施行日期】本法在公布之日起不超过六个月的范围内自政令规定之日起施行。但第一条、第二条第一款、第二款、第四款以及第三条至第六条的规定自公布之日起施行。

第二条 【研究】政府应当就正确使用《京都议定书》第十二条1规定的低排放型开发制度的机制的理想状态加以研究,并根据其结果采取必要的措施。

第三条

(一)针对经营者的温室气体排放量及其他伴随经营活动排放的温室气体的相关信息,政府在进行投资、产品利用及其他行为时,应当就以利用该信息的经营者、公民等为对象进行该业务活动的经营者提供此类信息的理想方式进行研究,并根据结果采取必要措施。

(二)政府应当从控制日常生活相关温室气体排放的观点出发,对促进改善公民生活方式等的必要措施进行研究,并根据结果采取必要措施。

第四条 政府应在令和七年〈2025年〉之前,立足长远,结合国际公认知识,对本法的施行状况进行研究,基于研究的结果,采取法律和制度上的措施及其他必要措施。

日本气候变化适应法①

気候変動適応法

平成三十年法律第五十号

第一章 总 则

第一条 【目的】鉴于因全球变暖[指《全球变暖对策推进法》(平成十年第一百一十七号法)第二条第一款规定的全球变暖]和其他气候变化(以下简称气候变化)导致的对生活、社会、经济和自然环境的气候变化影响正在发生,并可能会长期蔓延,以制定气候变化适应计划,通过提供气候变化影响和气候变化适应相关信息,推进中暑防治措施执行计划并采取其他必要措施,适应气候变化,从而以为确保公民现在及未来的健康和文化生活作出贡献为目的制定本法。

第二条 【定义】

(一)本法所称气候变化影响,是指因气候变化导致人类健康和生活环境的恶化、生物多样性的下降,以及其他在生活、社会、经济以及自然环境方面的影响。

(二)本法所称气候变化适应,是指为应对气候变化影响,谋求防止或减轻由此造成的损害方法,以及稳定生活,促进社会或经济健康发展,或者保护自然环境的其他努力。

(三)本法所称"中暑防治措施",指国家或地方政府为防止中暑对人体健康造成损害而在气候变化适应中采取的措施,以及经营者或公民采取的措施。

第三条 【国家的责任义务】

(一)国家应当加深对气候变化、气候变化影响和气候变化适应(以下简称气候变化等)的科学认识,并加以有效利用,综合制定和推进气候变化适应相关对策。

---

① 法案原文来自日本政府法令检索官网(e-Gov 法令検索),网址:https://elaws.e-gov.go.jp/document?lawid=430AC0000000050_20181201_000000000000000&keyword=気候変動適応法。本法案根据日文版本翻译,以2023年最新修订版(令和五年六月一日)为准。翻译:唐寅智;校对:石鑫鉴。

(二)国家为推进气候变化适应相关对策,促进地方政府气候变化适应相关对策,以及经营者、公民及上述主体组织的民间组织(以下简称经营者等)为促进适应气候变化和有助于适应气候变化的业务活动,应努力确保收集、整理、分析和提供有关气候变化等信息的执行系统,并努力采取其他措施。

第四条 【地方政府的责任和义务】

(一)地方政府应根据本地区的自然、经济以及社会状况,努力推进气候变化适应相关对策。

(二)地方政府应努力提供前款规定的对策相关信息并采取其他措施,以促进该区域经营者等适应气候变化和有助于适应气候变化的经营活动。

第五条 【经营者的努力】为顺利开展经营活动,经营者应当根据经营活动内容,努力适应气候变化,并努力配合国家和地方政府气候变化适应相关对策。

第六条 【公民的努力】公民应当在加深对气候变化适应重要性的关注和理解的同时,努力配合国家以及地方政府气候变化适应相关对策。

第二章 气候变化适应计划

第七条 【气候变化适应计划的制定】

(一)政府应当制定气候变化适应相关计划(以下简称气候变化适应计划),以全面、系统地推进气候变化适应相关对策。

(二)气候变化适应计划应当围绕以下事项制定:

1. 计划期间;

2. 气候变化适应相关对策的基本方向;

3. 气候变化科学知识的认识深化和有效利用相关事项;

4. 确保气候变化信息的收集、整理、分析以及提供的实施机制相关事项;

5. 国立研究开发法人国立环境研究所(以下简称研究所)在气候变化适应推进中应发挥的作用的相关事项;

6. 地方政府促进气候变化适应相关对策的相关事项;

7. 促进经营者等适应气候变化和有助于适应气候变化的经营活动的相关事项;

8. 确保气候变化等的国际合作以及促进国际协作的相关事项;

9. 确保相关行政机关就推动气候变化适应相关对策的相互协同合作的有关事项;

10. 第十六条第一款规定的中暑防治措施执行计划的基本事项;

11. 其他气候变化适应的相关重要事项。

（三）环境大臣应当拟定气候变化适应计划并征求内阁决定。

（四）环境大臣拟定气候变化适应计划前，应当与相关行政机关负责人协商。

（五）环境大臣应在内阁根据第三款作出决定时及时公布气候变化适应计划。

第八条　【气候变化适应计划的变更】

（一）政府应当根据最新的第十条第一款规定的气候变化影响综合评估和其他情况，对气候变化适应计划进行审查，认为有必要的，应当及时修改。

（二）气候变化适应计划的变更，适用前条第三至五款的规定。

第九条　【评价方法的开发】政府应通过实施气候变化适应计划，努力开发能更准确掌握和评估气候变化适应进展的方法，以促进前条第一款规定的审查。

第十条　【气候变化影响的评估】

（一）环境大臣大致每五年听取一次中央环境审议会的意见，根据对气候变化以及多领域气候变化影响的观测、监测、预测并评估相关的最新科学知识，编制气候变化影响综合评估报告并公布。但是，由于科学知识的丰富及其他情况，认为有必要的，即使未至期限亦可实施上述行为。

（二）环境大臣在编制前款报告书时，应当事先与相关行政机关负责人进行协商。

第三章　气候变化适应的推进

第十一条　【研究所推进气候变化适应的业务】

（一）研究所根据气候变化适应计划开展下列业务：

1. 收集、整理、分析、提供气候变化影响及气候变化适应的相关信息；

2. 为都道府县及市町村制定或推进下条规定的区域气候变化适应计划提供相关技术咨询和其他技术援助；

3. 向第十三条第一款规定的区域气候变化适应中心提供相关技术咨询和其他技术援助；

4. 前三项业务的附随业务。

（二）研究所应注意每个公民在日常生活中可能获得的气候变化影响信息的有用性，并努力与进行气候变化相关调查研究或技术开发等的国家机构或独立行政机构[《独立行政法人通则法》（平成十一年第一百零三号法）第二条第一款规定的独立行政法人]（第十四条第二款称为调查研究等机关）合作。

（三）环境大臣可就第一款各项所列业务向研究所提供必要建议。

第十二条　【区域气候变化适应计划】都道府县以及市町村为推进适应当地自

然、经济和社会条件的气候变化适应相关对策,可以单独或共同制定气候变化适应计划和区域气候变化适应计划(指根据该地区的自然、经济和社会条件制定的气候变化适应计划)。

第十三条 【区域气候变化适应中心】

(一)都道府县以及市町村为促进本区域适应气候变化,可以单独或共同确保建立以气候变化影响和气候变化适应信息的收集、整理、分析、提供和技术咨询为基础功能的机制(下一款以及下一条第一款称为区域气候变化适应中心)。

(二)区域气候变化适应中心应当与研究所共享收集的信息和整理分析结果。

第十四条 【气候变化适应区域协议会】

(一)地方环境事务所和其他的国家地方行政机关、都道府县、市町村、区域气候变化适应中心、经营者等和其他气候变化适应相关人员为展开广泛合作,就气候变化适应问题进行必要讨论,可以组织成立气候变化适应区域协议会(以下简称协议会)。

(二)协议会认为必要的,可以要求研究所及调查研究等机关提供资料,陈述意见,并对此进行说明及提供其他协助。

(三)协议会成员应当尊重协议会关于调查事项的讨论结果。

(四)协议会的一般事务由地方环境事务所处理。

(五)前述各款规定以外的有关协议会运营的必要事项,由协议会决定。

第十五条 【相关对策的合作】国家和地方政府推进气候变化适应相关对策时,应努力与防灾相关对策、农林渔业振兴相关对策、生物多样性保护相关对策及其他相关措施做好衔接。

第十六条 【中暑防治措施执行计划的制定】

(一)为根据气候变化适应计划,有针对性、有计划地推进中暑防治措施,政府应当制定《中暑防治措施执行计划》(本条及下条称中暑防治措施执行方案)。

(二)中暑防治措施执行计划应规定下列事项:

1. 计划期间;

2. 中暑防治措施执行计划的推进目标;

3. 实现前款目标所需的国家及地方政府的措施事项;

4. 经营者及公民中暑防治措施的内容事项;

5. 相关独立行政法人环境再生保护机构应就中暑防治措施发挥作用的事项;

6. 其他实施中暑防治措施执行计划的必要事项。

(三)中暑防治措施执行计划的制定准用第七条第三款至第五款的规定。

第十七条【中暑防治措施执行计划的修改】

（一）政府应考虑中暑对人体健康造成损害的情况和其他情况，对中暑防治措施执行计划加以讨论，认为有必要的，应及时修改。

（二）中暑防治措施执行计划的修改准用第七条第三款至第五款的规定。

第四章　补充规定

第二十五条　【观测等的推进】国家应当努力推进以科学知识为基础的气候变化适应工作，推动对气候变化以及对多领域气候变化影响的观测、监测、预测和评估，以及相关调查研究和气候变化适应的技术开发。

第二十六条　【经营者和公民的理解增进】国家应努力采取措施，加深经营者和公民对宣传活动、教育活动以及其他气候变化适应重要性的关注和理解。

第二十七条　【国际合作的推进】国家应当在完善气候变化等信息国际共享体系的同时，促进发展中地区气候变化适应的技术合作和其他国际合作。

第二十八条　【国家援助】国家应当努力提供信息和其他帮助，以促进地方政府的气候变化适应对策和经营者等的气候变化适应及有助于气候变化适应的经营活动。

第二十九条　【相关行政机关等的协作】环境大臣为实现本法目的，认为有必要的，可以要求相关行政机关或地方政府的负责人提供材料、陈述意见或提供其他协助。

附则（令和五年五月十二日第二十三号法律）

第一条　【施行日期】本法自公布之日起一年内，自政令规定之日起施行。但下列各项规定自规定日期起施行。

1.下条至附则第四条的规定：公布之日；

2.《气候变化适应法》第一条中目录的修改规定、第一条的修改规定，第二条增加一款的修改规定，第七条第二款的修改规定，第二十条作为第二十九条、第十九条作为第二十八条、第十八条作为第二十七条的修改规定，修改第十七条作为第二十六条、第十六条作为第二十五条的修改规定（修改第十七条的部分除外）；以及该法第三章增加一节的修改规定（仅限于第十六条和第十七条的相关部分）：自公布之日起一个月内，政令规定之日。

第二条　【准备行为】

（一）即使在前条第二项所列规定施行之日（本条以下简称第二项施行日）前，

政府亦可照例根据第一条规定(以同项所列修改规定为限)修改后的《气候变化适应法》(本条以下简称《新气候变化适应法》)第七条第二款及第八条的规定,修改气候变化适应计划。该情况下,即使在第二项实施日前,环境大臣亦可照例根据该条第二项中准用的《新气候变化适应法》第七条第五项的规定予以公布。

(二)即使在第二项实施日前,政府亦可照例根据《新气候变化适应法》第十六条的规定,制定中暑防控措施执行计划。此情况下,即使在第二项实施日前,环境大臣亦可照例根据该条第三款中准用的《新气候变化适应法》第七条第五款的规定予以公布。

(三)根据第一款的规定修改的气候变化适应计划及根据前款的规定制定的中暑防控措施执行计划,视为在第二项实施日分别根据《新气候变化适应法》第八条及第十六条的规定修改或制定。

第三条　【政令】除前两条规定外,与本法施行相关的必要过渡措施由政令规定。

韩国应对气候危机的碳中和绿色增长基本法①

기후위기 대응을 위한탄소중립·녹색성장 기본법

第 18469 号法律,2021 年 9 月 24 日

第 1 章　总　　则

第 1 条　(目的)

本法旨在强化削减温室气体和适应气候变化的政策措施,以防止气候危机的严重影响,解决在碳中和社会转型过程中可能出现的经济、环境和社会不平等,并通过培育、促进和振兴绿色技术及绿色产业,谋求经济和环境的和谐发展,从而提高当代人和后代人的生活质量,保护生态系统和气候系统,并为国际社会的可持续发展作出贡献。

第 2 条　(定义)

本法使用术语定义如下:

(1)"气候变化"指由人类活动导致温室气体浓度变化引起的、在相当长一段时间内观测到的自然气候变化之外的气候系统变化。

(2)"气候危机"指极端天气、干旱、粮食短缺、海洋酸化、海平面上升、生态系统崩溃等给人类文明带来不可逆转风险而需要从根本上削减温室气体的状态。

(3)"碳中和"指排放、释放或泄漏到大气中的温室气体量与温室气体吸收量相抵消,排放成为净零的状态。

(4)"碳中和社会"指人们降低或消除对化石燃料的依赖,为适应气候危机和公正过渡奠定财政、技术、制度等方面的基础,以顺利实现碳中和,并防止和最小化这一过程中可能出现的损害和不利影响。

---

① 本法 2021 年 9 月 24 日颁布,原文来自韩国法制研究院(한국법제연구원, KLRI),网址:https://elaw.klri.re.kr/kor_service/lawView.do?hseq=59958&lang=ENG。本法案以韩文文本进行翻译。翻译:唐寅智;校对:杨浩。

(5)“温室气体”指大气中任何吸收或再释放红外线辐射造成温室效应的气态物质,包括二氧化碳(CO_2)、甲烷(CH_4)、一氧化二氮(N_2O)、氢氟碳化物(HFCs)、全氟碳化物(PFCs)、六氟化硫(SF_6)以及总统令规定的其他物质。

(6)“温室气体排放”指在人类活动过程中排放、释放或泄漏温室气体等直接排放,以及使用他人提供的电力或热能(仅限于以燃料或电力为热源的热能)引起的温室气体间接排放。

(7)“温室气体减排”指为减缓或延迟气候变化而减少温室气体排放量或吸收温室气体的各种活动。

(8)“温室气体吸收”指通过土地利用、土地利用变化、林业活动等方式从大气中移除温室气体。

(9)“新能源和可再生能源”指《促进新能源及可再生能源开发、使用与供给法》第 2 条第 1 项和第 2 项定义的新能源和可再生能源。

(10)“能源转型”指为应对气候危机(指温室气体减排、应对气候危机和建立相关的基础设施等应对气候危机的一系列活动,下同),并追求环境性、安全性、能源保障和可持续性而进行转型的整套实现能源生产、运输和消费的系统。

(11)“适应气候危机”指为减少气候危机的脆弱性,提高对气候危机造成的健康损害和自然灾害的适应性和修复力,尽量减少气候危机目前或可预见的连锁反应及影响,或将其转化为机遇的各种活动。

(12)“气候正义”指承认各社会阶层对造成气候变化的温室气体排放负有不同的责任,并确保所有利害关系人平等且实质性参与克服气候危机的决策过程,根据其对气候变化所负责任,公平分配碳中和社会转型的负担和绿色增长的利益,从而确保社会、经济平等及代际平等。

(13)“公正过渡”指为保护在碳中和社会转型过程中可能遭受直接或间接损害的地区或行业的工人、农民、中小工商业者等制定的政策方向,由社会共担过渡过程中的成本,实现对弱势社会群体损害的最小化。

(14)“绿色增长”指经济与环境相协调的增长,可以通过节约和有效利用能源和资源减缓气候变化和环境破坏,并通过研究和开发清洁能源及绿色技术确保新的增长动力和创造就业机会。

(15)“绿色经济”指逐步淘汰化石燃料的使用,培育绿色技术和绿色产业,以加强国家竞争力和追求可持续发展的经济。

(16)“绿色技术”指应对气候变化的技术(指《应对气候变化技术开发促进法》第 2 条第 6 项定义的应对气候变化的技术),有效利用能源技术,清洁生产技术,新能源和可再生能源技术,资源循环技术(指《资源循环基本法》第 2 条第 1 项定义的资源循环，下同），环境友好型技术（包括相关融合技术）等社会、经济活动全过程中通过替代使用化石燃料，有效利用能源和资源，实现碳中和，促进绿色增长的技术。

（17）“绿色产业”指通过取代使用产生温室气体排放的化石燃料，提高能源和资源的使用效率，以及生产可改善环境的商品或提供此类服务，实现碳中和及促进绿色增长的各种产业。

第3条 （基本原则）

碳中和社会过渡和绿色增长应遵循以下基本原则：

（1）代际公平性原则和可持续发展原则，即当代应为保障下一代的生存承担责任。

（2）在理性认识全球气候危机的严重性和国际经济环境变化的基础上，作为综合性危机应对战略的碳中和社会转型及绿色增长。

（3）根据对气候变化的科学预测和分析，以全面考虑对气候危机的影响或受气候危机影响的所有领域为基础，制定温室气体减排和适应气候危机的政策。

（4）为追求能使得气候危机产生的责任和利益在全社会的均衡分配的气候正义，在克服气候危机和社会性不平等的同时，保护在碳中和社会化过程中可能遭受损害的弱势群体、薄弱环节、薄弱地区等，以实现公正过渡。

（5）为使环境污染或温室气体排放产生的经济成本合理反映在商品或服务的市场价格中，应调整税收体系和金融体系等，以体现污染者负担原则。

（6）通过碳中和社会转型，克服气候危机，同时加强对具有发展潜力和竞争力的绿色技术和绿色产业的投资和支持，以增强国家发展动力，增强国际竞争力，并利用其作为创造就业岗位的机会。

（7）在碳中和社会转型和促进绿色增长过程中，保障全体公民民主参与。

（8）基于气候危机是全人类共同面临的问题的认识，积极参与国际社会努力，将全球平均气温上升幅度限制在与工业化前相比的1.5摄氏度以内，不妨碍发展中国家的环境和社会正义，加强合作以应对气候危机。

第4条 （国家和地方政府的职责）

1. 国家和地方政府应努力使经济、社会、教育、文化等所有部门反映第3条规定的基本原则，并创造完善相关法令、财政投资、设施和系统构筑等各种条件。

2. 国家和地方政府在各种计划的制定和项目的执行过程中，应综合考虑对气候危机的影响和经济与环境的协调发展等因素。

3. 地方政府在制定并施行碳中和社会转型和促进绿色增长的措施时，应考虑该地方政府的地域特点和条件等。

4. 国家和地方政府应定期检查应对气候危机的政策，评估其实施成果，分析国际谈判的动向和主要国家及地方政府的政策,制定周密的对策。

5. 国家和地方政府应采取必要措施,强化《公共机构管理法》第 4 条规定的公共机构(以下简称公共机构)和企业及公民有效减少温室气体和适应气候危机的能力。

6. 国家和地方政府应根据气候正义和公正过渡的原则,保护公民的安全和财产不受气候危机的影响。

7. 国家和地方政府应推动对气候变化现象的科学研究和影响预测等,向公民和企业透明地提供相关信息,确保其积极参与并配合决策过程。

8. 国家和地方政府应能动参与国际碳中和社会转型和绿色增长进程,积极推动为发展中国家提供政策、技术、财政支持等应对气候危机的国际合作。

9. 国家和地方政府应积极培养推动碳中和社会转型和绿色增长等应对气候危机所需的专业人才。

第 5 条 (公共机构、企业和公民的责任)

1. 公共机构应积极配合国家和地方政府实施碳中和社会转型的措施,通过优先购买第 66 条第 4 款规定的绿色产品等,引导扩大绿色技术、绿色产业的投资和就业,在预算的制定和执行、项目的选定和推进等所有活动中,应努力将气候危机带来的影响降至最低。

2. 企业应根据第 55 条规定的绿色经营,最小化因日常经营活动产生的温室气体排放,扩大对绿色技术的研究开发和绿色产业的投资及就业,参与国家和地方政府的政策并予以协助。

3. 公民应在家庭、学校及工作场所等积极践行第 67 条第 1 款规定的绿色生活,参与国家和地方政府的政策并予以协助。

第 6 条 (与其他法案的关系)

关于碳中和社会转型和促进绿色增长,除其他法律有特殊规定外,按照本法规定执行。

第 2 章 国家愿景和温室气体减排目标

第 7 条 (国家愿景及国家战略)

1. 政府以 2050 年前实现碳中和为目标向碳中和社会转型,以谋求环境与经济协调发展为国家愿景。

2. 为实现第 1 款规定的国家愿景(以下简称国家愿景),政府应制定包含下列各项的国家碳中和绿色发展战略(以下简称国家战略):

(1)国家愿景等政策目标的相关事项;

(2)实现国家愿景的部门战略和重点推进任务;

(3)与环境、能源、国土、海洋等关联政策的衔接事项;

(4)其他融资、税收、金融、人才培养、教育、宣传等为碳中和社会转型而被认为必要的事项。

3. 政府在制定、变更国家战略时,应通过召开听证会等方式听取相关专家、地方政府、利害关系人等的意见,并努力将其反映在国家战略中。

4. 制定或变更国家战略时,应经第 15 条第 1 款规定的 2050 年碳中和与绿色增长委员会(以下简称委员会)审议后,经国务会议审议。但变更总统令规定的轻微事项时,可以省略委员会及国务会议审议程序。

5. 政府应考虑技术条件和前景及社会条件等,每 5 年重新审查一次国家战略,必要时进行修订。

6. 第 2 至 5 款规定的国家战略内容及制定和修订程序等必要事项,由总统令规定。

第 8 条 (中长期国家温室气体减排目标等)

1. 截至 2030 年,政府将国家温室气体排出量相较 2018 年国家温室气体排出量高出 35% 的部分按照总统令规定的比例减排,以此作为中长期国家温室气体减排目标(以下简称中长期减排目标)。

2. 政府为实现中长期减排目标,应制定工业、建筑、运输、发电、废弃物等部门温室气体减排目标(以下简称部门减排目标)。

3. 为实现中长期减排目标和部门减排目标,政府应为全国和各部门制定年度温室气体减排目标(以下简称年度减排目标)。

4. 政府应考虑《巴黎协定》(以下简称协定)等国内外条件,每 5 年重新审查一次中长期减排目标、各部门减排目标和年度减排目标(以下简称中长期减排目标等),必要时应根据协定第 4 条的发展原则对其进行修订或重新制定。但是,因社会、技术条件的变化等需要的,可以在 5 年届满前重新制定或进行修订。

5. 政府制定或修订中长期减排目标等时,应考虑下列事项:

(1)国家中长期温室气体排放和吸收预测;

(2)国家愿景和国家战略;

(3)中长期减排目标等实现的可能性;

(4)各部门的温室气体排放和减排贡献率;

(5)对国家能源政策的影响;

(6)对国内工业,特别是对化石燃料依赖程度较高的行业和地区的影响;

(7)对国家财政的影响;

(8)温室气体减排等关联技术展望;

(9)国际社会的气候危机应对动向。

6. 政府制定或修订中长期减排目标等时,应通过召开听证会等方式听取相关专家或利害关系人等的意见,并努力在中长期减排目标等中反映该意见。

7. 第1至6款规定的中长期减排目标等的制定或修订等必要事项,由总统令规定。

第9条 (执行现状的检查等)

1. 委员会委员长(以下简称委员长)为实现中长期减排目标及部门减排目标,应每年对年度减排目标的履行情况进行检查,制作结果报告书并予以公开。

2. 第1款规定的结果报告书应包括温室气体排放量是否符合年度减排目标、第1款规定的检查结果中明确的不足事项及其改善事项,以及其他总统令规定的事项。

3. 根据第1款中的检查结果,当温室气体排放量不符合年度减排目标时,相关部门的直接业务负责人应制定温室气体减排计划并提交委员会。

4. 中央行政机关负责人、地方政府负责人及公共机构负责人有第2款规定的不足事项或改善事项的,应当在相关机关的政策等中反映。

5. 第1款规定的履行现状检查方法及结果报告书的公开程序、第3款规定的温室气体减排计划的提交方法等必要事项,由总统令规定。

第3章 制定国家碳中和与绿色增长基本计划

第10条 (国家碳中和与绿色增长基本计划的制定和施行)

1. 政府应根据第3条规定的基本原则,为实现国家愿景和中长期减排目标,每5年制定并施行为期20年的国家碳中和与绿色增长基本计划(以下简称国家基本计划)。

2. 国家基本计划应包括下列事项:

(1)国家愿景和温室气体减排目标相关事项;

(2)国内外气候变化的趋势和未来愿景以及大气中温室气体浓度变化;

(3)温室气体排放与吸收的现状与展望;

(4)实现中长期减排目标等的部门和年度对策;

(5)气候变化的监测、预测、影响和脆弱性评估及预防灾害等适应措施相关对策;

(6)公正过渡相关事项;

(7)培养绿色技术和绿色产业、振兴绿色金融等绿色增长政策措施相关事项;

(8)应对气候危机相关的国际谈判与国际合作事项;

(9)为应对气候危机的国家与地方政府合作的相关事项;

(10)碳中和社会转型和促进绿色增长所需资金规模和筹措方案;

(11)其他总统令规定的碳中和社会转型和促进绿色增长的必要事项。

3. 制定或修改国家基本计划时,应在委员会审议后经国务会议审议。但在修改总统令规定的轻微事项时,可省略委员会和国务会议审议程序。

4. 环境部长应协助处理国家基本计划的制定、施行等相关事务,相关中央行政机关负责人应最大限度予以配合,如提供环境部长要求的资料等。

5. 第1至3款规定的制定和修改国家基本计划的方法、程序等必要事项,由总统令规定。

第11条 (市/道计划的制定)

1. 特别市市长、广域市市长、特别自治市市长/道知事及特别自治道道知事(以下简称市长/道知事)应结合国家基本计划和所辖地区的区域特点,每5年制定并施行为期10年的市、道碳中和与绿色增长基本计划(以下简称市/道计划)。

2. 市/道计划应包括下列事项:

(1)区域温室气体排放和吸收的现状和愿景;

(2)区域中长期温室气体减排目标及各部门和年度的执行措施;

(3)区域气候变化的监测、预测、影响和脆弱性评估及预防灾害等适应政策措施相关事项;

(4)气候危机对《公共财产和商品管理法》第2条第1项规定的公共财产的影响及对策;

(5)各地区应对气候危机的国际合作相关事项;

(6)地方政府间合作应对气候危机的相关事项;

(7)碳中和社会转型和促进绿色增长的教育和宣传的相关事项;

(8)培育绿色技术和绿色产业等促进绿色增长的相关事项;

(9)市长/道知事认为必要的其他碳中和社会转型和促进绿色增长事项。

3. 市长/道知事拟制定或修改市/道计划时,应经根据第22条第1款设立的2050年地方碳中和与绿色增长委员会(以下简称地方委员会)审议。但仅对总统令规定的轻微事项进行修改的,可省略审议程序。

4. 制定或修改市/道计划时,市长/道知事应将其提交给环境部长,环境部长应将提交的市/道计划进行汇总并向委员会报告。

5. 政府为促进市/道计划的施行可以制定必要的支持政策措施。

6. 第 1 至 5 款规定的制定、实施和修改市/道计划,提交和报告,制定支持政策措施等必要事项,由总统令规定。

第 12 条 (制定市/郡/区计划)

1. 市长/郡守/区长(指自治区区长,下同)应考虑到国家基本计划,市/道计划和主管地区的区域特征等,每 5 年制定并施行为期 10 年的市、郡、区碳中和及绿色增长基本计划(以下简称市/郡/区计划)。

2. 制定或变更市/郡/区计划的,准用第 11 条第 2 款和第 3 款的规定。此时,"市长/道知事"应被视为"市长/郡守/区长"。

3. 在制定或修改市/郡/区计划时,市长/郡守/区长应将其提交给环境部长和主管市长/道知事,环境部长应将收到的市/郡/区计划进行汇总并向委员会报告。

4. 政府可以制定必要的支持政策措施,以促进市/郡/区计划的施行。

5. 第 1 至 4 款规定的制定、施行和修改市/郡/区计划,制定支持措施等的必要事项,由总统令规定。

第 13 条 (国家基本计划等进展情况的检查)

1. 委员长应每年对国家基本计划的进展和主要成果进行定性和定量检查,编制并公开检查结果报告。

2. 市长/道知事和市长/郡守/区长每年应对市/道计划和市/郡/区计划的进展情况和主要成果进行定性和定量检查,编制检查结果报告,经地方委员会审议,将市/道计划报告向环境部长提交,将市/郡/区计划报告向环境部长和主管市长/道知事提交,环境部长应对提交的报告进行汇总并向委员会报告。

3. 委员长可就第 1、2 款规定的检查结果中认为需要改进的事项,向相关中央行政机关负责人,市长/道知事或市长/郡守/区长提出改进意见。此情况下,相关中央行政机关负责人,市长/道知事或市长/郡守/区长无特殊事由的,应在相关机关的政策等中反映该意见。

4. 第 1、2 款规定的检查方法、披露程序等的必要事项,由总统令规定。

第 14 条 (法令制定和修改的通报)

1. 中央行政机关负责人拟制定、修改或者废止包含影响国家愿景内容的法令,或拟制定、修改国家基本计划相关中长期行政规划时,应向委员会通报相关内容。

2. 地方政府负责人拟制定、修改或废除包含影响国家愿景内容的条例,或制定或修改与市/道计划或市/郡/区计划相关行政计划时,应向委员会和地方委员会通报相关内容。

3. 委员会及地方委员会审查根据第 1、2 款通报的法令、条例或行政计划的内容后,应将审查结果向相关中央行政机关负责人或相关地方政府负责人通报(本条以下简称相关机关负责人)。

4. 委员会及地方委员会认为有必要根据第 3 款进行审查的,可要求相关机关负责人提交有关资料。此情况下,行政机关负责人无特殊事由的,应遵守该要求。

5. 相关机关负责人在收到第 3 款规定的审查结果通报后,应在制定、修改或废除相关法令、条例,制定或修改行政计划时适当反映该审查内容。

6. 第 1 至 4 款规定的审查对象、方法、通报程序等相关必要事项由总统令规定。

第 4 章　2050 年碳中和与绿色增长委员会

第 15 条　(设立 2050 年碳中和与绿色增长委员会)

1. 为审议和决定政府碳中和社会转型及促进绿色增长的主要政策、计划及其施行相关事项,设立直属总统的 2050 年碳中和与绿色增长委员会。

2. 委员会应由包括 2 名委员长在内的 50 名以上、100 名以下委员组成。

3. 委员长由国务总理和总统在第 4 项第 2 款规定的委员中指定的人担任。

4. 委员会委员应为下列人员:

(1) 企划财政部长,科学技术信息通信部长,贸易、工业和能源部长,环境部长,国土交通部长,国务调整室室长,以及总统令规定的其他公务员;

(2) 总统从在气候科学、温室气体减排、预防和适应气候变化、能源与资源、绿色技术和绿色产业、公正过渡等领域有丰富知识和经验的人中委任的人。

5. 在根据第 4 款第 2 项委任委员时,应接受青年、女性、工人、农民和渔民、中小工商业者和市民团体等多元社会阶层的候选人推荐,并听取其意见,以反映各社会阶层的代表性。

6. 委员会设秘书 1 名,负责处理委员会事务,秘书由国务调整室室长担任。

7. 委员长因不可抗力不能履行职责时,由身为国务总理的委员长事先指定的委员代行委员长职务。

8. 第 4 款第 2 项规定的委员任期为 2 年,可连任 1 次。

9. 第 1 至 8 款规定的委员会的组成、运作等相关必要事项由总统令规定。

第 16 条　(委员会的职能)

委员会应审议并决定以下事项:

(1) 碳中和社会转型和促进绿色增长的政策的基本方向相关事项;

(2) 制定国家愿景、中长期减排目标等相关事项;

(3) 国家战略的制定和修改相关事项;

(4) 第 9 条规定的执行现状检查相关事项;

(5)国家基本计划的制定和修改相关事项；

(6)第13条规定的国家基本计划,市/道计划,市/郡/区计划的检查结果和改进意见的披露相关事项；

(7)第38、39条规定的国家气候危机适应对策的制定、修改和检查相关事项；

(8)碳中和社会转型和绿色增长的法律与制度相关事项；

(9)为碳中和社会转型和促进绿色增长的资金分配方向及有效使用的相关事项；

(10)碳中和社会转型和绿色增长的研究开发、人才培养及产业培育相关事项；

(11)碳中和社会转型和绿色增长相关的增进公众理解、宣传和交流相关事项；

(12)碳中和社会转型和绿色增长相关国际合作事项；

(13)根据其他法案应由委员会审议的事项；

(14)其他委员长认为与温室气体减排、适应气候危机、公正过渡和绿色增长有关的必要事项。

第17条 (会议)

1. 委员长应召集并主持委员会的会议。

2. 委员会的会议召开需过半数委员出席,经出席委员过半数同意形成决议。但在总统令规定的情况下可以书面形式进行审议和决议。

第18条 (委员的法定回避、申请回避和主动回避)

1. 符合以下任一项的委员应在委员会审议和决议程序中进行法定回避。

(1)委员、委员的现任或前任配偶为相关案件的当事人,是或曾是该案件的共同权利人或共同义务人；

(2)委员是或曾是案件当事人的亲属；

(3)委员就该案件提供或曾经提供任何证词、鉴定或法律建议；

(4)委员作为或曾经作为案件一方的代理人参与。

2. 如有任何情况表明很难期望委员作出公正的审议或决议,一方当事人可以向委员会提出回避申请,委员会应通过决议对该申请作出决定。此情况下,作为回避申请当事人的委员不得参与决议。

3. 委员有第1款各项法定回避事由之一的,应主动回避相关案件的审议。

第19条 (分组委员会的设立)

1. 委员会为有效履行其职责,可根据总统令的规定在委员会内设立分组委员会或特别委员会。

2. 分组委员会由委员会委员组成,分组委员会的委员长在分组委员会委员中选举产生。

3. 由委员会授权，并由分组委员会或特别委员会审议和决议的事项，应被视为已由委员会审议和决议。

4. 各分组委员会为提前审查需要审议和决议的案件，处理委员会委托的事项，可设专门委员会。

5. 第 1 至 4 款规定的分组委员会、特别委员会和专门委员会的组成和运作的必要事项，经委员会决议后，由委员长决定。

第 20 条 （调查和听取意见）

1. 应委员会、分组委员会和特别委员会的运作需要，委员会可按以下方式提出要求或进行调查：

(1) 向相关中央行政机关负责人提出提交资料、文件等的要求；

(2) 要求利害关系人、证人或相关公务员出席并陈述意见；

(3) 相关行政机关的现场检查等。

2. 相关中央行政机关负责人可以要求所属公务员或相关专家出席委员会，并就碳中和社会转型和绿色增长问题陈述意见或提交必要的资料。

第 21 条 （事务处）

1. 为处理行政事务，设立委员会所属事务处。

2. 事务处设事务处长 1 名和必要的职员，事务处长由政务职公务员担任。

3. 事务处的组织、运作等其他必要事项由总统令规定。

第 22 条 （2050 年地方碳中和与绿色增长委员会的组成和运作）

1. 地方政府为审议和决议其向碳中和社会转型和促进绿色增长的主要政策、计划及施行相关事项，可设立 2050 年地方碳中和与绿色增长委员会。

2. 地方委员会在与地方政府负责人协商后，可设立事务局，协助地方委员会的运作和事务处理。

3. 地方委员会的组成、运作、职能等必要事项，由总统令规定。

4. 市长/道知事和市长/郡守/区长在未设立地方委员会的情况下，可省略第 11 条第 3 款（包含准用第 12 条第 2 款的情况）、第 13 条第 2 款、第 14 条第 2 款和第 40 条第 2、4 款规定的审议和通报程序。

第 5 章 削减温室气体的政策措施

第 23 条 （气候变化影响评价）

1. 制定或施行相关行政机关负责人及《环境影响评价法》规定的环境影响评价对象企业之项目计划的企业，在对该法第 9 条和第 22 条规定的战略环境影响评价或环境影响评价的计划和开发项目中大量排放温室气体的项目等总统令规定的计划,或开发项目实施战略环境影响评价和环境影响评价时,应包含对管辖政策和开发项目对气候变化的影响或因气候变化受到的影响进行分析和评价(以下简称气候变化影响评价)。

2. 相关行政机关负责人或企业对第 1 款规定的实施气候变化影响评价的计划和开发项目,请求环境部长就《环境影响评价法》第 16 条和第 27 条规定的战略环境影响评价报告或环境影响评价报告进行磋商时,应一并请求对气候变化影响评价的审查进行磋商。

3. 在收到第 2 款规定的磋商请求后,环境部长应审查气候变化影响评价结果,并可采取收集必要信息或要求企业提供此类信息等措施。

4. 第 1 款规定的气候变化影响评价方法、第 3 款规定的审查方法等相关必要事项,由总统令规定。

[生效日期:2022 年 9 月 25 日]第 23 条

第 24 条　(温室气体减排认知型预算系统)

国家和地方政府根据相关法案的规定,应启动温室气体减排认知型预算系统,在该系统中分析预算和基金对气候变化的影响,并将分析结果反映在国家和地方政府的财政运作中。

第 25 条　(温室气体排放配额交易制度)

1. 政府为有效实现国家愿景及中长期减排目标等,可设定温室气体排放许可总量,运用市场功能,实行温室气体排放配额交易制度(以下简称排放配额交易制度)。

2. 为实施排放配额交易制度,排放配额的分配办法、登记管理办法、交易所的设立和运作等,依照《温室气体排放配额分配交易法》规定。

第 26 条　(公共部门的温室气体目标管理)

1. 政府为实现国家愿景和中长期减排目标,可要求相关中央行政机关、地方政府、市/道教育厅和公共机构等总统令规定的机构(本条以下简称公共机构等)制定各机关的温室气体减排目标,并可以对其进展进行指导和监督。

2. 公共机构等应遵守第 1 款规定的目标,每年向政府提交施行成果并予以披露。

3. 政府应将根据第 2 款提交的施行成果编制成登记簿,并对其进行系统管理。

4. 公共机构等的施行成果没有达到第 1 款规定目标的,政府可以命令公共机构等为完成目标进行必要的改进。此情况下,公共机构等应根据改进命令制定改进计划,并切实执行。

5. 国会、法院、宪法裁判所和选举管理委员会(本条以下简称宪法机关等)应每年自发制定并施行各机关的温室气体减排目标,向政府通报其成果并予以披露。此情况下,政府应将通报的成果编制为登记簿,并进行系统管理。

6. 政府为使公共机构等能够顺利实现第1款规定的目标和准确无误实施第4款规定的改进计划,必要时可提供财政、税收、经营和技术支持,进行实况调查和诊断,提供资料和信息,建立相关信息系统等;为使宪法机关等自发制定并施行第5款规定的目标,必要时政府可提供财政和技术支持,提供资料和信息等。

7. 第1款规定的温室气体减排目标的设定,第2款规定的目标的遵守及施行成果的提交和披露,第3款规定的登记簿的编制和管理,第4款规定的改进命令和施行,第5款规定的温室气体减排目标的设定、成果的通报和披露及登记簿的编制和管理等必要事项,由总统令规定。

第27条 (管理企业的温室气体目标管理)

1. 政府应指定排放温室气体在总统令规定基准量以上的企业(以下简称管理企业),并与管理企业协商设定和管理在总统令规定的承诺期内应当达成的温室气体减排目标。

2. 政府为指定管理企业,可要求管理企业及预计属于管理企业的企业(本条以下简称预备管理企业)提供近3年温室气体排放量估算资料。被要求提供资料的管理企业及预备管理企业无特殊事由,应按照要求提供资料。

3. 管理企业应遵守第1款规定的目标,将温室气体排放量清单(以下简称清单)经《温室气体排放配额分配交易法》第24条之二第1款规定的外部专门核证机构(以下简称核证机构)核证后提交给政府。政府对提交的清单进行审查后发现需要修改、补充的,可以要求管理企业修改、补充清单,管理企业如无特殊事由,应当按照要求办理。

4. 政府应根据第3款规定收到的清单编制登记簿,进行系统的管理,可以公开各管理企业的温室气体排放量、目标达成与否等。管理企业存在因披露可能导致权利或商业秘密明显受到侵害的特殊事由的,可以要求不公开。

5. 政府收到管理企业关于第4款后半段规定的信息不公开申请的,应组成审查委员会决定公开与否,并将结果在收到不公开申请之日起30日内通知相关管理单位。

6. 管理企业的温室气体减排成果未达到第1款规定目标的,政府可在1年内指定期限以责令其改进。管理企业应根据改进命令制定改进计划并执行。

7. 政府为使管理企业实现第1款规定的目标并顺利履行第6款规定的改进计划,必要时可提供财政、税收、经营、技术支持、实况调查及诊断、提供资料、信息及建立相关信息系统等。

8. 第 1 款规定的管理企业的指定及温室气体减排目标的设定，第 3 款规定的目标的遵守及清单的提交、修改、补充，第 4 款规定的登记簿的管理、信息公开的范围和方法、不公开申请的方法，第 5 款规定的审查委员会的组成和运作及不公开与否的决定，第 6 款规定的改进命令及执行等所需事项，由总统令规定。

第 28 条　（管理企业权利和义务的承继）

1. 管理企业分立或合并，或转让、租赁相关营业场所或设施的，受让相关管理企业所有的营业场所或设施时，合并或分立后的公司、受让人和承租人，应承继本法规定的管理企业的权利和义务。但是，由于合并、分立、转让、租赁等应当承继上述权利和义务的企业，即使承继权利和义务亦不符合第 27 条第 1 款规定的管理企业指定标准的，不适用上述规定。

2. 根据第 1 款转让其权利和义务的管理企业应在订立作为原因的合并、分立、转让和租赁合同之日起 15 日内向政府报告。但权利和义务已经转让的管理企业不复存在的，由承继企业进行报告。

3. 第 1 款规定的权利和义务的承继、第 2 款规定的报告等相关必要事项，由总统令规定。

第 29 条　（碳中和城市的指定）

1. 国家和地方政府应制定并施行政策，通过充分利用碳中和相关计划和技术，建成在空间上实现碳中和的城市（以下简称碳中和城市）。

2. 政府可以直接或应地方政府负责人的申请，将拟施行下列各项项目的城市指定为碳中和城市：

（1）温室气体减排和提高城市能源自给率的项目；

（2）在城市中创造、扩充和改善第 33 条第 1 款规定的碳汇等的项目；

（3）保护城市生态轴和修复生态系统；

（4）建成应对气候危机的资源循环型城市；

（5）其他应对气候危机、碳中和社会转型及改善城市环境质量所需项目。

3. 对根据第 2 款指定的碳中和城市有管辖权的地方政府负责人应制定并施行碳中和城市建设项目计划。

4. 政府为实施碳中和城市建设项目，可全部或部分补贴必要费用。

5. 政府为进行第 3 款规定的项目计划的制定和施行、执行检查、调查、研究等，可在公共机构中指定总统令规定的机构作为支持机构。

6. 根据第 2 款指定的碳中和城市不再符合总统令规定的指定标准的，政府可以撤销其指定。

7. 第 2 至 6 款规定的碳中和城市的指定和撤销指定，碳中和城市建设项目计划的制定和施行,支持机构的指定、撤销指定等相关必要事项,由总统令规定。

第 30 条 (支持地方能源转型)

1. 为应对气候危机,政府应制定并施行根据第 3 条规定的基本原则制定的各地区普及和扩大使用新能源及可再生能源的方案等支持地方政府进行能源转型的政策。

2. 政府可以在预算范围内对地方政府实施第 1 款规定的支持能源转型政策的必要费用进行全部或部分补贴。

第 31 条 (扩建绿色建筑)

1. 政府应制定并施行政策,增加能源使用效率高、使用新能源和可再生能源比例高、温室气体排放最少的建筑(以下简称绿色建筑)。

2. 政府为减少建筑的能源消耗和温室气体排放,应为高于总统令规定标准的建筑制定并管理中长期目标和定期目标。

3. 政府应制定并施行强化设计标准和施工许可与审查等建筑的设计、施工、维修管理、拆除等各阶段的措施和标准,以在建筑的设计、施工、维修管理、拆除等整个过程中尽量减少能源、资源的消耗和温室气体排放。

4. 为使现有建筑转化为绿色建筑,政府应持续推进能源诊断、《能源利用合理化法》第 25 条规定的节能项目和《绿色建筑建设支持法》第 27 条规定的绿色改造项目,持续推进实现温室气体减排的项目。

5. 政府可以要求新建或改造的建筑安装并管理能调控和减少电力消耗等能源消耗的智能电表。

6. 政府应制定实施计划,将中央行政机关、地方政府、总统令规定的公共机构、教育机关等的建筑改造为绿色建筑,并运用第 1 至 5 款规定的政策措施,检查和管理实施进度。

7. 政府根据总统令的规定,在新城市开发或城市再开发超过一定规模的情况下,应积极普及绿色建筑。

8. 为扩建绿色建筑,必要时政府可依总统令规定提供财政支持。

第 32 条 (激活绿色交通)

1. 政府为激活促进能源高效实用和尽可能减少温室气体排放的交通系统的绿色交通,应根据总统令的规定制定并管理温室气体减排目标等,并应制定和施行缩减内燃机汽车销售和运营的政策。

2. 政府应分别制定机动车平均能源消耗效率标准和机动车温室气体排放许可标准,通过提升机动车平均能源消耗效率以促进节能,并通过减少机动车废气中的温室气体以维持舒适且宜人的大气环境。此情况下,《大气环境保护法》第 46 条第

1 款规定的机动车制造商应选择遵守机动车平均能源消耗效率标准和机动车温室气体排放许可标准中的一项。

3. 政府应制定年度普及目标等,以促进《环境友好型机动车开发及普及促进法》第 2 条第 3、4、6 项规定的电动汽车、太阳能汽车和氢能汽车以及《环境友好型船舶开发及普及促进法》第 2 条第 3 项第 3 至 5 目规定的电力推进船舶和燃料电池推进船舶的普及,并向委员会报告执行结果。

4. 为促进第 3 款规定的电动汽车等的流通,政府可以引进和延伸财政、税收支持,研究开发,购买义务化,低污染汽车普及目标制等相关制度的方案。

5. 政府应不断扩大对铁路的投资,使其成为国家核心交通网络的根基,发展公交、地铁、轻轨等公共交通方式,并制定和管理铁路运输方式份额和公共交通方式份额的中长期目标和分阶段目标。

6. 为最大限度减少温室气体和空气污染,大幅降低因交通拥堵产生的社会成本,并从根本上解决大城市和首都圈等地的交通拥堵问题,政府应根据总统令的规定制定包含下列各项的交通需求管理对策:

(1)完善拥挤道路通行费和交通诱发负担金制度;

(2)扩大公交和低污染车辆的专用车道和轿车的禁入区;

(3)建立并扩大能够有效分散通行量的智能交通信息系统;

(4)采取使用自行车和促进沿海航运等方案引进各种交通方式。

第 33 条 (扩充碳汇)

1. 政府应制定并施行政策措施,以扩充在森林、耕地、草地、湿地、定居地、《渔业资源管理法》第 2 条第 6 项规定的海洋森林等吸收并储藏温室气体(指永久或半永久地隔离从大气中吸收的温室气体),以及由《碳汇管理改善法》第 2 条第 10 项规定的碳汇和其他生物质能等(以下简称碳汇等)。

2. 第 1 款规定的碳汇等的创造和扩充及提升温室气体吸收能力的政策措施应包括下列事项:

(1)创造和扩充碳汇等,以及提高温室气体吸收能力的目标和基本方向;

(2)评估和检查碳汇等的创造与扩充现状及温室气体吸收能力改善现状的方案;

(3)开展创造和扩充碳汇等及提高温室气体吸收能力相关项目时,保护、保存生物多样性等生态系统健康的措施;

(4)温室气体吸收相关信息和统计数据的汇编事项;

(5)其他研究开发、人才培养、融资、教育、宣传等创造和扩充碳汇等,及提高温室气体吸收能力的必要事项。

3. 政府可在企业拟自发创造和扩充碳汇等时为其提供必要的行政、财政和技术支持。

第 34 条 (碳捕集、利用和封存技术的培育)

1. 政府为促进实现国家愿景和中长期减排目标等,应制定政策措施,支持开发和发展在二氧化碳排放阶段捕集、利用或封存二氧化碳的技术(以下简称碳捕集、利用和封存技术)。

2. 碳捕集、利用和封存技术示范的监管等特殊情况,由其他法案另行规定。

第 35 条 (国际减排项目的推进)

1. 为取得协定第 6 条规定的温室气体减排成果拟开展技术援助、投资及购买等项目(以下简称国际减排项目)者,应根据总统令规定,向政府提交包括项目内容、温室气体预计减排量等的项目计划书,并应获得事前许可。

2. 取得第 1 款规定的事前许可者(本条以下简称项目执行人)为客观证明从相关项目取得的温室气体减排量,应当进行监测,以可计量、报告、核证的方式编制监测报告,接受核证机构的核证后向政府报告。

3. 项目执行人通过国际减排项目获得被认为符合协定第 6 条规定的计量、报告和验证方法的温室气体减排量(以下简称国际减排成果)的,应及时向政府报告,政府应将国际减排成果载入国际减排登记簿,并进行系统化管理。但如报告内容不符合协定标准,可要求补充。

4. 项目执行人可以买卖或以其他方式交易已登记的国际减排成果,在交易、抵消时必须向政府申报。但是,拟将国际减排成果转移到国外的,应事先征得政府许可。

5. 政府可利用已登记的国际减排成果实现中长期减排目标等。

6. 政府可以与外国政府共同开展国际减排项目,并可以与开展联合项目的外国政府协商成立国际减排项目咨询机构,就下列事项进行审议:

(1)项目实施方法的批准;

(2)国际减排项目的登记;

(3)国际减排成果的转移。

7. 第 1 款规定的事前许可标准、方法及程序,第 2 款规定的监测报告编制方法及核证程序,第 3 款规定的申报方法,第 4 款规定的申报方法及事前许可标准、程序等必要事项,由总统令规定。

第 36 条 (建立温室气体综合信息管理系统)

1. 政府应建立并运行温室气体综合信息管理系统,以开发、分析、核证、编制和管理国家及各地区的温室气体排放和吸收量、排放和吸收系数等温室气体相关各种信息和统计数据，并在环境部设立温室气体综合信息中心（以下简称综合信息中心，GIR）。

2. 相关中央行政机关负责人应全力配合，确保第 1 款规定的综合信息管理系统顺利运行，每年汇总能源、工业程序、农业、废弃物、海洋和渔业、山林等部门主管的信息和统计数据，并提交给综合信息中心。

3. 市长/道知事和市长/郡守/区长应充分合作，确保第 1 款规定的综合信息管理系统顺利运行，每年编制并提交相关信息和统计数据，用于计算和分析区域温室气体统计数据等，政府应确保国家温室气体排放量和区域温室气体排放量之间的一致性。

4. 政府应开发、分析、核证、编制、管理第 1 款规定的各种信息和统计数据，最大限度遵守建设综合信息管理系统的协定标准，提高透明性、准确性、完整性、一致性及可比较性。

5. 政府应分析并核证第 1 款规定的各种信息和统计数据，包括国家、各部门和各地区的温室气体排放量及其暂定值，并每年披露其结果。

6. 第 1 至 5 款规定的综合信息管理系统建设，综合信息中心运行，相关中央行政机关负责人、市长/道知事及市长/郡守/区长的应提交的信息和统计数据的范围，信息和统计数据的开发、分析、核证、汇编和管理，各种信息和统计数据的披露时间和方法等相关必要事项，由总统令规定。

第 6 章　气候危机应对政策措施

第 37 条　（气候危机的监测和预测）

1. 政府应根据总统令的规定，建立并运行气象信息管理系统，不断计量和调查大气中温室气体浓度的变化，提高对气象现象的观测、预测、提供信息和利用的能力，并提高监测和预测气候危机的准确性。

2. 政府应建立并运行气候危机适应信息管理系统，调查和评估气候危机对生态系统、生物多样性、大气、水环境、公共卫生、农林和食品、森林、海洋和渔业、工业、防灾等的影响，以及它们对气候危机的脆弱性、危险性、社会性和经济性的连锁反应。

3. 为建立并运行第 1 款规定的气象信息管理系统和第 2 款规定的气候危机适应信息管理系统，政府可推动调查研究、技术开发、支持专业机构、建立国内外合作系统等政策措施。

4. 第 1 款规定的气象信息管理系统、第 2 款规定的气候危机适应信息管理系统的建立和运行与第 3 款规定的政策措施的推进等必要事项，由总统令规定。

第 38 条 (制定并施行国家气候危机适应对策)

1. 政府应每 5 年制定并施行国家气候危机适应对策(以下简称气候危机适应对策)。

2. 气候危机适应对策应包含下列事项:

(1)提高监测、预测、提供信息和利用气候危机能力的相关事项;

(2)各部门及各地区的气候危机影响和脆弱性评价相关事项;

(3)各部门及各地区气候危机适应对策相关事项;

(4)预防气候危机对社会弱势群体、地区等造成灾害的相关事项。

(5)适应气候危机的国际协议等相关事项;

(6)总统令规定的适应气候危机的其他必要事项。

3. 制定或修改气候危机适应对策时,应经委员会审议。但在修改总统令规定的轻微事项时,不适用上述规定。

4. 相关中央行政机关负责人应制定并施行详细的行动计划(以下简称适应措施详细行动计划),以有效和系统地履行其气候危机适应对策的主管职责。

5. 政府可提供必要的技术、行政和财政支持,以确保相关中央行政机关、地方政府、公共机构、企业等根据气候危机适应对策加强其适应气候危机的能力。

6. 第 1 至 4 款规定的气候危机适应对策和适应措施详细行动计划的制定、施行、修改等相关必要事项,由总统令规定。

第 39 条 (检查适应气候危机对策的推进情况)

1. 政府每年应对气候危机适应对策、适应措施详细行动计划的推进情况进行检查,并编制检查结果报告,经委员会审议后公开。

2. 第 1 款规定的结果报告应包括各部门主要适应对策及实施成果、适应对策相关主要优秀事例,以及第 1 款规定的检查结果中发现的不足事项和改进事项。

3. 政府认为有必要编制第 1 款规定的结果报告的,可要求相关中央行政机关负责人提交信息或资料,除有特殊事由,相关中央行政机关负责人应遵守该要求。

4. 有第 2 款规定的不足事项和改进事项的,相关中央行政机关负责人应在有关机关的政策等中反映。

5. 第 1 款规定的检查方法、程序等相关必要事项,由总统令规定。

第 40 条 (制定并施行地方气候危机适应对策)

1. 市长/道知事和市长/郡守/区长应考虑到气候危机适应对策和地域特征等,每 5 年在管辖区域内制定并施行适应气候危机的政策措施(以下简称地方气候危机适应对策)。

2. 市长/道知事和市长/郡守/区长拟制定或修改地方气候危机适应对策的,应经地方委员会审议。但修改总统令规定的轻微事项,可省略审议程序。

3. 制定及修改地方气候危机适应对策的,市长/道知事应向环境部长提交,市长/郡守/区长应分别向环境部长和主管市长/道知事提交,环境部长应将提交的地方气候危机适应对策进行汇总并向委员会报告。

4. 市长/道知事和市长/郡守/区长应每年检查地方气候危机适应对策的推进情况,编制检查结果报告,并提交地方委员会审议;市长/道知事应提交给环境部长,市长/郡守/区长应分别提交给环境部长和主管市长/道知事,环境部长应将其汇总后向委员会报告。

5. 第 1 至 4 款规定的地方气候危机适应对策的制定、施行、修改、检查等相关必要事项,由总统令规定。

第 41 条　(公共机构的气候危机适应对策)

1. 持有或管理易受气候危机影响设施的公共机构等总统令规定的机构(以下简称易受影响机构)应考虑气候危机适应对策、主管设施的特点等,每 5 年制定并施行公共机构适应气候危机对策(以下简称公共机构气候危机适应对策),并每年编制实施成果。

2. 易受影响机构负责人制定公共机构气候危机适应对策或编制实施成果的,应将结果向环境部长、相关中央行政机关负责人和主管地方政府负责人提交。

3. 第 1 款规定的公共机构气候危机适应对策的制定和施行、实施成果的编制等相关必要事项,由总统令规定。

第 42 条　(区域气候危机应对项目的实施)

1. 国家或地方政府可以实施区域气候危机应对项目,全面有效地应对气候变化带来的环境污染和破坏,保护和扶持因气候危机导致的自然环境变化、自然灾害等而难以维持农业等现有产业的易受影响地区、社会群体等。

2. 政府为实施第 1 款规定的区域气候变化应对项目,可以全部或部分补贴必要费用。

3. 政府为实施第 1 款规定的区域气候危机应对项目计划的制定、施行和实施检查、调查研究等,可指定公共机构中总统令规定的机构作为支持机构。

4. 实施第 1 款规定的区域气候危机应对项目,以及第 3 款规定的支持机构的指定和撤销指定的标准、程序等相关必要事项,由总统令规定。

第 43 条　(应对气候危机的水资源管理)

为有效应对气候变化导致的干旱、洪水和酷暑等自然灾害、缺水和水质恶化、水生生态系统的变化,确保每个公民都能平等地受益于水资源,政府应制定并施行包含下列事项的政策措施:

(1)供应清洁、安全的饮用水,为应对干旱等确保稳定的水资源;

(2)水生生态系统的保护和管理以及水质改善;

(3)节约用水等需求管理,积极的雨水管理和污水再利用等水循环系统的维护和洪水灾害的预防;

(4)自然友好型河流的保护和修复;

(5)开发预防和治理水污染的技术,及提供相关服务等。

第44条 (绿色国土的管理)

1. 为应对气候危机,保护、管理安全且可持续发展的国土(以下简称绿色国土),政府在制定并施行下列各项计划时,应反映有关应对气候危机的事项:

(1)根据《国土基本法》制定的综合国土计划(以下简称综合国土计划);

(2)根据《国土规划利用法》制定的城市、郡基本计划;

(3)其他总统令规定的保护、管理可持续发展国土的计划。

2. 政府为建设绿色国土应制定包括下列事项的政策措施:

(1)减少城市、农业和渔业村庄的温室气体排放量,提高村庄和城市的能源自给率和资源循环率;

(2)扩充森林和绿地,保护广域生态轴和修复生态系统;

(3)维护和促进发展地区和城市区域的生态系统服务;

(4)以环境友好型方式开发、利用和保护耕地和海洋;

(5)公路、铁路、机场及港口等基础设施的环境友好型建设和现有设施的环境友好型改造;

(6)扩充环境友好型运输系统;

(7)尽量减少气候灾害等自然灾害对国土的破坏,并提高恢复力。

3. 政府制定综合国土计划、根据《国家平衡发展特别法》制定的国家平衡发展5年计划等总统令规定的计划时,应事先听取委员会的意见。

第45条 (促进农业、林业和渔业的转换)

1. 政府应制定并施行农林渔业转换的政策措施,以减少农作物和牲畜等生产过程中产生的温室气体排放,并通过应对气候危机和确保粮食安全,促进碳中和社会转型。

2. 第1款规定的农林渔业转型的政策措施应包括下列事项:

(1)精细农业和有机农业等农林渔业结构转型的相关事项;

(2)农林渔业的温室气体减排技术、器材及设施开发和普及的相关事项;

(3)减少农林渔业化石燃料使用量、供给新能源和可再生能源及建立能源循环和自给系统的相关事项。

(4)预测气候危机引起的农林渔业条件变化,以及通过新品种改良等提高粮食自给率的相关事项。

3. 政府根据《农业农村和食品工业基本法》第 14 条制定并施行农业农村和食品工业发展计划的,应反映能够实现温室气体减排和提高气候恢复力的政策措施。

第 46 条 (国家气候危机适应中心的指定和评估)

1. 环境部长为支持气候危机适应对策的制定和施行可以指定国家气候危机适应中心(以下简称适应中心,KACCC)。

2. 适应中心应开展推进气候危机适应对策的调查、研究等与适应气候危机相关的总统令规定的项目。

3. 环境部长可以评估适应中心的实施成果等。

4. 环境部长可以在预算范围内全部或部分补贴适应中心开展项目的必要费用。

5. 根据第 1 至 3 款的规定,适应中心的指定、项目和评估等必要事项由总统令规定。

第 7 章 公正过渡

第 47 条 (应对气候危机的社会安全网络设置)

1. 政府应把握易受气候危机影响的社会群体等的现状,以及把握就业机会减少、区域经济的影响等社会、经济不平等加剧的区域和产业现状,并应制定支持措施和加强备灾能力的方案。

2. 为使碳中和社会转型过程中因企业转型和结构性失业造成的损失最小化,政府应根据总统令的规定,定期调查失业现象产生等对就业状况的影响,并应制定支持再培训、再就业、转职等或支持生计的政策。

第 48 条 (公正过渡特区的指定)

1. 政府可在委员会审议后指定以下地区为公正过渡特区(以下简称特区):

(1)碳中和社会转型过程中,由于就业岗位迅速减少、地区经济不景气和产业结构发生变化,就业环境已经或可能发生重大变化的地区;

(2)碳中和社会转型过程中,社会经济环境预计会发生或已经发生快速变化的,符合总统令规定要求的地区;

(3)其他委员会为解决在碳中和社会转型过程中可能出现的社会经济不平等问题而认为有必要指定为特区的地区。

2. 政府应为被指定为特区的地区制定并施行包括下列支持对策的政策措施:

(1)为企业和小型工商业提供就业、研究开发、商业化、国内销售和出口支持;

(2)预防失业,支持失业者的生计维持和再就业;

(3)支持培育新产业和吸引投资;

(4)支持促进就业者和从事相关业务者;

(5)其他为促进产业和就业转型必要的行政或金融支持措施,以及《特别税收限制法》等税收相关法案规定的税收优惠措施。

3. 存在第1款规定的指定理由消灭等总统令规定事由的,政府可在委员会审议后变更或撤销特区指定。

4. 第1至3款规定的特区指定、变更、撤销,以及支持措施的内容、方法等相关必要事项,由总统令规定。

第49条 (支持企业转型)

1. 从事应对气候危机和碳中和社会转型过程中可能受到影响的、总统令规定的业务类型的企业,根据《中小企业基本法》第2条第1款规定的中小企业申请向绿色产业领域转型的,政府可以为其提供支持。

2. 第1款规定的企业转型支持对象、绿色产业业务类型、选定程序、支持类型和范围等相关必要事项由总统令规定。

第50条 (财产损失风险的最小化)

1. 针对温室气体排放量高于总统令规定标准的企业,政府应评估碳中和社会转型对现有财产价值的影响等对企业经营的影响,并应制定支持政策措施,以尽量减少企业转型早期等的损失。

2. 政府为保护投资者等,应制定要求企业等经济主体透明地公示和披露气候危机造成的财产损失等风险的制度。

第51条 (为保证公众参与提供支持)

1. 政府为保证公民在制定并施行碳中和社会转型的政策过程中的参与,并通过国家和地方政府的政策提案平台反映意见,可根据《行政程序法》第52条和第53条提供必要的行政和财政支持。

2. 第1款规定的支持范围、方法等必要事项由总统令规定。

第52条 (激活合作社)

1. 政府为公平公正分配新能源和可再生能源的供给和推广等能源转型和碳中和社会转型过程中产生的利益,可为《合作社基本法》第2条第1项和第3项规定的合作社及社会合作社的活动提供行政、财政和技术支持。

2. 第1款规定的支持范围、方法等相关必要事项由总统令规定。

第53条 (设立公正过渡支持中心)

1. 国家和地方政府考虑到碳中和社会转型过程中出现就业岗位减少、地方经济不景气等社会经济不平等现象加剧的行业和区域特点,可以设立并运行公正过渡支持中心(以下简称转型中心)。

2. 转型中心的业务如下:

(1)就碳中和社会转型对就业和当地社区造成的影响进行实况调查;

(2)产业、劳动力和区域经济的转型方案,以及就业转型模式的研究和支持;

(3)再就业和转职等职业变动的教育培训,以及就业支持;

(4)行业转型等企业的业务转型相关咨询和支持;

(5)对相关法令、制度的改善建议;

(6)其他为支持碳中和社会转型过程中易受影响地区和弱势群体的总统令规定的事项。

3. 国家或地方政府可以为转型中心的设立和运行提供预算补贴。

4. 第 1 至 3 款规定的转型中心的设立、运行等相关必要事项由总统令规定。

[生效日期:2022 年 7 月 1 日]第 53 条

第 8 章　绿色增长政策措施

第 54 条　(培育和扶持绿色经济和绿色产业)

为通过实现绿色经济提高国民经济的稳健性和竞争力,并培育和扶持具有高增长潜力的新型绿色产业,政府应制定包含下列各项的政策措施:

(1)国内外经济状况和前景相关事项;

(2)现有产业向绿色产业分阶段转型的相关事项;

(3)推进绿色产业的中长期目标和分阶段目标,以及推进策略相关事项;

(4)将绿色产业作为新增长动力培育和支持的事项;

(5)将电力、信息通信、交通等现有的国家基础设施转化为环境友好型设施的事项;

(6)第 55 条规定的培养绿色管理的咨询服务业相关事项;

(7)绿色产业人才培养和创造就业机会相关事项;

(8)其他促进绿色经济和绿色产业的相关事项。

第 55 条　(促进企业绿色经营)

政府为支持和促进企业在经营活动中有效节约和使用资源及能源、实现最大限度减少温室气体排放和环境污染,并承担起社会和道德责任的经营模式(以下简称绿色经营),应制定并施行包含下列事项的政策措施:

(1)为转换为环境友好型生产系统提供技术支持;

(2)披露企业的温室气体排放量、温室气体减排成果和温室气体减排计划;

(3)披露企业有效利用能源、资源,造林及自然环境保护,以及可持续发展的相关信息等绿色经营成果;

(4)支持中小型企业绿色经营,促进绿色技术商业化;

(5)支持大企业对中小企业进行绿色技术的指导、转让和技术人才派遣;

(6)支持大企业和中小企业共同开发绿色技术;

(7)培养和确保绿色技术和绿色产业的专业人才,并向国外市场推进。

(8)其他促进绿色技术和绿色经营的相关事项。

第 56 条 (促进绿色技术的研究开发和商业化)

1. 为促进绿色技术的研究开发和商业化等,政府应制定并施行包含下列事项的政策措施:

(1)收集、分析和提供绿色技术相关信息;

(2)绿色技术评价方法的开发和普及;

(3)为促进绿色技术的研究开发和商业化等提供金融支持;

(4)绿色技术专业人才的培养和国际合作等。

2. 政府应通过将绿色技术转化为知识产权,促进与信息通信技术、纳米技术和生物技术等其他技术领域的融合,迅速促进向知识型绿色经济的转型。

3. 第 1 款规定的政策措施被纳入《科学技术基本法》第 7 条规定的科学技术基本计划的,应事先听取委员会的意见。

第 57 条 (税收制度的运作)

政府为有效应对气候危机和能源、资源耗竭问题,应朝着减少产生温室气体和污染物或能源和资源利用效率低下的商品和服务、促进环境和气候友好型商品和服务的方向运作税收制度。

第 58 条 (金融的支持和促进)

1. 政府为应对气候危机,包括碳中和社会转型和促进绿色增长等,应制定并施行包含资金筹措、提供支持资金、开发金融产品、激活民间投资、加强碳中和相关信息公示制度、激活碳市场交易等的金融政策措施。

2. 第 1 款规定的应对气候危机的金融促进相关事项,由其他法案另行规定。

第 59 条 (绿色技术和绿色产业的支持和特例)

1. 国家及地方政府可在预算范围内为绿色技术和绿色产业提供补贴等必要支持。

2. 根据《信用担保基金法》设立的信用担保基金和根据《技术担保基金法》设立的技术担保基金可优先向绿色技术和绿色产业提供信用担保,或为其提供更优待的担保条件。

3. 国家及地方政府为支持绿色技术和绿色产业相关企业,可按照《特别税收限制法》和《地方特别税收限制法》的规定免除其所得税、公司税、收购税、财产税、登记税等。

4. 绿色技术和绿色产业相关企业根据《外国投资促进法》第 2 条第 1 款第 4 项引进外国投资的,国家和地方政府应尽力提供支持。

5. 委员会每年应调查绿色技术和绿色产业相关企业或研究机构等的申诉,如发现有不合理的规定等需要修正的事项,可建议相关机关修正或向其表明意见。

6. 第 5 款规定的申诉调查、修正建议、意见表明等相关必要事项,由总统令规定。

第 60 条　(绿色技术和绿色产业的标准化和认证)

1. 政府为使国内已经开发或正在开发的绿色技术和绿色产业符合《国家标准基本法》第 3 条第 2 项规定的国际标准,可对标准化基础构建和绿色技术、绿色产业的国际标准化活动提供必要支持。

2. 为促进绿色技术和绿色产业发展,政府可对绿色技术和第 66 条第 4 款规定的绿色产品等进行合格认证,或对绿色技术和第 66 条第 4 款规定的绿色产品销量高的企业(以下简称绿色专业企业)进行认证,对公共机构等总统令指定的机构规定购买义务化并进行技术指导。

3. 符合下列情形之一的,政府应撤销第 2 款规定的合格认证和绿色专业企业认证:

(1)以欺诈或其他不正当手段获得认证的;

(2)因严重缺陷而被认定为不适当认证的。

4. 第 1 至 3 款规定的标准化、认证、撤销等相关必要事项,由总统令规定。

第 61 条　(绿色技术和绿色产业的集群和园区建造等)

1. 政府可建设绿色技术的共同研究开发、设施设备的共同使用和产学研一体化建设等项目的集群或园区,或为其提供支持。

2. 实施第 1 款规定的项目时,应考虑以下事项:

(1)集群和园区的产业集聚现状的相关事项;

(2)加强企业、大学、研究机构等的研究开发能力及相互联系的相关事项;

(3)扩大产业集聚基础设施和引进绿色技术、绿色产业优秀人才的相关事项;

(4)绿色技术和绿色产业的项目实施体系及资金筹措方案;

(5)制定建立高效的能源利用体系、采购新能源和可再生能源作为集群和园区必要能源的方案的相关事项。

3. 政府为发展绿色技术和绿色产业，可要求总统令规定的机构或组织建设绿色技术和绿色产业集群及园区。

4. 政府可全部或部分补贴第 3 款规定的机构及组织为实施该款规定的建设绿色技术和绿色产业集群及园区项目的必要费用。

第 62 条 （创造绿色技术和绿色产业的就业机会）

1. 政府应创造和扩大绿色技术和绿色产业的就业机会，使众多公民在碳中和社会转型和促进绿色增长过程中受益。

2. 政府可在预算范围内向企业和公民提供财政和技术支持，以促进各工业部门在创造绿色技术和绿色产业就业机会过程中有效流动和转换，增加公民学习新技术的机会，并创造绿色技术和绿色产业相关就业机会。

第 63 条 （信息通信技术与服务的政策措施）

1. 为通过积极利用信息通信技术和服务减少温室气体排放、节约能源、提高能源利用效率，政府应制定并施行包含下列各项的信息通信技术与服务政策措施：

（1）广播通信网络等扩大信息通信的基础；

（2）新型信息通信服务的开发和普及；

（3）促进信息通信产业和设备等绿色技术的开发。

2. 政府为促进传播第 67 条第 1 款规定的绿色生活，应制定并施行居家工作、视频会议、远程教育、远程医疗等信息通信政策措施。

3. 政府应利用信息通信技术、升级并智能化电力网络，以提供高质量的电力服务，优化能源使用效率，并大幅减少温室气体。

第 64 条 （促进循环经济）

政府应制定并施行包含下列事项的政策措施，通过提高产品可持续性和建立废弃资源循环网，尽量减少能源和资源投入，保护生态系统和减少温室气体排放的同时，激活实现上述目的的环境友好型经济体系（本条以下简称循环经济）：

（1）提高生产过程中使用的材料、燃料等的循环性能相关事项；

（2）建立可持续产品使用基础并扩大其使用范围的相关事项；

（3）促进废弃物的选择和回收系统以及再制造产业的相关事项；

（4）可作为能源资源的木材、植物和农业产品等生物质能的收集和利用相关事项；

（5）国家资源统计管理系统的建立等加强资源监管的事项。

第 9 章　碳中和社会转型和促进绿色增长

第 65 条　（地方政府碳中和行动联盟的组成）

1. 为推进地方政府应对气候危机的自发性活动，促进地方政府之间相互合作，实现碳中和社会转型并促进绿色增长，地方政府可以组建并运作地方政府负责人参与的地方政府碳中和行动联盟（以下简称行动联盟）。

2. 行动联盟为顺利开展合作并系统推进项目，可在参与行动联盟的地方政府负责人中指定 1 名以上的代表。

3. 行动联盟应努力实现以下事项：

（1）到 2050 年实现碳中和；

（2）针对碳中和社会转型达成社会协议并形成共识；

（3）发掘实现碳中和的项目并提供支持；

（4）践行和传播促进碳中和社会转型的先导性气候行动；

（5）为温室气体减排和适应气候危机进行相互沟通和共同合作；

（6）其他由参与行动联盟的地方政府负责人相互协商确定的，为温室气体减排和适应气候危机、绿色增长等应对气候危机必要的事项。

4. 为支持行动联盟的活动设立事务局。

5. 第 1 款规定的行动联盟的组织、运作，第 4 款规定的事务局的组建、运作等必要事项，由总统令规定。

第 66 条　（碳中和社会转型和绿色增长的生产、消费文化传播）

1. 政府应制定并施行政策措施，在商品的生产、消费、运输和废弃处置（以下简称生产等）全过程节约和有效利用能源和资源，减少温室气体排放。

2. 政府应确保能源消耗量、温室气体排放量等与商品和服务的价格合理挂钩并反映在价格中，并向消费者披露和提供相关的准确信息，以扩大和强化消费者的选择权。

3. 政府可以建立并运行信息管理系统，通过该系统对商品生产等全过程中的能源和资源消耗量、温室气体和污染物排放量等进行分析和评价，并累积和使用与分析评价结果相关的信息。

4. 政府为促进和普及能源、资源投入少，温室气体、污染物产生少的产品（以下简称绿色产品）的使用和消费，应制定并施行政策措施，要求商品生产者、销售者等标示并披露商品生产过程中产生的温室气体排放量和污染物数量等信息及等级，以便消费者识别。

5. 政府可以按照总统令的规定与企业建立合作系统，并根据《信贷金融业法》第2条第3项的规定，赋予利用信用卡等奖励，以促进碳中和社会转型和绿色增长的生产和消费文化。

第67条 （绿色生活运动的支持、教育和宣传）

1. 政府应制定政策措施，支持公民在生产、消费、活动等日常生活中，通过节约能源和资源，将消费转向绿色产品，实现最大限度地减少温室气体和污染物产生的生活方式（以下简称绿色生活），与地方政府、企业、民间团体等建立旨在实现碳中和的合作体系，并加强教育和宣传，从而积极传播全民绿色生活运动。

2. 政府可以为相关民间团体、机构等提供必要的财政和行政支持，以确保绿色生活运动作为民间主导型的自发实践运动得到推广。

3. 政府为推广绿色生活可以施行下列各项制度：

（1）根据电力、供水、城市燃气等使用量的减少程度，对住宅或商业建筑提供奖励的制度；

（2）根据客运车辆和公交车的年行驶里程的减少率提供奖励的制度；

（3）其他总统令规定的，提高公民对碳中和社会转型和绿色增长的认识，并支持其实践的必要制度。

4. 政府应通过扩大碳中和社会转型和绿色增长相关教育和宣传，使企业、公民等自发参与相关政策和活动，并在日常生活中践行绿色生活。

5. 政府为使各代公民都能践行绿色生活，应强化学校教育，编制包括教科书在内的教材，培训教师，并加强与通识教育、职业教育、基础终身教育相结合的教育课程，促进碳中和社会转型与绿色增长方面的专业人才培养和支持相关项目。

6. 政府为促进绿色生活的落地和传播，应通过报纸、广播、互联网门户网站等大众媒体加强教育和宣传。

7. 公共广播应积极努力地制作和播出应对气候危机的节目，并推广气候危机相关公益广告。

第68条 （碳中和支持中心的设立）

1. 为制定并施行区域碳中和与绿色增长计划，促进能源转型以支持碳中和社会转型和促进绿色增长，地方政府负责人可以按照总统令的规定，建立或指定区域碳中和支持中心并运营。

2. 第1款规定的碳中和支持中心应开展以下业务：

（1）支持制定并施行市/道计划或市/郡/区计划；

（2）支持制定并施行地方气候危机适应对策；

（3）促进各地方政府能源转型，开发并推广转型模式；

(4)其他总统令规定的相关区域碳中和社会转型和促进绿色增长的必要业务。

3. 根据第 1 款指定的碳中和支持中心未能达到总统令规定的指定标准的,地方政府负责人可以撤销指定。

4. 相关中央行政机关负责人可以在预算范围内向第 1 款规定的碳中和支持中心提供主管部门的财政支持。

5. 第 1 款和第 3 款规定的碳中和支持中心的指定和撤销等相关必要事项由总统令规定。

[生效日期:2022 年 7 月 1 日]第 68 条

第 10 章　气候应对基金的设置和运营

第 69 条　(气候应对基金的设置)

1. 政府设立气候应对基金(以下简称基金),以有效应对气候危机,确保向碳中和社会转型和促进绿色发展所需的资金。

2. 基金应由下列来源组成:

(1)政府出资;

(2)政府以外人员的出资和捐款;

(3)从其他账户和基金转入的款项;

(4)第 71 条规定的从一般账户转入的款项;

(5)根据第 3 款的规定向金融机构、其他基金和其他资金来源的借款;

(6)《公共资金管理基金法》规定的公共资金管理基金的存款;

(7)《温室气体排放配额分配交易法》第 12 条第 3 款规定的有偿分配配额所产生的收入;

(8)管理基金产生的收益;

(9)其他总统令规定的收入。

3. 使用基金时出现或预计出现资金短缺,基金可以向金融机构、其他基金和其他资金来源借款,费用由基金承担。

4. 地方政府可以根据条例规定设立区域气候应对基金,以促进因应区域特点的气候危机应对项目。

[生效日期:2022 年 1 月 1 日]第 69 条

第 70 条　(基金的用途)

基金应用于下列任一项用途:

(1)建立并运行政府的温室气体减排基础;

(2)支持为碳中和社会转型和促进绿色增长的产业、劳动和地方经济转型,以及企业的温室气体减排活动;

(3)为应对气候危机过程中社会和经济条件恶化的区域,或受到损害的工人和社会群体提供就业岗位的转换和创造支持;

(4)应对气候危机的绿色技术研究开发和人才培养;

(5)应对气候危机所需的融资、投资或其他必要的金融支持;

(6)应对气候危机的教育和宣传;

(7)应对气候危机的国际合作;

(8)偿还贷款的本息;

(9)偿还《公共资金管理基金法》规定的公共资金管理基金的存款本息;

(10)支付建立、运营和管理基金的费用;

(11)其他总统令规定的应对气候危机的用途。

[生效日期:2022 年 1 月 1 日]第 70 条

第 71 条 (从一般账户转入的资金)

政府应在每个财政年度将与《交通、能源和环境税法》规定的交通、能源和环境税的 70/1000 相当金额从一般账户转入基金账户。

[生效日期:2022 年 1 月 1 日]第 71 条

第 72 条 (基金的运作和管理)

1. 企划财政部长应运作和管理基金。

2. 企划财政部长可以将基金运作和管理的部分事务委托给企划财政部长指定的公司或组织。

3. 对基金的有效运作和管理有必要的,企划财政部长可以根据总统令的规定,建立一个独立账户进行核算。

4. 为审议基金运作和管理相关综合事项,可根据《国家财政法》第 74 条,设立直属企划财政部长的基金运作审议会。

5. 企划财政部长可向委员会报告总统令规定的基金运作和管理的相关重要事项。

6. 其他基金运作和管理相关必要事项由总统令规定。

[生效日期:2022 年 1 月 1 日]第 72 条

第 73 条 (基金的会计机构)

1. 企划财政部长应从直属公务员中任命执行基金的收入和支出相关事务的基金收入征收官员、基金财务官员、基金支付官员和基金出纳公务员。

2. 企划财政部长根据第 72 条第 2 款委托基金管理和运作的相关事务的,应在受托机构人员中任命基金收入管理人员和基金支付原因行为管理人员，从该机构的雇员中分别任命基金支付员和基金出纳员。此情况下，基金收入管理人员应履行基金收入征收官员的职责，基金支付原因行为管理人员应履行基金财务官员的职责，基金支付人员应履行基金支付官员的职责，基金出纳员应履行基金出纳公务员的职责。

[生效日期：2022 年 1 月 1 日]第 73 条

第 74 条 （利润和亏损的处理）

1. 基金结算结果产生利润的，应全额累积为储备金。

2. 基金结算结果产生亏损的，应从第 1 款规定的储备金中弥补亏损，储备金不足的，政府可从一般账户中弥补不足部分。

[生效日期：2022 年 1 月 1 日]第 74 条

第 11 章 补充规定

第 75 条 （加强国际合作）

1. 政府应制定各种政策措施，加强参与和外国政府及国际组织等进行的应对气候危机信息交流、技术和标准化合作，以及联合调查和研究活动等的国际合作。

2. 政府应努力竭诚承担其作为国际社会成员的责任，通过财政支持等方式帮助发展中国家应对气候危机。

3. 政府为促进地方政府和民间团体等应对气候危机及相关国际合作活动，应探求提供信息和财政支持等必要措施。

第 76 条 （对国际准则的回应）

1. 政府应制定适当的政策措施，以收集、调查和分析外国政府及国际组织拟制定或引进的应对气候危机的制度和政策相关的国际趋势和信息，适当理顺相关制度和政策、建立支持系统等。

2. 政府应通过向企业和公民充分提供第 1 款规定的国际趋势和信息以及对策等相关事项，提高企业和公民应对气候危机的能力。

第 77 条 （国家报告等的编制）

1. 政府可根据《气候公约》（以下简称公约）和协定的规定，编制并更新下列各项报告：

（1）公约规定的国家报告；

（2）协定规定的国家自主贡献（NDC）相关报告；

（3）协定规定的两年期透明度报告；

(4)协定规定的适应性报告;

(5)其他总统令规定的、由公约或协定规定的报告。

2. 政府可要求相关中央行政机关负责人和地方政府负责人提交编制第1款规定的报告的必要资料,除有特殊事由,相关中央行政机构负责人应遵守该要求。

3. 政府拟向公约缔约方大会提交第1款规定的报告时,应经委员会审议。

4. 根据第1至3款编制报告及提交资料的相关必要事项,由总统令规定。

第78条 (国会报告)

1. 政府制定或修改国家基本计划时,应及时向国会报告。修改总统令规定的轻微事项的,不适用上述规定。

2. 市长/道知事或市长/郡守/区长制定或修改市/道计划或市/郡/区计划时,应及时向地方议会报告。修改总统令规定的轻微事项的,不适用上述规定。

3. 委员会应每年向国会报告第13条第1款规定的国家基本计划推进情况的检查结果,市长/道知事或市长/郡守/区长应每年向地方议会报告该条第2款规定的市/道计划或市/郡/区计划推进情况的检查结果。

4. 根据第1至3款向国会和地方议会报告的时间、方法等相关必要事项,由总统令规定。

第79条 (碳中和转型责任官的指定)

1. 为碳中和社会的顺利转型和促进绿色增长,中央行政机关负责人、市长/道知事或市长/郡守/区长应从其直属公务员中指定碳中和转型责任官。

2. 第1款规定的碳中和转型责任官的指定要求、职责等相关必要事项由总统令规定。

第80条 (听证会)

政府拟采取下列任意一项处分的,应举行听证会:

(1)撤销第29条第6款规定的指定;

(2)撤销第29条第7款规定的支持机构的指定;

(3)撤销第42条第4款规定的指定;

(4)撤销第60条第3款规定的合格认证和绿色专业企业的认证;

(5)撤销第68条第3款规定的指定。

第81条 (权力授予和委托)

1. 中央行政机关负责人可根据总统令的规定,将本法规定的部分权力授予地方政府负责人或附属机构负责人。

2. 中央行政机关负责人可根据总统令的规定,将本法规定的部分职务委托给公共机构或总统令规定的应对气候变化相关专门机构。

第 82 条　(罚则适用的公务员拟制)

下列各项人员视为适用于《刑法》第 129 条至第 132 条的公务员：

(1)委员会、地方委员会或第 19 条第 1 款和第 4 款规定的特别委员会和专门委员会的委员中的非公务员委员；

(2)从事第 81 条第 2 款规定的委托事务的主体。

第 83 条　(行政罚款)

1. 符合下列各项之一的，应处以 1000 万韩元以下行政罚款：

(1)违反第 27 条第 2 款的规定，不提交计算温室气体排放量的必要资料，或伪造资料的；

(2)违反第 27 条第 3 款(包括根据该款后半部分修改和补充报表后提交，下同)未提交清单或伪造清单的；

(3)违反第 27 条第 6 款规定，不执行改进命令的。

2. 第 1 款规定的行政罚款应由相关行政机关负责人根据总统令实施和征收。

附则〈第 18469 号，2021 年 9 月 24 日〉

第 1 条　(施行日期)

本法自公布之日起 6 个月后施行。但第 69 条至第 74 条自 2022 年 1 月 1 日起施行，第 53 条、第 68 条自 2022 年 7 月 1 日起施行，第 23 条自公布之日起 1 年后施行。

第 2 条　(其他法律的废止)

废止《低碳绿色增长基本法》。

第 3 条　(制定计划等的时机)

1. 第 7 条第 2 款规定的国家战略应自本法生效之日起 1 年内制定。

2. 第 10 条第 1 款规定的首个国家基本计划应自本法生效之日起 1 年内制定。

3. 第 11 条第 1 款规定的首个市/道计划应自本法规定的国家基本计划制定之日起 1 年内制定。

4. 第 12 条第 1 款规定的首个市/郡/区计划应自本法规定的市/道计划制定之日起 1 年内制定。

5. 第 41 条第 1 款规定的公共机构气候危机适应对策应自本法生效之日起 1 年内制定。

第 4 条　(气候变化影响评价的适用)

第 23 条的规定自附则第 1 条但书规定的施行日期后，根据《环境影响评价法》

第 11 条及该法第 24 条有关评价准备书首次编制之日的规定适用。

第 5 条　(外部核证机构的特例)

根据本法施行之前的《低碳绿色增长基本法》第 42 条第 10 款获得公信力认证的外部专门机构,应被视为限于根据本法第 27 条第 3 款进行核证的、《温室气体排放配额分配交易法》第 24 条之二第 1 款规定的外部专门机构。

第 6 条　(国家基本计划的过渡性措施)

根据本法施行之前的《低碳绿色增长基本法》制定的应对气候变化基本计划应被视为本法规定的国家基本计划,直到根据本法首次制定国家基本计划。

第 7 条　(适应对策的过渡性措施)

政府根据本法施行之前的《低碳绿色增长基本法》制定的气候变化适应对策,应被视为本法规定的气候危机适应对策、适应对策详细行动计划和地方气候危机适应对策,直到根据本法首次制定气候危机适应对策、适应对策详细行动计划和地方气候危机适应对策。

第 8 条　(行政罚款的过渡性措施)

本法施行之前的《低碳绿色增长基本法》第 64 条第 1 款第 1、2、4 项规定的违法行为,适用原《低碳绿色增长基本法》规定的行政罚款规定。

第 9 条　省略

第 10 条　(与其他法令的关系)

本法施行前,如有其他法令引用《低碳绿色增长基本法》或该法部分规定,且本法中有相应规定,则本法规定代替先前规定,应视为引用本法或本法相关规定。

韩国碳汇管理改善法[①]

탄소흡수원 유지 및 증진에 관한 법률

第 11360 号法,2012 年 2 月 22 日;

经第 11690 号法,2013 年 3 月 23 日;

第 11713 号法,2013 年 3 月 23 日;

第 14270 号法,2016 年 5 月 29 日;

第 14660 号法,2017 年 3 月 21 日;

第 15344 号法,2018 年 1 月 16 日;

第 16992 号法,2020 年 2 月 11 日修订。

第 1 章　总　　则

第 1 条　(目的)

本法根据《低碳绿色增长基本法》第 55 条,通过管理和改善森林的碳汇作用以应对气候变化,并以为实现低碳社会作出贡献为目的。

第 2 条　(定义)

本法使用术语定义如下。如未单独援引,应适用联合国为应对气候变化定义的内容。〈2017 年 3 月 21 日修订;2020 年 2 月 11 日修订〉

(1)"森林"指《森林资源创造和管理法》第 2 条第 1 项规定的森林中由总统令指定的森林。

(2)"造林"指通过播种或种植等人工再生方法,或通过自然再生方法,将过去至少 50 年内的非森林土地转化为森林。

---

① 本法 2012 年制定,经 5 次修订,原文来自韩国法制研究院(한국법제연구원,KLRI),网址:https://elaw.klri.re.kr/kor_service/lawView.do?hseq=53330&lang=ENG。本法案以韩文文本进行翻译,以 2020 年最新修订版为准。翻译:唐寅智;校对:杨浩。

（3）“再造林”指通过播种或种植等人工再生方法，或通过自然再生方法，将一块本为森林但被改作他用，在总统令规定期限内的非森林土地转化成森林。

（4）“森林管理”指根据《森林资源创造和管理法》第 6 条的规定，以可持续方式保护和利用森林的所有行动中，由总统令规定的行动。

（5）“植被修复”指新造林或再造林之外，通过种植植被增加一定区域内森林碳储量的人工行动。

（6）“伐木制品（HWP）”指采伐的木材和以木材为原料的加工产品。

（7）“森林生物质能源”指《森林资源创造和管理法》第 2 条第 7 项规定的林产品和与林产品混合的原料（包括木材废料）生产的能源。

（8）“减少因毁林和森林退化造成的排放（REDD + ）”指为减少因毁林和森林退化造成的温室气体排放及管理和提高森林碳储量而商定的活动。

（9）“土地利用、土地利用变化和林业（LULUCF）”指根据土地利用目的和模式将国土分为森林、农用地、草地、湿地、住宅用地及其他类型，为计算各类由人为土地利用活动产生的温室气体吸收量和排放量，以及由土地利用变化导致的温室气体吸收量和排放量而规定的定义、方式和规则。

（10）“碳汇”指吸收并储存碳的立木、竹、枯死的有机物、土壤、木制品或森林生物质能。

（11）“森林碳储量”指通过开展与第 2 项至第 8 项相关行动，增加温室气体吸收或减少温室气体排放而减少的碳量。

（12）“森林碳抵消”指将森林碳储量用于温室气体减排。

（13）“温室气体”指《低碳绿色增长基本法》第 2 条第 9 项定义的温室气体。

（14）“全球变暖”指《低碳绿色增长基本法》第 2 条第 11 项定义的全球变暖。

（15）“气候变化”指《低碳绿色增长基本法》第 2 条第 12 项定义的气候变化。

第 3 条　（山林厅厅长的职责）

1. 山林厅厅长应持续管理森林，以管理和改善森林的碳汇功能。

2. 山林厅厅长为管理和改善森林的碳汇功能，应考虑《气候公约》（UNFCCC）和其他相关国际规范的原则。

3. 山林厅厅长应充分利用市场功能，并考虑到与国内及国际碳市场的联系。

4. 山林厅厅长和各地方政府负责人应鼓励公共机构、非政府组织、企业和公民（以下简称企业）自主积极地参与通过管理和改善碳汇以减少温室气体排放的行动，并应支持为此采取的必要政策措施。

5. 企业应尽最大限度努力管理和改善碳汇。

第4条　(与其他法案的关系)

本法优先于其他碳汇管理和改善相关法案适用,并作为管理和改善碳汇的基本法。

第2章　改善碳汇的综合计划的制定等

第5条　(改善碳汇综合计划的制定等)

1. 为有效实现本法目的,山林厅厅长应每5年制定并施行一项改善碳汇的综合计划(以下简称综合计划),其中应明确管理和改善碳汇的政策目标和基本方向。

2. 综合计划应包括以下各项内容:

(1)管理和改善碳汇的目标和基本方向;

(2)国内外管理和改善碳汇的条件和前景相关事项;

(3)碳汇管理与改善技术的开发与推广相关事项;

(4)管理和改善碳汇的国际合作和国外市场开拓相关事项;

(5)林业部门温室气体的信息和统计汇编相关事项;

(6)设立并运作森林碳登记簿的相关事项;

(7)总统令规定的有效管理和改善碳汇所需的研究开发、专业人才培养、融资、教育宣传等其他事项。

3. 山林厅厅长在制定或修订综合计划时,应事先与相关中央行政机关的负责人协商,听取特别市市长或广域市市长、特别自治市市长/道知事或特别自治道知事(以下简称市长/道知事)以及相关利害关系者的意见后,提交第7条规定的碳汇改善委员会审议。但修改总统令规定的轻微事项无需经审议。〈2017年3月21日修订〉

4. 山林厅厅长可以要求相关中央行政机关负责人和地方政府负责人提交材料或提供制定并施行基本规划的必要协助。在此情况下,如无特殊事由,相关中央行政机关负责人和地方政府负责人应遵从要求。

5. 综合计划中科学技术研究开发相关事项,应根据《国家科学技术咨询委员会法》由国家科学技术委员会进行审议。〈2013年3月23日修订;2018年1月16日修订〉

6. 制定和修订综合计划的程序和内容的其他必要事项,由总统令规定。

第6条　(年度行动计划的制定和施行)

1. 山林厅厅长为有效实施综合计划,应制定并施行包括下列各项的年度行动计划(以下简称行动计划):

(1)管理和改善国内外碳汇的详细实施计划;

(2)碳汇相关法律或制度改善的相关事项;

(3)相应计划年度内管理和改善碳汇的其他必要事项。

2. 行动计划的制定程序和方法由总统令规定。

第7条 (碳汇改善委员会)

1. 为审议以下事项,在山林厅下设立碳汇改善委员会:

(1)制定和修订综合计划;

(2)制定和支持第17条规定的抑制国外毁林的政策措施;

(3)制定和应用第27条规定的森林碳抵消操作等相关标准;

(4)对第28条规定的森林碳储量的测量、报告和核证的结果进行审议;

(5)其他总统令规定的管理和改善碳汇相关事项。

2. 第1款规定的碳汇改善委员会的组成、人员任免,以及委员会运作的其他必要事项由总统令规定。

第8条 (碳汇信息和统计数据的汇编)

1. 山林厅厅长为顺利推进碳汇管理和改善活动并获得国际认可,应汇编有关碳汇的下列信息和统计数据,此类信息和统计数据应符合《气候公约》和其他相关国际规范:

(1)第9条规定的新造林等的成果;

(2)第10条规定的保护区森林管理成果;

(3)第13条规定的木制品流通和使用情况;

(4)第14条规定的木材行业的能源信息;

(5)第15条规定的利用森林生物质能源的成果;

(6)第16条规定的抑制毁林和防止森林退化的成果;

(7)第18条规定的管理和改善复合型碳汇的成果;

(8)总统令规定的碳汇相关其他信息和统计数据,如森林碳排放量和吸收量、按排放或吸收系数计算的土地利用、土地利用变化或林业等。

2. 为确保对第1款规定的碳汇信息和统计数据进行系统管理,山林厅厅长应按照总统令的规定,建立并运行碳汇信息系统。

3. 山林厅厅长可要求相关中央行政机关负责人和地方政府负责人提交材料或提供必要协助,以汇编碳汇信息和统计数据。如无特殊事由,相关中央行政机关负责人和地方政府负责人应遵从要求。〈2017年3月21日修订〉

4. 第1款规定的汇编碳汇信息和统计数据的程序和方法由总统令规定。

第3章　碳汇管理和改善活动

第1节　碳汇扩充

第9条　(新造林等)

1.山林厅厅长为管理和改善碳汇,可以进行新造林、再造林、植被修复或森林管理(以下简称新造林等),或在企业自发进行此类行动时向其提供必要的技术支持等。

2.山林厅厅长为根据总统令规定开展新造林等活动,可将《国有林经营管理法》第21条规定的国有林地以租赁等形式提供给企业。

3.通过新造林等增加的森林碳储量可作为第19条第1款规定的森林碳抵消成果(以下简称抵消成果)。〈2017年3月21日修订〉

4.旨在提供森林碳抵消的新造林等行动,适用第27条规定的森林碳抵消操作等标准(以下简称操作标准)。

第10条　(保护区碳汇的管理和改善)

1.为管理和改善总统令规定的保护区碳汇,山林厅厅长可在不妨碍指定目标实现的情况下进行管理,或为使企业能够自行管理,向其提供必要的技术支持等。

2.因保护区管理增加的森林碳储量可作为抵消成果使用。

3.操作标准应适用于第1款规定的不同保护区的差异化管理方案。

第11条　(预防灾害的碳汇管理)

1.为在因森林火灾、山体滑坡、病虫害或异常天气可能造成的灾害中保护碳汇,山林厅厅长应制定并施行必要的政策措施,如建立防火林带和沿海防灾林等。

2.为预防灾害而进行新造林等活动时,如无特殊事由,应在开始相关项目前考虑并选择适合不同地区生长的树种,以应对全球变暖。

第2节　促进使用储存碳的木制品和森林生物质能源

第12条　(促进木制品的使用)

1.山林厅厅长为管理和改善木制品中储存的碳,应制定并施行促进使用木制品的措施。〈2017年3月21日修订〉

2.通过第1款规定的促进使用木制品的行动增加的森林碳储量可作为抵消成果使用。〈2017年3月21日新增〉

第 13 条 （木制品使用实况调查）

1. 为掌握木制品中储存的碳的流向，山林厅厅长应通过木制品的生产全过程，对采伐的木制品的流通和使用实况进行调查（以下简称木制品使用实况调查）。

2. 已删除。〈2017 年 3 月 21 日〉

3. 已删除。〈2017 年 3 月 21 日〉

4. 第 1 款规定的木制品使用实况调查的程序和细节等相关必要事项，由总统令规定。〈2017 年 3 月 21 日修订〉

第 14 条 （提高木材行业的能源使用效率）

1. 山林厅厅长为提高《韩国标准产业分类》中木材、造纸相关制造业的能源使用效率，应制定并施行相应措施。

2. 从事木材或造纸的制造商应根据总统令规定的程序和方法，汇编各营业点每年的温室气体排放量和能源消耗量，并提交给山林厅厅长。

第 15 条 （推进森林生物质能源的利用）

1. 山林厅厅长和地方政府负责人为确保森林生物质能源原材料的稳定供应，应不断增加提供森林生物质能源的森林。

2. 山林厅厅长和地方政府负责人为促进森林生物质能源的利用，应制定并施行相应措施。

3. 山林厅厅长和地方政府负责人为确保森林生物质能源市场的稳定，可根据总统令的规定，直接或委托第三方对森林生物质能源和设施进行全面监测和质量控制。

4. 通过使用第 2 款规定的森林生物质能源减少的温室气体排放量可作为抵消成果使用。〈2020 年 2 月 11 日修订〉

5. 操作标准适用于旨在进行森林碳抵消的促进森林生物质能源利用的行动。

第 3 节 抑制毁林和防止森林退化等

第 16 条 （抑制毁林和防止森林退化）

1. 山林厅厅长为减少因毁林和森林退化造成的温室气体排放，应制定并施行抑制毁林和防止森林退化的措施（以下简称抑制毁林等）。〈2020 年 2 月 11 日修订〉

2. 为抑制毁林等，可根据林地所有者的要求，将划定为保护区后额外减少的温室气体排放量作为抵消成果使用。

3. 第 2 款规定的保护区类型和划定程序及方法，温室气体排放量抵消标准等必要事项，由总统令规定。

第 17 条 （抑制毁林等的研究和支持）

1. 山林厅厅长为有效应对与抑制毁林等相关的《气候公约》及其他国际规范，可以进行相关研究或为民间研究提供支持。

2. 山林厅厅长为通过在国外抑制毁林等确保在国际市场可以进行交易的碳排放配额，可以建立国际合作和支持体系。

第 18 条 （复合型碳汇管理和改善）

1. 地方政府负责人或企业可将与第 9、10、12、15 和 16 条规定的个别碳汇管理和改善行动相结合的复合型碳汇管理和改善行动（以下简称复合型碳汇行动）产生的森林碳储存量作为抵消成果使用。〈2017 年 3 月 21 日修订〉

2. 复合型碳汇行动的类型和温室气体减排量核算的必要事项由总统令规定。

第 4 章　森林碳抵消等

第 19 条 （森林碳抵消）

1. 山林厅厅长应建立森林碳抵消的基础设施，通过第 9、10、12、15、16 和 18 条规定的管理和改善碳汇行动，使地方政府负责人或企业确保额外的森林碳储量能作为下列任意一项被使用：〈2017 年 3 月 21 日修订〉

（1）减排成果（信用）型森林碳抵消：为使根据其他法律或规定具有减排义务的地方政府负责人和企业抵消温室气体减排目标时能使用森林碳储量，应适用国际通用标准。

（2）社会捐献型森林碳抵消：地方政府负责人或企业为贡献社会自发管理和改善森林碳汇的，应适用总统令规定的宽松标准。

2. 拟实施第 1 款规定的森林碳抵消的地方政府负责人或企业，应编制根据农林畜产食品部令规定的项目计划书等相关文件，并向根据第 23 条设立的森林碳中心的负责人（以下简称森林碳中心负责人）提交。〈2013 年 3 月 23 日修订〉

3. 森林碳中心负责人对项目计划书等进行审查后认为项目可行的，应在第 24 条规定的森林碳登记簿上登记。

4. 根据第 3 款登记的项目属于下列情况之一的，森林碳中心负责人应撤销该登记，并应及时向地方政府负责人或企业通报：

（1）项目计划书内容存在虚假记载的；

（2）企业根据第 20 条规定编制的监测结果报告书内容存在虚假记载的；

（3）其他由总统令规定的，因不可抗力导致登记项目无法进行的情况。

第 20 条 （森林碳储量的监测与核证）

1. 根据第 19 条第 3 款登记森林碳抵消项目的地方政府负责人或企业应按照操作标准定期监测森林碳储量,并向森林碳中心负责人提交结果报告书(以下简称监测结果报告书)。

2. 森林碳中心负责人为客观核证根据第 1 款提交的监测结果报告书,可指定并运作符合国际通用标准的国内外第三方核证机构(以下简称核证机构)。

3. 核证机构在根据操作标准审查地方政府负责人或企业提交的监测结果报告书等证据材料、进行实地调查,并听取相关公务员或企业意见后,应编制核证报告书,并报送森林碳中心负责人。〈2017 年 3 月 21 日修订〉

4. 指定和运作核证机构的相关必要事项由总统令规定。

第 21 条 （森林碳储量的认证）

1. 森林碳中心负责人根据操作标准进行审查,认为核查报告内容适当的,应在获得山林厅厅长批准后,向提交监测结果报告书的地方政府负责人或企业颁发证书。

2. 根据第 1 款认证的项目属于下列情况之一的,森林碳中心负责人应撤销其认证,并及时通报地方政府负责人或企业:

(1)具备第 19 条第 4 款规定的撤销登记事由的;

(2)其他总统令规定的因不可抗力导致认证项目无法继续进行的情况。

3. 已删除。〈2016 年 5 月 29 日〉

第 22 条 （森林碳储量的有效期限等）

1. 根据第 21 条第 1 款认证的森林碳储量的有效期限和允许延长的次数(以下简称有效期限等),由总统令根据项目类型和规模确定。

2. 已被用作森林碳抵消成果或已过有效期限等的森林碳储量,从其被用作森林碳抵消成果或有效期届满之日起失效。〈2020 年 2 月 11 日修订〉

3. 因有效期限等届满或根据第 2 款规定失效的森林碳储量信息应在森林碳登记簿中载明,以防止其重复使用。

第 23 条 （森林碳中心的建立和培育）

1. 山林厅厅长为确保有效实施森林碳抵消制度,应在根据《林业和乡村振兴促进法》第 29 条之二规定的韩国林业振兴院下设森林碳中心,以施行下列事项:〈2016 年 5 月 29 日修订;2017 年 3 月 21 日修订〉

(1)森林碳抵消制度的运作和管理相关事项;

(2)国外森林调查和碳排放配额确保项目的相关事项;

(2 -2)负责核证森林碳储量的专业人才培养和教育项目开发相关事项;

(3)山林厅厅长为管理和改善碳汇规定的其他事项。

2. 山林厅厅长可部分或全部补贴森林碳中心执行任务所需资金。

3. 已删除。〈2017 年 3 月 21 日〉

[标题修改于 2017 年 3 月 21 日]

第 24 条 (森林碳登记簿的建立和运作)

1. 山林厅厅长为管理和改善碳汇的行动,以及透明地管理和流通森林碳储量的信息和统计数据,应建立并运作森林碳登记簿。

2. 森林碳登记簿包含的管理和改善碳汇的行动、森林碳储量信息和统计数据的种类、建立程序及运作方法的相关必要事项,由总统令规定。

第 25 条 (森林碳储量的交易等)

1. 根据第 21 条第 1 款认证的森林碳储量可用于下列任一项交易或项目:

(1)减排成果(信用)型森林碳抵消:《低碳绿色增长基本法》第 42 条规定的应对气候变化的能源目标管理以及该法第 46 条规定的有总量上限的排放配额交易制度等总统令规定的温室气体减排目标抵消与交易。

(2)社会贡献型森林碳抵消:参与总统令规定的减少温室气体和能源使用的项目。

2. 森林碳储量应按照总统令的规定,换算为吨二氧化碳当量进行交易。

3. 拟进行森林碳储量交易者应按照总统令的规定,在森林碳登记簿上登记交易账户和森林碳储量。在此情况下,应对吨二氧化碳当量按照总统令规定的固定比率缴纳登记费用。〈2017 年 3 月 21 日修订〉

4. 山林厅厅长为确保森林碳储量的公平定价和交易,以及交易的稳定性和效用性,可以指定或建立并运营国际通用的碳交易所。

5. 碳交易所、交易对象、交易方法、交易程序、最小交易单位和登记费用等森林碳储量交易的必要事项,由总统令规定。

第 5 章 改善碳汇的基础设施建设

第 26 条 (碳汇指数的开发和公布)

1. 山林厅厅长可以地方政府、公共机构和非政府组织为对象,根据其管理和改善碳汇的成果测定碳汇指数(指评价特定期间内管理和改善碳汇的成果及相应成果对社会、经济、环境的影响的分数,下同),在不违反《个人信息保护法》、《反不正当竞争和商业秘密保护法》、《防止泄露和保护工业技术法》以及《信用信息使用和保护法》中有关个人信息保密、商业管理等规定的前提下将结果公开。〈2017 年 3 月

21 日修订〉

2. 山林厅厅长可对碳汇指数测定结果被认定为应对气候变化优秀水准的地方政府、公共机构及非政府组织进行表彰。

3. 根据第 1 款作为碳汇指数测量对象的组织、企业或公共机构,如无特殊事由,应积极配合测量。〈2020 年 2 月 11 日修订〉

4. 碳汇指数设定、测量对象选取和测量、公示方法和程序,以及表彰的相关必要事项,由总统令规定。

第 27 条 (森林碳抵消的操作标准等)

1. 山林厅厅长为适用本法规定的管理和改善碳汇活动,应制定符合《气候公约》和其他相关国际规范的操作标准,并应经第 7 条规定的碳汇改善委员会审议后公布。

2. 操作标准应包含下列各项内容:

(1)第 9 条规定的新造林等相关事项;

(2)第 10 条规定的保护区内的碳汇管理相关事项;

(3)第 12 条规定的促进木制品使用的行动相关事项;

(4)第 15 条规定的促进森林生物质能源利用的活动相关事项;

(5)第 20 条规定的森林碳储量监测和核证相关事项;

(6)第 21 条规定的森林碳储量的认证相关事项;

(7)其他总统令规定的森林碳抵消运作的事项。

第 28 条 (森林碳储量的测量、报告及核证)

1. 山林厅厅长应建立能够测量、报告及核证山林部门温室气体吸收和排放量,用于计算的吸收、排放系数,以及森林碳储量相关各项信息和统计数据的系统。

2. 山林厅厅长应根据第 1 款的规定,在测量、报告及核证的森林碳储量提交第 7 条规定的碳汇改善委员会审议确定后,将其登记于森林碳登记簿,并每年予以公布。

3. 山林厅厅长应制定最大限度反映国际标准的森林碳储量测量、报告及核证标准,提高专业性、透明性和可靠性。

4. 第 1 至 3 款规定的测量、报告及核证森林碳储量的详细方法和程序等由总统令规定。

第 29 条 (研究开发及推进技术使用和传播等)

1. 山林厅厅长可以进行旨在管理和改善碳汇、评估碳汇和应对气候变化的研究开发,也可委托公共机构、研究所和大学等进行研究开发。

2. 山林厅厅长认为第 1 款规定的研究开发成果具有示范意义的,应制定并推动旨在促进相关技术传播和使用的政策措施。

3. 第 1 款规定的委托研究开发的方法和程序，以及根据第 2 款制定的政策措施的必要事项，由总统令规定。

第 30 条 (碳汇专业学校)

1. 为培养管理和改善碳汇所需的专业人才，山林厅厅长可以指定以下研究生院或高中分别为碳汇专业研究生院或高中(以下简称碳汇专业学校)：

(1)《高等教育法》第 29 条规定的研究生院或该法第 30 条规定的大学中，符合总统令规定标准的研究生院或研究生大学；

(2)《初等和中等教育法》第 45 条规定的高中或该法第 54 条规定的技术高中之中，符合总统令规定标准的高中或技术高中。

2. 山林厅厅长可为根据第 1 款指定的碳汇专业学校的运作提供必要的行政、技术和财政支持。

3. 若根据第 1 款指定的碳汇专业学校符合下列情况之一，山林厅厅长应撤销其指定，并及时通报研究生院或研究生大学负责人及高中或技术高中负责人：

(1) 不再符合第 1 款规定的指定条件的；

(2) 通过欺诈或其他不正当手段被指定为碳汇专业学校的；

(3) 碳汇专业学校将所获补贴用于补贴目的之外的其他用途的。

4. 碳汇专业学校指定和撤销的标准、程序及补贴范围等必要事项，由总统令规定。

第 31 条 (教育、培训和宣传)

1. 山林厅厅长应开展持续管理和改善碳汇所需的国内人才培养、国外合作以及国内外专家培养的教育培训。

2. 山林厅厅长可开展参与地方政府负责人和企业自发进行的碳汇改善行动的宣传。

3. 根据第 1 至 2 款进行教育培训的方法和内容及宣传所需事项，由总统令规定。

第 32 条 (对管理和改善碳汇的活动的支持)

1. 山林厅厅长或地方政府负责人可对企业的碳汇管理和改善行动提供奖励等行政或财政支持。

2. 山林厅厅长可以协助地方政府管理和改善碳汇的行动，以及不同地区特色碳汇的管理和改善相关研究开发。

3. 山林厅厅长可以向企业提供行政和财政支持，使其顺利进行国外碳排放配额确保项目。

4. 山林厅厅长可根据《低碳绿色增长基本法》第 42 条第 5 款对指定的温室气体

排放企业或能源消耗企业提供下列支持：

(1)为引进森林碳抵消提供技术支持和资金；

(2)编制温室气体排放统计的技术事项；

(3)山林厅厅长规定的其他事项。

5. 已删除。〈2017 年 3 月 21 日〉

6. 已删除。〈2017 年 3 月 21 日〉

第 33 条　(培育森林碳储量市场及相关产业)

1. 山林厅厅长为促进森林碳储量市场发展和培育相关产业，可实施以下措施：

(1)开发和推广森林碳储量市场模式的相关事项；

(2)森林碳储量交易价格分析及交易所设立的相关事项；

(3)管理和改善森林碳储量行动的信息服务系统开发和推广的相关事项；

(4)温室气体和能源目标管理制对象企业的森林碳抵消技术开发和推广的相关事项；

(5)森林生物质能源生产设施的设置、燃烧器分配和关联技术开发等为促进森林生物质能源使用和推广的相关事项；

(6)激活森林碳储量管理和改善咨询等气候变化相关服务企业的相关事项；

(7)其他由总统令规定的为培育森林碳储量市场和相关产业的事项。

2. 第 1 款各项规定的激活森林碳储量市场及相关产业培育的对象、程序和方法，由总统令规定。

第 34 条　(促进国际合作与援助)

1. 山林厅厅长为管理和改善碳汇，应安排并推动以下工作：

(1)确保第 9、10、12、14 和 15 条涉及的国外碳排放配额相关事项；

(2)第 31 条规定的国外碳汇管理和改善所需人才培养和国际专家交流相关事项；

(3)支持第 32 条第 3 款规定的公共机构、非政府组织和企业的国外碳排放配额确保项目的相关事项；

(4)为应对气候变化与国外进行的双边或多边合作及支援项目等总统令规定的其他事项。

2. 山林厅厅长应当与总统令规定的碳相关国际组织和其他相关组织保持可持续合作关系，并进行相关政策交流和研究。

第6章 补充规定

第35条 (听证会)

山林厅厅长拟作出以下任一项处理时,应事先举行听证会:

(1)拟根据第19条第4款的规定,撤销森林碳抵消登记;

(2)拟根据第21条第2款的规定,撤销森林碳储量认证;

(3)已删除;〈2017年3月21日〉

(4)拟根据第30条第3款的规定,撤销碳汇专业学校指定。

第36条 (实况调查和检查)

1. 山林厅厅长为执行本法规定事项认为必要的,可要求森林碳中心或受山林厅厅长财政支援的公共机构、非政府组织和企业等报告项目相关事项或提交必要材料。

2. 山林厅厅长为执行本法规定事项认为必要的,可指派主管公务员进入森林碳中心,检查相关文件、设施、设备等。在此情况下,该公务员应携带表明其权限的证书,并向相关人士出示。

第37条 (权力的授予和委托等)

1. 根据总统令的规定,本法授予山林厅厅长的权力可以部分授予直属机构负责人,市长/道知事,或市长/郡守/区长。〈2017年3月21日修订〉

2. 本法规定的山林厅厅长的职责可根据总统令的规定部分委托给相关机构和组织,如《林业和乡村振兴促进法》第29条之二设立的韩国林业振兴院等。〈2017年3月21日新增〉

[标题已于2017年3月21日修改]。

第37条之二 (罚则适用的公务员拟制)

下列各项人员视为适用于《刑法》第129条至第132条的公务员:

(1)执行第23条第1款各项职务的森林碳中心管理人员和雇员;

(2)根据第37条第2款从事山林厅厅长委托职务的相关机构和团体的管理人员和雇员。[本条为2017年3月21日新增条款]

第38条 (罚款)

1. 符合下列任一项的,将被处以500万韩元以下罚款:

(1)拒绝、逃避、妨碍提交第36条第1款规定的报告或材料,或虚假报告、提交虚假材料者。

(2)拒绝、逃避、妨碍第36条第2款规定的检查者。

2. 第 1 款规定的罚款由韩国山林厅厅长，市长/道知事，或市长/郡守/区长依总统令规定实施并征收。

附　　则

第 1 条　(施行日期)

本法自公布之日起一年后施行。

第 2 条　(过渡性措施)

本法施行前，企业根据《森林碳抵消制度示范经营规定》取得认证的二氧化碳吸收量，视为第 21 条第 1 款规定的经认证的森林碳储量。

韩国温室气体排放配额分配交易法①

온실가스 배출권의 할당 및 거래에 관한 법률

第 15836 号法律,2018 年 10 月 16 日

第一章 总 则

第 1 条 (目的)

本法旨在根据《低碳绿色增长基本法》第 46 条,通过引入温室气体排放配额交易制度,利用市场机制,有效实现国家温室气体减排目标。

第 2 条 (定义)

本法使用术语定义如下:

(1)"温室气体"指《低碳绿色增长基本法》(以下简称基本法)第 2 条第 9 项定义的温室气体;

(2)"温室气体排放"指基本法第 2 条第 10 项定义的温室气体排放;

(3)"排放配额"指为实现基本法第 42 条第 1 款第 1 项规定的温室气体减排目标(以下简称国家温室气体减排目标),在第 5 条第 1 款第 1 项规定的温室气体排放总量许可范围内,分配给产生温室气体的部分企业的温室气体许可排放量;

(4)"承诺期"指为实现国家温室气体减排目标,每 5 年向排放温室气体的企业分配配额并管理其履约成果的期限;

(5)"履约年"指为实现承诺期内国家温室气体减排目标而设定的,承诺期内每年向排放温室气体的企业分配配额并管理其履约成果的年度;

(6)"吨二氧化碳当量(tCO_2 - eq)"指 1 吨二氧化碳或基本法第 2 条第 9 项规定的其他温室气体量,其全球变暖影响与 1 吨二氧化碳相当。

---

① 本法 2018 年颁布,原文来自韩国法制研究院(한국법제연구원,KLRI),网址:https://elaw. klri. re. kr/kor_service/lawView. do? hseq = 49480&lang = ENG。本法案以韩文文本进行翻译。翻译:唐寅智;校对:杨浩。

第 3 条　(基本原则)

政府建立或施行排放许可证分配和交易制度(以下简称排放配额交易制度)应遵循下列基本原则:

(1)政府应遵守《气候公约》和相关议定书规定的原则,并应考虑气候变化相关国际谈判;

(2)政府应考虑排放配额交易体系对经济部门国际竞争力的影响;

(3)政府应充分利用市场机制,有效实现国家温室气体减排目标;

(4)政府应确保排放配额交易按照市场交易原则以公平且透明的方式进行;

(5)政府应考虑与国际碳市场的联系,根据国际标准实施政策。

第二章　排放配额交易制度总体规划的制定等

第 4 条　(排放配额交易制度总体规划的制定等)

1. 为有效实现本法目标,政府应以 10 年为单位,每 5 年制定一次排放配额交易制度总体规划(以下简称总体规划),明确中长期目标和基本方向。

2. 总体规划应包含以下内容:

(1)排放配额交易制度国内外市场现状及预测事项;

(2)排放配额交易制度运行基本方向的相关事项;

(3)考虑到国家温室气体减排目标的排放配额交易制度承诺期运作的相关事项;

(4)因经济增长、各部门和业务类型的新投资、设施扩建(指排放温室气体的营业场所或该场所的一部分,下同)预计产生的温室气体排放量的相关事项;

(5)排放配额交易制度运行过程中能源价格和物价变动等经济影响相关事项;

(6)考虑到贸易密集度、碳强度等国内产业支持措施的相关事项;

(7)国际碳市场对接方案及国际合作相关事项;

(8)其他融资、专业人才培养、教育、宣传等使排放配额交易制度有效运行的相关事项。

3. 政府要求变更根据第 8 条规定的主管机关或根据气候变化相关国际谈判等认为有必要修改总体规划时,可进行合理性审查并修改总体规划。

4. 政府制定或修改总体规划时,应征求相关中央行政机关、地方政府及利害关系人的意见。

5. 总体规划的制定和修改,根据总统令的规定,需经基本法第 14 条设立的绿色增长委员会和国务会议审议确定。但上述规定不适用于修改总统令规定的轻微事项。

第 5 条 （国家排放配额分配计划的制定等）

1. 政府应在每个承诺期开始前 6 个月内制定包含下列各项的国家排放配额分配计划（以下简称分配计划），以有效实现国家温室气体减排目标：

（1）考虑到国家温室气体减排目标设定的温室气体排放配额总量（以下简称排放配额总量）的相关事项；

（2）根据排放配额总量确定的承诺期和各履约年的排放配额总量的相关事项；

（3）取得排放配额的行业、业务类型的相关事项；

（4）各行业、各业务类型的排放配额分配标准和分配量的相关事项；

（5）各履约年排放配额分配标准及分配量的相关事项；

（6）第 8 条规定的分配对象企业的配额分配标准及分配方法的相关事项；

（7）第 12 条第 3 款规定的排放配额有偿分配的相关事项；

（8）第 15 条规定的早期减排成果认定标准的相关事项；

（9）第 18 条规定的排放配额储备量和分配标准的相关事项；

（10）第 28 条规定的排放配额结转借入事项及第 29 条规定的抵消标准和运作的相关事项；

（11）其他由总统令规定的相关承诺期内排放配额分配和交易的必要事项。

2. 政府规定第 1 款各项相关事项时，应考虑排放配额交易制度在各行业、各业务类型的适用条件，以及对国际竞争力的影响等。

3. 政府在承诺期内因国内外经济形势突变、技术进步等，认为有必要修改分配计划的，可以审查其合理性并进行修改。

4. 政府制定或修改分配方案时，应提前召开听证会，听取利害关系人的意见，认为合理的，应将听证会上提出的意见反映在分配计划中。

5. 根据总统令的规定，分配计划的制定和修改由绿色增长委员会和国务会议审议确定。但上述规定不适用于修改总统令规定的轻微事项。

第 6 条 （排放配额分配委员会的设立）

企划财政部下设排放配额分配委员会（以下简称分配委员会），以审议和调整排放配额交易制度相关的下列事项：

（1）分配计划相关事项；

（2）第 23 条规定的稳定市场措施相关事项；

（3）第 25 条规定的排放量核证和第 29 条规定的抵消相关政策的调整和协助的相关事项；

（4）第 36 条规定的国际碳市场对接和国际合作相关事项；

(5)其他委员长认为需要提交分配委员会审议和调整的排放配额交易制度相关事项。

第7条 (分配委员会的组成和运作)

1.分配委员会由1名委员长及20名以内的委员组成。

2.委员长由企划财政部长担任,委员由以下人员组成:〈2013年3月23日;2017年7月26日修订〉

(1)企划财政部、科学技术信息通信部、农林畜产食品部、产业通商资源部、环境部、国土交通部、国务调整室金融委员会及其他总统令规定的相关中央行政机关的次官级公务员中,被相关机关负责人指定的人;

(2)气候变化、能源、资源和排放配额交易制度等低碳绿色增长领域具备丰富的知识和经验的人员中,受企划财政部长委托的人。

3.分配委员会委员长代表分配委员会,并总管委员会事务。

4.根据第2款第2项委托的委员任期为两年,可连任1次。

5.根据总统令的规定,分配委员会设秘书1名。

6.秘书应根据委员长的命令,处理分配计划制定准备等分配委员会的事务。

7.除本法另有规定外,分配委员会的组成、运作等必要事项由总统令规定。

第三章 分配对象企业的指定和排放配额的分配

第一节 分配对象企业的指定

第8条 (分配对象企业的指定)

1.总统令规定的中央行政机关负责人(以下简称主管机关)应在每个承诺期开始前5个月内,根据第5条第1款第3项的规定,从属于分配计划指定的排放配额分配对象行业和业务类型的温室气体排放企业中,将符合下列任一项的企业指定为排放配额分配对象企业(以下简称分配对象企业)并进行公示:

(1)基本法第42条第5款规定的管理企业(以下简称管理企业)中,过去3年的年平均温室气体排放总量为125,000吨二氧化碳当量(tCO_2-eq)及以上的企业,或排放总量为25,000吨二氧化碳当量(tCO_2-eq)及以上的营业场所对应的相关企业;

(2)不属于第1项规定的管理企业,但为被指定为分配对象企业而提出申请的企业。

2.第1款规定的分配对象企业的指定、公示和申请等所需的详细事项由总统令规定。

第9条 （针对新进企业的分配对象企业指定）

1. 主管机关可指定并公示在承诺期内因新设施设立、改建或扩建而符合第8条第1款第1项的企业（以下简称新进企业）为分配对象企业。

2. 第1款规定的针对新进企业的分配对象企业指定所需详细事项由总统令规定。

第10条 （目标管理制的排除适用）

根据第8条第1款和第9条第1款被指定和公示为分配对象企业的企业，自根据第12条第1款规定取得排放配额分配的年度起，不适用基本法第42条第5至9款及第64条第1款第1项（仅适用于基本法第42条第6款和第9款）至3项的规定。

第11条 （排放配额登记簿）

1. 主管机关应备存排放配额交易登记簿（以下简称排放配额登记簿），以登记及管理排放配额的分配和交易、分配对象企业温室气体排放量等相关事项。

2. 排放配额登记簿由主管机关管理和运行。

3. 排放配额登记簿应当登记下列事项：

（1）按承诺期和履约年分列排放配额总量；

（2）分配对象企业及其他个人或法人名下的排放配额账户及持有量；

（3）第18条规定的排放配额储备管理账户及持有量；

（4）第25条规定的经主管机关核证的温室气体排放量；

（5）为实现有效且稳定的排放配额分配和交易，由总统令规定的其他必要事项。

4. 排放许可登记簿应当进行电子化管理，以便与基本法第45条规定的温室气体综合信息管理系统有机连接。

5. 根据第20条的规定，在排放配额登记簿上取得排放配额交易账户的，可以请求主管机关出具其持有的排放配额数量等总统令规定的登记事实证明。

6. 排放配额登记簿的管理和运营方法所需的详细事项由总统令规定。

第二节 排放配额的分配

第12条 （排放配额的分配）

1. 主管机关应根据分配计划，将各承诺期的排放配额总量和各履约年的排放配额分配给分配对象企业。但针对新进企业，应分配被指定并公示为分配对象企业后自履约年起的剩余承诺期的排放配额。

2. 第 1 款规定的排放配额分配标准应考虑以下事项并由总统令规定:

(1)分配对象企业在各履约年的排放配额需求;

(2)第 15 条规定的早期减排成果;

(3)第 27 条规定的分配对象企业的排放配额提交结果;

(4)分配对象企业的贸易密集度和碳强度;

(5)分配对象企业之间排放配额分配量的公平性;

(6)各部门、业务类型的温室气体减排技术水平和国际竞争力;

(7)分配对象企业对实现国家温室气体减排目标的贡献程度,如设施投资;

(8)基本法第 42 条第 6 款规定的管理企业的目标遵守情况。

3. 第 1 款规定的排放配额分配应有偿或无偿分配,无偿分配的排放配额比例由总统令在考虑其对国内产业国际竞争力的影响、国际气候变化谈判等国际动向及物价等对国民经济的影响,以及近期针对承诺期的评价等的基础上规定。

4. 尽管有第 3 款的规定,但对贸易密集度高于总统令规定的标准,或者根据本法实施的温室气体减排导致其生产成本高于总统令规定的标准的业务类型的分配对象企业而言,其可以无偿获得排放配额分配。

第 13 条 (排放配额分配的申请)

1. 分配对象企业应在各承诺期开始前 4 个月内(分配对象企业是新进企业的,应在取得排放配额分配的履约年开始前的 4 个月内),编制并向主管机关提交包含下列各项的排放配额分配申请书(以下简称分配申请书):

(1)承诺期内的排放配额总申请量;

(2)各履约年的排放配额申请量;

(3)申请人被指定为分配对象企业之前 3 年的温室气体排放量;

(4)承诺期内扩建或变更设施的计划;

(5)承诺期内燃料和原材料消耗计划;

(6)承诺期内引进温室气体减排设施和技术的计划;

(7)第 4 至 6 项规定的计划实施后温室气体排放量增减的预想值;

(8)根据第 24 条规定编制上一年度的报表(首次指定为分配对象企业的,指基本法第 44 条第 1 款规定的报表)。

2. 第 1 款规定的排放配额分配的申请方法和程序等相关必要详细事项由总统令规定。

第 14 条 (分配通知)

1. 主管机关根据第 12 条规定向分配对象企业分配配额时,应及时通知分配对象企业,并将分配明细在排放配额登记簿内各业务类型账户中载明。

2. 第1款规定的分配通知和分配明细的登记所需详细事项由总统令规定。

第15条 (早期减排成果的认定)

1. 主管机关针对分配对象企业根据第12条规定取得排放配额分配前经外部专门机构(指基本法第42条第9款规定的外部专门机构,下同)核证的温室气体减排量(以下简称早期减排成果),根据总统令的规定,可以在制定分配计划时反映相关情况,或根据第12条的规定,在排放配额分配时可向相关分配对象企业增发配额。

2. 根据第1款的规定,在制定分配计划时反映早期减排成果或分配额外配额的情形,为有效达成国家温室气体减排目标和排放配额交易市场的稳定运营,分配计划的反映或额外配额的分配比例应限制在与总统令规定的总排放配额一致的比例下。

第16条 (排放配额分配的调整)

1. 符合下列任一项的,主管机关得依职权或依申请,增发配额给分配对象企业,或调整各履约年的排放配额分配量:

(1)因第5条第3款规定的分配计划修改导致排放配额总量增加的;

(2)承诺期内因设施的设立或扩建、产品范围的变更、业务计划的变更等,需增发排放配额或调整各履约年分配量,由分配对象企业申请的。

2. 第1款规定的排放配额增发和分配量调整的详细标准和程序由总统令规定。

第17条 (排放配额分配的撤销)

1. 符合下列任一项的,主管机关得撤销依第12条及第16条分配或调整的全部或部分排放配额(以无偿分配的排放配额为限):

(1)因修改第5条第3款规定的分配计划导致排放配额总量减少的;

(2)分配对象企业关停全部设施的;

(3)分配对象企业自设施开工之日起3个月内无正当理由不开工的;

(4)分配对象企业的设施停止运行1年以上的;

(5)以欺诈或者其他非法手段取得排放配额分配的。

2. 根据第1款撤销排放配额的详细标准和程序由总统令规定。

第18条 (排放配额储备量)

主管机关应在承诺期内储备一定比例的排放配额,作为新进企业配额分配及第23条规定的市场稳定措施额外配额分配的储备。

第四章 排放配额交易

第19条 (排放配额交易)

1. 排放配额可以买卖或其他方式交易。

2. 根据总统令的规定，排放配额可以将温室气体换算为吨二氧化碳当量的单位进行交易。

3. 排放配额交易的最小单位等排放配额交易所需详细事项由总统令规定。

第 20 条 （排放配额交易账户的登记）

1. 拟交易排放配额的，应按照总统令的规定，在排放配额登记簿上登记排放配额交易账户。

2. 国外法人和个人仅可在总统令规定的情况下申请第 1 款规定的登记。

第 21 条 （排放配额交易申报）

1. 排放配额交易主体应按照总统令的规定，向主管机关报告交易情况。

2. 主管机关接到第 1 款规定的报告后，应及时将内容在排放配额登记簿中载明。

3. 由排放配额交易导致的排放配额转让，在排放配额交易内容按照第 2 款登记时生效。

4. 第 1 至 3 款的规定准用于继承或法人合并等非通过交易转让排放配额的情形。

第 22 条 （排放配额交易所等）

1. 主管机关为促进排放配额定价、交易公平化，并实现稳定高效的排放配额交易，得指定、设立及运营排放配额交易所。

2. 依第 1 款规定指定排放配额交易所的，被指定的排放配额交易所应制定包含下列事项的运营规定，并应于开市日前获得主管机关批准。交易所拟修改总统令规定的重要事项的，在获批事项中，还应获得总统令规定的主管机关的批准。

（1）排放配额交易所会员资格相关事项；

（2）排放配额交易方式相关事项；

（3）排放配额交易清算、结算相关事项；

（4）排放配额交易信息披露相关事项；

（5）排放配额交易市场监管相关事项；

（6）排放配额交易纠纷解决相关事项；

（7）其他总统令规定的排放配额交易市场运营的必要事项。

3. 关于排放配额交易所相关操纵市价行为等的禁止和赔偿责任、不正当交易行为等的禁止和赔偿责任，以及信息利用禁止，分别准用《资本市场及金融投资业务法》第 176 条第 1 款、第 2 款、第 3 款各项以外的正文部分，第 177 条（仅指违反《资本市场及金融投资业务法》第 176 条第 1 款、第 2 款和第 3 款各项以外的正文部分的情形）至第 179 条，第 383 条第 1 款和第 2 款。在此情况下，“上市证券或交易所内交易衍生产品”或“金融投资产品”视为“排放配额”,“电子证券经纪公司”视为“排放配额交易中介公司”,“交易所”视为“排放配额交易所”,“金融投资业务主体及金融投资业务相关机构”视为“排放信用交易所的会员”。

4. 排放配额交易所的指定或设立程序、排放配额交易所的业务和监督、排放配额交易中介公司等必要事项由总统令规定。

第 23 条 （稳定排放配额交易市场）

1. 符合下列任一项或极有可能符合时,为形成稳定的排放配额交易价格,主管机关得依总统令规定,经分配委员会审议,采取稳定市场措施:

(1) 排放配额的价格连续 6 个月比前两年平均价格高出总统令规定的比率;

(2) 总统令规定的、因排放配额需求激增等导致短期内交易量大幅上升的情况;

(3) 总统令规定的其他为维护排放配额交易市场秩序或保护公众利益,认为有必要采取稳定市场措施的情况。

2. 第 1 款规定的市场稳定措施应采取以下方式:

(1) 以不超过第 18 条规定的排放配额储备量的 25% 分配额外配额;

(2) 根据总统令的规定设定排放配额持有量的最低额或最高额;

(3) 总统令规定的其他国际通用方法。

第五章 排放量的报告、核证和认证

第 24 条 （排放量的报告和核证）

1. 分配对象企业在各履约年结束日起 3 个月内,应当按照总统令的规定,以可能的方式编制相关履约年的企业实际温室气体排放量的计量、报告、核证报表,并向主管机关报告。

2. 第 1 款规定的报告相关事项准用基本法第 44 条第 2 款的规定。在此情形下,“管理企业”视为“分配对象企业”,“政府”视为“主管机关”。

3. 除第 1、2 款规定外,报告和核证温室气体排放量所需详细事项由总统令规定。

第 25 条 （排放量的认证等）

1. 主管机关接到第 24 条规定的报告后,应评估报告内容的有效性,并认证分配对象企业的实际温室气体排放量。

2. 分配对象企业未依第 24 条规定提交排放量报告的,主管机关得依第 37 条规定进行实况调查,根据总统令规定的基准,依职权认证该分配对象企业的实际温室气体排放量。

3. 主管机关认证第1、2款规定的实际温室气体排放量时,应及时将结果通知分配对象企业,并将内容在履约年结束日起5个月内在排放配额登记簿上载明。

4. 第1至3款规定的排放量认证方法和程序,以及排放量通知和登记所需的详细事项由总统令规定。

第26条 (排放量认证委员会)

1. 主管机关可设立排放量认证委员会(以下简称认证委员会),以审议和调整第25条规定的有效性评估和温室气体实际排放量认证、第29条规定的抵消相关的专门事项。

2. 认证委员会的组成、运作等必要事项由总统令规定。

第六章 排放配额的交还,结转和借入,抵消和消灭

第27条 (排放配额的交还)

1. 分配对象企业应当在各履约年结束日起6个月内,根据总统令的规定,将依第25条规定得到认证的温室气体排放量相应的排放配额(指已结束的履约年的排放配额)向主管机关交还。

2. 主管机关收到依第1款交还的排放配额后,应及时将该内容在排放配额登记簿上载明。

第28条 (排放配额的结转和借入)

1. 排放配额持有人,经主管机关批准,可将其持有的排放配额结转至同一承诺期内的下一履约年或下一承诺期内的首个履约年。

2. 分配对象企业为根据第27条规定交还排放配额,存在总统令规定事由的,经主管机关批准可在承诺期内借入其他履约年分配的部分排放配额。

3. 根据第2款规定可借入的排放配额限度由总统令规定。

4. 主管机关依第1款和第2款的规定批准结转或借入时,应及时于排放配额登记簿登记其内容。在此情况下,结转或借入的排放配额应被视为根据第12条在相关年度分配。

5. 第1款和第2款规定的排放配额结转和借入的详细程序由总统令规定。

第29条 (抵消)

1. 分配对象企业持有或取得符合国际标准的外部项目产生的温室气体减排量(以下简称外部项目温室气体减排量)时,得请求主管机关将其全部或部分转换为排放配额。

2. 主管机关收到第1款的申请后,应根据总统令规定的基准,将外部项目温室

气体减排量转换为相应的排放配额,并根据第31条将其内容在抵消登记簿上载明。

3. 分配对象企业可向主管机关交还依第2款规定在抵消登记簿上登记的排放配额(以下简称抵消排放配额),以代替第27条规定的交还排放配额。此情形下,主管机关可以考虑交还抵消排放配额对国家温室气体减排目标的影响以及对排放配额交易价格的影响,根据总统令规定限制抵消排放配额的交还限度和有效期。

第30条 (外部项目温室气体减排量认证)

1. 根据第29条可转换为排放配额的外部项目温室气体减排量,符合下列任意一项的,将限制根据总统令规定的标准和程序取得主管机关认证:

(1)在不适用本法的国内外地区,能够按照国际标准进行计量、报告和核证的温室气体减排项目产生的温室气体减排量;

(2)通过《气候公约》和相关协议的温室气体减排项目等总统令规定的项目产生的温室气体减排量。

2. 为取得第1款规定的认证,应按照总统令的规定向主管机关提出申请。

3. 主管机关认证外部项目温室气体减排量时,应及时在第31条规定的抵消登记簿中登记减排量。

第31条 (抵消登记簿)

1. 主管机关应备存排放配额抵消登记簿(以下简称抵消登记簿),以登记及管理依第30条认证的外部项目温室气体减排量。

2. 抵消登记簿由主管机关管理及运作。

3. 应对抵消登记簿进行管理,使之与排放配额登记簿形成有机联系。

第32条 (排放配额的消灭)

分配给履约年的排放配额,未依第27条规定交还主管机关或未依第28条规定结转至下一履约年的,自履约年结束之日起6个月后失效。

第33条 (罚款)

1. 分配对象企业依第27条交还的排放配额,少于依第25条认证的温室气体排放量的,主管机关对其差额得在每吨二氧化碳当量100,000韩元的范围内处以履约年排放配额市场均价3倍以下的罚款。

2. 主管机关处罚款前,应给予相对人或利害关系人陈述意见的机会。

3. 第1至2款规定的罚款基准和程序等相关必要事项由总统令规定。

第34条 (罚款的征收和滞纳处理)

1. 罚款缴付义务人未在缴付期限内缴付罚款的,主管机关可在缴付期限次日至缴付日前日期间内根据总统令的规定征收滞纳金。

2. 罚款缴付义务人逾期未缴付罚款的,主管机关应指定期限并予以催收。指定期限内未根据第 1 款规定缴付滞纳金的,可根据国税滞纳处理征收。

3. 第 1 至 2 款规定的罚款征收和滞纳处理程序相关必要事项由总统令规定。

第七章 附 则

第 35 条 (金融和税收支持)

1. 政府为防止因排放配额交易制度的引入导致企业竞争力下降,以及盘活排放配额交易,应根据总统令的规定,为设置温室气体减排设备或开发相关技术的企业等提供金融、税收支持,支付补贴,以及提供其他必要支持。

2. 政府在提供第 1 款规定的支持时,可以优先支持《中小企业基本法》第 2 条规定的中小企业开展的业务。

3. 政府应按照第 12 条第 3 款的规定,将有偿分配排放配额的收益和第 33 条规定的罚款、第 39 条规定的手续费,以及第 43 条规定的罚款收入的全部或部分用于第 1 款和第 2 款规定的支持活动。

第 36 条 (与国际碳市场的联系等)

1. 政府应当以《气候公约》和其他相关议定书,以及与国际公认的进行温室气体排放计量、报告和核证的国家之间签订的协议为基础,努力将国内排放配额市场与国际碳市场相连接。在此情况下,政府应考虑对分配对象企业商业秘密的保护等。

2. 主管机关可根据总统令的规定,指定或设立并运营专门从事与国际碳市场连接的调查、研究、技术开发和合作等的机构作为专门从事排放配额交易的机构。

3. 政府可将根据第 2 款指定或设立和运营的机构,作为专门从事排放配额交易的机构,为其开展业务活动所发生的费用提供补贴。

第 37 条 (实况调查)

下列申请或处分,有必要核实相关事实或合理性时,主管机关得要求有关分配对象企业提交报告或资料,或在必要的最小限度内进行实况调查。在此情形下,分配对象企业无特殊事由的应当遵守:

(1)第 13 条规定的排放配额分配的申请;

(2)第 15 条规定的早期减排成果的认定;

(3)第 16 条规定的排放配额分配的调整;

(4)第 17 条规定的排放配额分配的撤销;

(5)第 24 条规定的排放量的报告和核证;

(6)第 25 条规定的排放量的认证;

(7)第 30 条规定的外部项目温室气体减排量的认证。

第 38 条 （异议申请）

1. 对下列处分有异议的，自各项规定之日起 30 日内，可附总统令规定的说明材料，向主管机关提出异议：

（1）根据第 8 条第 1 款和第 9 条第 1 款指定：公告日期；

（2）根据第 12 条第 1 款分配：分配日期；

（3）第 16 条规定的排放配额分配的调整：排放配额增发的日期或排放配额按履约年调整的日期；

（4）第 17 条规定的排放配额分配撤销：排放配额分配的撤销日期；

（5）第 25 条第 1 款规定的排放量认证：认证日期；

（6）第 33 条第 1 款规定的罚款处罚：送达日期。

2. 主管机关收到第 1 款规定的异议时，应在收到异议之日起 30 日内将结果通知申请人。但因不可抗力导致不能在期限内作出决定的，可以在 30 日范围内延长期限，并告知申请人。

第 39 条 （手续费）

符合下列任一项的，应按总统令的规定缴纳手续费：

（1）根据第 11 条第 5 款申请颁发证书的；

（2）根据第 20 条申请排放配额交易账户登记的（分配对象企业除外）。

第 40 条 （授权与委托）

1. 主管机关可根据总统令规定，将本法规定的部分权限委任或委托给其他中央行政机关负责人或附属机关负责人。

2. 主管机关可根据总统令规定，将本法规定的部分职责委托给总统令规定的公共机构或温室气体减排相关专门机构。

第 40 条之二 （公务员罚则适用议案）

认证委员会委员中的非公务员，视为《刑法》第 129 条至第 132 条规定的公务员。[本条于 2018 年 10 月 16 日新增]

第八章 罚则和罚款

第 41 条 （罚则）

1. 符合下列任一项的，处 3 年以下有期徒刑，并处 1 亿韩元以下罚金；但如果违法收益和避免损失额的 3 倍超过 1 亿韩元，应以违法收益和避免损失额 3 倍以下金额处以罚金：

（1）违反第 22 条第 3 款准用的《资本市场及金融投资业务法》第 176 条第 1 款

的规定,为使他人误信交易成功,或以误导他人、致使他人做出错误判断为目的的该款各项规定的任一行为的;

(2)违反第 22 条第 3 款准用的《资本市场及金融投资业务法》第 176 条第 2 款,为达到诱导排放配额交易目的为该款各项规定的任一行为的;

(3)违反第 22 条第 3 款准用的《资本市场及金融投资业务法》第 176 条第 3 款各项以外正文的规定,以固定和稳定排放配额市场价格为目的,进行该排放配额相关的 1 年内的买卖和委托、受托的;

(4)违反第 22 条第 3 款准用的《资本市场及金融投资业务法》第 178 条第 1 款进行排放配额买卖,以及为其他交易相关、符合该款各项任一行为的;

(5)违反第 22 条第 3 款准用的《资本市场及金融投资业务法》第 178 条第 2 款规定,以排放配额买卖和进行其他交易为目的,或以引起排放配额市场价格变动为目的,散布谣言、欺诈、使用暴力或胁迫手段的。

2. 符合下列任一项的,处 1 年以下有期徒刑,并处 3000 万韩元以下罚金:

(1)违反第 22 条第 3 款准用的《资本市场及金融投资业务法》第 383 条第 1 款规定,泄露或利用基于职务掌握的秘密的排放配额交易所工作人员或前工作人员;

(2)违反第 22 条第 3 款准用的《资本市场及金融投资业务法》第 383 条第 2 款规定,与排放配额交易所的会员之间有提供资金、分配收益行为,以及存在与其他营业相关的特别利害关系的排放配额交易所全职工作人员。

3. 符合下列任一项的,处 1 亿韩元以下罚金。但如果违法收益和避免损失额的 3 倍超过 1 亿韩元,应以违法收益和避免损失额的 3 倍以下金额处罚金:

(1)以欺诈或不正当手段申请排放配额分配或调整,取得第 12 条第 1 款或第 16 条第 1 款第 2 项规定的分配或调整的;

(2)以欺诈或不正当手段申请将外部项目温室气体减排量转化为排放配额,根据第 29 条第 3 款的规定交还抵消排放配额的;

(3)以欺诈或不正当手段申请认证,取得第 30 条规定的外部项目温室气体减排量认证的。

第 42 条 (双罚制)

法人(包括组织,本条下同)的法定代表,或法人、自然人的代理人、雇员或其他从业人员,就法人或自然人相关业务为第 41 条规定的违法行为的,除对行为人进行处罚外,对法人或自然人处相应的罚金刑。但是,法人和自然人为防止该违法行为已经尽到注意义务和监督义务的,不进行处罚。

第 43 条 (罚款)

符合下列任一项的,主管机关将处 1000 万韩元以下罚款:

(1)虚假进行第21条第1款规定申报的;

(2)未根据第24条第1款规定进行报告或虚假报告的;

(3)违反第24条第2款准用的基本法第44条第2款,不履行修正或完善命令的;

(4)未依第27条规定交还排放配额的。

韩国绿色气候基金运作支持法[①]

녹색기후기금의 운영지원에 관한 법률

第 11947 号法律,2013 年 7 月 30 日

第 1 条　(目的)

以通过支持承担《气候公约》财政支持系统功能的绿色气候基金的运作,促进绿色气候基金的高效运作和增进国际社会协作为目的制定本法。

第 2 条　(法律效力)

1. 绿色气候基金(以下简称基金)根据设立和运作目的可为下列行为:

(1)订立合同或成为合同当事人的行为;

(2)取得或处分动产、不动产及其他财产的行为;

(3)提起诉讼或成为诉讼当事人的行为;

(4)发行金融产品或在金融市场进行金融产品交易的行为。

2. 基金在实施第 1 款规定的行为时,应遵守大韩民国的相关法律法规。

第 3 条　(基金捐赠)

政府出资(含投资,下同)时,应事先征得国会决议。

第 4 条　(捐赠方法)

1. 政府向基金捐赠时,经国务会议审议并经总统批准,可以美国货币、其他可自由兑换货币、黄金或本国货币全额或分期缴纳。

2. 政府根据第 1 款规定以本国货币捐赠的,经国务会议审议并经总统批准,政府可全部或部分用以本国货币计价的证券捐赠。

第 5 条　(基金合作)

1. 基金合作由企划财政部长主管。

---

① 本法 2013 年制定,原文来自韩国法制研究院(한국법제연구원,KLRI),网址:https://elaw.klri.re.kr/kor_service/lawView.do?hseq=46791&lang=ENG。本法案以韩文文本进行翻译。翻译:唐寅智;校对:杨浩。

2. 企划财政部长在与相关中央行政机关负责人协商后,可制定并施行政策措施,以加强基金合作及支持基金的活动。

3. 企划财政部长应将根据第 2 款制定的政策措施通报相关中央行政机关负责人,接到通报的相关中央行政机关负责人应采取必要措施以施行该政策措施。

4. 企划财政部长认为为制定第 2 款规定的政策措施有必要的,可要求基金所在地的地方政府负责人予以协助。

第 6 条 (国家和地方政府的支持)

国家和地方政府可为基金运作提供必要的行政和财政支持。

附　则

本法自公布之日起施行。

巴基斯坦气候变化法[①]

本法由巴基斯坦议会制定，由总统于2017年3月29日签署通过

第一章　序　　言

1. 简称、适用范围与生效

（1）本法称为2017年《巴基斯坦气候变化法》。

（2）本法在巴基斯坦全国范围内适用。

（3）本法自颁布之日起生效。

2. 定义

（1）本法中，除与主题或文意不一致，否则：

（a）“适应”指自然或人为系统为适应实际或预期的气候刺激因素及影响而趋利避害的调整。

（b）“管理局”指根据第5条设立的巴基斯坦气候变化管理局。

（c）“理事会”指根据第3条设立的巴基斯坦气候变化理事会。

（d）“气候变化”指气候系统的变化，这种变化因温室气体浓度的显著变化引起，是人类活动的间接后果，是需要在相当长一段时间才能观察到的非自然气候变化。

（e）“排放”指由人类活动造成向大气层排放温室气体的行为。

（f）“基金”指根据第12条设立的巴基斯坦气候变化基金。

（g）“政府”指联邦政府。

（h）“温室气体”指通过吸收地球表面太阳增温产生的红外辐射而促成温室效应的气体，包括二氧化碳、甲烷、一氧化二氮、氢氟碳化物、全氟碳化

① 本法2017年颁布，原文来自联合国粮农组织数据库，网址：http://faolex.fao.org/docs/pdf/pak172391.pdf。翻译：刘彦；校对：徐榕苑、王璐瑶。

物、六氟化硫、三氟化氮以及根据《气候公约》(UNFCCC)和联合国政府间气候变化专门委员会(IPCC)不定期认可的其他直接或间接温室气体。

(i)"减缓"指通过减少当前和未来排放,增加潜在的温室气体汇,为防止或减缓大气中温室气体浓度上升所作出的努力。

(j)"规定"指根据本法制定的细则或法规。

(k)"法规"指根据本法制定的法规。

(l)"细则"指根据本法制定的细则。

(m)"附件"指本法附件。

(n)"法庭"指根据1997年《巴基斯坦环境保护法》(1997年第XXXIV号法律)或省级环境保护法设立的环境法庭。

(2)本法中使用但未定义的表述与1997年《巴基斯坦环境保护法》(1997年第XXXIV号法律)中规定的含义相同。

第二章　巴基斯坦气候变化理事会

3. 巴基斯坦气候变化理事会的设立

(1)巴基斯坦总理应当在官方公报上发布公告,成立巴基斯坦气候变化理事会,由总理或总理提名之人担任主席,并由下列委员组成:

(a)分管气候变化,财政,农业,食品安全与研究,计划、发展和改革,石油及自然资源科学技术,水资源和电力以及外交事务的各联邦部长;

(b)各省首席部长;

(c)各省负责环境问题的主管部门部长;

(d)总理任命的其他人员,不得超过30人,其中至少20人为非官员,包括工会代表、与气候变化和环境发展相关的非政府组织、科学家、研究人员、技术专家及教育工作者;

(e)根据2010年《国家灾害管理法》(2010年第XXIV号法律)任命的国家灾害管理局主席;

(f)巴基斯坦气候变化管理局主席;

(g)分管气候变化问题的秘书,同时作为理事会秘书。

(2)必要时,理事会有权邀请查谟和克什米尔总理以及吉尔吉特—巴尔蒂斯坦地区首席部长出席理事会会议。

(3)分管气候变化问题的部门应作为理事会秘书处。

(4)理事会委员中,除当然委员(ex-offlicio members),应当按规定程序任命,每届任期为3年。

(5)必要时,理事会应当举行会议,每年不得少于两次。

(6)理事会可以由其委员组成委员会,并委托其行使理事会认为适当的职能,委员会的提议应当提交理事会批准。

(7)为协助理事会及其委员会履行职责,有权聘请技术专家、政府机构或非政府组织代表或其他拥有相关专业知识的人员。

4. 理事会的职权

(1)理事会应当:

(a)协调和监督本法执行;

(b)监督附件所列相关气候变化国际协议的执行;

(c)协调、监督和指导联邦与省政府各部门、分支机构及部门将气候变化问题作为决策的主要考量因素,为各经济部门的综合气候中和与气候适应性发展进程创造有利条件;

(d)批准和监督管理局制定的全面适应和减缓政策、战略、计划、方案、项目及其他措施的执行,以履行巴基斯坦根据相关气候变化的国际公约与协议,特别是可持续发展目标(SDGs)所承担的义务;

(e)监督《国家适应计划》及各省和地方的《适应行动计划》、《国家减排行动框架》和向《气候公约》秘书处提交的《国家信息通报》的执行;

(f)批准保护受气候变化不利影响或威胁的可再生和不可再生资源、物种、栖息地和生物多样性的准则;审议《国家气候变化报告》并给出相应指导意见。

(2)理事会可自行或应任何人士和机构的要求,指示管理局或其他政府机构编制、提交、推动或实施适应或减缓气候变化不利影响的项目,促进气候中和、气候适应和可持续发展,或从事气候变化相关研究。

第三章 巴基斯坦气候变化管理局

5. 巴基斯坦气候变化管理局的设立

(1)联邦政府的主管部长应当在官方公报上发布公告,成立巴基斯坦气候变化管理局(以下简称管理局),行使本法及其制定的细则和法规赋予的职权。

(2)管理局应当是一个永久延续且有公章的法人团体,并能以其名义:

(a)起诉和应诉;

(b)取得或处分动产和不动产;

(c)借款;

(d)订立合同;

(e)为适当履行本法规定职能而采取或实施其他必要措施或行动。

(3)管理局总部应当设在伊斯兰堡,可根据需要在其他地点设立办事处。

6. 管理局的组成

(1)管理局由主席、委员(适应)、委员(减缓)、委员(气候融资)、委员(协调)以及各省的一名委员组成,各省委员由其主管部长提名。

(2)包括管理局主席在内的所有委员,应当在考虑其资质和经验的情况下,根据总理认为适当的条款和条件任命。

(3)主席和委员应当由科学家、学者、专业人士、在职或退休的公务员、工业家、农业家或其他技术专家组成,在气候变化和环境相关领域至少有15年经验且有杰出贡献。

(4)主席职位空缺的,应当由资历最高的委员担任,直至任命新主席。

(5)主席或委员职位空缺的,不影响管理局的组成。

(6)管理局有权聘请政府机构或非政府组织的代表、技术专家及其他拥有专业知识的人士协助履行其职能。

7. 管理局各级人员

(1)管理局的各级专业型、技术型、行政型人员均由管理局任命,或由其他联邦政府或省政府机构委派,并有权享有条例规定的薪金、津贴及其他福利。

(2)管理局应当确保所有任命皆以透明方式进行,并赋予妇女、少数族裔及残疾人充分且平等的待遇。

(3)管理局各级人员拥有主席授予的权力并履行其职能。

(4)管理局各级人员应当按照主席的委派任务和指令行事。

8. 管理局的职能

(1)管理局的职能包括:

(a)为应对气候变化影响,制定全面的适应和减缓政策、计划、项目及措施,并在联邦政府不定期批准的国家气候变化政策框架内,履行巴基斯坦在相关气候变化的国际公约和协议中的义务;

(b)建立执行联邦和省级适应减缓政策、计划、方案、项目及措施的体制与政策机制,包括提高能效、节能、提高认识和能力建设方案相关的可再生能源计划和清洁技术措施;

(c)筹备适宜的适应和减缓项目,提交国际和地方机构申请资助。包括:清

洁发展机制、全球环境基金、绿色气候基金和适应基金;

(d)制定《国家适应计划》及其省级和地方适应行动计划、《国家适当减缓行动框架》以及拟提交给《气候公约》秘书处的国家自主贡献预案、国家自主决定贡献方案及国家信息通报,并监督其实施;

(e)开展技术需求评估,根据国际最佳惯例制定气候变化技术行动计划,通过技术机制寻求技术和资金支持;

(f)筹备"减少由于毁林和森林退化导致的排放"(REDD +)机制下的资助项目;

(g)编制《国家气候变化报告》,提交理事会审议;

(h)制定低碳和绿色增长战略,经理事会批准后协调实施;

(i)制定保护受气候变化不利影响或威胁的可再生和不可再生资源、物种、栖息地和生物多样性的准则;

(j)就受气候变化影响的行业抗灾能力建设、机构强化和提高认识的相关立法、政策、采取的措施及行动向政府提出建议;

(k)就巴基斯坦加入的气候变化和环境相关的国际公约、条约和协议的执行情况向政府提出建议,并履行其报告要求;

(l)按照国际通行的排放计量方法、标准和协议,设计、建立并维护国家温室气体排放登记册和数据库;

(m)协调和监督各项目标的实施,履行国际公约、条约和协议规定的报告和核查义务;

(n)编制政策文件与概念说明,为国际会议或国际谈判阐明国家政策立场提供技术投入;

(o)与专门研究机构合作,协调开展气候变化的当前问题和新问题研究,特别是评估巴基斯坦应对气候变化的脆弱性,识别气候变化机遇和(推进)技术转让,并向利害关系人宣传研究成果和产出;

(p)为增进对气候变化各方面的理解和认识,开展教育和提高认识的项目活动,同时推动将其纳入教育课程;

(q)与相关政府机构和非政府组织合作,在进行相关调查研究后,为减少温室气体排放和发展碳市场制定目标和协调行动;

(r)制定气候变化相关激励措施,包括对减少毁林和退化造成排放的激励措施;

(s)为实现本法目标与宗旨而调集资源;

(t)通过电子和其他方式,定期公布、更新和宣传气候变化战略、政策、计划、方案及其他信息；

(u)履行理事会或政府为本法目的授予的其他职能。

(2)为协助管理局履行职责，联邦政府主管部长有权为各部门设立咨询委员会，并任命教育机构、研究机构和非政府组织相关部门的杰出代表为委员。

(3)除另有规定外，在履行其职责时，管理局应当遵循以下原则：

(a)气候变化、可再生能源及清洁技术相关最新科学知识和研究，特别是对环境方面的考虑，包括对生态系统、生物多样性和林业以及包括性别因素在内的社会经济发展目标的潜在影响；

(b)该部门在气候变化问题上的政策建议。

9. 年度报告

(1)在每个财政年度终结时，管理局应编制一份年度报告，内容应当包括：

(a)对其活动的描述；

(b)重大气候变化行动的执行进展及困难；

(c)其计划或下一财政年度(计划)；

(d)管理局的审计账目；

(e)管理局职能的其他相关信息。

(2)根据第1款编制的报告应当由政府主管部长提交巴基斯坦议会。

10. 管理局的权力

(1)管理局拥有执行本法规定职能所必需的一切权力。

(2)在不损害第1款的一般性原则下，管理局有权：

(a)管理该局的资产，为履行职能和实现本法目的提供最佳服务；

(b)与其认为有利于履行其职能的企业或组织订立合同或建立伙伴关系，但是，仅在获得政府批准时才能与外国政府及组织签订协议；

(c)必要时或根据规定就气候变化事宜向公众和私营企业提供服务或指导；

(d)向联邦或省级部、分支机构、部门及任何公众或私营企业征求、收集、获取、核实与履行该局职能的相关信息和数据。

11. 主席的职权

(1)主席是管理局的首席执行官，应当在委员的协助下：

(a)行使管理局的职权；

(b)履行理事会或政府赋予的职责。

(2)在理事会正式成立之前，主席应当遵循政府指示，履行理事会的职能并行使权力。

(3)主席有权通过一般或特别命令,将其职能或权力转授予根据第7条任命的各级人员。

第四章　巴基斯坦气候变化基金

12. 巴基斯坦气候变化基金

(1)设立"巴基斯坦气候变化基金"(以下简称基金)。

(2)以下款项应缴入基金:

(a)本基金可能是以捐助、捐款、礼赠、拨款形式提供并专门指定用于本基金的款项;

(b)管理局为执行其计划和项目筹集的款项;

(c)根据法律应当付给本基金的款项。

(3)基金应当按照规定程序使用,其用途包括:

(a)管理局在履行其职能方面的费用;

(b)基金运作和行政费用;

(c)向旨在消除气候变化不利影响、鼓励资源可持续开发和其他适应和减缓气候变化相关研究的项目措施提供财政援助;

(d)理事会认为有利于实现本法宗旨的其他用途。

13. 基金管理

(1)基金由管理局管理。

(2)按照法定程序和标准,管理局有权:

(a)根据理事会制定的准则,批准对合格项目的财政援助;

(b)将基金款项投资于其认为合适的盈利政府债券、储蓄计划及证券;

(c)为实现第12条第3款规定之目的,采取必要措施、行使必要权力。

(3)管理局有权成立由其委员组成的委员会,定期监督基金资助项目进行,并向管理局提交进度报告。

(4)管理局应当根据第3款规定的进度报告拟写年度报告,其中应包括年度审计账目和绩效评估。

第五章　其　　他

14. 保障

对于联邦及省政府、理事会、管理局、主席、委员、各级人员、雇员、专家、顾问、委员会、联邦政府的顾问、环境法庭、环境法官或其他人员,根据本法或依据本法制定的细则和法规,所为行为或将为行为符合善意的,不得提起诉讼、检控或其他法律程序。

15. 作为土地应收账款的可确认收入

管理局根据本法、细则或条例可收回的任何款项,均应作为土地应收款项予以确认。

16. 本法效力高于其他法律

本法规定与当前生效的其他法律规定不一致的,以本法为准。

17. 制定细则的权力

为实现本法目的制定的规则,联邦政府主管部长可以在官方公报上发布公告,包括实施附件所列的气候变化国际协定制定相关规则。

18. 修改附件的权力

联邦政府主管部长有权在官方公报上发布公告,对附件进行修订,以增加、修改或删除其中的条目。

19. 制定条例的权力

(1)为实现本法目的,管理局有权在官方公报上发布公告,并经联邦政府主管部长批准,制定与本法条款及相关规则不相冲突的条例。

(2)在不损害前述权力的前提下,条例可规定:

(a)任何政府机构、地方当局或地方议会就气候变化相关事项提交定期报告、数据或信息;

(b)为应对极端气候事件、自然灾害制定应急预案;

(c)任命官员、顾问、专家、咨询人员及雇员。

附件:

(涉及第2、4、17和18条)

1.《气候公约》(UNFCCC),里约热内卢,1992年。

2.《京都议定书》,为《气候公约》项下,1997年。

3.《巴黎协定》,2015年。

4. 巴基斯坦签署的其他与气候变化有关的协议。

菲律宾气候变化法[①]

2009年10月23日,第9729号共和国法

本法将气候变化纳入了政府政策制定重点,建立了气候变化的框架战略和计划,并设立了气候变化委员会。

本法由菲律宾参议院和众议院在国会会议上通过:

第一条 【标题】本法名为2009年《气候变化法》。

第二条 【政策声明】充分保护和促进人民享有符合自然规律和和谐健康生态的权利是一项国家政策。鉴于此,国家通过了支持可持续发展的《菲律宾21世纪议程框架》以满足人类的需要,并为当代和今世后代维系自然环境的质量。

为此目的,国家采取为人类福祉保护气候系统的原则,在气候正义或共同而有区别的责任和预防原则的基础上,指导气候风险管理的决策。作为《气候公约》的缔约国,国家采纳了该公约的最终目标,即将大气中的温室气体浓度稳定在气候系统不致遭受人类活动严重干扰的水平,这一目标应在足以使生态系统自然适应气候变化的时间范围内实现,以确保粮食生产不受威胁,并使经济发展以可持续的方式进行。作为《兵库行动框架》的缔约方,国家同样制定了战略目标,以建立国家和地方对气候变化相关灾害的抵御能力。

鉴于菲律宾群岛及其土著群体,特别是贫困人群、妇女和儿童,容易受到气候变化的潜在危险后果的影响,例如海平面上升、地理变化、干旱、火灾、洪水和风暴的频率和/或严重程度增加、与气候有关的疾病、生态系统的破坏、影响国家文化和经济等的生物多样性丧失,国家应与国际社会合作解决气候变化问题,包括减少灾害风险。国家的政策是要求国家和地方政府、企业、非政府组织、地方社区和公众参与,以防止和减少气候变化的不利影响,同时最大限度地发挥气候变化带来的有利条

---

① 本法2009年10月23日颁布,原文来自菲律宾环境与自然资源部,网址:https://climatechange.denr.gov.ph/images/DL_Files/Laws%20on%20CC/RA%209729.pdf。翻译:叶祖欣;校对:王镱霖、金婧。

件。国家的政策还应要求在所有气候变化和可再生能源的措施、计划和方案中体现对性别敏感问题、儿童和贫困人群的关切。为此,国家应加强、整合、巩固和制度化政府倡议,以在可持续发展背景下协调实施应对气候变化的计划和方案。

国家应进一步认识到气候变化与减少灾害风险密切相关,有效减少灾害风险将增强适应气候变化的能力,并将减少灾害风险纳入应对气候变化的规划和举措中。

为确保中央和地方各级政府的政策、计划、方案和项目建立在全面考虑环境问题和可持续发展原则的基础上,特此宣布,国家的政策是将气候变化概念系统地纳入政府所有机构和部门制定政策、发展计划、减贫战略和其他发展工具和技术的各个阶段。

第三条　【术语定义】根据本法的目的,下列术语具有以下含义:

a.“适应”是指自然或人类系统根据实际或预期的气候刺激或其影响进行调整,以减轻气候变化带来的不利影响或充分利用气候变化带来的各种有利条件。

b.“适应能力”是指生态、社会或经济系统在气候变化(包括气候变率和极端气候事件)中的适应能力,以减缓或抵消潜在的损害以及利用气候变化带来的各种有利条件或应对其后果的能力。

c.“人为原因”是指由人类活动引起或由人类造成的原因。

d.“气候变化”是指持续很长一段时间(通常是几十年或更长)中气候状态的平均值或其变率在统计学上的显著变化。

e.“气候变率”是指在除个别天气事件之外,所有时空尺度上气候平均状态或其他统计量的变化。

f.“气候风险”是指气候变化产物或有关灾害对人类和自然生态系统的脆弱性产生的影响。

g.“灾害”是指一个社区或社会的机制受到严重破坏,涉及大量的人力、物力、经济或环境的损失和影响,该影响已超过受影响的社区或社会能够利用自身资源应对的能力。

h.“减少灾害风险”是指通过系统地措施来分析和管理灾害的成因以减少灾害风险的概念和措施,包括减少暴露于灾害中的风险,降低人民和财产的脆弱性,合理地管理土地和环境,以及增强对不利事件的准备。

i.“性别主流化”是指使女性和男性的关注和体验成为所有政治、经济和社会领域政策和方案的设计、执行、监测和评估的一个组成部分的战略,以使女性和男性平等受益,不平等现象不再持续。其是评估任何计划行动对女性和男性的影响的过程,包括所有领域和各级的立法、政策或方案。

j.“全球变暖”是指由于大气中温室气体浓度的增加导致的地球地表空气和海

洋平均温度的升高。

k. “温室效应”是指大气吸收红外辐射使地球变暖的过程。

l. “温室气体(GHG)”是指造成温室效应的大气成分,包括但不限于二氧化碳、甲烷、氧化亚氮、氢氟碳化物、全氟化碳和六氟化硫。

m. “主流化”是指将应对气候变化的政策和措施纳入发展规划和部门决策。

n. “减缓(气候变化)”是指减少温室气体(包括臭氧消耗物及其替代物)排放或增加温室气体汇的人为干预。

o. “减缓潜力”是指在特定碳价格水平(以避免或减少的每单位二氧化碳当量排放量的成本表示)下,基于排放基线可实现的温室气体减排规模。

p. “海平面上升”是指由于受到全球变暖、海水变暖导致海水膨胀、陆地冰川融化或地面下沉等局部因素的影响可能导致的海平面上升。

q. “脆弱性”是指一个系统易受或无法承受气候变化不利影响的程度,包括气候多变性和极端现象。脆弱性是用来描述系统暴露于气候变化下的特性、尺度和概率,也包括系统对于气候变化的敏感度和适应能力。

第四条 【设立气候变化委员会】特此设立气候变化委员会,下称委员会。

委员会应是一个独立自治的机构,其地位应与国家的政府机构相同。委员会应附属于总统办公室。

委员会的任务是根据本法的规定协调、监督和评估政府有关气候变化的方案和行动计划,是政府在该方面的唯一政策制定机构。

委员会应在本法生效后60天内成立。

第五条 【委员会的组成】委员会应由菲律宾共和国总统以及总统任命的3名委员组成。其中由菲律宾共和国总统担任主席,1名委员担任委员会副主席。

委员会应设立咨询委员会,并由下列人员组成:

a. 农业部长;

b. 能源部长;

c. 环境和自然资源部长;

d. 教育部长;

e. 国际事务部长;

f. 健康部长;

g. 内政和地方政府部长;

h. 国防部长(以国家灾害委员会主席的身份);

i. 公共工程和公路部长;

j. 科技部长;

k. 社会保障和发展部长；

l. 贸易和工业部长；

m. 交通和通信部长；

n. 国家经济和发展局总干事（以菲律宾可持续发展理事会主席的身份）；

o. 国家安全委员会总干事；

p. 菲律宾妇女权益全国委员会主席；

q. 省联盟主席；

r. 市联盟主席；

s. 自治市联盟主席；

t. 描笼涯主席；

u. 学术界代表；

v. 商业部门代表；

w. 无政府组织代表。

至少应有 1 名部门代表来自降低灾害风险组织。

代表们将由总统从各个团体提交的提名名单中任命，任期 6 年，不得连任，除非代表们所代表的部门撤回其代表资格。任何空缺职位的任命仅适用于前任代表任期未满的情况。

只有咨询委员会的当然成员才可委任 1 名职级不低于副部长的合格代表。

第六条 【委员会会议】委员会应每 3 个月举行一次会议，或在主席认为必要时举行一次会议。出于恰当实施本法规定的需要，主席也可要求其他政府机构到会。

第七条 【委员资格、任期、薪酬】委员须是菲律宾公民或菲律宾居民，被任命时至少年满 30 岁，至少具有 10 年的气候变化经验，并且应当诚信且正直；委员应是具有相应教育背景和经验，且受过相应训练的气候变化专家；成员中至少有 1 名委员为女性；委员不得来自同一行业；最后，任何委员不得委任代表代表其行事。

委员的任期为 6 年，可连任，但不得任职超过两届；此外，在职位空缺的情况下，新任命的人员应完全符合委员资格，并应仅任职于任期未满的部分；最后，在任何情况下，不得指定临时或代理委员。

副主席和委员分别享有部长和副部长的级别和特权。他们有权获得相应的补贴和其他薪酬，免职或辞退条件与其他成员相同。

第八条 【气候变化办公室】特此设立气候变化办公室，以协助委员会的工作。该办公室将由委员会副主席领导，并担任该办公室的执行主任。委员会有权根据公共服务法、条例和法规，决定工作人员的人数，并设立相应的必要职位，以促进本法的适当实施。委员会的职员和雇员应由执行主任任命。

第九条 【委员会的权力和职能】委员会应有下列权力和职能:

a. 确保将气候变化与减少灾害风险纳入国家、部门和地方发展计划和方案的主流;

b. 协调和同步国家政府机构的气候变化方案;

c. 制定气候变化框架战略,并将其作为气候变化规划、研究与开发、推广和监测气候变化活动方案的基础;

d. 进行政策协调,以确保实现应对气候变化框架战略和方案设定的目标;

e. 就适应和减缓气候变化及其他相关活动的立法、政策、战略、方案和拨款提出建议;

f. 对水资源、农业、林业、沿海和海洋资源、健康和基础设施等气候敏感部门进行的重要发展投资提出建议,以确保实现国家可持续发展目标;

g. 创造有利环境,以便设计恰当相关的风险分担和风险转移工具;

h. 创造有利环境,促进更广泛的多元利益相关群体的参与,并将减缓和适应气候变化结合起来;

i. 制定减缓温室气体战略和针对人为原因引起的气候变化制定战略;

j. 与国家灾害协调委员会协调并建立密切的合作关系,以提高效率和增强有效性,降低人民对与气候有关的灾害的脆弱性;

k. 与外交部协调,代表菲律宾参与气候变化协商;

l. 制定和更新确定易受气候变化影响和适应评估影响的脆弱性的准则,并为执行和监测该准则提供技术援助;

m. 与地方政府和私营实体协调,以应对地区、省、市和自治市的气候变化脆弱性;

n. 促进脆弱群体和地区关于适应气候变化的计划、实施和监测能力建设;

o. 为弱势群体和地区的研发计划和项目提供技术和财政支持;

p. 监管关于气候变化、地区脆弱性和风险、相关法律和协定以及适应和减缓措施的信息传播。

第十条 【技术专家小组】委员会应成立一个国家技术专家小组,由与气候变化有关的学科(包括减少灾害风险)的从业人员组成。

该小组应就气候科学、技术和最佳实践向委员会提供技术咨询,以评估和增强脆弱社区适应气候变化潜在影响的能力。

委员会应确定技术专家的资格和报酬,并为专家小组的业务和活动提供资源。

第十一条 【气候变化框架战略和方案】委员会应在本法生效后6个月内制定《气候变化框架战略》。该气候变化框架应作为气候变化规划、研发、推广和监测活动的基础,以保护脆弱社区免受气候变化带来的不利影响。

气候变化框架应根据气候变化脆弱性、具体的适应需要和减缓潜力,按照国际协议制定。

该气候变化框架应每3年或视需要进行审查。

第十二条 【气候变化框架战略和方案的组成部分】该框架应包括但不限于以下内容:

a. 国家优先事项;

b. 影响、脆弱性和适应性评估;

c. 政策制定;

d. 符合国际承诺;

e. 研究与发展;

f. 数据库的开发和管理;

g. 学术项目、能力建设和能力主流化;

h. 宣传和信息传播;

i. 监测和评估;

j. 性别主流化。

第十三条 【国家气候变化行动计划】委员会应在《气候变化框架战略》制定后1年内,根据《气候变化框架战略》制定《国家气候变化行动计划》。

《国家气候变化行动计划》应包括但不限于以下内容:

a. 评估气候变化对国家的影响;

b. 确定最脆弱的社区/地区,包括受气候变化、变率和极端天气影响的生态系统;

c. 确定气候变化对男人、妇女和儿童的不同影响;

d. 评估和管理风险和脆弱性;

e. 确定温室气体的减缓潜力;

f. 为国家和地方政府的联合项目采取适当的适应措施,确定备选方案和优先次序。

第十四条 【地方气候变化行动计划】地方政府部门应作为制定、规划和实施本地区气候变化行动计划的前线机构,并且应符合《地方政府法典》、《框架法》和《国家气候变化行动计划》的规定。

描笼涯应直接参与市和自治市政府的讨论,确定气候变化问题的优先次序,并确定和实施最佳实践和其他解决方案。市和自治市政府应当将适应气候变化作为基本职能之一。省级政府应提供技术援助、执法和信息管理,以支持各市和自治市的气候变化行动计划。在开展气候相关活动时，应最大限度地加强各地方政府间的合作。

地方政府部门应定期更新各地的行动计划，以反映不断变化的社会、经济和环境状况以及新出现的问题。地方政府部门应在行动计划通过后1个月内，向委员会提供其行动计划及其所有后续修订、修改和校对的副本。各地方政府应调动、分配必要的人员、资源和后勤，以有效实施各自的行动计划。

地方行政长官可以指定制定和实施当地行动计划的负责人。

国家政府有责任向地方政府部门提供技术和财政援助，以完成其地方气候变化行动计划。

特此明确授权地方政府部门可从其州内收入分配中拨出和使用可有效实施上述地方计划所需的金额，无论《地方政府法典》中是否有相反的规定。

第十五条 【政府机构的职责】为确保应对气候变化框架战略和方案的有效实施，有关部门应履行以下职能：

a. 教育部应将气候变化及基本的气候变化原则和概念纳入中小学教育课程和/或科目中，例如但不限于科学、生物、公民学、历史，包括教科书、入门教材和其他教材。

b. 内政和地方政府部门以及地方政府学校应为地方政府部门气候变化相关的培训计划的发展和准备提供便利。培训计划应包括社会经济、地球物理、政策和其他必要的内容，以解决特定地方政府部门当前和未来的状况和风险。培训计划还应关注妇女和儿童群体，特别是农村地区的妇女和儿童，因为他们是最易受伤害的群体。

c. 环境和自然资源部应与其他有关国家政府机构、部门和地方政府部门合作，监督气候变化信息管理系统和网络的建立和维护，也包括气候变化风险、活动和投资。

d. 外交部应审查与气候变化有关的国际协定，并就有关事项提出必要的建议，提请政府批准和遵守。

e. 菲律宾新闻署应传播关于气候变化、地方脆弱性和风险、相关的法律和议定书以及适应和减缓措施的信息。

f. 政府金融机构可以为与气候变化相关的方案提供全套优待的金融服务，无论其章程中是否有相反的规定。在与菲律宾中央政府协商后，政府金融机构应在本法生效后30天内签发并颁布相应的实施指南。

委员会应评估关于批准贷款和监管地方政府部门上述资金的使用情况，并提出建议。

第十六条 【各部门的协调】在制定和实施《国家气候变化行动计划》和地方行动计划时,委员会应与非政府组织、民间组织、学术组织、人民团体、私营和企业部门以及其他相关利益者团体进行协调。

第十七条 【接受捐赠和/或补助的权力】特此授权委员会可以接受来自当地和外国来源的补助、赠与、捐款、资助、遗赠、现金、实物、礼物,以支持气候变化方案和计划的发展和实施;但来自外国政府的捐赠,须事先获得菲律宾总统的批准,并经外交部长建议才可接受;此外,该等捐赠不得用于支付委员会的个人服务开支和其他业务开支。

获得的收益应用于资助以下项目:

a. 技术的研究、开发、示范和推广;

b. 开展气候变化影响的脆弱性评估、资源调查和适应能力建设;

c. 开展信息战的宣传、联络和交流活动;

d. 开展为实现本法目标合理必要的其他活动,例如委员会可能规定的其他活动。

第十八条 【气候变化的资金分配】所有相关的政府机构和地方政府部门应从年度资金中拨出足够的资金,用于制定、发展和实施各自的气候变化方案和计划,包括培训、能力建设和直接干预。还应包括气候变化影响的公益宣传活动和减缓这些影响的节能方案,以及通过教育和培训计划、小额信贷计划提高公众,尤其是农村妇女的积极性。各有关部门和单位应在今后的预算提案中,为气候变化方面的继续培训和教育等方案或项目的制定和实施拨款。

第十九条 【国会联合监督委员会】特此设立国会联合监督委员会,监督本法的实施。监督委员会应由 5 名参议员和 5 名众议员组成,分别由参议院议长和众议院议长任命。监督委员会应由参议院议长和众议院议长分别指定 1 名参议员和 1 名众议员共同担任主席。其经费应从国会拨款中扣除。

第二十条 【年度报告】本法生效后,委员会应不迟于每年 3 月 30 日,或应国会联合监督委员会的要求,向总统和国会两院提交一份详细说明本法实施状况的报告和一份关于《国家气候变化行动计划》实施的进度报告,并在适当和必要时提出立法建议。各地方政府部门须于次年第一季度内,向委员会提交各自地方行动计划实施状况的年度进展报告。

第二十一条 【拨款】除总统气候变化特别工作组和总统全球变暖和气候变化顾问办公室的未使用资金外,特此从总统的应急基金中拨款 5000 万比索作为初始运营资金。

此后,有效执行本法规定所需的金额应包含在年度《总拨款法》中。

第二十二条　【实施细则和条例】在本法通过后90天内,委员会应在与政府机构、地方政府部门、私营部门、非政府组织和民间组织协商后,颁布本法的实施细则和条例;如未能颁布,也不会以任何方式影响本法条款的执行性。

第二十三条　【暂行条款】自委员会成立后,根据第171号行政命令设立的气候变化总统特别工作组和根据第220号行政命令设立的气候变化机构间委员会应予以废除;但它们的权力和职能应由委员会吸收;此外,该组织和委员会的职员和雇员将继续担任留任职务,直到委员会的新职员和雇员根据本法的规定正式任命为止。所有可能调到委员会的合格、正式或长期雇员,其资历、职级或薪酬不得减少。任何不能调至委员会的雇员,均有权根据现行《退休法》领取离职金。

第二十四条　【可分性条款】如果本法的某些章节或规定因任何原因被宣布为违宪或无效,不影响本法的其他章节或规定的效力。

第二十五条　【废除条款】所有与本法不一致的法律、条例、规章和法规,以及其他已发布命令或其中的部分,在此予以废止或进行相应的修改。

第二十六条　【效力】本法应在官方公报或至少两份全国性报纸上公布15天后生效。

本法是参议院第2583号法案和众议院第5982号法案的合并,最终于2009年8月25日和2009年9月2日分别由参议院和众议院通过。